Angewandte Unternehmensethik

Grundlagen für Studium und Praxis

2., aktualisierte Auflage

Mathias Schüz

D1704766

Bibliografische Information der Deutschen Nationalbibliothek

Die Deutsche Nationalbibliothek verzeichnet diese Publikation in der Deutschen Nationalbibliografie; detaillierte bibliografische Daten sind im Internet über *http://dnb.dnb.de* abrufbar.

Der Umwelt zuliebe verzichten wir auf Einschweißfolie.

10 9 8 7 6 5 4 3 2 1

24 23 22 21

ISBN 978-3-86894-401-3 (Buch)
ISBN 978-3-86326-897-8 (E-Book)

© 2021 by Pearson Deutschland GmbH
St.-Martin-Straße 82, D-81541 München
Alle Rechte vorbehalten
www.pearson.de
A part of Pearson plc worldwide

Programmleitung: Martin Milbradt, mmilbradt@pearson.de
Lektorat: Markus Stahmann, markus.stahmann@pearson.com
Korrektorat: Petra Kienle
Coverillustration: Shutterstock.com
Herstellung: Claudia Bäurle, cbaeurle@pearson.de
Satz: Gerhard Alfes, mediaService, Siegen (www.mediaservice.tv)
Druck und Verarbeitung: Drukkerij Wilco BV, Amersfoort

Printed in the Netherlands

Inhaltsübersicht

Inhaltsverzeichnis

Geleitwort von Edward Freeman

Mathias Schüz deckt mit diesem Buch alle Grundlagen eines guten Unternehmensethikkurses ab, ohne einfache Antworten zu geben. Es liefert viel Theorie für die Theoretiker, die den Kurs unterrichten, viele Praxisbeispiele aus einem breiten Spektrum von Unternehmen und zahlreiche Hinweise, wie das Ganze in die gängige Managementlehre integriert werden kann. Auch gibt es Antworten auf Fragen nach einer verantwortungsvollen Führung (Responsible Leadership). Der Text ist auf dem neuesten Stand und enthält sowohl klassische als auch zeitgenössische Beispiele für die Unternehmenspraxis. Es ist normativ, ohne „predigend" zu sein, und empirisch, ohne sich in den Details zu verlieren.

Die Neuausgabe enthält grundlegende Gedanken zur Ökonomie des fairen Tauschs als Mitte zwischen Raub und Geschenk. Sie untersucht, wie sich fairer Tausch entlang von Lieferketten wie auch im Umgang mit widersprüchlichen Interessen der Stakeholder verwirklichen lässt. Die Ausrede, die Wahrnehmung nachhaltiger Verantwortung sei immer ein Zielkonflikt (trade-off), ist Ausdruck von Managementversagen, weil sie versteckte Räubereien entlang von Wertschöpfungsketten ignoriert. Zudem wird Adam Smiths unparteiischer Zuschauer als Vorläufer der gerade in Mode kommenden Achtsamkeitsbewegung in Unternehmen weitergedacht. Außerdem werden aktuelle Fallbeispiele herangezogen oder vertieft (wie etwa zum VW-Abgasskandal oder zur Übernahme von Monsanto durch Bayer oder zum Pariser Klimaabkommen, Ethik in der Krise der Corona-Pandemie usw.). Wie schon in der ersten Ausgabe werden eine Reihe von Methoden vorgestellt, die es den Studierenden ermöglichen, die Ideen des Buchs in der realen Geschäftswelt anzuwenden.

Kurzum, die aktualisierte Ausgabe bietet Studierenden jeder Fakultät, die Unternehmensethik lehrt, dazu den bestmöglichen Lehrgang.

Prof. R. Edward Freeman, Ph.D.
Pionier des Stakeholder-Konzepts, Philosoph und Professor der Betriebswirtschaftslehre an der Darden School, University of Virginia, USA.

Vorwort zur 2. Auflage

Hat sich seit Erscheinen der ersten Auflage dieses Buchs im Jahr 2017 nachhaltig ethisches Wirtschaften weiterentwickelt? Der Rückzug der Donald-Trump-Administration von internationalen Absprachen, Verträgen und Organisationen sprach dagegen: die Aufkündigung des Pariser Klimaschutzabkommens, die Freigabe von Naturschutzgebieten für die Rohstoffgewinnung, das Ausscheren aus Abrüstungsverträgen sowie der Austritt aus der Weltgesundheitsorganisation (WHO). Man berief sich dabei auf ethische Werte wie die Rettung der Souveränität der USA sowie die Solidarität mit Industriezweigen, die von der Globalisierung oder unfairen Handelsbilanzen bedroht sind. „America first" war daher der Ruf nach einem guten Leben und ausgleichender Gerechtigkeit. Mit der Wahl von Joe Biden zum 46. Präsidenten der USA scheint wieder eine Kehrtwende eingetreten zu sein. Für den Schutz der natürlichen Umwelt ist dies eine gute Nachricht, für die soziale Gerechtigkeit nur dann, wenn den Verlierern der Globalisierung neue Perspektiven eröffnet werden. Mit ihrem Auftrag, für „gutes Miteinanderauskommen" zu sorgen, bleibt die Ethik eine große Herausforderung von Entscheidern in Unternehmen, Politik und Gesellschaft.

Nichts von den Inhalten der ersten Auflage muss daher zurückgenommen werden. Allerdings liefert die zweite Auflage eine Reihe von Vertiefungen, Ergänzungen, neuen Erkenntnissen und Fallbeispielen. Vor allem werden die Grundzüge eines *Paradigmenwechsels* im Grundverständnis der Ökonomie (siehe ▶*Kapitel 1*) und Betriebswirtschaftslehre (siehe ▶*Kapitel 7*) ausführlicher skizziert. Ökonomik wird als eine Kunst des fairen Tauschs mit allen Stakeholdern entlang der gesamten Wertschöpfungsketten postuliert. Sie erweist sich so als ein Spezialfall der Ethik. Denn Tauschgerechtigkeit ist ohne die Maßstäbe der Nützlichkeits-, Pflichten- und Tugendethik kaum zu realisieren. Jedenfalls gibt es gute Gründe, das alte Wirtschaftsparadigma der Maximierung vom Eigennutzen abzulösen. Denn es offenbart sich immer mehr als ein irreversibles Risiko für die Lebensgrundlagen der Menschheit.

Ich freue mich, der zweiten Auflage das Geleitwort von Edward Freeman voranstellen zu können. Ebenso danke ich Ivan Novy und Gerald Steiner für die Vorworte zur englischen Ausgabe „Applied Business Ethics", die hier als Nachworte aufgenommen wurden. Reto Steiner, dem Direktor der ZHAW School of Management and Law, danke ich für die besondere Förderung meiner Arbeit, ebenso danke ich dem Pearson-Verlag, namentlich Martin Milbradt, dessen Einsatz zum bisherigen Erfolg des Buchs beigetragen hat.

Cala Ambolo, den 31. Mai 2021

Vorwort zur 1. Auflage

Während sechzehn Jahren meines früheren Berufslebens erlebte ich hautnah den Wiederaufstieg und Fall eines Großkonzerns. Bei dessen Beinahezusammenbruch stand ich als Beobachter nahe am Epizentrum. Als enger Mitarbeiter und Freund des Eigentümers erlebte ich, wie auf allen Stufen des Managements Licht- und Schattenseiten die Entscheidungen prägten. Sie können am besten mit den aus der Mode gekommenen Begriffen der „Tugenden", wie Integrität, Gerechtigkeit, Rücksichtnahme, und der „Laster", wie Gier, Neid, Skrupellosigkeit, beschrieben werden. Das Potenzial für solche Handlungsmuster ist in jedem Menschen angelegt und wird situativ unterschiedlich aktiviert. Das Muster beeinflusst dann die Unternehmenskultur wie umgekehrt diese Kultur das Verhalten des Einzelnen. So kommen Fehlentscheidungen zustande, die, wie damals, Milliardenverluste zur Folge haben und den Eigentümer zum Verkauf seines Unternehmens zwingen – mit unabsehbaren Folgen für die zahlreichen Mitarbeiter und deren Angehörige.

Dieser Vorgang, der sich weltweit in ähnlicher Form immer wieder ereignet, steht stellvertretend für viele andere Beispiele des Niedergangs ursprünglich sehr erfolgreicher Großunternehmen. Sie führen zu grundlegenden existenziellen Fragen: Ist Erfolg mit egoistischer Machtentfaltung gleichzusetzen? Oder könnte umgekehrt das eigentliche Fundament einer erfolgreichen Unternehmensführung gerade in der verantwortlichen Zähmung der eigenen negativen Kräfte liegen? Welches Maß an Verantwortung liegt unternehmerischen Entscheidungen zugrunde – zu wessen Wohl oder Wehe?

Noch grundlegender stellt sich die Frage nach dem richtigen, auch moralisch gerechtfertigten Handeln. Was ist „gut" und „böse"? Warum soll ich überhaupt „gut" handeln? Bereits als Jugendlicher diskutierte ich mit Freunden die Frage, ob das Leben eines mächtigen Tyrannen oder ausbeuterischen Unternehmensführers, die sich alles leisten können, was sie wollen, nicht einem einfachen, aber bedeutungslosen Leben vorzuziehen sei. Erstere würden in ihrer kurzen Lebenszeit erheblich mehr Lebensmöglichkeiten auskosten können als Letztere. Dennoch fiel mir schon damals eine Antwort nicht schwer, weil ich mich leicht in die unzähligen Opfer jener „Erfolgreichen" hineinversetzen und mit ihnen solidarisieren konnte.

Mein Studium der Physik und Philosophie brachte die alten Fragen wieder zur Sprache. Friedrich Nietzsches radikales Infragestellen der etablierten Moral und deren Rückführung auf den „Willen zur Macht" forderte mich heraus, nach neuen Antworten zu suchen. In meiner Doktorarbeit untersuchte ich die philosophischen Konsequenzen der Quantenphysik im Gesamtwerk Carl Friedrich von Weizsäckers. Eine grundlegende Erkenntnis war, dass es keine isolierten Materieteilchen gibt, sondern dass alles mit allem zusammenhängt. Alles wirkt auf alles und steht in Resonanz zueinander. Die Welt ist also in ihrer Vielfalt eins und wurzelt nach gängiger Theorie im Urknall.

Zugleich ist aber alles in Entwicklung und Änderung begriffen. Seit dem Urknall, so die heutige Lehrmeinung, expandiert das Universum, und es entwickelt sich Leben. Für viele zeigt sich daher die Einheit, um mit Arthur Schopenhauer zu sprechen, primär im „Willen zum Leben". Nietzsches „Wille zur Macht" wäre dann eine sekundäre Eigenschaft. Denn Leben ist Wechselwirkung und zugleich permanentes Ausloten optimaler Energiezustände, die von Anziehung und Abstoßung bestimmt sind, bei komplexeren Lebensformen im Streben nach Gütern und Glück sowie im Meiden von Übeln und Unglück. Das bedeutet auch einen Kampf um knappe Ressourcen, wobei jede Allokation Gegenreaktionen auslöst.

Ist nun der Kampf die einzige Form, wie Leben sich zeigen kann? Offenbar nicht, denn Leben zeigt sich auch als Sympathie, Kooperation, Solidarität und Fürsorge. Das Potenzial dazu haben, wie neueste Forschungen zeigen, nicht nur Menschen und höher entwickelte Tiere, sondern sogar Pflanzen. Wie soll ich nun als Mensch mit diesem Widerspruch des Lebens allgemein umgehen, vor allem während meines Arbeitslebens in Organisationen? Gerade in Unternehmen offenbart sich die ganze Widersprüchlichkeit einerseits als Streben nach Gewinn und Sicherung des eigenen Daseins vor den Konkurrenten, andererseits im Bestreben nach gutem Auskommen mit den Kunden, Lieferanten, Geldgebern, Behörden usw., kurz mit den Stakeholdern.

Wie Führungskräfte in Unternehmen ihr Handeln bewusst im Hinblick auf Gut und Böse reflektieren und verantwortlich gestalten können, zeigt das vorliegende Lehrbuch. Dabei besteht das eigentliche Fundament einer verantwortlichen Führungskraft, eines „responsible leaders", neben dem einfühlsamen Umgang mit anderen auch in der Zähmung der eigenen negativen, sprich: lebenszerstörerischen Kräfte. Wer sich in dieser Hinsicht nicht selbst führen und zähmen kann, ist auch nicht in der Lage, andere zu führen, sondern „ver-führt" sie, bringt sie bewusst auf Abwege, die dem Erreichen der eigenen egoistischen Ziele dienen.

Das vorliegende Lehrbuch ist das Ergebnis jahrelangen Forschens und Lehrens, um auch die Didaktik zur Vermittlung und Begründung ethischen Handelns in Unternehmen sicherzustellen. Es gilt dabei, die nötige „Anschlussrationalität" (Niklas Luhmann) zu gewährleisten. Wie ich seit mehr als 25 Jahren in Seminaren mit Führungskräften und BWL-Studierenden festgestellt habe, möchten diese in ihrer Situation und ihrer Denkweise abgeholt werden. Jeglichen moralinsauren Zeigefinger wehren sie verständlicherweise ab. Denn die meisten empfinden eine moralische Ächtung ihres Strebens nach Gewinn als einen Angriff auf ihr Streben nach Überleben, das jeder Lebensform zugrunde liegt. So lässt sich jedenfalls ihre Aufmerksamkeit für ethische Fragestellungen nicht gewinnen. Viel eher gelingt dies durch Sensibilisierung und Praxisbezug. Ich gewinne ihre Aufmerksamkeit, wenn sie die Bedeutung ethischen Handelns für den ökonomischen Erfolg ihrer Arbeit erfassen. An realen Fallbeispielen zeige ich auf, welche Risiken entstehen, wenn ihre Entscheidungen ohne ethische Reflexion getroffen werden. Trotz seines Praxisbezugs zeigt das Buch auch theoretische und philosophische Begründungen der Ethik auf. Denn ohne Theorie sind die Fälle der Praxis arbiträr und ohne die praktische Anwendung wird die Theorie leer.

Vielen ist für die Entstehung dieses Buches zu danken. Vor allem möchte ich meinem Unternehmerfreund Christian Halper aus Wien für seine großzügige Unterstützung dieses Werks meinen Dank aussprechen. Des Weiteren ist der School of Management and Law an der ZHAW in Winterthur zu danken, aus der namentlich Kuno Ledergerber, Stephan Loretan und Prof. André Haelg zur nötigen institutionellen Unterstützung dieses Buches beigetragen haben. Den Hunderten von Studierenden und Führungskräften, mit denen ich die Überlegungen dieses Buches diskutieren konnte, ist besonders zu danken. Ohne ihre Impulse, kritischen Bemerkungen und ermutigenden Statements wäre das Buch niemals entstanden. Martin Milbradt, dem zuständigen Lektor vom Verlag Pearson Studium Deutschland, gebührt nicht weniger Dank als meiner Kollegin Frau Claudia Pölderl, meinem Bruder Dr. phil. Gottfried Schüz und meinem Freund Dr. phil. Stephen Wirth, die mit großem Einsatz das Manuskript Korrektur gelesen haben.

Winterthur, im September 2016

Autor

Prof. Dr. phil. Mathias Schüz studierte Physik, Philosophie und Pädagogik an der Johannes Gutenberg Universität Mainz. Schon in seiner Doktorarbeit über philosophische Konsequenzen der Quantenphysik behandelte er die Thematik von Verantwortung und Ethik. Nach seinem Studium war er Trainee und Key-Account-Manager bei IBM. Anschließend initiierte er zusammen mit Rolf Gerling in Zürich die „Gerling-Akademie für Risikoforschung", in der er als Mitglied der Geschäftsleitung 16 Jahre lehrte und forschte. Seit 2006 ist er Dozent und Professor für „Responsible Leadership" an der „School of Management and Law" der ZHAW in Winterthur. Er lehrt und forscht über Unternehmensethik, strategisches Management und nachhaltige Unternehmensverantwortung und kann zahlreiche (Buch-)Veröffentlichungen zu seinem Forschungsgebiet vorweisen. Seit Jahrzehnten praktiziert er (auch als Trainer) den fernöstlichen Kampfsport Taekwondo (5. Dan) sowie Yoga und Zen.

Verzeichnisse

Abbildungsverzeichnis

Tabellenverzeichnis

Verzeichnis der Organisationen

Einleitung

Über die Notwendigkeit von Verantwortung und Ethik in der Wirtschaft

Egoistische Manager bzw. Unternehmer, die mit knappen Mitteln ein Maximum an Gewinn für sich aus dem Markt herausholen, gelten für viele noch immer als das Vorbild für hocheffizientes ökonomisches Handeln. Ihr Geiz ist gemäß dem früheren Werbeslogan der Elektronikhandelskette Saturn auch für die Kunden „geil", wenn diese durch „gnadenlos günstige Preise" ebenfalls davon profitieren. Dass solche Win-win-Situationen häufig erst durch ein gnadenloses System der Ausbeutung von Menschen, Tieren oder natürlichen Ressourcen in der Lieferkette möglich wurden, dämmert langsam auch den Profiteuren selbst. Die wachsende Schere zwischen Arm und Reich führt nämlich zu sozialen Verwerfungen, die nicht nur Protestgruppen allerlei Couleur anprangern, sondern auch Wirtschaftsnobelpreisträger.[1] Und die Folgen zeigen sich in der Natur als Klimawandel, schwindende Rohstoffe und genetische Verarmung.

Negative Folgen erfolgreichen Wirtschaftens

Deshalb gewinnen die Begriffe „Verantwortung" und „Ethik" immer mehr an Bedeutung. Sie werden zwar schon seit Jahrzehnten in der Managementlehre diskutiert, aber erst im Laufe der letzten fünfundzwanzig Jahre werden sie zunehmend auch in der Praxis berücksichtigt. Bei der Frage, was eine „gute Unternehmensführung" ausmacht, wurden „Unternehmensverantwortung", „Unternehmensethik", „Corporate Responsibility", „Corporate Social Responsibility" (CSR), „Business Ethics" und „Corporate Citizenship" und neuerdings auch „Corporate Sustainability" zum Gegenstand der Forschung.[2]

Bedeutungsgewinn von „Verantwortung" und „Ethik" in Unternehmen

Zuerst erfuhren solche Begriffe in den Vereinigten Staaten einen Boom, und zwar aufgrund der „U.S. Federal Sentencing Guidelines" (Chapter Eight), die es seit 1. November 1991 Richtern erlauben, Organisationen bei Fehlverhalten erhebliche Strafnachlässe zu gewähren, wenn diese nachweislich ethisches bzw. verantwortliches Handeln ihrer Mitarbeiter gefördert haben. Da in den USA aufgrund der Haftungsregeln die Strafzahlungen („Punitive Damages") ein Unternehmen leicht in die Insolvenz treiben können, lohnt es sich also schon aus ökonomischen Gründen auf dem Gebiet der ethischen Verantwortung vorbeugend zu investieren.[3]

U.S. Sentencing Guidelines

Spätestens seit 1992, nach der ersten Konferenz zum „Sustainable Development" in Rio de Janeiro, gewann zudem der Begriff der „Nachhaltigkeit" an Bedeutung für die Managementlehre. Heute sind die Begriffe Verantwortung, Ethik und Nachhaltigkeit im Geschäftsleben mehr als nur eine Modeerscheinung. Denn in ihrer Anwendung haben sie das Verhalten von Unternehmen (Corporate Behavior) erheblich beeinflusst. Nach wie vor herrscht allerdings eine Begriffsverwirrung bezüglich ihrer Bedeutung. Oft werden sie synonym gebraucht, wobei

„Nachhaltigkeit" – eine Modeerscheinung?

unzählige Definitionen um die Deutungshoheit konkurrieren. Nur ungenau werden sie voneinander abgegrenzt, geschweige denn in einem ganzheitlichen Modell nachvollziehbar eingeordnet. Das ist vermutlich auch einer der Gründe dafür, dass Manager in Unternehmen zwar die Begriffe häufig verwenden, weil es zum guten Ton gehört, oft aber gar nicht wissen, was genau darunter zu verstehen ist und wie sie sie konkret in ihre alltägliche Arbeit implementieren können.

Verantwortung nicht gleich Ethik

So ist „Verantwortung" nicht mit „Ethik" gleichzusetzen. Erstere ist ein allgemeines Konzept des Handelns. Es gibt durchaus auch unethische Verantwortung. Wer handelt, beabsichtigt bestimmte Konsequenzen. Diese werden von verschiedener Seite infrage gestellt. Je nach gegebener Antwort werden sie entweder gelobt oder getadelt. Denn die gleichen Handlungsfolgen werden je nach Wertvorstellungen, Interessen und Ansprüchen des Fragestellers unterschiedlich beurteilt. Der Mafiaboss, der seinen Gefolgsmann mit der Tötung eines Gegners beauftragt, wird die Ausführung des Mordes als verantwortungsvoll bezeichnen, die Unterlassung hingegen als verantwortungslos. Der Gegner und seine Angehörigen sehen dies genau umgekehrt. In diesem Sinne haben vor allem Philosophen und Soziologen den Verantwortungsbegriff als „Beziehungs- oder Relationsbegriff" dargestellt.[4]

Das Konzept der Verantwortung

Verantwortung als dreistellige Relation

In Anlehnung an Georg Picht[5] wird in unserem Konzept die *Verantwortung* als *dreistellige Relation*[6] aufgefasst, bei der ein handelndes *Subjekt* für die *Konsequenzen* seines Handelns vor *Instanzen* verantwortlich ist. Der Verantwortliche wird mit den Konsequenzen seines Handelns in eine Beziehung zu denjenigen gesetzt, die davon direkt oder indirekt betroffen sind. Er muss ihnen Rede und Antwort stehen, und zwar auf Fragen wie: Was hast du getan? Was tust du gerade? Was wirst du tun? Die Betroffenen wollen wissen, inwieweit ihre Interessen vom Handeln oder Unterlassen der verantwortlichen Person berührt sind. In diesem Sinne müssen sich alle Mitglieder einer Gesellschaft, ob Individuen, Gruppen oder Organisationen, im Spannungsfeld der Interessen und Ansprüche anderer bewähren, wenn sie langfristig überleben wollen. Die Fähigkeit zur Verantwortung erlaubt ihnen, sich *für* die Konsequenzen – auch für die damit verbundenen Neben-, Rück- und Fernwirkungen – *vor* den Betroffenen oder ihren Interessenvertretern zu rechtfertigen.[7]

Vielfalt der Ansprüche

Der Verantwortungsträger ist den unterschiedlichen Ansprüchen der einzelnen Mitglieder einer Gesellschaft ausgesetzt, so wie auch er Ansprüche ihnen gegenüber erheben kann. Im *Beziehungsnetz gegenseitiger Ansprüche* entwickelt er das nötige Einfühlungsvermögen, ob er deren Berechtigung anerkennen soll oder nicht.[8] Es hat sich in der Betriebswirtschafts- und Managementlehre durchgesetzt, solche Anspruchsgruppen als „Stakeholder" zu bezeichnen. Das sind nicht nur Aktionäre, Kunden, Lieferanten, Mitarbeiter, Manager, sondern auch Anwohner, staatliche oder nichtstaatliche Organisationen, Medien und viele andere, die mehr oder weniger Einfluss auf ein Unternehmen haben. Ob deren Ansprüche berechtigt oder unberechtigt sind, ist nicht immer einfach zu entscheiden. Denn das hängt von den jeweiligen Wertvorstellungen ab. Wenn ein Unternehmer die Interessen und Ansprüche seiner Stakeholder nicht anerkennt oder aus bestimmten Gründen nicht anerkennen will, so muss er mit ihrer Gegenwehr rechnen. Im Gegenzug kann er diese nun mit seinen zur Verfügung stehenden Machtmitteln unterdrücken oder eine für alle Beteiligten akzeptable Lösung friedlich aushandeln.

Tauschgerechtigkeit als Lösung?

In der Wirtschaft erfolgt das Aushandeln nach dem Prinzip des gerechten Tausches. Waren oder Dienstleistungen werden auf der Grundlage von Arbeit ausgetauscht bzw. gegen Geld verrechnet. Ob der Tausch gerecht bzw. fair war, also seinem Wert entsprechend ausgewogen erfolgt ist, zeigt sich zwar nicht immer sofort, aber doch längerfristig am Markt.

Tauschhandel ohne Täuschung

Wichtig ist, dass der Tausch für alle involvierten Tauschpartner einen Mehrwert generiert, sonst hätten sie sich gar nicht darauf eingelassen. Als gerecht kann der Tausch angesehen werden, wenn nicht „mehr genommen als gegeben", also die Gleichwertigkeit von Geben und Nehmen sichergestellt wird.[9] Tausch setzt die gegenseitige Achtung der Tauschpartner voraus,[10] sonst wird das Tauschgeschäft zu einer Täuschung, bei der im Handel „etwas betrügerisch aufgeredet" wird.[11] Der Tausch basiert letztlich auf einem mündlich oder schriftlich gegebenen *Vertrag*, den es im gegenseitigen Einvernehmen einzuhalten gilt.

Fairer Tausch bedingt Mehrwert für alle Beteiligten

Auch die Ethik zielt darauf ab, dass sich Menschen im Umgang miteinander *vertragen*, also *verträglich* sind. Wie ist das möglich, wenn man von einem Menschenbild ausgeht, in dem jeder darauf aus ist, den anderen zu seinen eigenen Gunsten zu übervorteilen? Otfried Höffe sieht gerade in der *Tauschgerechtigkeit* eine Lösung des Problems. Jeder Mensch hat ein Interesse daran, dass er nicht von anderen umgebracht, verletzt oder ausgebeutet wird. Wie kann er sie dazu bewegen, seine persönliche *Integrität von Leben*, *Gesundheit* und *Eigentum* zu achten und damit ihre *Handlungsfreiheit* einzuschränken? Indem er ihnen einen Tausch anbietet: Sein Verzicht auf Gewalt gegen den Gewaltverzicht der anderen. Da die meisten Tauschpartner das gleiche Interesse verfolgen, nämlich von der Gewalt der anderen verschont zu werden, lassen sie sich auf den Handel ein. Mit ihrem Freiheits*verzicht*, sich auf Kosten des Lebens, der Gesundheit und des Eigentums anderer zu bereichern, erhalten sie im Gegenzug das Freiheits*recht*, selbst vom anderen *nicht* gewaltsam bedroht zu werden.[12] Höffe zufolge heißen solche Rechte, die „durch wechselseitige Verzichte zustande kommen ... mit gutem Grund *Menschenrechte*".

Tauschgerechtigkeit, Ethik und Menschenrechte

Da bei diesem „negativen Tausch" alle davon profitieren, könnte man nun davon ausgehen, dass staatliche oder sonstige autoritative Aufsichtsorgane überflüssig sind. Dies ist natürlich nicht der Fall, weil es genügend Trittbrettfahrer gibt, die die mehrheitlich eingehaltene Tauschgerechtigkeit für sich ausnutzen. Sie profitieren vom Verzicht der anderen, indem ihre Integrität unangetastet bleibt, setzen aber, wenn es die Machtverhältnisse erlauben, alles daran, umgekehrt die anderen zum eigenen

Identifizierung der Trittbrettfahrer

Thomas Hobbes
(1588–1679)

Wahrung des höheren
Eigeninteresses

Reaktionen bei
Übervorteilung

Vermeidung von
Monopolen

Vorteil auszunutzen. Sie nehmen den Verzicht der anderen an, ohne selbst zu verzichten. Das Tauschverhältnis wird ungerecht, ja parasitär.[13]

Zur Verhinderung solch parasitären Verhaltens sieht Höffe eine „gemeinsame oder öffentliche Durchsetzungsmacht", die man das „Schwert der Gerechtigkeit" nennen könne, als notwendig an. Zur Legitimierung dieser Macht tauscht man im Gegenzug den Verzicht auf das private Durchsetzungsrecht seiner eigenen Freiheit gegen eine „Rechts- und Staatsordnung" ein.[14] Dies erinnert an Thomas Hobbes (1588–1679), der in seiner berühmten Schrift „Leviathan" ebenfalls davon ausgeht, dass Menschen zu ihrem Schutz sich „freiwillig" einem staatlichen Souverän, dem „Leviathan", unterwerfen, um dessen Schutz vor den Angriffen der anderen zu genießen. Dabei übertragen sie ihm Vollmachten, die die individuelle Handlungsfreiheit stark einschränken und zu einem ungerechten Staat führen können.[15]

Im Unterschied zu Hobbes, der den Naturzustand des Menschen als einen „Krieg aller gegen alle" beschreibt,[16] hat Höffe ein positiveres Menschenbild. Der Mensch lernt schnell die Vorteile einer „Gleichwertigkeit im Geben und Nehmen".[17] Er verfolgt im Schnitt aus praktischer Klugheit sein höheres Eigeninteresse, das um des langfristigen Vorteils willen auch kurzfristige Nachteile in Kauf nimmt.[18] Kurzfristige Übervorteilung des anderen führt nämlich langfristig zu Nachteilen, wenn z. B. der Benachteiligte sich vom Vorteilsnehmer abwendet.

Diese Regel gilt auch im Wirtschaftsleben. So kann der übervorteilte Kunde sich in Zukunft an die Konkurrenz wenden. Der Arbeiter, der für seine Arbeit einen zu geringen Lohn oder schlechte, gesundheitsgefährdende oder sinnentleerte Arbeitsbedingungen eintauscht, kann bei entsprechendem Angebot den Arbeitgeber wechseln. Sogar die Natur reagiert bei Übernutzung mit Entzug lebenswichtiger Ressourcen bzw. ihres ästhetischen Erholungswerts oder mit immer heftigeren Katastrophen. Künftige Generationen, die durch heutige Aktivitäten verminderte Lebenschancen eintauschen, können allerdings nur indirekt Tauschgerechtigkeit erzwingen. Die bereits lebende jüngere Generation könnte der älteren etwa die ererbte Hypothek vorwerfen.[19]

All diese Reaktions- und Ausweichmöglichkeiten erzwingen nur dann beim Tauschpartner eine Mäßigung seines Strebens nach Eigennutzen, solange er mit einer vielfältigen Konkurrenz bei Angebot und Nachfrage rechnen muss oder er im Falle der Natur persönlich von deren Zerstörungen betroffen ist. Dass die Missbrauchsmöglichkeiten bei einer wachsenden Schere zwischen Arm und Reich – und damit auch mächtig und ohnmächtig – gerade in der globalisierten Welt eher gewachsen sind, zeigen einige Beispiele in diesem Buch. Um die gefährdete Tauschgerechtigkeit generell sicherzustellen, hat sich also auch in der Wirtschaft eine Ordnungsmacht etabliert, die den Missbrauch einer Monopolsituation über Sanktionen verhindert oder wenigstens öffentlich anprangert.

Wirtschaftsethik und Institutionen

Wie eine solche Rahmenordnung aussehen könnte, diskutierte schon Aristoteles (384–322 v. Chr.). Neben einer idealen Staatsform (Politik) seien eine gerechte Verteilung der Güter (Ökonomik) sowie die Förderung tugendhafter Bürger (Ethik) notwendig, um im Staat (Polis) ein gutes, geglücktes Leben zu ermöglichen.[20] Heute wird die Thematik nicht nur in der Wirtschaftspolitik und politischen Ökonomie,[21] sondern auch in der *Wirtschaftsethik*[22] behandelt. Sie untersucht und empfiehlt, wie das Funktionieren der Marktwirtschaft mit bestmöglicher *Tauschgerechtigkeit für*

Einheit von Politik, Ethik und Ökonomik bei Aristoteles

- alle Marktteilnehmer,
- alle anderen – auch künftigen – Mitglieder der Gesellschaft,
- die Natur als Ganzes

sichergestellt werden kann.

Zahlreiche Antworten wurden bisher darauf gegeben.[23] Es können im Rahmen dieses Buches nur wenige Andeutungen gemacht werden. In der globalisierten Wirtschaft kann die gewünschte Rahmenordnung nicht mehr von nationalstaatlichen Regierungen und Organisationen allein garantiert werden. Deshalb hat sich eine Vielzahl weltumspannender staatlicher wie privater Institutionen etabliert, die zu einer Gleichheit und Gerechtigkeit der Tauschpartner beitragen möchten.[24] Viele Globalisierungskritiker bezweifeln, ob ihnen das gelingen kann.

Globale Rahmenordnung

Diesen Kritikern zufolge scheitern viele Institutionen an korrupten Praktiken. Sie geben beispielsweise ihre Aufsichts- oder Kontrollfunktion auf, indem sie mit den Mächtigen des Marktes oder der Politik „gemeinsame Sache" machen, Bestechungsgelder im Tausch gegen Übersehen von Mängeln annehmen oder Führungskräfte der Firmen anstellen, die sie eigentlich beaufsichtigen sollen. Auch können Institutionen Regeln verordnen und ganze Länder nötigen, sich ihnen zu unterwerfen. Einmal anerkannt unterliegen sie selbst dann nur noch geringer Kontrolle.

Missbrauch oder Überforderung der Institutionen

Dies werfen zum Beispiel Nichtregierungsorganisationen (NGOs) wie der Globalisierungsgegner Attac, kirchliche Gruppen, Gewerkschaften oder auch Greenpeace der Welthandelsorganisation (WTO) mit ihren 162 Mitgliedsstaaten vor. Mit ihrer Absicht, die Tauschgerechtigkeit zwischen den Staaten durch Abbau von Handelshemmnissen zu verbessern, behindere sie die Befriedigung lokaler Bedürfnisse, die Einhaltung von Menschenrechten[25], fördere den Waffenhandel und damit Korruption und kriegerische Auseinandersetzungen[26] oder baue den Umweltschutz[27] ab. Neben anderen entwickeln die Wirtschaftsnobelpreisträger Armatya Sen und Joseph Stieglitz Modelle, wie der Welthandel mit mehr Fairness und Abbau von Armut gestaltet werden kann.[28] Dazu gehören auch Freiheit und Transparenz für alle Betroffenen. Stieglitz fordert z. B. mehr Transparenz bei den Verhandlungen der Freihandelsverträge zwischen den USA und dem Pazifikraum (TPP) bzw. Europa (TTIP). Solche Verträge hebelten die nationalen Rechtsordnungen etwa zum Schutz der Gesundheit oder Natur zugunsten ausländischer Investoren aus.[29]

Beispiel Welthandelsorganisation WTO

Friedensförderung
durch globalen
Handel?

Bei aller Kritik scheint der geöffnete Welthandel doch auch zum Frieden beigetragen zu haben. Zumindest könnte man das aus der Korrelation zwischen der Anzahl an Kriegen mit dem Wachsen des Welthandels ablesen, wie verschiedene Forscher herausgefunden haben.[30] Allerdings enden deren Statistiken vor dem Ausbruch des Bürgerkriegs in Syrien, der nach neuesten Schätzungen bislang mehr als 470.000 Tote mit fast 2 Millionen Verwundeten und 12 Millionen Flüchtlingen hervorgebracht hat.[31] Zudem konstatiert der Bertelsmann Transformationsindex (BTI), der alle zwei Jahre die Demokratieentwicklung in 129 Ländern untersucht, 2016 bei 60 % der untersuchten Staaten Rückschritte zu mehr Repression und Unterdrückung von Meinungs-, Medien- und Versammlungsfreiheit. 2020 hat sich diese Tendenz verstärkt.[32]

Einordnung der Ethik in die Philosophie

Um einen Überblick zu gewinnen, stellt sich die Frage, wo die Wirtschaftsethik und mit ihr die Ethik überhaupt verortet sind. Aristoteles hat die Ethik mit der Ökonomik, Politik, aber auch Technik und Ästhetik der *praktischen Philosophie* zugeordnet. Während die *theoretische Philosophie* der *Erkenntnis* des Menschen dient, zielt jene auf ein *gutes Leben* überhaupt ab.[33]

Bereichsethiken

Im Unterschied zur Antike weist die moderne Gesellschaft wesentlich komplexere Strukturen auf. Manche Sozialwissenschaftler beschreiben sie als *funktional ausdifferenziert*, und zwar in Bereiche wie Wirtschaft, Wissenschaft, Medizin, Bildung und Politik mit jeweils eigenen Systemgesetzmäßigkeiten. Diese sind häufig blind gegenüber den Folgen und Nebenfolgen für die anderen Bereiche und damit auch für ethische Herausforderungen.[34] Es macht also Sinn, für jedes gesellschaftliche Funktionssystem eine eigene *Bereichsethik* zu definieren, die die funktionale Sichtweise durch die ethische Verantwortung gegenüber den gesamtgesellschaftlichen Interessen ergänzt: im Falle des Wirtschaftssystems eine Wirtschaftsethik, für das Gesundheitssystem eine Medizinethik, für das Wissenschaftssystem eine Wissenschaftsethik usw.[35] Denn die effiziente Funktionserfüllung etwa der Geldwirtschaft benötigt ein ethisches Korrektiv, weil diese den Blick für die Neben-, Rück- und Fernwirkungen auf die anderen Lebensbereiche öffnet und für ein gutes Auskommen mit ihnen sorgt.

Ebenen der
Wirtschaftsethik

Jede Bereichsethik kann auf drei Ebenen betrachtet werden: auf der Makro-, Meso- und Mikroebene. Letztere bezieht sich im Wirtschaftssystem auf die Ebene einzelner Individuen, deren Beziehungen und Interaktionen innerhalb und außerhalb von Unternehmen. Sie entspricht der *Individualethik*. Auf der Mesoebene werden Unternehmen und ihre Wechselwirkung zu sozialen Gruppen betrachtet. Darauf fokussiert sich die *Unternehmensethik*. Die *Wirtschaftsethik* im engeren Sinne bezieht sich auf die Makroebene des Wirtschaftssystems. Dabei behandelt sie ethische Fragen der Wirtschaftsordnung auf nationaler und internationaler Ebene, des Rechts auf Eigentum und dessen Besteuerung, der Effizienz der Herstellung und gerechten Verteilung von Gütern, der externen

Effekte, die bei der Erfüllung von Angebot und Nachfrage außerhalb der Geschäftsaktivität entstehen.[36]

Die Bereichsethiken selbst werden wiederum von der Allgemeinen Ethik beeinflusst. Diese entwickelt nämlich Konzepte dafür, wie menschliche Praxis nicht nur in den einzelnen Bereichen, sondern in der Lebenspraxis allgemein für gut befunden werden kann. Dabei haben sich traditionell drei Ethikansätze etabliert, um einen Menschen zum guten Handeln zu bewegen. Die *Tugendethik* stärkt (a) das Können bzw. den Charakter eines Menschen, damit er aus innerer Einsicht das Gute tut. Die *Güterethik* beeinflusst (b) das Wollen eines Menschen dahingehend, dass er nützliche Güter nicht nur für sich, sondern für alle anstrebt. Die *Pflichtenethik* zeigt dem Menschen (c) das zu erfüllende Sollen auf, damit er in einer Gemeinschaft als gutes Mitglied geachtet wird. Es gibt also drei Wege, um einen Menschen zum guten Handeln zu bewegen: (a) aus innerer Einsicht, (b) aus Nützlichkeitserwägungen bzw. zu erwartender Belohnung und (c) aus Vermeidung von Strafe bzw. Suche nach Anerkennung in einer Gemeinschaft. Alle drei Vorgehensweisen ergänzen sich und kompensieren ihre jeweiligen Schwächen. Sie lassen sich den *drei Stellen der Verantwortung* (s. o.) zuordnen: (a) die Tugendethik dem handelnden Subjekt, (b) die Güterethik den Konsequenzen, (c) die Pflichtenethik den Instanzen. Zudem sind die drei Ethikansätze auf der Makro-, Meso- und Mikroebene des Wirtschaftssystems anwendbar, wobei im Rahmen dieses Buches der Fokus auf den beiden letztgenannten Ebenen liegt.[37]

Allgemeine Ethik und deren traditionelle Ansätze

Abbildung 0.1: Einteilung der Philosophie und Ethik

Methodologie

Prinzipiell kann jede der genannten Disziplinen immer nur einen beschränkten Blick auf das Ganze haben, weil sie, wie die obige Grafik andeutet, jeweils einem bestimmten Zweck dienen. Wie Scheuklappen versperren ihre jeweiligen Methodiken den Blick für die Belange der ganzen Lebenswelt. Es ist daher sinnvoll, eine Methode zum Einsatz zu bringen, die die Blickbeschränkung bestmöglich überwindet und *Perspektivenwechsel* erlaubt. Sie sollte gleichsam die Maulwurfseindrücke des Spezialisten mit der Adlersicht des Generalisten komplementär

Methodik des Perspektivenwechsels

ergänzen. Dieses Vorgehen ersetzt die Tyrannei des „Entweder-Oder" durch die Souveränität des *Sowohl-als-Auch*.[38] Inter- und transdisziplinäre Bezugnahmen sind daher unvermeidbar. Dahinter steht die philosophische Erkenntnis der Begrenztheit aller Disziplinen, weil sie mit ihren jeweiligen Methoden immer nur bestimmte Aspekte oder Dimensionen des Wirklichen herausfiltern also gewissermaßen jeweils einem Tunnelblick erliegen. So gesehen lügen selbst wissenschaftliche Disziplinen nicht mit dem, was sie sagen, sondern mit dem, was sie (meist unbewusst) verschweigen.[39]

Prinzip der Unschärferelation der Wahrnehmung

Als methodische Richtschnur dient daher das Prinzip der *Unschärferelation aller Wahrnehmung*, der zufolge – wie bei den berühmten Vexierbildern aus der Gestaltpsychologie – keine komplementären Aspekte gleichzeitig scharf gesehen werden können. Auf Unternehmen übertragen: Je mehr ich mich auf den Gewinn und damit die Aktionäre (Shareholder) konzentriere, desto mehr verschwinden die Ansprüche der anderen Stakeholder aus dem Blickfeld. Der Verkäufer, der sich voll und ganz auf die Interessen seines Kunden konzentriert, muss im entscheidenden Moment auch die seiner Firma im Auge haben, sonst kann es passieren, dass der erzielte Preis nicht einmal die Kosten deckt. Distanz und Engagement, Adler- und Maulwurfperspektive, Weit- und Nahsicht, Inklusion und Exklusion müssen sich im richtigen Moment ablösen, damit die komplementären Ansprüche erfasst werden können. Die funktionale Verantwortung sollte daher immer durch die Verantwortung gegenüber allen anderen Bereichen der Lebenswelt ergänzt werden.[40]

Fokus

An wen richtet sich das Buch?

Der Fokus auf die individuelle und organisationale Ebene hat seinen Grund in den Zielgruppen, die das vorliegende Lehrbuch vornehmlich anspricht. Es richtet sich an bereits etablierte oder angehende Praktiker in Unternehmen oder anderen Organisationen sowie Studierende und Lehrende an Hochschulen und Business Schools. Insbesondere Letztere sind zunehmend angehalten, ihr Fachwissen auch ethisch zu reflektieren. Für die meisten von ihnen ist die Makroebene eine Rahmenbedingung, die sie kaum beeinflussen können, wohl aber berücksichtigen müssen. Die Meso- und Mikroebene können sie hingegen beeinflussen. Daher konzentriert sich das Buch vor allem auf diese beiden Ebenen. Es richtet sich an Organisationen, die im Tauschverhältnis zu Stakeholdern stehen, sowie einzelne Personen, die – als Führungsperson oder Ausführende – innerhalb einer Organisation ihre Entscheidungen und die damit verbundenen Probleme ethisch verantworten sollten. Sie sollen lernen, unter welchen Umständen und wie dies überhaupt gelingt.

Wie ethische Probleme in der unternehmerischen Praxis gelöst werden können, hängt davon ab, was ich unter dem Begriffsfeld der Ethik überhaupt verstehe. Deshalb ist es sinnvoll die verschiedenen damit zusammenhängenden Begriffe wie Gut, Wert, Ethik, Moral, Unternehmensethik usw. näher zu definieren.

Definitionen

Definitionen (von lateinisch *definire* = abgrenzen) sind weder wahr noch falsch, sondern fruchtbar oder weniger fruchtbar. Sie sollen Begriffe voneinander abgrenzen, sodass sie einen Gegenstand oder Sachverhalt vollumfänglich beschreiben, ohne diese auf bestimmte Aspekte oder den allgemeineren Gattungsbegriff zu reduzieren. Beispielsweise sollte man den Begriff „Hund" weder zu eng noch zu weit definieren, etwa indem man ihn als „Wachhund" spezifiziert oder als „Tier" generalisiert. Das wäre wenig fruchtbar für die Ausarbeitung einer Theorie des Hundes, unter der man das Gesetzmäßige aller Hunde begreifen und daraus nützliche Erkenntnisse ableiten kann.

Jede Lebensform strebt danach zu überdauern und dabei den Zerfallsprozessen der Materie entgegenzuwirken. Sie meidet dabei lebensschädliche Übel und strebt nach lebensförderlichen Gütern. Alles, was die eigene Form erhält oder Bedrohungen derselben abhält, ist ein *Gut*, alles Gegenteilige ein *Übel*. *Materielle* Güter wie Nahrung, Erholung und Fortpflanzung dienen der Befriedigung von vitalen Bedürfnissen. *Soziale* Güter sind Verhaltensformen wie Kooperation, Verteidigung oder Angriff. Sie stellen das Überleben im Umgang mit anderen Lebensformen sicher. *Mentale* Güter sind Problemlösungen oder Ideen, um Überlebensstrategien und -nischen zu „erhalten" – im doppelten Sinne von „bewahren" oder „erlangen". Alles, was nützt, schmeckt, gefällt, motiviert, orientiert, verbindet, inspiriert, erfreut und glücklich macht, ist ein Gut, und alles, was das Gegenteil ausmacht, ein Übel. Auch Unternehmen streben nach Gütern materieller, sozialer oder mentaler Art. Materielle Güter sichern in Form von Finanzströmen, Produktionen und Waren die Existenz des Unternehmens. Soziale Güter halten die darin arbeitenden Menschen zusammen auch gegenüber Gruppen außerhalb. Die mentalen Güter sorgen für Innovationen und Anpassungen an geänderte Rahmenbedingungen, ohne die auf Dauer kein Unternehmen überleben kann.[41]

Werte sind aus Gütern abgeleitete Maßstäbe und Ideale, an denen alles, was ist, im Hinblick auf seine lebensfördernde Kraft gemessen bzw. verglichen wird. Der ideale Wert des Friedens ist der Maßstab für das reale Gut einer friedlichen Gemeinschaft. Ideal und Wirklichkeit bzw. Werte und Güter bedingen sich wechselseitig. Ohne das Ideal des Friedens wüssten wir nicht, was eine friedliche Gemeinschaft ist, und ohne die konkrete Erfahrung einer friedlichen Gemeinschaft hätten wir keine Ahnung vom Ideal. Ob jemand eine wertvolle Tat vollbringt um eines abstrakten Wertes oder konkreten Gutes willen, lässt sich nicht immer eindeutig feststellen. Wenn jemand beispielsweise ein ins Wasser gefallenes Kind rettet, kann er dies getan haben, weil er sich an dem ihm anerzogenen Wert der Hilfsbereitschaft orientiert oder an dem konkreten Gut des in Not geratenen Lebewesens, das um Hilfe ruft und an das Mitgefühl des Helfers appelliert. Man kann davon ausgehen, dass der Prozess des Idealisierens aus der Evolution des menschlichen Bewusstseins erwachsen ist. Dieses abstrahiert seine Ideale von konkret erfahrenen Momenten des Glücks und projiziert sie als ein Sollen in eine wünschenswerte

Fruchtbarkeit von Definitionen

Gut, Güter und Übel

Werte

Zukunft. So gesehen sind Werte auch Wegweiser des Handelns, erwünschte Ziele zu erreichen.[42]

Ethik

Ethik wird als eine philosophische Lehre vom „guten Auskommen miteinander"[43] angesehen. Dies kann erstens *deskriptiv* als eine Analyse bestehender Formen des guten Miteinanderauskommens aufgefasst werden. Sie kann zweitens auch *normativ* Regeln aufstellen oder Charaktereigenschaften fordern, mit denen sie eine gute und gerechte Gemeinschaft sicherstellen möchte. Sie kann drittens als *Meta-Ethik* bestehende Ethikansätze kritisch beleuchten.

Moral

Ethik unterscheidet sich von der *Moral*. Diese entsteht innerhalb von Gruppen als Vorstellung darüber, was oder wer als gut oder böse anzusehen ist. Sie bestimmt das öffentliche oder private Leben, zeigt an, wie man sich zu verhalten hat. Moralische Vorstellungen werden über Konventionen innerhalb von Gruppen von Generation zu Generation weitergegeben. Im Laufe der Geschichte haben sich die Vorstellungen darüber stark verändert. Während in der Frühzeit die Menschen sich innerhalb einer Sippe nach dem Stärksten, Ältesten, Weisesten oder Listigsten gerichtet haben, wurden später für einzelne Völker eine transzendente Macht (Gott), die Natur oder der Staat und noch später die dem Menschen zugesprochene Vernunft als Gesetzgeber für gutes und schlechtes Verhalten anerkannt. Zudem unterscheiden sich moralische Vorstellungen auch von Kultur zu Kultur. So wird Diebstahl in gewissen arabischen Ländern mit Abhacken der Hand, in anderen Regionen nur milde bestraft. Ethik versucht, die Relativität von Moralvorstellungen mit für alle Menschen akzeptablen Vorstellungen des „guten Auskommens miteinander" zu überwinden.

Unternehmensethik

Unternehmensethik betrachtet dabei auf der Mesoebene die Idee der Tauschgerechtigkeit als „gutes Auskommen mit allen *Stakeholdern*". Mit ihnen allen müssen Unternehmen lernen „gut auszukommen", also in ein gerechtes Tauschverhältnis zu kommen. Denn Stakeholder leiten ihre Ansprüche gerade aus ihren Investitionen in die jeweilige Organisation ab. Sie erwarten dafür einen bestimmten „Return on Investment". Für Anwohner eines Fertigungsbetriebes sind dies z. B. eine gute Infrastruktur, neue Arbeitsplätze oder niedrige Emissionen – Ansprüche, die sie aus ihrem investierten Wohlwollen gegenüber der Firma ableiten. Sollte dieses Wohlwollen durch rücksichtsloses Verhalten seitens des Betriebes enttäuscht werden, sind Konflikte vorprogrammiert. Für das Unternehmen sind Konflikte mit Stakeholdern meistens sehr kostspielig und bringen deshalb ökonomische Nachteile mit sich. Es ist demnach schon aus *strategischen* Gründen für Unternehmen wichtig, ihre Entscheidungen und Aktivitäten auch ethisch zu rechtfertigen. Das bedeutet aber nicht, dass Ethik dann zu einem bloßen Instrument oder als Marketingtool zur Geldvermehrung degradiert wird. Ganz im Gegenteil. Sie wird als zur Ökonomie komplementär und damit als gleichberechtigt aufgefasst und nicht als Dienstmagd derselben. Als *angewandte Unternehmensethik* verbindet sie ihre Forschungsergebnisse mit aktuellen Problemen und Fragen der Geschäftswelt.

Ethische Unternehmensverantwortung bedeutet in diesem Sinne, die Konsequenzen unternehmerischer Entscheidungen vor den unterschiedlichen Stakeholdern rechtfertigen zu können. Sie sollten weitgehend deren Ansprüchen gerecht werden und damit für Tauschgerechtigkeit sorgen. Oftmals ist das Verfahren ein Aushandlungsprozess, weil die Parteien mit ihren Interessen jeweils unterschiedliche Wertvorstellungen vertreten, die häufig in Konflikt miteinander geraten. Das Modell der nachhaltigen Unternehmensverantwortung und die daraus abgeleitete Checkliste (siehe ▶*Abschnitt 8.3*) sensibilisieren für die Wertkonflikte und dienen als Grundlage für den Aushandlungsprozess mit den involvierten Stakeholdern. Wie dabei im Einzelnen mit deren unterschiedlichen Wertvorstellungen, Interessen, Rationalitäten, Sprachen und Machtverhältnissen umzugehen ist, kann im Rahmen dieser Publikation nur angedeutet werden.

Ethische Unternehmensverantwortung

Wer ethisch handelt, ist vertrauenswürdig. Sein Handeln ist berechenbar. Er erfüllt die Erwartungen des Vertrauenden. So gesehen ist *Vertrauen* selbst kein Wert, sondern ein Wertbeziehungsbegriff, und zwar eine *Erwartung*, dass sich ein Wert in der Zukunft erfüllt.[44] Gerade in Unternehmen ist es ökonomisch sinnvoll, ein gesundes *Vertrauensverhältnis* zu den Stakeholdern aufzubauen.[45] Aufgrund ihrer Wertvorstellungen und Interessen haben sie unterschiedliche Erwartungen an ein Unternehmen. So sollten interkulturelle Unterschiede ebenso beachtet werden wie individuelle Befindlichkeiten.

Vertrauen

Jede Führungskraft einer Organisation, die für die Aushandlungsprozesse und vertrauensbildenden Maßnahmen gegenüber den Stakeholdern verantwortlich ist, benötigt unterschiedliche Qualitäten einer *Responsible Leadership*. Diese übersteigt die Aufgaben eines verantwortlichen Managers, der etablierte Geschäftsprozesse steuert. Ein verantwortlicher Leader hingegen ist befähigt, in einer sich ständig ändernden Welt unter Berücksichtigung von Stakeholderansprüchen Wandel sinnvoll zu gestalten. Er beeinflusst das nachhaltige Verantwortungsbewusstsein, also die Leistungs-, Kooperations- und Verständigungsbereitschaft aller Angehörigen einer Organisation, um eine Vision – möglichst zum Wohle aller Betroffenen – erfolgreich zu verwirklichen. Neben kognitiven Fähigkeiten sind emotionale und spirituelle Intelligenz erforderlich. Letzteres ist dabei nicht religiös zu verstehen, sondern als Fähigkeit, sich mit einem größeren Ganzen sinnvoll zu verbinden. Denn gerade im Umgang mit Stakeholdern sind neben Fachwissen Einfühlungsvermögen und Intuition unabdinglich.

Responsible Leadership

Ziele und Aufbau

Insgesamt verfolgt das vorliegende Lehrbuch folgende Ziele: Es soll die wichtigsten philosophischen und theoretischen Grundlagen sowie praktischen Fähigkeiten, die für nachhaltig und ethisch verantwortungsvolle Entscheidungen in Unternehmen nötig sind, anschaulich und praxisorientiert vermitteln. Dabei sollen die Möglichkeiten und Grenzen einer angewandten Ethik in Unternehmen deutlich werden, ihre wichtigsten Ansätze kennengelernt und auf verschiedene Probleme, Dilemmata und

Zielsetzung

Risiken im beruflichen Alltag angewendet werden. Das bereits vom Autor publizierte Modell[46] einer nachhaltigen Verantwortung dient dabei als Grundlage. Es ist gewissermaßen eine zusammenschauende, synoptische Blaupause für die Anwendung im Unterricht, aber auch in der Managementpraxis. Es reduziert erheblich die Komplexität des Angebots an Theorien und Praxisempfehlungen zum Thema, ohne zu simplifizieren.

Vorgehen   Im ersten Teil werden Gründe für den Bedarf von Organisationen an nachhaltig verantwortlichem Denken und Handeln dargelegt. Insbesondere eine neue Ökonomie des fairen Tauschs soll die Verwerfungen ausgleichen, die die neoliberale Ökonomie der Gier seit der industriellen Revolution erzeugt hat. Das ganzheitliche Modell zur nachhaltigen Verantwortung bietet eine allgemeine Orientierung, was als fairer Tausch für alle Beteiligten und Betroffenen ökonomischer Wertschöpfung angesehen werden kann. Die ethische Verantwortung spezifiziert das gute Miteinanderauskommen mit allen Stakeholdern. Der zweite Teil führt in die drei wichtigsten traditionellen Ethikansätze ein und wendet sie auf die Praxis an, indem zuletzt unter Einsatz einer Checkliste auch Möglichkeiten einer Anwendung für das strategische Management vorgestellt werden. Der dritte Teil diskutiert neuere Ansätze der Ethik und arbeitet Folgerungen für eine ganzheitlich verantwortungsvolle Führung von Organisationen heraus. Der letzte Teil dient einem Ausblick auf Eigenschaften, die eine verantwortungsvolle Führungskraft (Responsible Leader) in einer Organisation entwickeln sollte, um diese nachhaltig verantwortlich gestalten zu können.

Einleitung
Teil I: Verantwortung in Unternehmen
Vermehrter Bedarf an Verantwortung und Ethik (Kap. 1)
Ein ganzheitliches Modell der Unternehmensverantwortung (Kap. 2)
Ethik als Regelwerk sozialer Prozesse (Kap. 3)
Teil II: Traditionelle Ethik in Unternehmen
Nützlichkeitsethik (Kap. 4) · Pflichtenethik (Kap. 5) · Tugendethik (Kap. 6)
Zusammenschau – traditionelle Ethik in der Praxis (Kap. 7)
Anwendung im strategischen Management und Einsatz der SCR-Checkliste (Kap. 8)
Teil III: Neuere Ethikansätze in Unternehmen
Intergenerative Ethik (Kap. 9) · Biozentrische Ethik (Kap. 10) · Tiefenethik (Kap. 11)
Teil IV: Folgerungen für eine Responsible Leadership
Die nachhaltig verantwortungsvolle Führungspersönlichkeit (Kap. 12)

Abbildung 0.2: Aufbau des Lehrbuchs

Das vorliegende Lehrbuch dient der *Sensibilisierung* von Entscheidungsträgern, Studierenden und Lehrenden für ethische Fragen in Organisationen. Es gibt einen Überblick über die wichtigsten Ansätze der Ethik und deren Anwendung in der beruflichen Praxis. Es ist weder ein Ratgeber mit Regelwerken und Vorschlägen zur Lösung ethischer Probleme in Unternehmen noch eine umfassende Theorie eines Ethiksystems für die Wirtschaft. Auf der Grundlage eines ganzheitlichen Konzepts soll es mit seinen vielen Anwendungsbeispielen und interdisziplinären Exkursen den Leser dazu bewegen, seine Aufgaben nicht bloß als Funktionsträger gegenüber den Vorgaben seiner Organisation abzuarbeiten, sondern die Folgen auch als Responsible Leader sowie als mündiger, selbstbestimmter Bürger vor allen Bereichen des Lebens zu verantworten.

Obwohl die Kapitel aufeinander aufbauen, können einzelne Kapitel durchaus auch gesondert gelesen werden. Es empfiehlt sich dann, die jedes Kapitel abschließende Zusammenfassung zu lesen. Vertiefungen und Exkurse sind teilweise auch in Fußnoten ausgeführt. Es bleibt dem Leser selbst überlassen, ob er sie bei der ersten Lektüre oder zu einem späteren Zeitpunkt miteinbezieht.

Abgrenzung

Zusammenfassung

Der Mensch scheint von Natur aus auf seinen Vorteil bzw. Eigennutzen bedacht. Zugleich ist er auf Gemeinschaft angewiesen. Deshalb strebt er nach einem Gleichgewicht von Geben und Nehmen. Die damit verbundene Tauschgerechtigkeit wird jedoch immer wieder von Trittbrettfahrern auf Kosten des Gemeinwohls ausgenutzt. Diese sollen durch eine politische und rechtliche Rahmenordnung daran weitgehend gehindert werden. Was auf der Makroebene des Wirtschaftssystems nur unvollkommen gelingt, soll auf der Meso- und Mikroebene der Unternehmen bzw. Individuen durch Stärkung des Verantwortungsbewusstseins verbessert werden. Je nach Charakter ordnen sich Organisationen oder Individuen aus Einsicht den allgemeinen Regeln des Umgangs miteinander unter oder sie erkennen die Notwendigkeit von unbedingt einzuhaltenden Pflichten an oder streben nach Nutzen für alle Betroffenen bzw. meiden Schäden. Tugend-, Pflichten- und Güterethik ergänzen sich in ihrer Zielsetzung, das gute Miteinanderauskommen möglichst Vieler zu fördern.

Des Weiteren definiert die Einleitung wichtige Grundbegriffe und erläutert die dem Lehrbuch zugrunde liegende Zielsetzung und Methodik.

Weiterführende Inhalte finden Sie auf der Website *www.pearson.de*

Endnoten

1   Stieglitz, 2015; Sen, 2001.
2   Vgl. z. B. Blowfield/Murray, 2008, S. 12 ff
3   Vgl. Trevino/Nelson, 2011, S. 208 f.
4   Hans Lenk, 1991, S. 61, verweist hierbei auf Alfred Schütz, 1971, S. 256 ff, und Joseph M. Bochenski, 1987, S. 142. „Wert" als „Wertbeziehung" in Fortführung von Heinrich Rickert (1863–1936) bei Johannes Erich Heyde (1892–1979), 1916, S. 17.
5   Picht, 1969, S. 319 f.
6   Vgl. Nida-Rümelin, 2011, S. 23.
7   Vgl. Schüz, 1999, S. 146 ff.
8   Vgl. Banzhaf, 2002, S. 20; vgl. Schüz, 2001a, S. 83.
9   Vgl. Schüz, 1999, S. 77.
10 Schüz, 1999, S. 80.
11 Kluge, 1975, S. 773.
12 Höffe, 1991, S. 121 ff.
13 Vgl. ebd. S. 126 f. Zur Ungleichheitsbeziehung des Parasitentums vgl. Serres (1981).
14 Ebd. S. 127.
15 Vgl. Hobbes, 1992, S. 156 ff.
16 Ebd. S. 115, 117, 119.
17 Höffe, 1991, S. 128.
18 Vgl. Sturn, 1991; Ikerd, 1999.
19 Vgl. ebd. S. 129 ff.
20 Vgl. Aristoteles, 1978, Politik, Buch I; 1985, Nikomachische Ethik: Buch V und VIII (Kap. 11–12).
21 Eine komprimierte, aber erhellende und gut verständliche Einführung in die verschiedenen Modelle der Ökonomie bietet Ha-Joon Chang (2014).
22 Beispiele für umfassende Entwürfe einer gerechteren Wirtschaft siehe z. B. Gaus, 2012; Ulrich, 1997; Felber, 2012.
23 Eine kleine Auswahl: Bernd Noll (2010) stellt in seinem empfehlenswerten „Grundriss der Wirtschaftsethik" deren Entwicklung „von der Stammesmoral zur Ethik der Globalisierung" dar. Sein „historisch-genetischer" Überblick nimmt Bezug auf Philosophie-, Religions- und Kulturgeschichte. Eine vergleichende Wirtschaftsethik mit Bezugnahme auf Unternehmen bietet Cornelia Nietsch-Hach (2014). Annemarie Pieper definiert Wirtschaftsethik als „ein Teilgebiet der Sozialethik", die die „ethischen Prinzipien eines guten Lebens mit den Ansprüchen des Wirtschaftshandelns auf Effizienz, Nutzenwachstum und Wertsteigerung zu verbinden" weiß (1991, S. 89). Peter Ulrich hat ein umfassendes und tiefgründiges, auf Immanuel Kants Vernunftbegriff basierendes Konzept einer „integrativen Wirtschaftsethik" (1997) entwickelt. Peter Koslowski untersucht die „Prinzipien einer ethischen Ökonomie" (1988). Josef Wieland definiert Wirtschaftsethik als einen „Akt individueller und kollektiver Selbstbindung, als eine Möglichkeit der vernünftigen Wahl von Handlungsbeschränkungen", wobei er offen lässt, was unter „vernünftiger Wahl" zu verstehen ist (1990, S. 170, vgl. 177). Homann/Blome-Drees definieren die Wirtschaftsethik als „Ordnungsethik" (1992, S. 20).
24 Vgl. Rodrick, 2007, 2011; Katterle, 1990; eine kritische, auch für Nichtökonomen gut lesbare Analyse des derzeit dominierenden Wirtschaftssystems siehe Ha-Joon Chang, 2010.
25 Humanrights.ch, 2014.
26 Feinstein, 2012; in der Einleitung geht er davon aus, dass der Waffenhandel für 40 Prozent der Korruption im gesamten Welthandel verantwortlich ist; vgl. Jackson/ Nei, 2015.
27 Greenpeace, 2005.
28 Vgl. Stieglitz/ Charlton 2007; Stieglitz 2015; Sen, 2001, 2012; Salomon, 2010; Schäfer, 2009.
29 Stieglitz, 2016, vgl. 2015.
30 IWK, 2014; Pinker, 2011; Roser, 2016.
31 Black, 2016.; vgl. Welthungerhilfe, 2020.
32 Donner et al., 2020.
33 Da sowohl theoretische Erkenntnis als auch praktischer Lebensvollzug Konsequenzen für das Ganze nach sich ziehen, gehören Theorie und Praxis in einem umfassenden Konzept der Verantwortung unauflöslich zusammen. Der Rahmen dieses Buches verlagert allerdings den Schwerpunkt auf den praktischen Teil.
34 Vgl. Luhmann, 1986, S. 62 ff, 101 ff; 1991, S. 89 ff, 107, 189 ff, 201 ff.
35 Vgl. Nida-Rümelin, 2005.

36   Vgl. Hentze/Thies, 2012, S. 51 ff.
37   Beispielsweise verbindet Peter Ulrich, der Pionier der akademischen Wirtschaftsethik in der Schweiz, vornehmlich die Makro- mit der Mesoebene (1997).
38   Vgl. Bate, 1997, S. 84 ff.
39   In Abwandlung einer Aussage von Carl Friedrich von Weizsäcker über die methodisch bedingte Begrenztheit der Physik: „Das physikalische Weltbild hat nicht unrecht mit dem, was es behauptet, sondern mit dem, was es verschweigt." (1976, S. 25).
40   Schüz, 1999, S. 39 f.
41   Schüz, 1999, S. 86; vgl. Heyde, 1916; 1926; Kluckhohn, 1951.
42   Schüz, 1999, S. 18.
43   Schüz, 1999, S. 156.
44   Schüz, 1999, S. 193 f; vgl. 1998.
45   Vgl. Covey, 2009.
46   Schüz 2012b; 2013a; 2014.

TEIL I

Verantwortung in Unternehmen

Einführung zu Teil I

Selbstzerstörerische Wirtschaftsideologie

Die weltweite Wirtschaftslage befindet sich nicht zuletzt wegen der aktuellen Corona-Pandemie in einer lebensbedrohlichen Krise. Sie erzwingt eine Neuorientierung. Immer deutlicher zeigen sich die ökologischen und sozialen Verwerfungen einer neoliberalen Marktwirtschaft. Deren verführerische Ideologie, das egoistische Maximieren des Eigennutzens käme dank einer „unsichtbaren Hand" dem Gemeinwohl zugute, hat selbstzerstörerische Tendenzen. Anstatt Wohlstand für alle, öffnet sich weltweit die Schere zwischen Arm und Reich immer weiter. Anstatt paradiesische Lebensverhältnisse hat sie Klimawandel, Artensterben und soziale Missstände geschaffen. Sie bedroht damit das Überleben der Menschheit.

Einsicht und Weitung des omnipräsenten Tunnelblicks

Es wird höchste Zeit, dass die Akteure ihren Tunnelblick wenn nicht aufgeben, so doch erweitern. Der Fokus auf Selbstbereicherung mit Hilfe steigender Gewinne und wachsender Marktanteile muss überwunden werden. Unternehmerische Entscheidungen sollten ökonomisch, ökologisch *und* ethisch vor dem Ganzen verantwortet werden.

Richtlinien der Vereinten Nationen: PRME und SDGs

Darin liegt die eigentliche Herausforderung für die Lehre und Forschung an Universitäten und Business Schools. Zur Vermeidung einer *Ökonomie der Habgier* sollen sie vermehrt eine *Ökonomie des fairen Tauschs* als Grundlage einer Kreislaufwirtschaft (Circular Economy) vermitteln. Immer mehr Hochschulen verpflichten sich deshalb, die sechs „Prinzipien für eine verantwortungsvolle Managementausbildung" („Principles of Management Education" – PRME, ▶ *Abschnitt 12.2*) einzuhalten. Die Vereinten Nationen haben ihre formalen Richtlinien inhaltlich mit den siebzehn Nachhaltigkeitszielen („Sustainable Development Goals" – SDGs, ▶ *Abschnitt 11.7*) ergänzt. Damit sind auch die Repräsentanten der Politik herausgefordert, mit ihren Maßnahmen eine Weltwirtschaft zu fördern, die dem Ganzen dient.

Facetten des Zusammenspiels von Ökonomie und Ethik

Es gibt Hoffnung. Denn immer mehr Unternehmen haben den Irrweg einer einseitigen Shareholder-Value-Orientierung erkannt und die Notwendigkeit eines Zusammenspiels von Ökonomie und Ethik eingesehen. Deren Verbindung soll im ersten Teil dieses Buchs eingehender beleuchtet werden, und zwar in verschiedenen Facetten jeweils systematisch, historisch und pragmatisch. Während das erste Kapitel den Schwerpunkt auf die Ökonomie legt, arbeitet das zweite Kapitel mit Hilfe eines eigenen Modells die Dimensionen der unternehmerischen Verantwortung heraus, während das dritte Kapitel die Disziplin der Ethik erhellt.

Vermehrter Bedarf an Verantwortung und Ethik

1

ÜBERBLICK

Zielsetzung

Der krankhafte Zustand der heutigen Ökonomie muss überwunden werden. Dazu gibt es zahlreiche Diagnosen und Therapievorschläge. Sie alle kritisch zu würdigen, würde den Rahmen dieses Buchs sprengen.[1] Stattdessen sollen in diesem Kapitel Gründe für den vermehrten Bedarf an ethischer Verantwortung herausgearbeitet werden. Ein erster liegt im Ursprung und Ziel der *Ökonomik*. Deren eigentliche Aufgabe besteht nämlich darin, für *faire Tauschverhältnisse entlang der ganzen Wertschöpfungskette* zu sorgen. Nach alter Vorstellung ist sie keine Selbstbereicherungsstrategie. Als solche wurzelt sie in der *Chrematistik*. Weitere Gründe, weshalb Unternehmen ihre Verantwortung ganzheitlicher ausrichten sollen, sind das Ressourcenproblem, das Problem der wachsenden Ansprüche und das Problem zunehmender Transparenz.

1.1   Ökonomie des fairen Tauschs

Die Frage nach dem Verhältnis zwischen Ökonomie und Ethik

Der wohl wichtigste Grund, weshalb Unternehmen zunehmend ihre ethische Verantwortung erkennen und auch wahrnehmen, liegt in der Einsicht, dass Ökonomie ohne Ethikbezug auf Dauer in eine Sackgasse gerät. Denn ohne Ethik degeneriert ökonomisches Handeln zu einer *Ökonomie des unschuldigen Betrugs*[2]. Betrügerisch wird sie, indem sie Wirtschaftsakteure zur Selbstbereicherung auf Kosten von Natur und Gesellschaft animiert. Unschuldig ist der Betrug, weil er den meisten Marktteilnehmern gar nicht bewusst ist. In einer Ökonomie ohne Ethik fühlt sich niemand verantwortlich für die negativen Folgen. Das Verhältnis verstand man von der Antike bis in die Neuzeit hinein als einander ergänzend, also als komplementär, in der Moderne eher als polar entgegengesetzt.

1.1.1 Das Verhältnis von Ökonomie und Ethik

Das Verhältnis von Ökonomie und Ethik ist umstritten. Passen sie zueinander wie Feuer und Wasser oder gehen sie Hand in Hand? Je nachdem gewinnen die Pessimisten oder die Optimisten die Oberhand. Erstere sehen im ökonomischen Handeln ein Mittel der egoistischen Selbstbereicherung, deren Exzesse nur mit dem „Gegengift" der Ethik gezähmt werden kann. Letztere sehen in ihm geradezu einen Anwendungsfall der Ethik, wenn man die Ökonomie in den Diensten des Lebens sieht.[3]

Pessimistische vs. optimistische Sicht

Zumindest ist beiden Begriffen gemeinsam, dass sie Ausdrucksformen menschlichen Handelns sind, mit denen der Mensch sein (Über-)Leben in der Gemeinschaft sicherstellen will. Es stellt sich die Frage, *wie* der Mensch das anstellt: mit egoistischem Kampf, Raubzügen, Täuschung und Betrug? Oder: mit fairem Tausch oder gar altruistischer Kooperation, Fürsorge und Nächstenliebe?

Handlungsformen zum Überleben

Überleben durch Kampf oder Kooperation?

Für die erste, egoistische Auffassung spricht, dass beinahe täglich weltweit Manager und Unternehmen wegen ethischen Fehlverhaltens an den medialen Pranger gestellt werden. Man wirft ihnen Bilanzfälschungen, Geldwäscherei, Missmanagement und Betrug vor. Einer von ihnen war Ivan Boesky (geb. 1937), der mit Insiderhandel ein Vermögen machte. Seine Auffassung, dass es gesund und gut sei, „wenn man habgierig ist", wurde der Filmfigur Gordon Gekko in Oliver Stones Kinohit „Wall Street" 1987 in den Mund gelegt.[4]

Überleben durch egoistische Gier?

Bereits zu Beginn des 18. Jahrhunderts lobte der Arzt Bernard Mandeville (1670–1733) in seiner *Bienenfabel*, dass das egoistische Ausleben „privater Laster" zum „öffentlichen Vorteile" gereiche: „Stolz, Luxus und Betrügerei muss sein, damit ein Volk gedeih. … Mit Tugend bloß kommt man nicht weit."[5] In ähnlicher Manier pries 250 Jahre später der Wirtschaftsnobelpreisträger Milton Friedman in einem Fernsehinterview die Gier als den einzig entscheidenden Antrieb des Menschen für große Leistungen: „Den Menschen treibt die Gier, und wenn jeder an sich denkt, ist an alle gedacht."[6] Anders als Mandeville schloss Friedman für das Ausleben der Gier illegale Betrügereien explizit aus.[7]

Private Laster - öffentliche Vorteile?

Ungeachtet dieser Warnung fand gegen Ende des letzten Jahrhunderts eine verengte Vorstellung des *Homo oeconomicus* weite Verbreitung. Ihr zufolge lässt ein Wirtschaftsakteur seiner Gier freien Lauf mit dem Ziel, seinen Eigennutzen zu maximieren, was auch immer darunter zu verstehen ist. Spätestens die Folgen der Bilanzbetrügereien bei Firmen wie Enron und Worldcom oder der Subprime-Finanzkrise von 2007 widerlegten den sozialen Nutzen der Gier einzelner. Denn sie bescherte zwar Wenigen großen Reichtum, bürdete aber die Kosten der Allgemeinheit auf[8] und beschädigte dabei den Ruf der Wirtschaft in der öffentlichen Wahrnehmung[9]. Außerdem verführte die Gier zu illegalen Aktivitäten. Sie brachten zum Beispiel das vermeintliche Vorbild Boesky oder Jeffrey Skilling, den ehemaligen Chef von Enron, auf Grund ihrer Betrügereien ins Gefängnis.[10]

Verengte Sicht des Homo oeconomicus als Gierkopf

Der missverstandene
Adam Smith

Für die zweite, eher altruistische Auffassung spricht kein geringerer als Adam Smith (1723–1790), der Begründer der neuzeitlichen Ökonomik. Fälschlicherweise hat man ihm immer wieder unterstellt, Wegbereiter einer Wirtschaftstheorie vom Schlage Friedmans zu sein. Das Missverständnis rührt daher, dass er in seinem berühmten *Wohlstand der Nationen* von 1776 die Grundlage für unsere tägliche Nahrung nicht im „Wohlwollen" (englisch: *benevolence*) des Metzgers, Brauers oder Bäckers, sondern in deren *eigenen Interessen* (englisch: *own interest*) bzw. *Selbstliebe* (*self-love*) sah.[11] Für ihn bedeutete „Eigenliebe" bzw. Selbstinteresse keineswegs rücksichtslosen Egoismus (englisch eher: *selfishness*)[12], der räuberisch Gewinne maximiert und trotzdem dank einer „unsichtbaren Hand" (*invisible hand*) dem Gemeinwohl dient.[13] Es beruht stattdessen auf gerechtem Tausch, der wiederum als eine Form der Kooperation in *Reziprozität*, sprich in Wechselseitigkeit, wurzelt, wie sie im Tauschhandel und in der Arbeitsteilung gepflegt wird:

> *„Die Arbeitsteilung [...] entsteht [...] aus einer natürlichen Neigung des Menschen, zu handeln und Dinge gegeneinander auszutauschen. [...] In einer zivilisierten Gesellschaft ist der Mensch ständig und in hohem Maße auf die Mitarbeit und Hilfe anderer angewiesen [...], wobei er jedoch kaum erwarten kann, dass er sie allein durch das Wohlwollen der Mitmenschen erhalten wird. Er wird sein Ziel [...] viel eher erreichen, wenn er deren Eigenliebe zu seinen Gunsten zu nutzen versteht, indem er ihnen zeigt, dass es in ihrem eigenen Interesse liegt, das für ihn zu tun, was er von ihnen wünscht. Jeder, der einem anderen irgendeinen Tausch anbietet, schlägt vor: Gib mir, was ich wünsche, und du bekommst, was du benötigst."*[14]

Ökonomischer Tausch
impliziert Ethik

Smith versteht also unter ökonomischem Handeln ein reziprokes Tauschverhältnis. Indem die involvierten Parteien ein faires Ergebnis anstreben, nehmen sie implizit auch auf Ethik Bezug. Denn sie vermittelt die Maßstäbe, was überhaupt als fair angesehen werden kann. Dazu liefert die im Zitat angedeutete Goldene Regel der Ethik einen ersten Hinweis: „Gib dem anderen das, was du dir selbst gerne wünschst." (Näheres zu den Stärken und Schwächen der Goldenen Regel siehe ▶ *Abschnitt 5.2*)

Die soziale Funktion des Tauschs bei Adam Smith

Altruistische Züge im
Selbstinteresse bei
Adam Smith

Adam Smith war ein Vierteljahrhundert vor Erscheinen seines ökonomischen Hauptwerks im Jahr 1776, *Wohlstand der Nationen*, Ethikprofessor. Da hatte er bereits in seinem ersten Hauptwerk von 1759, *Theorie der moralischen Gefühle*, begründet, weshalb Menschen ihre Eigeninteressen im gerechten Tausch gegenseitig abstimmen:

„Die Gesellschaft kann zwischen einer Anzahl von Menschen [...] durch eine Art kaufmännischen Austausches guter Dienste, die gleichsam nach einer vereinbarten Wertbestimmung geschätzt werden, aufrechterhalten werden. Indessen kann eine Gesellschaft zwischen solchen Menschen nicht bestehen, die jederzeit bereit sind, einander wechselseitig zu verletzen und zu beleidigen. In dem Augenblick, in dem gegenseitige Schädigung beginnt, ... werden alle Bande der Gesellschaft zerbrochen."[15]

Adam Smith
(1723–1790)

Selbst die Mitglieder einer Räuberbande, wie Smith weiter ausführt, enthalten sich aus höherem Eigeninteresse heraus des „Raubens und Mordens untereinander"[16], eben weil auch sie auf gemeinschaftlichen Zusammenhalt angewiesen sind. Smith steht damit dem Gedankengut des Aristoteles nahe, der ebenfalls klar sagt: „Ohne Austausch gäbe es keine Gemeinschaft, ohne Gleichheit keinen Austausch und ohne Messbarkeit keine Gleichheit."[17]

Gemeinschaft durch gerechten Tausch

In der Bereitschaft zu tauschen zeigt sich also die Fähigkeit des Menschen zur Kooperation. Demzufolge dient er nicht ausschließlich sich selbst (lateinisch: *ego*), sondern auch einem anderen (lateinisch: *alter*), handelt er nicht nur rein *egoistisch*, sondern auch *altruistisch*.

Fähigkeit zur Kooperation

Ökonomik im Widerspruch zur Ethik

Widerspricht das nicht der Vorstellung der modernen Wirtschaft, die nach einer Aussage des Wirtschaftsnobelpreisträgers und Pioniers des sogenannten *Neoliberalismus* Friedrich Hayek (1899–1992) keinen Altruismus kennt, sondern nur das Streben nach Gewinn?[18] Ethik gilt hier nur als ein Hemmschuh für das Geldverdienen. Gemäß dieser „Zwei-Welten-Theorie"[19] von Ökonomik und Ethik suchen die Marktteilnehmer nur ihren wirtschaftlichen Vorteil. Die Ökonomik arbeite die Gesetze der Vorteilsnahme und Maximierung des Eigennutzens theoretisch heraus, um sie in der Wirtschaft (Ökonomie) praktisch anwenden zu können. Damit stehe sie aber im Widerspruch zur Ethik, die dem egoistischen Streben der Marktteilnehmer altruistische Zügel anlegen will. Deshalb müsse man die Wirtschaft von Kontrollsystemen wie dem Staat trennen und einen „vollen, reinen, unkontrollierten, unregulierten Laissez-faire-Kapitalismus" befördern.[20]

Entfesselte Märkte im modernen Kapitalismus

Exkurs: Problem des Menschenbilds

Ist der Mensch von Natur aus gut oder böse?

Jean-Jacques Rousseau (1712–1778)

Je nach Antwort unterschiedliche Therapien

Die beiden genannten Positionen zum Verhältnis von Ökonomie und Ethik berufen sich jeweils auf unterschiedliche Menschenbilder. Was veranlasst den Menschen zum ökonomischen Handeln? Gemäß der egoistischen Auffassung nimmt der Mensch primär nur Rücksicht auf sich selbst, d. h., ihm geht nichts über sein „Ich". Rücksichtslos nimmt er seine Interessen wahr und steht damit in einem permanenten „Krieg aller gegen alle", wie es Thomas Hobbes in seinem *Leviathan* formuliert hat.[21] Er geht von einem egoistischen Menschenbild aus, demzufolge der Mensch von Natur aus böse ist. Die altruistische Auffassung berücksichtigt andere und sieht im Menschen von Natur aus eher das Gute. Ein solches altruistisches Menschenbild vertrat Jean Jacques Rousseau (1712–1778), für den „der Mensch von Natur aus gut" ist. Menschen werden „allein durch ihre Institutionen böse".[22]

Gier kann selbstverständlich in beiden Menschenbildern Früchte tragen. Im ersten Fall als Ausdruck der inneren Natur, die durch strenge Gesetzgebung, Sanktionen und ethische Regelwerke in Zaum gehalten werden muss, im zweiten Fall als gesellschaftlich bedingte Verirrung, die man durch Erinnerung an das Gute im Menschen, Selbstreflexion und Wohlwollen für andere wieder ablegen sollte – also zwei unterschiedliche Therapien auf Grund unterschiedlicher Diagnosen[23] –, auch im Umgang etwa von Führungskräften in Unternehmen mit ihren Mitarbeitern.[24]

Altruistische Züge im Menschenbild von Adam Smith

Dass Adam Smith selbst von einem altruistischen Menschenbild ausgeht, macht er gleich zu Beginn seiner *Theorie der ethischen Gefühle* klar:

> „*Mag man den Menschen für noch so egoistisch [original: selfish] halten, es liegen doch offenbar gewisse Prinzipien in seiner Natur, die ihn dazu bestimmen, an dem Schicksal anderer Anteil zu nehmen [original: interest him in the fortune of others], und die ihm selbst die Glückseligkeit dieser anderen zum Bedürfnis machen, obgleich er keinen anderen Vorteil daraus zieht, als das Vergnügen, Zeuge davon zu sein.*"[25]

Kritische Selbstdistanzierung und Empathie

Um dieses altruistischen Vergnügens teilhaftig zu werden, muss sich der Mensch allerdings, wie sein Hauptwerk zur Ethik an zahlreichen Stellen zeigt, aus der Position des neutralen Beobachters (original: *impartial spectator*) die Fähigkeit zur *Selbstreflexion* aneignen.[26] Denn nur wer sich aus der Distanz selbst neutral betrachten kann, vermag seine egoistischen Antriebe umzuwandeln und anderen Menschen mit Sympathie, Wohlwollen, Empathie und Mitgefühl zu begegnen. (Mehr dazu in ▶ *Abschnitt 6.3*) Solche Tugenden tragen zu fairen Tauschverhältnissen bei, wie man sie normalerweise am Markt (von lat. *mercatus* als dem „Platz, an dem Handel getrieben wird"[27]) sucht.

Und dass der Mensch überhaupt zu tauschen in der Lage ist, wurzelt gemäß Smith, wie wir aus obigem Zitat ersehen können, in seiner „natürlichen Neigung" zu handeln und Dinge auszutauschen (original: *propensity in human nature ... to truck, barter, and exchange one thing for another*[28]). Damit erhebt er die Fähigkeit zum Tauschen zu einer menschlichen Grundbefindlichkeit.[29]

Der nun folgende Blick zurück auf die ursprüngliche Bedeutung des Ökonomiebegriffs soll aufzeigen, dass bereits in der Antike die beiden Auffassungen von fairem Tausch und von egoistischer Selbstbereicherung gegenüberstanden. Letztere wurde jedoch gar nicht der Ökonomik, sondern der sogenannten „Chrematistik" zugeordnet. Die erste Position, der auch Smith nahesteht, sieht die Ökonomik als eine Kunst an, in der ökonomisches Handeln immer auch mit Ethik und Politik verbunden ist. Diese Einheit ist spätestens im modernen Kapitalismus mit der „Entfesselung der Märkte"[30] auseinandergebrochen. Die Emanzipation der Ökonomik dürfte erst in der zweiten Hälfte des 19. Jahrhunderts mit Herausbildung der sogenannten *Neoklassik* begonnen haben[31], als typisches Kennzeichen der modernen Gesellschaft, in der sich einzelne Subsysteme funktional herausdifferenziert und damit auch die Idee des Homo oeconomicus etabliert haben[32].

Frage nach den geschichtlichen Wurzeln der modernen Ökonomie

1.1.2 Ein Blick zurück: Ökonomie in der Antike

Begriffsbestimmung

Gemäß seiner ursprünglichen Bedeutung steht „Ökonomie" für Wirtschaft und diese für das Tun eines Wirts, der als Hausherr für die Verteilung der knappen lebensnotwendigen Güter sorgt und so seine Schutzbefohlenen versorgt.[33] Das griechische *oikonomos* setzt sich aus *oikos* und *nomos* zusammen. Ersteres bedeutet „Haus", „Haushalt" oder „Hausgemeinschaft". Letzteres heißt wörtlich „Gesetz", verweist aber eher auf das zugrunde liegende Verb *nemein*, was so viel wie „austeilen", „ver- und zuteilen" sowie „verwalten" meint.[34] Der Hausverwalter wird so auch zu einem *Manager*, ableitbar aus dem Lateinischen *mansionem agere* (Führen eines Hauses).[35]

Ursprüngliche Bedeutung des Begriffs der Ökonomie als Hausverwaltung

Während die Wirtschaft, sprich Ökonomie, alle Handlungsweisen beschreibt, die der Nutzung knapper Güter zur Befriedigung menschlicher Bedürfnisse dienen, liefert hierzu die *Ökonomik* (abgeleitet vom griechischen *oikonomike techne* = Kunst der Haushaltung) als wissenschaftliche Disziplin Analysen und Problemlösungen mit dem Ziel, die „gesellschaftliche Zusammenarbeit zum gegenseitigen Vorteil" zu fördern.[36] So entwickelt die Lehre der Ökonomik „Regeln und Vorstellungen für das *gute Leben im wohlgeordneten Haus*".[37]

Unterschied zur Ökonomik

Kunst der Haushaltung

Mesopotamische Großhaushalte

Gemäß seiner *Wirtschaftsgeschichte der Antike* hält Michael Sommer „Großhaushalte" bereits im Zweistromland des 3. Jahrtausends v. Chr. für allgegenwärtig. Familienverbände bewirtschafteten sie und strebten einerseits nach Autarkie. Andererseits entwickelten sich schon damals Institutionen, die im Auftrag eines Gottes und irdischen Herrschers Überschüsse aus der Landwirtschaft einsammelten, um das „größte Haus", den Palast oder Tempel mit ihren Vorstehern und Spezialisten wie Schreibern, Priestern, Handwerkern, Kriegern und Arbeitern zu versorgen. Deren Produkte und Dienstleistungen sollten im Gegenzug der Landbevölkerung zugutekommen, endeten jedoch auf Grund der einseitigen Machtverhältnisse oft im Gegenteil. Auf diese Weise entstanden die ersten Großreiche mit marktwirtschaftlich ausgerichteten, urbanen Strukturen.[38]

Vorläufer einer offenen Zivilgesellschaft

Im antiken Griechenland hingegen standen die Haushalte nicht unter der Kontrolle eines Palastes oder Tempels, sondern bildeten wohl erstmals eine Interessengemeinschaft in der „Polis" (= Stadtstaat), einem Zusammenschluss freier Bürger, die ihre Probleme erstmals gemeinschaftlich „demokratisch" lösten. Die griechische Polis kann deshalb als der Vorläufer einer „offenen Zivilgesellschaft" angesehen werden, wie Bernd Noll in Anlehnung an Karl Popper (1902–1994) diagnostizierte.[39]

Xenophons Idealbild des Ökonomen

Xenophon
(430–354 v. Chr.)

Der Philosoph Xenophon (430-354 v. Chr.), ein Schüler von Sokrates (469-399 v. Chr.), beschrieb in seinem Buch *Der Ökonom* (Oikonomicos), wie der *ideale* Hausverwalter eines solchen Landguts sich fürsorglich und solidarisch um seine Familie kümmert, aber auch um seine Sklaven und Tiere. Das tut er schon aus Eigeninteresse heraus, denn dann steigen seine Erträge. Wer seine Pferde und Hunde gut versorgt, der erhält im Gegenzug größere Mobilität bzw. besseren Schutz[40]. Seiner Gattin, der Hausherrin, begegnet er auf Augenhöhe und respektiert sie als „Partnerin des Haushalts". Indem sie die Einnahmen und Ausgaben kontrolliert, die Kinder erzieht, die Sklaven instruiert und wohl versorgt, leistet sie den gleichen Beitrag zum Erfolg des Hauses wie dessen Vorsteher, der für die auswärtigen Angelegenheiten zuständig ist[41]. Der Ökonom der Antike erfüllt alle Aufgaben seines Hauses und gestaltet dabei die Beziehungen zu all denen, die zur Wertschöpfung und damit zum guten Leben in der Polis beitragen. Effizienzdenken, Gewinnstreben und rationales Kalkül im heutigen Sinne spielte dabei noch keine große Rolle[42].

Bezug der Ökonomik zur Politik und Ethik

Dass die Ökonomik damals noch einen starken Bezug zur Politik und Ethik hat, ja ohne diese zur reinen Geldvermehrung mit unangenehmen Folgen für das Zusammenleben in der Gesellschaft degeneriert, haben schon Xenophons Mitstreiter Platon (428–347 v. Chr.) und dessen Schüler Aristoteles (384–322 v. Chr.) erkannt.

Platons Vorstellung der Politik als Gesetzgeber und Überwacher des Ständestaats

So hat Platon zufolge die Politik die Pflicht, die „Beschaffung des Lebensunterhalts"[43] mittels Gesetzen zu überwachen – etwa in der Landwirtschaft die Grenzen zum Nachbarn sicherzustellen[44], in Streitfällen den Schuldigen zum Schadensersatz zu verurteilen[45], Wasserversorgung[46] und Verteilung der Ernten fair zu regeln[47], Einfuhr und Ausfuhr zu überwachen[48], Handwerksberufe und den Umgang mit Sklaven zu beaufsichtigen[49]. Platons Staat sorgt für Gerechtigkeit, indem er die „natürlichen Vorrechte" der bürgerlichen Grundbesitzer schützt und von den weniger Privilegierten wie den Handwerkern und Sklaven abgrenzt.[50] So gesehen war nach Platons Vorstellung die Ökonomik im Verbund mit der Politik ein Herrschaftsinstrument, das die hierarchischen Verhältnisse der Hauswirtschaft bewahrte.[51]

Während Platon die ideale Staatsform als einen hierarchischen Ständestaat fordert, untersucht sein Schüler Aristoteles, wie der natürliche Zusammenschluss von Menschen zu einer staatlichen Gemeinschaft ein gutes Leben am ehesten möglich macht. Der Staat (die Polis) gewährleistet die gerechte Verteilung der dazu notwendigen Güter, indem er etwa öffentliches und privates Eigentum[52] schützt sowie die Vielfalt seiner Mitglieder respektiert[53].

Das Verhältnis von Oikos zur Polis

Chrematistik und Ökonomik

Von der Haushaltungskunst, Ökonomik, unterscheidet Aristoteles die „widernatürliche Erwerbskunst", die Chrematistik (von griech. *chrematistike techne* = die Kunst, Vermögen zu erwerben). Diese verachtet er, weil sie nicht im „gerechten Tausch" die benötigten Güter und Dienstleistungen erwirbt, sondern aus Habsucht (griechisch: *pleonexia*) immer mehr Reichtum auf Kosten anderer anhäuft:

Die Chrematistik als Kunst der reinen Geldvermehrung

> *„Der Wucher [ist] hassenswert, der aus dem Geld selbst den Erwerb zieht und nicht aus dem, wofür das Geld da ist. Denn das Geld ist um des Tausches willen erfunden worden, durch den Zins vermehrt es sich aber durch sich selbst. [...] Diese Art des Gelderwerbs ist also am meisten gegen die Natur."*[54]

Diese Art der Geldvermehrung stürzt nach Vorstellung von Aristoteles nicht nur die Opfer ins Unglück, sondern behindert damit auch den Auftrag des Staates, nämlich seinen Bürgern Glückseligkeit zu vermitteln.[55] Denn sie verführt die Menschen zur Maßlosigkeit im Ansammeln von materiellen Gütern und lässt sie den eigentlichen Sinn des Lebens aus dem Auge verlieren. Sie stört das *„gesellschaftliche Gleichgewicht*, die Ordnung der Polis und damit die aristotelische Vorstellung eines harmonischen, hierarchisch gegliederten und geordneten Kosmos".[56]

Glückseligkeit der Bürger als Ziel von Ökonomik und Politik

In diesem Rahmen basiert die Ökonomik auf „Austauschprozessen", die einem „Nullsummenspiel" gleichen.[57] Man produziert nach antiker Vorstellung im Oikos seine Güter durch seiner Hände Arbeit selbst und ist damit autark. Was man selbst nicht herstellen kann, wird am Markt eingetauscht. Die Tauschpartner können so das Fehlende ergänzen. Geld ist dabei nur ein bequemes Tauschmittel.

Tausch in der Antike als Nullsummenspiel

In der Chrematistik hingegen resultiert das Vermehren von Geld aus der Erhebung von Wucherzinsen. Sie täuscht fairen Tausch vor, beraubt aber den anderen seines Vermögens. Dass Geld wie im modernen Kapitalismus als Investitionsgut am Markt durchaus auch zu „Positivsummenspielen" führen kann, lag, wie Bernd Noll vermerkt, außerhalb des Horizonts des aristotelischen Weltbilds.[58] Die Verzinsung von investiertem Kapital (Return on Investment) kann, wie die neuzeitliche Volkswirt-

Tausch in der Neuzeit als Positivsummenspiel

Aristoteles
(384–322 v. Chr.)

Antike Vorstellung
einer gesunden
Ökonomie

schaft zeigt, durchaus fair sein, wenn sie ausschließlich das Risiko eines Verlusts kompensiert.[59] Dabei ermöglicht sie eine effiziente Produktion von Gütern des Alltags und erhöht dadurch den Wohlstand für alle. So gesehen dürfte die Feststellung Otto Brunners stimmen, dass die moderne Ökonomie und mit ihr die Volkswirtschaft mehr in der antiken Chrematistik als in den Vorstellungen der alten Ökonomik wurzeln.[60]

Und dennoch lohnt es sich, von ihr zu lernen. Denn Xenophon, Platon und Aristoteles skizzierten eine gesunde Ökonomie, die wir in der modernen Gesellschaft zunehmend vermissen. Ihnen zufolge gehören die drei Disziplinen der Ökonomik, Ethik und Politik fundamental zusammen. Aristoteles fasst sie als „praktische Philosophie" zusammen.

Der Ökonom sorgt für die effiziente Herstellung, Beschaffung und Verteilung der lebensnotwendigen Güter. Der Ethiker liefert die Maßstäbe für Fairness (Tauschgerechtigkeit) am Markt. Der Politiker stellt die dafür erforderlichen Regeln und Gesetze auf und überwacht deren Einhaltung.

1.1.3   Der Tausch zwischen Raub und Geschenk

Tausch als
Grundlage der
Kreislaufwirtschaft
(circular economy)

Wer gegen diese Natur des Ausgleichs sein Überleben mit gieriger Selbstbereicherung auf Kosten anderer sicherstellen will, zerstört, wie Aristoteles und Smith schon feststellten, langfristig das gute Leben in der Gemeinschaft und darüber hinaus, wie wir noch sehen werden, die Natur. Beide wehren sich gegen die Ausnutzung und entziehen langfristig auch den Ausbeutern ihre Ressourcen, d.h., der Untergang ist dann für alle vorprogrammiert. Deshalb ist es unabdingbar, die Ökonomie wieder auf ihre ethischen und ökologischen Grundlagen des fairen Tauschs zurückzubinden – ein Ansatz, wie er neuerdings etwa mit der *Circular Economy* immer mehr proklamiert wird. Daraus resultierende Gewinne können dann als fair angesehen werden.[61]

Ethischer Aspekt des
Tauschs: Erwartung
eines Win-Win

Im Phänomen des Tauschs zeigt sich die Verflochtenheit von ökonomischem und ethischem Handeln. Wenn zwei Tauschparteien aufeinandertreffen, will jede ein Gut – sei es ein materielles Produkt, sei es eine Dienstleistung oder Geld – gegen ein anderes eintauschen. Sie geben etwas her, was für sie in diesem Moment einen geringeren Wert darstellt als derjenige, den sie dafür erhalten. Das Opfer soll geringer sein als der erzielte Gewinn. Beide Parteien haben also mit dem Tausch, der eine sogenannte „bidirektionale Transaktion"[62] darstellt, *subjektiv* einen Mehrwert und damit individuell eine Wertschöpfung erzielt. Sonst hätten sie sich darauf gar nicht eingelassen. Ein Tausch ist folglich dann gut, wenn die involvierten Parteien das *Ergebnis* auf Grund des erzielten Mehrwerts und des bezahlten Preises als fair ansehen. Fairness ist aber ein Wert der Ethik, so dass der Tausch als Basis ökonomischen Handelns immer zugleich auch eine ethische Komponente beinhaltet.

Objektiv betrachtet stellt der faire Tausch ein Gleichgewicht von Geben und Nehmen dar. Die damit verbundene „Wertgleichheit" unterliegt, wie Georg Simmel (1858–1918) in seiner berühmten *Philosophie des Geldes* feststellt, zumindest in höher entwickelten Kulturen normalerweise der sozialen Kontrolle. Das Tauschgeschäft findet am Markt, also in der Öffentlichkeit statt.[63] Denn es ist alles andere als garantiert, dass beide Seiten tatsächlich den gewünschten Mehrwert zu einem angemessenen Preis erlangen. Eine Partei kann die andere über den vermeintlichen Wert ihres Angebots täuschen. Dann nimmt sie mehr als sie gibt und der Tausch basiert auf einer *Täuschung*, bei der „einem im Handel (betrügerisch) etwas aufgeredet" wird[64]. Er degeneriert zu einem Diebstahl oder gar Raub. Umgekehrt kann eine Partei der anderen mehr geben, als er von ihr nimmt. Dann entwickelt sich der Tausch über die Transaktion der *Gabe*[65] zu einem Geschenk. In diesem Sinne hat Simmel den Tausch in der Mitte zwischen „Raub" und dem „Geschenk" verortet.[66]

Ziel: Gleichgewicht von Geben und Nehmen

Georg Simmel (1838–1918)

Abbildung 1.1: Tausch als Mitte zwischen Raub und Geschenk
Quelle: Schüz, 2019, S. 144

Indem Vertreter der neoliberalen Marktwirtschaft dem Homo oeconomicus einzig und allein das „rationale" Streben nach Maximierung seines Eigennutzens unterstellen, ignorieren sie den ethischen Aspekt des Tausches. Sie vergessen, dass der Tausch nur auf Grund wechselseitiger Gewinnerwartung, also in Erwartung eines *added value* auf beiden Seiten, zustande kommt. Wenn er nur seinen *eigenen* Gewinn verfolgt, neigt er dazu, den Gewinn seines Tauschpartners zu missachten oder diesen gar zu täuschen – ihm etwa die verborgenen Mängel seines Tauschmittels vorzuenthalten oder seine Marktmacht dazu zu nutzen, ihm jeden Preis zu diktieren.

Der Fokus auf Eigennutzen ignoriert die Interessen des Tauschpartners

Die so Getäuschten werden dann bei erstbester Gelegenheit alles daransetzen, die von ihnen gestohlenen Güter – wenn möglich auch mit Gewalt – wieder zurückzuholen. Streiks, Liefer-, Produkt- oder Firmenboykotts, Bürgerinitiativen und mediale Shitstorms oder gar Strafzölle im internationalen Handel sind ihre Mittel und Wege, ein Stück weit wieder Tauschgerechtigkeit herzustellen.

Gegenwehr der Getäuschten

Misstrauen erhöht
Transaktionskosten

Solche Auseinandersetzungen sind kräftezehrend und erzeugen *Misstrauen*, das wiederum die Transaktionskosten eines Tauschvorgangs erhöht. Denn, wenn ich dem Tauschpartner nicht vertraue, ihm etwa Hinterlist unterstelle, werde ich dem unter Beiziehung von kostspieligen Anwälten vorbeugen. Je mehr hingegen Vertrauen zwischen den Tauschpartnern besteht, desto geringer sind die Kosten, die für die Vollendung eines Tauschvorgangs nötig sind. Am niedrigsten sind sie daher in einer vertrauensvollen Beziehung, die Handschlagqualität hat. (Näheres dazu in ▶ *Abschnitt 3.3*)

Mehr Fairness durch
Politik und Ethik

Die Probleme, die von einem Tauschpartner verursacht werden können, zeigen deutlich die Bedeutung von Politik und Ethik für die Sicherstellung von fairen Tauschverhältnissen. So schützt beispielsweise das Kartellrecht vor der Marktmacht durch Preisabsprachen oder Monopolisierung eines Anbieters. Es soll auf diese Weise den Wettbewerb fördern, der zu besseren Preis-Leistungs-Verhältnissen führt. Und die Ethik hat im Tauschvorgang die Funktion, den Maßstab für Fairness und Gerechtigkeit zu liefern. Dieser wird insbesondere auf globalisierten Märkten bedeutsam, weil es sich dort nicht mehr um einzelne Tauschvorgänge handelt, sondern um ganze Ketten davon, die zu einer Wertschöpfung führen. Die Frage, wie faire Tauschverhältnisse entlang ganzer Lieferketten sichergestellt werden können, zeigt schon, wie sehr die enge Verbindung von Ökonomik, Ethik und Politik notwendig ist.[67]

1.1.4 Fairer Tausch entlang der Wertschöpfungskette

Faire Tausch-
verhältnisse entlang
von Lieferketten?

Wer heute ein technisches Produkt, beispielsweise ein Smartphone, kauft, stellt sich die Frage, ob er dafür einen fairen Preis bezahlt hat, sprich: einen fairen Tausch getätigt hat. Oberflächlich betrachtet, wird er dies bejahen können, denn er hat sorgfältig im Internet die verschiedenen Angebote seiner Wunschmarke verglichen und entsprechend ein gutes Preis-Leistungs-Verhältnis erzielt. Bei näherem Hinsehen wird er jedoch erkennen, dass sein Tauschverhältnis mit dem Händler nur das letzte Glied entlang der ganzen sogenannten Wertschöpfungskette darstellt. Jedes dieser Glieder repräsentiert einen Tauschvorgang. Waren die jeweils fair?

Wertschöpfung und -
vernichtung bei der
Herstellung von
Smartphones

Eine genauere Analyse fördert zutage, dass dies alles andere als der Fall ist. Die unterstellte Wertschöpfung basiert größtenteils nicht auf fairen Tauschverhältnissen, sondern auf Raubzügen, bedeutet also für eine Tauschpartei keine Wert*schöpfung,* sondern Wert*vernichtung.* Der Raubzug beginnt bereits beim ersten Glied der Kette. Dort fällt die Natur mit ihren Ressourcen der Ausbeutung zum Opfer, wenn ihr für den Bau eines Smartphones etwa Rohstoffe wie Coltan, Lithium und Kobalt buchstäblich entrissen wird. Die dafür gerodeten Landstriche im Kongo werden im Allgemeinen nicht wieder aufgeforstet. Wenn dabei noch Kinder unter sklavenartigen Umständen beim Abbau – zum Teil ohne geeignetes Werkzeug – eingesetzt werden, dann kann man das sicherlich nur als einen räuberischen Akt ansehen. Dieser setzt sich fort, wenn man die Arbeitsbedingungen der verschiedenen Lieferanten ansieht. Beispielsweise setzt die Firma Foxconn (Produzent) die gelieferten Teile zusammen und reinigt, verpackt und verschickt das Endprodukt zum Wunschziel des Auftraggebers. Die monetäre Entschädigung dafür reicht nicht aus, sozial akzeptable Bedingungen für die Arbeiter in den Fabrikhallen sicherzustellen.[68]

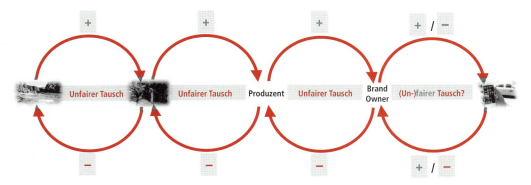

Abbildung 1.2: (Un-)faire Tauschverhältnisse entlang von Wertschöpfungsketten
Quelle: Schüz, 2020, S. 239

Betrachten wir die Gewinnverteilung bei den Tauschvorgängen entlang der Wertschöpfungskette, wird man leicht feststellen können, dass zumindest in unserem Beispiel die größte Abschöpfung durch den sogenannten Brandowner (in unserem Beispiel der namensgebende Hersteller wie Apple) erfolgt. Bei ihm staut sich der Gewinn mit einer Marge von ca. 40%, während sie bei Foxconn bereits auf 3% geschrumpft ist (siehe ▶ *Abschnitt 1.4.3*). Je weiter zurück wir die Lieferkette verfolgen, desto geringer fällt im Schnitt der Gewinn aus bzw. desto größer ist der Verlust bei den jeweiligen Tauschpartnern. Die noch immer in bestimmten Rohstoffminen eingesetzten Kindersklaven und die Natur gehen dabei vollkommen leer aus.

Unfaire Gewinnverteilung entlang der Lieferketten

Es wird an diesem einfachen Beispiel deutlich, dass die unfaire Verteilung der Wertschöpfung in der globalisierten Welt ein Problem darstellt, das offenbar die von politischer Kontrolle entfesselten Märkte nicht fair lösen konnten. Zu sehr haben Marktteilnehmer die mangelhaften sozialen und ökologischen Zustände in Ländern von Zulieferern zu ihrem eigenen Vorteil auf räuberische Weise ausgenutzt, anstatt auf faire Tauschverhältnisse zu achten.

Unkontrollierte Märkte führen zu Räubereien

Was ist zu tun? Eine Reihe von Produzenten, die sich der nachhaltigen Herstellung ihrer Produkte verschrieben haben, versuchen eigenverantwortlich, die Verhältnisse entlang ihrer Lieferketten fairer zu gestalten. Sie haben erkannt, dass das Erzielen von Gewinnen tatsächlich nicht auf Kosten aller involvierten Tauschpartner entlang der ganzen Wertschöpfungskette stattfinden darf. Stattdessen verfolgen sie einen Zweck (englisch: *purpose*), der sich nicht wie beim Konzept des Homo oeconomicus angedacht, im Selbsterhalt erschöpft, sondern auch im Mit- und Gesamterhalt. Sie berücksichtigen dabei die Auswirkungen (englisch: *impact*) auf das Ganze. Das gesamte vorliegende Buch führt aus, nach welchen Maßstäben das verwirklicht werden kann. Das Kriterium der Nachhaltigkeit (mehr dazu in ▶ *Abschnitt 2.6*) ist nur ein, wenn auch wichtiger Aspekt.

Eigeninitiativen erforderlich

Gesetzliche
Rahmenbedingungen
erforderlich

Die Eigeninitiative vieler Produzenten reicht aber nicht aus, da nach wie vor zahlreiche Firmen ihre Marktmacht dazu nutzen, ihre egoistischen Wege der Gewinnmaximierung weiter auszubauen. Deshalb ist wie schon in antiken Zeiten die Politik gefragt, Rahmenbedingungen für Fairness am Markt vorzuschreiben. Dies setzt allerdings internationale Anstrengungen voraus, weil gerade die globale Öffnung der Märkte Ausweichstrategien in Länder mit geringen sozialen und ökologischen Standards erlaubt und diese Lücken auch von den meisten Firmen ausgenutzt wurden und immer noch werden.

Beispiele für
Lieferkettengesetze

Deshalb wird der Ruf nach mehr Verantwortung der Hersteller für ihre Lieferketten immer lauter. Entsprechende politische Initiativen möchten die Hersteller in die Pflicht nehmen, Verantwortung für die Einhaltung der Menschenrechte oder die Schonung der natürlichen Umwelt entlang ihrer Lieferketten zu übernehmen – sei es zivilrechtlich, sei es strafrechtlich:

- Anfang 2021 hat der Rechtsausschuss des Europaparlaments fast einstimmig für ein *europäisches* Lieferkettengesetz gestimmt. Wenn nun das EU-Parlament ebenfalls dafür ist, steht die EU-Kommission unter Druck, den Vorschlag zu realisieren. Demzufolge würden Unternehmen sanktioniert werden, die Menschenrechte verletzen oder die natürliche Umwelt zerstören. Damit könnten z.B. Produkte aus Zwangsarbeit mit einem Einfuhrverbot belegt werden.[69]

- Die *deutsche* Regierung plant, noch vor Ende dieser Legislaturperiode im September 2021 ein Lieferkettengesetz im Bundestag und Bundesrat zu verabschieden. Im ersten Schritt sollen Unternehmen mit mehr als 3.000 Mitarbeitern für Menschenrechtsverletzungen bei sich und ihren direkten Zulieferern zur Verantwortung gezogen werden können. Sie können dann mit Bußgeldern belegt oder mit Ausschluss von öffentlichen Ausschreibungen bestraft werden.

- In *Frankreich* gilt seit Februar 2017 für Konzerne mit mehr als 5.000 Mitarbeitern eine Sorgfaltspflicht im Umgang mit Menschenrechten entlang der Lieferketten. Unternehmen können nun wegen Verletzung dieses Gesetzes zivilrechtlich belangt werden.

- Die *Niederlande* haben im Mai 2019 ein Gesetz gegen Kinderarbeit mit Beschwerdemöglichkeit und Sanktionen gegen Unternehmen verabschiedet.

- Die *USA* haben bereits seit 2010 verbindliche Vorgaben im Handel mit Materialien aus Konfliktgebieten.[70]

- In der *Schweiz* wurde am 29. November 2020 die „Konzernverantwortungsinitiative", der zufolge Firmen bei Verstößen im Ausland gegen Menschenrechte und Umweltstandards durch Tochtergesellschaften oder Zulieferern zivilrechtlich angeklagt werden können, vom Volk zwar mehrheitlich („Volksmehr") angenommen, aber vom Mehr der Kantone („Ständemehr") abgelehnt. Damit tritt nun ein vom Parlament ausgearbeiteter Gegenvorschlag – allerdings ohne Haftungsregeln – in Kraft.[71]

Dass solche nationalen Regelungen nicht ausreichen, um auf globaler Ebene die Schutzrechte von Frauen, Kindern und Arbeitnehmervertretungen sicherzustellen, belegen die zahlreichen Menschenrechtsverletzungen, die immer wieder zutage treten. Deshalb sollen internationale Institutionen wie die Welthandelsorganisation WTO ebenfalls zum Schutz der Menschenrechte Regelungen auf internationaler Ebene durchsetzen.[72]

Internationale Bestrebungen

Neben diesen Belegen für einen erweiterten Bedarf an ethischer wie auch politischer Verantwortung in der Wirtschaft sollen im Folgenden noch weitere Gründe dafür dargelegt werden: die Finanzkrise als Folge eines einseitig verfolgten Shareholder Values und die damit verbundenen Auswirkungen globalen Wirtschaftens, der Trend zu mehr Nachhaltigkeit sowie das Ressourcenproblem im Verbund mit wachsenden Stakeholder-Erwartungen und vermehrter Transparenz.

Einbezug globaler Institutionen

1.1.5 Finanzkrise der modernen Ökonomie

Ein weiterer Grund, weshalb Verantwortung und Ethik seit der Jahrtausendwende wieder an Bedeutung gewonnen haben, ist das Versagen der entfesselten Märkte, in denen Unternehmensführer einzig und allein nach dem Shareholder-Value-Prinzip ihre Gewinne zu maximieren trachteten und dabei das Vertrauen der Märkte zerstörten. Millionen von Aktionären wurden in der Folge eines Börsencrashs auf Raten „enteignet", der innerhalb von wenigen Jahren stattfand: Der Deutsche Aktienindex (DAX) fiel von seinem Höchststand mit 8065 Punkten am 7. März 2000 um 73% auf seinen Tiefststand mit 2.189 Punkten am 12. März 2003. Der Dow-Jones-Index fiel „nur" um 38%, nämlich von seinem Höchststand mit 11.723 Punkten am 14. Januar 2000 auf 7.286 Punkte am 9. Oktober 2002. Insgesamt verloren Aktionäre dabei – ironischerweise im Namen des Shareholder Values – Unternehmensbeteiligungen im Wert von 2.600 Milliarden US\$.

Börsencrash auf Raten als Zeichen für Versagen der Märkte

Auslöser	Index	Datum	Höchst	Datum	Tiefst	in %
Subprime	DAX	28.12.2007	8.068	9.3.2009	3.700	54
	DOW J.	26.12.2007	13.563	6.3.2009	6.469	52
Dotcom-Blase/ Enron	DAX	07.03.2000	8.065	12.3.2003	2.189	73
	DOW J.	14.01.2000	11.723	9.10.2002	7.286	38

Tabelle 1.1: Auslöser für Börsencrashs

Auslöser waren für diesen Börsencrash zunächst das Platzen der Dotcom-Blase[73], dann für kurze Zeit die Terroranschläge vom 11. September 2001 auf das World-Trade-Center in New York und schließlich die Bekanntgabe der Bilanzbetrügereien der beiden Firmen Enron und Worldcom, die im Dezember 2001 bzw. Juni 2002 publik wurden. Sie galten nur als die Spitze des Eisbergs entfesselter Märkte, in denen sich Spit-

Dotcom-Blase und Bilanzbetrügereien

zenmanager auf Kosten von Aktionären, Mitarbeitern, Kunden, Lieferanten, ja der Gesellschaft persönlich bereichert haben. Die aktuelle Pleite der lange hochgelobten Firma Wirecard[74] sowie die Cum-Ex-Betrügereien, bei denen zwischen den Jahren 2001 und 2016 dem deutschen Staat schätzungsweise 32 Milliarden Euro Steuereinnahmen entzogen wurden[75], sind nur weitere, aktuelle Beispiele dafür.

Sarbanes-Oxley-Act

Der Sarbanes-Oxley-Act von 2002 war daraufhin ein Versuch der amerikanischen Politik, die Märkte wieder an gesetzliche Rahmenbedingungen zu binden. Er fordert die Berichterstattung von Unternehmen, deren Wertpapiere an US-Börsen gehandelt werden, zu verbessern sowie deren Corporate Governance, Compliance und Corporate Responsibility zu stärken. Auf diese Weise sollte das Vertrauen der Anleger in die Unternehmen wiedergewonnen werden.

Subprime- Mortgage-Krise

Das alles verhinderte nicht den Zusammenbruch der amerikanischen Großbank Lehmann Brothers am 15. September 2008. Er war das Symptom für eine Geschäftspolitik, bei der gegen hohe Gebühren marode Hypotheken an unwissende Anleger weiterverkauft wurden (Subprime-Mortgage-Krise). Massive Zinserhöhungen im Sommer 2007 führten weltweit zu Zahlungsausfällen, die die Zertifikate wertlos machten und eine Weltfinanzkrise veranlassten. Nachdem Ende 2007 der DAX wieder seinen Höchststand des Jahres 2000 erreichte, fiel er im Anschluss an die Hypotheken-Subprime-Krise am 9.3.2009 auf einen Tiefstand von 3.700 Punkten.

Boni trotz Bailout-Programme

Zahlreiche Teilnehmer der von politischen Einflüssen befreiten Märkte forderten und erhielten daraufhin Rettungspakete (Bailout-Programme), finanziert von Steuerzahlern. Nur ein bis zwei Jahre später machten die so geretteten Investmentbanken wieder große Gewinne, die entsprechend hohe Boni für die Top-Manager sicherstellten.[76]

1.2 Auswirkungen globalen Wirtschaftens

Die Globalisierung unserer ökonomischen Welt hat in den letzten drei Jahrzehnten zu großen Produktivitätssteigerungen von Unternehmen beigetragen. Vor allem die Auslagerung von Produktionsprozessen in Niedriglohnländer hat für erhebliche Gewinnsteigerungen gesorgt. In gleichem Maße sind aber auch die negativen externen Effekte auf die soziale und natürliche Umwelt angewachsen.

Externe Effekte

Unter solchen „externen" Effekten" versteht man in der Ökonomie Nebenwirkungen, die bei der Herstellung eines Produktes oder dessen Gebrauch entstehen, für deren Güter und Übel, Risiken und Chancen, Nutzen und Kosten weder der Produzent noch der Käufer einen Preis bezahlen.[77] Solche Effekte können *negativ* sein, z. B. Boden-, Wasser- und Luftverschmutzung sowie Lärm, aber auch *positive* Auswirkungen gegenüber Dritten haben, wenn etwa die neu angelegte Gartenanlage auch den Nachbarn erfreut. Wesentliches Charakteristikum der externen Effekte ist also, dass sie zunächst dem direkten Marktmechanismus entzogen sind, aber sich dennoch mit unsichtbarer Hand manifestieren.

Die Geschichte hat gezeigt, dass sich die negativen Effekte nicht unendlich externalisieren lassen. Die Betroffenen melden sich zurück. Die damit verbundenen Verluste etwa bei den natürlichen Ressourcen werden von verschiedensten Interessengruppen (Stakeholdern) immer weniger hingenommen. Auch der Manchester-Kapitalismus musste schließlich seine Ausbeutungsmethoden zugunsten einer gerechteren Behandlung der Arbeiter aufgeben. Und das ökologische Interesse vieler Unternehmen ist auf die drohenden Naturkatastrophen und die begrenzt vorhandenen natürlichen Ressourcen zurückzuführen. Die Rückwirkungen könnten ihre Interessen langfristig bedrohen. Die Grenzen der Externalisierung negativer Effekte liegen also in den Grenzen der Ausbeutbarkeit der Ressourcen. Der Druck der Öffentlichkeit auf Unternehmen, die negativen sozialen und ökologischen Effekte ihrer Aktivitäten zu reduzieren, hat zu einem Umdenken in den Chefetagen der Unternehmen geführt.

Gegenwehr

1.3 Trend zu Nachhaltigkeitsreports

Zahlreiche Umfragen[78] der letzten Jahre belegen den Trend, dass Unternehmen den zunehmenden Bedarf, sich mit den Themen Verantwortung und Ethik zu beschäftigen, erkannt haben. Beispielsweise ergab eine weltweite Befragung durch KPMG, dass Firmen eine verantwortungsvollere Firmenpolitik verfolgen, weil sie vor allem ihre „Reputation und Marke" schützen wollen, und in zweiter Linie „ethische Überlegungen" dahinter stehen. „Mitarbeitermotivation" und „Innovation und Lernen" waren weitere Gründe.[79] Und eine McKinsey-Studie kommt zu dem Ergebnis, dass 84 % der befragten Manager in ihren Geschäftsaktivitäten nicht nur einen Beitrag für die Investoren sehen, sondern auch für das Gemeinwohl.[80]

Umfragen

Im Jahr 2010 fand PWC heraus, dass 81 % der befragten 600 Unternehmen in Dutzenden von Ländern bereits regelmäßig einen Bericht über die sozialen und ökologischen Folgen ihrer Geschäftsaktivitäten vorlegen[81] – gemäß neuester KPMG-Studie 92 % der G250- und 73 % der N100-Firmen.[82]

Selbstdarstellung verantwortlichen Engagements

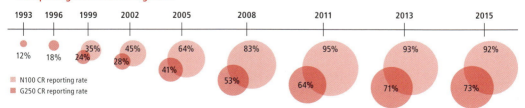

CR reporting stabilizes at a high level

| 1993 | 1996 | 1999 | 2002 | 2005 | 2008 | 2011 | 2013 | 2015 |

12% · 18% · 35% · 24% · 45% · 28% · 64% · 41% · 83% · 53% · 95% · 64% · 93% · 71% · 92% · 73%

N100 CR reporting rate
G250 CR reporting rate

Abbildung 1.3: Prozentualer Anteil von Firmen mit Berichten über ihre Corporate-Responsibility-Aktivitäten
Quelle: KPMG, 2015, S. 30.

Obwohl solche Studien oft nur Lippenbekenntnisse zur Corporate Responsibility sind und selbst noch keinen Beweis für eine Implementierung im Geschäftsalltag darstellen, geben sie doch einen Trend in der Haltung zugunsten von mehr Verantwortung in den Chefetagen wider. Immerhin versuchen Firmen dem Vorwurf des „Greenwashing" dadurch zu entgehen, dass sie ihre Corporate-Responsibility-(CR-)Aktivitäten von externen Auditoren beurteilen lassen.[83]

1.4   Drei wesentliche Gründe

Man kann die Gründe für diesen Trend eines umfassenderen Verantwortungsbewusstseins in Unternehmen folgendermaßen zusammenfassen: (a) schrumpfende Ressourcen, (b) radikale öffentliche Transparenz von Unternehmen und (c) wachsende Ansprüche der Stakeholder.[84] Sie sollen nun im Einzelnen näher beleuchtet werden.

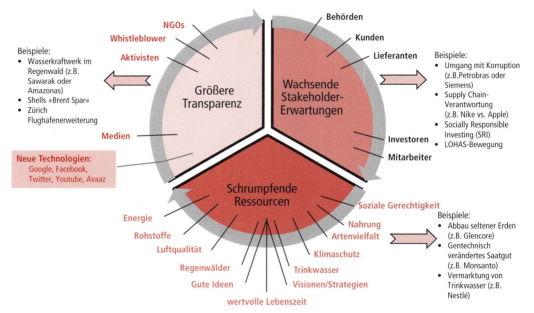

Abbildung 1.4: Gründe für vermehrte Corporate-Responsibility-Aktivitäten

1.4.1   Schrumpfende Ressourcen

Ressourcenvielfalt ist bedroht

Jedes Unternehmen greift auf Ressourcen zurück, um daraus Produkte herzustellen oder Dienstleistungen zu erbringen. Dabei sind nicht nur materielle (etwa Rohstoffe wie Erdöl, Metalle, seltene Erden) und finanzielle, sondern auch soziale und mentale Ressourcen erforderlich. Häufig werden dabei Boden, Luft, Wasser, Regenwälder, Artenvielfalt entwertet oder gar irreversibel zerstört. Und auch soziale und damit verbundene mentale Ressourcen wie Arbeitskräfte, deren Kreativität und Ideenvielfalt sowie Kunden, Lieferanten oder das Wohlwollen von Anwohnern und Nachbarn sind nicht unbegrenzt vorhanden. Ohne soziale Gerechtigkeit und mentale Visionen und Strategien können Unternehmen langfristig nicht überleben.

So ist beispielsweise weltweit ein Kampf um die Abbaurechte von „seltenen Erden" entbrannt. Sie werden für den Bau elektronischer Geräte benötigt. Großkonzerne, aber auch ganze Staaten sind involviert. Die Volksrepublik China kann stellvertretend ebenso genannt werden wie Glencore, einer der weltgrößten Rohstoffproduzenten und -händler.

Beispiel
„seltene Erden"

Verschiedene Nichtregierungsorganisationen (NGOs) werfen den involvierten Firmen vor, Abbaulizenzen und -stätten aufzukaufen ohne Rücksicht auf die sozialen, politischen und ökologischen Verhältnisse und Folgen. Sie nähmen sogar in Kauf, dass damit auch kriegerische Auseinandersetzungen wie z. B. der Bürgerkrieg im Kongo mitfinanziert werden. Dies wird z. B. in dem preisgekrönten Film „Blutige Handys"[85] von Frank Piasecki Poulsen herausgearbeitet. Insbesondere die Firma Nokia beziehe von dort das für ihre Smartphones nötige Coltan. Andere Beispiele für bedrohte natürliche Ressourcen sind der Einsatz von gentechnisch verändertem Saatgut, mit dem beispielsweise Monsanto unter dem Stichwort „grüne Revolution" der Verknappung von Nahrungsmitteln entgegenwirken möchte (siehe ▶ Übung, *Abschnitt 9.6*), oder der Versuch der Firma Nestlé, die knapper werdende Ressource „Trinkwasser" ökonomisch zu vermarkten – mit dem Argument, dadurch dem Wasser einen „angemessenen" Preis zuzuschreiben, um einer Verschwendung vorzubeugen.[86] Auch diese beiden Vorgehensweisen werden von verschiedenen NGOs stark kritisiert.

Missbrauchsvorwürfe
durch NGOs

Nachhaltige Unternehmensverantwortung sorgt für Ausgleich. Sie umfasst auch den von Michael Braungart und William McDonough entwickelte „Cradle-to-Cradle-Ansatz".[87] Damit ist eine Kreislaufwirtschaft gemeint, deren Produktzyklen nicht wie üblich von der Wiege bis zum Grab („cradle-to-grave"), also bis zum unverwertbaren Abfall reichen, sondern von der Wiege bis zur Wiege. Der Abfall soll in der „Circular-Economy" wieder zu 100 % als Rohstoff für neue Produkte verwendet werden können. Die Materialien ganzer Automobile können so nach Ende ihrer Verwendungszeit vollkommen wiederverwertet werden. Die Brüsseler EU-Kommission will jedenfalls mit einer Reihe neuer Vorschriften die Hersteller zu dieser Produktionsweise zwingen.[88] Zudem liegt es im Eigeninteresse der Unternehmen, die knappen Ressourcen nicht endgültig zu vernichten, sondern möglichst schonend zu gebrauchen und am besten vollständig zu bewahren, kurz: sie verantwortlich zu nutzen und möglichst wieder in den natürlichen oder technischen Kreislauf zurückzuführen.

Cradle-to-Cradle

Auch „wertvolle Lebenszeit" ist eine weitere Ressource, die immer mehr schrumpft. Das Angebot von Produkten und Dienstleistungen verführt Konsumenten zunehmend dazu, sich mit ihm zu beschäftigen, anstatt ihr Leben sinnvoll zu gestalten. Viele Smartphone-Apps versprechen Zeitersparnis oder sinnerfüllte Unterhaltung. Stattdessen "stehlen" sie ihren "Usern" Zeit für eine selbstbestimmte Lebensgestaltung. Produzenten sollten also darüber nachdenken, inwieweit sie mit ihren Produkten ihren Kunden tatsächlich wertvolle Lebenszeit schenken oder stehlen, mithin einen fairen Tausch anbieten. Immerhin zeigen inzwischen Herstellerfirmen ihren Kunden die tägliche Nutzungszeit von Smartphones an.

Wertvolle Lebenszeit

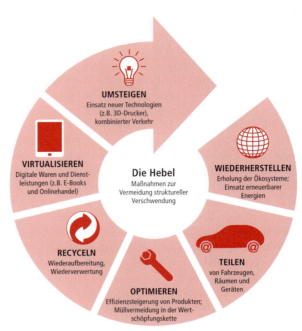

Abbildung 1.5: Lösungsansätze zur Kreislaufwirtschaft
Quelle: McKinsey, Braungart/Mc Donough, angelehnt an das „Cradle-to-Cradle"-Modell.

1.4.2 Größere Transparenz der Unternehmen

Internetbasierte Kommunikationstools

Für eine größere Transparenz der Unternehmen in der öffentlichen Wahrnehmung haben vor allem neue technologische Entwicklungen gesorgt. Die Zeiten, in denen Unternehmen abgeschottet von der Öffentlichkeit ihre Gewinne auf Kosten von Natur und Gesellschaft maximieren konnten, scheinen endgültig vorbei zu sein. Die heutigen internetbasierten Kommunikationsmöglichkeiten machen die unternehmerischen Aktivitäten immer transparenter. Wikileaks und neuerdings auch NGOs wie Greenpeace veröffentlichen geheime Materialen, die ihnen von Insidern zugespielt werden.

Kampagnen durch Avaaz

Die Online-Plattform Avaaz (*www.avaaz.org*) erlaubt beispielsweise jedem ihrer derzeit (März 2021) 66 Millionen Mitglieder Unterschriften in Form von Klicks gegen echte oder vermeintliche Missstände in Politik und Wirtschaft zu sammeln. Diese können dann zuständigen Politikern oder Wirtschaftsführern vorgelegt werden, um sie zu einem Lösungsbeitrag zu bewegen. Mit solchen Kampagnen gelang es schon öfter, korrupte Politiker zum Rücktritt zu zwingen, den Ausverkauf von natürlichen Ressourcen zu stoppen oder die Vermarktung riskanter Produkte zu behindern.[89]

Öffentliche Aufmerksamkeit

Unabhängig davon sorgt allein schon die Aufforderung, bei einer Kampagne mitzumachen, für öffentliche Aufmerksamkeit. Menschen werden über Vorgänge oder Folgen von politischen oder wirtschaftlichen Aktivitäten jenseits der klassischen Medien informiert.

Es gibt zahlreiche Beispiele für solche Kampagnen. So wurde der Bau einer Fabrik von Monsanto zur Produktion von gentechnisch verändertem Saatgut in Argentinien gestoppt. Avaaz-Kampagnen sorgten auch für den Rücktritt brasilianischer Politiker von ihren Ämtern, nachdem sie wegen Korruption angeprangert wurden, kämpften gegen die illegale Jagd von Walen, prangerten die miserablen Arbeitsbedingungen beim Bau der Stadien für die Fußballweltmeisterschaft in Katar an oder setzten sich für die Reduktion von Treibhausgasen ein.

Beispiele für Avaaz-Kampagnen

Ein anderes Beispiel, wie das Internet zu Transparenz beitragen kann, ist das Bakun-Wasserkraftstaudammprojekt in Sarawak, Malaysia. Ursprünglich war ABB mit der Leitung eines Konsortiums betraut, das 1996 von der malaysischen Regierung mit dem Bau beauftragt war. Es sollten 70 km^2 tropischer Regenwald abgeholzt und fast 10.000 Einwohner umgesiedelt werden. Eine „Coalition of Concerned NGOs on Bakun" mit 205 NGOs (u. a. Erklärung von Bern, Greenpeace, Friends of Earth, Rain Forest Action Network) war über den Baufortschritt besser informiert als die Konzernzentrale von ABB. Die NGOs wurden von den Anwohnern über Internet auf dem Laufenden gehalten. Sie suchten mit ihren Einbäumen das nächstgelegene Internetcafé auf. Zusammen mit 35 Mitgliedern des Europäischen Parlaments setzten sie ABB mit einer Petition unter Druck, von dem Projekt Abstand zu nehmen.[90] ABB stieg schließlich aus dem Projekt aus, und die Asienkrise von 1997 sorgte für einen Aufschub. Inzwischen ist der verlustreiche Staudamm dennoch gebaut worden – mit verheerenden Folgen für Mensch und Natur.[91] Noch immer sucht die Regierung Abnehmer für den überschüssigen Strom. Grundsätzlich moniert die Menschenrechtsorganisation „Gesellschaft für bedrohte Völker" das „Kultursterben durch Staudämme", wie es etwa auch beim 2019 fertig gestellten Belo-Monte-Staudamm im Amazonasgebiet angeprangert wird.[92]

ABBs vergebliches Engagement beim Bakun-Wasserkraftwerk in Malaysia

Die Transparenz wird noch durch den gesetzlichen Schutz erhöht, den Whistleblower in immer mehr Ländern genießen. Das sind Mitarbeiter von Organisationen, die Insiderwissen über Missstände nach außen kommunizieren. Durch sie sind die Bilanzfälschungen der Firmen Enron und Worldcom aufgedeckt worden. Und genau diese beiden Fälle haben dann schließlich zu dem sogenannten Sarbanes-Oxley Act geführt, der seit 2002 alle an US-Börsen notierte Firmen zwingt, ihre Finanzströme offenzulegen, was für mehr Transparenz sorgen soll.

Schutz von Whistleblowern und Sarbanes-Oxley Act

Längst nicht immer spiegelt die nach außen hin propagierte Transparenz tatsächliche Gegebenheiten wider. Die Ereignisse um die veraltete Ölplattform „Brent Spar" von Shell sind ein Beispiel dafür. Greenpeace startete eine öffentlichkeitswirksame Kampagne gegen die geplante Versenkung in der Nordsee. Obwohl diese Art der Entsorgung auf Vorschlägen von ökologischen Gutachten basierte, forderte Greenpeace eine Rückführung und Zerlegung an Land. Mithilfe eines erfolgreichen Aufrufs zum Boykott von Shell-Tankstellen setzte sich Greenpeace schließlich durch (mehr dazu in Fallstudie, ▶ *Abschnitt 11.7*).[93]

Intransparenz von Transparenzkampagnen: Brent Spar

Die Vorstellungen darüber, was alles als transparent anzusehen ist, hängt demzufolge auch von den Interessen und Wertvorstellungen der

Interessengebundene Transparenz

involvierten Parteien ab. Sie konstruieren sich ihre subjektiven Wirklichkeiten. Nicht jeder „Shitstorm", der sich in den sozialen Netzwerken über angebliches oder aufgebauschtes Fehlverhalten einzelner Mitarbeiter oder ganzer Unternehmen ergießt, erfasst wirkliche Probleme der Verantwortungslosigkeit. Auf einen solchen Ansturm der Entrüstung sollten die angegriffenen Firmen aber nicht überreagieren. Denn nicht immer sind die Anschuldigungen gerechtfertigt.[94]

Beitrag zur Transparenz

Ziel der Transparenz sollte es sein, dass alle Aktivitäten eines Unternehmens für alle Betroffenen wahrnehmbar sind, soweit dies nicht Betriebsgeheimnisse im Zusammenhang mit Forschung, Entwicklung, Patenten und Wettbewerbsstrategien berührt. Betroffene sollten als gleichberechtigte Dialogpartner einbezogen werden. Ohne Tauschgerechtigkeit dürften sie sich gegen die geplanten Aktivitäten stellen.

1.4.3 Wachsende Ansprüche der Stakeholder

Stakeholder-interessen

Wie wir später noch genauer beleuchten werden (siehe ▶ *Abschnitt 3.6*), sind Stakeholder solche Gruppierungen, die entweder in die Aktivitäten eines Unternehmens direkt involviert oder indirekt von deren Handlungsfolgen betroffen sind. Ihre Ansprüche leiten sich daraus ab, dass sie in das Unternehmen investieren: der Shareholder sein Kapital, der Mitarbeiter seine Arbeitskraft, der Lieferant seine Produkte, die Anwohner ihr Wohlwollen gegenüber der Produktionsstätte. Sie erwarten daher auch einen Return on Investment: der Shareholder eine Dividende oder eine Wertsteigerung seiner Aktien, der Mitarbeiter einen angemessenen Lohn und ergonomischen Arbeitsplatz, der Lieferant eine langfristige Geschäftsbeziehung und die Anwohner möglichst wenige Immissionen oder eine gute Infrastruktur seitens des Unternehmens. Damit Unternehmen langfristig erfolgreich sind, sind sie auf eine vertrauensvolle Beziehung zu ihren Stakeholdern angewiesen. Ein Vertrauensverlust kann das Unternehmen in Misskredit bringen und damit zu einem teuren Reputationsverlust führen.

Abbildung 1.6: Stakeholdereinflüsse auf Unternehmen
Quelle: Autor, in Anlehnung an Obermeier (1999, S. 139).

Im Folgenden werden exemplarisch drei Stakeholdergruppen näher erläutert, die mit ihren Ansprüchen die Auseinandersetzung der Unternehmen mit dem Thema Verantwortung und Ethik besonders forciert haben.

Lieferantenansprüche

Foxconn, einer der Hauptlieferanten für Apple, ist ein typisches Beispiel dafür. Mit mehr als einem Viertel der 1,2 Millionen Beschäftigten[95], also rund 300.000 Arbeitern, montiert die Firma iPhones für Apple. Sie wurde etwa von der in Hongkong sitzenden „Students & Scholars Against Corporate Misbehaviour" (SACOM) wegen schlechter Bezahlung und inakzeptabler Arbeitsbedingungen, Verwendung giftiger Materialien sowie schlechter Unterbringung und unwürdiger Behandlung der Mitarbeiter durch Aufseher angeprangert.[96] Sogar der Einsatz von Kinderarbeit wurde ihr nachgesagt.[97] Proteste, Aufstände und Selbstmorde von Mitarbeitern wurden als Folgen dieser schlechten Arbeitsbedingungen genannt.[98] Dies alles hat auch den Auftraggeber Apple in Misskredit gebracht.

Angeprangerte Missstände bei Foxconn

Obwohl der derzeitige CEO von Apple, Tim Cook, bereits im März 2012 versprach,[99] die Missstände bei seinem Lieferanten abzustellen, bestehen nach wie vor große Zweifel an einer erfolgreichen Umsetzung seiner Ankündigung. Immerhin zeigt ein aktueller Vergleich der Schweizerischen Hightech-Rating-Plattform, eine Initiative der kirchlichen Hilfswerke „Brot für Alle" und „Fastenopfer", dass Apple-Smartphones im Vergleich zu denen von Samsung in Bezug auf „Umwelt", „Arbeitsrechte" und „Konfliktmaterialien" besser abschneiden. Jene werden mit insgesamt 61 % als „mittelmäßig" eingestuft, diese mit 41 % als „ungenügend". „Auf gutem Wege" werden HP (76 %) und Nokia (67 %) beurteilt.[100]

Apple's Profit Margins on iPhones in US			iPhone 5 Manufacturing Cost	
			Material Costs	iPhone 5
	iPhone 5	iPhone 6	Flash Memory & RAM	$21,00
sales price	$649,00	$649,00	Display & Touch Screen	$44,00
retailer margin	$68,00	$50,00	Processor	$17,50
apple's price	$581,00	$599,00	Sensors	$6,50
production cost	$288,00	$351,00	Cameras	$18,00
gross profit	$294,00	$248,00	Cellular Radio	$34,00
profit margin	49%	41,50%	Wireless Radio	$5,00
			Battery	$4,50
			Power Management	$8,50
			Mechanical Parts	$33,00
			Packaging	$7,00
			Assembly	$8,00
			Licencing Fees	$20,00
			Total Material	$227,00
			Research & Developm	$19,00
			Software & Administrative	$42,00
			Total Production Cost	$288,00

Abbildung 1.7: Gewinnmargen iPhone 5 und 6
Quelle: Autor gemäß Angaben bei Sherman, 2013, und Mirani, 2014.

Gewinnmargen im Vergleich

Fakt ist, dass Apple mit seinen iPhones eine Gewinnmarge zwischen 40 % und 50 % erzielt, während Foxconn bei der Fertigung der Geräte ca. 5 % Profitabilität erreicht.[101] Es stellt sich also die Frage, wer die Hauptverantwortung für die sozialen Missstände bei den Foxconn-Mitarbeitern trägt: der Auftraggeber (Brand Owner) oder der Lieferant, der mit knappen Margen bedacht wird.

Fragen zur Verantwortung eines Brand Owners

So ergeben sich aus den Ansprüchen der involvierten Stakeholder unbequeme Fragen:

- ob etwa das Unternehmen Apple für die Arbeitsbedingungen seiner Lieferanten verantwortlich ist oder nicht,
- oder ob Apple einen unerheblichen Mehrpreis zur Beseitigung der Missstände zahlen sollte oder nicht,
- aber auch, ob der Konsument selbst mit dem Kauf eines iPhones dazu beiträgt oder nicht.

Positives Beispiel: Nike

Kritiker beantworten diese Fragen so: Der Auftraggeber sei verantwortlich für die sozialen und ökologischen Missstände innerhalb der gesamten Lieferkette (Supply Chain). Sie verweisen dabei auf Beispiele wie die Firma Nike, die auf Druck ihrer Kunden und vielen NGOs ihre Verantwortung als Brand Owner neu definierte. Inzwischen gilt diese Firma als Vorbild dafür, dass sie mit großem Aufwand die bestmöglichen sozialen und ökologischen Standards bei der Produktion ihrer Kleidung und Sportartikel zu implementieren sucht.[102]

Konsumentenansprüche

LOHAS-Bewegung

Wie dieses Beispiel zeigt, kann das Verhalten von Konsumenten, etwa einen Produzenten zu boykottieren, zu einer Haltungsänderung einer Firma führen. Soziologen sehen diese Entwicklung in dem Trend des LOHAS, was für „Lifestyle of Health and Sustainability" (*www.lohas.com*) steht. Demzufolge gibt es vor allem in den entwickelten Ländern immer mehr Konsumenten, die vorwiegend Produkte von solchen Unternehmen kaufen, die ihren Wertvorstellungen wie Umweltfreundlichkeit und Sozialverträglichkeit sowie Gesundheitszuträglichkeit entsprechen, und solche meiden, die ihre Ansprüche nicht erfüllen.[103] Da sie inzwischen einen dreistelligen Milliardenmarkt repräsentieren, sehen sich immer mehr Unternehmen gezwungen, die Erwartungen solcher LOHAS-Konsumenten zu erfüllen, um keinen Wettbewerbsvorteil zu verlieren.[104]

Fairphone – ein typisches LOHAS-Produkt?

Ist nun die nachhaltig verantwortungsvolle Produktion des Fairphone ein typisches Angebot auf die Nachfrage des LOHAS-Marktes? Fairphone ist ein niederländisches Smartphone, das bis Juni 2020 rund 250.000 Stück verkauft hat. Die Hersteller scheinen alles daran gesetzt zu haben, die sozialen Bedingungen bei den Lieferanten zu optimieren und die Rohstoffe auf ökologisch höchstmöglichem Niveau zu gewinnen.[105] Fairphone könnte somit ein typisches LOHAS-Produkt werden.

Informationsbedarf der LOHAS-Konsumenten

Der typische LOHAS-Konsument informiert sich über die Produkte, bevor er sie kauft, ob sie seinen gesundheitlichen, sozialen und ökologischen Ansprüchen genügen. Seinen Informationsbedarf decken Ratingagenturen oder Ökolabels.

Ansprüche von Ratingagenturen

Erstere beurteilen Firmen neben ihrer ökonomischen Stärke auch in Bezug auf ihre Sozial- und Ökobilanz. Neben Oekom vergleicht Robeco-SAM Firmen innerhalb einer Branche und bewertet sie.[106] Die Branchenbesten werden dann im Dow Jones Sustainability Index gelistet. Immer mehr private wie institutionelle Anleger orientieren sich daran, um sicherzugehen, dass ihr Kapital in nachhaltige Firmen investiert ist. Deshalb sind selbst größere Publikumsgesellschaften daran interessiert in den besagten Index aufgenommen zu werden. Sie dokumentieren ihre Bemühungen um eine positive Sozial- und Ökobilanz in Jahresberichten, die die Vorgaben der UN Global Reporting Initiative (GRI) erfüllen.

Ratingagenturen

Öko- oder Soziallabels sind eine andere Methode, um Produkte LOHAS-Konsumenten schmackhaft zu machen. Über den Sinn und Unsinn solcher Labels wird immer wieder gestritten. Vielen Herstellern wird vorgeworfen, damit Greenwashing zu betreiben, sprich: sich einen grünen Anstrich zu geben, ohne das Versprochene auch wirklich zu halten. Die Internet-Plattform *www.sinsofgreenwashing.org* hat es sich zur Aufgabe gemacht, die typischen Sünden des Greenwashing anzuprangern – so z. B. die Sünde eines fehlenden Beweises, der Vagheit und Irrelevanz der behaupteten Eigenschaften oder der falschen Etikettierung einer sozialen oder ökologischen Ausrichtung eines Unternehmens oder Produkts. Jedenfalls gibt es unter den zahlreichen Labels am Markt auch solche, die wirklich ernst zu nehmen sind und tatsächlich die ausgewiesenen Eigenschaften getestet haben.

Öko- und Soziallables

Generell sollten Unternehmen die Ansprüche ihrer Stakeholder ernst nehmen, wenn sie nicht Gefahr laufen wollen, ihrer Gegenwehr ausgesetzt zu sein. Dies ist aber alles andere als trivial, da, wie wir später noch sehen werden (siehe ▶ *Abschnitt 3.6*), jede Stakeholdergruppierung andere Erwartungen an ein Unternehmen hat, unterschiedliche Wertvorstellungen und Logiken vertritt. Wenn nun ein Manager sich auf einen Dialog mit Stakeholdern einlässt, sollte er dies berücksichtigen und sich mit einer angemessenen Sprache an sie wenden. Stakeholder wollen ihre Interessen gewahrt sehen. Fühlen sie diese von unternehmerischen Aktivitäten bedroht, dann spielen sie ihre Machtmittel aus, um sich etwa mit Boykottaufrufen, Bürgerinitiativen, Konsumentenklagen, Streiks etc. zu verteidigen.

Ernstnehmen von Stakeholderansprüchen

Zusammenfassung

Wir haben drei wesentliche Gründe festgestellt, weshalb Unternehmen sich mit der Thematik der nachhaltigen und ethischen Unternehmensverantwortung beschäftigen sollten: 1. Die gegenwärtigen Weltprobleme, die von einer falsch verstandenen Ökonomie verursacht wurden. Anstatt auf faire Tauschverhältnisse entlang der gesamten Wertschöpfungskette zu achten, war und ist sie teilweise noch immer auf egoistische Profitmaximierung ausgerichtet. 2. Der Trend zu einer Rückbesinnung der Ökonomie auf ihre ursprüngliche Verbindung zur Ethik sowie zur Nachhaltigkeit. 3. Änderung der Rahmenbedingungen für ein gesundes Wirtschaften: (a) schrumpfende Ressourcen, (b) der Ruf nach größerer Transparenz und (c) wachsende Stakeholdererwartungen. Diese drei Bedingungen verstärken sich wechselseitig. Die dazu genannten Beispiele machen die Dringlichkeit einer verantwortlichen Handhabung von ökonomischen, sozialen und ökologischen Problemen durch Unternehmen deutlich.

Obwohl sich die Mehrheit der Führungskräfte offensichtlich darin einig ist, dass die Wahrnehmung von nachhaltiger Verantwortung geschäftsnotwendig ist, hat sie kein gemeinsames Verständnis dieses Begriffs.[107] Auch ist der Zusammenhang zwischen Nachhaltigkeit und Verantwortung sowie Ethik für viele nicht deutlich. Manche gebrauchen diese Begriffe fälschlicherweise sogar synonym. Diese sollen daher im folgenden Kapitel grundlegend definiert und interpretiert und schließlich in dem Modell einer nachhaltigen Unternehmensverantwortung (Sustainable Corporate Responsibility) zusammengefasst werden.

Dabei wird sich zeigen, dass die genannten Gründe für Verantwortung eben auch das Ziel haben, dass Unternehmen ihre Ressourcen schonen, für Transparenz sorgen und die berechtigten Ansprüche der Stakeholder befriedigen. Denn dadurch tragen sie zu ihrer eigenen Gesunderhaltung (Corporate Health) bei (mehr dazu in ▶*Abschnitt 2.4*): Die Ressourcen dienen (a) ihrem *Selbsterhalt*, die Transparenz der ökologischen Einbettung ins größere Ganze und damit (b), dem *Gesamterhalt*, die Befriedigung der Stakeholderansprüche (c) dem sozialen *Miterhalt*.[108]

 Weiterführende Inhalte finden Sie auf der Website *www.pearson.de*.

Endnoten

1 Willkürlich und exemplarisch seien hier genannt: Lawrence Mitchells mit „Der parasitäre Konzern" als Ausdruck von „Shareholder Value und der Abschied von gesellschaftlicher Verantwortung" (2002); Christian Felber mit seinem Ansatz der Gemeinwohlökonomie (2009, 2012); Tomáš Sedláček mit seiner „Ökonomie von Gut und Böse" (2012); Jonathan Aldred mit seiner Analyse zu „Der Korrumpierte Mensch" und den „ethischen Folgen wirtschaftlichen Denkens" (2020).

2 So lautet die Diagnose des Wirtschaftswissenschaftlers John Kenneth Galbraith (1908–2006) in seinem gleichnamigen Alterswerk (2007). Seine Formulierung wird hier aufgegriffen, aber auch in einem erweiterten Kontext verwendet. Galbraith prangert die krankhaften Entwicklungen der heutigen Marktwirtschaft an. Sie werden durch Theorien etablierter Volkswirtschaftslehren befördert, indem sie „negative gesellschaftliche Auswirkungen – Umweltverschmutzung, Zerstörung der Landschaft, fehlende[n] Gesundheitsschutz für Teile der Bevölkerung, die Gefahr militärischer Einsätze und Todesopfer" nicht berücksichtigen und dadurch einen „Realitätsverlust" (S. 122) erzeugen.

3 Nach Peter Ulrich und Thomas Maak (1996) kann die „ökonomische Rationalität" mit ihrem Streben nach immer effizienterem Einsatz knapper Ressourcen ohne ethische Reflexion leicht den „Sinn für das richtige Maß" (S. 9) aus den Augen verlieren. Sie sehen drei „Vermittlungsmodelle der Wirtschaftsethik": Ethik (a) als „‚Gegengift' gegen *zu viel* ökonomische Rationalität", (b) als „‚Schmiermittel' für *mehr* ökonomische Rationalität" und (c) als „‚Werteboden' für eine *andere*, *wertvolle* ökonomische Rationalität" (S. 16).

4 Gunkel, 2009.

5 Mandeville, 1980.

6 Friedman, 2007, zit. n. Beise, 2010. Dass das Phänomen der Gier, die im christlichen Mittelalter als eine der sieben Todsünden angesehen wurde, bereits in der Antike nicht nur als omnipräsent beschrieben, sondern auch geächtet wurde, arbeitet Balot (2001) heraus. So warnte Sokrates vor Gierköpfen, die nur nach Selbstbereicherung trachten und dabei sogar ihre eigenen Freunde verstoßen (Kyriazos/Tsigkourakos/Mitrakos, 2019).

7 „To make money as much as possible while conforming to the basic rule of the society, both those embodied in law and those embodied in ethical custom" (Friedman, 1995, S. 138). Damit gibt aber Milton Friedman sich selbst widersprechend zu, dass Ethik doch Teil der „social responsibility" eines Unternehmens ist. Was Ethik bedeutet, darauf geht er gar nicht ein, weil er wahrscheinlich darüber in Unkenntnis ist. Nobelpreisträger sind eben auch nur Menschen mit einem Tunnelblick für ihre jeweilige Fachdisziplin.

8 Als ein Beleg für die Gier Einzelner auf Kosten der Allgemeinheit zeugen die exorbitanten Boni, die sich Unternehmensführer auszahlen ließen, nachdem ihre Firmen (wie z.B. UBS oder Goldman Sachs) in der Finanzkrise von 2008 mit staatlichen Geldern gerettet werden mussten (z.B. Story/Dash, 2009; Zeyer, 2009). Ein anderer Beleg ist die Gier nach Größe, die Firmenchefs zu Fusionen verführt, von denen zwei Drittel sich als Wertvernichter erweisen (Henkel, 2010) – so z. B. Daimler mit Chrysler oder Bayer mit Monsanto. Dass Gier auch bei Investments mehr Schaden als Nutzen stiftet, zeigen die Forschungsergebnisse des State Street Research Center. Die Mehrheit von 3.000 befragten Investoren aus aller Welt, die eine besondere „Liebe zum Geld" aufwiesen, zeitigten überproportional hohe Verluste bei ihren Investments (NN, 2016).

9 Fopp, 2015.

10 Vgl. Gunkel, 2009.

11 Smith, 1993, S. 17.

12 Die Begriffe self-interest, selfishness, self-love werden in den beiden Hauptwerken bei Smith nicht wirklich konsistent verwendet, wie Patricia Werhane, (1991) und Soloman (1993) überzeugend darlegen. Allerdings zeigt der Herausgeber der deutschen Ausgabe von *Wohlstand der Nationen*, Horst Claus Recktenwald, im Anhang auf, wie Smith ganz in der Tradition der aristotelischen Tugendethik „Eigenliebe (self-love)" in der Mitte zwischen „degeneriert: arrogance of self-love als Laster" und „entartet: Sorglosigkeit, Fahrlässigkeit" verortet, ähnlich wie „Selbstinteresse" in der Mitte zwischen „Egoismus: Selbstsucht (= Übermaß an Selbstinteresse)" und „Desinteresse: Faulheit bis Verweigerung von Leistung (= Mangel an Selbstinteresse)" (Smith, 1993, S. 820).

13 Der Begriff der „unsichtbaren Hand" kommt in Smiths beiden Hauptwerken *Theorie der moralischen Gefühle* (1985, S. 316) und *Wohlstand der Nationen* explizit jeweils gerade einmal vor. Hier heißt es: Indem jeder einzelne „danach trachtet, sein Kapital zur Unterstützung der einheimischen Erwerbstätigkeit einzusetzen […] fördert er in der Regel nicht bewusst das Allgemeinwohl […] Er wird […] von einer unsichtbaren Hand geleitet, um einen Zweck zu fördern, den zu erfüllen er in keiner Weise beabsichtigt hat. […] Gerade dadurch, dass er das eigene Interesse verfolgt, fördert er häufig das der Gesellschaft nachhaltiger, als wenn er wirklich beabsichtigt, es zu tun". (1993, S. 370 f.) Den Grund dafür sieht Smith darin, dass das „Volkseinkommen eines Landes immer genauso groß ist wie der *Tauschwert* [kurs. v. Autor] des gesamten Jahresertrages" (ebd. S. 370), der von allen beteiligten Erwerbstätigen generiert wird. Je mehr sie sich für ihren eigenen Ertrag einsetzen, desto größer ist folglich auch der Gesamtertrag für die Allgemeinheit. Otto-Peter Ober-

meier widerlegt in seiner umfangreichen, tiefsinnigen und unterhaltsamen Aufarbeitung der Smithschen Ethik auch die Mär, Smith sei der Erfinder einer unregulierten, entfesselten Marktwirtschaft, die dem Grundsatz „laissez-faire et laissez-passer" folge. Wie er aufzeigt, ist das Gegenteil der Fall (2020, S. 18).

14 Smith, 1993, S. 16 f.

15 Smith, 1985, S. 127 f.

16 Ebd. S. 128.

17 Aristoteles, 1997, S. 135, 1135b15.

18 Hayek, 1980, in „The Levin interviews", Zeitpunkt: 7:08. Eine sehr differenzierte Analyse des Neoliberalismus mit seinen unterschiedlichen Strömungen und Haltungen unternimmt Slobodian, 2019.

19 Noll, 2002, S. 39; vgl. Ulrich, 1997, S. 102.

20 Dies fordert beispielsweise Ayn Rand (2007, S. 41), die im Altruismus einen Feind der freien Selbstentfaltung eines Menschen und damit auch der Produktivkräfte eines gesunden Kapitalismus sieht. Deshalb proklamiert sie eine Ethik des „rationalen Egoismus", der die Selbstverwirklichung jedes einzelnen sicherstellt und je nach Leistung auch belohnt. (Ebd., S. 38 ff) Neben dem Wirtschaftsnobelpreisträger Friedrich August von Hayek mit seinem 1944 erschienen Werk *Der Weg zur Knechtschaft* (*The Road to Serfdom*) gilt sie mit ihren millionenfach aufgelegten Romanen *Der Ewige Quell (The Fountainhead)* von 1943 und *Der Streik* oder *Atlas wirft die Welt ab (Atlas Shrugged)* von 1957 als einer der geistigen Wegbereiter für die entfesselten Märkte, wie sie Ronald Reagan in den USA und Margret Thatcher im Vereinigten Königreich eingeleitet haben und im Neoliberalismus unterschiedlich interpretiert werden. Zur Geschichte und zu den Ausprägungen des Neoliberalismus siehe Slobodian (2019).

21 Hobbes, 1970, S. 115, 117, 119.

22 Rousseau, 2012, S. 125.

23 Rutger Bregman vergleicht die beiden Grundpositionen der Menschenbilder unter Rückgriff auf zahlreiche neueste interdisziplinäre Forschungsergebnisse und kommt zu dem Schluss, dass der „Mensch im Grunde gut" sei mit entsprechenden Schlussfolgerungen für Erziehung, Therapien und Führungsverhalten (2020, S. 413 ff). Eine ähnliche Auffassung vertritt schon vor ihm Westphalen (2018, S. 187 ff).

24 Douglas M. McGregor (1906–1964) dürfte der erste gewesen sein, der den Einfluss von Menschenbildern auf Führungsverhalten untersucht hat (2006).

25 Smith, 1985, S. 1 (2016, S. 13). Sowohl Westphalen (2018) wie Bregman (2020) haben zahlreiche Indizien aus verschiedenen Wissenschaftsdisziplinen gesammelt, die für ein positives Menschenbild sprechen.

26 Während die „unsichtbare Hand" in beiden Hauptwerken von Smith nur zweimal als Begriff auftaucht, wird der „unbeteiligte Beobachter" („impartial spectator") 63-mal genannt.

27 Kluge, 1975, S. 462

28 Smith, 2007, S. 15 (1993, S. 16).

29 Georg Simmel geht davon aus, dass jede soziale Interaktion als Tausch angesehen werden kann: „Jede Wechselwirkung […] ist als ein Tausch zu betrachten: Jede Unterhaltung, jede Liebe […] jedes Spiel, jedes sich Anblicken." (1992, S. 59) Simmel sieht sogar in der Produktion einen Tauschprozess mit den materiellen Gegebenheiten der Natur (ebd. S. 63). Ob sich mit seiner Fähigkeit zum Tausch der Mensch auch von Tieren und Pflanzen unterscheidet, ist eine vertiefte Diskussion wert. Denn gerade das ökologische Gleichgewicht der Natur ist ein Indiz für die dort vorhandenen Tauschverhältnisse. Insofern ist des Menschen Fähigkeit zum Tausch eine Äußerung seiner inneren Natur, die allen Lebensformen zu eigen ist.

30 Das Programm des entfesselten Markts (unbound market) umreißen Bryan Lowell und Diana Farrell, 1997.

31 Vgl. Apel, 1990, S. 277.

32 Der Soziologe Niklas Luhmann (1927–1998) beschreibt die Effizienzsteigerung solcher Subsysteme durch reduktionistische Sichtweisen in Form von einfachen Codierungen. Das ausdifferenzierte Wirtschaftssystem der Moderne basiert dementsprechend auf der Codierung von „Haben/Nichthaben" bzw. „Zahlen/Nichtzahlen". (1990, S. 103) Gemäß dieser Logik verfolgt der Homo oeconomicus seinen Eigennutzen im Besitzstreben nach Geld bzw. Gewinn. Der Urheber des „Homo oeconomicus", 1906 von Vilfredo Pareto (1848–1923) geprägt, hat den Begriff durchaus noch differenzierter gesehen (vgl. Wagener, 2009, S. 37).

33 Vgl. Kluge, 1975, S. 863.

34 Unholtz, 2010, S. 5.

35 Staehle, 1999, S. 69

36 Vgl. hierzu Homann und Suchanek (2005, S. 5). Die Autoren untersuchen kritisch unterschiedliche Definitonen von „Ökonomik" und betonen vor allem deren soziale, sprich gesellschaftliche Bedeutung, wobei sie auf John Rawls Verständnis von „Gesellschaft als ein Unternehmen der Zusammenarbeit zum gegenseitigen Vorteil" verweisen (Rawls, 2014, S. 105). Auch Aristoteles weist darauf hin, dass die „Hausverwaltung sich mehr auf die Menschen richten" sollte als auf den „unbeseelten Besitz" (1978, S. 65, 1259 b17 f).

37 Noll, 2010, S. 66.

38 Sommer, 2013, S. 30 f; zur Steinzeitökonomie vgl. Sahlin, 2017.
39 Noll, 2010, S. 53; vgl. Popper, 1992, S. 235ff.
40 Xenophon, 2013, S. 429 (5.6).
41 Ebd. S. 415 (3.15).
42 Vgl. Noll, 2010, S. 56 f.
43 Platon, 1990c, 842c.
44 Ebd. 842e.
45 Ebd. 843b-e.
46 Ebd. 844a-846c
47 Ebd. 847e-848b
48 Ebd. 847b-e
49 Ebd. 846d-847b.
50 So das Gerechtigkeitsverständnis von Platon gemäß Karl Popper, der in ihm anders als in Sokrates einen Feind der offenen Gesellschaft sieht (1992, S. 114, 153 f).
51 Vgl. Noll, 2010, S. 67.
52 Aristoteles, 1978, S. 75, 1263b34 ff.
53 Ebd. S. 70, 1261a18.
54 Aristoteles, 1978, S. 63, 1258 b 1. Mit diesem Zitat wird klar, dass das Phänomen der Gier, Habsucht, Räuberei und Ungerechtigkeit durchaus auch Alltag in der Antike war, von den Philosophen aber verachtet wurde, weil dadurch der gesellschaftliche Zusammenhalt zerstört werde (Balot, 2001, z. B. S. 39).
55 Vgl. ebd. S. 78, 1264 b17 f.
56 Noll, 2010, S. 74.
57 Ebd. S. 77.
58 Ebd. S. 75, 78.
59 Der Begriff des Zinses (von lat. *census* = Abschätzung) hat einen Bezug zum Begriff des Interesses (von lat. *inter-esse* = zwischen-sein). Gemeint ist die „Zeitdifferenz" zwischen Geben (Leistung) und Nehmen (Gegenleistung). Dabei kann eine Wertdifferenz entstehen, die einem Tauschpartner einen Nutzen, dem anderen einen Schaden beschert. Der daraus entstandene Schaden muss abgeschätzt und ersetzt werden, z. B. mit Hilfe einer Zahlung, die der Kläger dem Beklagten zahlen muss. Im Mittelalter erwächst daraus dann die Bedeutung von „Zins" (englisch: *interest*), der die Zeitdifferenz zwischen dem Entleihen und der Rückgabe des Geldes" ausgleicht (Gerhardt, 1976, S. 479 f.) Deshalb basiert auch das Selbst-Interesse im Sinne von Adam Smith auf einem reziproken Tauschverhältnis von Geben und Nehmen.
60 Brunner, 1956, S. 3; vgl. Noll, 2010, S. 78. Brunner belegt an einigen Beispielen, wie die antike Vorstellung der Hausverwalterkunst sich im Mittelalter und in der frühen Neuzeit als „Hausväterliteratur" (1956, S. 34 f) verengt hat, die durchaus auch Gebet- und Kochbuch, aber auch Ratschläge für den Umgang mit Frau, Kindern, Gesinde sowie Empfehlungen für Erziehung und bei Krankheiten beinhalten konnte (1950, S. 115 f; 1956, S. 34). Bezüglich des historischen Wandels im Verständnis von unternehmerischer Verantwortung vgl. Dušan Kučera (2020).
61 Kenneth E. Boulding hat bereits 1966 in seinem Aufsatz „The Economics of the Coming Spaceship Earth" vor der Illusion gewarnt, der Mensch hätte unendliche Ressourcen zur Verfügung und forderte daher eine Kreislaufwirtschaft, die die Endlichkeit der verfügbaren Ressourcen ernst nimmt. Walter Stahel gilt als ein Pionier auf dem Gebiet der Kreislaufwirtschaft (2019).
62 Vgl. dazu die Typen der Reziprozität, wie sie im Palomar College unter *https://www2.palomar.edu/anthro/economy/econ_3.htm* beschrieben werden.
63 Georg Simmel vermutet, dass es in der Geschichte der Menschheit ein langer Prozess war, bis der Tausch die ältere Form des Aneignens von Gütern durch Raub oder Geschenk abgelöst hatte. Er stellt in diesem Sinne einen „Friedensvertrag" dar (1989, S. 89). Noch bis ins Mittelalter hinein fand der Tausch in der Öffentlichkeit statt. Dabei waren die „Austauschquanten der gebräuchlichen Waren" festgesetzt. Diesen Taxierungen der Waren durfte sich „kein Kontrahentenpaar [...] durch private Abmachungen entziehen" (S. 87).
64 Kluge, 1975, S. 773.
65 Wobei für Ethnologen Marcel Mauss (1872–1950) bei den von ihm untersuchten Naturvölkern das Schenken etwa im „Potlatsch" der nordamerikanischen Indianer letztlich auf eine Gegengabe angewiesen ist: „In den meisten skandinavischen und in vielen anderen Kulturen finden Austausch und Verträge in Form von Geschenken statt, die theoretisch freiwillig sind, in Wirklichkeit jedoch immer gegeben und erwidert werden müssen." (2013, 17) Dabei ist dies kein mechanischer, sondern moralischer Austausch, bei dem persönliche Beziehungen zwischen Individuen und Gruppen erhalten werden. (ebd. S. 22).
66 Simmel, 1989, S. 86. Simmel bezeichnet an anderer Stelle Geschenk und Raub als eher „primitive Formen des Besitzwechsels" (2018, S. 662).
67 Näheres zur Trias von Ökonomik, Ethik und Politik bei Aristoteles vgl. Hütte, 2002, S. 24 ff.
68 Ausführlich zu den Arbeitsbedingungen bei Foxconn vgl. Chan/Selden/ Ngai, 2020.
69 Welzel, 2021.
70 Oxfam Deutschland, 2021.
71 Leutenegger, 2020.

72 Langhammer, 2021.

73 Hintergründe zum Platzen der Dot-Com-Blase liefern Motavalli, 2002, S. 279 ff, und Cassidy, 2002, S. 272 ff.

74 Bartz/ Hesse, 2020.

75 Kemper/ Schwarz, 2020.

76 Vgl. Bericht zum Hearing vor dem Joint Economic Committee des Congress of the United States zur Finanzkrise 2007/2008 (Gibson/ Schlagenhauf/ Frenze, 2009).

77 Die ursprüngliche Definition stammt von Arthur Cecil Pigou (1877–1959): Das Wesentliche der externen Effekte besteht darin, „dass eine Person A, indem sie einer zweiten Person B gegen Bezahlung einen Dienst leistet, zugleich anderen Personen Vor- und Nachteile verschafft, die so geartet sind, dass den begünstigten Parteien keine Zahlung auferlegt oder seitens der geschädigten Parteien keine Kompensation erzwungen werden kann" (zit. n. Steger et al., 1990, S. 197). Pigou wies auch darauf hin, dass Menschen prinzipiell dazu neigen, um gegenwärtiger Vorteile willen etwa bei der Ausbeutung von Rohstoffschätzen künftige Generationen zu benachteiligen. (Hoffmann, 1993, S. 35)

78 Eine groß angelegte Befragung von 766 CEOs in 100 Ländern und 25 Branchen durch Accenture zusammen mit der Organisation UN Global Compact ergab bereits 2010, dass 93 % im Thema „Nachhaltigkeit" einen „kritischen Erfolgsfaktor" für ihr Geschäft erachten, 72 % die drei Hauptmotivatoren dafür „Marke, Vertrauen und Reputation" ansehen. 96 % sind überzeugt, dass Nachhaltigkeitsthemen voll und ganz in der Strategie und in den Prozessen und 88 % sogar in der Lieferkette (Supply Chain) eines Unternehmens integriert sein sollten. Allerdings glaubten nur 54 %, dass sie dies bereits in ihrem Unternehmen oder in ihren Niederlassungen im Ausland erreicht hätten. (Lacy, 2010, S. 13 f)

79 KPMG, 2011, S. 19.

80 Vgl. Wheelen/Hunger, 2010, S. 122.

81 PWC, 2010.

82 KPMG, 2015, S. 30; G250: Die 250 größten Firmen nach Umsatz in der Liste der Global Fortune 500, N100: Die 100 größten Firmen nach Umsatz in den 16 größten Industrieländern.

83 Janggu, 2013.

84 Der ehemalige Chief Communication Officer von Petrobras, Izeusse Dias Braga (2012), nannte in einem Vortrag diese drei Gründe, weshalb eine Firma nicht länger die negativen sozialen und ökologischen Folgen ihrer Geschäftsaktivitäten ignorieren dürfe. Dass kurze Zeit später Petrobras selbst wegen milliardenschwerer Korruptionsdelikte angeklagt wurde, konnte er damals noch nicht ahnen.

85 Poulsen, 2010.

86 Nestlé, 2007, S. 3; vgl. Regenass, 2012. Nestlé kündigte kürzlich den Verkauf ihres Wassergeschäfts an.

87 Braungart/McDonough, 2002.

88 Pauly/Traufetter, 2016, S. 38.

89 Auf ihrer Homepage blickt Avaaz derzeit (Stand: März 2021) auf 586.744.730 Aktionen und 2.792 Kampagnen zurück (2021).

90 Vgl. Steger, 2003, S. 250.

91 Vgl. World Commission on Dams, 1999; Netto, 2006.

92 GFBV, 2010. Der Belo-Monte-Staudamm verdrängte bis zu bis 40.000 Menschen indigener Völker und bedroht massiv die Biodiversität der Region von der Größe des Bodensees. (Perez, 2019).

93 Shell, 2008.

94 Vgl. Reinbold, 2015.

95 Foxconns höchste Mitarbeiterzahl lag 2012 bei 1.3 Millionen Mitarbeitern. Durch Outsourcing und Automatisierung fiel sie auf 863.000 in 2018. Der Umsatz stieg im gleichen Zeitraum von 139 auf 175 Mia. US$. (Chan/ Selden/ Ngai, 2020, S. 17).

96 SACOM, 2012. Chade/ Selden/ Ngai arbeiteten in ihrer Monographie Dying for an iPhone (2020) die Mißstände bei Foxconn differenziert auf.

97 Hick, 2012.

98 NN, 2012.

99 Vgl. ts/dpa, 2012; vgl. Wiebe, 2013, S. 74–77.

100 Hightech-Rating, 2016; vgl. www.sehen-und-handeln.ch.

101 Foxconns Gewinnmarge betrug 2019 2,5% im Vergleich zu der von Apple mit 23% (Chade/ Selden/ Ngai, 2020, S. 19).

102 Nike dokumentiert seine Nachhaltigkeitsfortschritte regelmäßig in seinen "Impact-Reports" (Nike, 2020).

103 Greenbiz Staff, 2007.

104 Vgl. Crawford, 2005.

105 Fairphone, 2015; vgl. Kaminski (2020), der ein Interview mit dem Gründer von Fairphone, Bas van Abel führte.

106 OEKOM, 2016; RobecoSAM, 2016.

107 Vgl. Blackmore et al., 2012.

108 Vgl. Schüz, 1999, S. 116 ff.

Ein ganzheitliches Modell der Unternehmensverantwortung

2

ÜBERBLICK

Lernziele

Der Leser

- versteht die grundlegende Bedeutung und Struktur der Verantwortung für menschliches Handeln,

- erfasst den Sinn verantwortlichen Handelns im Kontext lebensfähiger Systeme,

- kennt die drei Dimensionen der unternehmerischen Verantwortung mit ihren unterschiedlichen Reichweiten,

- charakterisiert die zeitliche Dimension der nachhaltigen Verantwortung,

- begreift nachhaltige Unternehmensverantwortung im Zusammenhang mit einem ganzheitlichen Modell,

- erkennt den Nutzen des Modells für die unternehmerische Praxis.

2.1   Der Begriff und die Struktur der Verantwortung

Ursprüngliche Bedeutung

Herkunft

Der Begriff „verantworten" hat seinen Ursprung im römischen Rechtsleben und ist eine Übersetzung des lateinischen *respondere* im Sinne von „antworten auf eine Anklage", wobei *spondere* wohl im griechischen Wort *spendein* wurzelt. Dieses wiederum steht für das „Spenden" eines Trankopfers bei Abschluss eines Vertrags, in dem etwas vereinbart und zugesichert wird.[1] Der Vertragsabschluss war nämlich eine geheiligte Handlung, die deshalb auch vor einer göttlichen Instanz besiegelt wurde. Ihm kam dadurch eine hohe Verbindlichkeit zu. Im *respondere* beantwortete man die Frage eines Richters, ob man der eingegangenen Verpflichtung gerecht geworden sei.

Religiöse Wurzel der Verantwortung

Dass der Begriff im christlichen Abendland vom Rechtsleben auf alles menschliche Handeln, also auch auf Moral und Ethik, übertragen wurde, hängt vermutlich mit der christlichen Offenbarung zusammen. Diese rückt das menschliche Denken und Handeln unter die Erwartung des letzten Gerichts (griech. *eschaton*). Dort wird das Leben eines jeden gewogen, inwieweit es eher „gut" oder „böse" verlaufen ist (vgl. z. B. 2. Kor. 5,10). Demnach weist Verantwortung ursprünglich immer über die Instanz eines konkreten Vertrags, Gesetzes oder einer moralischen Regel hinaus auf ein größeres Ganzes, hier: auf das verheißene Reich Gottes.[2]

Handlungskonzept mit Feedbackschleife

Verantwortung wird häufig als ein dreistelliges Suchmuster für ein gewünschtes Handeln aufgefasst.[3] Es kann aber auch Nichthandeln, Unterlassen oder eine bestimmte Einstellung oder Überzeugung umfassen. Dabei werden die Konsequenzen bedacht und vor einer Instanz gerechtfertigt. In Anlehnung an den deutschen Philosophen und Pädagogen Georg Picht (1913–1982) bedeutet nun Verantwortung, dass ein Subjekt (Individuum, Gruppe, Unternehmen) *für* sämtliche *Konsequenzen* (auch Neben-, Rück- und Fernwirkungen) *vor Instanzen* (Mitarbeiter, Kunden, Lieferanten, NGOs, eigenes Gewissen, Richter etc.) Rede und Antwort steht.[4]

Verantwortung als dreistellige Relation zwischen Subjekt, Konsequenz und Instanz

Abbildung 2.1: Die dreistellige Struktur der Verantwortung
Quelle: Schüz 2021, S. 24.

Der Zusammenhang zwischen handelndem Subjekt, Konsequenzen und Instanzen kann auch anhand eines Dreiecks veranschaulicht werden:

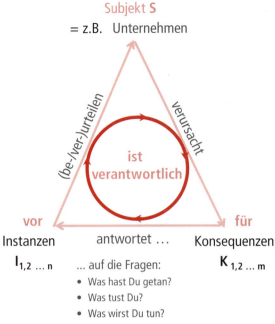

Abbildung 2.2: Struktur der Unternehmsverantwortung
Quelle: Autor

Ein verantwortungsvolles Unternehmen (U) verursacht mit seinen Aktivitäten Konsequenzen (K) und rechtfertigt diese vor Instanzen (I) als Antwort auf deren Frage: Was hast du getan? Oder: Was tust du? Oder: Was wirst du tun? Je nachdem, ob die Instanz mit der Begründung zufrieden ist, beurteilt sie das Unternehmen. Die Instanzen geben also dem Unternehmen Feedback, wie sie die Konsequenzen einer Aktivität aufgenommen haben.

Allerdings hängen die Vorstellungen darüber, was als verantwortliches Handeln angesehen wird, von den Wertvorstellungen der urteilenden Instanz ab. Wenn der Kundenberater einer Privatbank sich weigert, der Anordnung seines Vorgesetzten Folge zu leisten, ein aus seiner Sicht unseriöses Wertpapier zu verkaufen, dann mag dieser jenen als verantwortungslos gegenüber den Interessen des Arbeitgebers verurteilen, während die Kunden ihn als verantwortungsvoll loben.

Ohne Verantwortung keine soziale Existenz   Wenn der Mensch generell die Folgen seines Handelns ignoriert und sich den Fragen der Instanzen entzieht, dann isoliert er sich von seiner Um- und Mitwelt. Ohne Gemeinschaft wird er jedoch auf Dauer kaum überleben. Als verantwortlicher Mensch hingegen erhält er die für sein Überleben notwendigen Beziehungen und erweist sich als ein mehr oder weniger soziales Wesen.[5]

Verantwortung als Wertbeziehungsbegriff

Verantwortung ist selbst kein Wert, sondern ein Wertbeziehungsbegriff. Er ist demnach selbst zunächst als wertneutral aufzufassen. Er bezieht sich über die beurteilende Instanz auf Werte, die aber sehr widersprüchlich sein können, weil sie von unterschiedlichen Parteien vertreten werden. Folglich ist die Forderung eines Politikers „nach mehr Verantwortung in der Wirtschaft" so lange nichtssagend, wie er nicht zugleich klar macht, auf welche Wertvorstellungen – etwa ethische – und gewünschte Handlungsfolgen – etwa arbeitnehmerfreundliche – seine Aussage abzielt.

Man sollte sich vor Augen führen, dass es zahlreiche zum Teil unüberschaubare Konsequenzen (Neben-, Rück- und Fernwirkungen) des Handelns gibt, zugleich aber auch zahlreiche, zum Teil unüberschaubare Instanzen existieren, die mehr oder weniger berechtigt Feedback geben und eine Begründung für das unternehmerische Handeln einfordern können. Deshalb ist der Prozess der Verantwortung unabschließbar und sollte immer wieder durchlaufen werden, wie der Kreis in ▶ Abbildung 2.2 andeutet.

Zudem kann die gleiche Instanz unterschiedliche Konsequenzen in derselben Handlung sehen, wie die berühmte Grammatik-Szene aus dem Monty-Python-Film „Das Leben des Brian" aufzeigt. Brian pinselt auf eine Stadtmauer den provokativen Spruch: „Römer geht nach Hause" und wird dabei von römischen Soldaten ertappt. Der Anführer dieser Gruppe zieht Brian wegen mangelnder Grammatikkenntnisse, also wegen der Syntax, zur Verantwortung. Andere Römer, die ihn später stellen, ziehen ihn wegen des Inhalts, also der Semantik, zur Rechenschaft, was gegenläufige Sanktionen provoziert.[6]

Unterschiedliche Beurteilung der gleichen Handlung

Typische Instanzen für Unternehmen repräsentieren die Stakeholder. Ein Kunde, Lieferant, Anwohner, Gesetzgeber, NGOs, Shareholder, Mitarbeiter usw. vertreten unterschiedliche Wertvorstellungen bzw. Interessen, wenn sie die Konsequenzen einer unternehmerischen Aktivität beurteilen. Je nach zur Verfügung stehender Machtmittel können sie dann auch unterschiedliche Sanktionen gegenüber dem Unternehmen ausüben.

Stakeholder als Instanzen

Beispiel   **Die Ölpest im Golf von Mexiko**

Betrachten wir die Firma British Petrol (BP), unter deren Verantwortung die Ölbohrplattform Deepwater Horizon im Golf von Mexiko im April 2010 explodierte. Obwohl die Firma Transocean den Bohrauftrag für BP ausführte, wurde BP für die Ölpest im Golf von Mexiko verantwortlich gemacht. Unterschiedliche Gruppen von Betroffenen – Fischer, Touristen, Hoteliers, Anwohner, Politiker – verurteilten die Firma. Sie forderten und erhielten Schadenersatz in zweistelliger Milliardenhöhe.

Explosion der Ölplattform Deepwater Horizon

Der damalige CEO von BP, Tony Hayward, musste vor dem US-Kongress in einem Hearing Rede und Antwort stehen.[7] Immer wieder konnte er auf die auf ihn einstürmenden Fragen keine befriedigenden Antworten geben. Er musste zugeben, dass er über die Details der Katastrophe und die mangelhaften Sicherheitsstandards in seiner

Verantwortung des CEO von BP vor dem US-Senat

Firma nicht genügend informiert war. Die Medien verurteilten ihn auch für sein Verhalten nach Ausbruch der Katastrophe. So warf man ihm vor, er habe nach Bekanntwerden der Explosion seinen Segelurlaub mit seinem Sohn nicht abgebrochen, um sich an Ort und Stelle ein Bild von der Lage zu verschaffen.

Abbildung 2.3: Unterschiedliche Instanzen beurteilen die Firma BP
Quelle: Autor

Religiöse Instanzen

Die Androhung, BP und seine Manager müssten auch religiösen Instanzen Rede und Antwort stehen, dient in einer aufgeklärten säkularisierten Welt wohl kaum noch als Abschreckung. Dennoch sollte im Kontext der Unternehmensverantwortung auch die religiöse Dimension mit reflektiert werden. Denn immerhin können religiös motivierte Stakeholder die öffentliche Meinung gegen ein Produkt oder Unternehmen mobilisieren, wenn sie in ihm eine ernsthafte Verletzung von Gottes Schöpfung oder Geboten sehen, und die Verantwortlichen an den Pranger stellen. Oft verweisen sie dabei auf den „Richterstuhl Christi", vor dem am Ende der Zeiten „jeder seinen Lohn empfange für das, was er getan hat bei Lebzeiten, es sei gut oder böse" (2. Kor 5,10).

Beispiel: Abtreibungspille

Unter Hinweis auf diese sogenannte „eschatologische Verantwortung"[8] protestieren beispielsweise seit Jahrzehnten weltweit Vertreter der katholischen Kirche gegen die Abtreibungspille RU486, wie erst wieder in Kanada.[9] Der Erfolg beruht nicht zuletzt auf den drohenden Sanktionen, wie sie vielfältig schon im Alten Testament beschrieben werden. Gott strafe oder belohne menschliches Verhalten nicht nur im Jenseits, sondern bereits im Diesseits mit Katastrophen wie Krankheiten, Unglücken und Hungersnöten – oder wundersamen Errettungen.

Fallstudie

Goldabbau in Rosia Montana, Rumänien

Wie sehr religiös orientierte Instanzen Einfluss auf ein Wirtschaftsprojekt nehmen können, zeigt folgender Fall. Hohe Würdenträger der rumänisch-orthodoxen Kirche mobilisierten ihre Gläubigen gegen den umweltzerstörerischen Goldabbau im siebenbürgischen Rosia Montana durch die kanadische Firma Gabriel Resources. Zum Abbau der größten Goldvorkommen Europas unter Einsatz großer Mengen von Zyanid im Tagebau sollte eine der schönsten Landschaften der Karpaten sowie ein ganzes Dorf mit mehreren Kirchen, Friedhöfen sowie antiken Bergbaustollen dauerhaft zerstört werden. Dem ganzen Tal drohte die Überflutung durch einen See mit hochgiftigen Zyanidresten.

Umweltschädliche Abbaumethoden von Gold durch Gabriel Resources

Nach zehn Jahren Widerstand von Umweltschutzgruppen und Bewohnern des Dorfes gegen Politik und Wirtschaft kam es auf einer Tagung der Evangelischen Akademie Siebenbürgen im Juli 2007 unter großem Medieninteresse zu einer Konfrontation zwischen Gegnern und Befürwortern. Fasziniert konnten die Zuschauer, unter denen sich auch der Autor mit einer Gruppe von Studierenden befand, die Bildung neuer Stakeholderkoalitionen feststellen. Vertreter der Rumänischen Akademie der Wissenschaften, Greenpeace und andere Umweltaktivisten, Bewohner vor Ort und Vertreter verschiedener Kirchen aus dem In- und Ausland wandten sich vehement gegen das Projekt. Der anwesende orthodoxe Erzbischof Andrei, der immerhin zwei Millionen Gläubige vertrat, brachte die Position der Kirche folgendermaßen zum Ausdruck: „Unsere Kirche ist dagegen, weil das Projekt den Abriss oder Umzug von Kirchen und Friedhöfen beinhaltet. Außerdem wünschen wir, dass die Region landschaftlich intakt bleibt. Gott hat alles gut geschaffen, der moderne Mensch zerstört es. Die Kirche darf nicht schweigen, wenn der Mensch so brutal in die Natur eingreift." Sodann wurde die Grußbotschaft des Patriarchen Teoctist verlesen, dessen Kirche dafür bete, „dass dieses für die Natur und Mensch so gefährliche Vorhaben nicht verwirklicht" werde.[10]

Einflussnahme der orthodoxen Kirche während Stakeholder-Kommunikation

Es dauerte noch weitere acht Jahre, bis der Protest unter starker Mitwirkung der Kirchen tatsächlich zum Aus des Bergbauprojektes führte – trotz teurer PR-Kampagnen der Goldabbaufirma. Allerdings hat Gabriel Resources eine milliardenschwere Klage vor einem Schiedsgericht zur Kompensation seiner entgangenen Gewinne und eingesetzten Investitionen (ca. 5,7 Mrd. US-$) eingereicht. Die Widerstandsgruppe „Alburnus Maior" sieht diese Klage als ungerechtfertigt an, weil das Projekt illegal mithilfe von Politikern, die heute wegen Korruption im Gefängnis säßen, beschafft und entgegen den Interessen der lokalen Bevölkerung gefördert worden sei.[11]

Klagen wegen entgangener Gewinne

> Rumänische NGOs sehen in dieser Klage ein Omen für weitere Fälle von Schadenersatzklagen, wenn solche durch Ratifizierung des Freihandelsabkommens TTIP noch juristisch munitioniert würden.[12]
>
> *Übung:* Zeichnen Sie das Verantwortungsdreieck mit Gabriel Resources als **Subjekt**, den verschiedenen **Konsequenzen** (intendiert, nicht intendiert, Neben-, Rück- und Fernwirkungen) des Goldabbaus und den verschiedenen **Instanzen**, sprich: involvierten Stakeholdern, die mit ihren Machtmitteln das Projekt fördern bzw. blockieren.

Eschatologische Verantwortung

Gott als Subjekt der Verantwortung

Dass jahrhundertelang bis heute unter Hinweis auf die Instanz Gottes Menschen oder gar Organisationen zur Rechenschaft gezogen werden, dürfte deutlich geworden sein. Darüber hinaus wurde und wird ein allmächtiger Gott sogar als Subjekt der Verantwortung angesehen. Schließlich habe er ja die Welt mit all ihren Unvollkommenheiten wie Krankheit, Not, Tod, Naturkatastrophen und dem Bösen geschaffen, also auch die Folgen etwa einer sündhaften Menschheit selbst zu verantworten. Bis heute wird Gott in vielen Religionen und Kulturen verantwortlich für die Übel und das Böse in der Welt gemacht.

Umgekehrt glauben Dschihadisten, Gott habe sie aufgefordert, in den heiligen Krieg gegen die Ungläubigen zu ziehen. So gesehen führen sie nur einen göttlichen Auftrag aus, wenn sie, wie bei den Anschlägen von Paris am 13. November 2015, sogar ihr eigenes Leben lassen. Als Dank, so hoffen sie, erwartet sie im Paradies ein luxuriöses Leben, das ihnen im Diesseits versagt geblieben ist. Indem sie nur eine vermeintlich von Gott auferlegte Pflicht erledigen, sehen sie sich von jeglicher Schuld befreit.

Rechtfertigung Gottes angesichts des Leids in der Welt

Viele gläubige Christen fragen auch heute noch: Wie kann Gott – so es ihn gibt – so viel Leid in der Welt zulassen? Seit mehr als zwei Jahrtausenden haben Philosophen und Theologen sich mit dieser Frage beschäftigt. Der Universalgelehrte und Philosoph Gottfried Wilhelm Leibniz (1646–1716) diskutierte diese Frage unter dem Begriff der „Theodizee", der Rechtfertigung Gottes angesichts des Leidens in seiner Schöpfung. Für ihn ist diese Welt die „beste aller möglichen Welten", in der auch das Leiden seinen Platz hat, weil erst im Zusammenspiel von Licht und Schatten, Freiheit und Notwendigkeit, Gut und Böse sich die Harmonie der Welt zeigt. Denn erst durch den Mangel wird der Wille aller Lebensformen herausgefordert, zur „größtmöglichen Vollkommenheit" der Welt beizutragen.[13]

Abkehr von der eschatologischen Verantwortung

Prinzipiell in Zweifel gezogen wurde das verantwortliche Eingreifen Gottes in die Welt nach der Zerstörung Lissabons im Jahre 1755. Im Gefolge eines Erdbebens, Tsunamis und zahlreicher Brände starben zwischen 30.000 und 100.000 Menschen – ungeachtet ihres Glaubens. Während Kirchgänger besonders betroffen waren, wurde das Stadtviertel der Prostituierten verschont.[14] Der Versuch der Kirche, wie in den vergangenen Jahrhunderten Gott selbst für die Katastrophe als Bestrafung von sündigen Menschen verantwortlich zu machen, lief daher diesmal ins Leere. Damit war nicht nur eine ganze Stadt, sondern auch ein jahrhundertelang gültiges Weltbild zusammengestürzt und förderte in ganz Europa den Geist der Aufklärung. Besonders Voltaire (1694–1778) machte sich aus Anlass der Katastrophe in seinem Roman Candide über vergangene Versuche lustig, die Übel der Welt mit einem allgütigen Gott zu vereinbaren.[15]

Verantwortung in der Aufklärung

Von nun an setzten sich eher wissenschaftliche Erklärungsversuche für das Geschehen in der Welt durch. Die Ursachen von Katastrophen wie die von Lissabon wurden in den Gesetzen der Natur erkannt. Die Verantwortung des Menschen bestand nun nicht mehr in einem gottgefälligen Leben, sondern in der vernünftigen Bewältigung der materiellen, sozialen und ökologischen Folgen sowie in der Vorsorge vor ähnlichen Naturereignissen mittels Wissenschaft und Technik.

Einsatz von Wissenschaft und Technik

Im Fall von Lissabon übernahm Sebastiao José de Carvalho e Mello, der Marquis de Pombal (1699–1782), die Verantwortung für das erste moderne Katastrophenmanagement und den Wiederaufbau der Stadt. Zunächst ließ er sich dafür eine Generalvollmacht vom König von Portugal geben. Sodann richtete er in seiner Kutsche eine mobile Kommando- und Kommunikationszentrale ein. Diese ermöglichte ihm, in kürzester Zeit überall dort persönlich aufzutauchen, wo Feuer und sonstige Krisenherde auszubrechen drohten. Er organisierte Feuerwehrtrupps und Abrissbrigaden, bekämpfte Plünderungen und Schwarzmärkte, setzte Fixpreise für Lebensmittel fest. Er schlug Aufstände nieder und bekämpfte kriminelle Banden. Zudem wehrte er sich aktiv gegen die kirchliche Sündenbocktheorie, die die Katastrophe als Gottesurteil darstellte. Mit der späteren Auflösung des Jesuitenordens legte er den Grundstein für eine einzigartige Säkularisierung und Modernisierung des Landes.[16]

Marquis de Pombal – der erste moderne Krisenmanager

Die Verantwortung über das Geschehen in der Welt war von nun an nicht mehr göttlichen Mächten anheimgegeben, sondern dem Menschen selbst bewusst geworden. Indem die Menschen Kräfte der Natur analysieren, vermögen sie nach dem methodischen Programm von René Descartes sich zu „Herren und Eigentümern der Natur" zu erheben und sich deren Kräfte systematisch zu bedienen.[17] So gesehen hat die Aufklärung auch den Stellenwert der Verantwortung für das menschliche Handeln auf eine völlig neue Stufe gestellt. Mit der wissenschaftlich-technischen Veränderung und ökonomischen Ausbeutung der Natur ist der Mensch gezwungen, auch die Konsequenzen seines Tun und Lassens selbst zu bewältigen. Der Mensch ist von nun an auf sich selbst zurückgeworfen. Er bedroht damit aber auch sein eigenes Überleben, wenn er die ihm zugewiesene Verantwortung nicht wahrzunehmen versteht. Eine Zuweisung der Verantwortung auf eine göttliche Instanz ist ihm von nun an nicht mehr rational möglich.

Eigenverantwortung des Menschen in der Aufklärung

Die Matrix der Verantwortung

Formel für die totale Verantwortung

Worin besteht aber nun die aufgeklärte Verantwortung? Sie zeigt sich darin, dass der Mensch für sämtliche Konsequenzen vor allen möglichen Betroffenen Rede und Antwort für sein Handeln stehen muss. Ein Rückverweis auf eine ihm übergeordnete transzendente Macht, als deren Erfüllungsgehilfe oder Erdulder er sich erklären kann, ist ihm nicht mehr möglich. Die vielfältigen Kombinationsmöglichkeiten zwischen beurteilenden Instanzen und bewerteten Konsequenzen legen die Darstellung einer Matrix nahe:

	K_1	K_2	K_3	...	K_m
I_1	V_{11}	V_{12}	V_{13}	...	V_{1m}
I_2	V_{21}	V_{22}	V_{23}	...	V_{2m}
I_3	V_{31}	V_{32}	V_{33}	...	V_{3m}
...	...	...	...	...	...
I_n	V_{n1}	V_{n2}	V_{n3}	...	V_{nm}

Tabelle 2.1: Verantwortungsmatrix

Gesamtverantwortung V_{tot}

Die Gesamtverantwortung $V_{tot.}$ eines Unternehmens setzt sich demnach aus der Summe aller Teilverantwortungen V_{ij} zusammen. Die Formel für die Gesamtverantwortung V_{tot} lautet:

$$V_{tot.} = \sum_{i,j=1}^{n,m} V_{ij} = \sum_{i,j=1}^{n,m} K_i I_j$$

Unüberschaubarkeit der Gesamtverantwortung

Hier zeigt sich schon das Problem, dass kein Subjekt für alle Konsequenzen vor allen Instanzen Rede und Antwort stehen kann, also die totale Verantwortung für sein Handeln übernehmen kann. Es können immer nur Aspekte der Konsequenzen und eine bestimmte, überschaubare Anzahl an Instanzen berücksichtigt werden. Die Komplexität der Verantwortung verleitet dann konsequentermaßen Wissenschaftler dazu, sie zu reduzieren. Milton Friedman tat dies mit seinem berühmt gewordenen, am 13. September 1970 im New York Times Magazine erschienenen Artikel mit der Schlagzeile „The social responsibility of business is to increase its profits".[18] Auf diese Weise reduzierte er Unternehmensverantwortung auf eine Konsequenz, nämlich des Gewinnemachens, und eine Instanz, den Shareholder. Man könnte dies als die Geburtsstunde des Shareholder-Value-Gedankens ansehen, demzufolge die Verantwortung auf V_{11} der obigen Tabelle zu fokussieren sei.

Vielfache Verursacher

Eine weitere Herausforderung besteht darin, dass in der Regel nicht alle Konsequenzen einem Verursacher allein zugeschrieben werden können. In unserem Beispiel der Ölpest ist die ausführende Firma Transocean involviert, aber auch die Betreiberfirma Halliburton oder die Firma, die die Chemikalie Corexit zur chemischen Bindung des Ölteppichs entwickelt hat. Denn diese Chemikalie hat zwar den sichtbaren Ölteppich schnell aufgelöst, aber die Überreste auf den Meeresgrund absinken lassen. Dies hatte verheerende Auswirkungen auf Flora und Fauna. So haben all diese Akteure gemeinsam zu den Konsequenzen des Unglücks beigetragen.[19]

Außerdem gibt es Konsequenzen, für die sich weder eine Instanz noch ein handelndes Subjekt für zuständig erklärt. So ist etwa die Grundsatzdiskussion wieder entbrannt, ob fossile Energieformen überhaupt noch für das Überleben des Planeten tragbar sind. Hierfür sind weder einzelne Subjekte noch Instanzen identifizierbar. Der Philosoph Richard Wisser (1927–2019) hat solche Formen der Verantwortung mit „situationeller Verantwortung" bezeichnet, die im Gegensatz zur „instanziellen Verantwortung" eben keine Instanz oder ein einzelnes Subjekt des Handelns kennt, die die existierenden Konsequenzen einklagen bzw. tragen würde.[20] Solche situationellen Verantwortungen sind kollektive Herausforderungen für die ganze Menschheit. Es gibt für sie noch keine von menschlichen Instanzen einforderbaren Lösungen, obgleich unter Umständen das Überleben der Menschheit von ihnen abhängt. Der drohende Klimawandel aufgrund des Treibhauseffektes durch übertriebenen Einsatz fossiler Energiequellen ist ein Beispiel dafür. Hier könnte allenfalls die Natur selbst als einklagende Instanz fungieren.

Situationelle und instanzielle Verantwortung

Richard Wisser (1927–2019)

2.2 Philosophische Reflexion: Ist Verantwortung eine menschliche Grundbefindlichkeit?

Zur Philosophie der Verantwortung gehört auch die Frage, ob die Befähigung zur Verantwortung, also die Fähigkeit, die Folgen unseres Handelns gegenüber unterschiedlichen Betroffenen (Instanzen) zu bedenken, eine entscheidende Grundbefindlichkeit unseres Menschseins darstellt. Immerhin sehen verschiedene Ansätze der philosophischen Anthropologie (= Lehre vom Menschen) den Unterschied zwischen Mensch und Tier gerade darin, dass Ersterer nicht in eine vorgegebene ökologische Nische hineingeboren wird und sich dort instinktiv bewegt, sondern in seiner „Weltoffenheit" (Max Scheler) seine Nische zum Überleben überhaupt erst durch Kulturleistungen schaffen muss. Er muss auf die Herausforderungen der Natur je nach Situation und je nach seinen Fähigkeiten antworten, sprich: sich so einrichten, dass er trotz seiner Existenz als „nicht festgestelltes Tier" (Friedrich Nietzsche), „Mängelwesen" (Arnold Gehlen), trotz seiner „Instinktreduktion" (Konrad Lorenz) die Folgen seines Handelns bedenkend überleben kann.[21] So zeichnet sich menschliches Handeln gerade mit der gedanklichen Reflexion über dessen mögliche Folgen für verschiedene Betroffene (Instanzen) gegenüber anderen Lebewesen aus.

Befähigung zur Verantwortung

Zudem hat der Mensch die Möglichkeit, impulsivem, affektgebundenem Verhalten als Reaktion auf umweltbedingte Reize ein Stopp, also zwischen Handlungsbereitschaft und konkretem Handeln eine Reflexionspause einzuschieben, die der deutsche Philosoph Arnold Gehlen (1904–1976) als „Hiatus" (lat. *hiatus* = Öffnung, Spalt, Kluft) bezeichnete. Er sieht darin eine zentrale Grundbefindlichkeit des Menschen, die

Hiatus als Pause zur Reflexion des Handelns

ihm die Möglichkeit eröffnet, zwischen Handlungsimpuls und Handlungsausführung zunächst die Folgen zu überdenken. Im Moment des Hiatus hat der Mensch die Fähigkeit entwickelt, auf eine Herausforderung seine Antwort zu überdenken, deren mögliche Folgen sowie Handlungsalternativen in Betracht zu ziehen, bevor er sich dann zum konkreten Handeln entscheidet.[22]

Reflexionspause – Merkmal menschlicher Freiheit?

Die gedankliche Reflexion möglicher Entscheidungen und ihrer Handlungsfolgen ist auch Merkmal der menschlichen Freiheit, die trotz aller von zeitgenössischen Neurophysiologen nahegelegten Determiniertheit der Hirnaktivitäten[23] doch bestehen bleibt und damit die Bedingung der Möglichkeit ethischen Handelns nahelegt. Wir werden auf diesen wichtigen Zusammenhang später noch zurückkommen (siehe ▶ *Abschnitt 5.3*, Exkurs).

Verantwortung als menschliche Grundbefindlichkeit

Richard Wisser hat in seiner philosophischen Anthropologie die Verantwortung als entscheidende Grundbefindlichkeit des Menschen herausgearbeitet. Er bezeichnet den Menschen als „kritisch-krisisches Wesen", das immer wieder in Krisen gerät und seine Auswegmöglichkeiten dann auch kritisch hinterfragen muss. Der Mensch kann überhaupt nur überleben, wenn er die (natürlichen und sozialen) Herausforderungen des Lebens jeweils neu beantwortet und gegenüber Instanzen oder dem Sein als Ganzem verantwortet. Es ist das Wesen des Menschen, dass er die bisherigen Antworten auf die Fragen des Lebens – insbesondere in Krisensituationen – permanent kritisch reflektiert und unter Umständen verwirft, um neue, überlebensfähigere und damit verantwortlichere Antworten zu finden.[24]

Verlust der Verantwortung – Schritt zum kollektiven Suizid?

Wenn nun die Fähigkeit zur Verantwortung überhaupt erst gemeinschaftliche Kulturleistungen und damit die Existenz des Menschen möglich macht, so bedeutet umgekehrt ein Verlust der Verantwortung auch das Risiko, dass er seine Existenz verliert. Denn damit verliert er auch den Bezug zu seiner sozialen und natürlichen Umwelt. Verantwortungslosigkeit wäre dann der erste Schritt zum Untergang, weil dann nur noch kurzfristige gewinnmaximierende Erfolge für das Handeln bestimmend wären und die Neben-, Rück- und Fernwirkungen völlig außer Acht gelassen würden.

Im Gegensatz zur völligen Negierung von Verantwortung wäre die von Georg Picht geforderte „universale Verantwortung" die sinnvolle Einbettung des eigenen Handelns zum Wohle des größeren Ganzen und damit auch eine wichtige Voraussetzung für das langfristige Überleben von biologischen und sozialen Systemen.

2.3 Universale Verantwortung

Als regulative Idee

Unerreichbares, aber notwendiges Ideal

Georg Picht bezeichnet die totale Verantwortung auch als „universale Verantwortung". Diese kann jedoch als anzustrebendes, niemals erreichbares Ideal von keinem menschlichen Subjekt mehr übernommen werden. Allerdings vermag sie, unser konkretes Handeln als „regulative

Idee" (im Sinne Immanuel Kants) zu bestimmen. Wer sich in seinem Handeln darum bemüht, wenigstens gedanklich immer zugleich auch die universale Verantwortung mitzutragen, wird viel sorgfältiger die möglichen Konsequenzen und Instanzen analysieren. Picht präzisiert die Frage nach der „universalen Verantwortung"[25] dahingehend, dass „der Mensch für alles verantwortlich ist, was im Bereich seiner Möglichkeiten geschieht, d. h. was innerhalb der Reichweite seines Daseins, Tuns und Lassens liegt"[26].

Die Verantwortlichkeit kann je nach Gewichtung von Subjekt, Folgen und Instanz unterschiedlich zugewiesen werden. So gesehen verweist die konkrete Beantwortung einzelner Akteure der Frage „Was hast du getan?" immer *über* ihren Zuständigkeitsbereich hinaus auf sämtliche bekannten oder unbekannten Folgen einer Handlung oder Unterlassung. Theoretisch antwortet die universale Verantwortung auf die Fragen aller möglichen Instanzen nach allen möglichen Konsequenzen einer Aktivität. Es liegt auf der Hand, dass dies in der Praxis nicht möglich ist. Kein Individuum oder keine Organisation kann alle Konsequenzen und möglichen Instanzen überschauen. Sie ist also letztlich immer auch eine „erschreckend unbegrenzte", „ins grenzenlose erweiterte Verantwortung gegen alles, was lebt", wie Albert Schweitzer einmal in seiner Kulturphilosophie formuliert hat.[27] So trägt jeder ein Stück weit „universale Verantwortung" (Georg Picht) mit, eben weil er zur „zukünftigen Geschichte" oder „zum Leben künftiger Generationen" (Hans Jonas) fördernd oder hemmend beiträgt.[28]

Im Netz der Konsequenzen

Dennoch lohnt es sich, sein Handeln unter dem Gesichtspunkt der universalen Verantwortung zu überprüfen. Denn als regulative Idee sensibilisiert sie den Akteur für die Wechselwirkung der Handlungsfolgen mit dem Ganzen.

Universal verantwortete Antwort als Orientierung

Als kybernetischer Kreisprozess

Die universale Verantwortung geht davon aus, dass der Mensch und auch seine Organisationen Teile des Universums sind und damit auch mit diesem wechselwirken. Der Physiker und Philosoph Heinz von Förster (1911–2002) drückte dies einmal folgendermaßen aus:

Sensibilisierung für möglichst viele Konsequenzen

> „‚Bin ich Teil des Universums?' und antworte ‚Ja, das bin ich!', dann entscheide ich hier und jetzt, dass immer dann, wenn ich etwas tue, nicht nur ich mich verändere, sondern auch das Universum sich verändert. ... Diese Position ... unterwirft meine Handlungen unwiderruflich meiner Verantwortung".[29]

Obwohl ein vollständiger Überblick über die ausgelösten Kausalnetze niemals möglich ist, erhöht sich mit der Sensibilisierung die Chance dafür, dass die Handlung eher zum Wohle des Ganzen erfolgt als unter Vernachlässigung der ungewollten Neben-, Rück- und Fernwirkungen.

Man kann nun den Prozess des verantwortlichen Handelns mit einem kybernetischen Rückkopplungsprozess vergleichen.[30] Dabei geht es um die Steuerung von Systemprozessen, um Abweichungen von Ist- zu Sollzuständen zu minimieren. Die Instanzen der Verantwortung melden an

Rückkopplungsprozess

das Subjekt der Handlung Abweichungen der realisierten Konsequenzen (= Istzustand) von ihren Ansprüchen und Wertvorstellungen (= Sollzustand). Auf dieses Feedback antwortet das Subjekt gegebenenfalls mit einer Korrektur durch Verstärkung oder Abschwächung seiner Handlung, sprich: durch positive oder negative Rückkopplungsprozesse.[31]

Handlungssubjekt als Wirkung und Ursache

Gerade solche kybernetischen Kreisprozesse machen deutlich, dass das Handlungssubjekt inneren wie äußeren Einflüssen unterworfen ist, was ja auch der eigentlichen Bedeutung des Wortes „Subjekt" entspricht (von lateinisch *subiectus* = unterworfen). Die Handlungssubjekte (S) sind folglich im Netz der universalen Verantwortung nicht nur Ursache, sondern auch Wirkung (K). Allerdings wird damit die *Willensfreiheit* des Subjekts fraglich. Denn was ein Subjekt will, ist in erheblichem Maße von unbewussten biologischen Prozessen sowie sozio-kulturellen Faktoren beeinflusst.[32] Jedenfalls bleibt dem Subjekt die *Handlungsfreiheit*, seine verfügbaren Handlungsoptionen zu identifizieren, zu bewerten und auszuwählen, also in diesem Sinne Verantwortung zu übernehmen. Außerdem wird es selbst zur beurteilenden Instanz (I) von Handlungsfolgen, an denen alle anderen Subjekte beteiligt sind. Diese beeinflussen sich wechselseitig und konstruieren so im Kollektiv ihre eigenen zu verantwortenden Wirklichkeiten. Die Vorstellung eines von der Welt vollkommen unabhängig entscheidenden Handlungssubjekts ist eine Illusion. Darin liegt aber auch eine Chance. Denn mit der meist unbewussten Einbettung des Subjekts im Universum, hat es potenziell Zugang zu Informationen, die das Ganze betreffen.

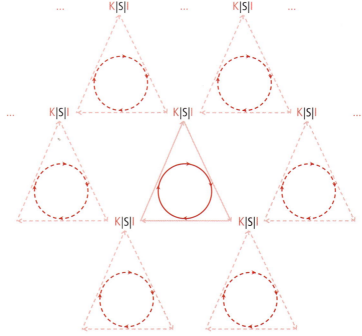

Abbildung 2.4: Handlungssubjekte im Netz der universalen Verantwortung
Quelle: Autor

Die universale Verflochtenheit zwischen einzelnem Subjekt und dem Universum wird in den Einzelwissenschaften unter verschiedenen Blickwinkeln thematisiert. Manche Physiker beschreiben das größere Ganze als „Informationsfeld" (Werner Heisenberg, Hans Peter Dürr, Burkhard Heim) oder „Einheit der Natur" (Carl Friedrich von Weizsäcker), Biologen als „morphogenetisches Feld" (Rupert Sheldrake) oder „epigenetische Landschaft" (Conrad Hal Waddington), Soziologen als „kollektive Intelligenz bzw. Gewissen" (Emile Durkheim, Pierre Lévy) oder „Schwarmintelligenz" (Peter Kruse), Kognitionswissenschaftler als „Emergenz" (Francisco Varela), Tiefenpsychologen als „kollektives Unbewusstes" (Carl Gustav Jung), Religionswissenschaftler als das „Numinose" (Rudolf Otto) und Philosophen als das „geheimnisvolle Eine" (Platon), „das allumfassende Sein" (Muhydinn Ibn Arabi) oder „das Umgreifende" (Karl Jaspers).

Beitrag der Einzelwissenschaften

Sie alle diskutieren auch unterschiedliche Methoden, wie das endliche Subjekt seine aspektgebundene, artspezifische, egozentrierte oder seinsvergessene Blickverengung überwinden kann. Zum verantwortlichen Handeln gehört also, sich genau solcher subtilen psychologischen, sozialen und natürlichen Einflüsse weitgehend bewusst zu werden. Unterschiedliche Methoden wie z. B. die der „Achtsamkeit und Gewahrsamkeit"[33] entlarven das illusionäre Bestreben des Subjekts, sich verantwortungslos vom Ganzen abzugrenzen. Gleichzeitig weiten sie den Horizont für Handlungsweisen, die der universalen Verantwortung eher gerecht werden. Die ▶*Kapitel 10* bis *12* werden die Thematik weiter verfolgen.

Zugangsmethoden zum Ganzen

2.4 Die dreifache Unternehmensverantwortung (Triple Corporate Responsibility)

Wie sehr die verantwortungslose Abgrenzung eines handelnden Subjekts, ob Individuum oder Organisation, vom größeren Ganzen das eigene Überleben bedroht, zeigt das berühmte Gleichnis des Ökologen Gerrit Hardin (1915–2003) über die „Tragödie der Allmende" (*tragedy of the commons*). Wenn mehrere Hirten ihre Schafherden auf der öffentlichen Weide grasen ließen und dabei jeder sein Eigeninteresse verfolge, seine Herde wachsen zu lassen, so führe dies unweigerlich zur Zerstörung der Lebensgrundlage aller Herden.[34] Die Politologin und erste Wirtschaftsnobelpreisträgerin Elinor Ostrom (1933–2012) scheint diese Theorie allerdings widerlegt zu haben. Sie sammelte mehr als 5.000 Beispiele aus der ganzen Welt, wie Commons etwa in der Schweiz und Gemeinschaftsweiden pflegen in Japan, Bewässerungsgemeinschaften auf den Philippinen und Wasservorräte in Nepal nachhaltig verwalten oder Fischereirechte in der Türkei regelmäßig auslosen. Auch wenn durchaus Commons an Egoismen einzelner scheitern können, entdeckte sie „Designprinzipien", unter denen Commons gelingen.[35] Verantwortung für das eigene Überleben ohne Rücksicht auf die Mit- und Umwelt kann zum Untergang aller führen, mit hingegen allen zugute kommen.

Tragödie des Gemeinwesens

Drei Ziele der Unternehmensverantwortung

Selbsterhalt setzt Mit- und Gesamterhalt voraus

Mit der Erfahrung der Commons wird deutlich, warum es sinnvoll ist, sich der universalen Verantwortung zu stellen. Denn sie dient dem langfristigen Überleben und der Gesunderhaltung. Durch verantwortliches Handeln erhöhen sich die Überlebenschancen für alle Beteiligten, wenn das Unternehmen mit seiner sozialen Mitwelt kooperiert und sich in seine natürliche Umwelt integriert. Damit sind gemäß moderner Systemtheorie die notwendigen Bedingungen für die Lebensfähigkeit *(Viability)* biologischer und sozialer Systeme genannt, und damit auch der Unternehmensgesundheit (Corporate Health):[36]

1. Wenn sie sich selbst organisieren und ihre Identität über Generationen hinweg erhalten *(Prinzip des Selbsterhalts).*

2. Wenn sie mit anderen Systemen zusammenarbeiten *(Prinzip des Miterhalts oder der Zusammenarbeit).*

3. Wenn sie sich bei geänderten Umweltbedingungen immer wieder neu an umfassendere Systeme anpassen, mit ihnen verständigen und in ein größeres Ganzes einordnen können *(Prinzip des Gesamterhalts oder der Verständigung mit dem Ganzen).*

Mit Anerkennung dieser drei Prinzipien lebensfähiger Systeme kann nun die Komplexität der universalen Verantwortung auf drei Dimensionen reduziert werden, nämlich auf die funktionale, soziale und ökologische Dimension. John Elkington hat daher in seinem *Cannibals with Forks* bereits 1997 gefordert, dass Firmen neben ihrer ökonomischen auch eine soziale und ökologische Bilanz, mithin eine „Triple Bottom Line" (TBL) vorlegen sollten. Mit der würden sie dann ihre Stärken und Schwächen im Hinblick auf die drei Dimensionen der Verantwortung dokumentieren und so sich der Vergleichbarkeit stellen.[37]

Ziele der Verantwortungsdimensionen

Die *funktionale Dimension* bezieht sich auf den *Selbsterhalt* einer Organisation, was genügende Prosperität, also wenigstens eine ausgeglichene Bilanz von Einnahmen und Ausgaben voraussetzt. Diese ist das Ergebnis eines gerechten Austauschs von Leistungen entlang der Wertschöpfungskette mit allen Stakeholdern, was zu deren *Miterhalt* beiträgt und sich auf die *soziale Dimension* bezieht. Bei ungerechtem Tauschverhältnis ist mit Gegenwehr und erhöhten Transaktionskosten, also mit bedrohter Prosperität zu rechnen. Außerdem ist der Selbsterhalt des Unternehmens durch schleichende Zerstörung der natürlichen Ressourcen und Lebensgrundlagen bedroht. Es ist also im eigenen Interesse des Unternehmens, auch die *ökologische Dimension* zu beachten – die auf den *Gesamterhalt* abzielt.

In jeder Dimension gibt es unterschiedliche Methoden, um die jeweiligen Ziele der Unternehmensverantwortung zu erreichen: mithilfe der Technik, Ethik und Ästhetik.

Technisch-ökonomische Verantwortung

Die *technische Verantwortung* sorgt für die effiziente Bereitstellung der Mittel für vorgegebene Zwecke. Denn Technik ist nach einer gängigen Definition die „Bereitstellung von Mitteln für Zwecke"[38]. So ist ein Messer ein geeignetes Mittel für den Zweck, einen Gegenstand zu zerschneiden. Die Wahl des Mittels sollte funktional effizient sein, d. h. man sollte im Sinne von Peter Drucker die *Dinge richtig tun*.[39] Das Messer sollte genügend scharf und hart sein. Der Zweck, dem das Mittel dient, kann hingegen beliebig sein. Das Messer kann beispielsweise zum Zerkleinern von Speisen, aber auch zur Ermordung eines Menschen verwendet werden. Der Ingenieur erfüllt seine technische Verantwortung, indem er sich *für* die richtigen Mittel *vor* der Funktion, wie sie vom Auftraggeber gewünscht wird, rechtfertigt. Die *ökonomische Verantwortung* berücksichtigt noch das Sparsamkeitsprinzip, das den größten Nutzen bei geringstem Mitteleinsatz fordert. Insofern spezifiziert die ökonomische die technische Verantwortung.

Die technische Verantwortung blendet aus, ob die gewünschten Zwecke der Gesellschaft und Natur tatsächlich dienlich sind, ob also die *richtigen Dinge* effektiv getan wurden. Dies berücksichtigen die *ethische* und die *ästhetische Verantwortung*. Erstere fragt, ob die Dinge der Mitwelt bzw. den Stakeholdern passen, Letztere, ob sie an die natürliche Umwelt genügend angepasst sind.

Weshalb wird hier die ökologische Dimension mit der ästhetischen Verantwortung erschlossen? Die Ästhetik (von griechisch *aisthesis* = Sinneswahrnehmung) untersucht, wie wir die Umwelt sinnlich wahrnehmen. Über unsere Sinnesorgane erfassen wir, was für unser Überleben nützlich oder schädlich ist. Die meisten negativen Einflüsse aus der Umwelt können unmittelbar geschmeckt, gerochen, berührt oder gehört werden. Unsere Sinnesorgane weisen normalerweise den Weg, welches Handeln ökologisch sinnvoll ist und welches nicht. Unsere zivilisationsbedingte Lebensweise hat uns jedoch immer mehr von der Natur entfremdet und unsere Sinne für sie abgestumpft. Wir haben uns an Lärm, ungesunde Luft, verschmutzte Böden oder Gewässer gewöhnt. Zudem hat die technische Ausbeutung der Natur deren Selbstheilungskräfte eingeschränkt. Die ästhetische Verantwortung lehrt also den Menschen, wieder alle verfügbaren Sinne (inkl. Intuition und deren Erweiterung durch physikalische Messgeräte) zu gebrauchen. Sie sensibilisiert ihn, die negativen Auswirkungen seines Handelns auf seine natürliche Umgebung wieder wahrzunehmen. Mit wachsender Sensibilität steigt auch seine Kreativität, die ihm den Weg weist, wie man sich etwa mithilfe von Visionen, neuen Ideen und Strategien an geänderte Umstände kreativ und sinnvoll anpassen kann.[40]

Fassen wir zusammen: Die ökonomische Verantwortung dient der Prosperität (englisch = *prosperity*), also dem materiellen Wohlstand des Handlungssubjekts (= Selbsterhalt). Die ethische Verantwortung strebt ein gutes Auskommen mit allen Betroffenen und Anspruchsgruppen an (= Miterhalt). Die ästhetische Verantwortung tritt für ein sinnvolles Handeln ein, das sich in das größere Ganze der Natur und Kultur einfügt. Hierbei ist die Ästhetik deshalb wichtig, weil sie hilft, die richtigen Handlungsweisen bzw. ökologischen Nischen zu finden, die dem Leben als Ganzem dienen (= Gesamterhalt). Die folgende Abbildung stellt den Zusammenhang der dreifachen Unternehmensverantwortung dar.

*Marginalien:*

Ethische und ästhetische Verantwortung

Ästhetik als Kunst der sinnlichen Wahrnehmung von Überlebensnischen

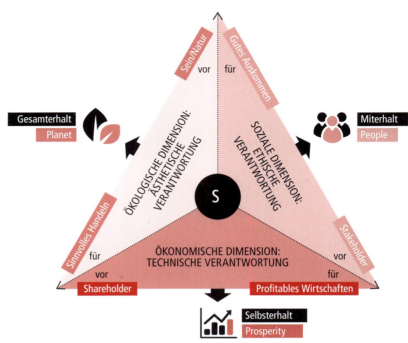

Abbildung 2.5: Die dreifache Verantwortung von Unternehmen (Triple Corporate Responsibility)
Quelle: Schüz 2021, S. 38.

Unterschiedlich wahrgenommene Verantwortung

Diese *Triple Corporate Responsibility* wäre somit die Gesamtverantwortung, die ein Unternehmen für alle Taten oder Unterlassungen seiner Belegschaft trägt. Dann wäre sie mehr als die Summe seiner Einzelverantwortungen. Sie reichte so weit wie die wechselwirkenden Folgen für die gegenwärtigen Generationen, also so weit wie die Macht des verantwortlichen Subjekts jeweils reicht.

Die dreifache Verantwortung ein Trade-Off?

Oft wird an dem Modell die Kritik geäußert, dass es sich hierbei um einen sogenannten Trade-off, also Zielkonflikt, handele. Demzufolge geht die Erfüllung einer Dimensionen immer auf Kosten einer oder beider anderen einher. Wer in die Ökologie oder in die Menschenrechte investiert, hat dann ökonomische Nachteile in Kauf zu nehmen. Dieses Argument übersieht allerdings, dass nach dem Modell des fairen Tauschs nur dann ein Trade-off entsteht, solange in einer oder zwei der Dimensionen nicht fair getauscht, sondern geräubert wird. Nur wer Raubzüge in allen drei Dimensionen vermeidet und für faire Tauschverhältnisse sorgt, kann dann mit Fug und Recht die dabei verantwortungsvoll erwirtschafteten Gewinne für sich beanspruchen.[41]

Exkurs: Entsprechen ESG-Kriterien der TBL?

2006 wurden im Rahmen des UN-Umweltprogramms (UNEP) und dem UN Global Compact (siehe ▶ *Abschnitt 5.4*) die „Principles for Responsible Investment" (PRI; www.unpri.org) ins Leben gerufen. Darin verpflichten sich die 3.000 Organisationen aus dem Finanzsektor, ihre derzeit 100 Billionen US$ Vermögenswerte (Stand: Sep. 2020) nachhaltig verantwortungsvoll anzulegen. Investoren, die ihr Kapital nachhaltig einsetzen möchten, benötigen dafür Orientierungspunkte.

UNO-Initiative Principles of Responsible Investments

Als Richtlinie wurden dafür die **E**nvironmental-, **S**ocial-, **G**overnance-Kriterien (kurz: ESG-Kriterien) aufgestellt. Ihnen zufolge soll nur in solche Anlagen (z. B. Aktienfonds) investiert werden, die gemäß verschiedener Kennzahlensysteme hohe ESG-Scores aufweisen. Firmen, die mit Waffen handeln, Menschenrechtsverletzungen begehen, Glücksspiel, Korruption oder Umweltzerstörung betreiben, werden von vornherein ausgeschlossen.

ESG-Kriterien

Ersetzt damit ESG die Triple-Bottom-Line (TBL) Elkingtons? Hier sollen Firmen ihre ökonomische, soziale und ökologische Verantwortung wahrnehmen und bilanzieren. Dort fehlt die ökonomische Dimension und an deren Stelle tritt „Governance". Dieser Begriff stammt aus dem lateinischen *gubernare* und dem griechischen *kybernan*, was „steuern, lenken, leiten, regieren" bedeutet. In diesem Sinne bezeichnet Josef Wieland in seiner „Ethik der Governance" diesen Begriff „als Steuerungsstruktur oder eine Steuerungsmatrix zur Abwicklung wirtschaftlicher und gesellschaftlicher Transaktionen"[42] Governance hängt also mit Leadership zusammen und zwar mit solcher, die führend Verantwortung übernimmt, sprich Responsible Leadership darstellt. In unserem Modell der dreifachen Verantwortung müsste man folglich Governance dem verantwortlich handelnden Subjekt in der Mitte zuordnen. Weshalb der ökonomische Aspekt beim ESG ausgeklammert wurde, ist nicht nachvollziehbar.

Problem der Governance

⇒ Wie würden Sie die beiden Modelle ESG und TBL in Einklang bringen?

Längst nicht alle Unternehmen würden eine solche ideale Ausrichtung ihrer Verantwortung anerkennen oder überhaupt nur wahrnehmen. Viele beschränken sich auf die Vermeidung unmittelbarer Risiken für ihr eigenes Überleben (egoistische Sichtweise). Andere sorgen dafür, dass die unmittelbar betroffenen Stakeholder berücksichtigt werden (wechselseitige Sichtweise). Wiederum andere nehmen Rücksicht auf das Ganze, indem sie zum Beispiel auch die Folgen für Tiere und Pflanzen in Betracht ziehen. Sie pflegen daher eine biozentrische, sprich: auf alles Leben (griechisch: *bios*) zentrierte Sicht. Viele Naturschutzorganisationen klagen eine solche biozentrische Verantwortung von Unternehmen ein, z. B. wenn deren Produktionsweisen ganze Landstriche mit seltenen Arten oder bei der Fleischproduktion das Tierwohl gefährden.[43]

2.5 Räumliche Reichweiten der Verantwortung

Jede unternehmerische Aktivität sollte also ökonomisch, sozial und ökologisch verantwortet werden. Dabei reicht die Verantwortung unterschiedlich weit – je nach innerer Werthaltung: Sie kann egoistisch auf die Wahrung der eigenen Interessen, mehr auf wechselseitige (reziproke) Interessen oder gar universal auf das Interesse aller Betroffenen ausgerichtet sein. In unserem Modell der dreifachen Verantwortung stellen sich die Reichweiten des Verantwortungsdreiecks in unterschiedlicher Höhe dar.

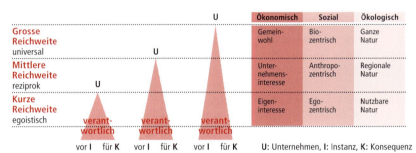

Abbildung 2.6: Unterschiedliche Reichweiten (Scopes) der Verantwortung
Quelle: Schüz 2021, S. 42.

Dass hier gerade drei Stufen der Reichweite von Verantwortung definiert werden, hat seinen Grund in den empirischen Forschungen von John Piaget (1896–1980) und Lawrence Kohlberg (1927–1987). Piaget hatte entdeckt, dass Kinder unterschiedliche Stufen der moralischen Entwicklung altersbedingt durchlaufen.[44]

Beantwortung eines moralischen Dilemmas
Lawrence Kohlberg setzte Piagets Forschung fort, indem er sie auf Erwachsene bzw. Studierende anwendete. Er legte seinen Studierenden typische moralische Dilemmata vor und bat sie, einen der vorgegebenen Lösungsvorschläge auszuwählen. Ein Dilemma beschreibt dabei eine Entscheidungssituation, bei der es mindestens zwei Alternativen des Handelns gibt, die sich aber ausschließen. Die Dilemmata, die Kohlberg vorlegte, bezogen sich auf Situationen wie etwa die, ob es für den Ehemann einer schwerkranken Frau legitim ist, zu deren Rettung ein für ihn unbezahlbares Medikament aus einer Apotheke zu stehlen (das berühmte „Heinz-Dilemma").[45]

Stufen verantwortlichen Handelns nach Kohlberg
Der Einfachheit halber soll folgendes Dilemma diskutiert werden: Die Kassiererin eines Supermarktes gibt Ihnen versehentlich 20 € zu viel Rückgeld. Behalten Sie die Summe oder geben Sie sie zurück? In Anlehnung an Piagets Entwicklungsstufen unterscheidet auch Kohlberg drei Hauptstufen, die er als „vorkonventionelle", „konventionelle" und „postkonventionelle" Stufe der moralischen Entwicklung bezeichnet.[46] Während das vorkonventionelle moralische Verhalten typisch egoistische Antworten („Ich behalte das Geld, weil dies die Schuld der Kassiererin ist oder ich dabei anonym bleibe!") liefert, sind typische Antworten auf der konventionellen Stufe etwa „Wenn die Kassiererin mich gut behandelt hat, so gebe ich ihr das Geld gerne freiwillig zurück, im ande-

ren Falle nicht!" oder auf der postkonventionellen Stufe z. B. „Was wäre das für eine Welt, wo jeder Geld, das ihm nicht gehört, einfach behielte!" geantwortet wird. Während man also auf der vorkonventionellen moralischen Stufe mehr egoistisch auf Strafe oder Belohnung reagiert, handelt man auf der konventionellen Stufe eher nach dem Prinzip der Reziprozität (Wechsel- oder Gegenseitigkeit) sowie vorgegebenen Konventionen. Nur auf der postkonventionellen Stufe orientiert sich der Handelnde autonom an universalen Prinzipien jenseits von gesetzlichen oder ordnungsrechtlichen Konventionen, die in der Regel nur Teilinteressen vertreten.

Abbildung 2.7: Stufen verantwortlichen Handelns nach L. Kohlberg
Quelle: Autor

Wie wir später noch sehen werden, ist in diesem Zusammenhang interessant, dass die Goldene Regel der Ethik („Was du willst, dass die Leute dir tun, tue ihnen auch!") der konventionellen Stufe zugeordnet werden kann. Denn hier wird ein wechselseitiges Interesse verfolgt, also die Interessen des anderen werden berücksichtigt, weil man erwartet, dass die eigenen ebenfalls berücksichtigt werden. Gemäß Kohlberg gehört ein Handeln gemäß dem kategorischen Imperativ von Immanuel Kant (siehe ▶ *Abschnitt 5.3*: „Handle so, dass die Maxime deines Handelns ein allgemeines Gesetz werden könne") zur postkonventionellen Stufe, weil man in diesem Fall das Gute um des Guten willen tut und nicht, um später selbst etwas Gutes zu erlangen. Auch lässt sich hiermit das Modell des fairen Tauschs (konventionell) zwischen Raub (egoistisch – vorkonventionell) und Geschenk (altruistisch – postkonventionell) verbinden (siehe ▶ *Abschnitt 1.1.3*).

Ethische Pflichten im Kohlberg-Schema

In dem Modell der nachhaltigen Verantwortung weicht die dreistufige Einteilung von der Kohlbergs bewusst etwas ab. Vorkonventionell ist die Stufe des Egoismus, demzufolge alle Handlungen dem Eigeninteresse dienen. Konventionell, und damit auf Gegenseitigkeit bedacht, sind alle Handlungen, die dem wechselseitigen Interesse der Menschheit dienen, also

Abweichende Stufeneinteilung

anthropozentrisch sind, aber durchaus anderen Lebewesen schaden können. Erst Handlungsweisen, die allen Lebewesen zugutekommen, also biozentrisch sind, werden hier als postkonventionell und damit als universell erachtet. Wie wir noch sehen werden (siehe ▶ *Abschnitt 5.3*), kann nach dieser Einteilung das Handeln in Erfüllung des Kantischen Imperativs noch auf Stufe zwei liegen, wenn ausschließlich im Eigeninteresse der Menschheit, also anthropozentrisch (von griechisch *anthropos* = der Mensch, also menschenzentriert) auf Kosten aller anderen Lebewesen gehandelt wird.

Biozentrische Ethik auf postkonventioneller Stufe

Postkonventionell, also Handlungen auf Stufe drei, sind dem neuen Modell zufolge alle Handlungen, deren Konsequenzen sich auf *alle* Lebewesen positiv auswirken, sie also in ihrer Würde schützen, somit biozentrisch (von griech. *bios* = Leben, also lebenszentriert) sind. Nach Auffassung des Autors bedeutet die anthropozentrische Beschränkung des Schutzes der Würde nur auf den Menschen die Verfolgung eines Teilinteresses, nämlich die eigene Spezies unter besonderen Schutz zu stellen und alle anderen auszuklammern. Deshalb halten wir fest: Erst wenn der kategorische Imperativ die Würde aller Lebewesen unter Schutz stellt (siehe ▶ *Abschnitt 10.3*), bewegt er sich generell auf der postkonventionellen Stufe.[47]

2.6   Zeitliche Dimension der nachhaltigen Unternehmensverantwortung (Sustainable Corporate Responsibility)

Generell verweist das Konzept des verantwortlichen Handelns immer auch auf die Dimension der Zeit. Man ist verantwortlich für das, was man in der Vergangenheit vollbracht oder unterlassen hat, für die Entscheidungen, die man in der Gegenwart trifft sowie für die zukünftigen Folgen vergangener, gegenwärtiger oder zukünftiger Entscheidungen.

Unterschiedliche Handlungsspielräume der Zeitmodi

Die Zeit öffnet und begrenzt den Handlungsspielraum gleichermaßen. Was geschehen ist, kann nicht mehr rückgängig gemacht werden, ist irreversibel. Nur die Zukunft ist offen und kann beeinflusst werden. Was aber in der Zukunft (Z) möglich ist, wird durch das Vergangene (V) bestimmt und in der Gegenwart (G) konkret gestaltet. Es hängt von den jeweiligen Entscheidungen mit ab, ob sich Zukunft 1, 2 oder 3 (Z_{1-3}) mit unterschiedlichen Chancen und Risiken realisiert. Eine verantwortungsbewusste Führungskraft (Responsible Leader) wird dies abwägen, um mit ihren Entscheidungen zu einer bestmöglich verantworteten Zukunft beizutragen.

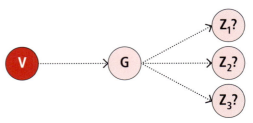

Abbildung 2.8: Zukunftsbeeinflussung durch menschliches Handeln
Quelle: Schüz (2021, S. 20 f.).

Die zeitliche Dimension wird mit dem Begriff der Nachhaltigkeit zum Ausdruck gebracht. Wie Ulrich Grober in einer umfassenden Kulturgeschichte des Nachhaltigkeitsbegriffes aufzeigen konnte, wurde dieser bereits 1761 von Anna Amalia, der Herzogin von Weimar, im Rahmen einer „neuen und nachhaltigen Forsteinrichtung" mit dem Zweck der rechtzeitigen Wiederaufforstung eingeführt. Anscheinend hat sie den Begriff der „nachhaltigen Nutzung" von Wäldern von Hans Carl von Carlowitz übernommen, der ihn bereits 1713 in seinem umfangreichen Werk zur Forstwirtschaft *Sylviacultura oeconomica* eingeführt hat.[48] Demzufolge sollten nicht mehr Bäume gefällt werden als nachwachsen. Der Begriff der Nachhaltigkeit wurde Grober zufolge aus dem Deutschen im 19. Jahrhundert ins Englische als *sustained yield forest* übersetzt. So fand dann später der englische Begriff „sustainability" Eingang in die internationale Fachsprache. Dieser Begriff stammt wiederum vom lat. *sustinere* oder *sustentare*, was so viel wie „aushalten", „aufrechterhalten", „bewahren" meint. Nachhalten bedeutet dann so viel wie in der „Zeitleiste" etwas unterhalten i. S. von „Anlegung einer ausreichenden Reserve für die Zukunft"[49].

Etymologische Wurzel von Nachhaltigkeit

Weltweit hat sich die Definition der Brundtland-Kommission von 1987 durchgesetzt: „Entwicklung zukunftsfähig zu machen, heißt, dass die gegenwärtige Generation ihre Bedürfnisse befriedigt, ohne die Fähigkeit der zukünftigen Generation zu gefährden, ihre eigenen Bedürfnisse befriedigen zu können".[50] Daraus kann man ableiten, dass eine Entwicklung dann als nachhaltig gilt, wenn sie bei der Befriedigung gegenwärtiger Bedürfnisse nicht die Bedürfnisse künftiger Generationen benachteiligt. Für eine Diskussion bleibt dann offen, was unter „künftige Generationen" oder „nicht benachteiligt" zu verstehen ist. (Näheres siehe ▶ *Abschnitte 9.3 und 9.7*)

Definition der Brundtland-Kommission

Nachhaltige Entwicklung soll gegenwärtige Bedürfnisse so befriedigen, dass künftige Generationen nicht benachteiligt **werden.**

?   ?

Abbildung 2.9: Fragen zur abgeleiteten Definition von Nachhaltigkeit
Quelle: Autor

Übertragen auf die Verantwortung zielt dies darauf ab, dass die Konsequenzen des Handelns nicht die Reserven für die Zukunft aufzehren, also nicht auf Kosten künftiger Generationen gewirtschaftet werden sollte. Für eine nachhaltige Unternehmensverantwortung (Sustainable Corporate Responsibility – SCR) ist dieser Zusammenhang von besonderer Bedeutung, da wir nicht nur für vergangene und gegenwärtige Taten oder Unterlassungen verantwortlich sind, sondern auch für zukünftige Handlungen. Heutige Versäumnisse können künftigen Generationen Lebenschancen nehmen – wie im Fall des havarierten Atomkraftwerks von Fukushima, wo ganze Landstriche für Jahrhunderte unbewohnbar

Verantwortung für die Zukunft tragen

gemacht wurden. Aus den Schäden der Vergangenheit können wir für die Zukunft lernen. Man kann aber auch durch kluge Voraussicht Entwicklungen so steuern, dass sie künftige Nachteile vermeiden helfen. So verweist Verantwortung immer auch auf verschiedene alternative Zukunftsgestaltungen.[51]

Raum-Zeit-Dimensionen der Verantwortung

Neben der räumlichen Reichweite unserer Handlungen muss also deren zeitliche einbezogen werden. Nachhaltige Verantwortung betrachtet dabei die Folgen des Handelns für künftige Generationen. Ob damit auch die Generationenfolge von Tieren und Pflanzen berücksichtigt werden soll, bleibt für viele genauso offen wie die Anzahl der zu verantwortenden Generationen.

Nach diesen Ausführungen können wir festhalten, dass nachhaltige Unternehmensverantwortung Antworten auf folgende vier Fragen verlangt:

1. Ist mein Handeln ökonomisch nützlich?

2. Ist mein Handeln sozial akzeptabel?

3. Ist mein Handeln ökologisch sinnvoll?

4. Ist mein Handeln für künftige Generationen verträglich?

Definition für nachhaltige Unternehmensverantwortung

So ergibt sich nun die Definition für nachhaltige Unternehmensverantwortung (SCR): Ein Manager oder Unternehmen handelt nachhaltig verantwortlich, wenn er bzw. es in der Lage ist, für die Konsequenzen seines Handelns vor akzeptablen Instanzen Rede und Antwort zu stehen, und zwar in vierfacher Hinsicht:

1. *vor* seinen Shareholdern *für* Profitabilität bzw. Prosperität
(= ökonomische Verantwortung – Fokus auf Selbsterhalt)

2. *vor* seinen Stakeholdern *für* „gutes Auskommen mit ihnen"
(= soziale Verantwortung = Fokus auf Miterhalt)

3. *vor* der Natur, dem Sein als Ganzem *für* sein „sinnvolles Handeln"
(= ökologische Verantwortung = Fokus auf Gesamterhalt)

4. *vor* künftigen Generationen *für* „zeitliche Voraussicht"
(= nachhaltige Verantwortung = Fokus auf langfristige Verträglichkeit).

Wie kann man nun die drei räumlichen Dimensionen der Verantwortung mit ihren unterschiedlichen Reichweiten *und* zugleich die zeitliche Dimension der Verantwortung mit ihren verschiedenen Graden der Nachhaltigkeit synoptisch darstellen? Nach einem längeren Suchprozess hat der Autor eine grafische Darstellung im folgenden Modell entwickelt.

Uhrenmodell der nachhaltigen Verantwortung

Da man bei der zeitlichen Dimension unterschiedliche Grade der Nachhaltigkeit von kurz- bis langfristig definieren kann, ist es sinnvoll, für das gesuchte das Modell eine Uhr zu entwickeln, deren Zeiger mit dem Grad der Nachhaltigkeit fortschreitet. Da wir aber drei Dimensionen der Verantwortung darstellen wollen, sollte die Uhr über drei Ziffernblätter mit jeweils einem Zeiger verfügen, deren Länge die jeweilige Reichweite der Verantwortung innerhalb einer räumlichen Dimension repräsentiert. Die Uhrzeiger selbst stellen die Verantwortungsdreiecke dar, bestehend aus Subjekt S, Konsequenzen K und Instanzen I. Mit Vorrücken des Uhrzeigers wird jeweils der Grad der Nachhaltigkeit angezeigt. Das Modell der nachhaltigen Unternehmensverantwortung sieht nun folgendermaßen aus (siehe ▶Abbildung 2.10).

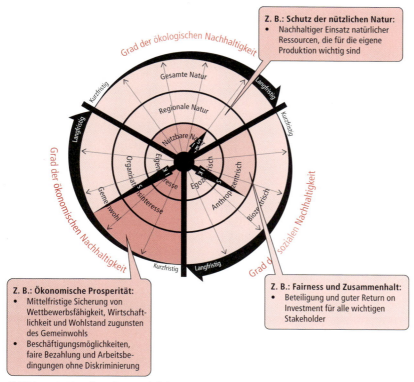

Abbildung 2.10: Vollständiges Modell der Nachhaltigen Unternehmensverantwortung (SCR) Quelle: in Anlehnung an Schüz 2012b, S. 12; 2021, S. 43.

Grafiker haben die verschiedenen Bereiche der „Verantwortungsuhr" nach Vorgaben piktografisch umgesetzt (siehe ▶Abbildung 2.11). Darüber hinaus hat Marcel Fischer das Modell so programmiert, dass jeder mit Hilfe von Schiebereglern sein gewünschtes Verantwortungsprofil darstellen kann. Er hat es online zur Verfügung gestellt *https://SCR-Schuez.maecefischer.ch/home.*

Abbildung 2.11: Andere Darstellung der SCR
Quelle: Schüz, 2021, S. 49 f.

Die Reichweiten (*Scope of Corporate Responsibility*) und Nachhaltigkeitsgrade der jeweiligen Verantwortungsdimensionen sind in ▶ Tabelle
2.2 bis ▶ Tabelle 2.4 näher erläutert.

Ökonomische Dimension, technische Verantwortung – Was will ich?

Unterschiedliche Reichweiten: a) klein: Eigeninteresse b) mittel:Organisationsinteresse c) groß:Gemeinwohl	Methode/ Konzept	Beispiele		
		Kurzfristig/heute	Mittelfristig/morgen	Langfristig/künftig
Unternehmen ist verantwortlich	Werte-Management/ Erfolgsstreben bezüglich	a) Shareholder Value b) Customer Value c) Stakeholder Value	a) Shareholder Value b) Customer Value c) Stakeholder Value	a) Shareholder Value b) Customer Value c) Stakeholder Value
für Konsequenz; profitables Wirtschaften	Risk-Management	Quartalsgewinn a) Profitmaximierung b) Win-win c) Prosperität für alle	Jahresgewinn a) Profitmaximierung b) Win-win c) Prosperität	Langzeitgewinn a) Profitmaximierung b) Win-win c) Prosperität für alle

Tabelle 2.2: Ökonomische Dimension der nachhaltigen Verantwortung: funktionale Verantwortung

Ökonomische Dimension, technische Verantwortung – Was will ich?

vor Instanz der Shareholder	Corporate Governance	Kurzfristinvestoren (z. B. Daytrader) a) Schwarzer Ritter b) Weißer Ritter c) Roter Ritter	Mittelfristinvestoren (z. B. Hedgefonds) a) Schwarzer Ritter b) Weißer Ritter c) Roter Ritter	Langfristinvestoren (z. B. Familienunternehmen) a) Schwarzer Ritter b) Weißer Ritter c) Roter Ritter

Tabelle 2.2: Ökonomische Dimension der nachhaltigen Verantwortung: funktionale Verantwortung *(Forts.)*

- **Schwarzer Ritter (Black Knight):** Investor, der maximalen Return on Investment anstrebt, z. B. durch Kauf von Firmen mit tieferem Börsen- als Liquidationswert. Solche Firmen werden zerschlagen und die Einzelteile (z. B. Grundstücke, Maschinen etc.) zu höheren Preisen verkauft, als selbst bezahlt wurde.

- **Weißer Ritter (White Knight):** Investor, der durch sein Investment einen Mehrwert für die Firma und dadurch auch sich selbst anstrebt.

- **Roter Ritter (Red Knight)*:** Investor, der investiert, um primär der Menschheit oder der Natur einen Dienst zu erweisen, dabei aber auch auf Profitabilität achtet. Häufig Stiftungen, aber auch Firmen, die mit großem Idealismus (mit Herzblut = rot) einen lebensdienlichen Auftrag wahrnehmen. (*Bezeichnung stammt von Christian Halper)

Soziale Dimension, ethische Verantwortung – Was soll ich?

Mit unterschiedlichen Reichweiten: a) klein: egozentrisch b) mittel: anthropozentrisch c) groß: biozentrisch	Methode/ Konzept	Beispiele		
		Kurzfristig/heute	**Mittelfristig/ morgen**	**Langfristig/ künftig**
Unternehmen ist verantwortlich	Tugendethik / Best Practice	a) im eigenen Markt b) in der ganzen Branche c) innerhalb und außerhalb der Organisation	a) im eigenen Markt b) in der ganzen Branche c) innerhalb und außerhalb der Organisation	a) im eigenen Markt b) in der ganzen Branche c) innerhalb und außerhalb der Organisation
für Konsequenzen gutes Auskommen	Nützlichkeitsethik	gegenwärtige Generation a) Nutzen für Unternehmen b) Nutzen für alle Menschen c) Nutzen für alle Lebensformen	nächste Generation a) Nutzen für Unternehmen b) Nutzen für alle Menschen c) Nutzen für alle Lebensformen	künftige Generationen a) Nutzen für Unternehmen b) Nutzen für alle Menschen c) Nutzen für alle Lebensformen

Tabelle 2.3: Soziale Dimension der nachhaltigen Verantwortung: ethische Verantwortung

Soziale Dimension, ethische Verantwortung – Was soll ich?

vor Instanz Stakeholder	Pflichtenethik	a) interne St. (Shareholder, Manager, Mitarbeiter) b) externe, direkte St. (z. B. Kunden, Lieferanten, Anwohner) c) externe, indirekte St. (z. B. Naturschützer, NGOs)	a) interne St. (Shareholder, Manager, Mitarbeiter) b) externe, direkte St. (z. B. Kunden, Lieferanten, Anwohner) c) externe, indirekte St. (z .B. Naturschützer, NGOs)	a) interne St. (Shareholder, Manager, Mitarbeiter) b) externe, direkte St. (z. B. Kunden, Lieferanten, Anwohner) c) externe, indirekte St. (z .B. Naturschützer, NGOs)

Tabelle 2.3: Soziale Dimension der nachhaltigen Verantwortung: ethische Verantwortung *(Forts.)*

Ökologische Dimension, ästhetische Verantwortung – Was kann ich?

Mit unterschiedlichen räumlichen Reichweiten a) klein: nutzbare Natur b) mittel: regionale Natur c) groß: gesamte Natur	Methode/Konzept	Beispiele		
		Kurzfristig/heute	**Mittelfristig/ morgen**	**Langfristig/ künftig**
Unternehmen ist verantwortlich	Selbstreflexion bezüglich Fähigkeiten zu:	a) Nutzung natürlicher Ressourcen b) Erhalt der regionalen Natur c) Erhalt aller Lebensformen	a) Nutzung natürlicher Ressourcen b) Erhalt der regionalen Natur c) Erhalt aller Lebensformen	a) Nutzung natürlicher Ressourcen b) Erhalt der regionalen Natur c) Erhalt aller Lebensformen
für Konsequenz sinnvolles Handeln	Sinnreflexion	a) Ressourcenschonung b) Schadenskompensation c) Integration in Lebenskreisläufe (Cradle to Cradle)	a) Ressourcenschonung b) Schadenskompensation c) Integration in Lebenskreisläufe (Cradle to Cradle)	a) Ressourcenschonung b) Schadenskompensation c) Integration in Lebenskreisläufe (Cradle to Cradle)
vor Instanz Sein/Natur	Ganzheitsreflexion	a) im Umgang mit natürlichen Ressourcen b) in regionaler Natur c) im ganzen Sein	a) im Umgang mit natürlichen Ressourcen b) in regionaler Natur c) im ganzen Sein	a) im Umgang mit natürlichen Ressourcen b) in regionaler Natur c) im ganzen Sein

Tabelle 2.4: Ökologische Dimension der nachhaltigen Verantwortung: ästhetische Verantwortung
Quelle: in Anlehnung an Schüz, 2021, S. 47 f.

Mehrwert durch Verantwortungsprofile | Welchen Mehrwert bringt nun eine solche Darstellung der nachhaltigen Verantwortung mit sich? Zunächst einmal können unterschiedliche Verantwortungsprofile verschiedener Organisationen auf einen Blick sichtbar gemacht werden. Wie die drei Beispiele in ▶ Abbildung 2.12 zeigen, kann man sofort erkennen, ob eine Organisation mehr ökologisch, sozial oder ökonomisch ausgerichtet ist und inwieweit sie die anderen Dimensionen berücksichtigt oder vernachlässigt in Bezug auf deren Reichweite und Nachhaltigkeit.

Beispiel 2:
Fundamentalistische Naturschutzorganisation, die sich zur Finanzierung ihrer
Aktionen auf den Einsatz Freiwilliger
verlässt sowie Sponsoren aufgrund
großer Publizität gewinnt.

Beispiel 1:
Ökonomistisches Familienunternehmen,
das soziale und ökologische Verantwortung
sowie künftige Generationen nur dann
berücksichtigt, wenn es dem eigenen
Gewinn und Nachwuchs dient.

Beispiel 3:
Pragmatisch-idealistischer Pharmakon-
zern, der sich primär der Bewahrung und
Verbesserung des menschlichen Lebens
unter Schonung natürlicher Ressourcen
verschrieben hat und Gewinne erzielen als
sekundäre Folge ansieht.

Abbildung 2.12: Verantwortungsprofile verschiedener Organisationen
Quelle: in Anlehnung an Schüz, 2021, S. 46.

Solche Profile sind nützlich, um:

- quantitative Erhebungen zu illustrieren,
- Best-Practice innerhalb einer Industrie zu kennzeichnen – je ausbalan-
  cierter desto besser,
- die Kluft zwischen eigener Performance und Best-Practice kenntlich
  zu machen,
- den Unterschied zwischen Selbst- und Fremdeinschätzung zu ver-
  deutlichen.

Beispiele für Unternehmen, die in allen drei Dimensionen eine große
Reichweite und einen hohen Grad der Nachhaltigkeit anstreben, gibt es
viele. Einer der Pioniere der nachhaltigen Entwicklung, der Schweizer
Unternehmer Stephan Schmidheiny (geb. 1947), gründete bereits 1984
die Initiative Fundes, eine Stiftung zur nachhaltigen Entwicklung des
lateinamerikanischen Privatsektors. Die Organisation berät gemäß der
Triple Bottom Line vor allem kleine und mittelständische Betriebe in
Südamerika, wie sie faire Tauschverhältnisse gegenüber ihren Großab-
nehmern, aber auch ihren Communities aufbauen können und möglichst
noch ökologisch wirtschaften können. Nach dem Prinzip des „Shared
Value" erzielen sie so einen Mehrwert für die meisten der involvierten
Stakeholder.[52]

  Die Idee des „shared value" wurde von Porter/Kramer ausgearbeitet.[53]
Ihr zufolge sollen mit profitablen Geschäftsideen zugleich gesellschaftlicher bzw. ökologischer Nutzen geschaffen werden, wenn z. B. Kleinbauern für Kakao sich vernetzen, um gemeinsam ökologische Anbaumethoden zu entwickeln und den Kakao zu fairen Preisen Großabnehmern wie

*Idee des Shared Value
bei Fundes*

Nestlé anzubieten. Diese wiederum können auf diese Weise ihrem Anspruch auf nachhaltige Produkte gegenüber ihren Kunden nachkommen.[54]

Wachsende Zahl an Nachhaltigkeits- initiativen

Zahlreiche Portale dokumentieren weitere Initiativen von Unternehmen wie von NGOs, die nachhaltige Verantwortung in den aufgezeigten Dimensionen ins Leben gerufen haben. Alleine eine Google-Anfrage zum Begriff „Sustainable Business Examples" ergibt mehr als 40.000 Treffer (Stand März 2021).

Beispiel für Ethical Branding

Beispielsweise listet The Branding Journal unter dem Stichwort „Ethical Branding"[55] Hersteller auf, die als nachhaltig angesehene Ziele verfolgen. So stellt sich zum Beispiel Patagonia mit seinen Outdoor-Textilien selbst als Teil des Problems dar und dokumentiert zugleich bestmögliche Anstrengungen zur Schadensminderung. Fairphone produziert Smartphones in möglichst sozial- und naturverträglichen Lieferketten. Divine Chocolate gehört den Kakaofarmern und praktiziert zu 100 Prozent Fairtrade. Die Suchmaschine Ecosia gibt 80 Prozent ihrer Gewinne für Wiederaufforstung weiter. Die Kosmetikmarke Lamazuna greift zu 100 Prozent auf natürliche und vegane Ausgangsprodukte zurück. Die Modemarke Reformation entwickelt und produziert ihre Kollektionen regional, und zwar vollständig in Los Angeles. Immer mehr Marken entstehen, die glaubwürdig eine ausbalancierte Wahrnehmung ihrer nachhaltigen Verantwortung anstreben.

Abbildung 2.13: dm als Beispiel für ein Unternehmen mit gesellschaftlichem Engagement
Quelle: Julia Blank / dm

Best-Practice- Beispiel: dm- Drogeriekette

Viel bekannter hingegen ist die deutsche Drogeriekette dm, die von dem Unternehmer Götz Werner nach dem Krieg aufgebaut wurde. Zumindest in der Selbstdarstellung bemüht sich das Unternehmen in allen Bereichen als Best-Practice zum Vorbild zu werden. Mitarbeiter können sich frei entfalten und bei flacher Hierarchie den Dienst am Kunden selbstständig gestalten. Die Produkte sollen möglichst nach Prinzipien ökologischer Nachhaltigkeit hergestellt werden. Auch sonst engagiert sich der Unternehmer stark für das Gemeinwohl, setzt sich z. B. für das „bedingungslose Grundeinkommen" für jedermann ein, weil er der Auffassung ist, dass es dem Menschen seine „Würde" und „Freiheit" zurückgibt, die ihm das deutsche Grundgesetz zugesteht. So könne der Mensch in seinem Leben „über sich hinauswachsen" und sich besser selbstverwirklichen.[56]

2.7 Fazit zur nachhaltigen Unternehmensverantwortung

Wir haben bisher die strategische Bedeutung einer verantwortungsvollen Unternehmensführung herausgearbeitet. Dabei wurde eingehend der Begriff der Verantwortung analysiert und ein Modell vorgestellt, das die Reichweite und den Grad der Nachhaltigkeit sowie die drei Dimensionen der ökonomischen, sozialen und ökologischen Verantwortung umfasst.

Ansprüche der natürlichen Umwelt

Ansprüche der sozialen Umwelt

Ansprüche der ökonomischen Umwelt

1. Ist mein Handeln ökonomisch nützlich?
2. Ist mein Handeln sozial akzeptabel?
3. Ist mein Handeln ökologisch sinnvoll?
4. Ist mein Handeln für künftige Generationen verträglich?

Abbildung 2.14: Komplementäre Leitfragen der nachhaltigen Unternehmensverantwortung
Quelle: Autor

Die grundlegende Struktur der Verantwortung ist eine dreistellige Relation zwischen handelndem Subjekt S, den Konsequenzen K und den Instanzen I, die das Subjekt befragen, was es mit seinem Handeln „angerichtet" hat.

Die Verantwortung eines Unternehmens ist sehr komplex:

■ Das Handlungssubjekt kann je nach etablierter Kultur mehr oder weniger befähigt sein, Verantwortung ganzheitlich wahrzunehmen.

- Die Konsequenzen sind schwer überschaubar, da es neben den beabsichtigten noch unbeabsichtigte Neben-, Rück- und Fernwirkungen gibt.
- Es gibt zahlreiche Instanzen, die als „Richter" das Handlungssubjekt zur Verantwortung ziehen können.

Deshalb bleibt die Forderung nach einer universalen Verantwortung, die ein Unternehmen übernehmen sollte, zumindest in der Form einer „regulativen Idee" (i. S. Immanuel Kants) bestehen, die zwar handlungsorientierend sein, aber als erstrebenswertes Ziel niemals vollständig verwirklicht werden kann. Sie sensibilisiert aber den Akteur auf das größere Ganze Rücksicht zu nehmen und beeinflusst dadurch das Bestreben, möglichst alle Folgen des konkreten Handelns vor dem gesamten Sein zu rechtfertigen.

Zusammenfassung

Wir haben den Begriff der Verantwortung und seine Struktur analysiert und als ein bestimmtes Konzept des Handelns identifiziert. Dabei verursacht ein handelndes Subjekt, das ein Individuum, eine Gruppe oder eine Organisation sein kann, mit seinen Aktivitäten gewollte und ungewollte Konsequenzen. Diese können von verschiedenen Instanzen unterschiedlich infrage gestellt werden, ob sie als schädlich oder nützlich anzusehen sind. Je nach Antwort des Subjekts wird es be- oder verurteilt, dementsprechend mit Sanktionen oder Lob bedacht. Wir haben nun drei Klassen von Konsequenzen und Instanzen identifiziert: technisch-ökonomische, die auf den Selbsterhalt ausgerichtet sind, soziale, die den Miterhalt anstreben, und ökologische, die zum Gesamterhalt beitragen. Die dreifache Verantwortung kann noch von kurz- bis langfristig ausgerichtet sein sowie von egoistisch bis universal reichen. Nachhaltigkeit und Reichweite der Verantwortung können in dem Modell der nachhaltigen Verantwortung grafisch dargestellt werden: mit einer Uhr über drei Ziffernblätter und mit drei Zeigern unterschiedlicher Länge. Auf diese Weise können die unterschiedlichsten Verantwortungsprofile grafisch dargestellt werden.

Da in Unternehmen besonders die soziale und damit auch ethische Verantwortung auf den Prüfstand gestellt und mit dem Begriff der Corporate Social Responsibility oder Business Ethics umschrieben wird, soll nun im Folgenden die Komplexität und Bedeutung der Ethik im Kontext der Verantwortung näher beleuchtet werden.

 Weiterführende Inhalte finden Sie auf der Website *www.pearson.de*.

Endnoten

1   Vgl. Stowasser 1979, S. 397, 430; Gemoll 1979, S. 684 f. Weischedel arbeitet die Bedeutung des Antwortens auch als „Gegenrede" heraus (1972, S. 15); vgl. Beck, 2016, S. 35.

2   Schüz, 1999, S. 146; vgl. Bayertz, 1995.

3   Vgl. Nida-Rümlin, 2011, S. 23. In Anlehnung an Hans Lenk und Matthias Maring fasst Valentin Beck Verantwortung sogar als eine bis zu achtstellige Relation auf: 1. Jemand ist verantwortlich 2. für etwas – das Objekt 3. in Bezug auf normative Standards, 4. vor einer Rechtfertigungsinstanz, 5. rückblickend und/oder vorausschauend (Zeitrichtung), 6. gegenüber jemandem – dem Adressaten, 7. mit einer bestimmten Ausrichtung, 8. in einem sozialen Kontext (2016, S. 40); vgl. dazu Ropohls Ausarbeitung einer siebenstelligen Relation der Verantwortung (siehe Übung in Abschnitt 3.6).

4   Vgl. Picht, 1969.

5   So gesehen ist Verantwortung immer auch Ausdruck einer „sozialen Relation", wie Valentin Beck feststellt (2016, S. 35). Der Hinweis auf den Einsiedler, der seine sozialen Kontakte völlig abgebrochen hat und doch gut zu überleben versteht, überzeugt nicht als Gegenargument. Denn auch er unterhält wenigstens Beziehungen zu anderen Lebensformen in der Natur bzw. baut geistige Beziehungen zu einer realen oder imaginierten jenseitigen Welt auf, die ihm die Kraft zum Überleben bietet. Außerdem lebt er von den Erinnerungen an seine Erziehung, durch die ihm die gemeinschaftlich entstandenen Kulturleistungen und Überlebensstrategien vermittelt wurden.

6   Monty Python, zu finden unter *youtube.com*, Stichworte „Monty Python", „Das Leben des Brian", „Lateinunterricht". Es handelt sich hier also um die Zuschreibung von zwei verschiedenen Verantwortungen, wie sie etwa Valentin Beck unterscheidet: „kausale" versus „moralische Verantwortung" (Beck, 2016, S. 45).

7   Hayward, 2010. Tony Hayward, der nach der BP-Ölkatastrophe als CEO entlassen und mehrfach als „worst leader of the year" bezeichnet wurde (vgl. Eblin, 2010), fungiert seit 2013 als Verwaltungsratspräsident des Rohstoffhändlers und -produzenten Glencore Xstrata (Gollmer, 2014).

8   Vgl. Banzhaf, 2002, S. 142.

9   Weatherbe, 2015.

10 Hartwig, 2007.

11 Barrington-Bush, 2015. Mehr dazu: Corporate Europe Observatory, 2019, und die ausführliche Fallstudie von Power-Shift, 2017.

12 Ciobanu, 2015.

13 Vgl. Leibniz, 1996, S. 249.

14 Deckart et al., 1991, S. 94 ff.

15 Vgl. Sander, 1963, S. 144 ff.

16 Deckart et al., 1991, S. 96 f.

17 Descartes, 1960, S. 50.

18 Friedman, 1995.

19 Den Impact der Katastrophe fassen Eklund et al., 2019, zusammen; eine exemplarische toxikologische Analyse von Corexit bei: Toyota et al., 2017.

20 Wisser, 1996, S. 389; ders., 1997, S. 138 ff.

21 Zu den Bestimmungen und zur Unspezialisiertheit des Menschen: Scheler, 1978, S. 40; Nietzsche, 1997a, S. 623; Gehlen, 1978, S. 20, 26, 34 ff.; Landmann, 1982, S. 148 ff. Bereits David Hume stellt fest, dass die „Tiere ... durch den Instinkt geleitet" und beim Menschen durch die „Vernunft ersetzt" werden (1972, S. 161).

22 Gehlen, 1978, S. 334 ff.

23 Vgl. Libet, 2005, S. 57 ff, 159 ff.

24 Wisser 1996, S. 459 ff.

25 Picht 1969, S. 338.

26 Schüz, 1986, S. 262.

27 Schweitzer, 1923, S. 239, 274 f., 379.

28 Schüz, 2013, S. 15.

29 Förster, 2015, S. 353 u. 356. Die Schwierigkeit, diese Verantwortung konkret in die Tat umzusetzen, besteht darin, dass jede Handlung durch das Umfeld und die Handlungen anderer mit beeinflusst wird, man deshalb auch dafür die Verantwortung mit übernehmen müsste. (Vgl. Meyer-Galow, 2020, S. 103) Verantwortliches Handeln findet nie isoliert vom Universum statt. Für den Handelnden stellt sich dann die Frage, wie er sein Handeln sinnvoll gestalten kann, so dass es dem größeren Ganzen von Natur und Gesellschaft dient. (Vgl. Schüz, 1986, S. 122 ff.)

30 Heinz v. Förster definiert die Kybernetik als eine „Wissenschaft des Regelns, Rechnens, Ordnens und der Entropieverzögerung" (Förster, 2015, S. 342).

31 Im kybernetischen Kreisprozess ist das Handlungssubjekt gewissermaßen der Steuermann (= griechisch: *kybernetes*) im System. Wie verantwortliches Handeln auf Unternehmensebene umgesetzt werden kann, wird in ▶ *Kapitel 8* eingehender diskutiert.

32 Vgl. Schmidt-Salomon, 2015, Kapitel 2.

33   Z. B. in der epikureischen Philosophie oder in der buddhistischen Weisheitslehre. Vgl. Varela/Thompson, 1992, S. 164 ff; Steiner, 2016.

34   Hardin, 1968.

35   Elinor Ostrom entdeckte acht Prinzipien funktionierender Commons wie z. B. Anerkennung von Regeln, Konfliktlösungsmechanismen, abgestufte Sanktionen, Mitbestimmung etc. Sie zeigen auf, wie sehr ethische Verantwortung zum Gemeinwohl beiträgt. (Ostrom, 1990; Helfrich, 2015; vgl. Bregman 342 f.)

36   Schüz, 1999, S. 113 ff; vgl. in Anlehnung an Luhmann Obermeier, 1988, S. 148 f, 189; Malik, 1992, S. 103, 98, 111; vgl. Bronislaw Malinowski (1988), der ebenfalls drei Dimensionen identifiziert, um Kulturen zu beschreiben.

37   Schüz, 1999, 2012b; Elkington, 1998. Drei Dimensionen der Unternehmensverantwortung identifizieren auch Schwartz/Carroll, 2003, und zwar die ökonomische, ethische und gesetzliche („economic, ethical, legal") Verantwortung basierend auf der Pionierarbeit zur Unternehmensverantwortung von Archie Carroll, 1979. Vgl. weiterführend Toliver, 2013.

38   Weizsäcker, C. F., 1988, S. 129.

39   Vgl. Drucker, 1993, S. 15 f; Schüz, 1999, S. 119 ff.

40   Schüz, 2021, S. 45

41   Freeman/Martin/Parmar schildern 2020 das Problem in ihrem Buch mit dem Titel „The Power of And – Responsible Business Without Trade-Offs". Mein Kollege, der Unternehmensethiker René Schmidpeter, hat mir dazu kürzlich einen Hinweis auf die Metapher vom „Sweetspot" aus dem Tennis- bzw. Golfsport gegeben. Es gelte demnach bei der dreifachen Verantwortung den „idealen Ball" zu realisieren, was sicherlich nur selten möglich ist.

42   Schüz, 2021, S. 28.

43   Wieland, 2007, S. 13.

44   Piaget, 1973, S. 322 f.

45   Kohlberg, 2014, S. 495 f.

46   Kohlberg, 1971, 163 ff. Eigentlich unterscheidet Lawrence Kohlberg sechs Stufen, von denen er je zwei den genannten drei zuordnet (Kohlberg, 2014, S. 128 ff). Es ist hier nicht der Raum, diese Differenzierung weiter zu verfolgen. Erwähnenswert ist, dass die Philosophen Karl-Otto Apel und Jürgen Habermas mit ihrem diskursethischen Ansatz eine Weiterführung von Kants kategorischem Imperativ (*Abschnitt 4.6*, Exkurs) verfolgen. Sie ergänzen damit Kohlbergs Schema um eine siebte Stufe (Apel, 1990, S. 363 f; Kohlberg, 2014, S. 350).

47   Vgl. Schüz 2012b, S. 11. Im Fall der Rückgabe des zuviel ausgezahlten Rückgeldes sind nur Menschen betroffen. Deshalb kann in diesem Fall der Verweis auf Kants kategorischen Imperativ als Grund für die Rückgabe („Weil das jeder so tun sollte") durchaus als postkonventionelle Stufe angesehen werden, da ja keine anderen Lebewesen diskriminiert werden.

48   Grober, 2010, S. 10; Thomasius/Bendix, 2013, S. 5. Die beiden Autoren haben das Carlowitz-Buch ins Deutsche übersetzt und kommentiert.

49   Ebd. S. 20.

50   Brundtlandt Commission, 1987.

51   Vgl. Kogure, 2012.

52   Vgl. *www.fundes.org*.

53   Porter/Kramer, 2011; vgl. Scholz, 2017.

54   Shared Value Initiative, 2021. Kritische Stimmen gegenüber dem Ansatz z. B. bei Dyllick, 2014.

55   The Branding Journal, 2021.

56   Werner, 2013, S. 271 ff, 277.

Ethik als Regelwerk sozialer Prozesse

3

ÜBERBLICK

Lernziele

Der Leser

- unterscheidet die Begriffe Ethik und Moral,
- erfasst die tiefere Bedeutung der Ethik für eine funktionierende Gesellschaft,
- begreift das Spannungsfeld zwischen Ethik und Ökonomie,
- versteht die Unternehmensethik als „gutes Auskommen mit den Stakeholdern".

3.1   Begriffsbestimmung von Ethik und Abgrenzung zur Moral

Begriff der Ethik

Äthos = Ort der gemeinschaftlichen Aufgaben

Ethos = Sitte, Gewohnheit, Brauch

Während wir im ersten Kapitel den Begriff der Ökonomie bzw. Ökonomik näher bestimmt haben, beschäftigen wir uns in diesem Kapitel mit dem Begriff der Ethik. „Ethik" stammt in erster Linie vom griechischen Wort *áthos* ab, was ursprünglich einen Ort meint, an dem sich eine Dorfgemeinschaft traf, um die wichtigsten gemeinschaftlichen Aufgaben wie Nahrungsverteilung, Hochzeit, Beerdigung, Initiationsriten etc. zu organisieren und durchzuführen. Aus diesen Tätigkeiten entwickelten sich dann die Riten, Sitten, Gewohnheiten und Bräuche, die von den Vorfahren jeweils der nächsten Generation weitergegeben wurden. Sie bestimmten die Denkweise und Sinnesart, die den Charakter eines Menschen ausmachten. Der zweite Begriff, *éthos* beschränkte sich auf die Bedeutung von Gewohnheit, Sitte, Brauch.[1]

Sokrates als Aufklärer

Angesichts des Sittenverfalls in ihrer Heimatstadt stellten Sokrates und sein Schüler Platon die Gewohnheiten und Bräuche der Vorväter als Orientierung für gutes Verhalten infrage. Wie viele ihrer Zeitgenossen erkannten sie die Vielfalt und Willkür der teils widersprüchlichen Bräuche und Gesetze bei den verschiedenen Völkern. Dadurch sorgten die überkommenen Sitten immer weniger für eine verbindliche Ordnung. Zugleich verloren die von göttlichen Mächten angedrohten Sanktionen ihren Schrecken. Wie zwei Jahrtausende später in der neuzeitlichen Aufklärung sollte etwas Neues eine Orientierung für gutes Handeln wiederherstellen. Sokrates bekämpfte den Relativismus der Vorstellungen darüber, was ein gutes Leben ausmacht. Er brachte seine Schüler dazu, die Wahrheit des guten Lebens nicht in äußerlichen Konventionen, sondern in innerer Erkenntnis zu suchen.

Aristoteles: Anleitung zum guten Leben

Später sah Aristoteles in der Selbstverwirklichung, der „Verwirklichung der Seele"[2], den wahren Weg zum Glück. Wer sich selbst erkennt, der entdeckt das in seiner Psyche verborgene Gute und wird dementsprechend auch gut handeln. Und wer gut handelt, der verwirklicht seine inneren und äußeren Möglichkeiten, seine Tugenden. Dann kommt er mit anderen besser aus, wird von seiner sozialen Mitwelt respektiert und führt dadurch ein gutes Leben. Man kann darin eine noch immer aktuelle Anleitung zum Glücklichsein sehen.[3]

Aristoteles bezeichnete seine Untersuchungen über die Gewohnheiten bzw. Charaktereigenschaften (griech. *äthä*) eines Menschen erstmals als *äthikä*, also Ethiken.[4] Diese arbeiten erstens heraus, *was* den „guten Charakter" eines Menschen ausmacht, zweitens *wie* er durch Herausbildung von Tugenden Laster meiden und jene entwickeln kann und drittens *wozu* das alles gut ist, dass er nämlich dadurch dem Wohlergehen in der Gemeinschaft und damit dem Glück dient.[5]

Begriff der Moral

„Moral" stammt vom lateinischen *mos* (Plural: *mores*) ab, was ebenfalls „Sitte, Gewohnheit, Brauch" bedeutet. Mos und Ethos sind demnach Synonyme. Aus unserer Kindheit kennen wir die Drohung: „Ich werde euch Mores lehren", was so viel bedeuten sollte wie: Ich werde euch gutes Betragen, gute Sitten beibringen. Mit moralischen Urteilen wie „gut–böse", „edel–gemein", „freundlich–feindlich" oder „altruistisch–egoistisch" wird innerhalb einer Gruppe oder Gesellschaft erwünschtes Verhalten durch Lob gefördert bzw. unerwünschtes Verhalten durch „Empörung" unterdrückt.[6]

Moralische Urteile

Positive moralische Urteile	Negative moralische Urteile
gut	böse
freundlich	feindlich
wahrhaftig	unwahrhaftig
edel	gemein
selbstlos	egoistisch
erlaubt	verboten
treu	untreu
gewissenhaft	gewissenlos
sittlich	unsittlich
tugendhaft	lasterhaft
gebührlich	ungebührlich
lobenswert	empörend

Tabelle 3.1: Moralische Urteile im Alltag

Welche moralischen Vorstellungen innerhalb einer Gemeinschaft über Gut und Böse vorherrschen, ist relativ und unterliegt oft einem Wandel. Was gut ist, wird innerhalb einer Kultur oder Gemeinschaft oder Gruppe definiert. Diese Erkenntnis ist für unser berufliches wie privates Leben sehr bedeutsam, weil moralische Urteile anderer mehr oder weniger bewusst unser eigenes Verhalten und Handeln prägen. Selbst so einfache Aktivitäten wie das morgendliche Aufstehen nach dem Klingeln des

Die Forderungen omnipräsenter Moralvorstellungen

Weckers basiert auf einem moralischen Urteil. Wir reagieren auf den Wecker, weil pünktliches Verhalten von der Gesellschaft gefordert wird.

Relativität moralischer Urteile

Allerdings stürzt uns die Relativität moralischer Urteile immer wieder in Konflikte. Für die einen sind bestimmte sexuelle Neigungen gut, für andere böse. Die einen halten die Gleichberechtigung der Frau für gut, die anderen betrachten sie als böse, da „wider die Natur". Die einen ver-

Kulturbedingte Unterschiede

pönen die Gewinnorientierung von Unternehmen, die anderen heißen sie für gut. Auch kulturbedingte Unterschiede in den Moralvorstellungen etwa bei der Ahndung von Diebstahl variieren sehr. In manchen Ländern verlangt sie das Abhacken der Diebeshand, in anderen Ländern führt sie zu Strafzahlungen oder Gefängnisaufenthalt, bei bestimmten Naturvölkern gilt Diebstahl überhaupt nicht als Delikt, da dort kein Eigentumsbegriff vorhanden ist.

Geschichtlicher Wandel

Auch sind die Vorstellungen der Moral einem geschichtlichen Wandel unterworfen. So kann der Wertewandel in einer Gesellschaft die vorherrschenden Moralvorstellungen verändern. Die Zerstörung der Natur galt noch vor Jahrzehnten als selbstverständlicher Akt des Menschen, sich der natürlichen Ressourcen kosten- und folgenlos bedienen zu können. Heute wird sie geächtet. Telefonieren während des Autofahrens galt bis vor Kurzem noch als chic, heute steht es ohne Freisprechanlage unter Verbot. Ähnlich erging es dem Rauchen in der Öffentlichkeit.

Kriege aufgrund von Moralkonflikten

Ihre Relativität und Wandlungsfähigkeit führt die jeweils vorherrschende Moral in Konflikte. Denn sie bewertet Menschen („Manager sind böse, Naturschützer gut") und überhaupt Lebewesen („Haushunde sind gut, Kakerlaken sind böse") moralisch unterschiedlich. Der Kampf um die Deutungshoheit, was als gut oder böse zu gelten hat, löst oft die heftigsten Kriege zwischen Gruppen unterschiedlicher Moralvorstellungen aus. Auch der Versuch, eine bestimmte Vorstellung von Gut und Böse anderen aufzuoktroyieren, führt häufig zu grausamen Feldzügen gegen Minderheiten oder Abweichler, die als Sündenböcke geprügelt oder als böse verteufelt werden. In der Moral der verschiedenen Gruppen ist Böse also nicht immer böse und Gut nicht immer gut (Mehr dazu in ▶*Kapitel 11*).

Ethik als Moralphilosophie

Cicero

Obwohl Moral und Ethik Sitten und Bräuche, also gewünschte Handlungsmuster, zum Gegenstand haben, werden sie heute nicht synonym gebraucht. Schon Cicero (106–43 v. Chr.), der das große Gedankengut der Griechen ins Lateinische übersetzte, bezeichnete wohl als Erster „Ethik" als „philosophia moralis", also als Moralphilosophie. Demnach hätte Ethik die Moral zum Gegenstand ihrer Betrachtungen. Sie reflektiert und bewertet vorhandene Moralen, ob sie für ein gutes Leben für alle auf der Basis eines sittlich richtigen Handelns taugen.

Reflexion der Binnenmoralen

Ethik wäre demzufolge eine Lehre oder Theorie von der Moral, die sich in bestimmten Gruppen oder Bevölkerungskreisen (Binnenmoral) etabliert hat. So hat z. B. auch die Mafia ihre eigenen Moralvorstellungen – nennt sie sich selbst doch „ehrenwerte Gesellschaft" – legt also selbst fest, was als „gut" bzw. „böse" zu gelten und wie man sich gegenüber anderen zu verhalten hat. Zu einer allgemeinverbindlichen Ethik taugt die Moral der Mafia weniger, da sie im Grund nur der eigenen Familie dient und alle anderen zur Bereicherung ihrer selbst missbraucht, also für alle anderen eben nicht lebensdienlich ist. Demnach kann sie also nicht als ethisch angesehen werden.

Im Allgemeinen hat sich durchgesetzt, dass man den Begriff der Moral auf sämtliche innerhalb einer Gruppe oder von einer Person verinnerlichten Verhaltensregeln bezieht, die von dem Werturteil „gut oder böse" bestimmt sind. Dies kann deskriptiv (beschreibend) oder präskriptiv bzw. normativ (regelnd, vorschreibend, bewertend) erfolgen. Erstere beschreibt und vergleicht die verschiedenen existierenden Ansätze der Ethik, während letztere Versuche unternimmt, Normen oder Sollensforderungen einer Ethik zu entwerfen, die allgemein verbindlich sein sollen. Eine strikte Trennung zwischen beiden ist nur schwer durchzuhalten, weil auch die Beschreibung häufig in be- und entwertenden Aussagen über ihren Gegenstand mündet, also selbst normativ vorgeht.[7]

Deskriptive und normative Ethik

Die folgenden Abhandlungen über Ethik und deren Anwendung in Unternehmen versucht beides: zunächst die möglichen Ansätze einer Ethik zu beschreiben (deskriptive Ethik), zugleich aber auch ihre jeweiligen Vor- und Nachteile herauszuarbeiten. Sodann werden Ansätze gesucht, die die Nachteile verringern und die Vorteile verstärken (normative Ethik).

Das hierbei zugrunde gelegte Ziel der Ethik ist das gute Auskommen aller mit allen, die in einem Austauschverhältnis zueinander stehen. *Ethisch gut ist also das Streben nach einem guten Leben, das möglichst nicht auf Kosten, sondern zum Wohle aller Betroffenen vollzogen wird.* Gut ist also die *Sorge um Tauschgerechtigkeit für alle.* Moral hingegen grenzt aus. Sie sorgt sich nur um diejenigen, die ihren relativen Vorstellungen von Gut und Böse entsprechen. Das *Ideal* der Ethik schließt alle ein und erhebt die Erfüllung der Bedingungen für ein gutes Leben aller Lebensformen zum Prinzip. So gesehen ist die Ethik immer *kontrafaktisch*, also gegen die Fakten der Realität. Denn in Wirklichkeit zeigt sich Leben immer auch als Kampf um knappe Ressourcen, die gerade nicht gerecht verteilt sind. Welche Funktion kann sie dann überhaupt im konkreten Leben erfüllen?

Ideal einer kontrafaktischen Ethik

3.2 Funktion der Ethik

Wenn Ethik bestehende Moralen, also Sitten, Gewohnheiten und Bräuche, zum Gegenstand ihrer Betrachtung hat, so stellt sich die Frage nach ihrem Zweck bzw. ihrer Funktion. Für Aristoteles, den Begründer der philosophischen Ethik, dient die Ethik dem „guten Leben" in der Polis, also der Gemeinschaft in einem Staat. Das gute Zusammenleben wird meistens durch die unbewussten Impulse der Begierden, Affekte und Egoismen einzelner Mitglieder der Gemeinschaft gestört. Indem sie ihre Interessen auf Kosten der anderen durchsetzen wollen, stören sie das Gemeinschaftsgefüge empfindlich.

Gutes Leben

Zähmung von
Fehlverhalten

Ethik hätte demnach die Aufgabe, das gemeinschaftsstörende Fehlverhalten Einzelner so zu zähmen, dass es idealerweise dem guten Zusammenleben aller mit allen dient. Dabei bringt der Begriff des Zähmens zum Ausdruck, dass die in *jedem* Menschen vorhandenen, teilweise als böse angesehenen Leidenschaften nicht wirklich zum Verschwinden gebracht, wohl aber in ethisch gewünschte Bahnen gelenkt werden können.

Platons Mythos vom
Seelenwagen

Platon
(427–347 v. Chr.)

Schon Platon, der Lehrer von Aristoteles, hat die menschliche Psyche mit einem Pferdegespann mit zwei Pferden und einem Wagenlenker verglichen.[8] Das eine Pferd ist widerspenstig und voller Begierden. Maßlos strebt es nach materiellen Gütern und ist kaum zu lenken. Das zweite Pferd ist darauf bedacht, sich den sozialen Forderungen anzupassen. Bei ungerechtfertigten Angriffen allerdings kann es zu Affektreaktionen wie Abwehr, Totstellreflex oder Fluchtreaktion kommen. Voll von Affekten und Emotionen, folgt es dem vorgespurten Weg, den andere vor ihm gegangen sind. Mutig ordnet es sich den Befehlen des Wagenlenkers unter, der die Vernunft des Menschen repräsentiert, und reagiert dann angemessen auf die äußeren Einflüsse. Der Wagenlenker vermag durch Weisheit das göttliche Gute zu erkennen und mit Besonnenheit und Mut das Pferdegespann zu zähmen. Die Gerechtigkeit als vierte Kardinaltugend, weist jedem der Seelenteile seine Rolle zu, ohne einen von ihnen gänzlich zu unterdrücken, aber auch ohne ihn zur Alleinherrschaft kommen zu lassen.

Abbildung 3.1: Platons Metapher vom Seelenwagen
Quelle: Magdalena Steiner, 2016.

Der Gierigen
Zähmung

Bis in die Neuzeit hinein bestimmte die Vorstellung von der Zügelung der Begierden und Affekte durch die göttliche Vernunft das Grundverständnis der Ethik, wie die ▶Abbildung 3.2 von 1617 zur „Zügelung der Leidenschaften" zeigt. Dort kommt der verlängerte Arm aus einer Wolke, der dann die Zange zur Zügelung der Leidenschaften, symbolisiert durch das Herz, hält.

Abbildung 3.2: Die Zügelung der Leidenschaften
Quelle: Peter Isselburg, „Affectus Comprime", Emblemata Politica [Nürnberg, 1619, Erstausgabe 1617, S. 66].

Übertragen auf ökonomische Verhältnisse bedeutet dies auch die Zähmung der Gier nach immer mehr. Schon Aristoteles warnt in diesem Zusammenhang vor der „unnatürlichen Anhäufung von Geld" durch die „Chrematistik", die rein um der Geldvermehrung willen besteht und nicht mehr dem Gemeinwohl dient (siehe ▶ *Abschnitt 1.1.2*).

Dass ethische Vorgaben auch heute noch Verhalten „zügeln", konnten Experimente der „Behavioral Economy" beweisen. Dan Ariely zufolge schummeln („fudge") Menschen, um sich zu bereichern, solange sie nicht erwischt werden. Solche „allgegenwärtigen Formen der Unehrlichkeit" können durch sogenanntes Nudging (siehe Kasten auf nächster Seite) leicht therapiert werden, indem ihnen – etwa mit einem Hinweis oder einer Unterschrift – bewusst gemacht wird, dass sie gerade dabei sind, kleine Betrügereien zu begehen. Sie lassen sich positiv beeinflussen, so Ariely, weil die meisten gerne ihr moralisches Selbstbild aufrechterhalten wollen. So manipulieren sie ihre Steuererklärung zu ihren Gunsten nur, wenn sie erst zum Schluss die Richtigkeit der Angaben im ausgefüllten Formular mit ihrer Unterschrift bestätigen mussten. Die Vergleichsgruppe füllte dagegen das Formular „ehrlicher" aus, wenn sie es gleich zu Beginn unterschrieben. Dadurch gingen die kleinen Betrügereien sofort zurück.[9] Auch andere Experimente zeigten, dass ethische Werte einen Stopp für betrügerisches Verhalten bedeuten – vorausgesetzt man wird z. B. an die zehn Gebote erinnert.

Beeinflussung der Moral durch Nudging?

Exkurs: Verhaltensökonomie und Moral

Der Versuch, das vermeintlich rationale Verhalten der Marktteilnehmer gemäß der Logik des Homo oeconomicus gleichsam naturwissenschaftlich exakt vorherzusehen, ist gescheitert. So fanden beispielsweise die klassischen Wirtschaftstheorien keine Erklärung für die Subprime-Krise im Jahre 2008. Angesichts solcher Abweichungen zwischen Theorie und Praxis entstand in der zweiten Hälfte des vorigen Jahrhunderts die neue Disziplin der Verhaltensökonomik. Sie untersucht empirisch, wie Entscheidungen tatsächlich am Markt gefällt werden. Dabei erweist sich das reale Verhalten am Markt vielerlei (sozial- wie individualpsychologischen) Einflüssen ausgesetzt und erscheint von daher nicht rational nach der Logik des Homo oeconomicus, sondern als „irrational" (Dan Ariely).

Libertärer Paternalismus: Einflussnahme auf Verhalten durch Nudging

Richard Thaler (geb. 1945), Wirtschaftsnobelpreisträger von 2017, untersuchte experimentell u.a. die Beeinflussung von riskantem Verhalten mit Hilfe des sogenannten Nudging (von englisch *to nudge* = anstupsen). So kann das Fahrverhalten bei Ortseinfahrten mit Anzeigen der gefahrenen Geschwindigkeit verbessert werden, obwohl dem Autofahrer freigestellt ist, ob er sich an die Vorschriften hält oder nicht. Thaler nennt diese Art der Verhaltensbeeinflussung durch Nudges „libertären Paternalismus"[10] Denn ein solcher Appell von „Vater Staat" bleibt sanktionsfrei.

Autoritärer Paternalismus

Wenn hingegen mit dem Nudging nicht mehr nur appelliert, sondern auch sanktioniert wird, zeigt der Paternalismus autoritäre Züge. Beispiele hierfür etablieren sich vor allem in China. So werden dort mancherorts Fußgänger, die bei Rot über die Straße gehen, wie in der chinesischen Stadt Daye, mit Wasser abgespritzt oder sie werden fotografiert, über Gesichtserkennungssoftware namentlich identifiziert und auf großen Bildschirmen am Straßenrand wegen des Vergehens an den öffentlichen Pranger gestellt.[11]

Extrinsische oder intrinsische Motivation?

Es stellt sich die Frage, ob die extrinsische Methode zur Beeinflussung der Moral durch Belohnung und Strafe wirksamer ist als die intrinsische. Wie der Verhaltensökonom Dan Ariely empirisch zeigen konnte, motivieren Einsicht und Eigenmotivation eher zum guten Handeln als Belohnung und Strafe. Dies zeigt sich auch bei der Bezahlung von Topmanagern. Deren Performance wird im Allgemeinen nicht durch höhere Bonuszahlungen gesteigert, sondern durch sinnvolle Aufgaben.[12]

Moralisch besser durch Nudging?

Dan Arielys zahlreiche Experimente konnten zeigen, dass nur „wenige Menschen im größtmöglichen Maße" betrügen, also von Hause aus böse sind. Die meisten lassen sich also durch Nudging zum positiven Verhalten beeinflussen. Denn, wie Ariely vermutet, sie wollen ihr moralisches „Selbstbild"[13] aufrechterhalten, das im Alltag leicht in Vergessenheit gerät.

Durch Nudging können Menschen allerdings auch zu schlechten Taten verführt werden. Auch beeinflusst der Gruppendruck das moralische Verhalten. Ehrlichkeit wie Unehrlichkeit sind ansteckend.[14]

Arielys Untersuchungen zeigten, dass es nur „sehr wenige" Probanden gab, die unbeeinflusst das Maximum für sich herausholten.[15] Wie steht es umgekehrt mit echtem Altruismus? Matthieu Ricard hat in seiner umfangreichen Studie zum Altruismus zahlreiche Beispiele dafür gesammelt. So dürften etwa 50.000 Menschen im Dritten Reich ihr Leben riskiert haben, um verfolgte Juden zu retten, ohne dafür eine Entschädigung beansprucht zu haben.[16]

Seltenheit von reinem Egoismus und Altruismus

3.3 Ökonomie und Ethik – zwei feindliche Geschwister

3.3.1 Bedeutung der Moral für den Markt

Wie wir bereits in ▶ *Abschnitt 1.1* gesehen haben, bilden Aristoteles zufolge Ethik, Politik und Ökonomik die praktische Philosophie. Sie sorgen für das Gelingen einer Polis. Während die Politik mit einer guten Verfassung und Gesetzen die Rahmenbedingungen für ein gutes Leben in der Polis schafft, stellt die Ökonomik die lebensnotwendigen materiellen Güter bereit. Die Ethik schult den Charakter der einzelnen Mitglieder der Gesellschaft, damit sie ihre Begierden und Emotionen zähmen können und auf diese Weise zu einer gerechten Verteilung der Güter beitragen. Aristoteles zufolge kann nur im Zusammenspiel von Politik, Ökonomik und Ethik ein „gutes Leben" gelingen und der Einzelne dadurch Glückseligkeit erfahren.[17]

Ethik, Politik und Ökonomie – Institutionen einer funktionierenden Polis

Die Güter des täglichen Lebens werden seit Menschengedenken auf dem Markt angeboten und entweder getauscht oder gegen Geld verkauft. Schon vor mehr als 2.600 Jahren soll der Philosoph Anacharsis den Markt als Quelle unethischen Verhaltens angesehen haben: „Der Markt ist ein Platz, der recht eigentlich dazu bestimmt ist, sich gegenseitig zu täuschen und zu übervorteilen."[18] Zweitausend Jahre später hat der schottische Philosoph David Hume (1711–1776), ein Freund von Adam Smith, eine ganz ähnliche Auffassung vertreten: „Habgier oder das Verlangen nach Gewinn ist eine universelle Leidenschaft, die zu allen Zeiten, an allen Orten und auf alle Menschen wirkt."[19]

Der Markt – Ort der Gier und Täuschung?

Nicht unbestritten bleibt die Auffassung von der Förderung der Unmoral durch den Markt. Der französische Philosoph Charles Louis Montesquieu (1689–1755) behauptet: „Es gilt beinahe allgemein die Regel, dass es da, wo sanfte Sitten [moers douces] herrschen, auch Handel gibt und dass überall dort, wo es Handel gibt, auch sanfte Sitten herrschen ... Der Handel ... glättet und mildert die Sitten der Barbaren, wie wir es alle Tage sehen können."[20]

Der Markt – Ort der sanften Sitten?

Wer hat nun recht? Für beide Auffassungen spricht einiges. Es ist sicherlich unbestritten, dass in jedem Menschen das Potenzial zur Täu-

Die Rolle der Rahmenbedingungen

schung und Gier vorhanden ist (siehe ▶*Exkurs zur Verhaltensökonomie*). Andererseits hat der Markt seine eigenen Gesetze. Wer zum Beispiel seiner Gier dort freien Lauf lässt, kann sehr schnell eines Besseren belehrt werden. Denn wenn ein Händler seinen Kunden betrügt oder übervorteilt, so kann er dies nur tun, wenn er eine Art Monopolstellung innehat, also niemand anderes die gleichen gewünschten Waren oder Dienstleistungen anbietet. Wenn hingegen Konkurrenten vorhanden sind, spricht sich der überhöhte Preis oder die schlechte Qualität der Ware sehr schnell herum, und er verliert seine Kunden. Auch das Verhalten des Verkäufers sollte durch Freundlichkeit und Höflichkeit sowie Hilfsbereitschaft geprägt sein, damit er überhaupt Kunden gewinnt und längerfristig binden kann. Eben hierauf zielt Montesquieus Einschätzung.

Gutes Benehmen durch Konkurrenzdruck?

Die heutigen Wirtschaftsmärkte funktionieren nicht viel anders. Solange die Produkte und Dienstleistungen einem Konkurrenzdruck unterliegen, kann der Käufer deutlich sicherer sein, dass er nicht über den Tisch gezogen wird, als ohne diese Voraussetzung – zumal die heutigen Informationszugänge durch das Internet sehr schnell über die Seriosität eines Angebots aufklären.

Risiko unübersichtlicher Märkte

Schwieriger wird es bei komplexen Produkten, die nicht einmal mehr die Verkäufer überblicken. So versprachen angebotene Finanzprodukte wie die Lehman-Zertifikate für den Käufer durchaus interessante Gewinne, führten aber letztes Endes zum Totalverlust der eingesetzten Summe. Dadurch kommt es dann zu Urteilen über den Finanzmarkt, wie das von René Zeyer: „Das Ganze ist ein gigantischer, unverschämter, aber wohl orchestrierter Raub von ein paar Bankern am Vermögen von Millionen von Sparern und zukünftigen sowie aktiven Pensionären. Die Werkzeuge waren nicht Dietrich oder Schweißbrenner, sondern Finanzinstrumente"[21]. Jedenfalls ist seit der Finanzkrise von 2008 das Kundenvertrauen in Finanzinstitute erheblich zurückgegangen.[22]

Nachteile von Mono- und Oligopolen

Neben der Komplexität von Produkten trägt auch die Monopol- oder Oligopolstellung von Anbietern zu einem Verlust des Vertrauens ihrer Kunden bei. Denn ohne das Korrektiv von Konkurrenten können Firmen ziemlich beliebig ihre Preise diktieren oder die Qualität ihrer Produkte mindern. Auch lassen dann die „Sitten" der Unternehmen nach. Anstatt ihre Ware freundlich anzubieten, verteilen sie sie nach Gutdünken. Die Marktbeherrschung hört dann auf, wenn Ersatzprodukte oder Konkurrenten auftauchen und die Marktmacht einzelner Unternehmen beschneiden.

Wettbewerbskommission der EU

Um die Chancengleichheit der Marktteilnehmer zu wahren, gibt es ja in den meisten Ländern kartellrechtliche Regelungen. Die neue Wettbewerbskommissarin der Europäischen Union, Frau Margrethe Vestager, stellt gerade die Wirksamkeit solcher Institutionen unter Beweis. Sie scheute sich auch nicht, die Marktbeherrschung von z. B. Google 2019 wegen „beherrschender Stellung auf dem Markt" mit einer Strafe von 1,49 Mrd. Euro zu belegen.[23]

3.3.2 Bedeutung des Vertrauens für den Markt

Die Negativbeispiele zeigen, wie schnell Vertrauen beim Kunden verspielt werden kann. Misstrauen erhöht dann die sogenannten Transaktionskosten. Das sind solche Kosten, die beim Übergang von einem Glied in der Wertschöpfungskette auf ein anderes entstehen. Wenn z. B. bei dem Verkauf eines Produktes oder dem Ankauf von Ausgangsmaterialien beim Lieferanten geringes Vertrauen besteht, so steigen die Transaktionskosten rapide an, wenn etwa ein Heer von Anwälten die geschlossenen Verträge unter die Lupe nehmen muss. Wenn hingegen aufgrund vorhandenen Vertrauens ein Handschlag genügt und die Parteien sich auf den mündlich geschlossenen Vertrag verlassen können, so sinken die Transaktionskosten. Somit kann Vertrauen der Stakeholder in ein Unternehmen die Effizienz des Wertschöpfungsprozesses erhöhen.

Vertrauensverlust erzeugt Transaktionskosten

Was versteht man nun aber unter Vertrauen? „Vertrauen ist die Erwartung, dass sich ein Wert erfüllt". Dementsprechend bedeutet Misstrauen die Erwartung, dass er sich nicht erfüllt.[24] Ein Kunde vertraut z. B. darauf, dass ein Medikament seine Gesundheit wiederherstellt und nicht bedroht. Oder er erwartet, dass das Versprechen des Produzenten über den Nutzen in Erfüllung geht. Oder ein Investor vertraut darauf, dass die Versprechungen der Analysten oder der Unternehmensgrundsätze auch erfüllt werden.

Vertrauen – Erwartung der Erfüllung eines Wertes

Vertrauen hat die soziale Funktion, die Komplexität von Beziehungen zu verringern.[25] Es muss sich bewähren. Deshalb ist „blindes Vertrauen" wenig ratsam, wenn man einem Menschen zum ersten Mal begegnet. „Gesundes Misstrauen" schützt vor Enttäuschungen. In sozialen Beziehungen können sich Vertrauen wie Misstrauen spiralförmig verstärken. Wem mit Vertrauen begegnet wird, der wird es leicht erwidern können, weil er eine gewisse Sicherheit verspürt. Siehe auch ▶ *Abschnitt 1.1.3.* Wenn sich jemand umgekehrt mit Misstrauen konfrontiert sieht, wird er verunsichert und zieht sich unter Umständen vorsichtig zurück. Dieses Verhalten wiederum vergrößert bei seinem Gegenüber dessen anfängliches Misstrauen, sodass eine negative, sich selbst verstärkende Verhaltensspirale entsteht.

Vertrauen- und Misstrauensspirale

Unternehmen, die in der Öffentlichkeit aufgrund ihrer hohen Reputation Vertrauen genießen, können sich eher Fehler leisten. Sollten sie einmal ein schlechtes Produkt zu verantworten oder einen Unfall verursacht haben, so verzeiht man ihnen eher. Umgekehrt haben es Unternehmen, denen man misstraut, schwerer, Fehler verziehen zu bekommen. Sie müssen sich erheblich mehr Anstrengungen unterziehen, um das Vertrauen ihrer Stakeholder zurückzugewinnen, als solche, die es bereits genießen. Deshalb wird Vertrauen auch in der Betriebswirtschaft schon seit Längerem als wichtige Größe zur Sicherung von Einkommen, ja sogar als Investitionsgut angenommen.[26]

Vertrauen als Investitionsgut

Abbildung 3.3: Vertrauens- und Misstrauensspirale
Quelle: Schüz, 2001a, S. 108.

Effizienzsteigerung in der Gruppendynamik

Auch in Beziehungen zu firmeninternen Stakeholdern trägt Vertrauen erheblich zum Erfolg bei. Empirische Untersuchungen[27] konnten immer wieder zeigen, dass Gruppen, in denen hohes gegenseitiges Vertrauen vorherrscht,

- mehr Informationen, Ideen, Gefühle austauschen,
- klarere Zielvorstellungen entwickeln und formulieren und so leichter Risiken bewältigen und Chancen wahrnehmen,
- mehr Einfluss auf den Lösungsfindungsprozess haben,
- zufriedener mit ihren Lösungen sind,
- stärker motiviert sind, ihre Beschlüsse in die Tat umzusetzen,
- sich mehr als Team fühlen,
- ihrer Gruppe länger treu bleiben.

Gruppen mit hohem Vertrauen erwarten, dass sich die Werte, die den Zusammenhalt der Gruppe fördern, auch in schwierigen Situationen erfüllen. In diesem Fall sinken die Transaktionskosten, d. h. Problemlösungen werden effizienter, also schneller und besser gefunden.

3.3.3   Ethik und Vertrauen

Wie hängt Ethik nun mit Vertrauen zusammen? Durch ethisches Verhalten wird ein Mensch berechenbar und gewinnt dadurch das Vertrauen seiner Mitmenschen. Wenn er z. B. immer die Wahrheit sagt, kann man ihm in seinen Aussagen trauen und sich auf ihn verlassen. Umgekehrt erzeugt unethisches Verhalten Misstrauen. Einem Menschen, der andere ständig betrügt, misstraut man und erwartet, dass er dies in jeder anderen Situation gleichermaßen tun wird. Misstrauen ist demnach die Erwartung, dass die Person, der man misstraut, den Unwert des Betruges erfüllen wird.

> Berechenbarkeit

Wie kann nun die Vertrauensbereitschaft in Gruppen gesteigert werden? Hier wird folgende These vertreten: Ethisches Verhalten steigert die Vertrauenswürdigkeit einer Person und damit auch deren Bonität. Man begegnet ihr mit mehr Wohlwollen und überlässt ihr eher eigene Ressourcen. Ethik reduziert die Komplexität der sozialen Beziehungen und senkt damit auch die Transaktionskosten.[28]

> Sinkende Transaktionskosten

Somit liegt es auf der Hand, dass ethisches Verhalten Vertrauen in die betreffende handelnde Person erhöht. Dadurch sinken die Transaktionskosten, sodass in diesem Fall Ethik und Ökonomie durchaus Hand in Hand gehen: „Wenn Menschen, die in einem Unternehmen zusammen arbeiten, einander vertrauen, weil sie alle entsprechend gemeinsamen ethischen Normen handeln, [dann] sinken die Transaktionskosten."[29]

> Fazit

3.4   Spannungsfeld von Ethik und Recht

Neben der vertrauensbildenden Funktion soll Ethik auch die Lücken des Rechtssystems füllen. Vielfach wird die Auffassung vertreten, es genüge, bestehende Gesetze zu erfüllen, um ein akzeptables Mitglied der Gesellschaft zu sein. Dies ist jedoch ein Trugschluss. Denn erstens decken Gesetze längst nicht alle ethischen Ansprüche eines gemeinschaftlichen Zusammenlebens wie etwa Regeln der Höflichkeit ab. Zweitens hinken sie ihnen oft hinterher, wenn zum Beispiel das Rauchen in einem öffentlichen Raum bereits moralisch geächtet, aber ein Verbot gesetzlich noch nicht verankert ist. Daran sieht man, dass Gesetze aus ethischen Standards abgeleitet sein können. Und drittens stehen sie manchmal sogar zu ihnen im Widerspruch, vor allem dann, wenn sie von einem Unrechtsregime stammen. So würden wir viele Gesetze des Dritten Reiches – wie z. B. die Rassengesetze – heute als vollkommen unethisch bezeichnen.

> Komplementarität von Recht und Ethik

Es gibt demnach eine Diskrepanz zwischen Legalität und Legitimität, anders ausgedrückt zwischen: legal und ethisch.[30] Daraus ergeben sich folgende vier Kombinationsmöglichkeiten zur Beurteilung von Handlungsweisen bzw. unternehmerischen Aktivitäten: dass sie erstens als *ethisch und legal* wie z. B. die bereits erwähnte dm-Drogeriemarktkette, zweitens als *ethisch und illegal* wie z. B. viele Aktivitäten von Greenpeace, drittens als *unethisch und legal* wie das Beispiel von Nestlés Vermarktung von Milchpulver in Entwicklungsländern sowie viertens *unethisch und illegal* sind, wie z. B. Organisationen der Mafia, eingestuft werden.

> Diskrepanz zwischen legal und ethisch

Rechtliche und
ethische
Beurteilungen

Die Beispiele aus der Tourismusindustrie in ▶ Abbildung 3.4 sollen diese unterschiedlichen Beurteilungsmöglichkeiten illustrieren. So kann die jährliche Auszeichnung der weltweit ethisch besten Tourismusdestinationen sicherlich als ethisch und legal bezeichnet werden, während der Kinderrechtsaktivist Kailash Satyarthi, der 2014 den Friedensnobelpreis erhielt, zwar aus ethischen Gründen Kinder aus der sexuellen Sklaverei befreit, dabei teilweise aber auch Methoden am Rande der Legalität zu ihrer Befreiung einsetzt.[31] Oder der legale Einsatz von Corexit zur Bekämpfung der Ölpest im Golf von Mexiko, der die unethische Folge hatte, Ökosysteme des Meeres zu schädigen und damit auch den Tourismus zu stören. Der Kindersextourismus ist aus vielerlei Gründen unethisch und sicherlich in den meisten Ländern illegal.

Nachdem nun die Wortbedeutung und die verschiedenen Funktionen der Ethik eingehender beleuchtet wurden, soll im Folgenden die Frage beantwortet werden, wie man Ethik am besten definiert, um ein möglichst einfaches und doch umfassendes Verständnis dieser philosophischen Disziplin zu vermitteln. Die Definition soll zudem auch in Unternehmen gut einsetzbar sein.

Abbildung 3.4: Diskrepanz zwischen Ethik und Recht mit Beispielen aus dem Tourismus
Quelle: Autor

3.5   Definition von Ethik

Definitionen und philosophische Abhandlungen zur Ethik füllen ganze Bibliotheken. Um Ethik für verantwortliche Personen auch in Unternehmen handhabbar zu machen, ist eine griffige Definition vonnöten. Wie in der Einleitung bereits ausgeführt wurde, sind Definitionen prinzipiell weder wahr noch falsch, sondern allenfalls fruchtbar oder nicht. Sind sie zu allgemein, so sagen sie nichts mehr aus, weil sie nicht genug eingrenzen, sind sie zu spezifisch, so grenzen sie unter Umständen ganze Bedeutungsebenen aus.

Gutes Miteinanderauskommen

Neben zahlreichen mehr oder weniger guten Versuchen[32] hat sich für den Autor folgende Definition bewährt: „Ethik ist die Kunst des guten Auskommens miteinander."[33] Auf den ersten Blick scheint diese Definition ziemlich allgemein und wenig aussagekräftig. Auf den zweiten Blick erkennt man die dreifache Bedeutung von „Auskommen": (a) *mit einer Sache auskommen,* damit ist gemeint: von einer Sache (z. B. Geld) ist genügend vorhanden, sodass man für den vorgesehenen Zweck ausreichend hat, also lange damit auskommt; (b) *mit einer Situation auskommen:* mit besonderen Umständen oder einer Lage zurechtkommen; (c) *mit einer Person auskommen:* also sich mit jemandem vertragen.

(Marginalie: Eine fruchtbare Definition)

Zunächst scheint sich die Definition nur auf Bedeutung (c) von Auskommen, also „Auskommen mit Personen" zu beziehen. Jedoch fließen oft alle drei Bedeutungen gerade in ethikrelevanten Situationen ineinander, wenn z. B. jemand mit einer Person nicht mehr auskommt, weil sein geringes Auskommen ihm nicht erlaubt, dieser Person die Schulden zurückzuzahlen. Das führt dann dazu, dass er mit dieser Situation nicht mehr auskommt, sich ihr entweder entzieht oder entgegenstellt. Oder positiv gewendet: Wenn jemand durch faire Tauschverhältnisse ein gutes Auskommen erwirtschaftet, so wurzelt dies in dem ethischen Wert der Gerechtigkeit.

Gerade weil wir die Frage nach der Ethik im Kontext der Ökonomie stellen, liegt es nahe, den Begriff des Auskommens in die Definition aufzunehmen, zumal eine Gesellschaft, in der alle gut miteinander auskommen, ökonomisch gesünder ist. Denn die Kaufkraft der vielen sorgt für ein gesundes Wachstum der Unternehmen. Henry Ford hatte dies erkannt und seinen Mitarbeitenden höhere Löhne bezahlt als die Konkurrenz, gleichzeitig die Produktionskosten durch Einführung des Fließbands gesenkt. So konnten sich seine Mitarbeitenden ein Auto leisten – das Geheimnis seines frühen Erfolgs. In einer gesunden Gesellschaft ist das Auskommen aller eher gesichert. Anders in einer Gesellschaft, in der wenige auf Kosten vieler profitieren.

(Marginalie: Komplementarität von ökonomischem und ethischem Auskommen)

Auf den dritten Blick wirft die Definition die folgenden zwei Fragen auf: Was bedeutet „gutes Auskommen" und was „miteinander"? Antworten auf diese Fragen nach dem ethischen Wert und der Reichweite definieren den zugrunde gelegten Ethiktyp.

(Marginalie: Reichweite)

Abbildung 3.5: Fundamentale Fragestellungen der Ethikdefinition
Quelle: Autor

Ethische Grundwerte

Die erste Frage, wie soll sich jemand verhalten, damit man mit ihm gut auskommt, führt mehrheitlich fast immer zu folgenden Antworten: Um „gutes Auskommen" sicherzustellen, benötige ich Überleben, Gesundheit, Sicherheit, Gerechtigkeit, Würde, Respekt, Achtung, Mäßigung, Besonnenheit usw.

Überleben – Basis des guten Auskommens

Interessanterweise beantworten Seminarteilnehmer die Frage häufig erst nach mehrmaligem Nachfragen mit „Überleben". Dabei ist dieses doch gerade das Wichtigste, was jeder von uns erwartet, um mit jemandem gut auszukommen: dass er uns nicht umbringt, also am Leben lässt. Der Minimalkonsens aller Ethik ist doch wohl in allen Kulturen, Regionen und Epochen das Gleiche: dass wir wenigstens uns gegenseitig nicht töten, denn schließlich wollen wir alle überleben. Der Philosoph Emanuel Levinas (1906–1995) hat dies so ausgedrückt: Das Prinzip aller Ethik besteht darin, dass wir uns nicht gegenseitig umbringen. Und wer sich in die Situation des anderen einfühlen kann, der wird in dessen „Antlitz" und Augen die Aufforderung lesen: „Bitte lass mich am Leben."[34] Vielleicht ist das auch der Grund, weshalb man bei Exekutionen dem Todeskandidaten die Augen verbindet.

Lebenswille

In allen Seminaren ist mir bisher jedenfalls seit Jahrzehnten noch niemand begegnet, der nicht am Leben bleiben will. Allenfalls für Suizidgefährdete mag dies nicht zutreffen. Sie sind aufgrund ihrer psychischen Erkrankung oder ideologischen Verblendung sogar bereit, andere mit in den Tod zu reißen, wie die durch den selbstmörderischen Piloten zum Absturz gebrachte Germanwings-Maschine vom 24. März 2015 bewiesen hat. Jedenfalls tragen sie nicht zum guten Auskommen bei, während der Überlebensinstinkt bei den meisten Menschen offenbar intakt ist.

Gutes Leben

Alle anderen genannten ethischen Werte des guten Auskommens sind zwar sekundärer Natur, aber nicht weniger bedeutsam als das Überleben. Denn die meisten Menschen trachten in ihrem Verhältnis zu anderen danach, dass sie mit Respekt, gerecht, rücksichtsvoll usw. behandelt werden, selbst dann, wenn sie selbst diese Werte anderen nicht in gleicher Weise entgegenbringen.

Reichweite der Ethik

Bezugsgruppen

Antworten auf die zweite Frage, nach dem „Miteinander", also die Frage nach den möglichen Bezugsgruppen des guten Auskommens, reichen von den Nächsten, Familienmitgliedern, Landsleuten über alle Menschen und Lebewesen bis hin zu zukünftigen Generationen. Und innerhalb von Unternehmen können die Bezugsgruppen, mit denen man gut auskommen sollte, vom Shareholder über Kollegen und Vorgesetzte bis hin zu allen Stakeholdern reichen.

Damit wird deutlich, dass mit den hier vorausgesetzten Werten des guten Auskommens und dessen diesbezüglichen sozialen Reichweiten bereits fundamentale Aussagen über die angenommene Ethik gemacht werden. Denn je nach den Antworten entstehen unterschiedliche Ethiktypen.

Unterschiedliche Ethiktypen

Aus dem ethischen Wert „Lebensförderung" und der Reichweite „alle Lebensformen" leitet sich beispielsweise das ethische Prinzip „Ehrfurcht vor allem Leben" ab, das Albert Schweitzer (1875–1965) proklamiert hat. Aus dem „Schutz der Würde" als Grundwert und der Reichweite „alle Menschen" ergibt sich das ethische Prinzip „die Würde aller Menschen gilt es zu schützen". Das erste Beispiel begründet eine „biozentrische Ethik", die „lebenszentriert" ist, das zweite eine „anthropozentrische Ethik", die „menschenzentriert" ist. Ethik ist also nicht gleich Ethik! Unsere Definition mit ihren zwei Fragestellungen konnte genau diese inhaltliche Offenheit herausarbeiten.

Unterschiedliche Grundsätze

Mögliche Grundsätze für gutes Miteinanderauskommen	
Reichweite	**Grundsätze, Beispiele:**
Face-to-Face-Ethiken:	Liebe deinen Nächsten!
Politische Ethiken:	Sicherheit für alle Staatsbürger!
Anthropozentrische Ethiken:	Schutz der Menschenwürde! / Gerechtigkeit für alle Menschen ohne Ansehen von Herkunft, Rasse, Geschlecht etc.
Biozentrische Ethiken	Ehrfurcht vor dem Leben!
Intergenerative Ethiken	Erhalte die Lebenschancen für künftige Generationen!
... in Unternehmen	
Ökonomistische/instrumentalistische Unternehmensethik	Maximiere den Gewinn!
Situativ-opportunistische/real-idealistische Unternehmensethik	Gutes Auskommen mit allen Stakeholdern!

Tabelle 3.2: Unterschiedliche Ethiktypen als Antwort auf die Frage nach dem „guten Auskommen miteinander"

Kontroverse Auffassungen von Ethikern

Ethiker können also durchaus konträre Positionen vertreten – etwa bei der Beurteilung von Gentechnikprodukten. Der Biozentriker wird vielleicht ein Gegner sein, der Anthropozentriker unter Umständen ein Befürworter, solange nicht das menschliche Genom auf dem Spiel steht. Je nach Position wird dann eine bestimmte Technologie verdammt oder befürwortet. So gesehen ist die personelle Zusammensetzung von Ethik-Kommissionen immer auch ein Politikum, das nach seinen interessegeleiteten Motiven untersucht werden sollte.

Zusammensetzung von Ethik-Kommissionen – ein Politikum

3.6   Unternehmensethik – gutes Auskommen mit allen Stakeholdern

Definition der Unternehmensethik

Da Unternehmen primär über Stakeholder soziale Kontakte pflegen, liegt es nahe, dass die Unternehmensethik im Unterschied zur allgemeinen Ethik vom „guten Auskommen mit allen Stakeholdern" handelt. Auch hier stellt sich die Frage, wie man mit ihnen gut auskommen kann.

Stakeholderbegriff

Dazu müssen wir den Begriff des Stakeholders noch näher beleuchten. Was ist damit überhaupt gemeint? Der Begriff selbst wurde von Edward Freeman (geb. 1951) in den 80er-Jahren des vergangenen Jahrhunderts in die Betriebswirtschaftslehre eingeführt. Ihm zufolge sind „Stakeholder" solche Gruppen, die einen „stake", also einen „Einsatz" für das Unternehmen geleistet, daran einen „Anteil" haben und deshalb einen „Anspruch" ableiten können.[35]

„Claim" der Stakeholder

Das englische Wort *stake* bedeutet aber auch so viel wie „Pfahl". Vielleicht lässt sich dann dieser Begriff aus der amerikanischen Siedlungsgeschichte ableiten. Denn Siedler konnten mit der Platzierung eines Pfahls ihren „Claim" abstecken. Als Stakeholder waren sie dann Anspruchsberechtigte auf das Land, das zur Besiedlung von der Regierung freigegeben wurde.

Freemans Definition der Stakeholder

Für Freeman ist „jede Gruppe oder Einzelperson, die die Erreichung der Unternehmensziele beeinflussen kann oder von dieser beeinflusst wird", ein Stakeholder. Nach dieser Auffassung gehören dazu interne Stakeholder wie Mitarbeiter, Manager, Eigentümer und externe Stakeholder wie Lieferanten, Kunden, Gläubiger, Konkurrenten, Medien, Gewerkschaften, Behörden, kritische Interessengruppen, Kommunen, Politiker usw.[36]

Stakeholder als Investoren

Ein anderer Aspekt liefert die Vorstellung von Stakeholdern als Investoren. Sie investieren bestimmte Leistungen und erwarten dafür einen Return on Investment (ROI), befinden sich also in einem Tauschverhältnis zum Unternehmen. Die Leistungen sind allerdings nicht immer sofort ersichtlich. Was ein Anwohner neben einer neu gebauten Fertigungsstätte auf der grünen Wiese in die Anlage investiert, zeigt sich erst bei genauem Hinsehen. Er investiert sein Wohlwollen in die Firma und erwartet dafür, dass der Betrieb seine Ruhe nicht mit übermäßigen Emissionen stört oder gesunde Luft verschmutzt, stattdessen zum Ausbau für ihn nützlicher Infrastruktur beiträgt. Wird allerdings das in die Firma gesetzte Vertrauen nicht erfüllt, so besteht das Risiko, dass der Anwohner mit anderen eine Bürgerinitiative gegen das Unternehmen organisiert. ▶Tabelle 3.3 listet die möglichen Leistungen und Ansprüche verschiedener Stakeholder auf.

Stakeholder/ Interessengruppe	Performance (Leistung)	Value (Anspruch)
Shareholder	■ Kapitaleinsatz	■ Angemessene Rendite auf das eingesetzte Kapital (Shareholder Value)
Mitarbeiter	■ Arbeitskraft ■ Erfolgreiche Zielerfüllung	■ attraktiver, sicherer Arbeitsplatz ■ Gutes Einkommen ■ Selbstverwirklichung ■ Sicherheit ■ Prestige
Lieferant	■ Vorleistungen ■ Hochwertige Vorprodukte ■ Lieferung von Rohmaterialen und Betriebsmittel	■ Existenzsicherung ■ Gute Bezahlung ■ Sicherer Absatzmarkt
Kunde	■ Customer Equity ■ Hoher Life-Time-Value ■ Zahlung eines guten Preises ■ Weiterempfehlung der Ware ■ Vertrauen in Produzenten ■ Engagement und Weiterempfehlung ■ Markenloyalität	■ Befriedigung der Kundenbedürfnisse ■ Hochwertige Produkte und Dienstleistungen ■ Produktsicherheit ■ Spezielle (VIP-)Betreuung guter Kunden ■ Kundendienstservice ■ Großzügige Garantieleistungen
Staat	■ Bereitstellung der Infrastruktur ■ Subventionen ■ Rechtssicherheit	■ Steuereinnahmen ■ Unterstützung der Regierung
Gesellschaft	■ Sicherstellung des Marktes ■ Akzeptanz des Unternehmens und dessen Wertvorstellungen	■ Wohlstand ■ Hoher Lebensstandard ■ Gutes Miteinanderauskommen ■ Dienst am größeren Ganzen ■ Beitrag zur Realisierung sozialer Werte
Medien	■ Wohlwollende und regelmäßige Berichterstattung ■ Publikumswirksame Nachrichten	■ Versorgung und gute Aufbereitung von Informationen ■ Regelmäßiger Dialog
Behörden	■ Unterstützung in Anwendung von Vorschriften und Gesetzen	■ Einhalten von Gesetzen und Vorschriften ■ Kooperation im Krisenfall
Natur	■ Sorgt für Befriedigung der Grundbedürfnisse ■ Stellt Energie und Rohstoffe zur Verfügung	■ Schonender Umgang mit Ressourcen ■ Biologisch abbaubare Abfälle ■ Erhaltung der Artenvielfalt
Anwohner	■ Wohlwollen gegenüber der Betriebsstätte und deren Emissionen	■ Gute Beziehungspflege ■ Ausbau der vorhandenen Infrastruktur ■ Regelmäßige Informationen ■ Einbezug in wichtige Entscheidungen ■ Saubere Umwelt

Tabelle 3.3: Leistungen und Ansprüche von Stakeholdern
Quelle: Autor

Jedenfalls haben Stakeholder mit ihren Investments mehr oder weniger großen Einfluss auf den Erfolg von Unternehmen. Aber auch umgekehrt können Stakeholder von den unternehmerischen Aktivitäten positiv oder negativ betroffen sein. Deshalb stehen Unternehmen immer in einem Austauschverhältnis mit ihren Stakeholdern und sollten daher auf faire Tauschverhältnisse mit ihnen achten.

Fallbeispiel: Nestlé

Folgen der Vermarktung von Milchpulver als Muttermilchersatz

Ein Konflikt mit Stakeholdern kann zu einem großen Risiko für Unternehmen werden und sogar deren Existenz aufs Spiel setzen. Ein in der Literatur[37] oft diskutiertes Beispiel ist der Konflikt, den Nestlé beinahe jahrzehntelang mit verschiedenen Stakeholdern hatte, als diese ihre Vermarktungsstrategie von Milchpulver als Ersatz für Muttermilch anprangerten. Vor allem in Entwicklungsländern verführte ein Heer von Verkäufern Mütter im Kindbett, anstelle der Muttermilch die Produkte von Nestlé zu verwenden, ungeachtet der Tatsache, dass die Mütter zum Anrühren verschmutztes Wasser nahmen und aufgrund des hohen Preises an der Zugabe des Pulvers sparten. Tausende von Säuglingen – so der Vorwurf verschiedener Nichtregierungsorganisationen – seien daraufhin an der verschmutzten und unterdosierten Ersatzmilch gestorben. Nestlé selbst wies jahrelang jegliche Schuld an der falschen Verwendung des an sich mängelfreien Produktes zurück. Der Konflikt eskalierte, bis sich sogar die Vereinten Nationen einschalteten und Richtlinien zur Vermarktung von Milchpulver herausgaben. Mehr als zwölf Jahre lang gab es einen weltweiten Boykottaufruf gegen die Firma und ihre Produkte, bis schließlich ein neuer CEO bei Nestlé den Dialog mit den involvierten Stakeholdern suchte und es schließlich zu einem Konsens kam, der die Vorwürfe in allen Punkten bereinigte.

Umgangsmethoden mit Stakeholdern

Wie das Fallbeispiel zeigt, hat sich für den gekonnten Umgang mit Stakeholdern vor allem der „runde Tisch" etabliert, bei dem verschiedene Interessengruppen eine Lösung auf Augenhöhe mit Firmenvertretern suchen. Weitere Methoden wie Ad-hoc-Kommunikation, Umfragen, internetbasierte Feedbacks haben sich gemäß einer Umfrage von KPMG als Mittel der Wahl bei den weltweit größten Unternehmen herauskristallisiert.

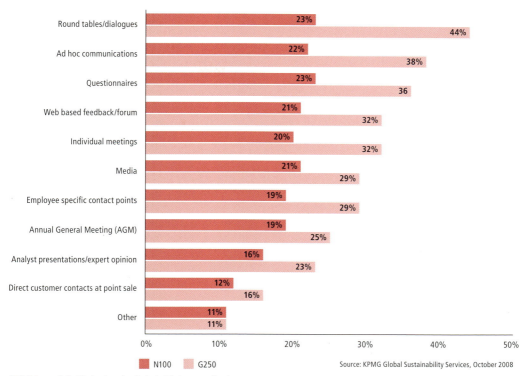

Abbildung 3.6: Methoden der Stakeholderkommunikation
Quelle: KPMG, 2008, S. 32.

Diese Auflistung stellt aber nur die Form der Methoden dar und sagt nichts über den Inhalt aus. Wichtig dabei ist, dass die relevanten Stakeholder überhaupt identifiziert und sodann ihre Interessen, Weltbilder, Sprachen und System-Logiken berücksichtigt werden. Denn häufig verstehen die Unternehmen es überhaupt nicht, in einen wirklichen Dialog mit ihnen zu treten, weil ihnen die Bereitschaft oder das Vermögen fehlt, sich adäquat in deren Lage zu versetzen. Echtes Verständnis entsteht schließlich nicht dadurch, dass man seine eigenen Ziele und (Wert-)Vorstellungen einfach auf andere projiziert.

Umgang mit unterschiedlichen Weltbildern

Ein gemeinsames Verständnis ist aber unabdingbar, um zu einem guten Auskommen zu finden. Wenn ein Unternehmen beispielsweise die (geringen) Risiken eines neuen Produkts kommunizieren will, muss es in der Lage sein, die Stakeholder in deren eigenem Risikoverständnis abzuholen.

Gemeinsames Verständnis

Jahrzehntelang hat man z. B. die Bevölkerung über das Risiko eines Super-GAUs (= größter anzunehmender Unfall, entspricht einer Kernschmelze) in einem Kernkraftwerk so aufgeklärt, dass nach allen möglichen Risikostudien eine solche Katastrophe nur einmal in 100.000 Jahren (also mit einer Wahrscheinlichkeit von 10^{-5}) stattfände. Abgesehen davon, dass sich eine solche Zahl dem Verständnis eines Laien entzieht, sagt sie nichts darüber aus, wann konkret ein solcher Unfall passieren

Unterschiedliche Denkweisen von Laien und Experten

kann. Außerdem basiert sie auf Kalkulationen mit einer Reihe von Grundannahmen, die bei Weitem nicht die wirkliche Situation widerspiegeln. Eine kürzlich veröffentlichte Liste mit sämtlichen Unfällen seit Bestehen von Kernkraftwerken zeigt, dass mehrere davon Super-GAU-Niveau hatten. Die Gesamtkosten belaufen sich jedenfalls auf mehr als 450 Mrd. US-\$.[38] Dies zeigt, dass die Haftpflichtschäden, die aus solchen Katastrophen erwachsen, nicht versicherbar sind. Das belegt auch eine Studie der Versicherungsforen Leipzig[39], zumal sich das wahre Ausmaß der Schäden schon gar nicht in einer Geldsumme widerspiegelt.

Typische Stakeholdergruppierungen

Der Tunnelblick (Nahsphärenlogik) verschiedener Stakeholdergruppen

Wie kann nun ein Kernkraftwerksbetreiber das Verständnis von Stakeholdern gewinnen, ohne sogleich in unüberbrückbare Konflikte verwickelt zu werden? Zunächst einmal sollte er seine eigenen Methoden zum Verstehen mit denen der wichtigsten Stakeholdergruppierungen vergleichen. Eine grobe Einteilung derselben liefert die Risikoforschung. Ihr zufolge treffen häufig Unternehmer oder Manager, das sind die sogenannten NIMBLEs (= *not in my bottom line*), die alles unter dem Gesichtspunkt der ökonomischen Bilanz betrachten, auf die NIMTOs (= *not in my term of office*), das sind die Behördenvertreter und Bürokraten, die alles nach ihren Vorschriften, Regeln und Gesetzen beurteilen, die NIMBYs (= *not in my backyard*), mit ihnen sind die Betroffenheitsaktivisten gemeint, die vor allem dafür Sorge tragen, dass keine umweltverschmutzende Anlage in ihrem eigenen Hinterhof platziert wird, und schließlich die NOPEs (= *not on planet earth*), das sind Gruppierungen, die grundsätzlich um den Bestand der Natur oder Gesellschaft kämpfen.[40]

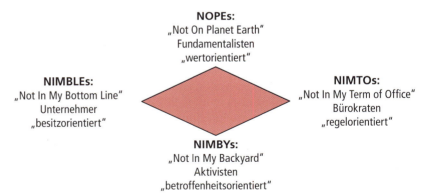

NOPEs:
„Not On Planet Earth"
Fundamentalisten
„wertorientiert"

NIMBLEs:
„Not In My Bottom Line"
Unternehmer
„besitzorientiert"

NIMTOs:
„Not In My Term of Office"
Bürokraten
„regelorientiert"

NIMBYs:
„Not In My Backyard"
Aktivisten
„betroffenheitsorientiert"

Abbildung 3.7: Wichtige Stakeholdergruppierungen
Quelle: in Anlehnung an Obermeier, 1999, S. 141.

Strategische Allianzen

Die Gruppen können je nach Situation strategische Allianzen bilden. So kann es durchaus sein, wie im Fall eines Chemieunfalls von 1993 bei Frankfurt a. M., dass plötzlich politische Behörden wie das deutsche Umweltministerium unter der damaligen Leitung von Joschka Fischer mit Anwohnern und Greenpeace eine Allianz eingehen, um die Firma

Hoechst an den Pranger zu stellen und zu äußerst umfangreichen Reinigungsarbeiten sowie Schadenersatzzahlungen zu zwingen. Die Firma hat sich von dem damit verbundenen Imageschaden kaum mehr erholt. Der damalige CEO musste seinen Hut nehmen, der Nachfolger fusionierte einige Jahre später mit Rhone Poulenc zur neuen Aventis.[41]

Wichtig ist, dass jede dieser Gruppierungen ihre eigene Sprache, Systemlogik, Weltsicht und Organisationsform hat und über unterschiedliche Machtmittel verfügt, um für ihre Art der Risikovorsorge zu kämpfen. Die folgende Tabelle gibt Aufschluss darüber.

Wege zum Verstehen	Unternehmer	Bürokraten	Aktivisten	Fundamentalisten
Sprache	Sach- und managementorientiert	Beamtendeutsch	Aufgeklärte Umgangssprache	Protest-Ingroup-Terminologie (-Slang)
Systemlogik	Kalkulatorisch-technokratisch	Verwaltungstechnisch	Privatistisch	Partiell-fanatisch
Weltsicht	Wagnis- und Grenzüberschreitungskultur	Welt als formales bzw. kasuistisches Regelwerk	Ich-zentrierte Kultur	Bewahrungs- und Einordnungskultur
Organisationsform	Hierarchisch	Hierarchisch	Netzwerk	Kooperativ, selten hierarchisch
Machtmittel	Werbe-, PR-Kampagnen, Rechtsmittel, Lobbyisten	Gesetze, Gebote, Verbote, Strafen	Persönliche Beziehungen, Bürgerinitiativen, Verwaltungsgericht	Moralkampagnen, Boykott, Demonstrationen, Medien, soziale Netzwerke
Risikoparadigma	Kalkulatorisch objektivierend	Regel-, und gesetzesorientiert	Nahsphären-orientiert	Emotiv-moralisierend

Tabelle 3.4: Unterschiede im Verstehen von wichtigen Stakeholdern
Quelle: in Anlehnung an Obermeier, 1999, S. 158.

Aushandeln von Interessen mit Stakeholdern

Um mit Stakeholdern gut auszukommen, muss mit ihnen angemessen kommuniziert werden. Die Kommunikation mit ihnen läuft darauf hinaus, die zur Debatte stehenden Risiken, die mit einer Produktionsanlage, einem Produkt oder sonstigen unternehmerischen Aktivitäten einhergehen, mit den betroffenen Stakeholdern unter Berücksichtigung ihrer unterschiedlichen Sprachen, Logiken und Weltbilder „auszuhandeln". Dabei kommt es darauf an,

- die Leistungen der Stakeholder angemessen zu berücksichtigen,
- die zugefügten Schäden fair zu kompensieren, wobei die Erfahrung zeigt, dass auch Stakeholder häufig unfaire Forderungen stellen,
- ihre berechtigten Ansprüche weitgehend zu befriedigen,

- ihnen aber im Gegenzug zu Kompensationen auch Zugeständnisse abzuringen,
- sowie Überzeugungsarbeit für die Akzeptanz von unvermeidbaren Risiken zu leisten.

Organisations- und Kommunikations-maßnahmen

Damit ein Unternehmen mit den verschiedenen Stakeholdern angemessen kommunizieren kann, sollte es in einem ersten Schritt seine Organisation daraufhin überprüfen, ob es auf seine verschiedenen Zielgruppen eingestellt ist. Konkrete Organisations- und Kommunikationsmaßnahmen sollten für jede Stakeholdergruppierung eingeleitet werden. ▶ Tabelle 3.5 gibt eine Anregung, wie diese aussehen könnten.

Stakeholder	Organisatorische Maßnahmen	Kommunikationsmaßnahmen mit den Stakeholdern
Shareholder	■ Corporate Governance Initiativen ■ Verwaltungsratssitzung ■ Generalversammlung ■ Einsatz von Rating-Agenturen	■ Investor Relations Management ■ Reden auf Generalversammlung ■ Briefe an Investoren ■ Jahresabschlussbericht ■ Aktionärsbriefe
Mitarbeiter	■ Anti-Diskriminierungsprogramme ■ Gesundheitsinitiativen ■ Sicherheit am Arbeitsplatz ■ Faire Entlohnung ■ HR-Programme ■ Materielle und immaterielle Beteiligungen ■ Unternehmenskultur / Codes of Conduct ■ Corporate University ■ Ombudsmann ■ Hotlines ■ Intranet	■ Vision-Building ■ Kommunikation der Unternehmenskultur und Unternehmensstrategie ■ Interne Kommunikation ■ Gutes Einkommen ■ Gutes Betriebsklima ■ Vertrauensbildende Maßnahmen (VBM) ■ Seminare, Workshops ■ Mitarbeiterinfos ■ Betriebsversammlungen
Lieferant	■ Lieferantenprogramme ■ Antikorruptionsprogramme	■ Lieferantenprogramme, Zulassungsverträge ■ Antikorruptionsprogramme ■ VBM
Kunde	■ Produktqualitätssicherung ■ Customer Service und Relations Initiativen ■ Produktsicherheit ■ Reklamationsbearbeitung ■ Qualitätssicherung	■ Kundenbindungsprogramme ■ Werbung ■ Kurze Responsezeit ■ Serviceleistungen ■ Individuelle Beratung ■ Kulanz und gute Garantieleistungen
Staat	■ PR-Stelle ■ Verbandsarbeit ■ Compliance-Abteilung	■ Informationspolitik ■ Lobbyarbeit ■ Dialog mit Politikern

Tabelle 3.5: Organisatorische und Kommunikationsmaßnahmen für den Umgang mit Stakeholdern

Stakeholder	Organisatorische Maßnahmen	Kommunikationsmaßnahmen mit den Stakeholdern
Gesellschaft	■ Corporate Citizenship Initiativen ■ Sponsorship-Programme, Kultursponsoring ■ Soziales Engagement ■ Ethics-Officer	■ Sponsorship-Programme, Kultursponsoring ■ Soziales Engagement ■ Interkulturelles Management ■ Vor strategischen Entscheidungen runde Tische unter Einbezug aller Betroffenen ■ Code of Ethics ■ Mission Statements
Medien	■ Pressestelle ■ Pressesprecher	■ Presseberichte ■ Gut aufbereitete Informationen ■ Glaubwürdige Kommunikation ■ Pressekonferenzen ■ Jahresberichte auf Grundlage der Global Reporting Initiative (GRI) erstellen
Behörden	■ Compliance Management ■ Umweltschutzbeauftragte	■ Zulassung von Kontrollgängen ■ Regelmäßige Zusammenarbeit
Natur	■ Umweltschutzprogramme ■ Ökobilanzen ■ Öko-Audit ■ CO_2-Zertifikatenhandel ■ Rating-Agenturen	■ Dialog mit Naturschutzverbänden / Greenpeace ■ Kommunikation von Rating-Ergebnissen ■ UNEP-Erklärungen ■ Umweltprojekte veröffentlichen

Tabelle 3.5: Organisatorische und Kommunikationsmaßnahmen für den Umgang mit Stakeholdern *(Forts.)*

Mit Bereitstellung der organisatorischen und kommunikativen Mittel sind noch nicht die konkreten Schritte eines Aushandlungsprozesses vollzogen. Diese sind alles andere als einfach. Die von Ethikern geforderte „ideale Diskursgemeinschaft", wie sie Karl-Otto Apel[42] beschrieben hat, ist normalerweise bei Anwesenheit verschiedener Stakeholder nicht gegeben.[43] Die dort geforderte Basis der Vernunft, auf die sich alle Teilnehmer einigen können, ist – eben wegen der unterschiedlichen Wertvorstellungen, Weltbilder, Logiken und Machtmittel – oft nicht vorhanden. Deshalb müssen dann andere Methoden des Aushandelns zur Anwendung kommen.

Methoden des Aushandelns

Im Rahmen der Unternehmensethik ist als Ziel das „moralische Ausbalancieren aller Stakeholder-Ansprüche" anzustreben. Laut Elisabeth Göbel sind dabei drei Schritte zu gehen:

Ausbalancieren der Stakeholder-Ansprüche

1. Erstens müssen die Stakeholder überhaupt erst einmal wahrgenommen werden. Als Repräsentanten von Unternehmen ist dies Aufgabe der Manager. Diese neigen dazu, vor allem solche Stakeholder ernst zu nehmen, die direkt dem Unternehmen etwas „bringen". Vor allem diejenigen, die soziale oder ökologische Anliegen („social issues") wie z. B. Amnesty International oder Greenpeace vertreten, werden gerne ausgeblendet.

2. Zweitens müssen ihre Anliegen analysiert oder gar prognostiziert werden. Denn häufig werden sie erst vorgebracht, wenn die Schäden für die Stakeholder eingetreten sind. Die Risiken für die Stakeholder sollten aber zuvor erkannt und bewältigt werden.

3. Dazu müssen aber drittens die Ansprüche bewertet werden. Nicht alle Ansprüche sind legitim und damit gerechtfertigt oder gar legal. Hier beginnt bereits der Selektions- und Aushandlungsprozess, bei dem die Ansprüche priorisiert, unter Umständen sogar zurückgewiesen werden – unter Berücksichtigung ethischer wie auch strategischer Kriterien.[44]

Exkurs: Grenzen der Diskursethik

Voraussetzungen für vernünftige Diskursgemeinschaft

Karl-Otto Apel und Jürgen Habermas zufolge sollten ethische Entscheidungen nicht länger ein Produkt des einsamen Denkers sein, sondern das Ergebnis eines gemeinschaftlichen Diskurses.[45] Voraussetzung für eine vernünftige Diskursgemeinschaft ist die *Teilnahmemöglichkeit* aller „sprach- und handlungsfähiger Subjekte", die *Chancengleichheit* aller Äußerungen, *Herrschaftsfreiheit* des Diskurses, *Widerspruchsfreiheit*, *Konsistenz und Wahrhaftigkeit* der vorgebrachten Argumente, *Begründbarkeit von Widerreden*, *gemeinsames Verständnis* von Ausdrücken, *Zurechnungsfähigkeit* und *Aufrichtigkeit* aller Teilnehmer.[46] Auf dieser Basis soll eine zwanglose Übereinstimmung, also ein „Konsens" aller Teilnehmer angestrebt werden.

Kritik: Zirkelschluss und unberücksichtigte Machtasymmetrie

Ernst Tugendhat kritisiert insbesondere den Zirkelschluss der „idealen Sprechsituation", die der Diskursgemeinschaft zugrunde gelegt ist. Alle Teilnehmer sollen „dieselben Chancen" für eine Beteiligung am Gespräch haben sowie „die gleiche Chance zur Kritik". Diese vernünftige Gleichstellung wird vorausgesetzt, obwohl sie ja Ziel des Diskurses ist. Hier liegt also ein Zirkelschluss vor.[47] Kritisch ist daran auch zu sehen, dass die ideale Sprechsituation in vielen Diskursgemeinschaften empirisch gar nicht gegeben ist, weil ihre Teilnehmer zu weit auseinanderstrebende Interessen, Logiken, Wertvorstellungen haben und, was gerade in der Wirtschaftswelt kaum überwindbar ist, unterschiedliche Machtpositionen innehaben. Die von Habermas geforderte Gleichstellung ist niemals gegeben, wenn z. B. der Vorgesetzte oder gar Unternehmenseigner im Kreise seiner Angestellten sitzt. Dies beeinflusst zwangsläufig die Freimütigkeit der Untergebenen. Selbst wenn die Vorgesetzten zur unbekümmerten Kritik aufrufen, wird diese anders ausfallen als etwa in einer Kaffeerunde von Mitarbeitern der gleichen Hierarchiestufe. Tugendhat verweist hier auf die Situation eines Potentaten, der im Kreise seiner Sklaven diese nach ihren Wünschen befragt. Am Schluss legt er fest, ob und welche Normen er daraus ableitet.[48] Immer wieder hat der Autor dieses Buches selbst miterlebt, wie oberste Manager, einschließlich des CEO, bei bloßer Anwesenheit des Eigentümers, obwohl dieser definitiv keine Vorgaben gemacht, ja sogar zur konstruktiven Kritik aufgerufen hatte, ihre vorher geäußerte Meinung um 180 Grad gedreht haben. Wie soll unter solchen Umständen z. B. Widerspruchsfreiheit, Konsistenz und Wahrhaftigkeit gewährleistet sein?

Deshalb dürfte die ideale Diskursgemeinschaft kaum so vorausgesetzt werden können. Stattdessen sollten deshalb Strategien des Aushandelns in einem *pragmatischen Diskurs* die Machtverhältnisse und zugleich ethische Grundsätze wie z. B. den kategorischen Imperativ, utilitaristische Folgenbetrachtungen etc. mitberücksichtigen. In der Klimakonferenz von Paris, COP21, hat man wohl anscheinend einiges davon berücksichtigt. Wir werden später darauf noch ausführlicher eingehen (siehe ▶ *Abschnitt 9.1*).

Pragmatischer Diskurs

Im Kontext dieser Schrift soll die Komplexität des Aushandlungsprozesses zunächst dadurch reduziert werden, dass wir uns auf den Konflikt zwischen ethischen und ökonomischen Interessen beschränken. Denn darum geht es letztendlich in der Unternehmensethik.

Spielarten der Unternehmensethik

Wer in Unternehmen ethisch handelt, also E verfolgt, intendiert ein „gutes Auskommen" mit allen Stakeholdern. Wer ökonomisch i. S. des neoliberalen Homo oeconomicus handelt, also Ö verfolgt, intendiert einen möglichst hohen Gewinn für die Shareholder. Die Verhältnisse von Ö zu E können dann folgendermaßen aussehen:[49]

Konflikt zwischen ethischen und ökonomischen Werten

- **Nur Ö:** Beim ökonomistischen Ansatz werden nur ökonomische Ziele verfolgt, ethische möglichst ausgeblendet. Die völlige Verdrängung ethischer Werte unterliegt der Illusion, dass E und Ö sich nicht vertragen, ja dass Erstere sich auf das Ergebnis Letzterer negativ, also störend auswirkt. Dabei wird verdrängt, dass gerade das ethische Auskommen mit den Mitarbeitern, Kunden und Lieferanten eine Grundvoraussetzung für erfolgreiches Wirtschaften ist.

- **Ö > E:** Der instrumentalistische Ansatz nutzt die Ethik, um die ökonomischen Ziele besser zu erreichen. Solange sie diesen dient, wird sie berücksichtigt, im anderen Fall wird sie ignoriert.

- **Ö = E:** Viele Unternehmen balancieren die ökonomischen und ethischen Ziele situativ aus. Im Konfliktfall werden die Forderungen beider Seiten ausgehandelt und kompromissbereit gelöst.

- **Ö < E:** Es gibt aber auch Unternehmen, die ethische Ziele über die ökonomischen Ziele stellen. So fordert Johnson & Johnson von seinen Mitarbeitern in „erster Linie" die wichtigen Stakeholderinteressen von Kunden, Lieferanten, Krankenhäusern und Ärzten hochzuhalten und erst in „fünfter Linie" den Shareholder Value zu beachten.

- **Nur E:** Der rigoristische Ansatz vertritt die Idee, dass Unternehmen ausschließlich ethische Interessen zu verfolgen haben. Dies trifft insbesondere bei social enterprises oder kirchlichen Organisationen zu. Aber hier wird verdrängt, dass gleichfalls ökonomische Ziele zu erfüllen sind. Denn auch ein soziales Unternehmen muss mit den Geldern seiner Sponsoren haushälterisch umgehen, sprich: sie möglichst effizient einsetzen, um den größtmöglichen Nutzen zu erzielen. Es wäre geradezu unethisch, wenn die Gesetze der Ökonomie beim Einsatz von Spendengeldern missachtet würden.

Ökonomie und Ethik **Aushandlungsmethode**	Relation E zu Ö	Unternehmensethik **Risiken**
Ökonomie über alles **Unterdrückung**	Nur Ö	Ökonomistisch **Abwehrreaktion**
Ethik als Instrument für die Ökonomie **Überredung**	E < Ö	Instrumentalistisch **Verdrängung nicht-monetärer Werte**
Ethik und Ökonomie gleichwertig **Pragmatischer Diskurs**	E = Ö	Situativ-opportunistisch **Symptombekämpfung**
Dominanz der Ethik über Ökonomie **Respektvoller Dialog**	E > Ö	Real-idealistisch **Überforderung durch Selbstbindung**
Ethik über alles **Durchsetzung eines Ideals**	Nur E	Rigoristisch **Ökonomisches Aus/ Selbstverleugnung/ Verdrängte Schatten (Innerer Schweinehund)**

Tabelle 3.6: Spielarten der Unternehmensethik
Quelle: Schüz, 2001a, S. 106.

Unternehmensethik als Brücke zwischen Ethik und Ökonomie

Bei genauerem Hinsehen sind also der erste und letzte Fall kein Thema der Unternehmensethik. Diese kann man als einen Brückenschlag zwischen dem Funktionalismus reiner (neoliberaler) Ökonomie und dem Rigorismus reiner Ethik auffassen.

Was soll nun die Unternehmensethik als Brücke zwischen Ethik und Ökonomie leisten? Nach dem bisher Gesagten soll sie

- generell für das gute Auskommen eines Unternehmens mit möglichst all seinen Stakeholdern sorgen,
- dabei divergierende Interessen austarieren (Stakeholder-Management),
- zur Kompromissfindung bei Sach- und Wertkonflikten beitragen,
- Steuerungsdefizite von Markt und Recht ausgleichen,
- Unternehmensinteressen mit denen der sozialen und natürlichen Umwelt abstimmen,
- ethisch akzeptable Produktionsverfahren und Produkte ermöglichen,
- die Konflikte lösen, die sich aus der Art und Weise der Erwirtschaftung und Verwendung des Gewinns ergeben.

Übung	Die Struktur der ethischen Verantwortung am Beispiel des Abgasskandals bei VW

Bisher haben wir die Struktur der Verantwortung als eine dreistellige Relation zwischen Subjekt, Konsequenzen und Instanzen kennengelernt. Die ethische Verantwortung prüft dabei, inwieweit die Konsequenzen des Handelns das „gute Auskommen mit allen Stakeholdern" bedrohen oder fördern.

Verantwortung als siebenstellige Relation

Günter Ropohl beschreibt die Struktur der Verantwortung sogar als eine siebenstellige Relation, die sich auf folgenden Fragenkomplex bezieht: *Wer* verantwortet *was*, *wofür*, *weswegen*, *wovor*, *wann* und *wie*. Jedes dieser Elemente kann sich mindestens dreifach ausprägen, sodass sich eine „morphologische Matrix der Verantwortungstypen" ergibt, an der unterschiedliche Verantwortungssituationen ablesbar sind.[50]

Mehrstellige Analyse der Verantwortung

Es trägt Verantwortung:	(1)	(2)	(3)
(A) Wer?	Mikroebene: Individuum	Mesoebene: Unternehmen	Makroebene: Gesellschaft/Natur
(B) Was?	Handlung	Produkt/Produktion/Dienstleistung	Unterlassung
(C) Wofür?	Vorhersehbare Folgen	Unvorhersehbare Folgen	Neben-, Rück- und Fernwirkungen
(D) Weswegen?	Eigeninteresse/funktionale Vorgaben	Ökonomische/soziale/ökologische Werte	Staatliche Gesetze/Naturgesetze
(E) Wovor?	Gewissen	Stakeholder	Gericht/Naturschützer/Lebenserhalt
(F) Wann?	Zukunft: vorher: prospektiv	Gegenwart: jetzt: momentan	Vergangenheit: nachher: retrospektiv
(G) Wie?	Aktiv	Virtuell	Passiv

Tabelle 3.7: Verantwortung als siebenstellige Relation auf drei Ebenen
Quelle: in Anlehnung an Ropohl, 1996, S. 75.

Verantwortung im Abgasskandal bei VW

Man kann gemäß dieser Matrix die Verantwortung von Volkswagen (ein Unternehmen = A2) analysieren, das die Produktion eines Autos mit manipulierten Abgaswerten (B2) für voraussehbare Folgen (C1 = Verschmutzung der Umwelt, Anklage wegen Betrugs) wegen Verletzung staatlicher Gesetze (D3) vor US-amerikanischen Gerichten, aber auch Naturschützern und erkrankten Verbrauchern (E3), und zwar momentan (F2) und passiv (G3) verantworten muss.[51]

Anwendung auf VW-Abgasproblem

Analyse des Abgasproblems mit dem Modell der dreistelligen Verantwortung

Obwohl das siebenstellige Modell von Ropohl die Komplexität von Verantwortungssituationen sehr gut repräsentiert, ist es für die unternehmerische Praxis einfacher auf das dreistellige Verantwortungsmodell zurückzugreifen. Denn es fokussiert auf die wichtigsten Stellen, die Ropohls Stellen übrigens mit beinhalten: Handelndes Subjekt (A), Konsequenzen (B+C) und Instanzen (D+E). Der Zeitmodus (F) ergibt sich aus den Konsequenzen, und zwar, ob sie auf die Vergangenheit, Gegenwart oder Zukunft bezogen werden, und das Wie (G) ergibt sich sowieso aus der Situation, ob das handelnde Subjekt von anderen zur Verantwortung gezogen wird (passiv), selbst die Verantwortung übernimmt (aktiv) oder sie sich gedanklich vor Augen führt (virtuell). In unserem Beispiel wäre es für die Entscheidungsträger besser gewesen, sie hätten die Verantwortungssituation mit den manipulierten Dieselmotoren virtuell geprüft, bevor sie diese realisiert hätten, oder wenigstens aktiv übernommen, als die Manipulationen intern – vielleicht schon vor ihrer Aufdeckung – ruchbar wurden, anstatt abzuwarten, bis sie passiv zur Verantwortung gezogen werden. Ökonomisch gesehen zog das Abwarten bis zum letzten Schritt verheerende Folgen nach sich.

Negieren des VW-Abgasskandals als ethisches Problem

Interessant in diesem Zusammenhang ist nun, *wie* der Vorstandsvorsitzende der Volkswagengruppe, Matthias Müller, bei seinem ersten Besuch in Amerika während der North American International Auto Show am 11. Januar 2016 nachträglich (F3) vor der Öffentlichkeit (E2) passiv in einem Interview (G3) dem Fernsehsender NPR für die Schäden durch die manipulierten Abgaswerte (C3) wegen Verletzung der Abgasgesetze (D3) Rede und Antwort stehen musste. In einem vorbereiteten Statement entschuldigte er sich für die „hohen Abgaswerte" (B2) wegen „technischer Probleme" (D2), die zu dem Skandal führten. Der Interviewer fragte ihn daraufhin, wie er die Wahrnehmung der amerikanischen Öffentlichkeit ändern wolle, es handele sich bei dem Skandal nicht um ein technisches (D1), sondern auch um ein „ethisches Problem, das tief in der Organisation" (D2) verwurzelt sei. Müller antwortete darauf:

> *„Frankly spoken, it was a technical problem. We made a default, we had ... not the right interpretation of the American law. And we had some targets for our technical engineers, and they solved this problem and reached targets with some software solutions which haven't been compatible to the American law. That is the thing. And the other question you mentioned – it was an ethical problem? I cannot understand why you say that."*[52]

Auch in der Nachbesserung seins Interviews am darauffolgenden Tag geht Müller nicht auf den Vorwurf eines ethischen Problems ein. Offensichtlich versteht er gar nicht, was damit gemeint ist, oder schlimmer noch: er will es nicht verstehen. Stattdessen sieht er die Ursache für die technischen Probleme in den von VW missverstandenen US-Gesetzen. Müller erkannte also nicht die Brisanz, die im Unterschied zwischen gesetzlicher Legalität (D3) und ethischer Legitimität (D1) besteht. Sein

Blickwinkel bezog sich nur auf die ökonomisch-technische, nicht aber soziale oder ökologische Dimension der Verantwortung. (Mehr zum VW-Abgasskandal siehe ▶ *Abschnitt 7.2*)

1. Diskutieren Sie mit einem Studienfreund, weshalb Müllers Beantwortung der Frage nach dem „ethischen Problem" des Abgasskandals ihre Wirkung verfehlte, nämlich die amerikanische Öffentlichkeit mit einer Entschuldigung etwas zu beruhigen. Wieso hat Müller mit seiner Antwort das Misstrauen in der Öffentlichkeit gegenüber VW noch vergrößert?

2. Welche ökonomischen, sozialen und ökologischen Konsequenzen (Neben-, Rück- und Fernwirkungen) hat der Abgasskandal ausgelöst? Welche sollte VW vor wem verantworten?

3. Worin besteht Ihrer Meinung nach das „ethische Problem", das der Interviewer angesprochen hat? Berücksichtigen Sie dabei die in diesem Lehrbuch eingeführte Definition von Ethik. Mit wem sollten demzufolge die VW-Gruppe und deren Führungskräfte in Zukunft „gut auskommen"?

4. Welche Stakeholder sind in dem Fall betroffen? Welche Ansprüche können sie gegenüber VW wie geltend machen?

5. Wie hätte Müllers Antwort ausfallen sollen, um der Frage gerecht zu werden?

6. Skizzieren Sie Müllers (a) dreifache und (b) nachhaltige Verantwortung gemäß dem vorgestellten Modell im vorigen Kapitel. Wie würden Sie dementsprechend das Verantwortungsprofil von VW darstellen?

7. Inwiefern ist VW Subjekt, Konsequenz und Instanz der universalen Verantwortung? Skizzieren Sie Macht und Ohnmacht der Firma im kausalen Netz aller involvierten Stakeholder.

8. Wie sollte die VW-Gruppe ihre Verantwortung in Zukunft wahrnehmen, um langfristig ihre Lebensfähigkeit zu erhalten?

3.7 Fazit zur Struktur der ethischen Verantwortung

Ein Unternehmen sollte alle Dimensionen der Verantwortung bei seinen Entscheidungen berücksichtigen. Sie hängen voneinander ab. Um seine Lebensfähigkeit langfristig sicherzustellen, sollte ein Unternehmen nicht nur auf die funktionale Dimension fokussiert sein, sondern auch in gleichem Maße die soziale wie die ökologische Verantwortung einbeziehen. Der ethischen Verantwortung kommt dabei die Rolle zu, die Interessen aller involvierten Stakeholder in Betracht zu ziehen.

Ethische Verantwortung als Problemanalyse und Lösungsansatz

Es stellt sich nun die Frage, wie die Ethik konkret auf den Umgang mit Stakeholdern Einfluss nehmen bzw. zu einem guten Auskommen mit ihnen beitragen kann, kurz: wie ethische Verantwortung konkret wahrgenommen werden kann. Dazu werden im Folgenden die drei einflussreichsten Ethikansätze besprochen und auf ihre mögliche Anwendung in der unternehmerischen Praxis geprüft. Dabei werden folgende drei Fragestellungen verfolgt:

1. Wie kann ich die Konsequenzen meines Handelns ethisch reflektieren, sprich: wie kann ich überhaupt beurteilen, ob aus ihnen mehr Schaden oder Nutzen für alle Betroffenen erwächst?

2. Welche Instanzen beurteilen mein Tun und Lassen anhand welcher Sollensforderungen und Pflichten? Welche davon sind ethisch als unabdingbar zu beachten?

3. Wie kann ich mich als Subjekt der Verantwortung dazu befähigen, in einer bestimmten Situation mit meinen Fähigkeiten überhaupt ethisch zu handeln?

Die erste Frage bezieht sich auf Konsequenzen der Verantwortung, die zweite auf die Instanz und die dritte auf das Subjekt. Jede dieser Fragen kann auf unterschiedliche Traditionen der Ethik bezogen werden:

1. Die gewünschten wie ungewünschten Konsequenzen (Was ich will!) werden über die *utilitaristische Ethik (Güter- bzw. Nützlichkeitsethik)* bewertet;

2. Die Instanzen (Was ich soll!) werden über die *deontologische Ethik (Pflichtenethik)* definiert;

3. Das Subjekt des Handelns (Was ich kann!), ein Individuum oder Unternehmen, wird über die aretologische Ethik (*Tugendethik*) gestärkt.

Alle drei Ethikformen ergänzen sich komplementär, sprich: jede hat ihre Stärken und Schwächen, die letztlich über die anderen Ansätze kompensiert werden.[53]

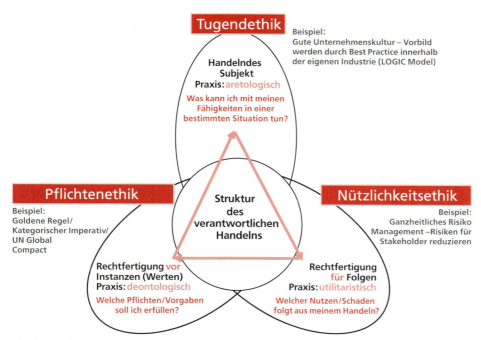

Abbildung 3.8: Die Verknüpfung von Ethik mit Verantwortung

Zusammenfassung

Im dritten Kapitel haben wir die Begriffe „Ethik" und „Moral" auf-geschlossen und eine auch für Manager leicht handhabbare Defini-tion von Ethik als Lehre vom „guten Auskommen miteinander" entwickelt. Vertiefend haben wir im Anschluss die „Unternehmens-ethik" als Brückenschlag zwischen dem Funktionalismus reiner Ökonomik (i. S. der Chrematistik bei Aristoteles) und Rigorismus reiner Ethik identifiziert. Sie handelt somit vom „guten Auskom-men mit allen Stakeholdern". Die Analyse des Stakeholderbegriffs hat ergeben, dass diese unterschiedliche Interessen und Ansprü-che verfolgen, deren Berechtigung von ihrem Investment in das betreffende Unternehmen abhängt. Aufgrund ihrer unterschiedli-chen Weltsicht, Interessen, Wertvorstellungen, Sprachen und Logi-ken fällt es schwer, mit ihnen eine ideale Diskursgemeinschaft zu pflegen. Um dennoch einen Konsens mit ihnen über die eigenen Strategien, Produkte oder Dienstleistungen zu erzielen, ist es bes-ser, einen Aushandlungsprozess nach allen Regeln der Kunst anzustreben. Wenn es um ethische Probleme geht, reduziert sich dieser Prozess auf ein Aushandeln zwischen ethischen und ökono-mischen Werten. Drei traditionelle Ansätze der Ethik geben Methoden an die Hand, Ethik in eine verantwortliche Firmenpoli-tik umzusetzen.

Weiterführende Inhalte finden Sie auf der Website *www.pearson.de.*

Komplementäre Zusammenschau Teil I

Der erste Teil untersuchte Gründe für den vermehrten Bedarf an nachhaltiger und ethischer Verantwortung in Unternehmen. Insbesondere die Blickverengung einer neoliberalen Ökonomik hat zu großen sozialen und ökologischen Verwerfungen geführt. Mit dem Ansatz einer Ökonomie des fairen Tauschs haben wir einen Maßstab gefunden, mit dem Unternehmen ihre Wertschöpfungsketten so gestalten können, dass sie tatsächlich Werte für alle Beteiligten und Betroffenen schaffen, anstatt, wie derzeit, auf Kosten von Natur und Gesellschaft. Der Bedarf an verantwortungsvollem Handeln in Unternehmen wächst. Deshalb wurde auch die Notwendigkeit erkannt, Ökonomik im Verbund mit Politik und Ethik zu sehen. Dafür wurden drei wesentliche Gründe geltend gemacht, weshalb nachhaltige Verantwortung von Unternehmen wie von der Gesellschaft und der Natur zunehmend nachgefragt wird: Schrumpfende Ressourcen, wachsende Stakeholderansprüche und zunehmende Transparenz, denen Unternehmen ausgesetzt sind. Es stellt sich jedoch die Frage, wie Verantwortung überhaupt wahrgenommen werden kann. Dazu wurde zunächst der Verantwortungsbegriff analysiert. Er ist ein Konzept des Handelns, bei dem der Handelnde die Konsequenzen seines Handelns vor den Instanzen der Stakeholder rechtfertigt. Je nach deren Interessenlage werden jene unterschiedlich be- bzw. verurteilt. Dabei werden ökonomische Konsequenzen vornehmlich von den Investoren (Shareholder) in Frage gestellt, während alle anderen Stakeholder vor allem Tauschgerechtigkeit einfordern. Neben den ökonomischen und sozialen Anforderungen gilt es noch die ökologische Verantwortung zu erfüllen. Denn die Konsequenzen des Handelns sollten nicht die Lebensgrundlagen zerstören, sondern sich sinnvoll ins Ganze der Natur einfügen. Darüber hinaus sollte jede der drei Dimensionen möglichst langfristig die Bedürfnisse künftiger Generationen berücksichtigen. Mit diesem Konzept der nachhaltigen Verantwortung (Sustainable Corporate Responsibility, SCR) dürfte das Maximum an räumlicher und zeitlicher Reichweite verantwortungsvollen Handelns in Unternehmen beschrieben sein. Damit trägt jedes handelnde Subjekt prinzipiell auch eine universale Verantwortung, die zwar nicht mehr erfüllbar ist, wohl aber für die machtvollen Auswirkungen jeder unternehmerischen Aktivität sensibilisiert, und damit zur Vor- und Rücksicht mahnt. Die Definition der Ethik als Kunst des guten Miteinanderauskommens mit der Funktion eines kybernetischen Regelwerks zur Steuerung von Begierden und Affekten im Umgang mit Stakeholdern schließt den Kreis zwischen Ökonomik und Ethik.

Endnoten

1 Vgl. Gemoll, 1979, S. 241, 360.
2 Aristoteles, 1985, 1098a.
3 Vgl. Precht, 2012, S. 174 ff.
4 Die griechische Nachsilbe (= Suffix): *-ikä* zeigt im Deutschen (wissenschaftliche) Disziplinen, genauer: Künste (griechisch: technä), an wie z. B. bei Techn*ik*, Botan*ik* und Eth*ik*.
5 Vgl. Tugendhat, 1993, S. 34 ff.
6 Ebd. S. 58 ff.
7 Neben der deskriptiven und normativen Ethik werden von manchen Autoren noch der strategische Gebrauch der Ethik sowie die Meta-Ethik unterschieden. Strategisch soll die Ethik zu einem optimalen Unternehmensergebnis im Umgang mit Stakeholdern beitragen. Die Ethik wird dann als Mittel zu einem anderen als ethischen Zweck verwendet, etwa um ökonomische Ziele besser zu erreichen. Denn eine Strategie ist ja nichts anderes als ein Mittel und Weg, um ein gewünschtes Ziel (= Norm) anzustreben, etwa Gewinne zu machen oder Marktanteile zu gewinnen. Die Ethik wird dann als Mittel zum Zweck degeneriert und nicht länger als Selbstzweck angesehen. Dennoch ist auch der strategische Ansatz normativ, eben weil auch in ihm das Streben nach einer Norm (z. B. Gewinnmaximierung) steckt. Die sogenannte Meta-Ethik hingegen analysiert von einer neutralen Beobachterebene aus die verschiedenen, meist sprachlichen Ausdrucksformen von Ethik, ohne sie selbst zu bewerten.
8 Platon, 1990a, Phaidros, 253c–e.
9 Ariely, 2012, S. 59
10 Thaler, 2018, S. 14.
11 DTS, 2018
12 Ariely, 2010, S. 17 ff, 35 f.
13 Ebd. S. 34. Dieses Selbstbild ist aber wiederum kulturabhängig, wie Ariely feststellt (S. 278 ff). Der „moralische Kompass" (S. 46) wird beeinflusst von den in einer Kultur hochgehaltenen moralischen Pflichten. Diese können durchaus ethisch fragwürdig werden, wie wir das ja aus Unrechtsregimen wie dem Dritten Reich kennen. Wenn dort der Kompass auf herrschende Ideologien ausgerichtet ist, so können Menschen ihr entsprechendes Verhalten als sozial erwünscht und damit auch als gut empfinden.
14 Ariely, 2012, 242 ff.
15 Ebd. S. 277 f.
16 Ricard, 2018, S. 129. Es spricht also einiges für die Annahme, dass echter Altruismus mit selbstlosem Einsatz für andere im Vergleich zum echten Egoismus mit „angeborener" Tendenz zur Selbstbereicherung auf Kosten anderer im Vergleich zur Gesamtbevölkerung eher selten vorkommt. Einen Hinweis darauf, wie hoch der Prozentsatz sein könnte, liefert womöglich die „World Prison Population List" (WPB, 2015). Derzufolge befinden sich weltweit 144 von 100.000 Menschen, also 1,44 %, in einem Gefängnis. Wenn man davon ausgeht, dass längst nicht alle von ihnen von Natur aus mit krimineller Energie ausgestattet sind oder gar Psychopathen sind (nach Schätzungen sind es 25–40%, Vonhoff, 2018), umgekehrt aber gar manche mit entsprechendem Potenzial dafür nicht im Gefängnis sitzen, dürfte die oft kolportierte Zahl von 1% plausibel sein. Nach der Gaußschen Normalverteilung sind dann wahrscheinlich ebenso 1% der Bevölkerung von Natur aus altruistische Personen, die sich von vornherein lieber für andere einsetzen als durch kleine Betrügereien bereichern würden. Die Mehrheit von 98% wäre demzufolge anfällig für Fudging, das allerdings durch Nudging, sei es in Richtung Egoismus, sei es in Richtung Altruismus zum Schlechteren oder Besseren beeinflusst werden kann.
17 Vgl. Crespo, 2013, der das aristotelische Verständnis der Verbundenheit von Ethik, Politik und Ökonomie auf die heutigen Wirtschaftsverhältnisse überträgt.
18 Nach Diogenes Laertius, 1967, S. 58.
19 Hume, 1988, S. 124, vgl. Hochreiter, o.J.
20 Montesquieu, 1994.
21 Zeyer 2009, S. 186.
22 Vgl. z. B. Schmidt/Gaspar, 2009.
23 Pauly/Schiessl, 2015, S. 64 ff; Corall, 2019.
24 Zand 1977, S. 66f; Schüz, 1998, S. 10. Vgl. Costa/Roe, Tailleu, 2001; Bartelt, 2011; Ladner, 2017.
25 Luhmann, 1989.
26 Vgl. Bleicher, 1985; 1995; S. 248. Als aktuelles Beispiel mag hier der VW-Abgasskandal dienen. Der Einsatz der betrügerischen Software in den Dieselmotoren hatte offenbar kurzfristig das Vertrauensverhältnis zur Kundschaft gestört, doch inzwischen ist der Autohersteller wieder auf Erfolgskurs. Das Vertrauen in die Marke scheint nach wie vor vorhanden zu sein. Offenbar hat man der Firma 2021 schon wieder verziehen.
27 Schüz, 1998, S. 18.
28 Vgl. Luhmann, 1989, S. 23 ff.
29 Fukuyama zit. n. Morris, 1997, S. 49; Fukuyama, 1996, S. 352.
30 Vgl. Höffe, 1979, 2015; Vöneky, 2010.

31 Norwegian Nobel Committee, 2014; vgl. DW, 2014.
32 Eine kleine Auswahl von Definitionsversuchen sei hier wiedergegeben: So wird Ethik oft als „Lehre vom richtigen Handeln" (z. B. Peter Koslowski, 1988, S. 6) oder „the art of doing the right thing" (Henderson, 1992) definiert. Allerdings scheint mir die Definition der Ethik als richtiges Handeln zu allgemein, weil „richtiges Handeln" auch technisch richtiges Handeln umfasst, also auch funktionales Handeln beinhaltet, das die richtigen Mittel zur Erlangung eines Zwecks ergreift. Der Gegensatz von „richtig" und „falsch" ist ein Werturteil, das eher im wissenschaftlich-technischen oder mathematischen Kontext eingesetzt wird. In moralischen und ethischen Fragestellungen kommt dafür das Werturteil „gut" und „böse" oder „schlecht" zum Einsatz. Deshalb lässt sich „ethisch richtiges" Handeln besser mit „gutem Handeln" erfassen, das sich vom „bösen Handeln" abgrenzen lässt. Da es der Ethik um ein gutes Handeln geht, das die Beziehungen zum Mitmenschen oder zu anderen Lebewesen betrifft, drückt „gutes Auskommen" anstelle von „gutem Handeln" noch besser die Intention der Ethik aus, die ja auf soziale Beziehungen gerichtet ist. Dem kommt die Definition von Ethik in Gablers Wirtschaftslexikon nahe: „Ethik ist die Lehre bzw. Theorie vom Handeln gemäß der Unterscheidung von gut und böse." (Gabler, 2015)
33 Vgl. Schüz, 1999, S. 156.
34 Levinas, 1999.
35 Vgl. Freeman, 1984; 2004.
36 Freeman, 1984, S. 25, 31, 46 f.
37 Z. B. Dobbing, 1988; Sethi, 1994; Obermeier, 1999, S. 175–192; Schüz, 1999, S. 138–143; Attac, 2005, S. 93 ff; generell zur Problematik der Säuglingsernährung durch Ersatzprodukte für Muttermilch Falkner, 1991.
38 Tagesschau, 2014.
39 Günther et al., 2011.
40 Vgl. Obermeier, 1999, S. 140 f.
41 Vgl. ebd., S. 122 ff, 129 ff, 132 ff.
42 Buddeberg, 2011, S. 98.
43 Vgl. die Ausführungen zum „praktischen Diskurs" bei Karl-Otto Apel, 1990, S. 270 ff. Hier gilt das Postulat zur „Konsensbildung", die neben der gemeinsamen Akzeptanz von Sollensforderungen auch die Interessen der Betroffenen (also Interessengruppen bzw. Stakeholderinteressen) berücksichtigt sowie die Folgen und Nebenfolgen der anstehenden Entscheidung betrachtet. Auf die Problematik der ungleichen Machtverhältnisse geht Apel zumindest in diesem Kontext nicht ein.
44 Göbel, 2020, S. 136 ff; vgl. z. B. Obermeier, 1999, S. 158; Schüz, 2001a; Dia-Edine, 2015.
45 Vgl. z. B. Habermas, 1991, S. 153
46 Jürgen Habermas in Anlehnung an Robert Alexys „Katalog von Argumentationsvoraussetzungen", 1996, S. 96 ff.
47 Tugendhat, 1993, S. 163 ff.
48 Ebd. S. 168.
49 Vgl. die Typologie bei Ulrich/ Thielemann, 1992, S. 93 ff.
50 Ropohl, 1996, S. 75; vgl. Beck, 2016, S. 40 (siehe Abschnitt 2.1).
51 Vgl. Grolle et al., 2015; den VW-Abgasskandal arbeitet umfassend Ewing, 2018, auf.
52 Müller, 2016.
53 Die Einteilung der Ethik in Tugend-, Pflichten- und Güterethik wurde von Friedrich Schleiermacher (1768–1834) vorgenommen (1990; vgl. Bollnow, 1958, S. 19). Ihm zufolge greift eine Begrenzung der Ethik auf die beiden ersten Formen zu kurz. Erst die Wirkung einer Handlung, ob sie einem größeren Gut dient, zeige, ob sie als ethisch anzusehen ist. (vgl. Giel, 1985). Hans Richard Reuter begründet, weshalb wohl Schleiermacher gerade diese drei Ethikansätze als fundamental ansieht, und zwar weil sie drei Aspekte in der Einheit des Handelns repräsentieren: (a) den Willen in der Pflichtenethik, (b) den Zweck in der Güterethik, (c) den Vollzug in der Tugendethik. (2015, S. 55)

TEIL II

Traditionelle Ethik in Unternehmen

Einführung zu Teil II

Wollen, Sollen und Können im ethischen Handeln

Der zweite Teil untersucht nun Methoden, wie mit Hilfe der traditionellen Ethikansätze bestimmt werden kann, was als fair in den angestrebten Tauschverhältnissen angesehen werden kann. Die drei Ansätze ergeben sich aus der Struktur der Verantwortung als dreistellige Relation. Sie liefern Antworten auf die Fragen, welche Konsequenzen ich mit meinem Handeln anstreben will, damit ich wenigstens mehrheitlich mit den Betroffenen gut auskomme, welche Rechte und Pflichten ich dabei beachten soll und welche Charaktereigenschaften ich einbringen kann.

Ethik als eine Kunst

Jeder dieser Ansätze hat seine Stärken, aber auch seine Schwächen, die wir durch gekonntes Abwägen situativ ausgleichen können. Deshalb liefert ein solcher Ansatz in konkreten Fällen keine allgemeingültigen Handlungsweisen, sondern ist in der Anwendung eine Kunst, die auf Handwerkszeug und Techniken angewiesen ist, in der Umsetzung jedoch sehr viel Kreativität verlangt, weil jede Situation einzigartig ist, selbst wenn sie gewissen Mustern ähnelt.

Übersicht

In den *Kapiteln 4 bis 6* werden die drei traditionellen Ethikansätze vorgestellt und auf den unternehmerischen Alltag angewendet. Wir beginnen mit der Nützlichkeits- oder Güterethik, da diese der ökonomischen Reflexion sehr nahesteht, fahren sodann mit der Pflichtenethik fort, um mit der Tugendethik den Abschluss zu bilden. Dieser Rundgang zeigt auf, dass alle drei Ethiken nötig sind, ethisch verantwortliches Handeln zu realisieren. Dabei werden die traditionellen Ansätze mit teilweise hochaktuellen Problemen jeweils auf den Prüfstand gestellt und mit neuen Lösungsansätzen erweitert. In *Kapitel 7* werden Möglichkeiten zur Entscheidungsfindung bei ethischen Dilemmata vorgestellt. Das berühmte Trolley-Dilemma dient dabei als Problemstellung. Einige Anwendungsbeispiele illustrieren den Nutzen der drei traditionellen Ethikansätze. *Kapitel 8* zeigt Möglichkeiten auf, strategische Optionen für die Unternehmensführung gemäß dem Modell der nachhaltigen Verantwortung mit Hilfe der SCR-Checkliste zu bewerten.

Nützlichkeitsethik – wie die Folgen des Handelns beurteilt werden können

4

ÜBERBLICK

Lernziele

Der Leser

■ versteht die Methodik der utilitaristischen Güterethik im Unterschied zu ökonomischen Kosten-Nutzen-Analysen,

■ kann sie auf konkrete Fälle unternehmerischer Entscheidungen anwenden,

■ begreift ihre Möglichkeiten und Grenzen,

■ wendet sie auf das Beispiel der positiven und negativen Folgen von Korruption an.

Entsprechend unserem Verantwortungsbegriff muss das Subjekt für die Folgen seines Handelns vor einer Instanz geradestehen. Wie aber kann es seine Folgen als ethisch gut beurteilen? Dieser Frage widmet sich die Nützlichkeitsethik, auch utilitaristische (von lat. *utilitas* = Nutzen) oder Güterethik genannt. Sie hat sich vor allem in angelsächsischen Ländern durchgesetzt, nicht zuletzt weil sie von englischen bzw. schottischen Philosophen weiterentwickelt wurde. Die Nützlichkeitsethik heißt deswegen auch Güterethik, weil sie mit dem Nützlichen auf das größte Gut für möglichst viele abzielt.

4.1   Begriffsbestimmung

Streben nach dem größten Gut

Erstmals formulierte der irisch-schottische Philosoph Francis Hutcheson (1694–1746) 1723 das größte Gut als „das größtmögliche Glück für die größtmögliche Zahl" („The Greatest Happiness for the Greatest Number"[1]). Diese Ethikform, die sich mit den Konsequenzen des Handelns beschäftigt, gehört zur *konsequentialistischen* oder *teleologischen* (von griech. *telos* = Ende, Ausgang, Ziel) *Ethik*. Das Gut ist der anzustrebende Nutzen, wobei Nutzen – je nach philosophischer Auffassung – mal als Lust, mal als Glück, mal als Summe verschiedener Güter definiert wird. Nach dem utilitaristischen Kalkül ist eine Handlung somit dann gut, wenn sie insgesamt *mehr Nutzen als Schaden für alle Betroffenen* stiftet.[2]

Unterschied zum ökonomischen Denken

Jetzt wird auch die angedeutete Verwandtschaft zum ökonomischen Denken deutlich. Denn im Geschäftsleben wird das angezielte Gut auf Geld reduziert, Kosten gegen Nutzen aufgerechnet. Geld zu verdienen, ist demnach gut, es zu verlieren ist schlecht. Ökonomische Kosten-Nutzen-Analysen sind somit eine Form der utilitaristischen Kalkulation. Im Unterschied zur Ethik intendiert die Ökonomie eine Maximierung des Nutzens, und zwar eine Maximierung des *Eigennutzens*, während die utilitaristische Ethik auf den *Nutzen für alle Betroffenen* abzielt.

Frage nach dem Nutzen und Schaden einer Handlung

Es stellt sich sogleich die Frage, wie man Nutzen im Unterschied zu Schaden definiert. Denn was für die einen nützlich ist, kann für andere schädlich sein. Deshalb diskutiert diese Ethik auch die unterschiedlichen Interessen, die hinter dem anzustrebenden Nutzen stehen. Wenn ein Unternehmen die Folgen seiner Aktivitäten utilitaristisch abwägt, muss es Schaden und Nutzen für alle involvierten Stakeholder beachten. Diese haben unterschiedliche, ja konträre Auffassungen, was als Schaden anzusehen ist und was als Nutzen. So sieht der Anwohner in unmittelbarer Nähe eines Kernkraftwerks eher den möglichen Schaden für seine Gesundheit, der Betreiber eher den ökonomischen Nutzen der Anlage für sein Unternehmen. Erst im Gesamtkalkül der Schaden- und Nutzenauffassungen der einzelnen Stakeholder, und zwar wenn der Gesamtnutzen überwiegt, ist eine Aktivität ethisch gerechtfertigt.

Wurzeln des utilitaristischen Denkens findet man bereits in der vorsokratischen Philosophie. So proklamierte im sechsten Jahrhundert v. Chr. einer der sogenannten „Sieben Weisen", namens Chilon: „Wähle lieber Verlust als schimpflichen Gewinn; denn jener bringt nur einmal Gram, dieser immer." Und Solon empfahl: „Fliehe die Lust, die Unlust gebiert."[3] Langfristiger Gewinn ist also dem kurzfristigen Erfolg vorzuziehen. Kurzes Glück ist eigentlich ein Unglück. Nur Glück, das lange anhält, ist erstrebenswert. Unternehmen, die alles daran setzen, kurzfristige Gewinne zu generieren und dabei die langfristigen Neben-, Rück- und Fernwirkungen außer Acht lassen, haben diese Jahrtausende alte Weisheit bisher ignoriert.

Ursprung utilitaristischen Denkens

Epikur (341–270 v. Chr.) geht noch weiter. Seine „hedonistische" Lehre (von griech. *hedone* = Lust, Freude) empfiehlt, nur nach solchen Freuden zu streben, die lange anhalten. Solche, die körperliche Begierden befriedigen, sind meist nur kurzfristiger Natur. Sie sollten deshalb nicht gereizt, sondern gestillt werden. Einziges Ziel im Leben sei das Streben nach Glück, das sich aber nur einstellt, wenn man mit dem, was man hat, zufrieden ist. Dann erlebt man Seelenruhe (= griech. *ataraxia*), in der man nicht immer wieder nach neuen Gelegenheiten kurzfristiger Lustbefriedigung sucht. Diese ziehen oft nur ein Gefühl des Unwohlseins nach sich, den sogenannten Katzenjammer. Solche unreinen Freuden gilt es daher zu meiden.

Epikurs Lehre von der Seelenruhe als reine Freude

Epikurs Überlegungen darüber, welche Freuden wirklich als rein zu bewerten und welche nur kurzfristiger Art sind und deshalb Schmerzen nach sich ziehen, haben Jeremy Bentham (1748–1832), den ersten systematischen Begründer der utilitaristischen Ethik, beeinflusst. Er definierte eine Reihe von Kriterien dafür, welche Art von Freude gegenüber anderen als höher zu bewerten ist.

Benthams Kriterien der Freude

Bentham übernahm dabei die utilitaristische Formel vom „Vater der schottischen Aufklärung", dem bereits erwähnten Francis Hutcheson, der einen großen Einfluss auf David Hume wie auch auf Adam Smith ausübte. Hutcheson entwickelte wohl als Erster ein utilitaristisches Kalkül anhand der Formel „größtes Glück der größten Zahl", der zufolge solches Handeln „das Beste ist, das das größte Glück der größten Zahl" hervorbringt und umgekehrt das schlechteste Handeln dasjenige ist, das das größte „Elend" der größten Zahl hervorbringt.[4]

Langfristiger versus kurzfristiger Nutzen

Benthams Bewertung einer Handlungsmöglichkeit unterliegt dem Maßstab: „Minimizing Suffering – Maximizing Pleasure" – „Minimiere Leiden – Maximiere Freuden". Sein Bewertungsschema zum Vergleich der verschiedenen Freuden und Leiden sieht folgendermaßen aus: Eine Freude mag schwerer wiegen, die mehr Intensität, Gewissheit, Nähe,

Schaden-Nutzen-Vergleiche

Jeremy Bentham
(1748–1832)

Reichweite, Fruchtbarkeit und Reinheit[5] mit sich bringt als eine andere Freude. Wenn zum Beispiel ein Kneipenbesuch eine intensive, aber nur kurzfristige Freude, langfristig aber sogar aufgrund der folgenden Kopfschmerzen Leiden erzeugt, so wäre ihm eine andere Freude, zum Beispiel intensive Vorbereitung auf eine Prüfung, die kurzfristig mit Leiden verbunden ist, aber langfristig intensive Freuden erzeugt, vorzuziehen.

Aktion: Kneipenbesuch trotz drohendem Abgabetermin für Thesis	**Freuden**	**Leiden**
Intensität	Kurzfristig, da Ausbruch aus anstrengender Situation	Langfristig, großes Bedauern über versäumte Zeit für Abschluss
Dauer	Kurzfristig	Langfristig
Wahrscheinlichkeit	Hoch	Hoch
Nähe – Ferne	Nah: wirkt auf Freunde beim Kneipenbesuch zurück	Fern: da Bedauern sich auf familiäre und freundschaftliche Umgebung auswirkt
Fruchtbarkeit	Gering, da nur unmittelbare Ablenkung von anstrengender Situation	Groß wegen Folgeschäden: Kopfschmerzen/Bedauern über Versäumnis von Weiterarbeit an Thesis
Reinheit	Unrein, da mit potenziellem Leiden verbunden	Rein, da Bedauern vorprogrammiert
Ergebnis	**Kurzfristig groß, langfristig klein**	**Kurzfristig klein, langfristig groß**

Tabelle 4.1: Freud und Leid eines Kneipenbesuchs

Risikomanagement

Die utilitaristische Betrachtung erinnert an das Risikomanagement. Dieses kalkuliert die Wahrscheinlichkeit von Schäden durch Handlungen, Produktionsweisen oder Produkte nicht nur für Unternehmen, sondern auch für involvierte Stakeholder. Letztere können Nutzen und Schaden allerdings völlig unterschiedlich wahrnehmen. Fühlen sie sich geschädigt, werden sie zu einer ökonomischen Bedrohung. Sie nehmen erduldete Risiken nicht länger hin, opponieren gegen den Verursacher und setzen ihre Machtmittel ein. So können Protestbewegungen wie beispielsweise jene gegen das Verkehrs- und Städtebauprojekt „Stuttgart 21" zu kostspieligen Verzögerungen führen. Allgemein gesagt: Fühlen sich Stakeholder geschädigt, werden sie zu einer ökonomischen Bedrohung.

Risikomanagement durch gekonnte Stakeholderkommunikation

Um solche Risiken zu mindern, ist, wie bereits ausgeführt (siehe ►*Abschitt 3.6*), eine gekonnte Kommunikation mit den Stakeholdern unerlässlich. Denn wir können den Nutzen bzw. Schaden, den die verschiedenen Stakeholder nach unternehmerischen Aktivitäten empfinden, nur schwerlich imaginativ vorwegnehmen bzw. nachvollziehen. Und wenn, so verlangt dies große Empathie für deren unterschiedliche Nutzen-Schaden-Wahrnehmung, die ja aus ihren jeweiligen Wertvorstellungen abgeleitet ist, sowie ebensolche tiefgreifende Kenntnisse ihrer Lebensverhältnisse und der damit verbundenen Anforderungen und Verpflichtungen. Zur Verifikation der gefundenen Annahmen sollte man daher möglichst immer direkt mit den Betroffenen kommunizieren, um in Erfahrung zu bringen, ob sie unsere Annahmen über ihr Schaden- und Nutzenempfinden teilen oder nicht.

John Stuart Mill (1806–1873) entwickelte den Utilitarismus Benthams weiter, indem er Nutzen und Schaden nicht nur auf die Menschheit bezog, sondern auch auf alle anderen Lebewesen:

> *„Die Norm der Moral ... kann ... definiert werden als die Gesamt-heit der Handlungsregeln und Handlungsvorschriften, durch deren Befolgung ein Leben ... [nämlich das größtmögliche Glück] für die gesamte Menschheit im größtmöglichen Umfange erreichbar ist; und nicht nur für sie, sondern, soweit es die Umstände erlauben, für die gesamte fühlende Natur."*[6]

Das utilitaristische Kalkül kann in folgenden Schritten durchgeführt werden:

- Identifiziere die Handlung!
- Identifiziere alle direkt oder indirekt von ihr Betroffenen (Stakeholder)!
- Spezifiziere alle dir bekannten guten und schlechten Folgen für die direkt Betroffenen!
- Wäge die Gesamtmenge guter Folgen mit der Gesamtmenge schlechter Folgen ab unter Berücksichtigung der Anzahl, Dauer, Nähe oder Ferne, Fruchtbarkeit, Reinheit jedes betroffenen Wertes (juristische, ökologische, religiöse, ethische, ästhetische, imagebezogene Werte etc.) und priorisiere diese!
- Erstelle die gleiche Analyse für die indirekt Betroffenen und/oder für die Gesellschaft im Ganzen und/oder für die Natur!
- Fasse alle guten und schlechten Konsequenzen zusammen. Überwiegen die guten, so ist die Handlung als moralisch gut, überwiegen die schlechten, so ist sie nach utilitaristischer Ethik als moralisch schlecht einzustufen!
- Denke über Alternativhandlungen nach, außerhalb des Schemas Tun oder Lassen! Erstelle auch für solche Handlungen die gleiche Analyse!
- Vergleiche die Ergebnisse der verschiedenen Handlungen, bevorzuge diejenige Handlung mit dem besten utilitaristischen Ergebnis!

An folgendem Beispiel soll einmal die typische Schaden-Nutzen-Bilanz eines utilitaristischen Kalküls vor Augen geführt werden. In dem Beispiel geht es um die Frage, ob Mitarbeiter entlassen werden sollen, um eine Firma zu retten. Als vergleichbare Nutzenwährung wurde die Einheit eines „Jolly" eingeführt, das ist eine Einheit für Lust oder Freude. Je mehr Freude eine Aktion nach sich zieht, desto mehr Jollys sind damit verbunden. Da die Anzahl der Jollys pro betroffen Menschen aufaddiert wird, ergibt sich so eine Summe, die mit dem Gesamtergebnis aller Minus-Jollys verrechnet werden muss. In unserem Beispiel erzeugt die Entlassung weitaus mehr Jollys als Minus-Jollys, was für Leid steht. Das

Beispiel für Kalkül gemäß utilitaristischer Ethik

145

Kalkül in der folgenden Tabelle berücksichtigt – ganz im Sinne von Jeremy Benthams Lehre – auch die Wahrscheinlichkeit p, Intensität I, Nähe N, Reinheit R und Fruchtbarkeit F der Freude, die Handlungen bei den einzelnen Stakeholdern auslösen. Die Formel für das Total T an Jollys pro Stakeholder ergibt sich aus dem Produkt der Menge M und Anzahl A der Betroffenen folgendermaßen:

$$T = p \times M \times A \times (D + N + R + F).$$

Stakeholder	positiver (+) oder negativer (–) Einfluss	Wahr-scheinlich-keit p des Einflusses	Menge an Freude bzw. Schmerz M (Jollys) pro Person	Anzahl der potenziell betroffenen Personen A	Intensi-tät und Dauer D (Skala 1–5)	Nähe N (Skala 1–5)	Reinheit R (Skala 1–5)	Frucht-barkeit F (Skala 1–5)	Netto Total T (Jollys in Millio-nen)
Shareholder	Vermeidung der Insolvenz (+)	0,6	5	2.000.000	2	5	3	1	66
	Erhöhung des finanziellen Ertrags (+)	0,4	3	2.000.000	2	3	4	2	26,4
	Bedenken hin-sichtlich langfris-tigen Überlebens des Unterneh-mens (–)	0,7	–2	2.000.000	3	1	2	3	–25,2
Manager	Psychologische Belastung durch Entlassungen (–)	0,7	–20	150	3	5	2	2	–0,0252
	Psychologische Aufwertung: Selbstbewusst-sein, schwierige Entscheidungen zu treffen (+)	0,3	20	150	2	5	4	4	0,0135
Verblei-bende Mitar-beiter	Keine Angst und Sorgen mehr (+)	0,5	30	60.000	2	5	1	4	10,8
	Lohnfortzah-lung (+)	1	50	60.000	2	5	1	3	33
	Aus Dankbar-keit mehr arbei-ten (+)	0,6	5	60.000	3	5	1	3	2,16
	Schuldgefühl, weil man den Job behalten hat (–)	0,7	–20	60.000	2	4	3	2	–9,24
	Angst vor einem zukünftigen Job-verlust (–)	0,3	–10	60.000	4	1	3	4	–2,16
Freigesetzte Mitarbeiter	Psychologisches Trauma (–)	0,9	–50	20.000	5	5	4	4	–16,2

Tabelle 4.2: Umfassendes utilitaristisches Kalkül zur Entlassung von Mitarbeitern, um eine Firma vor dem Konkurs zu bewahren
Quelle: nach Fisher/Lovell, 2009, S. 133.

Stakeholder	positiver (+) oder negativer (–) Einfluss	Wahrscheinlichkeit p des Einflusses	Menge an Freude bzw. Schmerz M (Jollys) pro Person	Anzahl der potenziell betroffenen Personen A	Intensität und Dauer D (Skala 1–5)	Nähe N (Skala 1–5)	Reinheit R (Skala 1–5)	Fruchtbarkeit F (Skala 1–5)	Netto Total T (Jollys in Millionen)
	Rasch einen besseren Job oder interessanteren Lebensstil finden (+)	0,15	100	20.000	3	3	5	4	4,5
	Einen schlechteren Job als den bisherigen finden	0,5	5	20.000	4	2	1	4	0,55
	Kein neuer Job und Einkommensverlust (–)	0,35	–100	20.000	5	5	5	5	–14
Familien der freigesetzten Mitarbeiter	Psychologischer und wirtschaftlicher Einfluss auf die Familien derjenigen, die den Job verloren haben	0,8	–40	50.000	3	5	2	4	–22,4
Steuerzahler	Zusätzlich ausbezahlte Sozialleistungen und Einkommensverluste	1	–0,001	29.400.000	2	2	3	1	–0,2352
			Jollys Rechner					Total	53,9631

Tabelle 4.2: Umfassendes utilitaristisches Kalkül zur Entlassung von Mitarbeitern, um eine Firma vor dem Konkurs zu bewahren *(Forts.)*

4.2 Schwierigkeiten bei der utilitaristischen Analyse von Nutzen und Schaden

Zunächst haben wir das Problem, dass Nutzen, Interessen, Freuden und Leiden schwerlich alle miteinander vergleichbar sind. Jeder will ein anderes Glück, so wie jeder auch unterschiedliche Arten von Lust und Freuden sucht. So weist der Philosoph Alasdair MacIntyre (geb. 1929) darauf hin:

Unterschiedliche Glücksvorstellungen

„Die Vorstellung vom menschlichen Glück [ist] keine einheitliche, einfache Vorstellung und [kann] uns kein Kriterium für unsere grundlegenden Entscheidungen liefern ... Es gibt zu viele unterschiedliche Arten lustvoller Betätigung, zu viele unterschiedliche Möglichkeiten, glücklich zu werden. ... Das Glück, das dem Klosterleben eigen ist, ist nicht das gleiche Glück wie das, das dem Leben der Soldaten eigen ist. Denn unterschiedliche Arten der Lust und unterschiedliche Formen des Glücks sind größtenteils nicht vergleichbar: Es gibt keine qualitativen oder quantitativen Maßstäbe, mit denen sie gemessen werden könnten." [7]

Die Vielfalt möglicher Folgen für verschiedene Stakeholdergruppierungen könnte man berücksichtigen, indem man eine Skala über die Schwere der Folgen aufstellt: So könnte der Verlust eines Lebens mit einem höheren Faktor belegt werden als der Verlust der Gesundheit, diese wiederum höher gewichtet werden als der Verlust von körperlicher Unversehrtheit, Eigentum, Freiheit, Reputation, Position, Geld oder Wohlbefinden.

4.3   Grenzen von ökonomischen Kosten-Nutzen-Kalkülen

Im Unterschied zu ethischen Schaden-Nutzen-Kalkülen, bei denen alle involvierten Stakeholder einbezogen werden, sind die typisch ökonomischen Kosten-Nutzen-Kalküle von Unternehmen ausschließlich auf das Eigeninteresse bezogen – mit zum Teil schwerwiegenden Folgen, wie folgendes Fallbeispiel zeigt.

Fallbeispiel: Folgenbetrachtung bei Ford Pinto

Die Firma Ford hatte sich in den 70er-Jahren des vorigen Jahrhunderts zum Ziel gesetzt, ein Auto für unter 2.000 US-\$ auf den Markt zu bringen. Lee Iacocca, der damalige Entwicklungschef, sah seine weitere Laufbahn an die Erfüllung dieser Vorgabe gekoppelt. Die Entwicklungsingenieure konstruierten den Ford Pinto, der alle Vorgaben erfüllte – mit einer Schwachstelle: dem Tank im Heck, der sich bei Auffahrunfällen leicht entzünden konnte und in der Folge auch zu Todesfällen führte. Aufgrund einer Kosten-Nutzen-Kalkulation, die von 180 zu erwartenden Todesfällen ausging, sollte entschieden werden, ob einer sicheren, aber konstruktiv teureren Variante (Tank unter dem Rücksitz) der Vorzug gegeben werden sollte.

Abbildung 4.1: Ford Pinto
Quelle: Photo by Matthew Brown at the So Cal Galaxies All-Ford Show in Anaheim released under the GNU Free Documentation License.

Aufgabenstellung

Stellen Sie einen Nutzen-Schaden-Vergleich im Sinne der utilitaristischen Ethik auf, indem Sie den Nutzen und Schaden für alle direkt oder indirekt Betroffenen tabellarisch aufstellen und jeweils gewichten. Vergleichen Sie das Ergebnis mit der ökonomischen Kosten-Nutzen-Analyse, wie sie bei Ford (vgl. ▶Tabelle 4.3) vorgenommen wurde. Was lernen Sie aus dem Vergleich?

Die Firma Ford produzierte den Kleinwagen von 1971 bis 1980. Lee Iacocca versprach ein Auto für jedermann zum erschwinglichen Preis von unter 2.000 US-$. Durch konsequentes Sparen konnte das Auto zum Preis von 1.998 US-$ angeboten werden, allerdings auf Kosten der Sicherheit. Denn aufgrund der Konstruktion des Tanks im Heck geriet das Fahrzeug schon bei Auffahrunfällen ab 45 km/h leicht in Brand. Dennoch war das Auto in den ersten Jahren ein Verkaufserfolg.

Hintergrund-informationen

Erst 1977 brachte eine Publikation von Mark Dowie im Magazin Mother Jones den Ford Pinto in die Negativschlagzeilen, nachdem eine Reihe von Opfern vor dem Zivilgericht Schadenersatzansprüche geltend gemacht hatten und der Autor Hintergrundinformationen recherchierte.[8]

Berichte über erste Opfer

Nebenbei bemerkt stoppte Ford gleich nach diesen Negativschlagzeilen die Werbekampagne für das Auto mit dem Slogan: „Pinto leaves you with that warm feeling."[9] – ein wunderbares Beispiel, mit welchem möglicherweise unbewussten Zynismus Firmen berechtigten Sorgen entgegentreten können.

1977 trat der Sicherheitsstandard 301 der National Highway Traffic Safety Administration (NHTSA) in Kraft. Dieser sollte das Risiko eines Benzinaustritts aus dem Tank nach einem Auffahrunfall stark reduzieren. Bereits das 77er-Modell des Pinto erfüllte diesen neuen Standard.

Neue Sicherheitsstandards

Doch Crashtests wiesen nach, dass die Modelle von 71–76 nicht den gleichen Sicherheitsgrad aufwiesen wie vergleichbare Modelle des Konkurrenten General Motors. Dies veranlasste Ford zu einer Rückrufaktion von 1,5 Millionen Autos, bei denen die Tankanlagen verbessert wurden. Die Kosten lagen bei 40 Millionen Dollar.

Nach einem schweren Autounfall, bei dem drei Frauen starben, wurde Ford strafrechtlich verfolgt. Die Anklage lautete: fahrlässige Tötung aufgrund der Konstruktion eines tödlichen Autos und seines Verkaufs trotz seiner offensichtlichen Mängel. In diesem Prozess wurde Ford am 13. März 1980 freigesprochen. Es hätten keine Verstöße gegen das Gesetz vorgelegen. Insgesamt hatte Ford drei Millionen Autos dieses Modells gebaut. Für die meisten Kunden war es ein wirtschaftliches Auto, für Hunderte von Menschen brachte es den Tod und Tausende erlitten schwerste Verletzungen. Es blieben trotz des Freispruchs eine Reihe ethisch relevanter Fragen offen.

Anklage wegen fahrlässiger Tötung

Was an dem Fall besonders nachdenklich stimmt, sind die Kosten-Nutzen-Analysen, die Ford dazu bewogen haben, sich bei der Konstruktion für die unsichere Variante des Tankeinbaus zu entscheiden. Sie verglichen nämlich die beiden Konstruktionsweisen (Tankeinbau unten am Heck versus Tankeinbau über der Hinterachse) im Hinblick auf die Kosten und den Nutzen. Die sicherere Variante kostete demzufolge für die gesamte Ford-Produktion ca. 137 Millionen US-$ (11 US-$ Mehrkosten pro Auto) gegenüber dem erwarteten Nutzen von 50 Millionen US-$.[10]

Kosten-Nutzen-Vergleiche

11 US-$ Mehrkosten zur Minderung des Todesrisikos
Nach internen Berechnungen von Ford

Kosten unsichere Variante (= Nutzen bei sicherer Variante):	
Schadenserwartung:	180 Todesfälle, 180 Schwerverletzte, 2.100 verbrannte Autos
Kosten pro Einheit:	200.000 US-$ pro Todesfall, 67.000 US-$ pro Verletzten, 700 US-$ pro Auto
Gesamtkosten:	$180 \times 200.000 + 180 \times 67.000 + 2.100 \times 700 = 49{,}5$ Mio. US-$
Kosten sichere Variante (= Nutzen bei unsicherer Variante):	
Anzahl:	11 Mio. Autos / 1,5 Mio. Kleinlaster
Kosten pro Tank:	11 US-$ pro Auto / Kleinlaster
Gesamtkosten:	= 137 Mio. US-$
Nettonutzen unsichere Variante:	= 86,5 Mio. US-$

Tabelle 4.3: Kosten-Nutzen-Kalkül beim Ford Pinto
Quelle: Autor nach Birsch/Fielder, 1994, S. 28.

Ökonomische
Bewertung eines
Menschenlebens

Was dabei am meisten Aufsehen erregte, war der Kostenansatz von 200.000 US-$ pro Menschenleben – gemessen im Jahr 1971. Diese Zahl stammt nicht von Ford selbst, sondern wurde von dem erwähnten Industrieverband NHTSA errechnet. Die Zahl setzt sich z. B. aus Produktivitätsverlusten (130.000 US-$), Versicherungs- und Beerdigungskosten zusammen. Ärgernis erregten auch die 10.000 US-$ Schmerzensgeld pro Opfer.

Wert eines Menschenlebens

Nach Kostenaufstellung der NHTSA 1972

Kostenaufstellung:

Anteil	Kosten, 1971 [US-$]
Zukünftiger Produktivitätsverlust	
direkte	132.000
indirekte	41.300
Medizinische Kosten	
Krankenhaus	700
Andere	425
Sachschäden	1.500
Versicherungsverwaltung	4.700
Gerichtskosten	3.000
Verluste für Arbeitgeber	1.000

Tabelle 4.4: Grundlage des Kalküls: Was kostet ein Menschenleben?
Quelle: Autor nach Birsch/Fielder, 1994, S. 26.

Wert eines Menschenlebens

Nach Kostenaufstellung der NHTSA 1972

Schmerzensgeld	10.000
Beerdigung	900
Vermögensschäden	5.000
Sonstige Unfallkosten	200
Gesamtkosten	**200.725**

Tabelle 4.4: Grundlage des Kalküls: Was kostet ein Menschenleben? *(Forts.)*
Quelle: Autor nach Birsch/Fielder, 1994, S. 26.

Schätzungen sprechen davon, dass Ford mit dem öffentlich gewordenen Fall mehr als 200 Mio. US-$ Reputationsschäden abzuschreiben hatte.

Die Übung zur Kosten-Nutzen-Kalkulation bei der Produktion des Ford Pinto zeigt, dass bei der finanziellen Verrechnung von Menschenleben als Kosten eine Reihe von qualitativen Aspekten außer Acht gelassen wird. Ein Menschenleben kann nicht einfach mit 200.000 US-$ bewertet werden. Hieran ändert sich auch nichts, wenn die Zahl, sagen wir auf 5 Millionen US-$, erhöht wird. Im Todesfall werden die Angehörigen den Verlust nicht einfach mit Geldzahlungen verschmerzen können. Was die Öffentlichkeit besonders aufbrachte, war die bewusste Inkaufnahme von Todesfällen und deren „eiskalte" und „emotionslose" Berechnung. Sicherlich empörten sich manche auch darüber, dass man sie überhaupt als potenzielle Todesopfer angesehen, also gewissermaßen mit ihrem Leben „gespielt" hatte. Aus diesem Grund wurde ja nach Aufdeckung des Kalküls in der Öffentlichkeit durch einen Zeitungsbericht Ford mit einem Sturm der Entrüstung konfrontiert. Am Ende hatte Ford einen Reputationsschaden zu kompensieren, der weit höher war als die sichere Einbauvariante des Tanks gekostet hätte.

Ergebnisse des emotionslosen Tunnelblicks

Der Fall lehrt auch, dass nicht aller Nutzen oder Schaden in Geld verrechnet werden kann. Das ist ja eben ein Problem von Versicherungsleistungen, die etwa in der Lebensversicherung den Verlust eines Angehörigen oder bei der Sachversicherung den Verlust eines wertvollen Erbstückes nicht einfach mit Geld begleichen können. Solche Leistungen gleichen nur den wirtschaftlichen, nicht aber den emotionalen oder mentalen Schaden aus.[11]

Kosten-Nutzen endet nicht in monetären Werten

**Utilitaristische Ethik –
vom Nutzen und Schaden der Korruption**

Ein Flugzeughersteller hat große Summen in die Entwicklung eines Flugzeuges gesteckt und sich finanziell übernommen. Wenn er nicht bald einen Auftrag erhält, müsste er Teile seiner Produktionsanlagen schließen und 2.000 Mitarbeiter entlassen. Nun könnte er einen Großauftrag von einer staatlichen Airline in einem asiatischen Land bekommen, wenn er den Verkehrsminister, der über 1 Mio. US-$ Spielschulden hat, finanziell entlastet.

Aufgabenstellung   Kalkulieren Sie gemäß utilitaristischer Ethik die Gesamtsumme des Nutzens der Schmiergeldzahlung für alle Stakeholder und vergleichen Sie sie mit den Gesamtschäden. Macht es demgemäß Sinn, den Forderungen des Ministers nachzukommen? Was lernen wir aus der Übung?

Vorgehensweise   Zuerst sollen die betroffenen Parteien identifiziert werden. Dabei gilt das Prinzip, dass Nutzen und Schaden aus der Handlung für *alle* betroffenen Stakeholder verglichen werden. ▶Tabelle 4.5 dient als Richtschnur.

Betroffene Stakeholder	Nützliche Folgen der Schmiergeldzahlung	Schädliche Folgen der Schmiergeldzahlung
Politiker	Kann Spielschulden tilgen	Angst vor Entdeckung
Flugzeughersteller	Neuer Auftrag	Strafzahlungen bei Aufdeckung
Mitarbeiter des Flugzeugherstellers	Arbeitsplätze gesichert	
Kunde (= Airline)		
…		
…		
Alle Marktteilnehmer		
…		
Staat des korrupten Politikers		
…		
Grob-Bilanz: **Die Schmiergeldzahlung verursacht gemäß utilitaristischer Ethik mehr/weniger Schaden als Nutzen.**	**Schmiergeldzahlung nützt insgesamt:** ____ (+) – wobei noch eine Gewichtung der jeweiligen Folgen vorgenommen werden müsste	**Schmiergeldzahlung schadet insgesamt:** ___ (–) – wobei noch eine Gewichtung der jeweiligen Folgen vorgenommen werden müsste

Tabelle 4.5: Formular zur utilitaristischen Kalkulation der Schmiergeldzahlung

Das Ergebnis dieser Übung zeigt, ob die Teilnehmer wirklich in der Lage waren, die Konsequenzen für alle Stakeholder zu überblicken. Betriebswirtschaftsstudenten neigen nämlich dazu, den Fokus auf den Flugzeughersteller zu legen. Sie argumentieren dann, dieser würde ohne die Schmiergeldzahlung einen lebenswichtigen Auftrag verlieren. Es drohe folglich der Verlust von Tausenden von Arbeitsplätzen. Also würde die Schmiergeldzahlung einen vielfachen Nutzen gegenüber den Schäden bewirken, die eine mögliche Aufdeckung der Korruption bedeuten würde. Allein schon wegen dieses Kalküls müsse man aus utilitaristischer Sicht die Schmiergeldzahlung als gerechtfertigt ansehen. Der Fehler einer solchen Argumentation liegt darin, dass ein wichtiger Stakeholder außer Acht gelassen wurde, nämlich die Konkurrenz, die dann den Auftrag nicht erhält und nun ihrerseits möglicherweise ihre Arbeitsplätze verliert. Ein Nutzen-Schaden-Vergleich zwischen Hersteller und Konkurrenten führt mehr oder weniger zu einer Nullsumme. Selbst wenn das Konkurrenzunternehmen besser dasteht und nicht gleich Konkurs anmelden muss, können die Arbeitsplätze nur erhalten werden, wenn andere Aufträge den Verlust kompensieren. So kommt es, dass das Argument des Arbeitsplatzerhalts unter den Tisch fällt. Denn entsprechend der Voraussetzung der utilitaristischen Ethik müssen alle Betroffenen *gleichwertig* behandelt werden. Es darf also der Nutzen für die eigene Firma nicht höher gewichtet werden als der der Konkurrenten.[12]

> **Häufige Fehlkalkulation**

Wenn man zusätzlich noch bedenkt, dass die Schmiergeldzahlung als Schwarzgeld dem offiziellen Wirtschaftskreislauf des Landes entzogen und außer Landes gebracht wird, entsteht ein weiterer Schaden. Außerdem wird die Schmiergeldsumme der Forschung und Entwicklung für die Flugzeuge entzogen, sodass oft auch die Qualität im Vergleich zur Konkurrenz leiden kann.

> **Entgangene Investitionen durch Schwarzgeld**

Die freie Marktwirtschaft lebt schließlich davon, dass jeder Anbieter eines Produkts den Auftrag erhält, der das beste Preis-Leistungs-Verhältnis hat. Diese Rahmenbedingung wird mit der Korruption zerstört. Nicht der Beste, sondern der Korrupteste erhält den Auftrag. Den Schaden, der dadurch dem System der freien Marktwirtschaft entsteht, gilt es ebenfalls miteinzubeziehen.

> **Schaden für freie Marktwirtschaft**

Der folgende Abschnitt analysiert etwas ausführlicher weitere Schäden, die aus der weltweiten Korruption erwachsen.

4.4 Fazit zu den schädlichen Konsequenzen der Korruption

Die Debatte in den letzten zwanzig Jahren über die schädlichen Auswirkungen der Korruption wurde vor allem von der NGO „Transparency International" weltweit vorangetrieben. Gemäß ihrer Definition ist Korruption „der Missbrauch anvertrauter Macht zum privaten Nutzen oder

> **Gesetze zur Bekämpfung von Korruption**

Vorteil".[13] Dies führte vor allem in westlichen Ländern zu einer weltweiten Ächtung der Korruption, was sich auch in vielen internationalen Richtlinien und Gesetzen niederschlug – so zum Beispiel bei der UNO in „UN Convention against Corruption", „UN-Anti-Corruption Tool Kit", „UN Global Compact", beim Europarat in „Criminal Law Convention on Corruption", „Civil Law Convention on Corruption", „Model Code of Conduct for Public Officials", bei der OECD in „Convention on Combating against Bribery of Foreign Public Officials in International Business Transactions", die dem Beispiel des US „Foreign Corrupt Practices Act (FCPA)" folgte „Extractive Industries Transparency Initiative", „The Business Principles for Countering Bribery" sowie „Guidelines for Multinational Enterprises" und „Corporate Governance Principles".[14] Dem noch immer weit verbreiteten Versuch, über selbstständige Vermittler, die Schmiergeldzahlungen zu organisieren und sich damit der juristischen Verantwortung zu entziehen, haben viele nationale Gesetzgeber wie z. B. der USA und von Singapur einen Riegel vorgeschoben. Langjährige Haftstrafen drohen Vermittlern wie auch Auftraggebern.[15]

Lockerer Umgang in der Vergangenheit

In Deutschland wurde zum Beispiel (erst!) 1999 die Möglichkeit, dass Firmen ihre Bestechungsgelder unter „außergewöhnliche Aufwendungen" von der Steuer absetzen konnten, gesetzlich abgeschafft und die Praxis der Korruption unter Strafe gestellt. Viele Großunternehmen haben sich darauf eingestellt und schwarze Kassen angelegt, die ihnen erlaubten, weiterhin Bestechungsgelder zu zahlen, vor allem in Ländern, in denen sie ohne diese Praxis keine Aufträge erhalten würden.

Wandel von Unternehmenskulturen durch Korruptionsverbot

Firmen wie Siemens, ABB, Daimler und viele andere wurden in den letzten beiden Jahrzehnten entlarvt, dass sie in einigen Bereichen die Korruptionspraxis aufrechterhalten haben. Sie wurden an den öffentlichen Pranger gestellt und einige ihrer Topmanager strafrechtlich verurteilt. Um nicht künftig öffentliche Aufträge vor allem in den USA zu verlieren, wurden sie gezwungen, ihre Finanzströme vollkommen transparent zu machen. Ein wichtiger Schritt dahin war die Installation mächtiger Compliance-Abteilungen. Allein Siemens beschäftigt beinahe 600 Mitarbeiter mit Aufgaben der „Legal" und „Ethical" Compliance. Mit eigens entwickelter Software kontrollieren sie sämtliche Finanzströme, stehen aber auch als interne Berater für schwierige Situationen zur Verfügung. Gerhard Cromme, der frühere Aufsichtsratschef von Siemens, bekannte in einem Spiegel-Interview 2008: Seit bei Siemens die Schmiergeldzahlungen 2006 eingestellt wurden, „ging die Zahl der Aufträge nach oben".[16]

Gründe für Korruptionsverbot

Der Zusammenhang von Korruption und Armut

Kann die utilitaristische Folgenbetrachtung die weltweite Ächtung der Korruption mittragen? Gemäß Analysen von Transparency International zeigt sich:

- Je größer die Korruption in einem Land, desto größere Armut herrscht dort.
- Je mehr Rohstoffe ein Land hat, desto stärker grassiert die Korruption in der Politik.

TI-Corruption Perception Index 2020 (Auswahl)

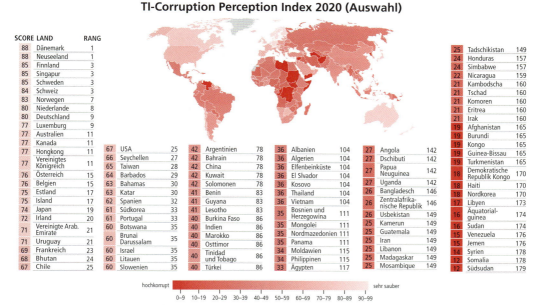

Abbildung 4.2: Tansparency International Korruptionsindex: Die ärmsten Länder sind am korruptesten
Quelle: nach *www.transparency.org*

Was sind die Gründe für solche Korrelationen? Länder mit hoher Korruption entziehen der Bevölkerung deren zustehende Gelder. Denn die Schmiergeldzahlungen, die gemäß einer Einschätzung der Weltbank pro Jahr mehr als 1 Billion US-$ ausmachen, werden nicht in dem Land investiert, sondern von den Empfängern als Schwarzgelder wieder in das reiche Ausland geschafft.[17] Sie werden sozusagen der Volkswirtschaft der armen Länder entzogen. Auch das Vertrauen in die freie Marktwirtschaft sinkt. Denn diese basiert ja auf dem Prinzip, dass der beste Anbieter, also derjenige mit dem besten Preis-Leistungs-Verhältnis, den Zuschlag für einen Auftrag erhält. Durch die Korruption allerdings gewinnt derjenige den Auftrag, der heimlich die meisten Schmiergelder zahlt, was denjenigen mit dem besseren Preis-Leistungs-Verhältnis ungerechtfertigterweise aus dem Markt drängt. Der Schmiergeldzahler hingegen muss nun an anderer Stelle das ausgegebene Geld wieder einsparen, meistens auf Kosten der Qualität seiner angebotenen Produkte.

Fassen wir die verschiedenen Gründe, die gegen die grassierende Korruption sprechen, zusammen:

1. Makroökonomische Gründe:

– Verzerrung des Wettbewerbs

– Fehlinvestition

– Missbrauch von Ressourcen

– Qualitätsminderung der Produkte

Der Zusammenhang von Armut, Rohstoffreichtum und Korruption

– Verminderte Investitionsbereitschaft in Ländern mit hoher Korruption

– Schmiergelder als zusätzliche Steuer?

2. Mikroökonomische Gründe:

– Reputations- und Vertrauensverlust

– Erpressbarkeit steigt

– Gefahr, von öffentlichen Ausschreibungen ausgeschlossen zu werden

3. Soziale und politische Gründe:

– Vertrauensverlust in politische Institutionen

– Verletzung demokratischer Prinzipien

– Bereicherung einer Minderheit auf Kosten der Mehrheit

– Verarmung der korrupten Länder

– Wachsende Flüchtlingsströme in Richtung reicher Länder

All diese Folgen müssten als potenzielle Schäden für verschiedene Stakeholder mit in Betracht gezogen werden. Demgegenüber fällt der Nutzen erheblich ab. Aus Sicht der utilitaristischen Ethik ist Korruption somit keinesfalls hinnehmbar.[18]

4.5   Kritische Würdigung der utilitaristischen Ethik

Quantitativ-rationales Kalkül

Die utilitaristische Ethik bringt eine Reihe von Vorteilen mit sich, die von Wirtschaft und Gesellschaft geschätzt werden. Die Nutzenberechnung basiert auf einem quantitativ-rationalen Kalkül, das für den Menschen nachvollziehbar und verständlich ist. Man sensibilisiert sich dafür, ob die vielfältigen Konsequenzen einer Handlung mehr Schaden oder Nutzen für die Betroffen bedeuten. Die utilitaristische Ethik fördert auch den Dialog mit verschiedenen Stakeholdern, um ihre Risikowahrnehmung besser nachvollziehen zu können. Ohne diese nachvollziehen zu können, fällt es schwer, sich in die Sichtweise der Betroffenen hineinzudenken oder hineinzufühlen.

Regelutilitarismus

Sorgfältige Kalküle, wie wir sie am Beispiel der Schmiergeldzahlungen nachvollzogen haben, führen auch dazu, dass man aus Einzelbetrachtungen eine Regel ableiten kann. Denn die Schäden, die das korrupte Verhalten eines Flugzeugherstellers verursachen, entstehen auch bei anderen korrupten Praktiken. Das Ergebnis „Schmiergeldzahlungen eines Flugzeugherstellers führen nach utilitaristisch ethischer Kalkulation zu mehr Schäden als Nutzen" kann auf alle Schmiergeldzahlungen ausgeweitet und damit zu einer Regel erhoben werden. Deren utilitaristische Kalkulation muss nicht immer wieder erneut durchgeführt werden. Man nennt diese Verallgemeinerung einzelner Handlungen auf Regeln auch *Regelutilitarismus*.

Das erinnert an das angelsächsische Rechtssystem, das auf dem sogenannten „Case Law" basiert. Einzelne Fälle werden be- und gegebenenfalls verurteilt. Wenn sie als schädlich erachtet werden, führen sie zu einer gesetzlichen Regelung, die künftig die damit verbundenen Handlungsweisen unter Strafe stellt. Diese empirische Methode der Gesetzesbildung steht komplementär zum deduktiven Rechtssystem Kontinentaleuropas. Aus dem Grundgesetz werden Gesetzeswerke abgeleitet, die auf verschiedene konkrete Fälle heruntergebrochen werden.

Utilitarismus und Case Law

Mit dem Vergleich der beiden Rechtssysteme ergibt sich auch der unterschiedliche Zugang zur Ethik in beiden Regionen. Während im angelsächsischen Raum die utilitaristische Ethik im Vordergrund steht, hat sich auf dem Kontinent die deontologische Ethik, wie sie im nächsten Kapitel beschrieben wird, etabliert. Wie wir noch sehen werden, sollten beide Zugangsweisen nicht als konträr, sondern als komplementär aufgefasst werden.

Empirische und deduktive Rechtsbildung

Mit der utilitaristischen Ethik ist ein grundsätzliches Problem verbunden: Sie quantifiziert den Nutzen der jeweils Betroffenen und vergleicht die Zahlen. So kann der Nutzen aller über den individuellen Nutzen gestellt werden. Genau hier setzt die Kritik an. Es kann sein, dass der Nutzen des Einzelnen mit dem Nutzen eines anderen verrechnet wird und somit die individuellen Nutzeneinbußen von größeren Nutzengewinnen aufgewogen werden.

Grenzen der utilitaristischen Ethik

Hier setzt auch die Kritik am Utilitarismus durch John Rawls (1921–2002) an, der ja in seiner „Theorie der Gerechtigkeit" diese als „Fairness" jedem gleichermaßen zugesteht. Der Utilitarismus kennt keine *gerechte* Verteilung des Nutzens über die einzelnen Menschen, weil er nur den Gesamtnutzen über das Kollektiv betrachtet. So kann es sein, dass eine Minderheit ungerecht behandelt wird, ihr beispielsweise die Freiheit genommen wird, wenn dies dem Wohl der Mehrheit dient. „Der Utilitarismus nimmt die Verschiedenheit der einzelnen Menschen nicht ernst", während in einer gerechten Gesellschaft die Gleichberechtigung aller Menschen im Hinblick auf die Grundrechte vorausgesetzt wird.[19] Wie die Geschichte zeigt, rechtfertigen gerade Diktatoren, Fanatiker und Ideologen ihre Gewaltexzesse mit der Nützlichkeit für die Allgemeinheit. Der Einzelne wird dem Gemeinwohl geopfert. Wohin das führen kann, haben die französische und russische Revolution, aber auch der Nationalsozialismus gezeigt. Letzterer hat zum Beispiel die jüdische Bevölkerung als schädlich für das Ganze eingestuft und demzufolge deren Vernichtung zur Rettung des Gemeinwohls legitimiert und legalisiert.

Unverträglichkeit mit dem Postulat der Gerechtigkeit

John Rawls (1921–2002)

Die Regel „größtmögliches Gut der größten Zahl" kann zu solchen ideologischen Begründungen führen. Auch in Unternehmen kann dies fatale Folgen haben. So verbietet die utilitaristische Ethik nicht, Menschen gegen ihren Willen zu opfern, wenn dabei eine größere Zahl gerettet würde. Der kalkulierte Nutzen wäre größer als der Schaden, die Handlung somit ethisch gerechtfertigt, ganz nach dem Motto „Der Zweck heiligt die Mittel".

Ideologischer Missbrauch

Diskussion   **Lebensbedrohliche Katastropheneinsätze**

Darf der Kernkraftwerksbetreiber Tepco Tausende von Arbeitern[20] in das havarierte Kernkraftwerk von Fukushima schicken und damit dem Risiko einer schweren, vielleicht sogar tödlichen Strahlenschädigung aussetzen, wenn dadurch vielleicht Hunderttausende Anwohner vor weiterer Strahlung geschützt werden? Unter welchen Umständen würden Sie eine solche Aktion unterstützen? Diskutieren Sie die Frage gemäß der utilitaristischen Fomel, mehr Nutzen als Schaden zu stiften. Beurteilen Sie das ethische Für und Wider einer solchen Aktion.

Reinigungsarbeiter in Fukushima

Derzeit arbeiten täglich noch immer mehr als 7.000 Arbeiter[21] auf dem radioaktiv verseuchten Gelände, um die oberste Bodenfläche von radioaktivem Material zu befreien. Dieses wird in großen Säcken verstaut und verbunkert. Desgleichen das radioaktiv verseuchte Kühlwasser, das ebenfalls in großen Tanks gelagert und nicht entsorgt werden kann. Interviews mit solchen Arbeitern haben gezeigt, dass sie nicht immer freiwillig diese risikoreiche Arbeit durchführen. So wurde ihnen angedroht, bei Verweigerung ihren Job zu verlieren. Da sie aber als Familienväter auf ihre Einkommen angewiesen sind, bleibt ihnen oft nichts anderes übrig, als die Arbeit anzunehmen.[22]

Liquidatoren in Tschernobyl

Zur Erinnerung an die Explosion des Atomreaktors von 1986 in Tschernobyl publizierte die Zeitschrift Fokus 25 Jahre danach ein Protokoll der Katastrophe. Demzufolge wurden etwa 800.000 sogenannte Liquidatoren – Soldaten und andere Helfer – aus der gesamten Sowjetunion[23] für Reinigungsarbeiten, aber auch für den Bau des Sarkophags zwangsverpflichtet – ohne Schutzbekleidung bei höchster Strahlenbelastung! Nach einer Studie der atomkritischen Ärzteorganisation IPPNW von 2011 sollen mehr als 112.000 Liquidatoren an den Folgen ihrer Zwangsarbeit gestorben sein. Ein Verband der Liquidatoren in Kiew rechnet sogar vor, dass etwa die Hälfte der 300.000 ukrainischen Katastrophenhelfer inzwischen verstorben sei. Man geht davon aus, dass allein in der Ukraine eine Million Todesfälle auf das Reaktorunglück zurückzuführen sind.[24]

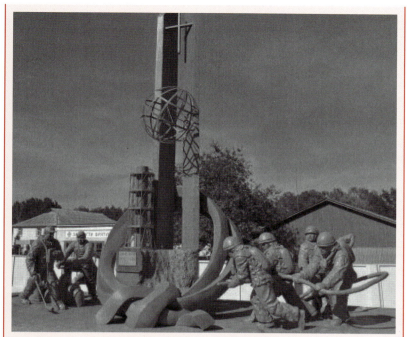

Abbildung 4.3: „Denkmal der Liquidatoren" in Tschernobyl zur Erinnerung an die 800.000 Helfer
Quelle: Renovabis, 2011.

Eine Rechtfertigung solcher Zwangsverpflichtungen durch die utilita-   Grundsatzfrage
ristische Ethik stößt hier an ihre Grenzen. Ist es gerechtfertigt, dass
Menschen unter Missachtung ihres Selbstbestimmungsrechts zu
Arbeiten verpflichtet werden, deren Risiken sie nicht kennen? Oder
dass sie mit finanziellen Mitteln dazu unter Druck gesetzt werden?
Die Folgen des Handelns utilitaristisch abzuwägen ist notwendig,
aber nicht hinreichend. Der angelsächsische Ansatz muss durch eine
weitere ethische Instanz ergänzt werden, die ihr Veto gegen numeri-
sche Aufrechnung von Leben einlegen kann: die Pflichtenethik oder
deontologische Ethik, wie sie im folgenden Kapitel näher behandelt
wird. Sie stellt eine Instanz dar, die die Ergebnisse der Konsequenzen-
betrachtung durch die utilitaristische Ethik kritisch hinterfragt. Ihre
Begründung ethischen Handelns wird nicht von den Folgen abgeleitet, sondern von vernünftigen Grundsätzen, die allgemeine Anerkennung finden.

Zusammenfassung

Ethische Verantwortung beginnt mit der Bewertung der Konsequenzen des Handelns für alle Betroffenen. Dabei zeigt sich, dass diese Nutzen und Schaden unterschiedlich wahrnehmen, weil zum Teil konträre Interessen und Wertvorstellungen auf dem Spiel stehen. Die utilitaristische Ethik hat sich zur Aufgabe gemacht, die Nützlichkeit einer Handlung mit dem Schaden, den sie anrichtet, zu vergleichen. Ist der Gesamtnutzen größer als der Gesamtschaden, so gilt die Handlung als ethisch gerechtfertigt, im anderen Fall ist sie als unethisch zu verwerfen. Was als Nutzen angesehen wird, variiert je nach utilitaristischem Ansatz. Häufig wird der Nutzen mit Glück gleichgesetzt, dann handelt es sich um einen eudaimonistischen Ansatz (von griech. *eudaimonia* = Glück). Für Jeremy Bentham ist Glück messbar in Form von Freude oder Wohlbefinden, die eine Handlung bereitet. Um eine quantitative Vergleichbarkeit zu gewährleisten, werden solche Freuden, die wahrscheinlich, rein, fruchtbar, intensiv und lang anhaltend sind, höher eingeschätzt als solche, die nicht so beschaffen sind. Überwiegen die Freuden aller Betroffenen das Leiden, so gilt die Handlung als ethisch. Neuere Ansätze wie der „ideale Utilitarismus" von George Edward Moore (1873–1958) verallgemeinern die utilitaristische Formel mit „größtmögliches Gut der größten Zahl". Dann werden nicht nur Freuden, sondern auch Güter wie Glück, Reichtum, Liebe und Erkenntnis als nützlich angestrebt.

Die Grenzen der utilitaristischen Ethik zeigen sich in der Summierung der Güter über alle Einzelschicksale hinweg. Dabei kann es passieren, dass der Einzelne dem Gemeinwohl geopfert wird (mehr dazu siehe Trolley-Dilemma siehe ▶ *Abschnitt 7.1*). Um solches zu verhindern, sollte eine ethische Instanz eingeführt werden, die mit vernünftigen Sollensforderungen und Pflichten dem Einhalt gebietet und auch den Einzelnen unter ethischen Schutz stellt.

 Weiterführende Inhalte finden Sie auf der Website *www.pearson.de*.

Endnoten

1   Hutcheson, 2008, S. 125.
2   Vgl. generell die Einleitung von Höffe (1992) zu verschiedenen Kerntexten utilitaristischer Ethiker.
3   Capelle, 1968, S. 65.
4   „That Action is best, which procures the greatest Happiness for the greatest Numbers; and that, worst, which, in like manner, occasions Misery." (Hutcheson, 2008, S. 125)
5   Bentham arbeitet sieben Kriterien heraus: „Intensity", „duration", „certainty or uncertainty", „propinquity or remoteness", „fecundity", „purity", „extent" (Bentham, 1988, S. 30).
6   Mill, 1985, S. 21.
7   MacIntyre, 1995, S. 91.
8   Dowie, 1994.
9   Hoffmann, 1995, S. 553.
10 Birsch, 1994.
11 Vgl. dazu Michael Sandels erhellende Studie zu „Was man für Geld nicht kaufen kann", 2012, bes. S. 132 ff.
12 Vgl. Frederick, 1995, S. 542–547.
13 Transparency International, 2021.
14 Vgl. Leipziger, 2010, S. 327 ff.
15 Bray, 2005, 120 f. Einen Leitfaden zur Begegnung von Korruptionsrisiken bieten Becher/ Hauser/Kronthaler, 2012; zur Korruptionsproblematik mit unterschiedlichen Ausprägungen vgl. Graf Lambsdorff/Taube/Schramm, 2005; Cuervo-Cazurro, 2016; Chayes, 2020.
16 Cromme, 2008, S. 63.
17 Den Zusammenhang zwischen Korruption, Armut und Rohstoffreichtum zeigen Glüsing et al., 2006, auf. Interessant wäre nun eine Untersuchung, inwieweit die reichen, korruptionsarmen Länder davon profitieren, dass die korruptionsreichen Länder ihre Schwarzgelder in den reichen Ländern zwecks Luxusgüterkonsum wieder ausgeben.
18 Markus Huppenbauer (2017, S. 55 ff) diskutiert Grenzfälle, in denen die Zahlung von Schmiergeldern als moralisch nicht verwerflich angesehen werden könnte. So verbietet etwa das US FCPA nicht explizit Schmiergeldzahlungen („facilitating payments", „speed money") zur Beschleunigung bürokratischer Prozesse in bestimmten Ländern wie z. B. in Brasilien oder Mexiko (Bray, 2005, S. 115 f.).
19 Rawls, 2014, S. 44 ff. Wie eine gerechte Gesellschaft entstehen kann, diskutiert John Rawls ausführlich. Die Repräsentanten der Gesellschaft sollten für eine gerechte Zuteilung von Gütern sowie Rechten und Pflichten sorgen, um „die vernünftigen Bedürfnisse" aller befriedigen zu können. Damit die Zuteilung neutral vorgenommen wird und nicht die eigene Position begünstigt, sollen die Vertreter sich hinter einem „Schleier des Nichtwissens" befinden, der ihre jeweiligen Ziele, Herkunft, Position, Intelligenz und Begabungen für sie unkenntlich macht. Sie sollen dadurch in einen „Urzustand" versetzt werden, in dem sie einen neuen Gesellschaftsvertrag aushandeln, der allen Betroffenen die gleichen Grundfreiheiten zugesteht und von ihnen als gerecht akzeptiert wird. (S. 159 ff) Markus Gabriel zeigt auf, wie es wäre, wenn wir uns in eine Gesellschaft ohne gerechte Verteilung der Grundrechte – z. B. ins Dritte Reich – begeben müssten. Ohne Wahlmöglichkeit würde dann nicht einmal ein Neonazi dorthin wollen, denn er könnte sich ja dann dort auch als Verfolgter des Nazi-Regimes wiederfinden. (Gabriel, 2020, S. 76 f.)
20 Stockrahm/Lüdemann, 2016.
21 Bis 2016 waren laut Bericht von Burnie/Suzuki, 2019, 76.951 Arbeiter (S. 9) mit der Kontaminierung beschäftigt, für die man noch Jahzehnte zu benötigen scheint. Viele dieser Arbeiter waren dem Bericht zufolge menschenrechtswidrig kaum über die Risiken der damit verbundenen Strahlung informiert.
22 Vgl. hierzu Schrader, 2015. Vgl. dazu den „Statusbericht" „Fukushima sechs Jahre nach dem Unfall [sic!]" vom Nuklearforum Schweiz, 2017. Demzufolge wurden 165.000 Personen evakuiert, von denen die Hälfte zurückgekehrt sei – anscheinend ohne allzu große gesundheitliche Risiken. Der Report von Greenpeace Japan sieht dies allerdings viel kritischer (Burnie/Suzuki, 2019).
23 Es besteht der Verdacht, dass die kostspielige Rekrutierung der Liquidatoren aus der gesamten UdSSR auch dazu diente, die befürchtete Erhöhung der Krebsraten statistisch zu verwässern.
24 Fokus, 2011.

Pflichtenethik – was man unbedingt beachten sollte

5

ÜBERBLICK

Lernziele

Der Leser

- kennt die wichtigsten Entwicklungen und Ansätze der deontologischen Pflichtenethik,
- kann die Goldene Regel bei unternehmerischen Entscheidungen anwenden und kennt ihre Grenzen,
- versteht die Bedeutung des kategorischen Imperativs und wendet ihn in konkreten Entscheidungssituationen an,
- lernt, die Autonomie als die Grundlage der Würde des Menschen und als Grundlage aller Menschenrechte zu achten,
- kennt die wichtigsten Hindernisse bei der Einhaltung ethischer Vorschriften.

Minderheitenschutz durch Pflichtenethik

Da die utilitaristische Ethik vom Ansatz her nur die Mehrheiten unter ethischen Schutz stellt, bleiben in vielen Situationen Minderheiten auf der Strecke. Warum während der Corona-Pandemie auf Lockdowns verzichten und ältere infizierte Menschen sterben lassen, wenn dies der Wirtschaft und damit der Mehrheit dienlich ist? Auf Grund der Menschenrechte wissen wir, dass jeder Mensch das Recht auf größtmöglichen Schutz hat – egal, in welcher Situation er lebt. Umgekehrt hat dann jeder die Pflicht, sein Leben zu erhalten. Die Pflichtenethik zieht gewissermaßen eine rote Linie ein, ab der der utilitaristische Ansatz zu schweigen hat.

Die Pflichtenethik wird auch deontologische Ethik (von griech. *deon* = Pflicht) genannt. Pflichten legen fest, was getan bzw. unterlassen werden soll. Ersteres definiert positive, Letzteres negative Pflichten.

Rechte und Pflichten

Der Komplementärbegriff von Pflicht ist das Recht. Wenn ich die Pflicht habe, jemanden nicht zu töten, so hat dieser das Recht nicht getötet zu werden. Aus den Pflichten lassen sich also Rechte ableiten wie auch umgekehrt: keine Rechte ohne Pflichten. So gibt es auch „positive Rechte" wie z. B. das Recht auf gerechte Behandlung und „negative Rechte" wie z. B. das Recht auf Unversehrtheit. Rechte können für eigene Interessen in Anspruch genommen werden, müssen aber auch anderen zugesprochen werden. Damit werden sie zur Pflicht für einen selbst.

Pflichten über Sprache vermittelt

Pflichten werden über Sprache festgelegt. Sie teilen dem Menschen mit, was er tun oder lassen soll, damit er mit anderen „gut auskommt". Woher stammen ethische Pflichten, die meist als Imperative oder Sollensforderungen – etwa als Du-sollst- oder Du-darfst-nicht-Sätze formuliert werden? Welche ethisch anerkannten Pflichten haben sich etabliert und wie begründet man sie als allgemeingültig und notwendig? Aus der Geschichte lernen wir, wie unterschiedlich die Formen des Miteinanderauskommens gelebt werden und auch heute noch einflussreich sind. Wie finden sie im unternehmerischen Handeln Anwendung? Die folgenden Abschnitte geben erste Antworten auf diese Fragen.

5.1 Zur Entstehung moralischer Pflichten

Aristoteles hat den Menschen als ein Lebewesen gekennzeichnet, das im Unterschied zum Tier Sprache hat und auf Gemeinschaft angelegt ist. Beides hängt zusammen. Während Tiere sich je nach Art und Evolutionsstufe eher instinktgebunden zu Rudeln oder Schwärmen zusammenschließen, erlaubt die Sprache Kulturleistungen, die über das kollektive Gedächtnis mündlich oder schriftlich von Generation zu Generation weitergegeben werden und so die Identität einer menschlichen Gemeinschaft bilden.[1]

Sprache als Grundlage jeder Kultur

Orientierung in einer unvollkommenen Welt

Wie entsteht dabei ein Bewusstsein für Moral und welche Funktion erfüllt sie? Seit Urzeiten sieht sich der Mensch den Unsicherheiten des Lebens ausgesetzt. Die Welt zeigt sich ihm alles andere als perfekt, mal als freundlich, mal als feindlich – sei es in seinem Verhältnis zur Natur oder zu seinen Mitmenschen. Naturkatastrophen, Krankheit und Tod sowie Kriege, Raub und Mord sind Beispiele für die *Unvollkommenheit der Welt*. Sie ist Auslöser für die Grundstimmung der *Angst* im Menschen.

Unvollkommenheit der Welt

Der Mensch hat primär die Fähigkeit, durch *kulturelle Leistungen* der Angst vor den Bedrohungen durch die Natur und durch Mitmenschen zu begegnen:

Kulturleistungen des Menschen

- Durch die Fähigkeit zur *Produktivität* in Form von Handel, Technik und Wissenschaft schafft der Mensch verlässliche Strukturen, die in seiner Macht stehen und ihm sein Überleben sichern sollen.

- Aufgrund der in ihm angelegten *Sozialität* schließt sich der Mensch in Gemeinschaften zusammen und findet auf diese Weise Schutz vor der feindlichen Umwelt.

- Durch *Spiritualität* bzw. *Religiosität*, verbunden mit der Einsicht in die Abhängigkeit von einem größeren Ganzen, seien es Naturgewalten oder seien es unsichtbare Mächte, wird Bedrohliches durch Magie, Mythos oder Offenbarungen abgebaut. Dadurch wird Vertrauen in die Welt wiedergewonnen, wenn es etwa in der Offenbarung des Neuen Testaments heißt: „In der Welt habt ihr Angst, aber seid getrost, ich habe die Welt überwunden" (Joh. 16, 33).

Produktivität (Technik), Sozialität (Ethik) und Religiosität (Mystik) sind Versuche des Menschen, die Unwägbarkeiten der Natur, des Zusammenlebens und der Zukunft beherrschen zu wollen. Diese Strategien zur Angstbewältigung sind jedoch nur vorübergehend erfolgreich. Denn die Welt lässt sich nur in gewissen Grenzen zum Objekt des Machens degradieren. Außerdem provoziert der Zusammenschluss in Gemeinschaften regelmäßig die Macht des Stärkeren über den Schwächeren. Schließlich lässt der Gültigkeitsanspruch übernatürlicher Offenbarungen elitäre Gruppen andere ausgrenzen oder vereinnahmen.

Strategien der Angstbewältigung

Sprache und
Furchtsamkeit als
Grundlage der Moral

Gerade über die Sprache werden durch Miteinander-Sprechen, Aufein-ander-Hören und Einander-Antworten „Ordnungen friedlichen Zusam-menlebens" errichtet.[2] Allerdings gibt es unterschiedliche Antworten, wie eine gute, friedliche und angstfreie Gemeinschaft erhalten werden kann. Nach Friedrich Nietzsche (1844–1900) entstammen die meisten dem „Trieb der Furchtsamkeit", der nur solche Handlungen für gut heißt, die „auf die gemeinsame Sicherheit und das Sicherheitsgefühl abzielen". Das führt aber zugleich zu einer „Tyrannei der Furchtsamkeit", die alles Bedrohliche und Angstmachende ausgrenzt.[3] Der Zusammenschluss in einzelne Gruppen ist daher immer auch eine Abgrenzung gegen fremde Wertvorstellungen und Interessen.

Die Erkenntnis von Gut und Böse

Menschwerdung

Wie kam es zu dieser bedrohlichen Stellung des Menschen in der Welt? Die Anthropologie sieht darin ein Resultat der Evolutionsbiologie. Der Homo sapiens hat im „Kampf ums Dasein" eine Reflexionsfähigkeit gewonnen, infolge derer seine instinktgebundene Einheit mit der Natur verloren ging.

Der erste Imperativ

Der Schöpfungsmythos im Alten Testament beschreibt Vergleichbares. Der Urmensch lebt im Paradies, also in der Einheit mit der Natur, wie alle anderen Lebewesen – mit dem einzigen Unterschied, dass er eine von Gott gegebene Sollensforderung zu beachten hat: „Vom Baum der Erkenntnis des Guten und Bösen darfst du nicht essen." (Gen 2, 17) Da stellt sich sofort die Frage, wie man ohne Kenntnis von Gut und Böse einen Imperativ befolgen soll. Denn die Einhaltung eines Verbotes setzt ja genau diese Kenntnis voraus. Sonst weiß der Entscheidungsträger ja gar nicht, dass es böse ist, das Gebot zu brechen, und gut, es einzuhalten.

Unerfüllbarkeit des
ersten Imperativs

Jedenfalls verändert sich mit dem Wissen um Gut und Böse das Ver-hältnis des Menschen zu seiner Umwelt. Was immer er tut und wie immer er sich verhält, wird von nun an als gut oder böse bewertet. Wäh-rend zuvor unbewusste Impulse, Instinkte, Triebe und Affekte den Umgang mit seiner sozialen und natürlichen Umwelt bestimmten, wird nun durch bewusste Überlegung eine bestimmte Handlungsweise als gut bevorzugt, eine andere als böse verworfen. Damit kommt es zur Aufspal-tung der Welt. Denn es werden nicht nur Handlungen und Sachen, son-dern auch Mitmenschen als gut oder böse betrachtet. Die einen werden akzeptiert und integriert, die anderen gemieden oder gar ausgegrenzt. Mangels Maßstäben kommt es zu einer willkürlichen Einteilung der Welt in Gut und Böse. In dieser Willkür entsteht Wettbewerb, bei dem der Stärkere den Schwächeren übermächtigt.

Erfahrung der Einheit
und Autonomie

Grundsätzlich entdeckt der gefallene Mensch sein Ich, das nicht mehr in das Ganze eingebunden ist. Und mit dieser Distanzierung wird das Gewissen wach, eben das Wissen um Gut und Böse, die Erfahrung der Schuld. Damit kann man den Mythos vom ersten Imperativ so deuten, dass er den Menschen zum Bewusstsein seiner selbst und zur Stellung-nahme zur Welt zwingt. Ohne den ersten Imperativ wäre der Mensch in der endlosen Einheit verblieben. Er hätte nie die Unsicherheit und Sterb-lichkeit menschlicher Existenz erfahren, aber sich auch nie „im Glanze der Autonomie sonnen" können.[4]

Entwicklungsstufen

In der geschichtlichen Abfolge kann man verschiedene Stufen des kollektiven Moralbewusstseins erkennen, die durchaus vergleichbar sind mit dem von Individuen, wie es das Kohlberg-Schema repräsentiert (siehe ▶*Abschnitt 2.5*). In Weiterführung von Nietzsches Untersuchungen zur Entstehungsgeschichte (Genealogie) der Moral (1887) sieht der Ägyptologe Jan Assmann (geb. 1938) drei große Phasen, wie das Miteinanderauskommen gesichert wird.[5]

Genealogie der Moral

In der ersten Phase herrscht die „Moral der Kleingruppen-Gesellschaften", wie sie in archaischen Stammeskulturen überall verbreitet ist. Hier herrscht eine horizontale „Sippensolidarität" zwischen Verwandtschaftsbeziehungen vor. Wer dazu gehört, ordnet sich ein und genießt den Schutz der Gruppe (Face-to-face-Ethik). Die Regeln des guten Miteinanderauskommens werden in Sprichwörtern und Redensarten artikuliert und weitergegeben. Sie werden aber auch durch die willkürliche Macht des Stammesführers geprägt. So gesehen herrscht in dieser Phase eine naturnahe Ethik vor, bei der der Stärkere im Lebenskampf bestimmt und Angehörige anderer Stämme ausgrenzt, sie allenfalls über Heirat integriert. Der leitende Imperativ: Beachte die Familienbande und ordne dich dem Oberhaupt unter![6]

Phase 1: Face-to-face-Ethik

Die zweite Phase löst die Willkürherrschaft der Stammesmoral mit den altorientalischen Hochkulturen ab. Moral wird über die staatliche Hierarchie, an deren Spitze der König oder Pharao steht, auf das ganze Volk übertragen. In Ägypten herrscht das konventionelle Prinzip der Ma'at, das ist das Prinzip der verbindenden, „konnektiven Gerechtigkeit", die „Solidarität, Mitmenschlichkeit, Verlässlichkeit und Altruismus" umfasst. Der Einzelne dient der Gemeinschaft, indem er sich in „Zurückhaltung, Höflichkeit, Bescheidenheit, Selbsthintansetzung, Demut" übt. Auf diese Weise wird die natürliche Neigung des Einzelnen zu Egoismus, Triebhaftigkeit, Gewalt oder Aggressivität zwar zugunsten der Gemeinschaftsordnung, aber auf Kosten seiner Freiheit gezähmt. Ma'at umfasst somit mehr als nur eine ethische Tugend. Sie ist ein ganzes Moralsystem, wie eine gute Gemeinschaft innerhalb einer staatlichen Ordnung mit hohen Kulturleistungen gelingen kann.[7] Der leitende Imperativ: Beachte die Konventionen und Hierarchie der staatlichen Ordnung und handle solidarisch mit allen ihren Mitgliedern.[8]

Phase 2: Das Prinzip der Ma'at als konnektive Gerechtigkeit

In der dritten Phase entsteht ein Moralverständnis, das von tradierten Herrschaftssystemen mit ihren jeweiligen Wertvorstellungen unabhängig wird. Moral wird allgemein verbindlich begründet und kann damit zugleich im heutigen Sinne als Ethik angesehen werden. Es entstehen religiöse und philosophische Bewegungen, Sekten und Schulen, die jeweils auf wenigen Prinzipien basieren. Es ist die Phase der Menschheitsgeschichte, in der der Mythos zum Logos (= Vernunft) mutiert.[9] Karl Jaspers datiert sie zwischen dem neunten und dritten Jahrhundert vor Christus und bezeichnete sie mit dem Begriff der „Achsenzeit" der Weltgeschichte.[10] Der Mensch wird „sich seines Seins im Ganzen, seiner selbst und seiner Grenzen bewusst"[11]. Seine Lebensform folgt allgemein gültigen religiösen Glaubens- oder philosophischen Wissenskonzeptio-

Phase 3: Universale Ethiken

nen, die unterschiedliche Sollensforderungen und Pflichtenkataloge begründen. Alle streben nach einem universalen Erklärungsprinzip der Welt und des ethischen Handelns.[12]

Die Zehn Gebote

Universalanspruch und Paradoxien der Zehn Gebote

Man kann in den Zehn Geboten[13] durchaus ein Beispiel für die dritte Phase sehen. Der allgemein gültige Gott beansprucht Alleinherrschaft und stellt die Verehrung aller anderen Götter unter Verbot. Die Gebote selbst provozieren Paradoxien des Guten und Bösen, wenn sie einerseits das Gute durchsetzen wollen, zugleich aber böse Folgen zeitigen.

Beispiel: Diebstahlverbot

So nimmt der Imperativ „Du sollst nicht stehlen!" den Menschen die Teilhabe an allen Dingen. Er setzt die Zuschreibung von Eigentum voraus und trennt den Einzelnen von allen anderen Dingen ab, auf die er von nun an keinen Anspruch mehr hat. Er beraubt ihn gewissermaßen seines unschuldigen Anteils am Ganzen.[14] Es gibt eine Reihe von Hinweisen, dass mit der Erfindung des Ackerbaus auch Landbesitz zum Privateigentum erklärt wurde. Die tiefe Bedeutung von „privat" lässt das noch erkennen. Es stammt vom lateinischen *privare* = berauben. Zwar fördert er auf der einen Seite Privateigentum und persönliche Leistungen, die es zu sichern oder gar zu vermehren gilt, auf der anderen Seite aber den Vergleich mit dem anderen, den Reiz und die Sucht, mehr haben zu wollen, und damit in der Folge Ungleichheit und Ungerechtigkeit, Konfrontation und Krieg.

Beispiel: Tötungsverbot

Ähnlich auch das Gebot „Du sollst nicht töten!" Es fordert von uns, Leben am Leben zu lassen – nicht nur menschliches Leben. Aber wie können wir leben, ohne Leben zu vernichten, selbst wenn wir Vegetarier sind? Welche Maschinerie des Todes betreibt das Leben, wenn es unzählige Kleinstlebewesen vernichtet, damit eines überleben kann? Und wie oft töten Menschen in vermeintlicher Selbstverteidigung andere?

Tieferer Sinn von Imperativen im Bewusstwerden eigener Defizienz?

Was ist dann der Sinn solcher Imperative? Vielleicht liegt er weniger darin, dass wir gut werden und uns von dem Bösen abgrenzen, als vielmehr darin, dass wir ein Bewusstsein unserer eigenen moralischen Defizienz entwickeln. Dann erheben wir uns über unsere unbewussten Begierden, Triebe und Wünsche, können sie beobachten, ihre Energien in andere, positivere Bahnen lenken (sublimieren) und ihnen notfalls auch Einhalt gebieten. Zugleich gewinnen wir Verständnis für die definierten Fehltritte der Mitmenschen, werden wir ihnen gegenüber toleranter, ja akzeptieren sie sogar in ihrem Sosein, weil wir um unsere eigenen Anteile am Bösen wissen.[15]

Von der göttlichen zur vernünftigen Instanz

Die gesetzgebende Instanz der Zehn Gebote ist der allumfassende alleinige Gott. Bis in die Neuzeit hinein haben mehrheitlich religiöse Systeme die Ethik des Menschen bestimmt. Erst in der neuzeitlichen Aufklärung wird die Begründung der Moral durch die gesetzgebende Instanz eines transzendenten Gottes infrage gestellt und daher in die menschliche Vernunft verlegt und dadurch säkularisiert.

5.2   Die Goldene Regel

Als die wohl am weitesten verbreitete Sollensforderung, die auch von Firmen[16] oft in ihren Code of Conduct aufgeführt wird, gilt die Goldene Regel des ethischen Handelns. Der Unternehmer Arthur Nash beschrieb ihren Wert für das Geschäftsleben bereits 1927 in seinem Buch „The Golden Rule in Business".[17] Der Leadership-Experte John Maxwell (geb. 1947) ist sogar der Meinung, dass man mit Anwendung der Goldenen Regel keine Unternehmensethik mehr benötige, weil sich mit ihr alle ethischen Probleme lösen ließen.[18] Der Lebensberater Karl Otto Schmidt (1904–1977) sieht darin sogar ein „Gesetz der Fülle", weil durch das „wechselseitige Geben und Nehmen" Mehrwert und damit „Wachstum" für beide Seiten geschaffen wird.[19] Und der Theologe Hans Küng (1928–2021) erklärte die Goldene Regel zum „Weltethos", was dann 1993 im „Parlament der Religionen" in einer entsprechenden Deklaration übernommen wurde.[20] Eines steht fest: Sie wird in allen Religionen und Kulturen schon seit mindestens zweitausend Jahren als notwendige Grundforderung des guten Auskommens miteinander gelehrt. Als bekanntes Sprichwort lautet sie: „Was du nicht willst, das man dir tu, das füg auch keinem anderen zu." Das ist die negative Formulierung. Positiv formuliert lautet sie so: „Behandle die anderen so, wie du selbst gerne behandelt werden willst."

Verbreitung und Wortlaut

Universalität der Gegenseitigkeit

In den verschiedenen Religionen kommt sie in abgewandelter Form folgendermaßen vor:[21]

Interreligiös anerkannt

- Im **Hinduismus**: „Man sollte sich gegenüber anderen nicht in einer Weise benehmen, die für einen selbst unangenehm ist; das ist das Wesen der Moral!"

- Im **Konfuzianismus** (ca. 551–489 v. Chr.): „Was du selbst nicht wünschst, das tue auch nicht anderen Menschen an!"

- Im **Buddhismus**: „Ein Zustand, der nicht angenehm oder erfreulich für mich ist, wie kann ich ihn einem anderen zumuten?"

- Im **Judentum** (Rabbi Hillel, 60–10 n. Chr.): „Tue nicht anderen, was du nicht willst, dass sie dir tun!"

- Im **Christentum** (Jesus von Nazareth, Matth. 7,12): „Alles, was ihr also von anderen erwartet, das tut auch ihnen!"

- Im **Jainismus**: „Gleichgültig gegenüber weltlichen Dingen sollte der Mensch wandeln und alle Geschöpfe in der Welt behandeln, wie er selbst behandelt sein möchte!"

- Im **Islam**: „Keiner von euch ist ein Gläubiger, solange er nicht seinem Bruder wünscht, was er sich selber wünscht!"

Weil die Goldene Regel offenbar in vielen Kulturkreisen und Religionsbüchern vorkommt, gilt sie als Beleg gegen den moralischen Relativismus. Hans Küng sieht in ihr deshalb die Grundlage eines „Weltethos",

Universale Gültigkeit

weil sie einer lebensdienlichen Welt-Wirtschaft und -Politik zugrunde gelegt werden könnte und eine Globalisierung des Ethischen fördert.[22]

Reziprozität als Fundament

Bei genauer Analyse ist das Gemeinsame all dieser Formulierungen das Prinzip des „Miterhalts"[23]: Indem ich den anderen so behandle wie ich selbst gerne behandelt werden möchte, sorge ich für ein gutes Auskommen mit ihm, was auf einen Erhalt meiner Mitmenschen hinausläuft. Dies setzt allerdings voraus, dass er mein Handeln auch für sich als gut anerkennt. Auf diese Problematik der abweichenden Interessen gehen wir gleich noch etwas näher ein. Der Miterhalt soll durch das Prinzip der *Gegenseitigkeit* oder auch *Reziprozität* gewährleistet werden. Denn was motiviert mich eigentlich dazu, die Goldene Regel einzuhalten?

Investition in den Miterhalt

Dahinter steckt der Wunsch, dass der andere, den ich gut behandle, dann auch mich gut behandelt. Ich erwarte also einen fairen Tausch, bei dem mein altruistisches Verhalten erwidert wird. Die Lebenserfahrung zeigt, dass dies häufig auch der Fall ist. So wie ich in den Wald hineinrufe, schallt es zurück, sagt der Volksmund. Deshalb fordert uns die Goldene Regel auf, den Schritt zum Guten als Erster zu gehen und nicht erst zu warten, bis der andere mich gut behandelt. Die Goldene Regel fordert uns auf, gutes Behandeln unserer Mitmenschen als *Investition* in ein „künftiges gutes Auskommen miteinander" anzusehen. Man könnte dann die christliche Variante der Goldenen Regel so abändern: „Alles, was ihr von den anderen erwartet, das tut ihnen *zuvor*." Dafür spricht auch, dass im Matthäus-Evangelium die Goldene Regel das Ergebnis einer längeren Argumentationskette ist. So verkündet Jesus am Ende seiner Bergpredigt (Mat. 7, 1–2): „Richtet nicht, damit ihr nicht gerichtet werdet. Denn wie ihr richtet, so werdet ihr gerichtet werden, und nach dem Maß, mit dem ihr messt und zuteilt, wird euch zugeteilt werden." Verallgemeinert gesagt: So wie ihr die anderen behandelt, werdet ihr selbst behandelt werden. Oder konkret: „Wenn du selbst nicht bestohlen oder belogen werden willst, dann bestiehl oder belüge auch deine Mitmenschen nicht!" Denn in der Tat verliert der so Betrogene sein Vertrauen in seine Mitmenschen und fühlt sich bestärkt, nun seinerseits den anderen zu bestehlen und zu belügen. Auch hier gilt die Regel: Vertrauen zeugt Vertrauen, Misstrauen Misstrauen (vgl. ▶*Abschnitt 3.3.2*).

Konventionelle Ethik nach Kohlberg?

Die Reziprozität der Goldenen Regel erinnert an die konventionelle Stufe bei Lawrence Kohlberg (siehe ▶*Abschnitt 3.5*). Man handelt gut aus höherem Eigeninteresse, indem man hofft, dass der andere einen selbst ähnlich behandelt. Die Goldene Regel ist also keine rein altruistische Regel (von lat. *alter* = der Andere), sondern immer auch egoistisch (von lat. *Ego* = Ich), das heißt auf Eigeninteresse bezogen. So gesehen kann man Handeln nach der Goldenen Regel wie beim fairen Tausch auch als *egoistischen Altruismus* ansehen.

Kritische Würdigung

Kritische Aspekte

Zahlreiche Denker haben die Goldene Regel durchaus auch kritisch unter die Lupe genommen. Samuel von Pufendorf (1632–1694) kritisierte 1672 die Alltagsuntauglichkeit des Gegenseitigkeitsprinzips. Denn wörtlich genommen, müsste ein Richter einen Verbrecher freisprechen, weil er (an dessen Stelle) selbst gerne freigesprochen worden wäre. Außerdem setze die Regel die Gleichheit aller Menschen voraus.[24] George Bernhard Shaw hat 1903 daher die Goldene Regel ironisch neu formuliert: „Behandle andere nicht, wie du möchtest, dass sie dich behandeln. Ihr Geschmack könnte nicht derselbe sein."[25] Die Goldene Regel sagt nichts darüber aus, ob es dem anderen auch gefällt, von uns so behandelt zu werden, wie wir selbst gerne behandelt werden möchten. Es kann ja sein, dass er eine ganz andere Interessenlage hat als ich. Ein Masochist hat sicherlich eine andere Interessenlage als ein Sadist. Sie können sich dann ergänzen, wenn der eine jeweils den anderen so behandelt, wie er gerade *nicht* behandelt werden will.

Gerade weil Menschen mit ihrer Vielfalt an Wünschen, Interessen und Bedürfnissen unterschiedlich behandelt werden wollen, fordert die Goldene Regel, sich empathisch in die Interessenlage des anderen hineinzuversetzen. Dies kann imaginativ in Form eines „Rollentausches"[26] oder auch dialogisch erfolgen, wie wir dies bereits beim Umgang mit den verschiedenen Interessen der Stakeholder als notwendig erkannt haben (siehe ▶ *Abschnitt 3.6*). Auch hier sind wir auf eine Diskursethik verwiesen. Wir sollten den anderen fragen, wie er in bestimmten Situationen gerne behandelt werden möchte, bevor wir ihm das Gewünschte angedeihen lassen. Dann können wir umgekehrt erwarten, dass er uns fragt, wie wir gerne behandelt werden wollen, und hoffentlich entsprechende Taten folgen lässt. So gesehen ist die Goldene Regel nur formal im Sinne der Reziprozität anwendbar, inhaltlich aber nur diskursiv realisierbar.

Forderung nach Empathie und Dialog

Auch der große Philosoph der Aufklärung, Immanuel Kant (1724–1804), hat die Goldene Regel in seiner „Grundlegung zur Metaphysik der Sitten" kritisch hinterfragt. Ihm geht es um eine rationale Begründung der Moral, die universal für alle vernünftigen Menschen verpflichtend ist. Er bezeichnet die Goldene Regel sogar als „trivial". Denn sie könne „kein allgemeines Gesetz" sein, weil sie in der Anwendung des Gegenseitigkeitsprinzips das Handeln aus Neigung befördert. In diesem Zusammenhang beruft sich Kant auf das oben genannte Beispiel von Pufendorf, demzufolge Verbrecher unter Berufung auf die Goldene Regel „gegen seine strafenden Richter argumentieren" könnten, ihn nicht zu verurteilen.[27]

Hypothetische Regel

Gemäß Kant wäre die Goldene Regel ein „hypothetischer Imperativ" (von griech. *hypothesis* = Unterstellung, Annahme). Man handelt gemäß einer Annahme, wie der andere gerne behandelt würde. Oder man handelt aus höherem Eigeninteresse. In diesem Fall behandelt man den anderen gut, weil man selbst gut behandelt werden möchte. Das Handeln basiert auf einer Bedingung: Wenn du X willst, tue Y im Sinne von: „Wenn du auf bestimmte Weise gut behandelt werden willst, so musst du andere auf ihre Weise gut behandeln." Für Kant sind solche hypothetischen Imperative Ausdruck „praktischer Klugheit". Sie sind für den täglichen Gebrauch durchaus nützlich, begründen jedoch kein allgemeingültiges ethisches Handeln.

Bedingte Annahmen

Konformität mit delinquentem Handeln

Die Goldene Regel ist gewissermaßen eine notwendige Bedingung für ethisches Handeln. Sie ist jedoch nicht hinreichend. Denn es gibt Situationen, in denen sie zwar erfüllt ist, dennoch aber kriminelles oder unethisches Handeln impliziert. So könnte man etwa formulieren: „Lasse dem anderen Bestechungsgelder zukommen, weil du sie selbst gerne annimmst." Unter Ausschluss ihrer Opfer könnten auch Sklavenhändler oder Mafiosi sich gemäß der Goldenen Regel schnell einig werden. Solches Handeln schließt die Goldene Regel zumindest logisch nicht aus. Die Erfüllung der Goldenen Regel reicht offenbar nicht aus, um ein Handeln als hundertprozentig ethisch ansehen zu können. Sie ist dafür notwendig, aber nicht hinreichend. Deshalb sollten noch andere Kriterien gefunden werden, die allgemeingültig und unbedingt ethisch fragwürdiges Handeln ausschliessen.

5.3   Der kategorische Imperativ

Gutes Handeln um seiner selbst willen

Immanuel Kant stand, wie gesagt, solchen bedingten Handlungsmustern sehr skeptisch gegenüber, da sie ja nicht gutes Handeln um seiner selbst willen fördern, sondern nur solches Handeln, das um eines „höheren" Eigennutzens willen vollzogen wird. Für Kant ist solches Handeln nicht wirklich moralisch einwandfrei, da man ihm ja immer unterstellen könnte, es sei letztlich aus „praktischer Klugheit" und nicht um der Moralität selbst willen geschehen.

Immanuel Kant
(1724–1804)

In seiner berühmten Schrift „Zur Grundlegung der Metaphysik der Sitten" von 1785 hat deshalb Kant das Problem einer Ethik der Pflichten tiefgründiger durchdacht und der deontologischen Ethik eine neue Wendung gegeben.

Universalisierungsprinzip

Absolute Begründung der Ethik

Da viele moralische Regeln wie die Goldene Regel bedingt und damit abhängig von Neigungen und (Eigen-)Interessen sind, begründet Kant seine Ethik kategorisch.[28] Sein Imperativ muss demzufolge bedingungslos gelten. Er muss allgemein und notwendig sein. So formuliert er den *kategorischen Imperativ* wie folgt:

> „*Handle nur nach derjenigen Maxime, durch die du zugleich wollen kannst, dass sie ein allgemeines Gesetz werde.*"[29]

Er besagt, dass nur solches Handeln ethisch ist, das „zum allgemeinen oder universalen Gesetz erhoben" werden kann.

Pflicht zum Töten?

Man kann diese Forderung auch als Testfrage nehmen, ob ein bestimmtes Handeln ethikfähig ist. Beispielsweise kann man fragen, ob das Töten kategorisch gefordert, also zu einer allgemeinen und notwendigen Pflicht erhoben werden kann, ob es also zu einem guten Miteinanderauskommen aller Menschen taugt. Dies kann leicht verneint werden. Denn eine menschliche Gemeinschaft, in der jeder jeden töten soll, würde sich sehr schnell selbst auslöschen. Wir können nur dann gut miteinander auskommen, wenn alle Menschen die Pflicht zum Nichttöten gegenüber allen Menschen kategorisch, also allgemein und notwendig einhalten.

Gibt es Ausnahmen? Offenbar ja, wenn wir beispielsweise das Recht zur Selbstverteidigung in den Blick nehmen und ein Mörder nur durch Tötung an seiner Tat gehindert werden kann.

Pflicht zur Lüge?

Gemäß Kant kann ein Handeln nur dann als ethisch angesehen werden, wenn es zum allgemeinen Gesetz und damit zur Pflicht für alle Menschen erklärt werden kann. Nicht alle Handlungsweisen lassen sich jedoch so einfach kategorisch einfordern bzw. ablehnen. Spielen wir diese Forderung an einem weiteren konkreten Beispiel durch. Kann das Lügen zu einem allgemeinen Gesetz erhoben werden? Eine Antwort darauf verlangt zunächst eine Definition der Lüge. Gibt es denn überhaupt ein sicheres Kennzeichen für eine Lüge? Der Kirchenvater Augustinus (354–430) gibt in seinem Buch „Über die Lüge" folgende Antwort: Es „lügt derjenige, der etwas anderes, als was er im Herzen trägt, durch Worte oder sonstige Zeichen zum Ausdruck bringt"[30]. Eine Lüge täuscht also über die eigentliche Gesinnung und Absicht des Lügners hinweg, um ein bestimmtes Ziel zu erreichen. Wenn nun das Lügen für jedermann zur *Pflicht* erhoben würde, man also immer die Unwahrheit sagen und den anderen über seine wahrhaften Intentionen im Unklaren zu lassen hätte, wie würde sich das auf das menschliche Miteinanderauskommen auswirken? Sprache wäre sinnlos geworden, da jede Aussage ohne Relevanz wäre. Man könnte keinem Versprechen mehr glauben, keinen Vertrag mehr als gültig ansehen, überhaupt müsste man jeder gemachten Aussage etwa über die Qualität eines Produktes misstrauen.[31] Man kann auch nicht aus der Lüge auf die Wahrheit schließen, da zwischen beiden eine Assymetrie vorliegt. Eine Lüge kann unterschiedlichste Absichten verschweigen. Deshalb kann mit dem Wissen, dass jeder lügt, nicht die versteckte Wahrheit erschlossen werden.

Es ist also kaum vorstellbar, dass es jemanden gibt, der in solch einem sozialen Umfeld leben möchte. Selbst der notorischste Lügner wünscht sich ein Umfeld, in dem jeder die Wahrheit sagt, sonst könnte er seine Lügen gar nicht erfolgreich platzieren. Kurz: Das Lügen ist nicht verallgemeinerungsfähig, kann nicht zum universalen Gesetz erhoben werden. Ganz anders die wahre Aussage. Sie kann zur Pflicht erhoben werden. Denn sie führt zu einer Gesellschaft, in der jeder jedem trauen kann, weil er die Erfahrung gemacht hat, dass das gegebene Wort auch eingehalten wird.

Allerding gibt es auch für das Lügen durchaus Ausnahmen, wenn dadurch etwa ein Mord oder eine Massenpanik verhindert werden kann. Zudem können mit der nackten Wahrheit große Schäden angerichtet werden, wie das „teuerste Interview aller Zeiten" im Beispiel unten „Leo Kirch gegen Deutsche Bank" zeigt. Ebenso dürfte das ständige Aussprechen von Wahrheiten im Umgang mit anderen Menschen ziemlich ver-

*Marginalien:*

Lüge als „verallgemeinerbares Gesetz"?

Lügengebot würde chaotische Verhältnisse erzeugen

Vom Nutzen und Schaden der Lüge

störend wirken, wie zahlreiche Experimente belegen.[32] Die Lügenforschung geht daher davon aus, dass der Mensch täglich bis zu 200 Mal im Sinne von Augustins Definition lügt, also eben nicht ausspricht, was er im Sinn hat. Wenn jemand persönlich oder über soziale Medien einer anderen Person seine Meinung über sie ehrlich zum Ausdruck bringt, kann das für sie sogar tödlich enden, wenn sie sich deswegen umbringt. Die Lügenforschung unterscheidet daher die weißen von den schwarzen Lügen.[33] Es ist also nicht einfach, konkrete Handlungsweisen mit dem Universalisierungsgebot des kategorischen Imperativs immer in Einklang zu bringen.

Kant rigoroses Lügenverbot

Kant selbst hat dazu in seiner kleinen Schrift „Über ein vermeintes Recht aus Menschenliebe zu lügen" Stellung bezogen. Darin widerspricht er der Forderung nach Ausnahmen für das Lügenverbot. Man dürfe selbst einen Mörder nicht darüber anlügen, ob man den von ihm Verfolgten im eigenen Haus Unterschlupf geboten hätte. Denn der mögliche Schaden der Lüge sei für den konkreten Fall gar nicht vorhersehbar. Es könne sein, dass durch die Lüge der Verfolgte erst recht in die Hände des Verbrechers geraten könne. In jedem Falle würde die Lüge aber die „Rechtsquelle" der Menschheit unbrauchbar machen: „Es ist also ein heiliges, unbedingt gebietendes ... Vernunftgebot: in allen Erklärungen *wahrhaft* (ehrlich) zu sein."[34]

Differenzierte Betrachtung

Man hat Kant wegen dieser und ähnlicher Forderungen oft als Rigoristen bezeichnet und für seine Weltfremdheit kritisiert. Dieser Vorwurf wird allerdings, wie Frédérik Rimoux plausibel nachweisen konnte, bei genauer Interpretation Kants Ethik kaum gerecht.[35] Jedenfalls würde man aus utilitaristischer Sicht die Risiken einer wahren oder unwahren Aussage abwägen und sich für das kleinere Übel entscheiden. Wie sehr im realen Leben der Wirtschaft der Forderung nach Wahrheit nicht immer leicht zu genügen ist, zeigt das Beispiel eines jahrelangen Konflikts zwischen der Deutschen Bank und der Kirch-Mediengruppe (siehe ▶ *Abschnitt 5.5*).

Selbstbestimmungsrecht des Menschen

Inhaltlich-praktische Formulierung: die Zweckformel

Gibt es nun ein Handeln, das ausnahmslos universalisierbar ist und konkret bezeichnet werden kann? Kant bejaht und bringt dies in seiner zweiten Formulierung des kategorischen Imperativs, der sogenannten *Zweckformel* oder dem *Instrumentalisierungsverbot*, zum Ausdruck:

> *„Handle so, dass du die Menschheit sowohl in deiner Person, als in der Person eines jeden andern jederzeit zugleich als Zweck, niemals bloß als Mittel brauchest."*[36]

Erläuterung

Untersuchen wir zunächst die Bedeutung des zweiten Teils der Formulierung. Was versteht Kant unter den Gebrauch eines Menschen „bloß als Mittel"? Es wird schnell klar, dass damit die „Versklavung" eines Menschen gemeint wäre. Nun soll man einen Menschen „niemals bloß als Mittel" gebrauchen. Das bedeutet doch wohl, dass wir einen Menschen durchaus auch als Mittel gebrauchen können, etwa, wenn wir ihn als Angestellten in einer bestimmten Funktion einsetzen.

Die kategorische Forderung besteht nun darin, dass wir ihn aber „jederzeit *zugleich* als Zweck" brauchen sollen. Was heißt das, einen „Menschen als Zweck" gebrauchen? Der Begriff „Zweck" meint ursprünglich einen Holznagel inmitten einer Zielscheibe, um ein Ziel – etwa bei einer Schießübung mit einer Armbrust – zu kennzeichnen.[37] Der Zweck ist also ein Ziel, das man mit welchen Mitteln auch immer treffen soll. Den Menschen als Zweck, genauer: als Selbstzweck, zu gebrauchen, meint demnach, ihn als Ziel anzusehen, das ihn als absoluten Wert und nicht als Mittel ansieht, das ihn um seiner selbst willen anerkennt und nicht nach seinem Nutzwert abschätzt, ihn nicht bloß als Instrument ansieht, und ihn dergestalt nicht als bloßen Funktionsträger instrumentalisiert.[38]

(Randtext: Mensch als Mittel und Zweck)

Für Kant ist diese Frage eindeutig zu beantworten: Das Menschsein zeichnet sich gegenüber dem Tier- und Pflanzenreich dadurch aus, dass der Mensch ein Wesen ist, das zwei Welten zugleich angehört, „Bürger zweier Welten" ist: der Welt der Natur und der Welt der Vernunft.[39] Der Mensch unterscheidet sich vom Tier dadurch, dass er seinem triebgebundenen Verhalten seine Vernunft entgegensetzen soll. Als vernünftiges Wesen kann er sein Handeln mit seinen Absichten und Folgen reflektieren, Alternativen durchdenken und sich für oder gegen eine entscheiden. Und Entscheidenkönnen wurzelt in der Fähigkeit des Auswählens nach bestimmten, nämlich nach technisch, ethisch oder ästhetisch vernünftigen Kriterien. Das Wählenkönnen ist ein anderer Ausdruck für *Freiheit*.

(Randtext: Der Mensch als Bürger zweier Welten)

Kant zufolge ist der Mensch erst frei dank seiner Vernunft. Sie erlaubt ihm autonomes Handeln. *Autonomie* (von griechisch: *autos* = selbst und *nomos* = Gesetz) bedeutet aber nicht Willkürfreiheit, sondern Selbstgesetzgebung.[40] In diesem Sinne ist Freiheit gleich Bindung an das „Sittengesetz", wie Kant den kategorischen Imperativ auch bezeichnet. Der bringt zum Ausdruck, was jeder vernünftige Mensch tun würde. Wer unvernünftig handelt, folgt blind seiner Natur, seinen Instinkten, Affekten und Begierden. Diese steuern ihn derart unbewusst, dass er dann gerade nicht frei ist.

(Randtext: Autonomie des Menschen)

Die Vernunft als „Tätigkeit des Vernehmens" erlaubt dem Menschen, seine natürlichen Impulse und Affekte zu kontrollieren und damit ethisch zu handeln.[41] Denn mit ihr vernimmt er, was ihm das Sittengesetz gebietet und sein „Gewissen" zu Gehör bringt. Kant versteht darunter einen „inneren Gerichtshof", vor dem die Gewissenskonflikte ausgetragen und von einem „inneren Richter" be- und verurteilt werden. Dessen „furchtbare Stimme" ruft ihn eben aus der übernatürlichen Welt der Vernunft an und appelliert, seine innere Natur zu beherrschen und das zu tun, was alle vernünftigen Wesen in dieser Situation tun würden.[42] Durch sie ist der Mensch von den Zwängen der Natur befreit und wird in die Gemeinschaft aller Vernunftwesen erhoben, also – wie Kant auch sagt – Mitglied der „intelligiblen Welt". Als Bürger dieser Welt vernimmt er die ethischen Pflichten, die sich aus dem kategorischen Imperativ ergeben.

(Randtext: Das Gewissen als innerer Richter als Repräsentant der Vernunft)

Exkurs: Hat der Mensch Willens- und Handlungsfreiheit?

Immanuel Kant ging davon aus, dass der Mensch von Natur aus nicht frei ist, weil er als Naturwesen den determinierenden Kräften der Natur, natürlichen Instinkte, Affekte und Begierden ausgesetzt ist. Erst als Vernunftwesen kann er intervenieren, gewissermaßen „Stopp" sagen und seinen natürlichen Willensimpulsen Einhalt gebieten. Erst dann kann er autonom handeln.

Libet-Versuche

Die moderne Hirnforschung scheint Kant in der ersten Hinsicht Recht zu geben. Der Hirnphysiologe Benjamin Libet (1916–2007) entdeckte vor mehr als 30 Jahren, dass Willensentscheidungen etwa zum Heben der rechten oder linken Hand ca. ½ Sekunde, bevor sie bewusst werden, bereits als Hirnsignal messbar sind. Man kann also messen, welche Hand die Versuchsperson heben wird, bevor ihr das überhaupt bewusst ist. Im Anschluss an Libets Forschungen nahmen daher viele Experten an, dass menschliche Entscheidungen überhaupt determiniert, also unbewusst vorgegeben sind, der freie Wille also eine Illusion sei.

Neuere Erkenntnisse

Libet selbst hielt sich mit solchen Schlussfolgerungen zurück. Er glaubte an die Möglichkeit, unbewusste Impulse stoppen oder umlenken zu können. Dies konnte kürzlich der Berliner Neurowissenschaftler John-Dylan Haynes zusammen mit seinem Doktoranden Matthias Schultze-Kraft experimentell nachweisen. Versuchspersonen sollten bei Aufleuchten einer grünen Ampel ein Gaspedal betätigen. Das gemessene unbewusste Hirnsignal wurde aber dazu genutzt, die Ampel wieder auf Rot zu stellen. Bevor also 500 ms später den Versuchspersonen der Impuls zum Betätigen des Gaspedals bewusst wurde, stand die Ampel wieder auf rot. Aufgrund der zeitlichen Verzögerung zwischen Wahrnehmung und Hirnsignal, gelang es den Versuchspersonen zunächst nicht, rechtzeitig vom Gas zu gehen, um der roten Ampel Folge zu leisten. Mit der Zeit jedoch konnten sie noch innerhalb der 500 ms Zeitverzögerung zwischen Hirnsignal und bewusster Wahrnehmung vom Gas gehen. Dies beweist, dass der Mensch die unbewusst angebahnten Handlungen durch ein bewusstes Veto willentlich wieder abbrechen kann, wenn auch nur bis zu einer Fünftelsekunde vor ihrer Bewusstwerdung.[43]

Damit würde Immanuel Kant im Nachhinein recht gegeben, dass nämlich das vernünftige Bewusstsein den natürlichen Impulsen des Unbewussten Einhalt gebieten kann.

Diskussionsthemen:

- Diskutieren Sie den Unterschied zwischen Willens- und Handlungsfreiheit.

- Kann der Wille eines Menschen frei sein, wenn man davon ausgeht, dass das Bewusstsein, wie James Jeans einmal gesagt hat, ein unbewusster Akt ist? Und kann er frei sein, wenn man davon ausgeht, dass dasjenige, was wir wollen, auch stark unserer Sozialisation und den äußeren Einflüssen der Gesellschaft unterworfen ist? Man denke nur an die Manipulationen durch die Werbung, die uns suggeriert, was wir wollen, und dadurch auch unser Kaufverhalten prägt.

- Wäre ein vollkommen determinierter Mensch unfähig zur ethischen Verantwortung? Wie viel Freiheit sollte man dem Menschen zugestehen, damit er überhaupt ethisch handeln kann?

Fragen

Die Würde des Menschen

Kant zufolge wird der Mensch durch den Gebrauch seiner Vernunft zur Person (von lat. *personare* = hindurchtönen), indem durch ihn die Welt der Vernunft in die Welt der Natur hineintönt und -regiert. Genau diese Eigenschaft der autonomen Vernunft macht den Menschen überhaupt erst zum Menschen, macht seinen Wert oder, anders gesagt, seine „Würde" aus.

Der Mensch als Person

Jeder Mensch ist an sich wertvoll und daher in seiner „Würde unantastbar", wie es z. B. in Artikel 1 des deutschen Grundgesetzes heißt. Er darf nicht als reines Mittel missbraucht werden, ohne seine Einwilligung z. B. lebensgefährliche Aufgaben durchzuführen. Die Würde und das Selbstbestimmungsrecht des mündigen Menschen lassen dies nicht zu. Dieses Gut ist nach Kant die Grundvoraussetzung für eine funktionierende, aufgeklärte Gesellschaft. Alles andere wäre Sklaverei – eine Erkenntnis, die ebenso für Unternehmen von Bedeutung ist. Diese Einsicht ist auch die Grundlage der Menschenrechte, die fast in jedem Artikel das Selbstbestimmungsrecht des Menschen konkretisieren und sich gegen dessen vollständige Instrumentalisierung wenden.[44]

Die Würde des Menschen

Somit bedeutet die Ausgrenzung Einzelner oder bestimmter Gruppierungen vom sozialen Leben auch eine willkürliche Missachtung ihrer Würde, also ihrer bedingungslosen und notwendigen Zugehörigkeit zur Gemeinschaft aller Menschen. Deshalb ist für Kant das Handeln nach dem kategorischen Imperativ ein Handeln aus Pflicht. Handeln aus Neigung hingegen ist für ihn ein Handeln, das nicht der Vernunft, sondern der triebgesteuerten Natur oder praktischen Klugheit folgt. Diese möchten prinzipiell das verfolgen, was dem egoistischen Selbsterhalt dient, während jene immer so handelt wie alle anderen Vernunftwesen wollen, nämlich verallgemeinerungsfähige Pflichten zu erfüllen.

Handeln aus Pflicht, nicht aus Neigung

Diskussion	Würde des Menschen

Wird die Würde eines zwergwüchsigen Menschen verletzt, wenn er im Schutzanzug auf einem Jahrmarkt vorgeführt oder gar in einem Wettbewerb von starken Männern möglichst weit geworfen wird? Der Philosoph Peter Bieri diskutiert diese früher weit verbreitete, später von der UNO verbotene Praxis des „Zwergenwerfens". Die Begründung war, es gelte die Würde des Menschen zu schützen. Würden Sie dieses Verbot mittragen, wenn die betroffenen Zwergwüchsigen gar nicht glücklich darüber sind, weil sie nun eine wichtige Quelle für ihren Lebensunterhalt verloren haben? Einer der betroffenen Zwerge hat Bieri gegenüber klar zum Ausdruck gebracht, dass das Geworfenwerden zum Vergnügen der Zuschauer ihm keinesfalls seine Würde nehme, da er ja freiwillig entschieden habe, sich „benutzen" und „begaffen" zu lassen. Während des Geworfenwerdens schließe er die Augen und denke an etwas Schönes. Allerdings deutete er an, dass er auf den Job angewiesen sei. Denn mit seinem Körperwuchs gebe es keine anderen Arbeitsstellen.[45]

■ Diskutieren Sie den Fall und andere Möglichkeiten eines Verlustes der Würde beim Verdienen des Lebensunterhalts.

Exkurs: Allgemeine Erklärung der Menschenrechte

Am 10. Dezember 1948 haben die Vereinten Nationen auf ihrer Generalversammlung in 30 Artikeln eine „Allgemeine Erklärung der Menschenrechte"[46] abgegeben. Sie sind das Resultat einer längeren Entwicklung. Implizit reichen sie zurück bis in die Antike, wo aus Überlegungen zur Natur des Menschen auch unveräußerliche Rechte (Naturrecht) abgeleitet wurden. Explizit wurden Menschenrechte 1776 mit den Virginia Bill of Rights und 1789 mit der französischen Menschenrechtsdeklaration formuliert.[47] Im Folgenden eine Zusammenfassung:

Artikel	Recht auf:
1	■ Anerkennung der Freiheit und Gleichheit aller Menschen von Geburt an, der Vernunft- und Gewissensbegabung, der Pflicht zur Brüderlichkeit
2	■ Anspruch auf alle Rechte und Freiheiten ohne Ansehung nach Rasse, Geschlecht, Sprache, Religion, politischer oder sonstiger Anschauung, nationaler oder sozialer Herkunft, Vermögen, Geburt oder sonstigem Stand ■ Unterschiedslose Gleichbehandlung aller unabhängig von Herkunftsland oder -gebiet
3	■ Leben, Freiheit und Sicherheit der Person
4	■ Verbot von Sklaverei, Leibeigenschaft, Sklavenhandel

Artikel	Recht auf:
5	■ Verbot von Folter, grausamer, unmenschlicher und erniedrigender Behandlung oder Strafe
6	■ Überall gültige Anerkennung der Rechtsfähigkeit
7	■ Gleichheit vor dem Gesetz ■ Gleicher Schutz durch das Gesetz gegen jede Diskriminierung und jede Aufhetzung zur Diskriminierung
8	■ Rechtshilfe zur Verteidigung dieser Grundrechte
9	■ Verbot von willkürlicher Festnahme, Inhafthaltung oder Landesverweisung
10	■ Gerechte öffentliche Verfahren vor unabhängigen und unparteiischen Gerichten
11	■ Unschuldsvermutung bis zum Nachweis der Schuld ■ Rechtssicherheit zum Zeitpunkt der Tat, Verbot von nachträglicher Strafverschärfung
12	■ Rechtlichen Schutz vor willkürlichen Eingriffen in Privatleben, Familie, Wohnung, Schriftverkehr, Beeinträchtigung von Ehre und Ruf
13	■ Freizügigkeit: Mobilität und Aufenthaltswahl innerhalb eines Landes (neue Fassung: unter Vorbehalt der jeweiligen Ausländergesetze) ■ Auswanderung ■ Rückkehr
14	■ Asyl in anderen Ländern zum Schutz vor Verfolgung
15	■ Staatsangehörigkeit, Wechsel der Staatsangehörigkeit, Verbot willkürlicher Entziehung
16	■ Heirat und Familiengründung ohne Beschränkung nach Rasse, Staatsangehörigkeit, Religion ■ Freie Partnerwahl bei Heirat ■ Schutz der Familie durch Gesellschaft und Staat
17	■ Geteiltes oder ungeteiltes Eigentum, Schutz vor willkürlicher Beraubung
18	■ Gedanken-, Gewissens- und Religionsfreiheit, deren Wechsel, alleinige oder gemeinschaftliche Ausübung, öffentliches oder privates Bekenntnis
19	■ Meinungsfreiheit und -äußerung, grenzenlose Suche, Empfang und Verbreitung von Gedankengut
20	■ Friedliche Versammlung und Vereinigung, Verbot von erzwungener Mitgliedschaft
21	■ Mitgestaltung öffentlicher Angelegenheiten, unmittelbar oder durch gewählte Vertreter ■ Gleicher Zugang zu öffentlichen Ämtern ■ Mitbestimmung, geheime Wahlen und Stimmabgaben
22	■ Soziale Sicherheit, Genuss der wirtschaftlichen, sozialen und kulturellen Rechte zur Wahrung der Würde und Persönlichkeitsentwicklung

Artikel	Recht auf:
23	■ Arbeit, freie Berufswahl, gerechte und befriedigende Arbeitsbedingungen, Schutz vor Arbeitslosigkeit ■ Gleicher Lohn für gleiche Arbeit ■ Gerechte und befriedigende Entlohnung zur eigenen und familiären Existenzsicherung, gegebenenfalls mit Hilfe sozialer Schutzmaßnahmen ■ Bildung von oder Beitritt zu Gewerkschaften zur Interessenwahrung
24	■ Erholung und Freizeit, vernünftige Begrenzung der Arbeitszeit, regelmäßiger bezahlter Urlaub
25	■ Lebensstandard zur Wahrung von Gesundheit und Wohl der Familie, einschließlich Nahrung, Kleidung, Wohnung, ärztliche Versorgung, soziale Leistungen, Sicherheit im Fall von Arbeitslosigkeit, Krankheit, Invalidität, Verwitwung ■ Besondere Fürsorge und Unterstützung von Müttern und Kindern
26	■ Unentgeltliche obligatorische Grundbildung, höhere Bildung entsprechend den Fähigkeiten ■ Bildung zur vollen Entfaltung der menschlichen Persönlichkeit, zur Stärkung der Achtung vor den Menschenrechten und Grundfreiheiten, zu Verständnis, Toleranz und Freundschaft zwischen allen Nationen und allen rassischen oder religiösen Gruppen ■ Freie elterliche Wahl der Bildungsart für ihre Kinder
27	■ Freie Teilnahme am kulturellen Leben der Gemeinschaft einschließlich der Künste und Wissenschaften ■ Urheberschutz in Wissenschaft, Literatur oder Kunst
28	■ Soziale und internationale Ordnung zur Verwirklichung der Menschenrechte
29	■ Freie und volle Entfaltung der Persönlichkeit unter Einhaltung von Pflichten gegenüber der Gemeinschaft ■ Ausübung der Rechte und Freiheiten, soweit diese Moral, öffentliche Ordnung und allgemeines Wohl einer demokratischen Ordnung genügen ■ Ausübung der Rechte und Freiheiten ohne Widerspruch zu den Zielen und Grundsätzen der Vereinten Nationen
30	■ Vollständige Einhaltung der Menschenrechte ohne besondere Bevorzugung einiger auf Kosten anderer

Tabelle 5.1: Die dreißig Artikel der Menschenrechte
Quelle: *http://www.un.org/depts/german/menschenrechte/aemr.pdf,* vom Autor zusammengefasst.

Hierzu Reflexionsaufgaben:

1. Analysiere die Menschenrechte und überprüfe, inwieweit sie Anwendungen des Instrumentalisierungsverbots von Kants kategorischem Imperativ sind.

2. Welche der Menschenrechte sind auf wirtschaftliche Verhältnisse bezogen?

3. Wie beeinflussen die Menschenrechte immer mehr das Verantwortungsbewusstsein von Unternehmern und Managern?

5.4 Unternehmensethische Anwendungen

Der kategorische Imperativ wird in der Wirtschaft heute öfter angewendet, als es den meisten Akteuren bewusst ist. Viele inzwischen zur Selbstverständlichkeit gewordene ethische Richtlinien, die zum „guten Auskommen mit allen Stakeholdern" beitragen, basieren letztlich auf Kants Ethik.

Man denke etwa an die weltweiten Versuche, Kinderarbeit bei Zulieferern zu bekämpfen – unter Berufung auf die Konventionen der „International Labor Organisation" (ILO)[48], die bereits 1919 gegründet wurde und eine Organisation der UNO ist. Oder der Verweis auf die „Allgemeine Erklärung der Menschenrechte" von 1948.[49] Dort heißt es in Artikel 4: „Verbot der Sklaverei und des Sklavenhandels: Niemand darf in Sklaverei oder Leibeigenschaft gehalten werden; Sklaverei und Sklavenhandel sind in allen Formen verboten." Dies lässt sich direkt aus Artikel 1 ableiten: „Freiheit, Gleichheit, Solidarität: Alle Menschen sind frei und gleich an Würde und Rechten geboren. Sie sind mit Vernunft und Gewissen begabt und sollen einander im Geiste der Brüderlichkeit begegnen." Es liegt nahe, die philosophisch-ethische Begründung für diese Formulierung in Kants Ethik zu suchen.[50]

Internationale Standards

Wie der kategorische Imperativ argumentativ genutzt werden kann, um konkrete Situationen in Unternehmen ethisch zu beurteilen, zeigen die folgenden Beispiele.

Erlaubt der kategorische Imperativ das heimliche Data-Mining über das Verhalten von Kunden, um ihnen gezielt Produkte anzudienen? Mit dem Verfahren des heimlichen Data-Minings wird das Such- und Kaufverhalten von Menschen im Internet gespeichert, um Rückschlüsse auf Vorlieben und Produktbevorzugungen zu gewinnen und mit diesem Wissen Vermarktungsstrategien zu optimieren. In diesem Fall werden Menschen „bloß als Mittel" gebraucht und nicht auch „als Zweck". Letzteres setzt voraus, dass sie frei zustimmen, was mit ihren Daten geschieht. Seth Godin hat daher in seinem Buch „Permission Marketing" diesen Umstand berücksichtigt und mahnt die Hersteller an, für das Sammeln von Kundendaten explizit die Erlaubnis einzuholen. Da reicht es nicht aus, dass die Kunden ausdrücklich die Datenspeicherung ablehnen. Sie sollten wissen, was gesammelt wird und wozu ihre Daten verwendet werden, welchen Nutzen sie davon haben und wie sie vor Missbrauch gesichert sind.[51] Der Umgang mit Kundendaten darf keine Einbahnstraße sein. Kundenbindung gewinnt nur der, der auch das Vertrauen seiner Kunden gewinnt. Der Dialog mit ihnen sollte ehrlich, unaufdringlich, deutlich und konsistent erfolgen, sodass die Erwartungen aller Beteiligten erfüllt werden. Wie empfindlich der Umgang mit Daten geworden ist, zeigen ja die Enthüllungen von Edgar Snowden. Es besteht immer das Risiko, dass die gesammelten Daten nicht nur zu Marketingzwecken verwendet werden, sondern auch zur Kontrolle der Privatsphäre unbescholtener Bürger.[52]

Heimliches Data-Mining zwecks Kundendienst?

Die EU-Datenschutzgrundverordnung (DSGVO) kann durchaus als ein Anwendungsfall des Instrumentalisierungsverbots von Kant angesehen werden. Denn von nun an müssen Webdienst-Betreiber explizit die

Erlaubnis ihrer Kunden einholen, ob und inwieweit sie ihre Daten nutzen dürfen.[53]

Opferung von Menschen gegen ihren Willen?

Auch die früher gestellte Frage, ob ein Kernkraftwerksbetreiber recht daran täte, 100 Arbeiter zum Wohle von einer Million Menschen zu opfern, findet in Kants Ethik eine andere Antwort als in der utilitaristischen Sicht. Diese legt ja nahe, hundert Menschenleben gegen die Rettung von einer Million zu opfern. Kants kategorischer Imperativ hingegen würde die Opferung auch nur eines einzigen Menschenlebens in jedem Fall ablehnen – außer der Betreffende nehme freiwillig und sehenden Auges das Risiko auf sich, was ja ein Postulat der Würde und damit auch dem Selbstbestimmungsrecht des Menschen entspricht.

Verbot von Kinderarbeit?

Darf ein Unternehmen bei Lieferanten einkaufen, die bei der Produktion Kinderarbeit einsetzen? Auch diese Frage lässt sich schnell unter Verweis auf den kategorischen Imperativ beantworten. Da Kinder, solange sie nicht mündig sind, noch nicht über ihre volle Autonomie verfügen, sprich: noch nicht vollkommen vernünftig und selbstbestimmt im Sinne Kants sind, müssen sie davor geschützt werden, „bloß als Mittel" gebraucht zu werden. Gerade weil sie in ihrer Unmündigkeit ihre Vernunft und damit ihre Fähigkeit zur Autonomie noch nicht voll entwickelt haben, gilt es, sie vor der völligen Instrumentalisierung durch Arbeit zu schützen, selbst wenn die Armut ihrer Familie sie dazu hintreibt. Vor allem Unternehmen als Auftraggeber sollten ihre Lieferanten beeinflussen, zu einer Ausbildung kindgerechter Entwicklung beizutragen. Teilzeitarbeit und Schulbildung müssen dann nicht im Widerspruch stehen. Viele Organisationen wie die ILO haben sich deshalb den Kampf für Verbot von Kinderarbeit auf ihre Fahnen geschrieben. Wenn man bedenkt, dass alleine in Indien die Zahl von Kindersklaven auf eine zweistellige Millionensumme geschätzt wird, sieht man, wie dringlich das Problem ist. Der Inder Kailash Satyarthi wurde 2014 für seinen Kampf gegen die Kindersklaverei in Indien sogar mit dem Friedensnobelpreis ausgezeichnet. 1989 gründete er die South Asian Coalition on Child Servitude (SACCS), die über 470 Partnerorganisationen umfasst[54] und 83.000 Kindersklaven befreit haben soll.

Fairer Tausch

Auch gebietet die Zweckformel des kategorischen Imperativs faire Tauschverhältnisse am Markt. Denn wer vom anderen ohne dessen Zustimmung mehr nimmt, als er ihm gibt, behandelt ihn bloß als Mittel der Selbstbereicherung. Dies gilt selbstverständlich für alle Tauschparteien entlang einer Wertschöpfungskette. Fraglich bleibt allerdings der Umgang mit der Natur, ob auch sie „niemals bloß als Mittel" gebraucht werden darf.

Verbot von Tierversuchen?

Dies leitet zu folgendem Problem über: Darf ein Unternehmen Tierversuche durchführen, um kosmetische Produkte auf Hautverträglichkeit zu testen? Hier ist die Beurteilungsgrundlage anders. Da Kants kategorischer Imperativ nur für den Umgang mit Menschen gilt und Tiere für ihn „vernunftlose Wesen", mithin „Sachen" sind, können sie „bloß als Mittel" gebraucht und damit auch für Versuche verwendet werden. Hier zeigt sich eine Grenze von Kants Ethik. Sein anthropozentrischer Ansatz stellt nur den Menschen unter ethischen Schutz und nimmt nichtmenschliche

Lebensformen davon aus. Erst *biozentrische* Ethiken, von denen eine etwa Albert Schweitzer formuliert hat, zeigen auf, wie der Mensch Tiere und Pflanzen unter ethischen Schutz stellen und dies auch begründen kann. Dieser Zusammenhang soll später (siehe ▶ *Kapitel 10*) noch eigens diskutiert werden.

Kants zweite Formulierung des kategorischen Imperativs, demzufolge ein Mensch „niemals bloß als Mittel, sondern immer zugleich auch als Zweck" anzusehen sei, hat in vielerlei Form heute etablierte unternehmens- und wirtschaftsethische Prinzipien mehr oder weniger bewusst beeinflusst. Man findet ihn zum großen Teil beispielsweise in den weltweit am meisten verbreiteten und akzeptierten zehn Prinzipien des UN Global Compact.[55] Dies ist ein freiwilliger Pakt zwischen Unternehmen und der UNO. Er wurde 1999 anlässlich des World Economic Forum (WEF) in Davos vom damaligen UN-Generalsekretär Kofi Annan vorgestellt, um dem Weltmarkt ein „menschliches Gesicht" zu geben. Der Pakt zielt darauf ab, die Globalisierung sozialer und ökologischer zu gestalten. Unternehmen, die den Global Compact unterschreiben, sollen (vgl. *www.unglobalcompact.org*):

Einfluss auf moderne Sollensforderungen

1. Die international verkündeten Menschenrechte respektieren und ihre Einhaltung innerhalb ihrer Einflusssphäre fördern,

2. sicherstellen, dass sie nicht bei Menschenrechtsverletzungen mitwirken,

3. die Rechte ihrer Beschäftigten, sich gewerkschaftlich zu betätigen, respektieren sowie deren Recht auf Kollektivverhandlungen effektiv anerkennen,

4. alle Formen von Zwangsarbeit bzw. erzwungener Arbeit ausschließen,

5. an der Abschaffung von Kinderarbeit mitwirken,

6. jede Diskriminierung in Bezug auf Beschäftigung und Beruf ausschließen,

7. eine vorsorgende Haltung gegenüber Umweltgefährdungen einnehmen,

8. Initiativen zur Förderung größeren Umweltbewusstseins ergreifen,

9. die Entwicklung und die Verbreitung umweltfreundlicher Technologien fördern,

10. gegen alle Arten der Korruption eintreten – einschließlich Erpressung und Bestechung.

Man kann die ersten sechs Prinzipien sowie das zehnte Prinzip als direkte Ableitungen aus dem kategorischen Imperativ auffassen. Die Respektierung der Menschenwürde, das Recht auf freien Zugang zu Gewerkschaften, Verbot jeglicher Zwangsarbeit oder Kinderarbeit und schließlich die Bekämpfung von Korruption sind alles Beispiele dafür, dass man den Menschen niemals bloß als Mittel gebrauchen soll.

Auch in anderer Form findet die Pflichtenethik Eingang in Unternehmen. Diese stellen nämlich ihre eigenen Pflichtenkataloge in Form von Unternehmensprinzipien, Code of Conducts oder Corporate Virtues auf (= Unternehmenstugenden oder -werte). Solche Prinzipien können durchaus das Handeln und Verhalten innerhalb eines Unternehmens steuern, sofern sie innerhalb der Kultur auch gelebt werden. Dafür gibt es positive wie negative Beispiele.

Positiv wäre der Fall „Tylenol" bei der Firma Johnson & Johnson. Es handelt sich dabei um das Schlafmittel Tylenol, das 1986 im Chicagoer Raum einige Mal mit Zyanid vergiftet war. Mehr als sieben Verbraucher starben daran. Da nur wenige Flaschen mit den Pillen vergiftet schienen, riet das FBI damals von einer globalen Rücknahme des Produktes ab, um keine Panikstimmung zu erzeugen. Dennoch rang sich der Vorstand von Johnson & Johnson zu dieser Aktion durch, wohl wissend, damit mehr als 100 Millionen US-$ zu verlieren. Auf die Frage eines Journalisten, weshalb die Firma sich zu dieser Rückrufaktion entschlossen habe, antwortete der damalige Chairman, James Burke, es sei ihm gar nichts anderes übrig geblieben, denn der erste Grundsatz ihres Firmencredos hätte ihnen keine Wahl gelassen. Dieser laute nämlich: „Wir glauben, dass unsere erste Verantwortung gegenüber Doktoren, Schwestern, Krankenhäusern, Müttern und allen anderen, die unsere Produkte benutzen, besteht." Erst in fünfter Linie hätten sie eine Verantwortung gegenüber den Shareholdern. Allerdings gelang es der Firma schon wenige Wochen nach dem teuren Rückruf, nach einer beispiellosen Imagekampagne ihre alte Reputation wiederherzustellen und damit auch die verlorenen Marktanteile wiederzugewinnen.[56]

Der oft gehörte Vorwurf, ethische Prinzipien in Unternehmen seien nutzlos, weil „zu hoch aufgehängt", lässt sich also nicht prinzipiell aufrechterhalten. Pflichtenkataloge können Verhalten beeinflussen. Nicht umsonst streben immer mehr Unternehmen danach, Verhaltenskodizes, ethische Prinzipien und Richtlinien in ihre Unternehmenskultur und Managementsysteme zu integrieren. Gerade darin sehen viele den Kern der Unternehmensverantwortung.[57] Immer mehr Unternehmen versuchen mit Hilfe von Compliance-Programmen (engl. *to comply* = beachten, entsprechen) ihre Mitarbeiter dazu zu bringen, die gesetzlichen Rahmenbedingungen einzuhalten (*legal* compliance) sowie die internen Verhaltensrichtlinien zu beachten (*ethical* compliance).[58] Ob die selbst gewählten Pflichten eingehalten und in der Praxis umgesetzt werden, hängt von etwas ganz anderem ab, nämlich von der vorherrschenden Kultur eines Unternehmens. Diese prägt nämlich das Verhalten des einzelnen Mitarbeiters derart, dass sie ihn überhaupt erst dazu befähigt, die geforderte Verantwortung zu leben oder zu ignorieren.

Das Gleiche gilt auch für das Individuum. Ob ein Individuum ethische Pflichten einhält, hängt von seinem Charakter und damit auch von seinen Überzeugungen und persönlichen Werten ab. Diese befähigen oder behindern den Menschen, verantwortlich bzw. ethisch zu handeln. Der Charakter – oder das Persönlichkeitsprofil – bestimmt das Vermögen des Menschen zur Verantwortungsübernahme, sprich: definiert, inwieweit er überhaupt Verantwortung übernehmen kann. Ist der Charakter nun angeboren oder kann er verändert werden? Eine Antwort auf diese Frage ist äußerst bedeutsam und wird in der Tugendethik – dem sei schon mal vorgegriffen – zugunsten der letzteren Annahme beantwortet. Die Erkenntnisse bezüglich der plastischen Formbarkeit des Gehirns („Neuroplastizität"), [59] wie auch die Entdeckungen der Epigenetik in der Genforschung[60] unterstützen ebenfalls die These von der Veränderbarkeit unseres Charakters und des damit verbundenen Denkens, Fühlens und Handelns durch gezielte Aktivierungen.

Die Pflichtenethik stellt Regeln auf und verlangt deren Einhaltung. Es gibt allerdings zahlreiche Gründe, auf die wir in den nächsten Abschnitten näher eingehen, weshalb Menschen damit überfordert sind. Ein Grund sei vorab genannt: Die Einhaltung zu vieler Regeln, sprich: zu viel Compliance, überfordert oft menschliches Verantwortungsvermögen und erstickt eigenverantwortliches Handeln. Zudem geht der Compliance-Ansatz eher von einem negativen Menschenbild aus, das Anreiz-, Kontroll- und Sanktionsmaßnahmen nahelegt und dadurch auch eine „Misstrauenskultur" erzeugt. Dies haben viele Unternehmen erkannt und setzen daher vermehrt auf Charakterbildung ihrer Mitarbeiter zu mehr Integrität. Sie gehen von einem positiven Menschenbild aus. Demzufolge ist der Mensch von Natur aus gut, wenn man ihn im Rahmen einer „Vertrauenskultur" mit entsprechenden Bildungsmaßnahmen daran erinnert. Damit verlassen sie den Bereich der Pflichtenethik und ergänzen ihn mit tugendethischen Überlegungen.[61] Dass beide Ansätze sich nicht ausschließen, sondern komplementär ergänzen, dazu mehr in ▶ *Abschnitt 6.5.2*.

Compliance vs. Integrity

5.5 Grenzen der deontologischen Ethik

So überzeugend Kants Ansatz zur ethischen Verantwortung ist, so hat auch er Schwachpunkte. Insbesondere der oben erwähnte Rigorismus wird oft kritisiert. Wie wir oben bereits gesehen haben, kann auf den ersten Blick Lügen niemals zum allgemeinen Gesetz erhoben werden. Dennoch wird bisweilen eine Unwahrheit zur ethischen Tat, wenn mit ihr etwa eine Massenpanik oder die Insolvenz eines Unternehmens verhindert oder ein unschuldig Verfolgter gerettet wird. Kann man diesen Widerspruch auflösen? Kants Antwort fällt etwas unbefriedigend aus. Man solle, wie gesagt, mit wahren Aussagen etwa die Verfolger von seinem Opfer geschickt ablenken.[62]

Rigorismus des kategorischen Imperativs

Ernst Tugendhat schlägt in Anlehnung an Richard M. Hare eine einleuchtendere Lösung vor. Im Falle von Pflichtenkollisionen solle man so entscheiden, wie dies jede beliebige vernünftige Person täte. Diese würde einen potenziellen Mörder anlügen, ihn damit zwar bloß als Mittel gebrauchen, aber zugleich die Würde und Unversehrtheit des Opfers wahren. Tugendhat verweist dabei auf Kants dritte Formulierung des kategorischen Imperativs. Der zufolge müsse „ein jedes vernünftige Wesen" so handeln wie alle anderen: Es müsse „seine Maxime jederzeit aus dem Gesichtspunkte seiner selbst, zugleich aber auch jedes anderen vernünftigen … Wesens … nehmen".[63]

Abwägung bei Pflichtenkollision

Grenzen der
ethischen
Entscheidungsfreiheit

Dass auch das Anlügen die Opfer nicht immer vor ihren Verfolgern retten kann, zeigt die grandiose Eingangsszene („Jew Hunter Scene") des Spielfilms von Quentin Tarantino „Inglorious Basterds". Der französische Bauer, der eine jüdische Familie vor den Nazis versteckt hält, kann den Verfolger, einen SS-Oberst, selbst mit einer Lüge nicht täuschen. Er wird gezwungen, das Versteck zu verraten, sonst würde er auch seine eigene Familie verlieren. Aus der Sicht des kategorischen Imperativs lässt sich das Dilemma des Farmers nur sehr schwer auflösen. Denn um seine eigene Familie zu retten, muss er die jüdische Familie zum bloßen Mittel degradieren und verraten. Allerdings kann man feststellen, dass er vom Verfolger selbst zum bloßen Mittel degradiert wurde. Ihm wurde damit faktisch seine Autonomie genommen, sodass er demnach gar nicht mehr ethisch handeln konnte. Umgekehrt verliert der Täter ebenfalls seine Würde, wie die türkische Philosophin Ioanna Kuçuradi (geb. 1936) feststellt.[64] Denn es leuchtet ein: Wer foltert, kann dies niemals als autonomer, also an die Vernunft gebundener Mensch tun, sondern nur als ein von Hass, Gier oder Angst besessenes, fremdbestimmtes (heteronomes) Wesen. Böse Handlungen zeichnen sich demnach dadurch aus, dass Täter wie Opfer ihrer Würde und damit Autonomie beraubt sind.

„Der neutrale
Beobachter" nach
Adam Smith

Gibt es noch andere Möglichkeiten, solche Fälle deontologisch zu beurteilen? Adam Smith (1723–1790), der, wie wir gesehen haben (siehe ▶ *Abschnitt 1.1*), als Begründer der klassischen Nationalökonomie mit seiner *Theorie der ethischen Gefühle* die ethische Instanz des „unparteiischen Zuschauers" (engl.: „impartial spectator") eingeführt hat. Man solle sich einen „unbeteiligten Augenzeugen" vorstellen, der eine Handlungsweise als dankenswert belohnen oder als vergeltungswürdig bestrafen würde, wobei ihm „jeder vernünftige Mann bereitwillig in seinem Herzen beipflichten und mit dem er gerne sympathisieren" würde.[65] Ernst Tugendhat (geb. 1930) hat „verbindet" diesen Ansatz mit Kants Frage „Wie würde jeder wollen, dass ich mich verhalte?" Der unparteiische Beobachter wäre dann „im Sinn von Smith derjenige, der alle Affekte und Haltungen daraufhin beurteilt, ob er ... mit ihnen sympathisieren kann, und er wäre zugleich im Sinn von Kant derjenige, der alle Handlungen daraufhin beurteilt, ob sie aus der Perspektive eines Beliebigen wünschen kann."[66]

Im Unterschied jedoch zu Kant beurteilt Smiths Beobachter nicht aus der Perspektive eines abstrakten Vernunftwesens, dessen Maxime immer eine allgemeine Gesetzgebung verfolgt, sondern eines konkreten Menschen mit allen Gefühlen der Zu- oder Abneigung, der aber so viel inneren Abstand zu einem Tatbestand hat, dass er ihn nicht mehr aus Eigeninteresse, sondern neutral beurteilt.[67] Gerade mit seinen moralischen Gefühlen der Sympathie und Empathie bringt er Humanität überhaupt erst zum Ausdruck. Ein solcher neutraler Beobachter würde sich in die Lage des französischen Landwirts hineinversetzen und seine ausweglose Situation erkennen. Er würde deshalb ihn nicht verurteilen, sondern stattdessen den Verfolger, der ihm seiner Würde und damit seiner Autonomie beraubt hat.

Fallstudie

Urteile eines neutralen Beobachters

Wie würde ein Richter oder Arbeitgeber im Unterschied zu einem neutralen Beobachter im Sinne von Adam Smith

- eine 98-Jährige beurteilen, die, wie kürzlich in einem Saarbrücker Kaufhaus geschehen, Schokolade und einen Frischkäse im Gesamtwert von 6,25 € ohne Bezahlung mitnimmt?

- Wie eine Kassiererin, die nach 31 Jahren Tätigkeit in einem Berliner Supermarkt einen liegen gebliebenen Bon für Pfandflaschen im Gesamtwert von 1,30 € eingelöst hat?

- Wie eine 58-jährige Altenpflegerin, die in Konstanz vier übrig gebliebene Maultaschen im Wert von vier Euro vor dem Abfall rettete und verzehrte?[68]

Ethische und juristische Beurteilung von Bagatellfällen im Vergleich

Im ersten Fall wurde die Greisin von einer zuständigen Amtsrichterin „ohne Bedenken" zu einer Geldstrafe von 1.080 € verurteilt. Im zweiten Fall (‚Emmely') wehrte sich die inzwischen berühmt gewordene, kürzlich verstorbene Kassiererin gegen ihre fristlose Kündigung, bis ihr schließlich in dritter Instanz vor dem Bundesarbeitsgericht Recht gegeben wurde. Sie musste wieder eingestellt werden.[69] Im dritten Fall wurde die Altenpflegerin ebenfalls fristlos entlassen, bekam aber vor dem Landesarbeitsgericht eine Abfindung und Gehaltsnachzahlung zugesprochen. Die Kündigung blieb bestehen.

Wir haben es also mit drei sogenannten „Bagatellfällen" (in Deutschland: unter 10 €) zu tun, die jeweils völlig unterschiedlich vor Gericht beurteilt wurden.

Diskutieren Sie die drei Fälle aus der Sicht eines „neutralen Beobachters", also nach Adam Smiths „Theorie der ethischen Gefühle". Er hat dafür drei Kriterien angegeben: Zunächst ist die „Absicht" oder „innerste Gesinnung" des Täters zu prüfen, sodann die daraus folgende „äußere Tat oder die Körperbewegung", die damit verbunden ist, und drittens die „guten oder bösen Folgen".[70] Unter Umständen kommt die ethische Betrachtung zu einem anderen Resultat als die juridische, was wiederum ein Beispiel dafür ist, dass Legalität und Legitimität nicht unbedingt zusammenfallen müssen (siehe ▶ *Abschnitt 3.4*).

Die drei Fälle könnten folgendermaßen diskutiert werden:
Im ersten Fall bestand unter Umständen gar keine Absicht, die Ware unbezahlt mitgehen zu lassen, sondern könnte auf eine für Hochbetagte nicht unübliche Vergesslichkeit zurückzuführen sein. Die Folgen resultierten also wahrscheinlich aus einem Zufall, für den die Täterin nichts kann. Adam Smith hat in einem eigenen Kapitel den Einfluss des Zufalls diskutiert. Übertragen auf den Fall würde ein neutraler Beobachter, sollte er keine schwerere Demenz bei der Täterin

Neutrale Beurteilung einer Greisin wegen vergessener Bezahlung

Neutrale Beurteilung
einer Kassiererin
wegen Aneignung
einer Fundsache beim
Arbeitgeber (Fall
Emmely)

feststellen, vielleicht einen „geringen Grad von Fahrlässigkeit, der keinerlei Unrecht in sich schließt" diagnostizieren. Denn der Täter „behandelt seinen Nächsten, wie er sich selber behandelt, meint es [mit] niemandem böse und ist weit davon entfernt, eine freche Missachtung für die Sicherheit und das Wohlergehen anderer zu hegen". Er verdient allenfalls „bis zu einem gewissen Grade Tadel und Zurechtweisung, doch keinerlei Bestrafung". Er sollte allerdings zur Wiedergutmachung verpflichtet werden. Mit einer Nachzahlung zuzüglich einer Gebühr für die entstandenen Umtriebe dürfte der Fall für die meisten „neutralen Beobachter" erledigt sein.[71]

Im zweiten Fall hat die Täterin Emmely einen Gutschein eingelöst, den ein Kunde versehentlich liegen gelassen und nicht eingelöst hat. Die Folge war zunächst die Aneignung eines fremden Gutes. Das wäre aus der Sicht eines neutralen Beobachters als Diebstahl zu werten, der zu Zeiten von Adam Smith im British Empire bis 1808 noch „mit dem Tode bestraft" worden wäre.[72] Die mit der Tat verbundene Körperbewegung bestand im Aufheben eines Zettels, dem nicht eingelösten Bon am Ende des Tages. Als neutraler Beobachter können wir uns in die Gesinnung von Emmely ziemlich gut hineinversetzen: Der Eigentümer hat den Bon verloren. Mit größter Wahrscheinlichkeit wird er wegen seines geringen Wertes nicht zurückkommen, um ihn zu suchen. Es handelt sich also um einen Bagatellfund (Wert kleiner 10 €), der normalerweise nicht anzeige- oder abgabepflichtig ist.

Wahrscheinlich kannte die Kassiererin aber den juristischen Sachverhalt nicht, dass eine Fundsache in den Geschäftsräumen, in denen sie arbeitet, nicht ihr, sondern dem Geschäftsherrn gehört. Demzufolge könnte ein neutraler Beobachter ihr kaum eine absichtliche Aneignung einer Fundsache unterstellen. Auch eine direkte böse Folge lässt sich kaum unterstellen, denn aller Wahrscheinlichkeit nach wäre der Bon bei den Reinigungsarbeiten vernichtet worden. Damit wäre aber dem Arbeitgeber ein unverhofftes Plus in der Kasse angezeigt worden, da ja die Forderung bereits in der Kasse registriert, aber nicht eingelöst worden ist. Wie der Arbeitgeber mit überschüssigem Geld in der Kasse umzugehen hat, entzieht sich dem neutralen Beobachter. Prinzipiell dürfte für den Arbeitgeber aus seiner Sicht kein Schaden entstanden sein, allenfalls der Verlust eines zufälligen Kassenüberschusses, auf die der Geschäftsherr keinen Rechtsanspruch hat, weil es sich ja um eine Fundsache handelt. Demzufolge würde ein neutraler Beobachter auch keine böse Folge durch die Tat erkennen. Daher würde er auch die fristlose Kündigung der Kassiererin als ethisch nicht gerechtfertigt sehen. Nach 31 Jahren erfolgreicher Zusammenarbeit sieht er zudem keinen Grund für ein „gestörtes Vertrauensverhältnis", allenfalls eine Informationslücke bei Emmely über Besitzansprüche von Fundsachen in Geschäftsräumen, die aber leicht zu schließen gewesen wäre oder der schlimmstenfalls mit einer Abmahnung hätte begegnet werden können.

Dass diese Einschätzung des neutralen Beobachters durchaus mit der öffentlichen Meinung einherging, sieht man an der Welle der Solidarität, die für Emmely deutschlandweit zum Ausdruck gebracht wurde. Die Überreaktion des Arbeitgebers sowie die Bestätigung der Kündigung über zwei Gerichtsinstanzen hinweg wurden vielerseits angeprangert. So kämpfte nicht nur eine eigens gegründete Aktionsgruppe „Solidarität für Emmely" dagegen an, sondern auch einflussreiche Politiker wie z. B. der damalige Bundestagsvizepräsident Wolfgang Thierse (SPD), der das erstinstanzliche Urteil „barbarisch" und „asozial" nannte.[73]

Auch im dritten Fall könnte der neutrale Beobachter Sympathie für die Konstanzer Altenpflegerin bekunden. Denn sie hat übrig gebliebene und für den Abfall bestimmte Essensreste, Maultaschen, aufgegessen. Auch hier dürfte Unwissenheit eine böse Absicht verneinen, und ein Geschädigter ist ebenfalls nicht zu erkennen. Der Tatvorgang selbst, die Aneignung von Essen während der Arbeitszeit mag je nach Umständen Anstoß erregen oder nicht: im ersten Fall ja, wenn z. B. im Altenheim für die Betreuer eine eigene Mittagspause vorgesehen ist, in der sie auf eigene Kosten ihr Mittagessen zu besorgen hätten; im zweiten Fall nein, wenn eine Mittagspause nicht vorgesehen ist und die Mitarbeiterin unter Hunger gelitten haben würde. In diesem Fall käme der Tatbestand des „Mundraubes", also der Entwendung oder Unterschlagung von Nahrungsmitteln zum Eigengebrauch in Betracht. Seit 1975 ist dies in Deutschland kein Straftatbestand mehr. Ein neutraler Beobachter hätte Sympathie mit einer hungernden Mitarbeiterin, die sozusagen auf die Schnelle ihr Grundbedürfnis nach Nahrung aus dem Abfall bedient, zumal niemand dabei geschädigt worden ist. Wie im zweiten geht auch im dritten Fall der neutrale Beobachter konform mit einer Gerichtsentscheidung, die in zweiter Instanz den Arbeitgeber zu einer Abfindung und Gehaltsnachzahlung verurteilte. Eine Wiedereinstellung wurde jedoch nicht verlangt.

In allen drei Fällen zeigt sich Adam Smiths ethische Methode des neutralen Beobachters als durchaus fähig, einen Tatbestand aus dem Blickwinkel von Gesinnung und Folgen sehr differenziert und durchaus repräsentativ zu beurteilen.

Neutrale Beurteilung einer Altenpflegerin wegen „Mundraubs"

Es ist ein bedeutender Unterschied, ob es bei der Beurteilung um die Entscheidung eines anderen geht oder um eine eigene Angelegenheit. Denn hierbei wird, wie Adam Smith völlig klar erkennt, „jedermann ... von der Natur in erster Linie und hauptsächlich seiner eigenen Obsorge anvertraut" sein, also immer geneigt sein, „sich selbst den Vorzug zu geben".[74] Deshalb ist es für Smith notwendig, „die Anmaßungen seiner Selbstliebe zu dämpfen"[75] und seine „innersten Empfindungen und Gefühle so umzumodeln", dass sie mit denen des unparteiischen Zuschauers und „ehrfurchtgebietenden Richters" übereinstimmen. Es ist Smith völlig klar, dass der „Grad, von Selbstbilligung" absehen zu können, vom „Grad

Absehung von eigenen Vorlieben

der Selbstbeherrschung" abhängt.[76] Tugenden wie Stärke, Ruhe, Besonnenheit, Gleichmut, Gerechtigkeit, Klugheit und Weisheit sollten entwickelt und von den eigenen „natürlichen, unbelehrten und undisziplinierten Empfindungen" der Eigenliebe, Habgier, Ruhmsucht und des Ehrgeizes weglenken.[77] Smith zufolge werden nach „schwersten Anstrengungen" der Selbstüberwindung und beständiger Einübung jene Tugenden dazu führen, dass die „Betrachtungsweise des unparteiischen Zuschauers" zur „Gewohnheit" wird. Wie Smith betont, steht er damit der Auffassung der stoischen Philosophie sehr nahe. Wer sich selbst und andere neutral beobachtet, emanzipiert sich von den inneren Launen der Natur und entwickelt eine „völlige Seelenruhe". Er erfährt damit die von jedem anzustrebende „Glückseligkeit".[78]

Selbstreflexions-
kompetenz und
Tugendethik

Adam Smith zufolge setzt also das Sich-Hineinversetzen in einen neutralen Beobachter eine hohe *Selbstreflexionskompetenz* voraus, über die längst nicht jeder von Natur aus verfügt und die stark mit der Tugend der Achtsamkeit (mindfulness) korreliert (siehe ▶ *Abschnitt 11.7.1*). Als Entscheidungsträger sich selbst und sein Verhalten neutral, sprich: frei von eigenen Emotionen, Vorlieben, Wertvorstellungen und Interessen beobachten und empathisch in die Perspektive eines neutralen Beobachters hineinversetzen zu können, verlangt eine besondere Charakter- und Geistesstärke, die aber entwickelt werden kann. An dieser Stelle erkennt man deutlich die Schnittstelle zwischen der Pflichten- und Tugendethik. Damit man überhaupt seine ethischen Pflichten in konkreten Situationen und Konflikten erfüllen kann, sollte man über bestimmte Tugenden, also über „Handlungsdispositionen" oder „Willensdispositionen"[79] verfügen, die einen ethisch akzeptablen Weg durch den Dschungel äußerer sozialer Zwänge oder innerer affektgebundener Triebfedern weisen.

Große
Handlungsspielräume

Welche konkreten Handlungen aber aus einer Disposition, sprich: einem ‚Möglichkeitsraum', erwachsen, hängt von der jeweiligen Situation und Fähigkeit des Handelnden ab und kann deshalb nicht mit konkreten Regeln allein aufgezeigt werden. Diesen „Tatbestand der Überkomplexität" hat Tugendhat zufolge auch schon Adam Smith erkannt: „Was jeweils moralisch richtig ist, schreibt Adam Smith, ist derart diffizil und differenziert, dass wir es unangemessen simplifizieren, wenn wir es unter Regeln zu bringen versuchen. […] Nur derjenige, der ein gutes Augenmaß hat, der gut urteilen kann, kann im Einzelfall erkennen, wann und wie etwa großzügig zu handeln ist."[80]

Tageslichttest

Im Medienzeitalter könnte man den Ansatz des neutralen Beobachters von Smith auch durch den Tageslichttest („Light-of-the-Day-Test") ergänzen, der von einigen Unternehmensethikern vorgeschlagen wird.[81] Demzufolge sollte man sich vorstellen, wie der Täter von seinen Familienangehörigen, Freunden, Arbeitskollegen, Vorgesetzten beurteilt würde und welche Emotionen dabei entstehen würden. Noch weitergehender wäre die Vorstellung, dass Täter und Tat mit allen Einzelheiten in den Medien diskutiert würden. In der Tat hat sich ja im Emmely-Fall (s. o. Fallbeispiel) gezeigt, dass gerade die öffentliche Empörung über das Gerichtsurteil eine andere Perspektive auf den Fall eröffnet hat und der „Täterin" große Sympathie eintrug.

Bei Pflichtenkollisionen wäre es daher noch zusätzlich sinnvoll, eine Folgenbetrachtung im Sinne der utilitaristischen Ethik anzustellen. Denn gerade dann sind die Vergleiche zwischen den Folgen der Einhaltung einer Pflicht und den Folgen für andere sehr hilfreich. So wiegen die Konsequenzen einer Lüge gegenüber einem Verbrecher sicherlich weniger schwer als die Folgen für das Opfer.

Verbindung zur Güterethik

Beispiel | **Leo Kirch gegen Deutsche Bank**

Am 4. Februar 2002 gab am Rande des Weltwirtschaftsforums in New York der damalige CEO der Deutschen Bank, Rolf Breuer, bei Bloomberg TV ein Interview über die finanzielle Situation eines ihrer Kunden, die Kirch-Gruppe. Auf die Frage, ob man Kirch mit weiteren Darlehen helfen solle, antwortete Rolf Breuer: „Das halte ich für fraglich. Was alles man darüber lesen und hören kann, ist ja, dass der Finanzsektor nicht bereit ist, auf unveränderter Basis noch weitere Fremd- oder gar Eigenmittel zur Verfügung zu stellen."[82] Einige Wochen später musste die gesamte Kirch-Gruppe Insolvenz anmelden.

Daraufhin trat Leo Kirch eine Prozesslawine gegen die Deutsche Bank los, die selbst nach seinem Tod 2011 von seinen Erben fortgesetzt wurde und erst nach zwölf Jahren ein Ende fand. Der Vorwurf: Die Äußerung Breuers hätte überhaupt erst zur Insolvenz geführt. Die Kirch-Gruppe forderte daher Schadensersatz in Höhe von zwei Mrd. Euro. Die Deutsche Bank wehrte sich dagegen mit dem Argument, dass die Kirch-Gruppe bei 6 Mrd. Euro Gesamtschulden auch ohne die Äußerung Breuers in die Insolvenz geraten wäre.

Prozesslawine

Das Medienimperium von Leo Kirch umfasste zu seiner besten Zeit unter anderem einen Anteil von 40 Prozent am Axel-Springer-Verlag, die Aktienmehrheit an Pro-SiebenSAT.1, hatte einen eigenen Bezahlfernsehsender (KirchPayTV), war Eigentümer einer Filmbibliothek mit 63.000 Stunden Programm, besaß die Rechte an der Fußball-Bundesliga und an den Fußball-Weltmeisterschaften von 2002 und 2006 sowie an der Formel1 usw.[83]

Kirch-Gruppe

Jedenfalls kam es nach mehr als zwölf Jahren Prozessdauer zu einem Vergleich, bei dem die Deutsche Bank an die Erben von Leo Kirch insgesamt 925 Mrd. Euro Schadensersatz zahlen musste. Breuers Interview ging daraufhin als das „teuerste der Welt" in die Wirtschaftsgeschichte ein.[84] Jedenfalls zeigt dieser Fall, dass der rigorose Anspruch Kants, immer die Wahrheit zu sprechen, in konkreten Situationen alles andere als einfach zu erfüllen ist.

Das Urteil

- Was war falsch an Breuers Aussage über die Kreditwürdigkeit seines Kunden in dem Interview?

- Hätte Breuer sich auch mit einer Lüge gegenüber dem Journalisten aus der Affäre ziehen können?

- Wie hätte Breuer Kants Diktum, immer die Wahrheit zu sagen, anders entsprechen können, ohne die Regressansprüche seitens Kirch zu provozieren?

Lügen in der
Chefetage

Bei allen Schwierigkeiten im Umgang mit Wahrheit und Lüge in der Unternehmenspraxis bleiben bleibt das Thema der Lüge in Unternehmen prinzipiell ein ethisches Problem. Denn vielfach versuchen Manager, mit zweideutigen Aussagen Stakeholder zu ihren Gunsten zu beeinflussen. Mit Sätzen wie „Bei uns ist der Mensch Mittelpunkt!" wird suggeriert, die Würde von Mitarbeitern und Kunden werde geachtet. In Wirklichkeit aber meinen viele damit, dass „der Mensch Mittel ist – Punkt!" Oder: „Wir wertschätzen unsere Mitarbeiter!" suggeriert deren würdenvolle Behandlung, meint aber „Wir schätzen deren Wert für uns ab." Und: „Wir stehen voll und ganz hinter Ihnen" suggeriert „volle Unterstützung", meint aber „Totale Kontrolle, indem wir immer über Ihre Schultern schauen". Mehr als sechzig solcher doppeldeutigen Aussagen wurden in *Lügen in der Chefetage*[85] analysiert und entlarvt. Umgekehrt tricksen manche Stakeholder ebenso, um möglichst viel für sich aus dem Unternehmen herauszuholen: MitarbeiterInnen möchten möglichst viel für wenig Arbeit verdienen, Lieferanten wollen große Umsätze mit minderwertiger Ware generieren, Kunden wünschen sich, möglichst wenig für sehr gute Produkte zu bezahlen usw.

Anthropozentrismus

Ein weiterer Schwachpunkt der Kantischen Ethik liegt darin, dass sie nur den Menschen unter ethischen Schutz stellt. Kant begründet dies damit, dass nur der Mensch ein Wesen der Vernunft sei. Nur er habe daher Anspruch auf ethischen Schutz. Nichtmenschliche Lebewesen seien eigentlich nur „Sachen", die zum beliebigen Gebrauch als Mittel für den Menschen zu Verfügung ständen.[86] Kant sieht deshalb nur im vernunftbegabten Menschen die Würde, die ihm auch den ethischen Schutz zugesteht. Deshalb wurzelt seine Ethik auf einem eindeutigen Anthropozentrismus (von griech. *anthropos* = Mensch).

Übung   **Deontologische Ethik – das Dilemma zwischen funktionalem Zwang und ethischer Verantwortung**

Der folgende Fall zeigt ein grundlegendes Problem der Unternehmensethik auf: das Dilemma zwischen funktionaler und ethischer Verantwortung. Gerade der kategorische Imperativ Immanuel Kants kann hier eine Brücke zwischen den beiden Verantwortungsdimensionen bauen. Der folgende Fall beruht auf realen Zusammenhängen, die am 28. Januar 1986 zum Absturz der Challenger-Raumfähre geführt haben. Mit einer ethischen Beurteilung der Situation – etwa unter Rückgriff des kategorischen Imperativs von Kant – hätte das Unglück verhindert und sieben Menschenleben hätten gerettet werden können.

Roger Boisjoly hatte ein Problem. Als Chefingenieur arbeitete er in einem Projektteam der Firma Morton Thiokol, die die soliden Raketenantriebe des Space Shuttle Challenger konstruiert hatte. Einen Tag vor dem geplanten Start der Challenger am 28. Januar 1986 zog eine Kaltfront über das Cape Canaveral, Florida. Boisjoly und seine Kollegen erkannten das Risiko, dass bei einer solchen Außentemperatur die Dichtungsringe der Raketenantriebe spröde werden können, wodurch der Treibstoff vorzeitig austreten und sich entzünden kann.

Viele der Ingenieure waren schon seit Längerem über die Qualität der Dichtungsringe besorgt. Boisjoly machte daher in einem Memo das Management der NASA auf das Risiko aufmerksam. Sollten die Dichtungsringe ihre Funktion verlieren, so schrieb er, könnte das „eine Katastrophe der schlimmsten Art hervorrufen – den Verlust von Menschenleben".

Eine Nacht vor dem geplanten Start erinnerte sich Boisjoly des Problems und organisierte eine Telefonkonferenz mit Ingenieuren seines Projektteams und Managern der NASA. Die Ingenieure legten noch einmal den Grund dar, weshalb sie den Start am nächsten Tag für gefährlich hielten. Energisch argumentierte Boisjoly für eine Verschiebung des Starts, bis eine Außentemperatur von wenigstens 11° Celsius erreicht sei.

Schließlich bemerkte Boisjoly, wie die NASA-Manager die Ingenieure unter Druck setzten, ihre Empfehlungen zu überdenken. Sie sollten beweisen, weshalb der Start verschoben werden sollte. Für fünf Minuten unterbrachen die Ingenieure des Zulieferers die Telefonkonferenz und diskutierten die Situation noch einmal unter sich. „Wir haben eine Management-Entscheidung zu treffen", sagte ein Manager des Projektteams und empfahl dem Vizepräsidenten des Unternehmens: „Es ist Zeit, dass wir den Ingenieurshut abnehmen und den Managerhut aufsetzen." Als Manager hatte der Vizepräsident sich um die Auswirkungen einer Verschiebung des Starts auf Finanzen und Image zu kümmern. Kurz darauf teilten die Ingenieure den NASA-Managern mit, dass der geplante Start zwar nicht unter idealen Bedingungen stattfinden würde, aber durchaus noch akzeptabel sei.

Boisjoly und die anderen Ingenieure ordneten sich widerwillig der Entscheidung von oben unter. Sie unterbreiteten den Fall nicht dem höheren Management der NASA, der Morton Thiokol oder gar der Presse (Whistleblowing). So kam es zu dem pünktlichen Start der Challenger, die kurz nach dem Take-off explodierte und alle Astronauten an Bord in den Tod riss.

Der offizielle Bericht der Präsidenten-Kommission über die Ursache der Katastrophe kam zu dem Schluss, dass genügend Informationen zum Problem mit den Dichtungsringen vor dem Unfall vorhanden waren, um eine Verschiebung des Starts auf unbestimmte Zeit zu rechtfertigen.[87]

	Verspäteter Start der Challenger
	Risiko einer Explosion
	Ingenieure plädieren für Startverschiebung
	NASA-Manager setzen sich durch
	Unterordnung der Lieferanten

Fragen

Beantworten Sie folgende Fragen zur Übung:

1. Was veranlasste das Management der NASA, die Warnungen der Ingenieure zu ignorieren? Was veranlasste die Ingenieure von Thiokol, ihre Bedenken nicht weiter mit Nachdruck zu artikulieren? Welche von den Beteiligten verloren auf Grund welcher Umstände ihre Autonomie?

2. Aufgrund welcher Sollensforderungen/Pflichten wurde die Entscheidung für den Start der Challenger trotz Risikos getroffen? In welchem Dilemma befand sich der Lieferant?

3. Welche ethischen Sollensforderungen wurden dabei ignoriert? Analysieren Sie diese Forderungen aus der jeweiligen Sicht der involvierten Stakeholder.

4. Wie würde Ihre Entscheidung jeweils aus Sicht der biblischen Zehn Gebote, der Goldenen Regel oder des kategorischen Imperativs aussehen?

5. Wie hätten die Ingenieure den Start noch verhindern können? Wie hätten die Beteiligten sich besser in die Argumente des anderen hineinversetzen können? Wäre Whistleblowing eine geeignete Lösung gewesen? Welche Folgen hätte das für die Whistleblower haben können?

6. Sehen Sie einen Weg, Ihre persönliche Freiheit bzw. ethische Überzeugung gegen institutionelle Zwänge zu bewahren oder gar durchzusetzen?

7. Waren Sie in Ihrem derzeitigen Arbeitsumfeld schon einmal mit ähnlichen Dilemmata konfrontiert wie dem hier geschilderten? Wenn ja, wie sahen sie aus und wie haben Sie sie gelöst?

5.6   Fazit zu den Gründen für Ethikverlust

Funktionale versus ethische Verantwortung

Lernerfahrung

Was wir aus dem Fall der Challenger lernen: Wenn Mitarbeiter in Unternehmen bloß als Funktionsträger („nur als Mittel zum beliebigen Gebrauche für diesen oder jenen Willen"[88]) und nicht (auch) als autonome Menschen angesehen werden, dann verlieren sie ihre ethische Kompetenz und lassen sich gerade in Krisensituationen, wenn Zeit- und Lösungsdruck das Handeln bestimmen, schnell von funktionalen Zwängen überrollen.

Autonomieverlust von Entscheidungsträgern

Die Frage, wo wessen Autonomie eingeschränkt oder gar weggenommen wurde, ist ein wichtiges Suchmuster der deontologischen Ethik. Menschen ohne Autonomie werden zu bloßen Funktionsträgern degradiert, erfüllen die an sie herangetragenen Aufgaben ohne kritische Reflexion. Sowohl die NASA-Manager als auch die Lieferanten waren ein

Stück weit ihrer Autonomie beraubt, weil sie unter funktionalen Zwängen standen: Erstere aus Angst in ihrer Funktion der Sicherstellung eines pünktlichen Starts der Challenger oder gar der technologischen Überlegenheit im Kalten Krieg, Letztere aus Angst vor Verlust eines mächtigen Kunden. Vollkommen ihrer Autonomie beraubt waren aber die Astronauten, diejenigen, die von der Entscheidung direkt betroffen waren. Sie wurden dafür gar nicht beigezogen, konnten also ihren autonomen Willen in der Angelegenheit gar nicht kundtun.

Wie der Challenger-Fall zeigt, ist Angst ein wichtiger und weit verbreiteter Treiber für Verlust von Ethikkompetenz. „Angst" kommt von „eng"[89] und erzeugt daher auch eine Blickverengung, einen Tunnelblick, der wesentliche Aspekte für eine Entscheidungsfindung ausblendet und damit kurzsichtige Problemlösungen favorisiert.

Verlust von Ethikkompetenz aus Angst

Bei der NASA herrschte offenbar eine funktionale angsterzeugende Unternehmenskultur vor, die dem ethischen Wert des Lebens einen geringeren Status einräumte als dem Image der technologischen Kompetenz. Ethische und ökologische Verantwortung dürfen bei wichtigen Entscheidungen nicht ausgeklammert werden. Die vermeintlichen Einsparungen bei schnellen Entscheidungen werden fast immer durch gewaltige Kosten der vernachlässigten Neben-, Rück- und Fernwirkungen um ein Vielfaches übertroffen.

Funktionale Unternehmenskultur

Warum verlieren Entscheider vor allem unter funktionalem Zwang oft ihre ethische Kompetenz? Vor allem Gruppenzwänge und die „Gehorsamsbereitschaft gegenüber Autoritäten", die offenbar die Mehrheit der Menschen evolutionsbiologisch instinktiv mit sich bringt, lassen nur wenig Spielraum für ethisch reflektiertes Handeln.

Gehorsamsbereitschaft gegenüber Autoritäten

Man denke in diesem Zusammenhang an die Experimente des amerikanischen Psychologen Stanley Milgram (1933–1984), bei denen Versuchspersonen dem Ideal der Wissenschaftlichkeit dienten und unter Berufung auf höhere Autoritäten ihre individuelle Moral verrieten und gegen ihr eigenes Gewissen Menschen quälten. Die Probanden wurden per Zeitungsannonce quer durch alle sozialen Schichten und Ausbildungsgrade ausgewählt. Sie sollten einen Teilnehmer des Experiments bestrafen, wenn er bei einem Gedächtnistest versagte, und zwar mit Stromstößen mit wachsender Stromstärke. Das Opfer war ein Schauspieler, der nur zum Schein auf die fiktiven Stromstöße mit Schreien und gekrümmtem Körper reagierte. Die Anzahl der Personen, die bereit waren, sogar tödliche Stromstöße auszuteilen, wuchs mit der optischen und akustischen Distanz zum Opfer. Mit wachsender Entfernung waren bis zu zwei Drittel der Versuchspersonen – unter ihnen Juristen und Theologen – sogar bereit zu töten. Allerdings geschah dies meist erst nach eindringlicher Aufforderung des Versuchsleiters, der zum einen auf die „wissenschaftliche Notwendigkeit" des Experiments hinwies und zum anderen bereit war, die Verantwortung dafür zu übernehmen.[90]

Vergabe tödlicher Stromstöße – das Milgram-Experiment

Das Experiment, das auch in anderen Ländern wiederholt wurde, zeitigte immer ähnliche Ergebnisse. Offenbar fällt es Menschen mehr-

Globale Vergleichbarkeit

heitlich schwer, sich gegen institutionelle und funktionale Zwänge durchzusetzen und eigene ethische Standards aufrechtzuerhalten. Das Experiment, das ursprünglich ergründen wollte, wieso Menschen im Dritten Reich sich aktiv am Holocaust beteiligten, konnte damit zeigen, dass sie unabhängig von ihrer Nationalität unter ähnlichen Umständen und Manipulationen wieder ähnlich handeln würden.

Achtzehn Gründe für den Verlust von Ethikkompetenz

Intrinsische und extrinsische Gründe für Verlust von Ethikkompetenz

Was veranlasst Menschen sich einer oft auch unbekannten Autorität zu beugen, ihre Freiheit und damit auch ethische Verantwortung aufzugeben? Viele Gründe können dafür gefunden werden.[91] Sozial- und Tiefenpsychologen haben besonders nach dem Zweiten Weltkrieg einiges dazu herausgefunden.[92]

Distanzierung von den inneren und äußeren Einflüssen

Ein Mensch, insbesondere als Führungskraft, ist prinzipiell zwei Kraftfeldern ausgesetzt: eines, das in seiner eigenen, meist unbewussten Psyche gründet, und eines, das von gesellschaftlichen Einflüssen ausgeht. Beide, tiefen- und sozialpsychologische Kraftfelder beeinflussen das Verhalten. Um nun autonome, also ethisch reflektierte Entscheidungen treffen zu können, sollte der Mensch diese Einflussfaktoren erkennen und darauf hin bewerten, ob sie seinem ethischen Kompass entsprechen. Falls nicht, sollte er sich davon distanzieren und dann erst bewusst eine vernünftig reflektierte Entscheidung fällen. Sowohl Adam Smiths „neutraler Beobachter" wie auch Immanuel Kants „innerer Richter" taugen für eine solche ethische Selbstreflexion.

Der Autor hat „Achtzehn Wege zum Ethikverlust" im Laufe seiner Forschungsarbeiten identifiziert und den Versuch unternommen, sie in der obigen Abbildung den genannten Kraftfeldern zuzuordnen, wobei auf Grund der zwangsläufigen Überschneidungen eine Trennung nicht immer eindeutig ist. Nach der Übersichtstabelle der Gründe folgt deren kurze Beschreibung in der (eher organischen) Reihenfolge, wie sie in der ersten Auflage dieses Buches vorgenommen wurde.

Individualpsychologische (intrinsische?) Gründe:	Sozialpsychologische (extrinsische?) Gründe:
1. Pflichttreue	10. Gruppenzwang und Zugehörigkeitsgefühl
2. Gehorsam und Disziplin	11. Beschränkte Sicht auf das Ganze
3. Loyalität gegenüber Autoritäten	12. Funktionalität vor Moralität
4. Psychische Anpassung an eine Autorität	13. Kompetenzbeweis in einer Funktion
5. Peinlichkeit eines Widerspruchs	14. Verantwortungsdiffusion
6. Gewöhnung an unethisches Verhalten	15. Distanz zum Opfer
7. Belohnungs- und Bestrafungssysteme (Gier und Angst)	16. Der Zweck heiligt die Mittel
8. Schattenseite der menschlichen Psyche	17. Rechtfertigung durch Ideologien
9. Betäubung durch Rauschmittel (im Umgang mit eigenen Affekten und Begierden)	18. Sündenbockpsychologie

Tabelle 5.2: Achtzehn Gründe für Verlust der Ethikkompetenz
Quelle: Autor

11. Oft verhindert die *beschränkte Sicht auf das Ganze* ethisch reflektiertes Handeln. Wer nicht sämtliche Ursachen und Wirkungen einer Aktivität überblickt, kann sich auch kein Urteil über seinen Beitrag anmaßen. Dies wird dann häufig auch als Argument dafür benutzt, dass man nicht eingegriffen hat. In Unternehmen zeigt sich dies häufig im „Abteilungsegoismus" oder in der „systembedingten Kurzsichtigkeit"[93]. Man ist nur verantwortlich für die Erreichung seiner Ziele und überschaut nicht die sozialen oder ethischen Nebenwirkungen. Der Challenger-Fall wie auch „Dieselgate" bei Volkswagen sind dafür ein typisches Beispiel. Nach heutigem Stand der Kenntnis sollten Entwickler aus dem mittleren Management das Ziel erreichen, einen Dieselmotor zu bauen, der den Abgasvorschriften in den USA genügt. Nachdem die eigene Technik diese nicht erfüllen konnte, mussten sie damals auf eine Softwarelösung zur Manipulation der Testverfahren ausweichen. Die Neben-, Rück- und Fernwirkungen konnten sie offenbar nicht überschauen.

Beschränkte Sicht auf das Ganze

12. Auch das Argument, zuerst die *Funktionalität* und *dann erst* die *Moralität* zu beachten, hat sich in vielen Köpfen festgesetzt. Damit einher geht häufig auch das Argument, dass moralisches Verhalten in Unternehmen zunächst nur Geld kostet, und damit die Funktionalität, die ja das Überleben des Unternehmens sicherstellen soll, erheblich bedroht. Funktionale Kosten-Nutzen-Berechnungen und damit einhergehend interner Kostendruck wie im Fall Ford Pinto führen häufig dazu, dass z. B. das bewusste In-Kauf-Nehmen von Todesfällen intern akzeptiert, extern aber als ethisch inakzeptabel angesehen werden muss.

Funktionalität vor Moralität

13. Ein anderes Moment besteht im *Kompetenzbeweis in einer Funktion*, demzufolge Menschen einem Vorgesetzten beweisen wollen, dass sie eine Aufgabe kompetent und effizient durchführen wollen und können. Sie suchen nach Lob und vermeiden Tadel, um auf diese Weise ihr Selbstbewusstsein zu stärken. Auch hier könnte der VW-Abgasskandal Pate stehen. So spricht einiges dafür, dass die involvierten Entwickler aus Angst vor Tadel ihrer Vorgesetzten, keine eigene kostengünstige VW-Lösung präsentieren zu können, mit ihrer manipulierten Scheinlösung für den schnellen Markteintritt in den USA ihre Kompetenz unter Beweis stellen wollten. Ohne Lösung befürchteten sie womöglich einen Rausschmiss oder zumindest einen strengen Tadel.

Kompetenzbeweis in einer Funktion

1. In diesem Zusammenhang ist auch die *Pflichttreue* ein starkes Motiv für Handeln unter funktionalem Zwang. Adolf Eichmann, der Organisator des Holocaust, hat dies ja eindrücklich während seines Prozesses in Israel zum Ausdruck gebracht: „Ich habe ja nur meine Pflicht erfüllt." So kommt es, dass auch Firmenmitarbeiter häufig die Augen vor unethischen Konsequenzen ihrer Pflichterfüllung verschließen und sich dafür nicht verantwortlich fühlen. Die Bilanzbetrügereien der Firma Enron waren durchaus einem engeren

Pflichttreue

Kreis von Mitarbeitern bekannt, nur eine Whistleblowerin hatte den Mut, die Machenschaften nach außen zu kommunizieren.

Unter Hinweis auf diese Pflichttreue wird manchmal auch die Ethik von Immanuel Kant kritisiert, weil dieser das „Handeln aus Pflicht" gegenüber dem „Handeln aus Neigung" als einzig ethisch korrektes Verhalten herausgestellt hatte. Dieser Vorwurf beruht auf einem Missverständnis. Denn die ethische Pflicht, wie sie Kant anzielt, besteht ja gerade darin, dem kategorischen Imperativ unbedingte Folge zu leisten. Der aber verbietet es, einen Menschen in irgendeiner Weise funktional zu instrumentalisieren. Eichmann bezog sich nicht auf diese Art von ethischer Pflicht, sondern auf die funktionale Pflicht, eine von oben verordnete Aufgabe strikt zu erfüllen. Ob dabei Menschen geopfert werden oder nicht, interessierte ihn nicht.[94]

Allerdings gilt es zu bedenken, dass auch Eichmann wie viele seiner Mittäter ihr Handeln selbst gegenüber dem kategorischen Imperativ rechtfertigen könnten, indem sie jüdischen Mitbürgern ihr Menschsein absprechen. Dies war ja der Hebel, mit dem der Nationalsozialismus seine grausamen Taten gerechtfertigt hat. Indem Juden als „Untermenschen" abqualifiziert wurden, musste auch nicht länger auf deren Würde geachtet werden. Da aber der kategorische Imperativ ausdrücklich nur Menschen unter Schutz stellt, kann er leicht dazu missbraucht werden, bestimmte Gruppen davon auszuklammern, indem man ihren Mitgliedern einfach eine Würde und damit auch ihr Menschsein abspricht. So stehen auch alle nichtmenschlichen Lebensformen stehen nicht unter seinem ethischen Schutz.

Gruppenzwang und Zugehörigkeitsgefühl

10. *Gruppenzwang und Zugehörigkeitsgefühl* sind weitere Gründe, weshalb Menschen ihre persönliche Ethik hinten anstellen, wenn es darum geht, die Anerkennung der Gruppengenossen nicht zu verlieren. Das Phänomen, das bei Jugendlichen noch häufiger vorkommt, weil sie sich ihrer Authentizität und Individualität im Leben nicht sicher sind, ist leider sehr weit verbreitet. So sorgt es gerade auch in Unternehmen immer wieder für Unfälle, ethisches Fehlverhalten oder Mobbing, wenn etwa das Rauchverbot missachtet, Mitgefühl als verweichlicht verunglimpft und abweichendes Verhalten als Verrat angeprangert wird. Unter Gruppendruck geben nicht wenige ihr selbstverantwortliches Handeln auf.

Dazu ein Beispiel aus dem Zweiten Weltkrieg das der Sozialpsychologe Harald Welzer (geb. 1958) im Rahmen seiner Forschungsarbeiten zu Gewalttaten im Dritten Reich schildert: Auf Befehl von Reinhard Heydrich wurden normale Polizeibrigaden aufgefordert, dem Sonderkommando beizutreten, das die Aufgabe der Exekution von Juden zu übernehmen hatte. Der Führer einer Berliner Brigade forderte seine Leute auf mitzumachen. Er setzte sie aber nicht unter Druck, sondern sagte, dass er verstünde, wenn sie sich weigerten. Es gebe dann auch keine Konsequenzen. Dennoch nahmen lediglich 10–12 der 500 Polizisten das Angebot einer Freistellung an. Eine Analyse ergab, dass der Gruppendruck die Mehrheit zur Teilnahme bewegte. Hinzu kamen ideologische Äußerungen, dass es sich hierbei um einen Verteidigungskrieg handele, der die „arische Rasse" vor den subtilen Angriffen der „jüdischen Rasse" bewahre.[95]

4. Der Zwang, den eine Gruppe auf das Verhalten Einzelner ausüben kann, wirkt umso mehr, je instabiler die Psyche eines einzelnen Menschen ist. Desto größer ist auch seine Beeinflussbarkeit durch Autoritäten. Sie kompensieren ihr mangelndes Selbstbewusstsein oft mit einem vermehrten Anlehnungsbedürfnis *an Autoritäten und Institutionen*, an die sie sich dann *psychisch anpassen*. Die Akzeptanz und Einbettung in eine Art Familienersatz gibt ihnen die fehlende psychische Stabilität zurück. Die Gehorsamsbereitschaft steigt mit der Abhängigkeit von und mit der Bewunderung für den eigenen Vorgesetzten. Man sieht sich als dessen verlängerten Arm oder Erfüllungsgehilfen, schlimmstenfalls als seinen Kettenhund, dem Widerspruch fremd ist. Oft übernehmen Middle-Manager diese Rolle. Anstatt die unethischen Vorgaben ihrer Vorgesetzten herauszufiltern, geben sie sie verstärkt oder gar verzerrt nach unten an ihre Mitarbeiter weiter, anstatt sie davor zu schützen. Dies dürfte auch ein Treiber für den VW-Abgasskandal gewesen sein. Es erfordert Mut, die Aufträge autonom auf ihre ethische Fragwürdigkeit hin einzuschätzen und zu neutralisieren.

Psychische Anpassung an Autoritäten

5. Eng verwandt mit den Punkten 4 und 3 ist die *Peinlichkeit eines Widerspruches*. Es bedarf schon größeren Mutes, gegen den Strom zu schwimmen oder sich gegen eine vorherrschende Stimmung auszusprechen. Sich in der Anonymität der Gruppe zu verstecken, ist wesentlich einfacher. Der fehlende Mut, gegen eine verschworene Gemeinschaft etwa in der Geschäftsleitung aufzubegehren und womöglich vor den anderen als Nestbeschmutzer oder Störenfried unangenehm aufzufallen, verhindert häufig konstruktive Kritik. Dem Autor wurde einmal von einem Oberarzt berichtet, wie ein als sehr autoritär gefürchteter Chefarzt während seiner letzten Herzoperation vor seiner Pensionierung in Anwesenheit mehrerer Ober- und Assistenzärzte einen Kunstfehler machte, der schließlich zum Tode des Patienten führte. Keiner der anwesenden Ärzte traute sich, ihn zu warnen, obwohl sie den Fehler erkannten. Zu sehr fürchteten sie noch immer die Demütigungen oder spontanen Entlassungen, die sie in der Vergangenheit mit ihm erlebt hatten.

Peinlichkeit eines Widerspruchs

14. *Verantwortungsdiffusion*, also das Abschieben von Verantwortung nach oben oder zur Seite, tritt häufig in anonymen Organisationen oder bei größeren Menschenansammlungen auf. Wie zahlreiche Experimente bewiesen haben, schwindet die Hilfsbereitschaft, etwa bei einem Überfall oder einer Vergewaltigung einzuschreiten, mit der Anzahl der anwesenden Personen. Ebenso diffundiert die Bereitschaft, Verantwortung zu übernehmen, mit der Größe der Organisation, in der die Handelnden nur eine kleine Rolle spielen und nur wenig Überblick über die Abläufe des Ganzen haben. Häufig

Verantwortungsdiffusion

verschanzen sie sich hinter dem Argument: „Die da oben wissen schon, was sie tun." Dennoch gibt es immer wieder Persönlichkeiten, die trotz ihrer firmenintern niedrigen Position Fehlverhalten einer Organisation etwa über Whistleblowing aufdecken und an die Öffentlichkeit bringen. Die Bilanzfälschungen von Enron und Worldcom wurden so überhaupt erst aufgedeckt. Verantwortungsdiffusion tritt auch verstärkt mit der Anzahl der Vorschriften in einer Organisation auf. Je mehr Regeln desto weniger fühlt sich der einzelne noch verantwortlich, selbst zu entscheiden. Auch diffundiert Verantwortung in managergeführten Publikumsgesellschaften leichter als in Familienunternehmen. [96]

Loyalität gegenüber Autoritäten

3. Gerade weil sie ihnen angeblich so viel verdanken, entwickeln Mitarbeitende bzw. Untertanen eine besondere *Loyalität gegenüber Autoritäten*. Man erinnere sich nur an die Selbstmorde nach dem Zusammenbruch des Dritten Reiches, als viele vor allem jüngere Menschen keinen Sinn mehr in ihrem Leben gesehen haben und sich lieber loyal dem Tod des Führers anschlossen, nicht ohne noch viele andere mit sich zu reißen. Solche Bindungen an charismatische Führungskräfte gibt es auch in Unternehmen. Vor allem in Seilschaften, in denen man dem anderen viel verdankt, ist man oft auch bereit mit ihm unterzugehen. Die Abhängigkeiten sind dann so groß, dass auch die Bereitschaft besteht, gemeinsam unethische Handlungsweisen durchzuführen wie z. B. betrügerische Dienstleistungen anzubieten – man denke an Drückerkolonnen im Vertrieb.

Gehorsam und Disziplin

2. *Gehorsam und Disziplin* sind weitere Eigenschaften, die zur Aufgabe persönlicher Ethik führen können. Insbesondere wenn in einem langjährigen Erziehungsprozess Gehorsam gegenüber Autoritäten und Disziplin bei der Funktionserfüllung antrainiert wurden, fällt es Menschen schwer, diese einfach aufzugeben und sich gegen die Anordnungen von oben zu stellen.

Distanz zum Opfer

15. Wie die Ergebnisse der Milgram-Experimente gezeigt haben, fördert auch die *Distanz zum Opfer* unethisches Verhalten. Mit der Entsinnlichung unserer Welt aufgrund moderner Kommunikationsmöglichkeiten wächst die Gefahr, mitleidslos Menschen oder andere Lebewesen für die eigene oder eine vermeintlich gute Sache zu opfern. Die Piloten von Kampfdrohnen, die das Geschehen nur noch über einen kleinen Bildschirm beobachten können, haben in der Regel weniger Skrupel, den tödlichen Knopf zu drücken, als diejenigen, die sich noch im direkten Kampfgeschehen befinden.

Gewöhnung an unethisches Verhalten

6. Auch die *Gewöhnung* an unethische Praktiken wie das Töten oder Foltern von Opfern ist ein wichtiger Grund für Ethikverlust. In der Wiederholung stumpft der menschliche Geist ab und entlastet sich gleichzeitig von Schuldgefühlen. Die Routine gaukelt Normalität vor. Die Ergebnisse der Gewaltforschung etwa bei Soldaten bestätigen diesen Effekt.[97] Wer in Unternehmen daran gewöhnt ist, regelmäßig vor allem des Nachts giftige Abwässer oder Abgase zu entsorgen, wird dies bei längerer Gewöhnung mit immer mehr abnehmendem schlechten Gewissen tun, bis es ihn irgendwann gar nicht mehr mahnt. Hirnforscher haben hierfür vor allem den Mandelkern (Amygdala) im Zentrum des Gehirns als Ursache ausgemacht. Sie hat die Funktion, Informationen „emotional einzufärben", wenn etwa Gefahr droht. Sie gilt deshalb als Angstzentrum, von dem der Impuls für Flucht, Angriff oder Lähmung ausgeht. Zu Beginn riskanten Verhaltens wie z.B. Aussprechen von Lügen oder Einsetzen von Gewalt feuert die Amygdala etwa drei Tage lang. Nach dieser Eingewöhnungszeit stellt sie ihren Alarm ein und man hat sich an das Verhalten gewöhnt. Harald Welzer hat dies bei seinen Analysen von Gewalttaten im Zweiten Weltkrieg bestätigt. Die „Gewöhnungsphase an die Gewalt" etwa zu Beginn des Polenfeldzugs dauerte nach verschiedenen Zeugenaussagen „gerade mal drei Tage".[98]

16. Schon die Inquisition der katholischen christlichen Kirchen nutzte den Spruch *„der Zweck heiligt die Mittel"*, um unliebsame Gegner oder Störenfriede zu beseitigen. So diente zum Beispiel die Verbrennung einer Hexe, die im Bunde mit dem Teufel steht, angeblich dazu, ihre Seele vom Bösen zu befreien und ihr eine Auffahrt in den Himmel zu ermöglichen. In Wirklichkeit ging es darum, das Monopol der Kirche in Sachen Religion zu bewahren. Weltanschauungsideologien, wie sie in der französischen oder russischen Revolution Verbreitung fanden, opferten jegliche Art von Gegnern, um das vermeintliche Gemeinwohl durchzusetzen. Sektenartig aufgebaute Unternehmenskulturen, bei denen die Mitarbeiter auf den „Krieg" im Markt eingeschworen werden, führen dann häufig zu unethischem Verhalten gegenüber Kunden oder der Umwelt.

Der Zweck heiligt die Mittel

17. *Ideologien,* wie sie etwa der Nationalsozialismus oder Kommunismus vertreten haben, können unethisches Verhalten *rechtfertigen.* Dabei werden häufig das Gemeinwohl, die Partei oder Glaubensgrundsätze über das Wohl des Einzelnen gestellt. Die Parole „Der Einzelne ist nichts, die Allgemeinheit ist alles!" ist Ausgangspunkt vieler Ideologien. Um sie zu verwirklichen, sind Opfer zur Demonstration eigener Stärke, zur Ausgrenzung missliebiger Dritter oder zur Ableitung und Lenkung des Volkszorns durch Erzeugung von Sündenböcken sehr dienlich. Auch hier führen starke Unternehmenskulturen dazu, dass Mitarbeitende etwa in Selbstaufopferung für wenig Geld sehr viel arbeiten. Ihr Stolz bei einer solch „tollen Firma" überhaupt mitwirken zu können, macht sie blind für ihnen angetane Ausbeutung.

18. Die *Sündenbockpsychologie* ist ein weiteres Moment für den Ethikverlust. Der Sündenbock diente im Alten Testament als kollektive Entlastung des ganzen Volkes Israel. Der Hohepriester übertrug mit Handauflegen symbolisch sämtliche Vergehen des Volkes des vergangenen Jahres auf einen Ziegenbock und jagte ihn in die Wüste. Die Psychologie hinter diesem Vorgehen ist die Entlastung der eigenen Schuld und deren Übertragung auf jemand anderen. Dies kann individuell genauso geschehen wie kollektiv. So projiziert man gerne eigene Ängste etwa auf die „Achse des Bösen". Konsequent werden dann z. B. alle fundamentalistischen Moslems 1:1 als potenzielle Terroristen angesehen. Das vereinfacht die eigene psychische Situation, weil man nun nicht mehr selbst Mitverantwortung trägt, sondern diese auf andere abwälzen kann. Man wird die Verantwortung los, kann dergestalt verantwortungs-los den Sündenbock jagen oder gar töten, um die Welt von dem angeblichen Übel zu befreien. In diesem Sinne neigen Führungskräfte oft dazu, ihr eigenes Versagen auf andere abzuwälzen.

 7.   Eine große Bedeutung für möglichen Ethikverlust haben auch *Belohnungs- oder Bestrafungssysteme*, die erheblichen Einfluss auf das menschliche Verhalten haben. Diese können *Gier* oder *Angst* bei den Betreffenden auslösen. Wer für sein von Autoritäten gewünschtes Verhalten entsprechend belohnt wird und diese Belohnungen annimmt – sei es durch Zuschreibung von Geld, Privilegien oder Macht – wird leicht blind für die ethischen Folgen. In besonderem Maße scheint Geld dabei eine besondere Rolle zu spielen, indem es Gier und Suchtverhalten stimuliert.[99] Wem hingegen bei Nichterfüllung Bestrafung – etwa durch Entzug von Privilegien oder schlimmstenfalls durch Mobbing oder gar Folter – droht, wird aus Gründen des Selbstschutzes seine normalerweise gut funktionierende ethische Verantwortung aufgeben. So werden in manchen Firmen bestimmte Mitarbeiter mit „fringe benefits" abhängig und gefügig gemacht, damit sie kritiklos die Machenschaften im Unternehmen mittragen. Der Spielfilm „Die Firma" (The Firm) nach einem Roman von John Grisham spiegelt solche Abhängigkeiten sehr anschaulich wider.

 8.   Neben allen äußeren Systemzwängen wirkt sich demzufolge auch die eigene *Schattenseite der menschlichen Psyche* bei der Verdrängung ethischer Grundsätze aus. Diese verdrängten oder unterdrückten, also meist unbewussten Triebe, Affekte, Begierden zum Selbsterhalt oder zur vermeintlichen Eigenoptimierung, also die egoistische Verfolgung von Eigeninteressen, machen häufig blind gegenüber den ethischen Forderungen im Umgang mit anderen. Sie machen uns geneigt, uns den äußeren Systemzwängen ohne bewusste Gegenreaktion auszuliefern, vor allem dann, wenn eine Belohnung oder Vermeidung von Strafe mit einhergeht. Dies kommt besonders zum Tragen, wenn der Betreffende über wenig bis gar keine Empathie für die Gefühlslage anderer hat, nur über seine rein kognitiven Fähigkeiten verfügt und dabei seinen unbewussten Prägungen ausgeliefert ist. Solche Persönlichkeiten können dann im Extremfall der „dunklen Triade" aus *Machiavellismus*, *Narzissmus* oder *Psychopathie* zugeordnet werden.[100] Dies ist ein wichtiges Thema, mit dem Unternehmen immer wieder konfrontiert werden. Es wird in ▶*Kapitel 11* und *12* noch ausführlicher behandelt.

9. Ein weiterer, nicht unbedeutender Grund liegt in der *Einnahme bewusstseinseintrübender Drogen*, zu denen auch Alkohol gehört. Zahlreiche Führungskräfte sind Alkoholiker oder nehmen zur besseren Bewältigung ihres Stresses Psychopharmaka oder Drogen (z. B. Amphetamine, Ritalin, Speed, Kokain, Tranquilizer) ein. Diese trüben ihr Bewusstsein, wappnen aber zugleich gegen schwierige Situationen.[101] Wie der Autor aus erster Hand mehrfach vernommen hat, nehmen Top-Manager hin und wieder spezielle Drogen ein, um ihre Resilienz zu steigern oder gar emotionale Gleichgültigkeit zu erzeugen, wenn sie sich beispielsweise durch aggressive Vorwürfe von Medienvertretern auf Pressekonferenzen oder Aktionären auf Generalversammlungen bedroht sehen. Auf diese Weise überstehen sie gelassen schwierigste Auftritte, wenn sie ihre Arbeit rechtfertigen müssen. Dass sie in diesem Zustand kaum noch sensibel auf die Wünsche der Aktionäre oder Öffentlichkeit eingehen können, liegt auf der Hand.

Illustrationen zu den einzelnen Punkten können als Poster auf der Website zum Buch unter *www.pearson.de* heruntergeladen werden.

Perspektivenwechsel durch de Bonos „Sechs Denkhüte"

Für eine Ethik, die in funktional bestimmten Organisationen oder Institutionen Eingang finden soll, ist es daher entscheidend, wie man mit diesen Momenten, die zu einem Ethikverlust führen, umgehen soll. In einem ersten Schritt ist es sinnvoll, funktionale Zwänge selbstkritisch zu beleuchten, um dem damit verbundenen Tunnelblick oder der Blickverzerrung (engl. bias) durch sogenanntes „Debiasing" wenigstens teilweise zu entgehen.[102] Im Fall des Challenger-Unglücks wäre dies möglich, indem die beiden Funktionshüte des Ingenieurs und des Managers ergänzt werden mit weiteren Hüten, die zu einer effektiven Lösung eines Problems beitragen könnten. Hierbei wären die „sechs Denkhüte" von Edward de Bono ein guter Ansatz.[103] Ihm zufolge funktioniert unser Gehirn nicht nur nach der technischen oder organisatorischen Vernunft. Es gibt noch sechs weitere Zugangsweisen, ein Problem zu beurteilen, nämlich über:

Einsatz unterschiedlicher Denkmethoden zwecks „Debiasing"

- *Sachinformationen* (weißer Hut): Sammle alle möglichen und zugänglichen Sachinformationen, Fakten und Tatsachen zu dem Fall!

- *Gefühle* (roter Hut): Bringe alle Instinktreaktionen, Bauchgefühle, Emotionen und Gefühle, die du mit dem Fall verbindest, zum Ausdruck!

- *Schlechtester Ausgang* (schwarzer Hut): Ziehe alle Möglichkeiten negativer Szenarien, Hindernisse oder Gegenkräfte in Betracht!

- *Bester Ausgang* (gelber Hut): Bedenke alle positiven Resultate, Nutzenmomente und harmonischen Wirkungen!

- *Kreativität* (grüner Hut): Sammle alle Vorschläge, Provokationen, Statements und Untersuchungsergebnisse zu dem Fall, um sie weiterzuspinnen!

■ Nachdenken über die *abgelaufenen Prozesse* (blauer Hut): Beobachte, was bisher passiert ist und wie der Fall reflektiert wurde, um neue Erkenntnisse zu gewinnen.

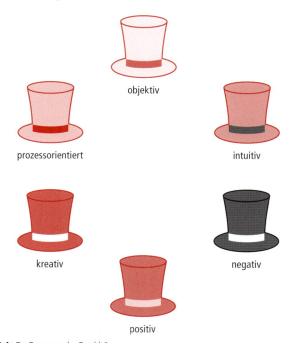

Abbildung 5.1: De Bonos sechs Denkhüte
Quelle: *http://www.personal-development-planet.com/edward-de-bono.html*

Perspektivenwechsel zur Problemlösung

Insbesondere in Gruppen sorgen die sechs Hüte dafür, dass unterschiedliche Perspektiven zur Problembetrachtung einfließen und entsprechend vielschichtige Lösungen angedacht werden können. Im Challenger-Fall hätte dies wahrscheinlich auch zu ethischen Überlegungen geführt, sodass die Dominanz der Funktionalität gebrochen worden wäre.

Ausblick auf Tugendethik

In einem zweiten Schritt gilt es, überhaupt ethische Kompetenz zu erwerben, sprich: seinen eigenen Charakter im Hinblick auf mehr Ethikfähigkeit umzumodellieren. Wenn man so will, korrigiert ethisches Bewusstsein die verzerrten Wahrnehmungen (engl. *bias*) von Problemen, wie sie etwa eine einseitige Gewinnorientierung erzeugt. Sie liefert also einen wichtigen Beitrag zum oben erwähnten „Debiasing", um dem omnipräsenten Tunnelblick zu entgehen. Die Ethik liefert neben den Hüten der Nützlichkeits- und Pflichtenethik noch den der Tugendethik. Diese wurde ursprünglich von Platon und dann vor allem Aristoteles begründet, und wird heute gerade auch für die Unternehmensethik wiederentdeckt. Sie gibt Anleitung dazu, wie durch Einsicht oder Nachahmung von Vorbildern Charaktereigenschaften auf individueller wie organisatorischer Ebene eingeübt werden können, die sich gegen die oben genannten Momente von Ethikverlust immunisieren können. Dies soll im nächsten Kapitel ausführlicher abgehandelt werden.

Zusammenfassung

Im Rückblick hat sich gezeigt, dass Moral und Ethik sich aus dem Bedürfnis heraus entwickelt haben, die sozialen Beziehungen in einer Gemeinschaft friedlich und gerecht zu gestalten. In der Menschheitsgeschichte kann man drei Phasen der Moralentwicklung feststellen: In der ersten Phase herrscht die egoistische Sicht des Familienclans vor, dem der Stärkste und Angesehenste vorsteht. Die Moral eines Stammes gilt nur für seine Mitglieder. Sie grenzt alle anderen als potenzielle Feinde aus, die es abzuwehren, zu meiden oder allenfalls durch Heirat zu integrieren gilt. In der zweiten Phase bilden sich staatliche Ordnungen heraus, die hierarchisch strukturiert sind, bei denen der Obere den Unteren schützt und der Untere sich dem Oberen solidarisch unterwirft, indem er die etablierten Konventionen einhält. In der dritten Phase werden allgemeingültige Prinzipien wie etwa der kategorische Imperativ Immanuel Kants aufgestellt, die für alle Menschen gelten sollen. Der Mensch unterwirft sich einem göttlichen oder vernünftigen Prinzip, das für alle gilt. So kommt es etwa in der Aufklärung zu der Entdeckung, dass es die Würde aller Menschen zu schützen gilt. Diese Einsichten, wie die Berücksichtigung der Menschenrechte, finden auch immer mehr Eingang in unternehmerisches Handeln.

Bei genauem Hinschauen sind alle drei Phasen der Moral noch heute in Kollektiven wie bei Individuen präsent und spiegeln sich daher auch im Stufenschema von Lawrence Kohlberg. Leicht kann es sein, dass vernünftige Sollensforderungen von Moralprinzipien der anderen Phasen überlagert werden. Es kommt dann zu einem Verlust der universalen Ethik. Die Einsicht, etwa dem kategorischen Imperativ Beachtung zu schenken, wird dann leicht vergessen. Dies hat erhebliche Auswirkungen auf die Anwendung der Ethik auch in Unternehmen. Wie das Fallbeispiel der NASA gezeigt hat, überschreiben funktionale Zwänge sehr schnell ethische Überlegungen mit zum Teil katastrophalen Folgen.

Im nächsten Kapitel kommen daher Methoden der Tugendethik zur Sprache, die es erlauben, dem drohenden Ethikverlust in funktionalen System entgegenzuwirken.

Weiterführende Inhalte finden Sie auf der Website *www.pearson.de*.

Endnoten

1 Vgl. Assmann, 2001, S. 237.
2 Vgl. Assmann, 2001, S. 238.
3 Vgl. Nietzsche, 1997b, Aph. 174, S. 1130.
4 Vgl. Schüz, 1996, S. 40.
5 Vgl. die Analyse zur Entwicklung des Moralbewusstseins des Menschen bei Arnold Gehlen, 1981, S. 79–93.
6 Vgl. Assmann, 2001, S. 238 ff. Man könnte durchaus diese Phase mit der vorkonventionellen Stufe bei Kohlberg vergleichen. Der Egozentrismus der Kleingruppe bildet die Grundlage des Handelns.
7 Ebd. S. 268 f.
8 Dies erinnert an die konventionelle Stufe bei Kohlberg, auf der Konventionen das gute Miteinanderauskommen regeln.
9 Vgl. Nestle, 1998.
10 Jaspers, 1983, S. 19.
11 Dittmer, 1999, S. 193.
12 Damit stehen wir auf der post-konventionellen Stufe im Kohlbergschema.
13 Das biblische Judentum kennt neben den Zehn Hauptgeboten noch weitere 603 Pflichten, insgesamt: 248 Ge- und 365 Verbote (Joela, 2010).
14 Schüz, 1996, S. 41.
15 Ebd. S. 42.
16 So hieß es beispielsweise in den „Principles of Human Rights" bei der Firma Enron: „At Enron, we treat others as we expect to be treated ourselves. We believe in respect for the rights of all individuals and are committed to promoting an environment characterized by dignity and mutual respect for employees, customers, contractors, suppliers, partners, community members and representatives of all levels of Government." (Brewer, 2004, S. 31) Trotz des hier eingeforderten Gegenseitigkeitsprinzips („mutual respect") hat das Topmanagement dieser Firma auf betrügerische Weise zahlreiche Stakeholder finanziell ausgebeutet.
17 Nash, 2012.
18 Maxwell bringt dies bereits im Titel seines Buchs zum Ausdruck: „There's No Such Thing as 'Business Ethics' – There's Only One Rule for Making Decisions" (2003).
19 Schmidt, 1972, S. 7, 26. Damit ist auch der Bezug zu unserer Ökonomie des fairen Tauschs (siehe ▶Abschnitt 1.1) gegeben, der eben kein Nullsummenspiel ist, bei dem die Güter nur ihren Besitzer wechseln. Stattdessen schafft er bei allen Tauschpartnern einen Mehrwert – sei es materiell, psychisch oder geistig –, der auf Grund der universalen Verflochtenheit von allem auf das Ganze des Lebens wirkt. Ähnlich verweist Schmidt auf den Philosophen Hans Margolius (1902–1984), für den „'Keiner lebt aus sich heraus. Keiner vermag allein aus sich heraus zu denken'". Er folgert daraus: „Immer sind wir durch unser Denken und Fühlen, Verhalten und Tun im Sinne der Gegenseitigkeit schicksalhaft verbunden mit allem, was lebt." (Ebd. S. 65)
20 Küng, 1990; Küng/Kuschel, 1996.
21 Küng, 1990, S. 84; 1997, S. 140; vgl. 2007.
22 Küng, 1997, S. 230, vgl. 319f.
23 Vgl. Schüz, 1999, S. 120 ff.
24 Pufendorf, 1948, S. 21.
25 Shaw, 1947, S. 211.
26 Hare, 2016. Hare zufolge kann die Wirkung eigener moralischer Prämissen auf Betroffene durch Rollentausch erfasst werden. Wenn ich beispielsweise als Weisser Schwarze für minderwertig halte, wie würde ich mich dann unter dieser Prämisse als Schwarzer fühlen?
27 Kant desavouiert die Goldene Regel unter Bezugnahme auf Pufendorfs Gegenargument in einer Fußnote seiner Grundlegung der Metaphysik der Sitten folgendermaßen: „Man denke ja nicht, dass hier das triviale quod tibi non vis fieri etc. zur Richtschnur oder zum Prinzip dienen könne. Denn ... es kann kein allgemeines Gesetz sein." (1978, S. 80 f.) Gensler sieht vier Schritte notwendig zur korrekten Anwendung der Goldenen Regel: (1) Verstehe die Situation des anderen, (2) versetze Dich in die Rolle des anderen, (3) erfasse die Bedürfnisse/Wünsche des anderen, (4) handle entsprechend der Goldenen Regel. (1996, S. 161, vgl. 93 ff)
28 Zum Verhältnis der Goldenen Regel zum kategorischen Imperativ vgl. Jochen Bojanowski (2014).
29 Kant, 1978, S. 68.
30 Zit. n. Schüz/Wirth/Bode, 2007, S. 14.
31 Vgl. Kant, 1978, S. 42.
32 Choshen-Hillel/Shaw/Caruso, 2020; vgl. Dawid, 2019.
33 Über das Wesen, die Geschichte und Typologie der Lüge Stangneth, 2017; Campbell, 2005; Bettetini, 2003. Zu „Lügen in der Chefetage", Schüz/Wirth/Bode, 2007.
34 34 Kant, 1968c, S. 639

35 Den Vorwurf des Rigorismus in Kants Ethik widerlegt sehr differenziert und tiefgründig
Frédéric Rimoux (2015, S. 220–242) unter dem Hinweis, dass Kant in seiner früheren
Ethikvorlesung durchaus „Situationen identifiziert, in welchen einem Menschen erlaubt
ist unwahrhaftig zu sein" (S. 234). Wie Rimoux belegt, sind bei Kant „kategorisch gebotene
Handlungen … nur jene Handlungen, welche die Menschen auch zu leisten imstande
sind". Demzufolge setzt „jedes Sollen ein Können" voraus (ebd. S. 236). Um den vermeint-
lichen Widerspruch zwischen dem rigorosen Lügenverbot und der pragmatischen Lügen-
akzeptanz aufzulösen, verweist Rimoux auf Kants Unterscheidung zwischen
„vollkommenen Rechtspflichten" und „unvollkommenen Tugendpflichten" (ebd. S. 238).
Erstere gebieten unbedingt und lassen „weniger Spielraum" zu als Letztere (ebd. S. 239).
Dieser „Dualismus von formalem und materialem Prinzip" (ebd. S. 240) berücksichtigt den
Menschen „mit seinen Mängeln" (Kant, 1968a, S. 528). In konkreten Notsituationen kann
er nicht unbedingt handeln wie ein „endliches, *heiliges* Wesen" (Ebd., S. 512). Deshalb benötigt er eine Tugendlehre, die empirischen Rahmenbedingungen wie die „Anzahl der Betroffenen, die Dringlichkeit der gebotenen Handlungen, die Einsetzbarkeit der eigenen
Kapazitäten usw." (Rimoux, 2015, S. 242) gerecht wird.
36 Kant, 1978, S. 79.
37 Kluge, 1975, S. 894.
38 Vgl. Tugendhat, 1993, S. 144.
39 Vgl. Kant, 1978, S. 113 f. Damit greift Kant die christlich-theologische Vorstellung von den
zwei Reichen auf, dem Reich Gottes und der irdischen Welt, wie sie vor allem bei Martin
Luther in seiner ihm nachgesagten „Zwei-Reiche-Lehre" thematisiert wird. Kant säkularisiert das Reich Gottes in das „Reich der Vernunft" oder die „intelligible Welt".
40 Kant spricht auch von „Eigene Gesetzgebung" (1978, S. 109).
41 Kluge, 1975, S. 816.
42 Vgl. Schmidt/Schröder, 2014; Kant, 1968a, S. 573. Wie Kant in seiner „Tugendlehre" unterstellt, hat auf diese Weise der Mensch eine „zwiefache Persönlichkeit" bzw. ist ein
„doppeltes Selbst", das sich als „Kläger" und „Angeklagter" zugleich offenbart (ebd. S.
574). Die Quelle des Gewissens verlegt Kant dabei außerhalb des individuellen Selbst in
das jenseitige kollektive Reich aller Vernunftwesen („Reich der Zwecke", „transzendenta-
les Subjekt"). Sigmund Freud hat später die „richterliche Tätigkeit des Gewissens" (1999,
S. 65) mit dem diesseitigen „Über-Ich" identifiziert, das in den Werten und Normen der
Gesellschaft wurzelt und entsprechend Schuld- oder Minderwertigkeitsgefühle induziert
(vgl. ebd., S. 65–86).
43 Schultze-Kraft et al., 2016; Schmundt, 2016b, S. 94 ff; vgl. Libet, 2005, S. 57 ff. Zu Libets
Haltung zum freien Willen vgl. ebd. S. 159 ff. Die unterschiedlichen Aspekte der Freiheit
als Grundproblem jeglicher Ethik diskutiert ausführlich Weischedel (1976, §§ 34–56).
44 Der Einfluss von Kants Ethik auf die Menschenrechte wird kontrovers diskutiert, wie die
verschiedenen Beiträge in Mozayebi (2018) zeigen. Selbst die Forderungen nach guten Lebensbedingungen in den Artikeln 23 und 24 der Menschenrechte kann man als Postulate
der Autonomie ansehen. Denn nur derjenige, dessen Grundbedürfnisse nach Nahrung,
Kleidung, Gesundheit und Erholung befriedigt ist, kann überhaupt seine Freiheit leben.
Wer hungert, ist fremdbestimmt vom Mangel, der ihn zur Nahrungssuche antreibt. Weitere
Aspekte der Menschenrechte im Kontext der Unternehmensethik (vgl. Göbel, 2020, S. 153
ff).
45 Bieri, 2014, S. 32 ff; vgl. zur Antastbarkeit der Menschenwürde Schirach, 2015.
46 Vereinte Nationen, 1948.
47 Vgl. Gosepath, 2018, S. 195; zum Rechtsdenken in der Antike vgl. Wolf, 1952, S. 113 ff,
134 ff.
48 Vgl. Leipziger, 2010, S. 181 ff.
49 Vgl. ebd. S. 131 ff.
50 Alasdair MacIntyre bezweifelt, dass Kants Ethik wie auch die Menschenrechte rational begründet werden können: „Alle Versuche, stichhaltige Gründe für die Überzeugung zu liefern, dass es solche Rechte *gibt*, sind gescheitert. … Natur- und Menschenrechte sind
demnach Fiktion." (1995, S. 98 f) Sie sind allerdings eine „hilfreiche Fiktion" (Haus, 2014,
S. 75), weil sie im Kontext historischer Ereignisse etwa des Zweiten Weltkriegs als sozialer
Lernprozess entstanden sind. (Vgl. dazu die kritische Auseinandersetzung mit McIntyre
von Tugendhat, 1993, S. 215 ff.) Als Fiktion können sie ein neues Kapitel in der Geschichte
der Menschheit eröffnen – allerdings mit ungewissem Ausgang. Denn noch längst nicht ermöglichen sie jedem Menschen in allen Ländern der UN die gleichen Chancen auf ausrei-
chendes Grundeinkommen, Sozialleistungen, politische Partizipation, Bildung, freie
Partnerwahl, Religionszugehörigkeit usw.
51 Godin, 2007; vgl. Jourdier, 2002.
52 Die Sozialpsychologin Shoshana Zuboff warnt in diesem Zusammenhang vor dem Zeitalter des Überwachungskapitalismus, in dem Konsumenten durch die IT-Industrie mit Hilfe
von Big-Data-Verhaltensanalysen derart manipuliert werden, dass sie nur noch tun, was
den Anbietern, also Anderen („The Big Other"), Gewinne bringt (2019).
53 Ein ähnliches Problem stellt die Organspende dar. Die meisten Länder Europas haben hier
die Widerspruchslösung eingeführt, derzufolge ein Bürger sich aktiv gegen sie ausspre-

chen muss, ansonsten er per Gesetz zum Organspender deklariert wird. Die Schweiz und Deutschland haben sich für die Zustimmungslösung entschieden, derzufolge die Autonomie eines jeden bezüglich Organspende unangetastet bleibt, bis er ihr aktiv zustimmt. Was in der europäischen Datenschutzgrundverordnung sichergestellt ist – die aktive Zustimmung – wird bei der Organspende in vielen EU-Ländern ignoriert (vgl. Ih, 2017, S. 83).

54 DW, 2014.

55 Ausführlicher wird UN Global Compact bei Leipziger (2010, S. 70 ff) vorgestellt und diskutiert.

56 Buchholz et. al., 1994, S. 257 ff.

57 Vgl. Leipziger, 2010, S. 19 f. Deborah Leipziger diskutiert in ihrem „The Corporate Responsibility Code Book" ausführlich die am meisten verbreiteten Richtlinien wie z. B. „The OECD Guidelines for Multinational Enterprises", „ISO 26000", „Social Accountability 8000", „Ethical Trading Initiative", „The Ceres Principles" etc. Herbert Winistörfer et al. bietet ebenfalls eine „Auswahl von [27] freiwilligen Standards" (2012, S. 349 ff).

58 Vgl. Preusche/Würz, 2019.

59 Vgl. z. B. Birbaumer, 2016 S. 9, 14.

60 Spork, 2010.

61 Vgl. Göbel, 2020, S. 243 ff; Noll, 2002, S. 119 f.

62 Kant, 1968c, S. 639.

63 Tugendhat, 1993, S. 147.

64 Joana Kuçuradi behauptet sogar, dass nur der Täter, nicht aber das Opfer seine Würde gar nicht verlieren kann (2013, S. 99). Damit stellt sich auch die Schuldfrage neu. Wer fremdbestimmt, also ohne Autonomie handelt, kann der dann im moralischen oder juristischen Sinne überhaupt noch als schuldig verurteilt werden? Eine Antwort hätte sicherlich auch Konsequenzen für unser Rechtssystem, etwa in der Frage, ob ein seiner Autonomie beraubter Täter überhaupt straffähig ist. Zumindest wäre das Anlass, den Justizvollzug und die damit verbundene Anstrengungen zur Resozialisierung neu zu überdenken (vgl. Schüz, 2019b).

65 Smith, 1985, S. 100, vgl. 52, 122, 217.

66 Tugendhat, 1993, S. 299.

67 Vgl. Smith, 1985, S. 122 f; Ulrich, 1997, S. 63 ff.; Sen, 2002.

68 Friedrichsen, 2015, S. 58.

69 Bundesarbeitsgericht, 2010.

70 Smith, 1985, S. 138.

71 Vgl. ebd. S. 156 f.

72 Ebd. S. 151.

73 Vgl. Müller-Neuhof, 2009.

74 Smith, 1985, S. 122 f. Otto-Peter Obermeier bezeichnet in Anlehnung an Hutcheson die Smith'sche „Nahsphärenlogik", derzufolge Menschen dazu neigen, sich in der moralischen Einschätzung selbst zu bevorzugen, „ethische Gravitationslehre" (2019, S. 292, vgl. 284, 288).

75 Ebd. S. 123.

76 Ebd. S. 218.

77 Vgl. ebd. S. 219 ff.

78 Smith, 1985, S. 221 f.

79 Tugendhat, 1993, S. 230, 233. Auch Ernst Tugendhat sieht bei Smiths neutralem Beobachter den Übergang zur Tugendethik: „Der unparteiliche Beobachter billigt das, was aus der Perspektive von irgendeinem wünschenswert ist, und dies braucht eben keineswegs ein Regel-geleitetes Handeln zu sein, sondern es kann ein So-Sein sein, eine Haltung oder Einstellung, also eine Tugend. Natürlich ist auch ein So-Sein im Sinn einer Charaktereigenschaft (z. B. Liebenswürdigkeit, Großzügigkeit, Versöhnlichkeit) immer eine Handlungsdisposition." (Ebd. S. 229 f.)

80 Tugendhat, 1993, S. 230.

81 Z. B. Fisher/Lovell, 2009, S. 139. Bereits Immanuel Kant hat in seiner Schrift „Zum Ewigen Frieden" die „transzendentale Formel des öffentlichen Rechts" formuliert: „Alle auf das Recht anderer Menschen bezogene Handlungen, deren Maxime sich nicht mit der Publizität verträgt, sind unrecht." (1968b, S. 244 f). Damit zielt er zwar auf politische Entscheidungen ab, die sozusagen immer öffentlich bekannt gemacht und niemals „verheimlicht" werden sollten. Dennoch ist die Formel in angemessenen Grenzen (z. B. zum Schutz der Privatsphäre) durchaus auch auf Individualentscheidungen etwa im Stil des Tageslichtestes anwendbar.

82 Manager Magazin, 2014a.

83 Höpner et al., 2012; vgl. NTV Archiv (2003).

84 Manager Magazin, 2014a und 2014b.

85 Schüz/Wirth/Bode, 2007.

86 Kant steht damit ganz in der Tradition des Philosophen René Descartes (1596–1650), der mehr als hundert Jahre vor ihm eine Weltsicht geprägt hat, die noch heute oft vertreten wird. Descartes zufolge ist die Welt in zwei Reiche aufgeteilt, in das Reich der Materie und das Reich des Geistes bzw. des Denkens. Nur der Mensch habe Anteil am Reich des Den-

kens (*res cogitans*) und stehe deshalb über der Welt der ausgedehnten Dinge (*res extensa*). In Tieren und Pflanzen sieht Descartes komplizierte „Maschinen" (1960, S. 45), die der Mensch, wie später auch Kant noch glaubte, „zum beliebigen Gebrauche" nutzen und auch verändern könne (1978, S. 78). Damit ist das Programm der neuzeitlichen Aufklärung vorgezeichnet: Beherrschung der äußeren Natur durch Naturwissenschaft und Technik sowie Beherrschung der inneren Natur durch Psychologie und Ethik.

87 United States, 1986; vgl. Punch, 1996, S. 28 f.

88 Kant, 1978, S. 78.

89 Kluge, 1975, S. 22.

90 Milgram, 1982. Nach einer erneuten Analyse des Milgram-Experiments und aller verfügbaren Unterlagen dazu zeigt Rutger Bregman, dass nur 56% der Versuchspersonen wirklich glaubten, echte Stromstöße gegeben zu haben. Von denen allerdings hatten viele noch monatelang schwerste Gewissensbisse, einem jungen Mann Schmerzen zugefügt oder diesen gar getötet zu haben. Milgram habe nämlich „rund 600 Teilnehmern selbst nach dem Experiment nicht verraten, dass die Schocks ein Fake waren." Er fürchtete, andernfalls keine Testpersonen mehr finden zu können. (2020, S. 192 f) Übrigens sind auf Grund der Konsequenzen für die Versuchspersonen Experimente von der Art Milgrams aus ethischen Gründen nicht mehr erlaubt, und zwar mit dem Argument des Autonomieverlusts der Versuchspersonen auf Grund von Manipulationen. Deshalb müssen heute Versuchsanordnungen vor Ethikkommissionen etwa an Universitäten vorgelegt und abgesegnet werden.

91 In diesem Zusammenhang sind die bereits erwähnten sozialen und natürlichen Faktoren, die das Wollen und Handeln des Menschen beeinflussen, von großer Bedeutung. Was ein Mensch will, ist das Ergebnis seiner Biologie und Psyche sowie der sozio-kulturellen Einflüsse, denen er im Laufe seiner Sozialisationen ausgesetzt war. Ob in diesem Geflecht von Ursachen freies Entscheiden und Handeln überhaupt noch angenommen werden kann, wird kontrovers diskutiert. Michael Schmidt-Salomon z. B. sieht Willensfreiheit als Illusion an, nicht jedoch die Handlungsfreiheit. Philosophisch sollten aber die Begriffe „Freiheit" und „Bestimmung" eingehender bestimmt werden, bevor man sich auf vergleichende Diskussionen einlässt. Im Rahmen dieses Lehrbuchs wird die Möglichkeit von Freiheit trotz neurophysiologischer Determinierung vorausgesetzt, zumal ja die bereits erwähnten neueren Experimente der Neurophysiologie die Libet-Versuche relativieren und überhaupt auch unbewusste Verhaltensmuster durch bewusstes Training zum Erlernen komplexer Abläufe wie etwa Autofahren beeinflusst werden können.

92 Besonders zu erwähnen: Erich Fromm, 2014.

93 S. G. Harris zit. n. Bate, 1997, S. 109.

94 Vgl. hierzu die Ausführungen von Schmidt-Salomon über den „autoritären Charakter" von Eichmann, der im Sinne von Erich Fromm sich „als bedeutungsloses Rädchen im System" und als ein „von ‚höheren Mächten' gelenkter Automat" ansah. Solche autoritären Charaktere sind eine Mischung aus „sadistischen und masochistischen Bestrebungen", andere zu unterwerfen, sich zugleich aber auch Autoritäten zu unterwerfen, also eine Mischung aus „Willen zur Macht" und „Willen zur Ohnmacht" darstellen. (2015, S. 150 ff; vgl. Fromm, 2014, S. 171 f.) Es liegt auf der Hand, dass solche Verhaltensweisen auch in stark hierarchisch und autoritär geführten Unternehmen vorkommen – nach dem Motto „Nach oben buckeln, nach unten treten!".

95 Welzer, 2013, S. 105, 113

96 Vgl. Boda/Zsolnay, 2016, S. 96 ff.

97 Welzer, 2013; 2014.

98 Vgl. Birbaumer, 2016, S. 164; Wolf, 2016; Welzer, 2014, S. 85.

99 So Forschungsergebnisse der Neuroökonomie nach einer Zusammenfassung von Precht, 2012, S. 320 ff.

100 Paulhus/Williams, 2002, 556 ff; vgl. Furtner/Baldegger, 2013, S. 26 ff.

101 Vgl. Stepputtis, 2012.

102 Vgl. Kreilkam/Schmidt/Wöhrmann, die eine Reihe von Debiasing-Maßnahmen bei kognitiven Biases wie motivationalen, informationalen, statistischen Verzerrungen zusammenfassen, 2019. Der *Cognitive Bias Codex* von John Manoogian III gruppiert und illustriert insgesamt 300 Biases (Manoogian, 2016).

103 De Bono, 1989.

Tugendethik – was zu ethischem Handeln befähigt

6

ÜBERBLICK

Anspruch der Tugendethik

Am Beispiel des Challenger-Falls konnte gezeigt werden, dass Menschen unter Stress oder sonstigen sozialen oder psychischen Einflüssen dazu neigen, ihre ethischen Pflichten zu vergessen. Kants Ideal einer reinen, vernunftbasierten Ethik scheitert also häufig an den Niederungen des realen Alltags.[1] Die Tugendethik beansprucht nun, das ethische Immunsystem von Personen wie Unternehmen gegen die alltäglichen Versuchungen und Beeinflussungen zu stärken. Dabei liefern die einzelnen Tugenden die Maßstäbe, also gewissermaßen: Immunstimulanzien, für die gewünschten Verhaltensweisen. Wer sie einübt und sich an sie gewöhnt, der entwickelt einen guten Charakter bzw. eine gesunde Kultur als Voraussetzung für ein gutes Auskommen mit der sozialen und natürlichen Umwelt.

Frage nach der Beeinflussbarkeit des menschlichen Charakters

Ob der Mensch überhaupt zu ethischem Handeln erzogen werden kann, ob also z. B. der Besuch eines Ethikseminars sinnvoll ist, hängt von der Frage nach der Beeinflussbarkeit des Menschen in Richtung ethischen Handelns ab. Die meisten Philosophen gehen davon aus, dass sich der Mensch und mit ihm auch seine Organisationen ethisches Verhalten und Handeln aneignen können. Einer der Begründer der abendländischen Ethik, Aristoteles, geht davon aus, dass der menschliche Charakter sich tatsächlich zum Positiven verändern kann, indem der Mensch seine in ihm angelegten Tugenden entwickelt. Erst dadurch sei er befähigt, ethische Verantwortung überhaupt wahrzunehmen.

6.1   Situation und Fähigkeit

Das Können des Menschen bezüglich verantwortlichen Handelns

Inwieweit ein Mensch Verantwortung wahrzunehmen in der Lage ist, hängt wesentlich von seinem Können, sprich: den ihm zur Verfügung stehenden Freiheitsgraden ab. Diese werden ebenso von äußeren Umständen wie von seinen inneren Einstellungen und seinem Charakter bestimmt, also von seiner Situation wie von seinen Fähigkeiten. Der Spielraum für ethisches Können hängt somit von den physischen Gegebenheiten, den vorhandenen sozialen Zwängen sowie von der psychischen und geistigen Verfasstheit des Einzelnen ab. Auch der mögliche Aktionsradius ganzer Unternehmen hängt von dessen Umfeld und branchen- und kulturspezifischen Fähigkeiten ab. Demzufolge ist auch die Fähigkeit zur Übernahme von Verantwortung jeweils verschieden. Nicht alle Menschen/Unternehmen können gleich verantwortungsvoll handeln, eben weil sie unterschiedliche Fähigkeiten mitbringen und in unterschiedlichen Situationen leben.

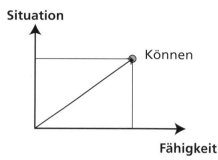

Abbildung 6.1: Das Können gemäß Situation und Fähigkeit
Quelle: Autor

Das Können von Menschen oder Firmen hat unterschiedliche Freiheitsgrade zum ethischen Handeln, weil sie einen unterschiedlichen Charakter mit unterschiedlichen *Fähigkeiten* haben:

Abhängig von Fähigkeiten

- Nicht jeder hat die Fähigkeit, Hilfstätigkeiten in der Größenordnung in Gang zu setzen, wie das etwa Albert Schweitzer getan hat.
- Der eine hat die innere Stärke als Zwangsarbeiter zu überleben, der andere nicht.
- Die einen haben die moralische Stärke einer Mutter Teresa, die anderen fühlen sich primär als Eltern nur für ihre Kinder verantwortlich.
- Ein Versicherer kann mit weniger Aufwand Umweltstandards einhalten als ein Chemieunternehmen.
- Je nach Branche sind die einen Firmen angewiesen auf seltene Ressourcen der Natur, die anderen nicht, weil sie reine Dienstleister sind.
- Die einen Produkte sind ohne negative Nebenwirkungen, die anderen wie z. B. Medikamente mit großen Risiken verbunden.
- Auch umgekehrt im Umgang mit Kunden: Der eine ist leichtgläubig, der andere extrem skeptisch. Soll ich also jenen über den Tisch ziehen und diesen meiden?

Das Können der Menschen oder Firmen hat unterschiedliche Freiheitsgrade zum ethischen Handeln, weil sie sich in unterschiedlichen *Situationen* befinden:

Abhängig von Situationen

- Ein Millionär kann mehr spenden als ein armer Schlucker.

- In einer Diktatur ist es schwieriger eigenverantwortlich zu handeln als in einer freiheitlichen Demokratie.

- Je nach Hierarchiestufe vermag ein Manager mehr oder weniger eigene Entscheidungen zu verantworten (Organisations-, Gruppenzwang).

- Die kulturellen Unterschiede von Kunden in Fernost verglichen mit Europa zwingen Unternehmen ihre Produkte daran anzupassen (z. B. kein Schweinefleisch in islamischen Ländern, kein Rind in Indien etc.).

- In Krisensituationen sollten andere Führungsstile zum Einsatz kommen als unter normalen Umständen.

- Ein Middle-Manager hat normalerweise weniger Überblick über die Gesamtsituation eines Unternehmens als ein Top-Manager.

Beeinflussbarkeit durch Tugendethik

Die Verantwortungs- bzw. Ethikfähigkeit des handelnden Subjekts kann, wie gesagt, durch die Tugendethik gestärkt werden. Erst dadurch kann es überhaupt ein glückliches und erfolgreiches Leben führen. Aristoteles ging davon aus, dass Affekte, triebgebundenes Verhalten und Laster das Auskommen miteinander zwar empfindlich stören, dass sie sich aber durch Tugenden unter Kontrolle halten lassen. So kann jeder sein Handeln in unterschiedlichen Graden unter die Führung bestimmter Tugenden wie Mut, Besonnenheit, Gerechtigkeit oder Weisheit stellen und seine innere Haltung und damit auch seinen Charakter stärken. Auch Unternehmen können eine tugend- oder lasterhafte Kultur verwirklichen und damit ethisches Handeln der Belegschaft fördern oder behindern.

6.2   Was sind Tugenden?

Die griechische Wurzel: Arete

Der Begriff der Tugend ist die deutsche Übersetzung des griechischen Wortes *arete* (im Superlativ griechisch: *aristos* = der Beste) und meint eigentlich „Gutsein", das nicht nur Menschen, sondern auch Tieren, Körperorganen und Gegenständen zugeschrieben wird. Dabei wird man gemäß Aristoteles „gut und tugendhaft durch drei Dinge: Anlage [*physis*], Gewöhnung [*ethos*] und Einsicht [*logos*]".[2] Platon zufolge verhilft die Arete zum Glück. Bei Aristoteles wird mit dem Begriff der Tugend allgemein die Tauglichkeit oder Tüchtigkeit einer Person, dessen Denken, Handeln und Produkte beschrieben, wenn sie ein gutes Ziel (griechisch: *télos*) treffen.[3] So ist der Mensch tugendhaft, wenn er ein gutes Leben als Familienmitglied, Bürger, Soldat, Handwerker oder Philosoph führt, also seine vielfältigen Rollen (Funktionen) gut, sprich: weise, gerecht, klug, besonnen usw. erfüllt.

Tugenden eines Menschen = Tüchtigkeit, Tauglichkeit, gute Eigenschaft

Der deutsche Tugendbegriff stammt ursprünglich aus dem althochdeutschen „tugan", was so viel wie „Tauglichkeit" und „Brauchbarkeit", „Nützlichkeit" aber später auch „Tüchtigkeit", „Kraft", „gute Eigenschaft" meint.[4] So ist ein Gegenstand wie z. B. ein Messer tauglich, wenn es gut schneidet. Oder eine Uhr ist tauglich (tüchtig), wenn sie die genaue Zeit angibt, ansonsten würde sie ihre Funktion nicht erfüllen. Tugenden beziehen sich also nicht nur auf ethische, sondern auch auf physisch-funktionale und geistige Fähigkeiten.

Das englische Wort für Tugend lautet *virtue*. Es stammt vom lateinischen *virtus* ab, was wörtlich „Mannhaftigkeit" (von lat. *vir* = Mann) bedeutet, also alle hochgehaltenen Fähigkeiten umfasst, die einen vorbildlichen Mann auszeichnen.[5]

Virtue

Der Tugendbegriff hat somit ursprünglich nichts mit den negativen Assoziationen zu tun, die er oft in der zweiten Hälfte des zwanzigsten Jahrhunderts auslöste: Der „Tugendbold", der sich mustergültig verhält, der eher passiv an die bürgerliche Ordnung angepasst ist und sich gerade nicht durch eine besondere Kraft auszeichnet, die ihn aus der Normalität zum Vorbild erhebt.[6] Der Tugendhafte findet für anstehende Probleme Lösungen, die möglichst vielen dienlich sind.

Tugendbold

Generell sind Tugenden Kräfte im Menschen, die zu zweckgerichteten Verhaltens- und Handlungsweisen führen. Sie sind vergleichbar mit den Muskeln im menschlichen Körper, die bestimmte Bewegungsformen und damit Tugenden der Körperbeherrschung etwa im Sport ermöglichen. Als „Muskeln des Verhaltens" fördern ethische Tugenden gewünschte Verhaltensformen. Tugenden befähigen einen Menschen, bestimmte gewollte Ziele auf möglichst kurzem Weg zu erreichen und Ablenkungen zu vermeiden. Tugenden gibt es also nicht nur im Hinblick auf ethische Ziele, sondern auch für alle anderen Ziele – zum Beispiel solche in der Wirtschaft, Technik, Politik oder Ökologie. Sie bezwecken, das Gute für jeden Bereich zu tun. Beispielsweise können die Tugenden des Fleißes und der Arbeitsamkeit, der Sparsamkeit, Ordnungsliebe usw. dem guten Geschäftsleben dienen und solche des Mitgefühls, Respekts, der Dankbarkeit usw. dem guten Auskommen miteinander.[7]

Tugenden zielen auf das Gute

Aristoteles ist der Auffassung, dass Tugenden durch Gewöhnung und Übung, aber auch durch Nachahmen von Vorbildern und Einsicht erlangt werden können. Sie führen zu einer inneren Haltung und Stärke, wobei er auch natürliche Anlagen dazu voraussetzt.[8] Ähnlich wie jeder Mensch die gleiche Anzahl Muskeln hat, aber längst nicht alle wie ein Athlet durchtrainiert hat, so sind auch die Tugenden der Anlage nach in jedem vorhanden, müssen aber durch Übung ausgebildet werden, damit sie zum Tragen kommen können. Dadurch zeigt jeder auch einen anderen Charakter (von griech. *charaktér* = Prägung, Eigentümlichkeit).[9]

Aneignung einer inneren Haltung

Tugendhaftes Handeln zeigt sich, wenn es in einer bestimmten „Haltung" („Habitus") oder der „Verfassung" danach strebt, das Gute zu tun. Da Haltungen nicht angeboren sind, sondern erst durch Gewöhnung an bestimmte Handlungsweisen entstehen, kann man Tugenden durchaus als erworbene „gute Eigenschaften" bezeichnen. Deshalb können sie einer Person als „Verdienst" gelobt werden, während ihr Laster oder Untugenden getadelt werden, eben weil sie anderen zur Last fallen.[10] Typisch für belastende Verhaltensweisen sind Reaktionen eines Managers, der wegen jeder kleinen Verfehlung seine Mitarbeiter verbal attackiert oder umgekehrt deren Leistungen keines Blickes würdigt.

Tugend als erworbene Eigenschaft

Ethische Tugenden bringen den handelnden Menschen dazu, seine Egoismen, Affekte und Triebe zu kontrollieren. Sie erleichtern die richtige Wahl aus einem Spektrum von Verhaltensmöglichkeiten zu treffen, die für die günstigste Bilanz des guten Miteinanderauskommens sorgen.

Ethische Tugenden

Kontrolle des Geistes über die Affekte

Gemäß Aristoteles ist eine Tugend die goldene Mitte zwischen den Extremen zweier Laster. Hierbei spielen die Affekte (von lateinisch *affectus*: Gefühl, Leidenschaft, Gemütsbewegung) eine Rolle. Jeder Mensch wird in bestimmten Situationen immer wieder von plötzlichen Gemütserregungen wie Wut, Eifersucht, Neugier, Neid, sinnlicher Lust, Furcht, aber auch Freude, Scham und Begeisterung übermannt. Die damit verbundenen Emotionen erfüllen durchaus eine wichtige Funktion für das Überleben. Denn sie lösen u. a. eine Kampf- oder Fluchtreaktion aus, manchmal auch eine Lähmung, die der Todesstarre ähnelt. In der zivilisierten Welt sind diese instinktiven Reaktionen meistens nicht mehr angemessen, wenn eine Person permanent im Flucht- oder Kampfmodus agiert. Die damit verbundenen Energien sollten deshalb zu Handlungsentscheidungen umgelenkt werden, die von der menschlichen Vernunft kontrolliert werden sollten. Der kluge Mensch erkennt, welche Handlungen dem Glück dienlich sind und welche nicht. Und glücklich ist derjenige, der die Tugenden realisiert.

Tugendhaftes Verhalten als Voraussetzung für gutes Miteinanderauskommen

Damit wird deutlich, dass Tugenden auch deshalb gepflegt werden, weil sie nützlich[11] sind und dem eigenen Glück dienen. Menschen, die sich nicht selbst beherrschen können und ihre Affekte und Begierden ungefiltert zum Ausdruck bringen, haben im Umgang mit anderen größte Schwierigkeiten. Bei der Personalauswahl und -förderung wird daher neben den Fachkenntnissen auch der Charakter des Bewerbers eingeschätzt, inwieweit er sich selbst zu beherrschen weiß, in die Firmenkultur passt, verträglich und kritikfähig ist, überhaupt mit anderen gut auskommt.

Tugend als goldene Mitte zwischen zwei Lastern

Zwischen Unterdrückung und Zügellosigkeit

Aristoteles hat erkannt, dass es im Umgang mit den Affekten darauf ankommt, weder zu viel noch zu wenig von ihnen zuzulassen. Denn wer z. B. jede sinnliche Lust hemmungslos genießt, wird zügellos, wer sie vollkommen unterdrückt, empfindungslos. Die Tugend der Besonnenheit, Mäßigung oder Selbstbeherrschung[12] wäre die goldene Mitte. Ähnlich beim Affekt der Furcht. Wer vor jeder Gefahr davonläuft, wird feige, wer sich in jede Gefahr stürzt, wird tollkühn. Ein Übermaß ist ebenso wenig lebensfördernd wie ein Mangel. Die goldene Mitte wäre die Tugend der Tapferkeit, die der Furcht den nötigen Raum der Vorsicht, aber auch genügend Freiraum für das Handeln lässt.[13] Nur wer die Mitte zwischen dem Zuviel und Zuwenig eines Affektes trifft, der hat die beste Voraussetzungen für eine glückliche Lebensführung. So gesehen ist die Impulskontrolle der Schlüssel zur Tugendethik.[14] Im Folgenden einige Beispiele:

- *Tapferkeit/Mut* ist die Mitte zwischen Tollkühnheit und Feigheit.
- *Freigiebigkeit* ist die Mitte zwischen Geiz und Verschwendung.
- *Besonnenheit* ist die Mitte zwischen Stumpfsinnigkeit und Zügellosigkeit.
- *Weisheit* ist die Mitte zwischen Dummheit und Überheblichkeit.

Tugendethik von Robert C. Solomon

Robert C. Solomon (1942–2007) hat die aristotelische Tugendlehre für das Geschäftsleben ausgearbeitet und dazu einen Katalog von 42 Tugenden näher beschrieben, und zwar als Mitte zwischen einem Zuviel („*excess*") und einem Zuwenig („*deficiency*"). Für ihn sind die Tugenden der *Fairness* (als Mitte zwischen Günstlingswirtschaft und Gleichheitsanspruch), *Vertrauenswürdigkeit* (als Mitte zwischen Zwielichtigkeit und Heuchlertum), *Aufrichtigkeit* (als Mitte zwischen Verlogenheit und Wahrheitsfanatismus) die Grundlage für ein gesundes Geschäftsleben, das allen Stakeholdern dienlich ist.[15]

Die Tugend der *Integrität*, die Peter Drucker als wesentliche Eigenschaft eines guten Managers identifiziert hat, sieht er als eine ganzheitliche Zusammenfassung verschiedener Tugenden an. Sie vereint die Tugenden der *Aufrichtigkeit, Loyalität, Autonomie* und repräsentiert dadurch eine Persönlichkeit, die ohne Hintergedanken ihre ethischen Werte als Teil einer Gemeinschaft und doch eigenständig ganzheitlich lebt.[16]

Die Tugend der Integrität

Wie Otto-Peter Obermeier zeigt, ist die „Kardinaltugend" in Adam Smiths Ethik die *Selbstbeherrschung*. Denn sie sorgt dafür, dass die angemessene Mitte zwischen einem Zuviel oder Zuwenig überhaupt getroffen werden kann. Mit Hilfe von *Klugheit, Gerechtigkeit* und *Wohlwollen* passt die *Selbstbeherrschung* das Verhalten dem Urteil des unparteiischen Zuschauers sowie der Situation in Natur und Gesellschaft an.[17]

Selbstbeherrschung als große Tugend bei Adam Smith

Allerdings können solche Tugenden innerhalb von Organisationen leicht unterminiert werden. Wie George P. Jones und June Ferrill mit Recht hinweisen, können Mitarbeiter Integrität nur dann leben, wenn dies die Kultur ihrer Organisation auch mitträgt. Denn, wie die Erfahrung zeigt, passen Neuzugänge ihre Verhaltensweisen sehr schnell an den gewünschten „Geist des Hauses" an. Berühmtes Beispiel dafür waren die jahrelang geduldeten, wenn nicht geförderten sexuellen Übergriffe der männlichen Kadetten auf ihre weiblichen Kollegen an der US-Airforce Academy in Colorado. Der Kameradschaftsgeist unterdrückte jeglichen Widerstand. Obwohl die jungen Männer nach sorgfältigen Assessments auch im Hinblick ihrer moralischen Integrität ausgewählt wurden, vergaßen sie diese und passten ihre Verhaltensweisen im Rahmen der vorherrschenden Kultur der Academy an. Aus integren Menschen wurden kriminelle Vergewaltiger.[18] Die Justierung einer Tugend in der Mitte zwischen zwei Laster kann offenbar leicht in Richtung lasterhaften Verhaltens manipuliert werden (vgl. das Phänomen des Nudgings in ▶ *Abschnitt 3.2*).

Der negative oder positive Einfluss der gelebten Kultur

Außerdem reicht das Treffen der Mitte nicht aus, um zu wissen, inwieweit ein Einzelner in einer bestimmten Situation mit seinen individuellen Fähigkeiten z. B. seinen Mut unter Beweis stellen kann. Der jeweilige Charakter, der Aristoteles zufolge durch „Gewöhnung"[19] entsteht, bestimmt, wie weit jemand seinen Mut unter Beweis stellen kann. Der erforderliche Mut, einen Überfallenen aus den Händen des Täters zu befreien, hängt von den jeweiligen Fähigkeiten des Befreiers ab. Diese dürften bei einem für solche Einsätze kaum trainierten Menschen viel niedriger ausfallen als bei einem Soldaten, Polizisten oder gar Kampfsportmeister. Letzterer muss seinen Mut anders unter Beweis stellen als jener. Auch ist die jeweilige Ausprägung des Zuviel (Tollkühnheit) oder Zuwenig an Mut (Feigheit) unterschiedlich, wie die ▶ Abbildungen 6.2*a* und *b* andeutet.[20]

Individuelle Ausprägung einer Tugend

Die Mitte des Mutes abhängig von Situation und Fähigkeit

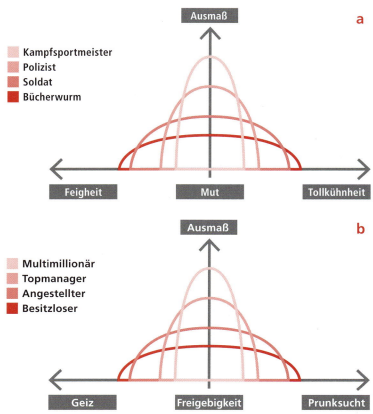

Abbildung 6.2: Ausmaß von Mut (a) und Freigebigkeit (b) gemäß Können
Quelle: in Anlehnung an Schüz, 2021a, S. 61.

Tugenden in Unternehmen

Tugendhafte
Unternehmen = Best
Practice

Man kann die situations- und fähigkeitsbedingten Tugenden auch auf Unternehmen übertragen. Der Mut eines Unternehmens, sich etwa ökologisch zu engagieren, hängt in erheblichem Maße auch von der Branche (Situation) ab. Ein Versicherungsunternehmen oder eine Naturschutzorganisation haben es leichter, sich für den Umweltschutz einzusetzen, als ein Kernkraftwerk. Innerhalb einer Branche jedoch unterscheiden sich die Unternehmen in ihrer Fähigkeit darin, ob sie mehr feige oder gar tollkühn agieren oder die goldene Mitte zwischen diesen beiden Extremen treffen. In diesem Fall werden sie als „Best Practice" zum Vorbild für die anderen Unternehmen ihrer Branche. Im Beispiel von Kernkraftwerken in ▶Abbildung 6.3 ist Kraftwerk A wegen seines fehlenden Mutes, in den Umweltschutz zu investieren, als „feige" einzustufen, während Kraftwerk B wegen der vorhandenen Risiken seinen Betrieb ganz einstellt und somit als „tollkühn" einzustufen ist. Nur Kraftwerk C trifft die goldene Mitte zwischen den beiden Extremen.

Abbildung 6.3: Mut zur Ökologie in verschiedenen Branchen
Quelle: Schüz, 2013a, S. 44.

Dass gerade für Unternehmen das Treffen der goldenen Mitte immer mehr an Bedeutung gewinnt, sieht man in dem Bemühen vieler Unternehmen, am Markt als „Best Practice" wahrgenommen zu werden. Ratingagenturen wie RobecoSAM oder Oekom zielen ja darauf ab, die Besten einer Branche zu bestimmen, um sie etwa – wie dies Erstere tut – für die Aufnahme in den Dow Jones Sustainability Index zu empfehlen. Letzterer gibt an, wo ein Unternehmen im Vergleich zur Konkurrenz in den Bereichen ökonomischer, sozialer und ökologischer Verantwortung steht, wie das Beispiel in ▸ Abbildung 6.4 zeigt.

Bestimmung der
Branchenbesten

Abbildung 6.4: Oekom-Rating von Henkel AG & Co KGaA
Quelle: *http://www.oekom-research.com/index.php?content=corporate-rating*

Exkurs: Global Reporting Initiative

Um überhaupt eine Vergleichbarkeit von Firmenaktivitäten zur nachhaltigen Unternehmensverantwortung sicherzustellen, wurde 1997 in Boston die „Global Reporting Initiative" (GRI) ins Leben gerufen, um eine verbindliche Struktur für eine nachhaltige Berichterstattung von Organisationen aller Art zur Verfügung zu stellen. Bereits 93 % der 250 größten Firmen der Welt berichten über ihre ökonomischen, sozialen und ökologischen Aktivitäten und Ergebnisse nach den Vorgaben von GRI.[21] Inzwischen wurde die vierte Version (G4) entwickelt, die folgende Themenbereiche zum Inhalt der Berichterstattung vorschlägt:

Ökonomische Aspekte	Ökologische Aspekte	Soziale Aspekte
Ökonomische Leistung	Material	Menschenwürdige Arbeitspraktiken ■ Arbeitseinsatz ■ Verhältnis zum Auftraggeber ■ Gesundheit und Sicherheit ■ Training und Ausbildung ■ Diversität und Chancengleicheit ■ Gleiche Entlohung für Mann und Frau ■ Lieferantenbeurteilung nach Beschäftigungspraktiken ■ Beschwerdemanagement für Arbeitspraktiken
Marktpräsenz	Energie	Menschenrechte ■ Investment ■ Diskriminierungsverbot ■ Vereinigungs- und Versammlungsfreiheit ■ Kinderarbeit ■ Zwangsarbeit ■ Sicherheitspraktiken ■ Rechte der indigenen Bevölkerung ■ Evaluierung ■ Menschenrechtssituation beim Lieferanten ■ Beschwerdemanagement bezüglich Menschenrechte
Indirekter Markteinfluss	Wasser	Gesellschaft ■ Örtliche Gemeinden ■ Korruptionsbekämpfung ■ Öffentliche Ordnung ■ Wettbewerbswidriges Verhalten ■ Compliance ■ Lieferantenbeurteilung bezüglich Gesellschaftseinfluss ■ Beschwerdemanagement bezüglich Gesellschaftseinflüsse

Ökonomische Aspekte	Ökologische Aspekte	Soziale Aspekte
Beschaffungs-praktiken	Biodiversität	Produktverantwortung ■ Sicherheit und Gesundheit der Kunden ■ Kennzeichnung der Produkte und Dienstleis-tungen ■ Marketing-Kommunikation ■ Datenschutz und Privatsphäre des Kunden ■ Compliance
	Emissionen	
	Abwasser und Abfall	
	Produkte und Dienstleistungen	
	Compliance	
	Transport	
	Allgemein	
	Ökologische Liefe-rantenbeurteilung	
	Umweltbeschwer-den	
	Beschwerdemanage-mentverfahren	

Tabelle 6.1: Kategorien und Themen für Berichterstattung gemäß GRI
Quelle: übersetzt aus GRI, 2016, S. 9.

Die standardisierte Berichterstattung ermöglicht Stakeholdern, die Leistungen einer Firma in Bezug auf nachhaltige Verantwortung mit anderen zu vergleichen sowie Verbesserungen und Verringerung von Schwachpunkten im Laufe der Zeit festzustellen. Dies erhöht die Vergleichbarkeit, Genauigkeit, Entwicklung, Klarheit und Zuverlässigkeit der Berichterstattung von Organisationen und erleichtert damit auch, die innerhalb einer Branche am besten praktizierende Unternehmung zu identifizieren.

Neben den erworbenen Fähigkeiten, die man einüben oder an die man sich gewöhnen kann, unterscheidet Aristoteles noch verschiedene Charaktertypen: den Theoretiker (Kopfmensch), Praktiker (Herzmensch) und Genießer (Bauchmensch). Diese zeigen bestimmte angeborene Grundnei-gungen eines Menschen auf, die allerdings selten in Reinform auftreten und ein ganzes Leben hindurch bestehen bleiben. Sie schließen sich auch nicht aus. Die Typen zeigen nur gewisse Dominanzen an, aber auch, was ein Mensch primär von der Welt und seinen Mitmenschen erwartet und wie er auf sie zugeht.

Psychologische Typen mit unterschiedlichen Tugendprofilen

C. G. Jungs Typologie
und MBTI

Carl Gustav Jung
(1875–1961)

Je nach Typ
unterschiedliche
Tugendprofile

Heute ist die Typologie Carl Gustav Jungs sehr verbreitet. Über den sogenannten MBTI-Test (nach Myers-Briggs) hat sie Eingang in die Wirtschaftswelt gefunden. Millionen Führungskräfte haben diesen Test weltweit bereits durchgeführt und so eine Einschätzung ihres psychologischen Typs im Vergleich zu anderen gewonnen. Das Ergebnis zeigt ihnen an, ob sie mehr Denk-, Fühl-, Intuitions- oder Wahrnehmungstyp mit extra- oder introvertiertem Verhalten sind. Jeder dieser Typen hat bestimmte Stärken, aber auch Schwächen im Lösen von Problemen, deshalb ist es von Vorteil, gerade bei Teamarbeit auf eine gesunde Mischung der Typen zu achten. Sie können sich dann im Idealfall wechselseitig ergänzen.[22]

Verschiedene Typen bilden unterschiedliche Kombinationen von Tugenden aus. Mit der differenzierten Analyse von Typen werden somit auch verschiedene Tugendprofile identifiziert. Der Theoretiker beispielsweise wird womöglich eher Tugenden wie Ehrlichkeit, Ausdauer, Weisheit, Weitsicht und Idealismus entwickeln, während der Praktiker mehr Tugenden wie Beharrlichkeit, Entschlossenheit, Mut, Flexibilität, Hingabe und Verantwortlichkeit und der Genießer vielleicht Tugenden wie Begeisterung, Selbstdisziplin, Mäßigung und Freude entwickeln wird.

6.3   Trainingsprogramm zur Tugendbildung

Einübbarkeit der
Tugenden

Wie schon Aristoteles feststellte, lassen sich Tugenden „einüben", heute würde man „trainieren" sagen. Wenn man sie als Muskeln des Verhaltens ansieht, so kann man davon ausgehen, dass sie zwar im Ansatz vorhanden, aber wie die Muskeln im Körper erst durch permanenten Einsatz entwickelt werden müssen. Im Unterschied zu sozialen Werten, die erst im Rahmen einer Gesellschaft entstehen, gehen viele davon aus, dass Tugenden angeboren sind und so lange brachliegen, wie man sie nicht benutzt.

Gewohnheit

Tugenden können durch immer ähnliche Handlungsweisen erworben werden, sodass man sich daran gewöhnt und sie so zur Gewohnheit werden. Auf diese Weise gelingt der aristotelischen Tugendethik, wie Richard David Precht (geb. 1964) feststellt, die „raffinierte Versöhnung" von „extrinsischer mit intrinsischer Motivation", indem die äußeren Motivationen so lange eingeübt werden, „bis man sie in innere Motivation überführt hat".[23] Das ist durchaus auch vergleichbar mit dem Erlernen komplexer Tätigkeiten wie dem Autofahren, dessen Einzelbewegungen so lange bewusst eingeübt werden müssen, bis sie zur Gewohnheit werden, also unbewusst ausgeführt werden können. Durch seinen aktiven Beitrag hat es der Mensch selbst in der Hand, sprich: ist er „verantwortlich" dafür, ob er ein tugendhaftes Verhalten und Handeln entwickelt oder nicht.[24] Um sie trainieren zu können, sollte man allerdings zuerst wissen, welche Tugenden man bisher überhaupt identifiziert hat und was sie bewirken.

Es gibt zahlreiche Versuche, „Tugendsysteme", also Zusammenstellungen von Tugenden, sogenannte Tugendkataloge zu erstellen.[25] Platon kennt vier Kardinaltugenden (Tapferkeit, Besonnenheit, Mäßigung, Gerechtigkeit) , während sein Schüler Aristoteles, bereits mehr als zwanzig beschrieben hat.[26] In der heutigen Zeit hat zum Beispiel Silvia Schlager, die in Wien eine „Werteakademie" gegründet hat und erfolgreich verschiedene Trainingsprogramme für die Wirtschaft anbietet, einen Katalog von 80 verschiedenen „Handlungswerten" aufgestellt.

Tugendsysteme

80 „Handlungswerte" (Tugenden) nach Silvia Schlager (Eutonia Wertemanagement)

Achtsamkeit	Fairness	Hoffnung	Pflichtgefühl
Altruismus	Fleiß	Humor	Respekt
Akzeptanz	Flexibilität	Idealismus	Rücksichtnahme
Anständigkeit	Freiheit	Inspiration	Sanftmut
Aufrichtigkeit	Freude	Integrität	Selbstdisziplin
Ausgeglichenheit	Frieden	Intuition	Solidarität
Authentizität	Geben	Klugheit	Sparsamkeit
Begeisterung	Geduld	Lebendigkeit	Standfestigkeit
Beharrlichkeit	Gelassenheit	Leichtigkeit	Teilen
Bescheidenheit	Genauigkeit	Liebe	Toleranz
Besonnenheit	Gerechtigkeit	Liebenswürdigkeit	Unabhängigkeit
Beständigkeit	Gewissenhaftigkeit	Loslassen	Unbestechlichkeit
Dankbarkeit	Gewaltlosigkeit	Loyalität	Unparteilichkeit
Demut	Glaube	Mäßigung	Verantwortlichkeit
Ehrlichkeit	Glaubwürdigkeit	Mitgefühl	Verlässlichkeit
Einfühlungsvermögen	Großzügigkeit	Mut	Vertrauen
Einsatzbereitschaft	Güte	Nächstenliebe	Verzeihen
Enthaltsamkeit	Harmonie	Offenheit	Weisheit
Entscheidungskraft	Hilfsbereitschaft	Ordnung	Weitsicht
Entschlossenheit	Hingabe	Partnerschaftlichkeit	Würde

Tabelle 6.2: Tugendkatalog („Handlungswerte") von Eutonia Wertemanagement
Quelle: nach Silvia Schlager, 2007, S. 191.

Schlager hat nun als Grundlage ihres Trainingsprogramms zu jedem ihrer Handlungswerte Ratingskalen von 0 bis 100 % hinzugefügt, sodass man die Ausprägung derselben individuell, abteilungsweise oder gar unternehmensweit feststellen kann. Dies kann in Form einer Selbst- oder Fremdeinschätzung geschehen. Das Ergebnis dient dazu, einmal grob einzuschätzen, welche Handlungswerte bzw. Tugenden stark oder kaum ausgeprägt sind. Dadurch werden bestimmte Tugendprofile deutlich. Man kann auch sagen, dass mittels solcher Skalen der Charakter, also die Prägung bzw. das Profil, eines Menschen oder eines Unternehmens nachgezeichnet und gezielt weiterentwickelt werden kann.

Trainingsprogramm von Silvia Schlager

	Der Person/Leben	Der Abteilung/Beruf	Des Unternehmens/Gesellschaft
Gewissenhaftigkeit	10 20 30 40 50 60 70 80 90 100	10 20 30 40 50 60 70 80 90 100	10 20 30 40 50 60 70 80 90 100
Glaube	10 20 30 40 50 60 70 80 90 100	10 20 30 40 50 60 70 80 90 100	10 20 30 40 50 60 70 80 90 100
Glaubwürdigkeit	10 20 30 40 50 60 70 80 90 100	10 20 30 40 50 60 70 80 90 100	10 20 30 40 50 60 70 80 90 100
Großzügigkeit	10 20 30 40 50 60 70 80 90 100	10 20 30 40 50 60 70 80 90 100	10 20 30 40 50 60 70 80 90 100
Güte	10 20 30 40 50 60 70 80 90 100	10 20 30 40 50 60 70 80 90 100	10 20 30 40 50 60 70 80 90 100
Harmonie	10 20 30 40 50 60 70 80 90 100	10 20 30 40 50 60 70 80 90 100	10 20 30 40 50 60 70 80 90 100
Hilfsbereitschaft	10 20 30 40 50 60 70 80 90 100	10 20 30 40 50 60 70 80 90 100	10 20 30 40 50 60 70 80 90 100
Hingabe	10 20 30 40 50 60 70 80 90 100	10 20 30 40 50 60 70 80 90 100	10 20 30 40 50 60 70 80 90 100
Hoffnung	10 20 30 40 50 60 70 80 90 100	10 20 30 40 50 60 70 80 90 100	10 20 30 40 50 60 70 80 90 100
Humor	10 20 30 40 50 60 70 80 90 100	10 20 30 40 50 60 70 80 90 100	10 20 30 40 50 60 70 80 90 100
Idealismus	10 20 30 40 50 60 70 80 90 100	10 20 30 40 50 60 70 80 90 100	10 20 30 40 50 60 70 80 90 100
Inspiration	10 20 30 40 50 60 70 80 90 100	10 20 30 40 50 60 70 80 90 100	10 20 30 40 50 60 70 80 90 100
Integrität	10 20 30 40 50 60 70 80 90 100	10 20 30 40 50 60 70 80 90 100	10 20 30 40 50 60 70 80 90 100
Intuition	10 20 30 40 50 60 70 80 90 100	10 20 30 40 50 60 70 80 90 100	10 20 30 40 50 60 70 80 90 100
Klugheit	10 20 30 40 50 60 70 80 90 100	10 20 30 40 50 60 70 80 90 100	10 20 30 40 50 60 70 80 90 100
Lebendigkeit	10 20 30 40 50 60 70 80 90 100	10 20 30 40 50 60 70 80 90 100	10 20 30 40 50 60 70 80 90 100

Copyright: Silvia Schlager | EUTONIA-Wertemanagement   3

Abbildung 6.5: Ratingskalen zur Charakterisierung von Individuen und Unternehmen
Quelle: Silvia Schlager, 2007, S. 138.

Die Abbildung „Ratingskalen" finden Sie auf der Website *www.pearson.de*.

Silvia Schlager definiert jeden dieser Handlungswerte und illustriert konkrete Lebenssituationen, in denen die Tugend fehlt. Zudem hat sie jede Definition ihrer Handlungswerte auf Spielkarten drucken lassen. „Integrität", die in vielen Unternehmen[27] immer mehr als wichtigste Tugend Mitarbeitern ans Herz gelegt wird, ist für sie „die Fähigkeit, absolut vertrauenswürdig zu handeln und unbescholten sowie unbestechlich zu bleiben. Je mehr Integrität gelebt wird, desto sicherer kann man sich sein, dass eine Person auch wirklich zu dem steht, was sie sagt, und desto klarer wird echte Charakterstärke erkennbar."[28]

Das Tugendprojekt

Wie Silvia Schlager hat auch das international aufgestellte „The Virtues Project™" aus Kanada Tugenden definiert und als Grundlage zur Verfeinerung wichtiger „Charaktereigenschaften" auf ansprechend gestalteten „Tugendkarten" abgebildet. Das Projekt führt sogar 100 Tugenden mit Handlungsanweisungen und Zitaten aus der Weltliteratur auf.

100 Tugendkarten zum Nachdenken von Popov et al. (The Virtues Project™)			
Achtsamkeit	Fleiß	Liebe	Stärke
Akzeptanz	Flexibilität	Loslösung	Staunen
Anerkennung	Freude	Loyalität	Taktgefühl
Aufmerksamkeit	Freundlichkeit	Mäßigung	Toleranz
Aufrichtigkeit	Friedfertigkeit	Menschlichkeit	Treue
Ausdauer	Fröhlichkeit	Mitgefühl	Unabhängigkeit
Barmherzigkeit	Fürsorglichkeit	Mut	Verantwortlichkeit
Begeisterung	Gebetshaltung	Offenheit	Verantwortung
Beharrlichkeit	Geduld	Opferbereitschaft	Verbindlichkeit
Belastbarkeit	Gelassenheit	Optimismus	Vergebung
Bescheidenheit	Gerechtigkeit	Ordnung	Verlässlichkeit
Dankbarkeit	Gewissheit	Rechtschaffenheit	Verstehen
Demut	Glaube	Redlichkeit	Vertrauen
Dienstbarkeit	Gnade & Anmut	Reinheit	Vertrauenswürdigkeit
Durchhaltevermögen	Großzügigkeit	Reinlichkeit	Vortrefflichkeit
Ehre	Güte	Respekt	Wahrhaftigkeit
Ehrerbietung	Hilfsbereitschaft	Rücksichtnahme	Wahrnehmungsvermögen
Ehrfurcht	Hingabe	Sanftmut	Weisheit
Ehrlichkeit	Hoffnung	Schlichtheit	Wertschätzung
Einfühlungsvermögen	Höflichkeit	Schönheit	Wohltätigkeit
Einheit	Idealismus	Seelenadel	Würde
Einsicht	Initiative	Seelenstärke	Zielstrebigkeit
Enthusiasmus	Integrität	Selbstbewusstsein	Zufriedenheit
Entschlossenheit	Kreativität	Selbstdisziplin	Zusammenarbeit
Fairness	Langmut	Standhaftigkeit	Zuversicht

Tabelle 6.3: Tugendkatalog von The Virtues Project™
Quelle: nach Popov et al., 2006.

Tugend der Integrität   Die Tugend der Integrität wird folgendermaßen dargestellt:

Integrität

Integrität ist die Haltung, den eigenen Idealen treu zu bleiben und seinen innersten Wertvorstellungen gemäß zu leben. Unsere Handlungen decken sich mit unseren Worten. Ein integrer Mensch strebt danach, sein Leben wahrhaftig zu führen und sich für das als richtig Erkannte einzusetzen. Wir übernehmen Verantwortung und achten stets auf das Wohlergehen der Menschheit. Wir nehmen die Herausforderung an, unter allen Umständen nach höchsten Prinzipien zu handeln. Unser Gewissen wirkt dabei wie ein Kompass, der uns auf dem Weg der Tugenden führt. Integrität hilft uns, unser wahres Wesen zu erkennen und zum Ausdruck zu bringen.

The Virtues Project™

„Lass deine Taten sein wie deine Worte
und deine Worte wie dein Herz."
JOHANN CASPAR LAVATER

Sich in Integrität üben

Ich lebe meine Ideale.
Ich bleibe meinen guten Charaktereigenschaften treu.
Ich achte auf das Wohlergehen der Menschheit.
Ich habe Weitsicht und schätze die Folgen meines Tuns ab.
Ich strebe danach, das Richtige zu tun.
Ich folge der inneren Stimme meines Herzens.

Ich bin dankbar für die Haltung der Integrität.
Sie hilft mir, mir selbst treu zu bleiben.

© Virtues Project Austria

Abbildung 6.6: Vorder- und Rückseite der Tugendkarte „Integrität"
Quelle: Popov et al., 2006.

Solche Tugendkarten lassen sich nun auf unterschiedlichste Weise anwenden. Sie dienen der Sensibilisierung und Bewusstmachung von bestimmten Verhaltensweisen, die in verschiedenen Situationen und Zielsetzungen eingesetzt werden können.

Anwendungs-   Man kann beispielsweise eine beliebige Karte auswählen und zur
möglichkeiten „Tugend des Tages, der Woche, des Monats" erklären. Diese Karte dient dann gewissermaßen als Suchmuster dafür, seinen Geist auf Situationen zu lenken, in denen solche Tugenden gefragt sind. Das kann während eines Meetings sein, in dem verschiedene Handlungspartner unterschiedliche Positionen vertreten. So kann etwa die Anwendung der Tugenden „Vertrauenswürdigkeit" oder „Respekt" starre Fronten aufbrechen.

Spiegelneuronen   Dabei sollte man auch die neueren Erkenntnisse der Neurophysiologie berücksichtigen. Ihr zufolge hat das Gehirn die Fähigkeit, wahrgenommenes Verhalten zu spiegeln. Giacomo Rizzolatti entdeckte 1992 diese sogenannten Spiegelneuronen bereits bei Hirnscans von Makaken beim Gefüttertwerden und beim Beobachten durch einen Artgenossen. 2010 wurde das Phänomen schließlich auch bei Menschen festgestellt.[29] Auf den Menschen übertragen bedeutet dies zum Beispiel, dass der Beobachter etwa eines Tänzers ähnliche Hirnaktivitäten aufweist wie dieser. Wir brauchen uns also nicht zu wundern, dass unsere Mitmenschen um uns herum ähnliche Verhaltensweisen, wie wir sie selbst haben, widerspiegeln. Vieles spricht dafür, dass sogar das Erlernen der Muttersprache, eine Höchstleistung der Nachahmung, auf dem Phänomen der Spiegelneuronen basiert.[30]

Kann mit dem Phänomen der Spiegelneuronen auch das Einfühlungsvermögen, die Empathie, erklärt werden? Das behauptet zumindest Jeremy Rifkin in seinem Buch „The Empathic Civilization". Für ihn sind Spiegelneuronen Empathieneuronen *(empathy neurons)*[31]. Daraus folge, dass der Mensch eben nicht primär ein böses, egoistisches und nur auf Selbstinteresse ausgerichtetes Wesen ist, sondern im Gegenteil von Natur aus empathisch ist. Möglicherweise seien „Aggression, Gewalt, egoistisches Verhalten, Habgier" sogar „sekundäre Triebe".[32] Wie der Psychologe Steven Pinker (geb. 1954) festhält, lehnen die meisten Fachleute die Identifikation der Spiegelneuronen mit dem Mitgefühl ab. Ihrer Meinung nach werden die gespiegelten Verhaltensmuster erst in einem zweiten Schritt emotional beurteilt. Sie können durchaus auch „Gegenempathie", also Gefühle der Rache, Konkurrenz oder Genugtuung auslösen. „Je nachdem, wie Betrachter eine Beziehung wahrnehmen, fällt ihre Reaktion auf die Schmerzen eines anderen empathisch, neutral oder sogar gegenempathisch aus."[33] So ist Empathie durchaus kein Reflex. Sie kann „ein- und ausgeschaltet werden", z. B. durch „Kindchenschema, gutes Aussehen, Verwandtschaft, Freundschaft, Ähnlichkeit und gemeinschaftliche Solidarität."[34] Die Chance einer mitfühlenden Reaktion steigt also, je „gemeinschaftlicher" die Beziehung zum anderen ist.[35]

Spiegelung von Empathie?

Vielleicht kann man in der Existenz der Spiegelneuronen einen physiologischen Grund für die Goldene Regel sehen, der zufolge man den anderen so behandeln soll, wie man gerne selbst behandelt werden möchte. Indem ich entsprechend handle, spiegelt sich mein Verhalten in der neuronalen Struktur des Anderen, und es mag sein, dass er dann unbewusst ebenso handelt wie ich. So verstärken sich Verhaltensmuster – seien sie als gut oder auch als böse angesehen. Weil in diesem Sinne das Gehirn die Umwelt widerspiegelt, schließt der Neurophysiologe Niels Birbaumer:

Bezug zur Goldenen Regel?

> „Wer den ganzen Tag über mit bösartigen Menschen zu tun hat, wird am Ende ein Gehirn haben, das wesentlich auf Bösartigkeit gepolt ist. Wer hingegen den ganzen Tag von kommunikativen und netten Menschen umgeben ist, dessen Gehirn wird am Ende auf freundliche Interaktion geeicht sein."[36]

So bewahrheitet sich die alte Weisheit von Euripides (484–406 v. Chr.), „Der Mensch ist wie der Umgang, den er pflegt", oder wie Johann Wolfgang von Goethe es formulierte: „Sage mir, mit wem du umgehst, so sage ich dir, wer du bist".[37]

Euripides
(484–406 v. Chr.)

6.4 Bedeutung der Unternehmenskultur

Typen von
Unternehmens-
kulturen

Die Entdeckung der 80er-Jahre des vorigen Jahrhunderts, dass auch Unternehmen eine für sie typische Kultur aufweisen und je nachdem unterschiedliche Verhaltens- bzw. Handlungsmuster in Bezug auf ihre Umwelt zeigen, hat eine ganze Generation von Forschern dazu inspiriert herauszufinden, welche Typen von Unternehmenskulturen für welche Organisationsformen am ehesten anzutreffen sind. Eine grobe Einteilung nahmen z. B. John Kotter und James Heskett vor, indem sie Unternehmenskulturen als „offen für Umwelteinflüsse" *(adaptive corporate cultures)* oder als „unempfindlich für Umwelteinflüsse" *(non-adaptive corporate cultures)* einteilten.[38]

Branchenvergleich
vornehmen

Wie oben bereits ausgeführt, prägen und verändern Tugenden das Verhalten auch in Firmen. Sie lassen mehr oder weniger zu, wie stark Laster sich dort ausprägen können. Je nachdem befähigt die Firmenkultur dann den einzelnen Mitarbeiter, mehr soziale und ökologische Verantwortung zu übernehmen. Der Spielraum dafür ist von Branche zu Branche unterschiedlich. Ein Kernkraftwerk muss mit größeren Folgelasten rechnen als ein Versicherungsunternehmen. Jenes muss einen sicheren Betrieb sowie eine fachgerechte Entsorgung der noch lange strahlenden Abfälle gewährleisten. Demgegenüber produziert ein Versicherer lediglich Papier und belastet den CO_2-Haushalt durch Dienstreisen der Mitarbeiter oder die Beheizung der Büros. Die Tugendethik wird daher nicht von vornherein Branchen ausschließen, sondern unter Hinweis auf die Besten die weniger Guten zu mehr ethischer Verantwortung ermutigen (Orientierung an der Best-Practice).

Unternehmenskultur
prägt
Verantwortungs-
bewusstsein

Wie Verantwortung wahrgenommen wird, hängt wesentlich von der Qualität der Führung oder Leadership ab. Darüber hinaus spielen die Organisation, die Gruppendynamik, Individuen und Kultur des Unternehmens eine wichtige Rolle (s. LOGIK-Schema[39] ▶Abbildung 6.7). Die Unternehmenskultur (z. B. misstrauens- oder vertrauensbasiert) prägt den Charakter der Leadership (z. B. autoritär oder kooperativ), der Organisation (z. B. bürokratisch oder selbstorganisierend), der Gruppendynamik (z. B. unterdrückend oder offen) sowie der Individuen (z. B. angepasst oder selbstbestimmt). Sind die Mitarbeitenden bloße Befehlsempfänger oder tragen sie hohe Eigenverantwortung? Im letzteren Fall werden sie Probleme schneller erkennen und Lösungen selbstständig anstreben. Die Tugendethik des Aristoteles eignet sich hervorragend dazu, in diesen Bereichen das Verantwortungsbewusstsein zu stärken. Die beiden folgenden Grafiken (▶Abbildung 6.7 und ▶Abbildung 6.8) haben einige Aspekte von tugendhaften bzw. lasterhaften LOGIK-Schemata in Unternehmen aufgelistet. Sie können als Hintergrundfolie dienen, um die Tauglichkeit bzw. Untauglichkeit eines Unternehmens im Hinblick auf die Übernahme von umweltbezogener Verantwortung zu erfassen. Die eine repräsentiert eher eine Vertrauenskultur, die Eigenverantwortung und damit auch das Selbstbestimmungsrecht der Mitarbeiter fördert, die andere eher eine Misstrauenskultur, die die Entscheidungsspielräume eher einschränkt.

Abbildung 6.7: Tugendhaftes Unternehmen gemäß LOGIK-Schema
Quelle: vgl. Schüz, 2001a, S. 111.

Abbildung 6.8: Lasterhaftes Unternehmen gemäß LOGIK-Schema
Quelle: vgl. Schüz, 1999, S. 186.

Mithilfe der vorigen Ausführungen können wichtige Aspekte der Tugenden einer Organisation in folgenden Schritten analysiert und weiterentwickelt werden:

1. Identifizieren Sie Ihre persönliche und berufliche Vision sowie die dazugehörigen Tugenden und Prinzipen. Füllen Sie dazu die Ratingskalen von Silvia Schlager aus (siehe ►Abbildung 6.5).

2. Beleuchten Sie die vorhandenen Tugenden bzw. Laster in Ihrem Unternehmen oder Ihrem Team (gemäß LOGIK-Schema). Wie wirken sich diese auf die Beziehung zu Ihren externen wie internen Kunden bzw. Lieferanten oder anderen Stakeholdern aus?

3. Wo sehen Sie Verbesserungsbedarf?

4. Welche Vision könnten Sie sich für Ihren Bereich vorstellen?

5. Mit welchen Tugenden tragen Sie bereits zur Realisierung dieser Visionen bei und welche fehlen Ihnen noch (persönliche versus unternehmerische Tugenden)?

6.5   Tugendethik als Ergänzung zur Pflichtenethik

Stärkung der Eigenverantwortung

Die bisherigen Ausführungen zur Tugendethik haben gezeigt, dass sie erheblich zur Stärkung des Verantwortungsbewusstseins und Befähigung zum verantwortlichen Handeln von Individuen wie Organisationen beiträgt. Sie ist nicht als Alternative zur Pflichtenethik zu verstehen, sondern gemäß unserem methodologischen Prinzip des Perspektivenwechsels als Ergänzung. Während Letztere die Maßstäbe und Rahmenbedingungen, also die Instanzen für verantwortliche Praxis über Werte, Prinzipien, Verhaltenscodes, Normen und Standards[40] definiert, stärkt jene dem handelnden Subjekt den Rücken, eigenverantwortlich situative Probleme zu lösen und dabei die hochgehaltenen Normen im Alltag zu leben. Aktuell werden die beiden Perspektiven unter den Stichworten *Compliance* und *Integrity* diskutiert. Die beiden folgenden Firmenbeispiele zeigen das damit verbundene Spannungsfeld auf.

6.5.1   Kulturwandel bei Levi Strauss

Ursprünglich: Angstkultur und Kontrollwahn

Die Firma Levi's hatte ursprünglich ein auf *Compliance* basiertes Ethik-Management. Wie der damalige CEO und Miteigentümer von Levi's, Robert Haas, 1994 im Rückblick festhielt, galt es dabei, bei jeder unternehmerischen Aktivität die geltenden Gesetze und firmeninternen Regeln *(code of business ethics)* zu befolgen (englisch: *to comply with*). Die firmeneigene Ethikkommission legte fest, was z. B. bei Einstellung von Personal, Reisen, Bewirtung, Spenden, Geschenken, überhaupt bei Interessenkonflikten zu beachten ist. Dies führte, wie Haas betonte, zu einer „langen und schwergewichtigen Liste von Do's and Don'ts", die die

Belegschaft einzuhalten hatte. Manchmal musste sie wochenlang auf Vorgaben für ihre ungelösten Probleme warten, bis die Kommission eine neue Vorschrift entwickelt hatte. Das erzeugte ein Verhalten, das von Angst vor Sanktionen getrieben war und zu einer Misstrauenskultur führte.[41]

Haas lernte, dass ethisches Verhalten in einer Organisation nicht über abschreckende Maßnahmen erzwungen werden kann. Auch ließen sich nicht alle Eventualitäten, die in der Zukunft eintreten könnten, im Ethikkatalog abbilden. Nachdem die Frustration des Personals über die damit verbundene lähmende Bürokratie und Diffusion ihrer Verantwortung überhandnahm, schaffte das Top-Management das Regelwerk kurzerhand ab. Zusammen mit allen Führungskräften entwickelte Haas eine neue Vision auf der Basis eines werteorientierten Programms *(values-oriented program)*. Es sollte das Compliance-Programm ersetzen. Sechs ethische Werte, in unserer Terminologie: Tugenden, sollten von nun an die Unternehmenskultur bestimmen: Aufrichtigkeit, Einhalten von Versprechen, Fairness, Respekt gegenüber anderen, Mitgefühl und Integrität. Später wurden diese auf vier Tugenden reduziert, die auch heute noch bei Levi's Gültigkeit beanspruchen: Empathie, Originalität, Integrität und Mut.[42]

Abschaffung der Pflichtenkataloge

Dabei ist Levi's davon überzeugt, dass die Prinzipien, auf denen das Geschäftsgebaren beruhe, den Gewinn befördere und durch „unsere Werte" (Tugenden) dem Unternehmen ein „Wettbewerbsvorteil" entstehe:[43]

Corporate Virtues bei Levi's

- Durch „Empathie" gewinne Levi's eine besondere Sensibilität für die „Welt um sie herum". „Wir hören und antworten auf die Bedürfnisse unserer Kunden, Mitarbeiter und anderer Stakeholder".

- Durch „Originalität" würde der „Pioniergeist", der 1873 mit den ersten Bluejeans begonnen hat, alle Aspekte des Levi's-Geschäfts durchdringen, und zwar durch „innovative Produkte und Praktiken".

- Durch „Integrität" würde „das Richtige" durch Mitarbeiter, Marke und Unternehmen gegenüber der gesamten Gesellschaft getan. „Ethisches Handeln und soziale Verantwortung" charakterisiere ihre „Art, Geschäfte zu machen".

- Durch „Mut" könne Levi's „Größe" beweisen. Mut sei der Wille, die Wahrheit zu sprechen und die „Hierarchie" des Managements, die „bisherige Praxis" und „Konventionen" herauszufordern. Er bedeute das Einstehen für die eigenen Überzeugungen und Handeln gemäß den eigenen Glaubensgrundsätzen.

Die einzelnen Abteilungen sollten nun eigenverantwortlich die Tugenden in der jeweiligen Geschäftspolitik zur Anwendung bringen. Sie sollten ihre Geschäftsstrategien und -entscheidungen darauf aufbauen und auf die Interessen der internen und externen Stakeholder ausrichten. Wie die Einkaufsabteilung von Levi's dies umsetzte, gibt folgendes Fallbeispiel wieder.

Abteilungsspezifische Umsetzung

Fallstudie

Corporate Virtues bei Levi's Einkaufsabteilung

Herausforderung der Kinderarbeit bei Lieferanten

Die Einkäufer bei Levi's hatten den Auftrag, ihre Geschäftspolitik gemäß den unternehmensweit zugrunde gelegten Tugenden „Empathie – Sich in andere hineinversetzen können!", „Originalität – Authentisch und innovativ sein!", „Integrität – Die richtigen Dinge tun" und „Mut – Sich für die Unternehmenswerte einsetzen!" auszurichten. Wie würden Sie als Einkäufer bei Levi's den Einsatz von Kinderarbeit bei einem Lieferanten beurteilen? Was würden Sie tun, um sie in Zukunft zu unterbinden?

Empathie für Lieferaten

Zunächst gilt es, sich empathisch in die Lage der Lieferanten, deren Personal und die kritischen Konsumenten (vgl. LOHAS) hineinzuversetzen. Die Empathie verlangt von den Einkäufern das Dilemma der Lieferanten bezüglich Kinderarbeit zu erfassen. Einerseits zwingt die wirtschaftliche Not viele Arbeiterfamilien, auch ihre Kinder arbeiten zu lassen. Andererseits lehnen dies Konsumenten und internationale Prinzipien wie UN Global Compact ab. Um einen gangbaren Weg zwischen diesen widerstreitenden Positionen zu finden, benötigt man Mut und Originalität.

Neue Einkaufsrichtlinien

Zu Beginn der 90er-Jahre des vergangenen Jahrhunderts entwickelte bei Levi's eine Gruppe von 15 Mitarbeitern innerhalb von neun Monaten neue umfangreiche Einkaufsrichtlinien (vgl. die neuen „Terms of Engagement"[44]). Ihnen zufolge sollen Lieferanten sicherstellen, dass Kinder ihrer Arbeiter eine Schule besuchen, solange sie noch nicht das Alter von 15 Jahren erreicht haben, während die Firma das dazu nötige Grundeinkommen der betroffenen Familien sicherstellt. Levi's kontrolliert diese Vorgaben sehr strikt und verfolgt in vielerlei Hinsicht eine „Zero-Tolerance"-Politik bei der Ahndung von Vergehen.

Audits auf Dialogbasis

Um die Richtlinien zur Anwendung zu bringen, mussten zunächst bei 700 Lieferanten Vor-Ort-Audits durchgeführt werden. Dabei zeigte sich, dass damals sowohl in der Türkei als auch in Bangladesh Kinderarbeit eingesetzt wurde. Nach einem intensiven Dialog stimmten die betroffenen Lieferanten zu, den Kindern weiterhin ihr bisheriges Gehalt zu zahlen, während sie Vollzeit die Schule besuchten. Im Gegenzug zahlte Levi's die Schulgebühren, -bücher und -uniformen. Nach Ende ihrer Schulpflicht wurde ihnen eine Wiederanstellung angeboten.[45]

Kontinuierliche Verbesserung

Die strengen Einkaufsrichtlinien gelten noch heute und wurden 2013 sogar noch detaillierter ausgearbeitet. Dabei kommen fünf verschiedene Beurteilungsmethoden zum Tragen: Vor-Ort-Inspektionen, Interviews mit dem Management, Befragung der Arbeiter, Sammeln von Informationen aus externen Quellen und Überprüfung vorhandener Unterlagen. Jedes Ergebnis wird daraufhin überprüft, ob es eine nicht akzeptable Verletzung der Einkaufsrichtlinien *(Zero Tolerance Violation – ZTV)* darstellt, eine sofortige Korrektur *(Immediate Action Item – IA)* oder eine kontinuierliche Verbesserungsmaßnahme *(Continuous Improvement Item – CI)* verlangt.[46]

Aufgaben:

1. Vergleichen Sie die Einkaufsrichtlinien mit denen anderer Firmen der Textilbranche.

2. Untersuchen Sie die Ratings von Levi's im Vergleich mit anderen Textilfirmen aus der Sicht von Agenturen wie Oekom, RobecoSAM, As-You-Sow und andere.

3. Levi's hatte unter ihrem Chairman Robert D. Haas mehrfach Umsatzeinbrüche trotz seiner hohen ethischen Standards zu verzeichnen.[47] Worauf führen Sie diese zurück? Welche Dimension der Verantwortung wurde vernachlässigt? Wie entwickelt sich Levi's aus ökonomischer Sicht heute?

4. Welche Maßnahmen hat Levi's ergriffen, um ihrer ökologischen Verantwortung heute gerecht zu werden? Analysieren Sie dazu das umfangreiche „Sustainability Guidebook" von Levi Strauss & Co.[48]

Aufgabenstellung

6.5.2   Integrität versus Compliance

Levi's lehrte, dass zu viele Compliance-Regeln Mitarbeiter entmündigen und bei ihnen eine Kultur des Misstrauens auslösen können. Anstatt Vorschriften blind zu befolgen, sollten Mitarbeiter dazu befähigt werden, ethisch zu handeln. Denn gerade Entscheidungen bei ethischen Dilemmata machen eigenverantwortliches Handeln notwendig. Durch Dialoge lassen sich Mitarbeiter sensibilisieren, ethische Dilemmata selbstständig zu lösen. Dazu müssen sie aber die Tugend der Integrität entwickeln.

Entmündigung oder Eigenverantwortung

Deshalb gehen immer mehr Firmen dazu über, ihren Compliance-Ansatz durch einen „Integrity-Ansatz"[49] zu ergänzen. Integrität wäre demnach eine Tugend, die dazu befähigt, für das einzutreten, was jeder in einer gegebenen Situation für richtig und gut hält, dabei die eigenen Ideale hochzuhalten und gemäß den innersten Wertvorstellungen zu leben. Vereinbarungen und Versprechen werden aus Einsicht eingehalten und nicht aus Angst vor Sanktionen. Während der Compliance-getriebene Akteur mit seinem Auto an der roten Ampel stehen bleibt, weil eine ordentliche Geldbuße droht, hält der integre Fahrer an, weil er die Notwendigkeit für einen sicheren Verkehrsfluss einsieht. Lynn Paine hat bereits 1994 die beiden Ansätze gegenübergestellt (siehe ▶Tabelle 6.4). Wenn es allerdings in einer Notsituation um Leben und Tod geht (etwa um einen Schwerstverletzten noch rechtzeitig in die Notaufnahme eines Krankenhauses zu bringen), würde er, wenn es die Umstände erlauben, auch einmal bei Rot über eine Ampel fahren.

Integrität als Verfolgung akzeptierter Ideale

	Compliance	Integrität
Ethos	Einhalten der von außen auferlegten Regeln und Gesetze (Fremdbindung)	Selbststeuerung gemäß akzeptierter Werte und Normen (Selbstbindung)
Ethikansatz	Pflichtenethik, deontologisch	Tugendethik, axiologisch
Ziel	Verhinderung kriminellen Handelns	Ermöglichung eigenverantwortlichen Handelns
Methoden	■ Erziehung, ■ Management, ■ Führen durch Vorschriften und Anordnungen, ■ Erzwingung von Transparenz, ■ Beurteilung der Konformität, ■ Instanzen zur Kontrolle, ■ Sanktionen	■ Bildung, ■ Leadership, ■ Führen durch Vorbild und Werte, ■ Überzeugung zur Berechenbarkeit, ■ Beurteilung der Vertrauenswürdigkeit, ■ Instanzen zur Sensibilisierung ■ Belohnungen
Motive für Verhalten	Vermeiden von Strafen und Verfolgung von Eigeninteressen	Erzielen von Tauschgerechtigkeit, Wahrnehmung gegenseitiger Interessen, glückliches Leben
Größte Reichweite	Autonomes Handeln nach universalen Prinzipien (kategorischer Imperativ) Einhalten der Menschenrechte	Sinnvolles Handeln gemäß Situation und Fähigkeit, Abwägen aller Interessen, Einordnen ins größere Ganze („Erkenne Dich selbst!")

Tabelle 6.4: Unterschiedliche Ethik-Strategien: Compliance und Integrität
Quelle: in Anlehnung an Paine, 1994, S. 176 f.

Komplementarität von Compliance und Integrität

Es sollte deutlich geworden sein, dass beide Ansätze keine Alternativen darstellen, sondern sich wechselseitig ergänzen. Ohne Regeln läuft Integrität ins Leere und ohne Integrität werden Regelwerke zu einem starren Korsett. Das bestätigt das alte Sprichwort: „Ausnahmen bestätigen die Regel" bzw. „Keine Regel ohne Ausnahmen". Die Tugendethik stärkt den Charakter einer Organisation und gibt ihr die nötige Flexibilität, konkrete Herausforderungen situativ und gemäß vorhandener Ressourcen und Fähigkeiten optimal zu lösen. Unterschiede bei der Implementierung von Compliance bzw. Integrität gibt ▶Tabelle 6.5 wieder.

	Implementierung von Compliance	Implementierung von Integrität
Normen	Rechtliche Rahmenordnung, Verhaltenskodizes	Firmenphilosophie, Vision, Auftrag, ethische Normen
Organisatorische Einheiten	Rechtliche und ethische Compliance-Abteilung, Anwälte	Top-Management, Ausbildungs-, Kommunikations- und Human Capital-Abteilung, externe Coaches
Aktivitäten	<ul><li>Entwicklung von Compliance-Standards</li><li>Trainingsprogramme</li><li>Kommunikation</li><li>Schaffung von Transparenz aller Geldflüsse</li><li>Überwachung</li><li>Verfolgung und Sanktionierung von Fehlverhalten</li><li>Audits</li></ul>	<ul><li>Gemeinsame Entwicklung und Formulierung von Firmenwerten (Corporate Values/Virtues)</li><li>Bildungs- und Beratungsprogramme zur Entwicklung von tugendhaftem Verhalten</li><li>Dialoge auf Augenhöhe</li><li>Coaching-Angebote unter Zusicherung der Anonymität durch Ombudsmann</li><li>Belohnung von besonders integrem Verhalten, Herausheben von Vorbildern</li><li>Problemlösungsangebote unter Einsatz aller Ethikansätze (z. B. Verwendung von SCR-Checkliste, siehe ▶ *Abschnitt 8.3*)</li><li>Unternehmensweite Förderung von eigenverantwortlichem Handeln</li></ul>

Tabelle 6.5: Implementierung von Compliance und Integrität in die Organisation
Quelle: in Anlehnung an Paine, 1994, S. 176 f.

6.5.3　Compliance und Integrität bei Daimler

Die von Haas bei Levi's gemachten Erfahrungen bezüglich einer Compliance-basierten Unternehmensethik wurden auch bei ABB und Daimler gemacht. Nach Korruptionsvorwürfen musste Daimler unter dem Druck von US-amerikanischen Behörden ein eigenes Vorstandsressort „Compliance" gründen. Louis Freeh, ehemaliger Chef der amerikanischen Bundespolizei FBI, sollte die Fortschritte überwachen. Seine Berichte darüber fielen jedoch verheerend aus. Die Compliance-Abteilung verärgerte die Belegschaft mit einem „Wust an Bürokratie" mit mehr als 1.800 Vorschriften. Nachdem zahlreiche Manager wegen größerer oder kleinerer Vergehen ihre Posten aufgeben mussten, machte sich eine „Kultur des Misstrauens" breit. Jeder wollte sich absichern, anstatt unternehmerisch und eigenständig zu agieren.[50]

Eine Lösung zeichnete sich erst 2011 mit der Neubesetzung des umbenannten Ressorts „Integrität und Recht" mit der Ex-Bundesverfassungsrichterin Christine Hohmann-Dennhardt ab. Zunächst reduzierte sie das Regelwerk auf 700 Vorschriften, deren Anzahl wiederum auf etwa 40–50 Vorschriften pro Arbeitseinheit verkleinert wurde. Zugleich wurden Sanktionen nach der Verhältnismäßigkeit der Vorfälle verhängt. Bei Einsicht des Vergehens wurde dem Mitarbeiter Gelegenheit zur Besserung

Daimler unter US-Aufsicht

Reduktion des Regelwerks durch „Integrität"

235

gegeben, was vorher nicht der Fall war. Ungerechtfertigte Denunziationen wurden durch genaue Prüfung des Sachverhalts abgebaut. Dabei stellte sich heraus, dass 50 % der Verdachtsmeldungen zu Unrecht gemacht wurden. Auch die Einrichtung eines neutralen Ombudsmannes reduzierte das Denunziantentum. Korruptionsrisiken wurden abgebaut, indem in besonders gefährdeten Ländern Regierungsgeschäfte nicht mehr über eine dritte Partei abgewickelt werden. Ausbildungsprogramme weckten bei den Mitarbeitern Verständnis für das Regelwerk. Unverständiges Befolgen sollte dadurch abgebaut werden.[51] Generell kann davon ausgegangen werden, dass durch Trainingsprogramme das Verständnis der Mitarbeiter für inakzeptable Handlungsweisen und dadurch auch ihre Eigenverantwortung gestärkt wird. Nicht mehr die Angst vor Bestrafung bei Regelbruch, sondern die Integrität aus innerer Einsicht leitet das Handeln.

| **Übung** | **Tugendethik – das Dilemma eines Middle-Managers** |

Junge Middle-Manager müssen besonders häufig moralische Dilemmata aushalten, besonders, wenn sie ihre persönlichen Wertvorstellungen noch nicht in Einklang mit den offiziellen Werten ihrer Firma bringen können. Im folgenden Beispiel sind die Namen der Protagonisten frei erfunden.

Situation des Middle-Managers

Der 35-jährige Manager, Peter Adario, leitete die Marketingabteilung der Sayer MicroWorld, eines Vertriebspartners für Computerhersteller, insbesondere für IBM. Er ist verheiratet und hat drei Kinder. Die meiste Zeit seiner bisherigen Karriere verbrachte er als erfolgreicher Verkäufer und Filialleiter. Die jetzige Position nahm er wegen der Management-Herausforderung gern an. Drei Senior-Manager berichteten an Adario, der insgesamt mehr als 50 Mitarbeiter führte. Er selbst berichtete an einen der vier Vizepräsidenten des Unternehmens.

Der Konflikt

Adarios Konflikt entstand bei einer Auseinandersetzung, die eine seiner Senior-Managerinnen, Lisa Walters, mit einer Mitarbeiterin, Kathryn McNeal hatte. Diese war 37 Jahre alt und arbeitete seit vier Monaten bei Sayer MicroWorld. Sie war als Produktmanagerin verantwortlich für den Vertrieb der IBM-Produkte. Denn sie hatte in ihrer früheren Anstellung mehr als acht Jahre bei IBM gearbeitet. Sie und ihre zwei Assistentinnen machten einen Umsatz von mehr als 40 Millionen US-$ pro Monat. McNeal arbeitete für Lisa Walters, eine Single-Frau Ende zwanzig, die länger arbeitete als die meisten ihrer Kollegen, niemals Mittagspausen machte und selten das Büro vor 20 Uhr verließ. Sie lebte für das Geschäft, was für ihren Vorgesetzten nicht immer angenehm war, ja was ihn sogar manchmal irritierte. Dennoch schätzte er ihre Zuverlässigkeit und Professionalität. Er konnte auf sie jederzeit auch unter den schwierigsten Umständen zählen. Zwei Jahre zuvor, als eine Senior-Manager-Position frei wurde, empfahl Adario sie für den Posten. Ihre Arbeitsergebnisse waren seither exzellent.

Lisa Walters wollte nun Kathryn McNeal entlassen, weil ihre Ergebnisse hinter den Zielvereinbarungen und den Ergebnissen der anderen Mitarbeiter zurückblieben. Denn McNeal war eine hingebungsvolle Mutter, voller Sorge für ihren 6-jährigen Sohn, den sie ohne Vater alleine großziehen musste. Walters war überzeugt, dass die Verantwortung für das Kind McNeal Probleme bei der Arbeit bereiten würde. Walters wurde immer frustrierter und ungeduldiger mit der Situation.

Adario glaubte, dass sich der Konflikt in den Monaten zuvor verschärft hatte. 10–12 Stunden Arbeitszeit pro Tag waren bei allen Mitarbeitern der Firma üblich – die meisten Ende zwanzig und unverheiratet. Die finanzielle Situation bei Sayer war angespannt, da das Unternehmen noch Schulden zu zahlen hatte wegen einer kürzlich vollzogenen Akquisition einer anderen Firma.

Eines Morgens fand Adario auf seinem Schreibtisch einen handgeschriebenen Zettel von Walters auf seinem Stapel unerledigter Papiere. Es war ihre zweite Notiz nach mehreren Wochen. In beiden beschwerte sie sich über die Arbeitszeit von McNeal, die zwar mit 60 Stunden pro Woche hoch, aber immer noch niedriger als die aller anderen Mitarbeiter der Marketing-Abteilung war. So war Adario zunächst nicht abgeneigt, McNeal tatsächlich zu ersetzen.

Andererseits kamen ihm Bedenken. Denn Sayer's Top-Manager hatten bei mehreren Gelegenheiten zum Ausdruck gebracht, dass sie in Zukunft gerne familienfreundliche Arbeitsplätze anbieten wollten. Im Hauptquartier gab es bereits eine Projektgruppe, um Wege dahin zu prüfen. Adario sah in McNeals Fall eine Chance etwas in diese Richtung tun zu können. Dabei sah er sich nicht als Pionier oder Reformer, sondern er war davon überzeugt, dass Menschen bessere Leistungen bringen, wenn ihr Privatleben im Lot ist.

Diese Überzeugung wurde von Adarios eigenen Erfahrungen und Wertvorstellungen verstärkt. Denn wie McNeal konnte er seine eigenen Kinder nur selten sehen. Seine Frau hatte ihren Job als Buchhalterin nach der Geburt ihres zweiten Kindes bei zwei verschiedenen Arbeitgebern aufgeben müssen wegen der unflexiblen Arbeitszeiten. Zudem hatte er zu Hause einen Nachbarn, dessen Selbstbewusstsein nach seiner Entlassung aus einer früheren Firma sehr gelitten hatte, obwohl er bald wieder eine neue Stelle gefunden hatte. Und überhaupt fand er es nach längerem Nachdenken schlichtweg falsch, eine Person zu entlassen, die sehr hart arbeitete.

Dennoch war Adario hin- und hergerissen, denn es häuften sich Beschwerden über McNeals Leistungen, die gegenüber denen der anderen abfielen. Das Problem wurde mit der zweiten Notiz Walters immer drängender. Adario suchte deshalb eine kreative Lösung des Problems, die für alle Seiten akzeptabel wäre. Er erinnerte sich an eine Fallstudie während seines Studiums über den Tylenolfall bei Johnson & Johnson. Der damalige CEO, James Burke, initiierte einen 100-Mio-US-$-Rückruf der Schlaftabletten, nachdem einige von ihnen

Problemstellung

Das Dilemma

Empathie

Umgang mit Wertkonflikten

offenbar vergiftet worden waren und sieben Todesfälle verursacht hatten. Obwohl er keine Veranlassung dazu hatte, handelte er aufgrund des Firmencredos seines Unternehmens, demzufolge die Kunden und deren Gesundheit an erster Stelle zu stehen haben. Adario bewunderte Burkes Entscheidung und hoffte mit einer familienfreundlichen Lösung für McNeal den Managern seiner Abteilung, vielleicht sogar der ganzen Firma, eine Lehre zu erteilen: dass Manager häufig schwierige Wertkonflikte lösen müssen, dass die Lösung nicht mit dem Holzhammer durchgesetzt werden kann, dass man auf dem Weg zu einem familienfreundlichen Arbeitsplatz ungewöhnliche Schritte einleiten muss.

Halbdurchdachter Lösungsaufschub

Adario schickte Walters und McNeal eine E-Mail und lud sie zu einem Meeting innerhalb der nächsten beiden Tage ein. Er plante, mit den beiden eine neue Vereinbarung zu treffen. Dieser zufolge hätte McNeal ihre Arbeiten rechtzeitig zu erledigen – egal wie und wo, selbst am Wochenende. Die IBM-Aufträge waren zu wichtig für die Abteilung. Er wollte vorschlagen, dass McNeal durchaus Arbeiten auch mit nach Hause nehmen und von dort via Telekommunikation erledigen könnte. Gleichzeitig hoffte er, die Missstimmung zwischen Walters und McNeal wieder harmonisieren zu können. Mit diesem Plan wollte Adario die persönlichen Bedürfnisse McNeals mit denen des Unternehmens in Einklang bringen. Zudem wollte er seine Ideen nicht einfach den Mitarbeitern aufdrängen, sondern sie diese selbst entwickeln lassen. Damit hätte er eine vorbildliche Lösung für ein drängendes Problem in der Firma gefunden und zugleich proklamierte Werte endlich mit Leben erfüllt. Er war stolz auf diese Lösung und teilte dies auch seiner Frau mit.

Umgehung des Middle-Managers

Nachdem er allerdings von einer Dienstreise zurückgekehrt war, wurde ihm mitgeteilt, dass McNeal entlassen worden sei. Walters hatte während seiner Abwesenheit mit einigen anderen Managern über den Fall gesprochen. Ein Vizepräsident der Firma bot ihr seine Hilfe an und entließ McNeal. Als McNeal an diesem Tag in ihr Büro kam, wurde sie bereits von den beiden Managern erwartet. Sie händigten ihr das Kündigungsschreiben wegen Diskrepanzen mit dem Management aus. Man gestand ihr noch den Lohn von weiteren zwei Wochen zu und bat sie, sofort ihr Büro zu räumen.[52]

Fragen

Diskutieren und präsentieren Sie den Fall unter Berücksichtigung der folgenden Fragen:

1. Worin bestand das ethische Dilemma von Adario?

2. Welche Botschaft vermittelte Ihrer Meinung nach die Entlassung McNeals bei der Belegschaft von Sayers? Wie wirkt sich der Sachverhalt auf die Arbeitsmoral aus?

3. Welche Folgen hat die Entlassung McNeals für das Unternehmen?

4. Welche Tugenden/Werte werden bei Sayers hochgehalten und welche werden gelebt?

5. Was hatte Adario als Manager falsch gemacht? Ist seine Position im Unternehmen gefährdet und wenn ja, warum? Wie hätte er taktisch vorgehen sollen, um seinen Plan zu verwirklichen? Wie lässt sich Adarios Plan ökonomisch begründen?

6. Was hätte Adario beachten müssen, um seiner unternehmerischen Verantwortung besser gerecht zu werden? Welche Tugenden hat er zuvor entwickelt *(strength virtues)* und welche hätte er des Weiteren noch entwickeln müssen *(challenge virtues)*?

7. Beleuchten Sie das Können (Situation und Fähigkeit), Wollen (Folgenbetrachtung) und Sollen (Stakeholderanalyse) von Adario mit denen des Unternehmens. Überlegen Sie, wie die Verantwortungsprofile beider in Deckung gebracht werden können. Inwiefern ist bei der Lösungsfindung Kreativität gefordert?

8. Worin besteht das typische Dilemma eines Middle-Managers?

9. Was lernen Sie aus dem Fall insbesondere für die Anwendung der Ethik in der unternehmerischen Praxis?

10. Sehen Sie in dem Fall Aspekte von Compliance und Integrity? Wenn ja, wie stehen sie miteinander in Konflikt? Wie lässt sich das Dilemma lösen?

6.6 Fazit zum Dilemma von Middle-Managern

Vorbildfunktion

Das obige Fallbeispiel lehrt, dass es häufig eine Diskrepanz zwischen gelebter und gewünschter Unternehmenskultur gibt. Ob mehr Tugenden oder Laster in einem Unternehmen tatsächlich gelebt werden, hängt stark vom Vorbild und konkreten Verhalten der Top-Manager ab. Diese eröffnen oder schließen mit ihrem eigenen Verhalten die Spielräume für tugend- bzw. lasterhaftes Verhalten ihrer Middle-Manager. Je nach Charakter und vorherrschender (Angst-)kultur geben diese den Druck, den sie von oben verspüren, eins zu eins weiter oder filtern ihn nach unten ab. Ein guter Middle-Manager schützt seine Mitarbeiter vor unbotmäßigen Forderungen der Geschäftsleitung. Schwache Persönlichkeiten in dieser Position neigen wie Kettenhunde dazu, den Druck von oben ungefiltert weiterzuleiten, ja sogar zu verstärken.

Filterfunktion der Middle-Manager

Außerdem zeigt das Beispiel, dass Middle-Manager ihre Ideen mit „praktischer Klugheit" (Aristoteles) umsetzen sollten. Sie sollten ihr Können gemäß ihren vorhandenen Fähigkeiten und der Situation richtig einschätzen und im Falle fehlender Freiheitsgrade, diese durch Allianzen mit solchen Persönlichkeiten im Unternehmen kompensieren, mit

Beitrag zum Wohle des Ganzen teilen

denen sie ihre Wunschvorstellungen zum Wohle des Ganzen teilen und gegebenenfalls auch umsetzen können. So hätte Adario seine Ideen wesentlich besser durchsetzen können, wenn er sich mit demjenigen aus dem Top-Management verbündet hätte, der die Initiative zu einer familienfreundlicheren Unternehmenskultur ins Leben gerufen hatte. Ihm einen konkreten Fall an die Hand zu geben, mit dem er sich nicht nur als Initiator, sondern auch als Realisator hätte unter Beweis stellen können, wäre für alle von Vorteil gewesen. Durch Alleingänge vor allem im Middle-Management werden in Organisationen nur selten größere Kulturänderungen durchgesetzt.

Freiheit und Selbststeuerung

Kluge Selbsteinschätzung

Wie Tugendethik konkret umgesetzt werden kann, hängt somit von einer klugen Selbsteinschätzung bezüglich Fähigkeiten, Macht und Situationen ab. Selbstüber- und -unterschätzung gilt es dabei zu vermeiden. Tugendethik kann nur situativ angewandt werden. Sie wird deshalb oft auch „situative Ethik" oder „Situationsethik" genannt, weil Tugenden im konkreten Handeln niemals abstrakt bleiben, sondern immer nur im Hinblick auf innere und äußere Umstände wirksam werden können. Diese bestimmen nämlich die Freiheitsgrade, die ein Einzelner, aber auch ein Unternehmen für die Entfaltung seines Handelns hat.

Freiheitsgrade ausschöpfen

Die amerikanische Philosophin Martha C. Nussbaum hat in ihrem einschlägigen Buch *Creating Capabilities – The Human Development Approach* die damit verbundene Problematik herausgearbeitet. Die Einflussmöglichkeiten („capabilities") des Menschen sind zunächst durch äußere Umstände (Kulturen, politische oder religiöse Systeme, klimatische Verhältnisse usw.) wie durch innere Verhaltensmuster (Triebe, Begierden, Temperamente usw.) begrenzt. Nussbaum ist nun der Auffassung, dass alle Menschen die gleiche Grundfähigkeit haben, sich über diese Begrenzungen hinaus entfalten zu können und zu sollen. Das macht – durchaus in der Tradition von Kants Ansatz – gerade ihre Würde aus, und die gilt es daher als unantastbar z. B. durch ökonomische und politische Institutionen zu schützen. Nussbaum identifiziert zehn „Freiheitsgrade"[53] *(central capabilities)*, die das Können eines Menschen ausmachen: eine angemessene Lebensspanne, körperliche Gesundheit und Integrität, verfeinerte Sinnesorgane, zu denen auch Imagination, Verstand und Vernunft zählen, Gefühle, Spieltrieb, Einstellung zu anderen Lebensformen, politische Mitsprache, materielle Güter.[54]

Realisierung von Gütern durch Tugenden

All diese Güter sind allerdings dem Menschen nur potenziell gegeben. Er muss etwas dafür tun, dass sie sich einstellen. Wer gewisse Regeln zum Erhalt seiner Gesundheit nicht einhält – wie z. B. Giftstoffe zu meiden – wird kaum die gewünschte Lebensspanne oder körperliche Integrität realisieren. Solche Güter müssen also durch entsprechenden Lebensvollzug erworben werden. Die Einübung von Tugenden leistet einen wesentlichen Beitrag. Damit werden Freiheitsgrade erworben, sich von den inneren wie äußeren Zwängen zu emanzipieren, ihnen nicht blind ausgeliefert zu sein, sondern aktiv gestaltend ihnen in Würde zu begegnen.

Diese Gesetzmäßigkeiten gelten nicht nur für die Entwicklung menschlicher Individuen, sondern auch für die Lebensspanne eines Unternehmens. Indem es die nötigen Rahmenbedingungen schafft, intern die Stärken seiner Mitarbeiter zu heben, zugleich deren Schwächen zu kompensieren sowie extern die Opportunitäten der sozialen und natürlichen Umwelt wahrzunehmen, den Bedrohungen aber auszuweichen, legt es strategisch den Grundstein für künftigen Erfolg, der ein „gutes Auskommen mit allen Stakeholdern" erlaubt.

Strategische
Bedeutung

Zusammenfassung

Tugenden sind Eigenschaften im Menschen, die ein gewünschtes Verhalten und Handeln um eines Guten willen hervorbringen. Sie stärken das Verantwortungsbewusstsein von Individuen wie von Organisationen. Sie stellen ein Kraftfeld dar, das eine gewünschte Richtung des Verhaltens und Handelns gegen innere wie äußere Widerstände einleitet. Sie eröffnen Freiheitsgrade und Wahlmöglichkeiten, das Potenzial eines Menschen wie eines Unternehmens voll und ganz zu heben und ihre Zukunft aktiv zu gestalten. Die Entwicklung und Formulierung einer lebensdienlichen Vision ist dafür sehr hilfreich. Denn ohne sie können die Tugenden ins Leere laufen, womöglich nur kurzfristigen Interessen auf Kosten anderer dienen. Ethische Tugenden wie Gerechtigkeit, Respekt und Einfühlungsvermögen befähigen einen Menschen oder ein Unternehmen dazu, besser mit anderen auszukommen. Dadurch fördern sie auch Konsequenzen des Tun und Lassens, die dem Wohl des Ganzen dienen.

Zum individuellen Einüben in tugendhaftes Handeln ist Selbstreflexion eine wichtige Voraussetzung. Denn nur derjenige, der sein eigenes Verhalten und Handeln und deren Wirkung auf andere wie ein neutraler Dritter kritisch beobachten kann, vermag Verbesserungen des eigenen Verhaltens einzuleiten. Ziel der Tugendethik ist, das gute Auskommen eines Menschen oder Unternehmens mit seiner sozialen Umwelt kontinuierlich und situativ zu optimieren. Der Weg dahin sollte in drei Schritten vollzogen werden. Sie zeigen, dass es sich bei der Ethik tatsächlich um eine „Kunst des guten Miteinanderauskommens" handelt:

1. *Selbstbeobachtung* – Welches Verhalten man an sich bzw. im Unternehmen feststellen kann: Welche eigenen Verhaltensmuster im Umgang mit anderen sind erkennbar?

2. *Folgenanalyse* – Welche Wirkungen des eigenen Verhaltens man auf andere auch im Dialog feststellt: Welche Konsequenzen erwachsen daraus für andere?

3. *Selbsttransformation* – Welche Tugenden man zur Verbesserung der Situation entwickeln sollte: Wie können die Beziehungen zu anderen optimiert werden?

Weiterführende Inhalte finden Sie auf der Website *www.pearson.de.*

Endnoten

1   Schon Arthur Schopenhauer (1788–1860) kritisierte Kants Ethik für die metaphysische Annahme, dass gemäss kategorischem Imperativ etwas „‚geschehn soll, ob es gleich niemals geschieht'" (1950, S. 120). Das Konstrukt einer intelligiblen Welt des Sollens als „‚absolute Nothwendigkeit'" gegenüber der materiellen Welt des Seins ist ihm zutiefst suspekt, da ein metaphysisches Konstrukt und somit auch nicht beweisbar. „Wirkliche Nothwendigkeit" ist ihm hingegen das „Gesetz der Motivation", wie es sich empirisch im Egoismus des Menschen zeigt (ebd. S. 121). Auch Otto-Peter Obermeier hält die „reine Moralphilosophie" Kants für „völlig gescheitert", weil sie die „Mischungen aus Empirie, Gefühl und Vernunft" als wechselseitig sich verstärkend („kokonstitutiv") ausser acht lässt (2019, S. 330). Dass Kant „wirkliche" von „idealischen Personen" zu unterscheiden weiß und entsprechend in seiner „Tugendlehre" berücksichtigt, belegt allerdings durchaus auch seine Realitätsnähe (1968a, S. 573 f; vgl. dazu insbesondere Rimoux, Anm. 35 in Kap. 5).
2   Aristoteles, 1978, S. 239, 1332a 39f; vgl. Schüz, 1999, S. 38.
3   Stemmer, 1998, S. 1538.
4   Kluge, 1975, S. 773, 795 f.
5   Vgl. Kluge, 1975, S. 795.
6   Vgl. Bollnow, 1958, S. 12.
7   Ebd. S. 26.
8   Stemmer, 1998, S. 1539.
9   Je nach Anlage können sie bestimmten Typen (von griech. typos = Umriss, Form, Beispiel) zugeordnet, also typologisch analysiert werden. Darüber hinaus können sie durch Gewöhnung und Einübung in gewünschte Verhaltensweisen ihren individuellen Charakter bilden.
10 Vgl. Aristoteles, 1975, S. 87, 1985, S. 33, 1105a26 ff.
11 Insbesondere Max Weber verweist unter Rückgriff auf Benjamin Franklin auf die *Nützlichkeit der Tugenden*, wenn z. B. Ehrlichkeit, Pünktlichkeit, Fleiß und Mäßigkeit „Kredit" bringen. (1986, S. 34)
12 George Henrik von Wright bezeichnet die Tugend der Selbstbeherrschung (*self-control*, griechisch: *sophrosyne*) auch als *master virtue*, weil sie ihrem Wesen nach in allen anderen Tugenden vorkommt. Denn jede Tugend beabsichtigt, die eigenen Handlungsweisen zu mäßigen. (1972, S. 149) Für Kant ist die Tapferkeit die „größte und einzige Kriegsehre", die „praktische Weisheit" (1968a, S. 537).
13 Vgl. Stemmer, 1998, S. 1539.
14 Vgl. De Waal, 2015, S. 2014.
15 Solomon, 2003, S. 69, vgl. 85, 90, 112.
16 Ebd. S. 38 ff.
17 Obermeier, 2019, S. 312-317.
18 Jones/Ferril, 2006, xiii f. Vielleicht ist es deshalb kein Zufall, dass „Integrity" von immer mehr Firmenkulturen als wichtige Ergänzung zu „Compliance" gefördert wird. Sie haben erkannt, dass Pflichtenethik durch Tugendethik ergänzt werden muss (Abschnitt 6.5.3).
19 Bröcker, 1974, S. 31.
20 Wie die Mitte zwischen zwei Extremen und zugleich die Höhe (Ausmaß) der Ausprägung in Form einer Parabel – wie in den folgenden Abbildungen – dargestellt werden kann, zeigt bereits Nicolai Hartmann (1882–1950) in seiner Ethik in Weiterführung durch M. v. Kohoutek auf (1962, S. 571, vgl. 442). Über die wachsende Bedeutung von „Mut" in Unternehmen, um überlebensnotwendige Veränderungen anzustoßen, vertiefen Gracia Thum, 2016, und Stafan Tilk, 2006.
21 GRI, 2016.
22 Einführung in den Myers-Briggs Typen Indikator (MBTI) bietet Bents/Blank (1992); eine Charakterisierung von Organisationen auf der Basis des MBTI liefert Bridges (1998).
23 Precht, 2012, S. 274 f.
24 Vgl. Bollnow, 1958, S. 22 f.
25 Ebd. S. 24 f.
26 Dirlmeier erwähnt in seiner Einleitung zur Magna Moralia des Aristoteles 13 „traditionelle Tugenden" (1983, S. 107); Überweg zufolge listet Aristoteles 14 Tugenden in seiner Eudemischen Ethik (Aristoteles, 1984, S. 24, 1221a ff) auf, 13 in der Nikomachischen Ethik (1953, S. 390). Aufstellungen finden sich bei Überweg, S. 390, und bei Hirschberger, 1976, S. 233, etwa wie folgt: Ethische Tugenden: Besonnenheit (*sophrosyne*), Freigebigkeit (*eleutheriotes*), Seelengröße (*megalopsychia*), Höflichkeit (*eutrapelia*), Sanftmut (*praotes*), Hilfsbereitschaft (*megaloprepeia*), Wahrhaftigkeit (*aletheia*), Freundschaft (*philia*), Gerechtigkeit (*dikaiosyne*), Tapferkeit (*andreia*) sowie Verstandestugenden: Wissen (*episteme*), Können (*techne*), Klugheit (*phronesis*), Vernunft (*nous*), Weisheit (*sophia*).
27 So z. B. bei ABB, Daimler, Siemens
28 Schlager, 2007, S. 60; vgl. die Vorschläge zur Charakterbildung von Phillip London (2013).
29 Mukamel et. al., 2010.
30 Vgl. Rifkin, 2009, S. 96 ff.
31 Ebd. S. 14.

32 Ebd. S. 18.
33 Pinker, 2011, S. 856; vgl. Breithaupt, 2017.
34 Ebd. S. 876.
35 Ebd. S. 861.
36 Birbaumer, 2016, S. 95.
37 Büchmann, 1972, S. 504 f.
38 Kotter/Heskett, 1992, S. 44 ff; vgl. z. B. Quinn et al. zit. nach Boddy, 2008, S. 42 ff; Quinn et al., 2003; Cameron/Quinn, 2011; Trompenaars/Hampden-Turner, 2000.
39 Schüz, 1999, S. 185 ff.
40 Vgl. Leipziger, 2010, S. 38.
41 Haas, 1998, S. 216.
42 Lynn S. Paine arbeitet ausführlich die Firmenkultur in einer Fallstudie zu Levi Strauss heraus (1997, S. 346–376). Wie überhaupt Organisationen ethischer gestaltet werden können, diskutiert Collins (2012).
43 Dass die Tugenden noch immer hochgehalten werden, erkennt man aus neuesten Berichten, wie etwa Levi's die Pandemie überstanden hat (Marquardt, 2021).
44 Levi Strauss, 2013.
45 Haas, 1998, S. 218.
46 Levi Strauss, 2013, S. 1.
47 Vgl. Schoenenberger, 2000, S. 167 f.
48 Levi Strauss, 2013. Zu ethischen und ökologischen Problemen der Textilindustrie vgl. Burckhardt, 2014.
49 Vgl. zur Kritik am Compliance-Ansatz Paine, 1994, S. 111; Renz et al., 2015; Göbel, 2020, S. 245 ff; Noll, 2002, S. 119 ff.
50 Freitag/Noé, 2011.
51 Köster/Otte, 2012.
52 Nach Badaracco, 1997, S. 15 ff, 85 ff.
53 Der englische Terminus *capabilities* ist nicht einfach ins Deutsche zu übersetzen. „Fähigkeit" greift womöglich zu kurz. Da Nussbaum vor allem die „Freiheit", also die Möglichkeit, wählen zu können (*opportunity to select, freedom to choose*, 2011, S. 25), ins Zentrum stellt, passen die Begriffe „Freiheitsgrad" oder „Einflussmöglichkeit" besser als die häufig gebrauchte Übersetzung „Fähigkeit". Übrigens bezieht Nussbaum auch „nichtmenschliche Lebewesen" in ihre Überlegungen mit ein, schreibt sie ihnen doch als „sentient individuals" eine Würde zu (vgl. S. 35, 165), die sich womöglich nur in der Zahl der Freiheitsgrade vom Menschen unterscheidet. Damit wäre auch der Anthropozentrismus Kants überwunden, demzufolge nur Menschen über Freiheit verfügen. Wenn jede Kreatur über Freiheitsgrade, wenn auch im unterschiedlichen Maße, verfügt, dann kann auch ihr die Würde der Autonomie zugesprochen werden.
54 Nussbaum, 2011, S. 33 f.

Zusammenschau – traditionelle Ethik in der Praxis

7

ÜBERBLICK

Lernziele

Der Leser

- schult seine Methoden- und Sozialkompetenz anhand ethischer Dilemmata,

- wendet dabei die drei traditionellen Ethikansätze an,

- erkennt die Schwierigkeit, in solchen Fällen Gutes ohne schlechte Nebenwirkungen zu tun,

- baut selbstgerechtes Verhalten ab und relativiert sein vermeintlich „gutes Gewissen".

- erkennt die Ethik als nicht zu vernachlässigende Querfunktion der Betriebswirtschaftslehre an.

Problemstellung: Anwendung der Ethikansätze

In den vergangenen Kapiteln haben wir die drei wichtigsten Ansätze der ethischen Verantwortung kennengelernt. Erstens wurden mithilfe der utilitaristischen Ethik Maßstäbe zur Beurteilung der *Konsequenzen* eines Handelns vorgestellt. Zweitens wurden mithilfe der deontologischen Ethik Sollensforderungen diskutiert, die unbedingt einzuhalten sind. Drittens wurde gezeigt, wie mithilfe der Tugendethik die Selbststeuerungskräfte eines Individuums oder Unternehmens und damit deren Befähigung zur Verantwortung gestärkt werden können.

Rolle des Gewissens

Inwieweit helfen uns diese Ansätze, mit „gutem Gewissen" konkrete ethische Probleme zu lösen? Wir werden sehen, dass jeder der drei Ansätze zu unterschiedlichen Lösungen führen kann, die letztlich jeder für sich persönlich zu verantworten hat. Doch vor welcher Instanz? Wenn nicht vor dem Gesetz, so doch letztlich vor dem eigenen Gewissen. Was allerdings ein „gutes Gewissen" ausmacht, auch darüber gibt es unterschiedliche Auffassungen. Die einen sagen, es sei ein Resultat der Sozialisation (= „autoritäres Gewissen"), also von gesellschaftlichen Wertvorstellungen über Erziehung, Schule, Freundschaften und Beruf geprägt. Die anderen sagen, dass es im Menschen selbst angelegt ist (= „autonomes Gewissen"), also in der Vernunft, im (kollektiven) Unbewussten verankert oder gar von einer übernatürlichen Instanz inspiriert ist.[1] Die Hirnforschung hat, wie wir noch sehen werden, hierzu einiges an Erkenntnissen beigetragen. Am Beispiel des berühmten Trolley-Dilemmas sollen die Entscheidungsgrundlagen der drei Ethik-Ansätze noch einmal vor Augen geführt und einige weiterführende Probleme der Unternehmensethik andiskutiert werden. In der Übung zum VW-Abgasskandal kommen noch einmal die drei Ethikansätze zum Einsatz. Die Frage nach dem Nutzen der traditionellen Ethik beschließen das Kapitel.

7.1 Ethische Entscheidungsfindung bei Dilemmata

Das Trolley-Dilemma

Die folgenden Gedankenexperimente sollen dem Leser die Schwierigkeiten bei der Lösung ethischer Dilemmata aufzeigen. Ein Dilemma (von griech. *dilemma* = Doppelsatz) meint ursprünglich in der Logik einen Gegensatz „entweder – oder", der im 19. Jahrhundert die Bedeutung von „Klemme" als „Wahl zwischen zwei unangenehmen Möglichkeiten" gewinnt.[2] Der Betreffende befindet sich also in einer Art Zwickmühle, wie man sie häufig auch bei ethischen Problemen vorfindet. Das berühmte Trolley-Problem wurde von Philippa Foot erstmals 1967 vorgestellt[3] – in Weiterführung der ursprünglichen Fassung des Strafrechtlers Hans Welzel, der 1951 das Dilemma als „Weichenstellerbeispiel" folgendermaßen beschrieb: Ein Weichensteller bemerkt, wie ein Güterzug auf einen vollbesetzten Personenzug aufzufahren droht. Rechtzeitig kann er den Zug auf ein Nebengleis umleiten. Allerdings fährt dabei der Zug in eine Gruppe von Gleisarbeitern, die alle zu Tode kommen.[4] Foot wandelt die Situation nun folgendermaßen um: Eine Straßenbahn (engl. *trolley*) droht führerlos fünf Personen zu überrollen. Sie könnte durch Umstellung einer Weiche noch rechtzeitig auf ein Nebengleis umgeleitet werden, wo sie allerdings eine andere Person töten würde. Wie beurteilen Sie die Situation: Ist es Ihrer Meinung nach erlaubt, verboten oder verpflichtend, die Weiche zu stellen, um die Straßenbahn umzuleiten?

Abbildung 7.1: Trolley-Dilemma Fall A
Quelle: Magdalena Steiner, 2016 in Anlehnung an Edmonds, 2015, S. 20.

Je nach Antwort haben Sie mehr oder weniger bewusst einen der drei Ethikansätze angewandt. Als Utilitarist sehen Sie die Rettung der fünf auf Kosten des einen als geboten an, während Sie als Deontologe die Tötung des Einen zugunsten der fünf anderen strikt ablehnen, weil dies Kants kategorischem Imperativ widerspricht. Kein Mensch darf ohne sein Einverständnis „bloß als Mittel" gebraucht werden, selbst wenn es einem guten Zweck wie der Rettung anderer dient. Als Tugendethiker wägen Sie die Situation ab, ob Sie beispielsweise den Mut haben, Schuld am Tod des Einen auf sich zu laden, um andere aus Liebe, Empathie und Hilfsbereitschaft zu retten, wohlwissend, dass diese auch dem anderen zukommen müssten, oder auch nicht. In diesem Fall könnten Sie sich

Unterschiedliche Antworten je nach Ethikansatz

zurückhalten, weil Sie der Meinung sind, man könne nicht fünf gegen einen aufrechnen, zumal Sie gar nicht wissen können, ob dieser Eine in der Zukunft einmal durch einen mutigen Einsatz vielen anderen Menschen das Leben retten oder aus ihm später einmal ein berühmter Künstler, Forscher oder Unternehmer werden könnte. Zugegebenermaßen bleibt in solchen Situationen keine Zeit für rationale Überlegungen, welche Entscheidung die goldene Mitte zweier Extreme trifft. Der Tugendethiker folgt dann womöglich seiner gut ausgebildeten Intuition und handelt aus der Situation heraus – so oder so.

Harvard Moral Sense Test

Im „Harvard Moral Sense Test" (*www.moralsensetest.com*) kann der Leser ähnliche Dilemma-Situationen online beurteilen und sein Ergebnis mit dem aller anderen Teilnehmer vergleichen. Wie das Gesamtergebnis zeigt, entscheidet sich die Mehrheit aller Teilnehmer, die jeweils vorgeschlagene Lösung, bei der meist auf Kosten eines Lebens anderes Leben gerettet wird, weder als geboten noch als verboten anzusehen, wohl aber als ethisch erlaubt.

Einbezug Unbeteiligter

Judith Jarvis Thomson ergänzte das Trolley-Problem mit folgender Variante (Fall B): Auf einer Brücke über das Straßenbahngleis sieht ein unbeteiligter Beobachter die führerlose Straßenbahn auf die fünf Gleisarbeiter zurasen. Er weiß, dass sie nur noch durch ein schweres Hindernis gestoppt werden kann. Zufällig steht vor ihm auf der Brücke ein sehr dicker, schwergewichtiger Mann. Angenommen sein Körper könne die Bahn stoppen oder wenigstens zum Entgleisen bringen. Darf der Beobachter diesen nun von der Brücke stoßen, um die Straßenbahn abzubremsen und die fünf zu retten? Wie würden Sie agieren?[5]

Abbildung 7.2: Trolley-Dilemma Fall B
Quelle: Magdalena Steiner, 2016 in Anlehnung an Edmonds, 2015, S. 48.

Online-Umfrage zum Trolley-Problem

In einer an der Harvard University durchgeführten Online-Umfrage haben von 5.000 Probanden aus 120 Ländern unabhängig ihrer Ethnie, Religion, Altersgruppe, Bildung, Geschlechtszugehörigkeit im Fall B nur 17 % die aktive Tötung des dicken Mannes als ethisch erlaubt angesehen, während im ersten Fall A 85 % die Erlaubnis gaben zur Rettung der fünf den Trolley umzuleiten und den Nebeneffekt der Tötung eines anderen hinzunehmen.[6]

Die Autoren der Umfrage führen das Resultat darauf zurück, dass die meisten Probanden bewusst oder unbewusst das „Prinzip der Doppelwirkung" (engl. *Doctrine of Double Effect*) anwandten. Es wurde erstmals im 13. Jahrhundert von Thomas v. Aquin formuliert: In Notwehr könne es vorkommen, dass man einen Aggressor tötet, um sein oder eines anderen Leben zu retten – vorausgesetzt, man hat den Nebeneffekt nicht beabsichtigt: „Nichts hindert eine Handlung daran, zwei Wirkungen zu haben, von denen eine mit Absicht, die andere außerhalb der Absicht erfolgt ist."[7] Dieses Prinzip wird bis heute als ethisch anerkannt, solange folgende vier Bedingungen erfüllt sind:

Prinzip der Doppelwirkung

1. Die Handlung selbst soll an sich ethisch gut oder wenigstens neutral sein;

2. Der Handelnde *beabsichtigt* nur die gute Wirkung der Handlung und nicht die schlechte Nebenwirkung;

3. Die gute Wirkung darf nicht mit üblen Mitteln erzielt werden, wobei die schlechte Wirkung entweder nur eine Folge der guten ist oder sich unmittelbar als (Neben-)Folge aus der Handlung ergibt.

4. Das absehbare Übel muss aus schwerwiegendem Grund erlaubt sein, indem es bei weitem nicht so schwer wiegt wie die Folgen des guten Effekts. Der gute Effekt muss also hinreichend wünschenswert sein, damit der böse Effekt akzeptabel ist.[8]

Ergänzt wird noch, dass die schlechte Wirkung durchaus bewusst zugelassen, also „indirekt gewollt" werden kann, wenn es keine Alternativhandlung ohne üble Nebenwirkungen gibt. Außerdem sollte der „schwerwiegende Grund" in Punkt 4 tatsächlich die gute Wirkung als wünschenswert belegen können, wie überhaupt bei der Entscheidung viele Faktoren abgewogen und verglichen werden sollten, bevor sie getroffen wird.[9] Prinzipiell gilt es zu unterscheiden zwischen „beabsichtigten Mitteln" und „vorausgesehenen Nebenwirkungen".

Auf Fall A angewandt ist gemäß dem Prinzip der Doppelwirkung der Tod des einen als schlechte, zwar unbeabsichtigte, aber vorausgesehene Nebenwirkung in Kauf zu nehmen, wobei die Rettung der fünf als gute Wirkung nicht mit üblen Mitteln (Umstellen einer Weiche) erzielt wurde. Im Fall B hingegen sind mehrere Bedingungen nicht erfüllt: Der gute Effekt wird mit „üblen Mitteln" (aktive Tötung eines Menschen) absichtlich provoziert nach dem Prinzip: „Der Zweck heiligt die Mittel". Die üble Wirkung ist keine Folge der guten Wirkung, sondern Ursache derselben, was Punkt 3 widerspricht, also ethisch nicht akzeptabel ist.

Prinzip „Der Zweck heiligt die Mittel"

Generell lassen sich mit dem Prinzip der Doppelwirkung Situationen wie folgt beurteilen:

Beispiele zur Beurteilung

■ Es verbietet die Tötung eines Patienten, um ihn von Schmerzen zu befreien (direkte Euthanasie), erlaubt aber die Verabreichung erforderlicher Schmerzmittel, die der Patient nicht überlebt (indirekte Sterbehilfe).

- Es verbietet die Tötung eines potenziellen Angreifers aus dem Hinterhalt, um einem Angriff zuvorzukommen, erlaubt hingegen die Tötung eines unmittelbar lebensbedrohlichen Angreifers (Notwehr).

- Es verbietet die Bombardierung der Zivilbevölkerung, um einen Krieg zu beenden, erlaubt aber die Bombardierung einer militärischen Anlage eines kriegerischen Aggressors, um weitere Angriffe zu verhindern, wenngleich dabei zufällig in der Nähe befindliche Zivilisten zu Tode kommen.[10]

- Es verbietet den Abschuss eines Passagierflugzeuges, das von Terroristen entführt wurde und womöglich auf einen Ort voll mit Menschen zum Absturz gebracht werden könnte.[11]

Folgen der Rechtfertigung böser Mittel

Das Prinzip der Doppelwirkung legitimiert also *nicht* das erwähnte Prinzip „Der Zweck heiligt die Mittel". Schon Paulus hatte im Neuen Testament diese Regel infrage gestellt: „Sollen wir das Schlechte tun, um zum Guten zu gelangen?" Er verneinte dies deutlich.[12] Trotzdem fanden unter diesem Motto ganze Völkermorde statt, die Hexenverbrennungen während der Inquisition (1250–1750),[13] der Holocaust, Stalins Säuberungen, Maos Kulturrevolution, der Abwurf der ersten Atombomben auf Hiroshima und Nagasaki, die Vertreibung von Ureinwohnern zwecks Abholzung von Regenwäldern zur Weidelandgewinnung, die Ausbeutung von Arbeitskräften zur Gewinnmaximierung, die Vergiftung von Patienten zur Testung von Arzneimitteln oder die Nichtbeachtung von Sicherheitsstandards zur Kostensenkung, nur um einige zu nennen. Der Zweck soll solche Mittel zur Bekämpfung des Bösen, Bedrohlichen, Unerwünschten oder die Erlangung von Gütern rechtfertigen.

Notwendige Ergänzung der Nützlichkeits- durch Pflichtenethik

Die beiden Fälle A und B des Trolley-Dilemmas offenbaren auch eine prinzipielle Schwäche der utilitaristischen Ethik. Diese kann mit ihrem Prinzip „Größtes Gut der größten Zahl" keinen Unterschied zwischen ihnen feststellen. Die Fünf zu retten, hat in beiden Fällen Priorität. Sie liefert keinen Anhaltspunkt, weshalb der dicke Mann nicht getötet werden darf. Sie schützt Minderheiten nicht. Das leistet nur die deontologische Ethik mit ihrer Pflicht des Tötungsverbots. Daraus wird erkennbar, dass beide Ethikansätze sich zur umfassenden Beurteilung des Dilemmas ergänzen müssen, also komplementär sind.

Hirnphysiologische Erkenntnisse

Bedeutung emotional-intuitiver Impulse

Probanden wurden während ihrer Entscheidung beim Straßenbahn-Dilemma auch Hirnscans mithilfe der „funktionellen Magnetresonanztomografie" (fMRT) unterzogen. Dabei wurde festgestellt, dass nicht nur aufgrund kognitiv-rationaler, sondern auch emotional-intuitiver Impulse entschieden wird. Für die Forscher war dies anhand der Hirnscans ersichtlich, die die entsprechenden Hirnareale als aktiviert anzeigten. Moralische Entscheidungen werden demzufolge eher durchaus kognitiv getroffen, wenn es sich um unpersönliche Situationen handelt. Dann werden abstrakte Regeln wie das utilitaristische Kalkül „Rette die Mehrheit" („Save The Most") oder die deontologische Pflicht „Lege keine Hand an" („Do Not Touch") beachtet. Handelt es sich hingegen um persönliche Situationen, in denen ein Akteur von Angesicht zu Angesicht auf einen anderen direkt und absichtsvoll einwirken soll, also im Sinne von „Ich verletze dich" („Me Hurt You"), dann bestimmen Emotionen die Entscheidung mit.[14]

Im letzten Fall wählen die Akteure intuitiv, ob sie sich für eine der beiden kognitiven Alternativen entscheiden, gar nicht agieren oder gar zu völlig neuen Methoden greifen, z. B. die Selbstaufopferung ins Spiel bringen. Es spricht einiges dafür, dass der emotionale Einfluss auf moralische Entscheidungen durch die Tugendethik beeinflusst werden kann. Diese hat ja schon bei Aristoteles die Funktion, Affekte und Emotionen auf die goldene Mitte zwischen zwei Extremen zu lenken. Dazu bedarf es mehr als rationaler Überlegungen. Die Tugendethik fordert den *ganzen* Menschen heraus, sich auch seinen Emotionen oder unbewussten Anteilen seiner Psyche zu stellen, diese anzuschauen und in gewünschte Bahnen zu lenken. Dabei werden automatische Verhaltenstendenzen in bewusst gewählte Handlungen transformiert. Diese basieren dann eher auf Intuitionen als auf blinden Reiz-Reaktionsmustern.

Die neurophysiologischen Erkenntnisse könnten ein Hinweis darauf sein, dass die drei traditionellen Ethikansätze ihre Entsprechungen in der menschlichen Biologie aufweisen. Die emotionskontrollierende und steuernde Tugendethik wäre dann eine Klammer für die mehr kognitionsbasierte utilitaristische *und* deontologische Ethik. Diese These findet Unterstützung durch die Neurowissenschaften. Steven Pinker fasste in seiner umfangreichen Untersuchung zum Rückgang der Gewalt in der Menschheitsgeschichte auch die Ergebnisse der Neurophysiologie zur ethischen Hemmung von Aggressionen zusammen. Demzufolge korrespondieren unterschiedliche Schaltkreise im Gehirn mit bestimmten Affekten wie dem „Wutsystem" oder „Angstsystem", „System für Wollen und Sehnsucht". Die damit verbundenen Emotionen und Verhaltensimpulse werden in der Orbitalrinde über den Augen verarbeitet und moduliert zu den „emotionalen Strukturen zurückgesandt", gleichzeitig aber auch zur Großhirnrinde, die „kühle Abwägungen" vornimmt und so die „Kontrolle über unser Verhalten" ausübt.[15] Wird die Orbitalrinde entfernt, wie z. B. beim berühmt gewordenen Fall des Phineas Gage, bei dem sie aufgrund eines schweren Unfalls geschädigt wurde, so fehlen Selbstbeherrschung und Gewalthemmung:

> *„Enthemmt, sozial unangepasst, Neigung zur Fehlinterpretation der Stimmungen anderer, impulsiv, ohne Aufmerksamkeit für die Folgen des eigenen Handelns, verantwortungslos im Alltagsleben, ohne Einsicht in die Schwere der Störung und Neigung zu Initiativlosigkeit."*[16]

Vielleicht könnte man in dieser neurophysiologischen Erkenntnis einen Hinweis sehen, dass tugendethische Entscheidungen mit Aktivierungen der Orbitalrinde korrespondieren.

Emotion und Intuition

Funktion der Tugendethik und ihre hirnphysiologische Korrespondenz

Tugenden als Brücke zwischen Emotion und Kognition

Balance zwischen Pflicht und Neigung

Kants Diktum, dass ethisches Handeln niemals aus emotionsgesteuerter Neigung, sondern immer nur aus vernunftgeleiteter Pflicht erfolgen soll, wird in gewisser Weise widerlegt. Völlig emotionsfreie Entscheidungen führen in den Dilemma-Situationen entweder zur eiskalten Nutzenmaximierung, wie sie auf Eigennutzen reduziert auch Psychopathen zugeschrieben wird[17], oder, wie in unserem Fallbeispiel zum rigorosen Handlungsverbot, selbst wenn damit das Leben anderer auf dem Spiel steht. Mit den Emotionen kommt die situative Abwägung ins Spiel. Tugenden wie Menschenliebe und Einfühlungsvermögen, aber auch Gelassenheit und Achtsamkeit lenken die Emotionen in bestimmte Bahnen, d. h. verbinden Neigungen mit Folgenbetrachtungen und Pflichtbewusstsein zu einem ganzheitlich ethischen Menschentypus.

Emotionsfreie Pflichtenethik

Wie im Unterschied dazu der einseitige Pflichtenethiker mit seinen Mitmenschen gut auskommt, überzeichnen Friedrich Schiller und Johann Wolfgang von Goethe auf ironische Weise in einem gemeinsamen Gedicht:

> *„Gerne dien ich den Freunden, doch tu ich es leider mit Neigung, / Und so wurmt es mir oft, dass ich nicht tugendhaft bin. /... Da ist kein anderer Rat, du mußt suchen, sie zu verachten, / Und mit Abscheu alsdann tun, wie die Pflicht dir gebeut.“*[18]

Selbsterkenntnis und Ethik

Für Schiller ist diese Haltung eines Ethikers, der ungeachtet seiner Gefühle rigoros seine Pflichten erfüllt, inakzeptabel. Sein Ideal entspricht einem Menschen, dessen Vernunft ähnlich wie bei Platons Seelenwagen (siehe ▶*Abschnitt 3.2*) Fühlen und Wollen lenkt, aber nicht unterdrückt. In seinen Tugenden harmonieren Pflicht *und* Neigung.

> *„Der Mensch darf nicht nur, sondern soll Lust und Pflicht in Verbindung bringen; er soll seiner Vernunft mit Freuden gehorchen ..., um sie mit seinem höhern Selbst zu vereinbaren.“*[19]

Friedrich Schiller (1759–1805)

Schiller deutet in seiner Schrift „Über Anmut und Würde“ von 1798 an, was erst im 20. Jahrhundert der Tiefenpsychologe Carl Gustav Jung mit seiner Unterscheidung von Ich und Selbst systematisch herausgearbeitet hat: Der seiner selbst bewusste, „individuierte“ Mensch kennt seine Schwächen und lebt sie nicht auf Kosten anderer aus. Er ist weder Spielball seiner Begierden noch folgt er blind gesellschaftlichen Regeln. Mithilfe seiner Intuition trifft er Entscheidungen, die der konkreten Situation gerecht werden und dann oft auch sinnvoll dem Wohl des Ganzen dienen.[20] Für Schiller jedenfalls ist ein Mensch, der Pflicht und Trieb, Vernunft und Sinnlichkeit, Freiheit und Naturnotwendigkeit, Willen und Affekt harmonisch vereint, eine „schöne Seele“.

Hinweis auf Responsible Leadership

Dass diese Einsicht einer ganzheitlich gereiften Persönlichkeit nicht nur für die Ethik allgemein, sondern auch für die Qualität einer verantwortungsvollen Leadership in Unternehmen von großer Relevanz ist, wird später noch eingehender begründet werden (siehe ▶*Kapitel 12*). An dieser Stelle halten wir fest, dass in konkreten Situationen nur eine einzige ethische Theorie höchst selten zur Lösung von Dilemmata beitragen kann. Die Kunst der Abwägung von Alternativen verlangt Weitblick und Einfühlungsvermögen, Flexibilität und Kreativität, Durchhaltevermögen und Zuverlässigkeit, Solidarität und Gerechtigkeitssinn[21], alles Tugenden, die in ihrer Anwendung nicht simuliert werden können, sondern im Charakter des Handelnden bereits entwickelt sein müssen. Defizitäre Persönlichkeiten hingegen werden Schwierigkeiten haben, ethische Dilemmata zufriedenstellend zu lösen. Sie neigen zu unausgewogenen oder ungerechten Entscheidungen, die zum Vertrauensverlust eines Großteils der Stakeholder führen können.

Nur selten dürfen wir den Anspruch erheben, vollumfänglich dem Ideal Schillers oder Jungs zu entsprechen. Selbst der geschulte Ethiker bringt Defizite mit. Deshalb sollte er, wenn es die Zeit zulässt, schwerwiegende Entscheidungen nicht alleine treffen, sondern immer im *Dialog* mit möglichst unterschiedlichen Persönlichkeiten erarbeiten. Dies trifft insbesondere bei strategisch wichtigen Entscheidungen in Unternehmen zu. Wie solche unter Einsatz eines Fragenkatalogs nachhaltig verantwortet werden können, wird später noch ausführlicher dargelegt. Die Fragen rufen die wichtigsten Prinzipien der drei ethischen Ansätze in Erinnerung, sodass der Dialog nicht beliebig wird und ins Leere läuft.

Lösung komplexer Probleme nicht im Alleingang, sondern im Dialog

---

Diskussion **Aktualität des Trolley-Problems**

Reflektieren oder diskutieren Sie mit Bekannten den folgenden abgeänderten Fall C des Trolley-Problems unter Rückgriff auf Güter-, Pflichten- und Tugendethik. Der führerlose Trolley droht die fünf Gleisarbeiter zu töten. Er kann nur durch ein Hindernis aufgehalten werden. Ein Beobachter steht an einem Stellwerk und kann einen schwergewichtigen Mann oben auf der Zuschauerbrücke durch Öffnen einer Falltür noch rechtzeitig auf die Gleise direkt vor den Trolley befördern und so die fünf retten.

Abbildung 7.3: Trolley-Dilemma Fall C
Quelle: Magdalena Steiner, 2016, in Anlehnung an Edmonds, 2015, S. 144.

■ Weshalb öffnet der Stellwerker mit seinem Hebel die Falltür? Berücksichtigen Sie dabei, dass er auf Grund einer Ablenkung die Folgen seines Handelns gar nicht überschaut.

Zugunglück von Dürrenast

Dass solche Gedankenexperimente keineswegs abstrakt sind und am realen Leben vorbeigehen, zeigt das Eisenbahnunglück im Bezirk Dürrenast bei Thun in der Schweiz am 17. Mai 2006. Es ist ein Beispiel dafür, dass Fall A des Trolley-Dilemmas keineswegs nur ein Produkt der Fantasie darstellt. Bei einem Dienstzug, der mit drei Mitarbeitern besetzt war, versagten die Bremsen. Er drohte mit fast 100 km/h in den Bahnhof von Thun zu rasen, dessen Gleise alle belegt waren. Zahlreiche Menschenleben wären bedroht gewesen. Die Fahrdienstleiter prüften alle Alternativen, wie der Zug noch zu stoppen wäre. Dafür blieben ihnen nur wenige Minuten Zeit. Sie entschieden sich schließlich, den Zug auf ein Nebengleis umzulenken, auf dem im Abstand von 500 m zwei Bauwagengruppen standen. Dadurch sollte der Zug mit wenig Schaden zum Anhalten gebracht werden. Sie wussten allerdings nicht, dass der erste Wagen mit Schrott beladen war. Elf Arbeiter auf dem Gleis konnten sich vor dem Aufprall noch retten. Die Schwere des Aufpralls tötete jedoch die drei Personen auf dem Unfallzug.[22]

Zugunglück von Bad Aibling

Ein anderes Zugunglück, das von Bad Aibling am 16. Februar 2016, spiegelt den Fall C wieder. Zwei Züge der Bayrischen Oberlandbahn kollidierten in der Nähe von Bad Aibling. Zwölf Menschen starben. mehr als 80 wurden verletzt, es entstand ein Sachschaden von zehn Millionen Euro. Das Unglück verschuldete der zuständige Fahrdienstleiter, der trotz seiner langjährigen Erfahrung seit einigen Wochen während der Dienstzeit auf seinem privaten Handy „Dungeon Hunter 5" spielte. 70% seiner Arbeitszeit verbrachte er damit, im Kampf gegen böse Krieger und Dämonen „Edelsteine" zu sammeln. Währenddessen verwechselte er den Zeitpunkt, an dem die beiden Züge auf der eingleisigen Strecke sich kreuzen können und gab versehentlich das Signal für beide Züge frei. Als er das drohende Desaster bemerkte, drückte er den falschen Alarmknopf, so dass das Unglück nicht mehr verhindert werden konnte. Wie der Richter in seiner Urteilsverkündigung verlautbarte, wurde der Angeklagte, der zu dreieinhalb Jahren Haft verurteilt wurde, „Opfer seiner eigenen Spielleidenschaft". Dabei ignorierte er das Verbot der Nutzung privater Handys am Arbeitsplatz.[23] Im Unterschied zur Challenger-Katastrophe (siehe ▶ *Abschnitt 5.5*) veranlassten hier weniger äußere (funktionale) als vielmehr innere (psychische) Zwänge den Akteur, seine ethischen Pflichten zu vergessen. In beiden Fällen hätte ein tugendethisch gefestigter Charakter den Versuchungen wohl eher widerstanden.

Autonome Fahrzeuge

Die Aktualität des Trolley-Problems zeigt sich auch bei der Programmierung der Software von bewaffneten Drohnen, Kampf- und Pflegerobotern oder autonomen Automobilen.[24] Nach welchen Algorithmen, sprich: Rechen- und Arbeitsanweisungen, sollen sie in Dilemma-Situationen programmiert werden? Die Programmierer müssen diffizile Verkehrssituationen voraussehen und damit verbundene Dilemmata lösen, z. B. folgender Art:

- Auf einer engen Steilküstenstraße treffen zwei selbstfahrende Autos aufeinander und können nicht mehr rechtzeitig gestoppt werden. Wenn ein Auto ausweicht, stürzt es die Klippen hinunter und das andere ist gerettet. Wenn beide aufeinanderprallen drohen alle Insassen umzukommen. Nach welchen Kriterien soll das Ausweichmanöver erfolgen?

- Wegen Marderbissen an den Bremsschläuchen versagen plötzlich die Bremsen des vollautomatischen Wagens. Die Programmierung muss entscheiden, ob der Wagen ein Kind oder einen Greis überfährt.

- Ein Kind läuft auf die Straße. Entweder es wird überfahren oder das vollautomatische Fahrzeug kracht in den Gegenverkehr – vielleicht sogar mit mehreren Toten.[25]

- Ein selbstfahrendes Auto registriert den Anhänger eines Sattelschleppers, der gerade eine Straße überquert, als harmloses Straßenschild und fährt ungebremst unter ihn hindurch und tötet den Insassen.[26]

Solche Probleme werden in der Maschinen- oder Roboterethik[27] diskutiert (siehe z. B. *http://moralmachine.mit.edu*)[28]. Wie soll die Software programmiert werden, damit in solchen Fällen der geringstmögliche Schaden entsteht? Nach welchen ethischen Prinzipien? Nach utilitaristischem Kalkül hätte im ersten Fall der Greis weniger zu verlieren als das Kind, das sein Leben noch vor sich hat, im zweiten Fall müsste der Insasse geopfert werden. Was wenn bei einem drohenden Zusammenstoß zweier autonomer Autos in einem ein älterer Multimilliardär und Chairman eines erfolgreichen Großunternehmens sitzt, im anderen aber eine junge Frau aus sozial schwachen Verhältnissen mit geringen Aufstiegschancen? Wie würde dann ein utilitaristisch programmierter Algorithmus entscheiden? Programmierer sprechen auch von Kostenfunktionen, mit denen widerstreitende Interessen verrechnet werden, um den Unfall mit den geringsten Kosten zu designen. Das wäre aber mit all den Risiken verbunden, die wir schon bei den Kosten-Nutzen-Berechnungen im Fall des Ford Pinto (siehe ▶ *Abschnitt 4.3*) diskutiert hatten. Was passiert, wenn die Software von Hackern manipuliert und das Auto als Tötungsmaschine missbraucht wird?[29]

Präferenzen bei der Wahl der Opfer?

Sollte man überhaupt den Entwicklern verbieten, in ihren Algorithmen Menschenleben utilitaristisch abzuwägen? Ethikansätze wie die von Kant würden generell verbieten, Menschenleben zu verrechnen. Wie sollten diese dann bei der Programmierung berücksichtigt werden? Welche Priorität hat etwa der Schutz des Insassen? Wieweit sollte dem Zufall Raum gegeben werden, wenn mehrere Autos im selben Unfall mit unbeteiligten Fußgängern involviert sind? Sollte womöglich ein Zufallsgenerator dann die Entscheidung treffen?[30] Inwieweit sollte der Algorithmus das Prinzip der doppelten Wirkung oder die Schuldfrage der Unfallbeteiligten mitberücksichtigen, wenn etwa der Fußgänger das Rotlicht missachtet hat oder der Wagen auf den Gehsteig fährt? Mit der utilitaristischen Ethik alleine lassen sich jedenfalls solche ethischen Herausforderungen kaum klären.

Ethisch programmierte Algorithmen?

Verfassungs- bzw. menschenrechts- widrige Klassifizierung von Personen

> Der deutsche Verkehrsminister Alexander Dobrindt hat vor Einführung der Technologie selbstfahrender Autos eine Ethikkommission für vollautomatisch fahrende Fahrzeuge ins Leben gerufen. Sie soll Regeln für Algorithmen in riskanten Situationen entwickeln. Er forderte dabei die Einhaltung zweier Prinzipien: „Sachschaden geht immer vor Personenschaden" und es darf „keine Klassifizierung von Personen geben, etwa nach Größe oder Alter". Eine Abwägung zwischen zwei Unfallopfern, ob etwa ein Kind einem Rentner vorzuziehen sei, soll es nicht geben dürfen.[31]
> Jedenfalls sind die ethischen Probleme, die mit der intelligenten Digitalisierung und Automatisierung innerhalb der sogenannten Industrie 4.0 verbunden sind, noch lange nicht gelöst. Sie zu ignorieren, ist mit großen sozialen Risiken verbunden.[32]

7.2   Anwendungsbeispiele

Einsatz in der Praxis

Im Folgenden soll an Hand verschiedener Themen und Problemstellungen das komplementäre Zusammenspiel der drei Ethikansätze demonstriert werden. Drei den Ansätzen zugeordnete Testfragen geben dabei erste Hinweise für eine ethische Entscheidungsfindung. Insbesondere wird dadurch deutlich, dass die Betriebswirtschaftslehre (BWL) sich neu ausrichten muss, indem die meisten Managemententscheidungen auch mit ethischer Reflexion verbunden sein sollten. Diese ist eine Querfunktion über alle Bereiche der BWL hinweg. Für komplexere Anwendungen, vor allem im Bereich der Strategieentwicklung empfiehlt es sich, auf die SCR-Checkliste zurückzugreifen, die Antworten darauf gibt, ob und inwieweit eine strategische Option nachhaltig verantwortbar gegenüber Unternehmen, Gesellschaft und Natur ist. Diese Checkliste wird im nächsten Kapitel vorgestellt und in einem Musterbeispiel angewendet (siehe ▶ *Abschnitt 8.3*).

Exkurs: Ethische Bewältigung der Corona-Pandemie[33]

Ethische Rechtfertigung der Lockdowns

In zahlreichen Ländern hat die COVID-19-Pandemie zu partiellen Lockdowns geführt. Um das Leben von gefährdeten Personen zu schützen, wurden und werden immer wieder große Einschränkungen im Alltags- und Wirtschaftsleben beschlossen. Dies hat sehr große ökonomische Auswirkungen, deren Ausmaß im Endeffekt sich heute kaum abschätzen lässt und die für Millionen Menschen einschneidende, ja existenzbedrohende Konsequenzen haben. Sind die nun weltweit getroffenen Maßnahmen zum Schutz vor dem Coronavirus ethisch gerechtfertigt? Wenn die Ethik nach dem guten Miteinanderauskommen fragt, so gibt es unterschiedliche Antworten. In den Medien werden derzeit implizit zwei Lager von Ethikern einander gegenübergestellt.

Die Nützlichkeitsethiker (Utilitaristen) fordern, das Wohlbefinden der Mehrheit sicherzustellen. Demzufolge sei es abwegig, die Mehrheit auf Kosten einer Minderheit vornehmlich alter oder gesundheitlich vorbelasteter Menschen leiden zu lassen. Sie favorisieren die Lösung der „Herdenimmunität", vornehmlich in Schweden praktiziert – nach dem Motto: „Lass dem Coronavirus freien Lauf, dann wird zwar eine kleine Minderheit der Alten und Kranken sterben, aber der überwiegende Teil der Menschheit – die Jungen und Gesunden – werde, nunmehr immun gegen das Virus, überleben und die Wirtschaft obendrein noch geringere Einbußen haben." Außerdem argumentieren sie, dass die dadurch vermiedenen Schäden bei weitem nicht so groß sind wie die aus Lockdowns resultierenden Nachteile. So behaupten sie – nicht ganz unumstritten – weltweit ein massives Anwachsen der Zahl von Suiziden[34] – aus Verzweiflung über den Verlust der Einkommens- oder der Bewegungsfreiheit. Ethisch handelt, wer die kurz- und langfristigen Folgen gegeneinander abwägt und dem Gesamtnutzen bzw. Gemeinwohl den Vorzug gibt.

Die *Pflichtenethiker* (Deontologen) vertreten das Gegenteil. Für sie gibt es die rote Linie der Menschenrechte, denen zufolge alle Menschen die gleiche unantastbare Würde besitzen – ob jung, alt, schwach oder krank. Alles sei daran zu setzen, Leben zu erhalten, niemand dürfe bevorzugt oder zugunsten anderer geopfert werden. Im Zweifel müsse eben die Wirtschaft zugunsten eines optimal wirksamen Gesundheitssystems zurücktreten. Deshalb raten sie dazu, möglichst alle Menschen zu isolieren, um die Ansteckungsgefahr für die Alten und Kranken zu minimieren. Auch sie argumentieren mit dem Freiheitsgebot, demzufolge die Freiheit an der Grenze der Freiheit des anderen endet, wenn dieser durch andere in Not gerät. Ethisch handelt, wer mit seiner Gesinnung alles daransetzt, Menschenleben zu retten. Dass sie dabei unter Berufung der Menschenrechte diese zugleich auch einschränken müssen, mutet paradox an, entspricht aber dem typischen Problem eines Güterkonflikts, dem Deontologen oft ausgesetzt sind. […]

Bei genauerem Hinsehen haben jedoch die Argumente beider Lager fundamentale Schwächen. Denn die Pflichtenethiker laufen Gefahr, in guter Gesinnung kurzfristig das Leben besonders Gefährdeter zu retten, langfristig aber mit dem Lockdown jenes anderer Menschen aufs Spiel zu setzen. Beispielsweise hatte zu Beginn der Pandemie in Indien die verordnete Ausgangssperre zu einer Massenmigration geführt. Unzählige Menschen konnten sich die teuren Agglomerationen nicht mehr leisten und kehrten deshalb in ihre Heimatdörfer mit niedrigeren Lebenshaltungskosten zurück. In überfüllten Bussen drohten sie nun erst recht das Coronavirus zu verbreiten. Zudem sind Millionen von Tagelöhnern, die nun keine Arbeit mehr hatten, auf Spenden von privaten Organisationen angewiesen, um überhaupt physisch überleben zu können.[35]

Nützlichkeitsethik impliziert Herdenimmunität

Pflichtenethik schützt auch Minderheiten

Schwächen der beiden Positionen

Nützlichkeitsethik impliziert Herdenimmunität

Die Nützlichkeitsethiker hingegen schützen kurzfristig die Wirtschaft und damit das Leben der Mehrheit, lassen jedoch das vermeidbare Leid von Minderheiten außer Acht, und zerstören damit fundamentale Errungenschaften der neuzeitlichen Aufklärung. Konkret zeigt sich das in dem sogenannten Triage-Problem, bei dem in französischen oder spanischen Krankenhäusern zur Behandlung von zwei schwer am Coronavirus erkrankten Patienten nur ein Beatmungsgerät zur Verfügung steht. Wer soll die lebensrettenden Maßnahmen nun erhalten? Manche Utilitaristen empfehlen explizit, jüngeren Patienten den Vorzug zu geben.

Dilemma des Triage-Problems

Keine Präferenzen in der Pflichtenethik

Die Pflichtenethiker lehnen solche Präferenzen ab, da kein Mensch gegenüber einem anderen einen höheren Eigenwert hat. So dürfen gemäß der Schweizerischen Gesellschaft für Intensivmedizin keine Entscheidungen nach „Alter, Geschlecht, Wohnort, Nationalität, religiöser Zugehörigkeit, sozialer Stellung, Versicherungsstatus oder chronischer Behinderung" getroffen werden.[36]

Dialektische Aufhebung des Dilemmas durch Tugendethik?

Ist nun der Konflikt zwischen den einander widersprechenden Ethikansätzen lösbar? Ja, denn es gibt noch Anhänger des dritten Ansatzes: Die *Tugendethiker* (Aretologen) könnten als Zünglein an der Waage gewissermaßen eine Gewaltenteilung in der Abwägung von ethischen Dilemmata bewirken. Sie untersuchen nämlich die Situation und vorhandenen Ressourcen sowie die Fähigkeiten der Akteure, um ein gegebenes Problem zu lösen. Hierbei erweist sich die Ethik als eine Kunst des Abwägens.

So empfiehlt die oben genannte Gesellschaft für Intensivmedizin trotz ihrer deontologischen Grundhaltung bei Ressourcenknappheit des Triage-Problems die Überlebenschancen der Patienten – also einen utilitaristischen Gesichtspunkt – zu berücksichtigen. Der behandelnde Arzt soll sich demnach auf beide Ethikansätze beziehen. Eine Entscheidung über den Einsatz eines Beatmungsgeräts zu Gunsten des einen oder anderen schwer Erkrankten kann er nur nach bestem Wissen und Gewissen treffen. Damit dies gelingt, sollte er über Tugenden wie Lebenserfahrung, Intuition und Empathie für die Betroffenen verfügen. Vielleicht kommt dann seine letztendliche Entscheidung doch beiden Patienten zugute – oder auch nicht. Wie die Praxis zeigt, müssen die behandelnden Ärzte im letzten Fall mit dem schlechten Ausgang leben und ihre Schuldgefühle verarbeiten. Mit der Akzeptanz, dass menschliches Handeln prinzipiell scheitern kann, wächst vielleicht der Mut, sich solchen Grenzsituationen des Lebens immer wieder neu zu stellen.

Tugendethik impliziert Offenheit für innovative Lösungen

Auch für die einzelnen Staaten und die Weltgemeinschaft stellt die gegenwärtige Situation einen Härtetest dar, in dem sie verschiedene Positionen und Interessen abwägen müssen. In solchen Abwägungsprozessen sind Tugenden wie Achtsamkeit, Empathie, aber auch Mut und Selbstbeherrschung gefragt. Dass einzelne Staaten dabei zu unterschiedlichen, teils sogar konträren Lösungen gekommen sind, zeigt gerade die situationsbezogene Offenheit tugendethischer Überlegungen, zumal auch die (nicht-)vorhandenen Ressourcen berücksichtigt werden müssen. So können sich nur wenige Länder eine Finanzierung von Kurzarbeit leisten.

Die Entscheidungen sollten niemals im Alleingang getroffen werden, sondern immer im Diskurs mit Vertretern unterschiedlicher Interessengruppen. Wichtig ist die gleichberechtigte und transparente Berücksichtigung konträrer Expertenmeinungen und die entsprechende Kommunikation der Entscheidungsfindung. Der Ausschluss von Ansichten, die dem vermeintlichen Mainstream entgegenstehen, ist da mit großen Risiken verbunden. So macht es beispielsweise wenig Sinn, die unterschiedliche Einschätzung der beiden deutschen Virologen Christian Drosten und Hendrik Streeck bezüglich des Risikos einer Covid-19-Ansteckung und der daraus folgenden Maßnahmen unter den Teppich zu kehren.

> Lösungsansätze niemals im Alleingang, sondern im Dialog

Solche Verschleierungsversuche gießen Öl ins Feuer von Verschwörungstheorien. Diese sind Ausdruck einer kollektiven Angst vor dem Unbekannten und werden daher von Gegnern wie Befürwortern gleichermaßen dazu genutzt, die jeweils gegnerische Meinung zu diskreditieren. Es liegt auf der Hand, dass dieses Vorgehen wenig zum guten Miteinanderauskommen beiträgt, stattdessen einen Teufelskreis in Gang setzt.

> Verschwörungstheorien

Hingegen ist die Akzeptanz abweichender Meinungen eine hohe Tugend. Der Respekt vor der Diversität und Meinungsvielfalt sowohl von Experten wie Laien, aber auch die Berücksichtigung der Vielfalt der auf dem Spiel stehenden Interessen sind die eigentliche Herausforderung einer verantwortungsvollen Bewältigung der Pandemie.

> Akzeptanz von Diversität des Wissens und der Meinungen

Der große Ethiker und Begründer der neuzeitlichen Ökonomie, Adam Smith, hat bei ethischen wie auch politischen Entscheidungen auf die wichtige Rolle des *„unparteiischen Beobachters"* verwiesen.[37] Dieser zeichnet sich dadurch aus, dass er Entscheidungen auch entgegen den eigenen Interessen treffen kann. Denn er will ethische Konflikte auf Grund seines „universellen Wohlwollens"[38] möglichst zugunsten aller Betroffenen langfristig lösen. Dies kann individuell geschehen, indem die verantwortlichen Akteure selbstkritisch ihre eigene Position in Frage stellen und achtsam auf die der anderen Beteiligten eingehen. Dies kann aber auch im Kollektiv geschehen, indem, wie Smith fordert, „neutrale Staaten" eine Schlichterrolle übernehmen und Empfehlungen aussprechen.[39] In der Corona-Krise könnten diese Funktion vielleicht auch globale Institutionen wie die UNO oder die WHO übernehmen. [...]

> Aufgabe des unparteiischen Beobachters

Es ist zu prüfen, inwieweit die vielfältigen Lösungsansätze zur Bewältigung der Corona-Krise, die weltweit innerhalb der einzelnen Nationen gewählt wurden, tatsächlich auf einem transparenten Abwägungsprozess im Sinne der drei Ethikansätze basierten, oder ob nicht doch verborgene Interessen einzelner Gruppierungen den Ausschlag für den einen oder anderen Weg gegeben haben.

> Transparenz bei den Abwägungsprozessen

Gerade im Hinblick auf weitere Ansteckungswellen durch Covid-19 sollten die Entscheidungen inter-, wenn nicht gar transdisziplinär getroffen werden. Angesichts der komplexen Neben-, Rück- und Fernwirkungen sollten nicht nur Erkenntnisse von Virologen, Epidemiologen und Immunologen, sondern auch die anderen medizinischen Fachgebiete einschließlich der Alternativmedizin berücksichtigt werden.

> Forderung nach Inter- und Transdisziplinarität

Selbstverständlich dürfen auch die Empfehlungen von (Sozial-)Psychologen, Ökonomen, Betriebswirten, Juristen und Philosophen sowie Risk-Managern nicht ignoriert werden. Sonst fahren die politischen Entscheider nur auf Sicht im Nebel. Die Tugendethik fordert auch, mit Achtsamkeit, Anerkennung, Aufrichtigkeit, Bescheidenheit, Empathie, Fairness, Flexibilität, Kreativität, Mäßigung, Mut, Offenheit, Rücksichtnahme, Sensibilität, Toleranz, Vertrauenswürdigkeit, Weisheit, Wertschätzung und Zusammenarbeit den Einzeldisziplinen wie den verschiedenen Interessengruppen (Stakeholdern) zu begegnen.

Gefährdung der Autonomie

Behördliche Erzwingung von Tracking-Apps, von Impfungen – vor allem unter Einsatz von neuartigen, nur wenig erprobten Vakzinen, von Immunitätsausweisen mit Potenzial zur Stigmatisierung oder Ausgrenzung vom sozialen Leben ist im Hinblick auf die Verletzung von Menschenrechten aus deontologischer Sicht fraglich. Sie berauben weite Teile der Bevölkerung ihrer Autonomie – der entscheidende Grundwert der neuzeitlichen Aufklärung.

7.2.1   Ethische Entscheidungsfindung

Entscheidungsheuristik

Nach allem, was über die verschiedenen, bisher behandelten Ethikansätze gesagt wurde, kann man von ihnen kaum letztgültige Rezepte für die Entscheidungsfindung erwarten. Ethik ist eine *Kunst*, bei der Kreativität gefragt ist, weil jeder Entscheider sich in einer anderen Situation befindet sowie über unterschiedliche Ressourcen und Fähigkeiten verfügt. Sie bietet eine Orientierung für allgemein gewünschtes Handeln und Verhalten. Sie bietet Antworten auf die Frage an, ob eine Entscheidung ethisch verantwortbar ist. Die Ethikansätze selbst liefern dazu das nötige Handwerkszeug und damit auch Suchmuster und Lösungswege, also *Entscheidungsheuristiken*[40] (von griech. *heuriskein* = auffinden, entdecken).

Barbara Bleisch und Markus Huppenbauer haben ein solches Handwerkzeug in ihrem *Handbuch zur Ethischen Entscheidungsfindung* in fünf Schritten nachvollziehbar gemacht:

Fünf Schritte der Entscheidungsfindung nach Bleisch/ Huppenbauer

1. In der „*Analyse des Ist-Zustandes*" wird das ethische Problem mit seinen Auswirkungen auf die soziale und natürliche Umwelt herausgearbeitet.

2. Sodann wird die „*moralische Frage*" benannt, und zwar gemäß unserer Definition, wo und wie bei dem Problem das gute Miteinanderauskommen betroffen ist.

3. Als Nächstes kommen die drei *traditionellen Ethikansätze* zur Anwendung mit Folgenbetrachtung, Pflichtenkollision und Charakteranalyse.

4. Im Anschluss werden die möglichen *Entscheidungsoptionen* evaluiert und selektiert.

5. Schließlich wird untersucht, wie die getroffene *Entscheidung implementiert* werden kann.[41]

Mit Recht weisen sie darauf hin, dass es bei der ethischen Entscheidungsfindung nicht wie in den Naturwissenschaften um einen experimentell belegbaren Vorgang, sondern um eine Folge rational „*nachvollziehbarer Argumente*" handelt. Ethische Entscheidungen sind also nicht begründbar wie „empirische Tatsachen", sondern basieren auf „normativem Wissen". Es beschreibt nicht, was vorliegt, sondern „schreibt vor, wie wir uns verhalten sollen".[42]

Ethische Entscheidungen basieren auf vernünftiger Reflexion

Da wir im nächsten Kapitel für komplexe strategische Entscheidungen unser Modell der nachhaltigen Verantwortung (SCR-Modell) mit einer korrespondierenden Checkliste (SCR-Checkliste) zur Anwendung bringen, *vereinfachen* wir im Rahmen der traditionellen Ethikansätze den Vorgang der ethischen Entscheidungsfindung bei komplexeren Problemen auf drei Testfragen. Sie genügen für die meisten ethischen Probleme als Hinweis darauf, ob eine Handlungs- oder Verhaltensweise als ethisch akzeptabel gelten kann oder unterlassen werden sollte.

Reduktion von Komplexität

7.2.2   Testfragen

Testfragen, die mit den traditionellen Ethikansätzen korrespondieren, können den Entscheidungsprozess vereinfachen, besonders wenn der Problem- und Zeitdruck sehr hoch sind.[43] Wer sie stellt, der lenkt seine Aufmerksamkeit auf Zusammenhänge, die sonst im Tunnelblick der Alltagszwänge leicht in Vergessenheit geraten können:

Testfragen als Suchmuster

- So gibt die *Nützlichkeitsethik* eine Antwort darauf, welche Folgen einer Handlung als ethisch verantwortbar angesehen werden können, nämlich diejenigen, die den größten Nutzen der größten Zahl erzeugen. Im Rahmen des ökonomischen Handelns haben wir das als nützlich definiert (siehe ▶*Abschnitt 1.1.4*), was als Mehrwert für alle Beteiligten aus einem reziproken Tauschverhältnis erwächst. Deshalb liegt es nahe, in einem ersten Schritt die Folgen des Handelns dem Reziprozitätstest zu unterziehen: „*Werden mit meiner Entscheidung alle Betroffenen (Stakeholder) entlang der Wertschöpfungskette fair behandelt?*"

Reziprozitätstest

- Die *Pflichtenethik* setzt als urteilende Instanz Maßstäbe des Handelns und Verhaltens, verlangt beispielsweise die Einhaltung der Menschenrechte. Ob ein Handeln in Übereinstimmung (Compliance) mit den damit verbundenen Pflichten ist oder nicht, kann mit dem sogenannten „*Tageslichttest*" (engl.: *daylight-test*[44]) zumindest grob überprüft werden: „*Wie würde ich mich fühlen, wenn meine Entscheidung in meinem Bekanntenkreis oder gar in der Öffentlichkeit (in den Medien) bekannt würde?*" Wenn sie nämlich nicht mit den in der Gesellschaft anerkannten Regeln übereinstimmt, würde sie entsprechend kritisiert oder gar angeprangert werden. Was nicht tageslichttauglich ist, wird dann im Untergrund bzw. heimlich durchgeführt.

Tageslichttest

Empathietest

■ Die *Tugendethik* appelliert an den Akteur, mit seinem Handeln und Verhalten für die Betroffenen sich als charakterlich gut zu erweisen. Deshalb sollten seine Verhaltensweisen auf andere Rücksicht nehmen, anstatt ihnen zur Last zu fallen. Tugenden wie Achtsamkeit, Selbstbeherrschung, Mut, Sympathie und Empathie tragen wesentlich dazu bei. Insbesondere Letztere erlaubt es, sich in die Lage der Betroffenen hineinzuversetzen, um dann Mitgefühl (Sympathie) für sie zu empfinden. Deshalb ist der *Empathietest* besonders relevant. Er fragt: *„Wie würde ich mich fühlen, wenn ich selbst von meiner Entscheidung oder Handlung betroffen wäre?"* Er ist die Aufforderung zum Rollentausch. Viele ethisch fragwürdige Entscheidungen hätten sich vermeiden lassen, wären sie einem solchen Test unterzogen worden.

7.2.3 Problembewältigung bei Postauto Schweiz

Subventionsbetrug bei der Postauto AG Schweiz

Die Schweizerische Postauto AG, eine Tochtergesellschaft der Schweizerischen Post AG, hatte zwischen 2007 und 2016 mit Hilfe einer „frisierten" Buchhaltung ihre Gewinne kleingeschrieben. Dadurch erhielt sie vom Staat insgesamt mehr als 78 Millionen Franken zusätzliche Subventionen. Wie die nachfolgenden Untersuchungen ergaben, dienten die Mehreinnahmen nicht der persönlichen Bereicherung von Postauto-Managern, sondern der Finanzierung von technologischen Innovationen wie z. B. Testläufen mit fahrerlosen Kleinbussen oder dem Aufbau und Betrieb von Mitfahrzentralen.[45]

Diffusion der Verantwortung

Die nachfolgenden Untersuchungen ergaben, dass interne Revisoren bereits 2013 auf die Widerrechtlichkeit der Gewinnverschiebungen und Subventionsaneignungen hingewiesen hatten. Allerdings gingen weder das Management noch die Konzernleitung den Hinweisen nach. Die Untersuchungsberichte kamen sogar zum Schluss, dass die unrechtmäßigen Buchungen „einem Personenkreis von beträchtlicher Größe" bekannt waren, es sich also um ein „kollektives menschliches Versagen" auch außerhalb der Postauto AG gehandelt habe. Sowohl das Verkehrs- wie das Finanzministerium hätten von dem Zielkonflikt bei der Postauto AG Kenntnis gehabt, sich jedoch eine Gesetzesübertretung kaum vorstellen können. Jedenfalls musste die Post die zu viel erhaltenen Subventionen mit Zins (5%) und Zinseszins dem schweizerischen Staat zurückzahlen. Die Vorstandschefin Susanne Ruoff musste zurücktreten und gegen sechs ehemalige Mitglieder des Postauto- und Postvorstands wurde Anklage erhoben. Man wirft ihnen vor, das „Bundesamt für Verkehr" bezüglich der effektiven Gewinne des Unternehmens getäuscht zu haben, um Subventionskürzungen in den Folgejahren zu vermeiden.[46]

Falsch verstandene Loyalität

Thomas Baur, der nach Aufdeckung des Subventionsbetrugs die Leitung der Postauto AG interimsweise übernommen hatte, versuchte Antworten auf die „große Frage" zu finden, wie der „Subventions-Beschiss" angesichts der Tatsache, dass „so viele Personen … über so lange Zeit" davon Kenntnis hatten, überhaupt möglich war: „Vielleicht hatten einige Angst. Vielleicht wurde ihnen gedroht. Die große Loyalität, die es zu Postauto gab, hat auch negative Seiten."[47] Dafür spricht, dass keine persönliche Bereicherung im Spiel war, sondern man der eigenen Firma einen Vorteil auf bequeme Weise belassen und sinnvoll einsetzen wollte.

Eine Vorteilsnahme verführt häufig dazu, am Rande der Legalität sich in Grauzonen zu bewegen. Im Tunnelblick des Selbsterhalts vergisst man leicht den Preis, den andere dafür bezahlen müssen. Hätten die Akteure sich auch nur eine der drei Testfragen gestellt, wäre ihnen bewusst geworden, dass das Vorgehen weder ein fairer Tausch gegenüber den Steuerzahlern (Reziprozitätstest), noch tageslichttauglich (Tageslichttest) gewesen wäre. Und der Empathietest hätte womöglich ebenfalls Alarm ausgelöst, da man selbst z. B. als betroffener Steuerzahler darauf empört reagiert hätte.

Ignoranz der Folgen im Tunnelblick des Selbsterhalts

Während der intensiven Aufarbeitung ihres „Subventionsskandals" hat die oberste Konzernleitung die Notwendigkeit einer „neuen Firmen-Kultur" erkannt und als wichtigen Schritt unter anderem eine Reihe von „Kader-Workshops" zur ethischen Sensibilisierung ihrer Führungskräfte veranlasst. Im Anschluss daran wurden die drei Testfragen in abgewandelter Form in ihren „Verhaltenskodex der Post" für 62.000 Mitarbeiter aus 142 Nationen aufgenommen. Dort heißt es nun:

Aufarbeitung

> *„Müssen wir in einer schwierigen Situation eine Lösung finden, so sollten die folgenden Fragen mit Ja beantwortet werden können:*
>
> *1. Würde ich die von mir gewählte Lösung richtig finden, wenn ich als Kunde oder Partner selbst von der Lösung betroffen wäre?*
>
> *2. Ist die Entscheidung oder Lösung fair für beide Seiten?*
>
> *3. Würde ich mich gut fühlen, wenn ich über meine Entscheidung oder meine Lösung in den Medien lesen würde?*
>
> *Bei problematischen Fällen gibt es zwei weitere Optionen: Die Fachstelle Compliance der Schweizerischen Post (compliancepost@post.ch) berät, hilft und wird aktiv bei Fragen, Bedenken oder heiklen Situationen. Außerdem gibt es die Möglichkeit, anonym die Plattform www.post-courage.ch zu nutzen."*[48]

Aktualisierung des Verhaltenskodex

Der Appell, die Testfrage bei der Entscheidungsfindung einzusetzen, setzt auf Eigenverantwortung, die wiederum auf Integrität der Mitarbeitenden beruht. Organisatorisch unterstützen Compliance-Maßnahmen den angestrebten Kulturwandel beispielsweise mit der Möglichkeit, auch unter dem Schutz der Anonymität auf vorhandene Missstände aufmerksam machen zu können.

Compliance und Integrity

7.2.4 Bessere Entscheidungen durch Ethik-Kultur

Wie im Postauto-Beispiel werden sich viele Firmen ihrer ethischen Verantwortung erst nach Eintritt eines größeren, meist öffentlichkeitswirksamen Schadensfalls bewusst und ergreifen dann Maßnahmen zur Implementierung einer ethischen Unternehmenskultur. Das Aufstellen von Testfragen, Ethik-Prinzipien bzw. -Kodizes ist ein wichtiger Schritt in der Entwicklung einer ethisch ausgerichteten Kultur. Sie dienen als Anstup-

Implementierung durch Ethik-Kultur

ser („nudges", siehe ▶ *Abschnitt 3.2)* für das gewünschte Verhalten. Dass die Einflussnahme tatsächlich funktioniert, setzt allerdings das Commitment der Firmenleitung voraus. Wenn Mitarbeitende bemerken, dass die Führung gewünschte Werte zwar fordert, aber selbst nicht lebt, dann erlahmt der Enthusiasmus für eine Umsetzung sehr schnell.

Beispiel aus der Firma Engie

Aus erster Hand sei hier ein Positivbeispiel mitgeteilt. Eine Führungskraft in einer deutschen Tochtergesellschaft des französischen Energiekonzerns Engie stand vor dem Dilemma, einen leistungsschwachen Vertriebsleiter wenige Jahre vor seiner Pensionierung zu entlassen oder in irgendeiner Form weiterzubeschäftigen. Der sechzigjährige Vertriebsleiter legte Verhaltensweisen an den Tag, die mehrere Mitarbeiter zu einer Kündigung veranlasst hatten. Seine Entlassung wäre für den Vorgesetzten zwar die einfachste und kostengünstigste Option gewesen, aber sie hätte Enies anspruchsvollen „Ethik-Kodex" und „Ethik-Leitfaden" widersprochen.

Engies Ethik-Kodex verlangt mit seinem „Prinzip 4", seine „Mitmenschen zu achten", etwa unter Einhaltung der „Gegenseitigkeit". Und der „Ethik-Leitfaden" fordert von seinen Führungskräften, „es allen Mitarbeitern zu ermöglichen, ihren Beruf unter angemessenen materiellen und moralischen Verhältnissen auszuüben".[49] Nach reiflicher Überlegung entschloss sich deshalb der Vorgesetzte, den Vertrieb zu restrukturieren und im Dialog mit dem Vertriebsleiter neue Aufgabenbereiche für ihn zu finden, die dessen Stärken besser entsprachen als die Führung einer ganzen Abteilung. Auf diese kreative Weise konnte das Problem tatsächlich gelöst werden.[50]

7.2.5   Branchenabhängige Lösungsansätze

Kreative Lösung

Damit solche Leitlinien sich nicht nur innerhalb einzelner Firmen Geltung verschaffen, definieren Verbände Regelsysteme für ganze Branchen. Das soll an den zwei Beispielen der chemischen Industrie und Bauwirtschaft kurz aufgezeigt werden.

Chemische Industrie

So verpflichtet sich die Chemiebranche für „Sicherheit bei Produktion, Transport, Lagerung und Verbrauch der zum Teil gefährlichen Stoffe zu sorgen". Dies beinhaltet auch, die Risiken für die natürliche und soziale Umwelt zu minimieren, wie sie etwa durch Gentechnik, Nanotechnologie und Durchführung von Tierversuchen entstehen. Die Initiative „Responsible Care" ist zentraler Bestandteil der „sozialen Verantwortung", die der deutsche „Verband der chemischen Industrie" (VCI) fordert.[51] Immer mehr Chemieunternehmen folgen darüber hinaus der „3 R"-Initiative: Tierversuche sollen, wenn möglich, ersetzt („**R**eplacement"), wenn nicht möglich reduziert („Reduction") oder, wenn doch unvermeidlich, mit möglichst geringer Belastung für die Tiere („**R**efinement") vorgenommen werden.[52]

Bauindustrie

Dank der Initiativen der beiden Wirtschaftsethiker Karl Homann und Josef Wieland wurde bereits 1996 der Trägerverein „Ethikmanagement der Bauwirtschaft e.V." gegründet und 2007 unter „EMB-Wertemanagement Bau e.V." weiterentwickelt. Dem liegt die Einsicht zugrunde, dass einzelne Handlungen von den Handlungs*bedingungen* wie Gesetze, Wettbewerb, Angebots- und Vergabepraktiken, Gewohnheiten usw.

abhängig sind. Nur wenn die (tugendethischen) Handlungsbedingungen tatsächlich Integrität, Fairness und Transparenz fördern sowie (pflichtenethisch) branchenweit illegale Beschäftigungspraktiken, Bestechung und Bestechlichkeit ächten, kann der einzelne entsprechend handeln und damit (utilitaristisch) positive Folgen für möglichst viele Stakeholder zeitigen. Die Einführung des Wertemanagements strebt also nach einer „werteorientierten Unternehmenskultur" für die gesamte Baubranche Deutschlands. Gewinne sollen dabei nachhaltig, fair und integer erwirtschaftet werden.[53]

Da die Bauwirtschaft mit Zersiedlung, Material-, Energie- und Flächenverbrauch direkt oder indirekt mit 38% zur globalen CO_2-Produktion und damit zum Klimawandel und auch Artensterben beiträgt, sehen die Vereinten Nationen diesen Sektor in besonderer Verantwortung für nachhaltiges Wirtschaften. Deshalb hat sie eine globale Allianz (Global ABC) für den Bausektor gegründet mit dem Ziel, auf allen Ebenen und im Dialog mit allen Stakeholdern für den Klimawandel zu sensibilisieren und Maßnahmen zur Reduktion von CO_2-Emissionen zu erarbeiten. Die Bauwirtschaft soll auf diese Weise mit kreativen Maßnahmen etwa beim Einsatz erneuerbarer Energien, nachwachsenden Materialien oder verdichtetem Bauen zur Verbesserung des globalen Ökosystems beitragen. [54]

Ökologische Schäden durch Bauindustrie

Mit der Enquete-Kommission „Schutz des Menschen und der Umwelt" hat der 13. Deutsche Bundestag bereits 1998 die dreifache Verantwortung des Bausektors skizziert (siehe ▶ *Abbildung 7.4*).

Herausforderungen

Ausgewählte Zieldimensionen für den Bereich Bauen und Wohnen

Ökologische Dimension

- Reduzierung des Flächenverbrauchs
- Stopp der Zersiedelung
- Geringe zusätzliche Versiegelung, wo möglich Bodenentsiegelung
- Ressourcenschonende Stoffströme im Baubereich
- Vermeidung der Nutzung und des Eintrags von Schadstoffen bei Neubau, Umbau und Nutzung; Beachtung dieser Prinzipien bei der Entsorgung und Abbruch
- Verringerung der CO_2-Emissionen

Soziale Dimension

- Bereitstellung bedarfsgerechten Wohnraums je nach Alter und Haushaltsgröße
- Bereitstellung bezahlbarer Wohnungen, im Sinne eines angemessenen Anteils am Haushaltseinkommen, auch für sozial Schwache
- Schaffung eines geeignete Wohnumfelds, soziale Integration, Vermeidung von Ghettos
- Vernetzung von Arbeit, Wohnen und Freizeit in der Siedlungsstruktur
- Gesundes Wohnen in der Wohnung und im Außenbereich
- Schaffung bzw. Sicherung von Arbeitsplätzen im Bau- und Immobiliengewerbe

Ökonomische Dimension

- Minimierung der Kosten im gesamten Lebenszyklus der Gebäude (Erstellung, Betrieb, Instandhaltung, Rückbau, Recycling usw.)
- Angemessener Ertrag, Rendite der eingesetzten Mittel
- Sicherung des langfristigsten Bestands der Unternehmung

Abbildung 7.4: Dreifache Verantwortung der Bauwirtschaft
Quelle: Steinhauser, 2019, S. 11.

Mit „Gebäudelabels" werden inzwischen weltweit Bauwerke hinsichtlich ihrer positiven bzw. negativen Auswirkungen auf ihre soziale und ökologi-

Nachhaltigkeitslabels

sche Umwelt evaluiert und zertifiziert. Mit ihnen wurde ein marktwirtschaftliches Instrument geschaffen, Bauprojekte nachhaltiger zu gestalten. Denn immer mehr verlangen Ausschreibungen Nachhaltigkeitszertifikate (wie z. B. von DGNB, BREEAM, LEED, HQE) der erstellten Immobilien. Auch wenn derzeit nur ein geringer Prozentsatz über solche Nachhaltigkeitslabels verfügt, steigt die Nachfrage danach exponentiell.[55]

7.2.6   Ethikthemen in Unternehmensbereichen

Auch die verschiedenen Bereiche eines Unternehmens sind mit unterschiedlichen Ethikproblemen konfrontiert und verlangen daher eine besondere Sensibilität bei den damit verbundenen Entscheidungsfindungen. Dies soll kurz an den drei Beispielen des Einkaufs bzw. Vertriebs, Marketings und Human Capital Management aufgezeigt werden.

Einkauf und Vertrieb

Sorge um fairen Wettbewerb

Die Mitarbeiter der Einkaufsabteilung sind besonders der Versuchung der Annahme von Schmiergeldzahlungen unterworfen. Diese können durchaus auch in Form von Naturalien oder Dienstleistungen erfolgen. Wie wir bereits im ▶ *Abschnitt 4.4* ausführlich diskutiert haben, sind die negativen Folgen einer Unterminierung des Wettbewerbs weder fair für die involvierten Stakeholder noch tageslichttauglich, geschweige denn aus der Perspektive des betroffenen Konkurrenten, dem die Chance einer Offerte mit dem besten Preis-Leistungs-Verhältnis genommen wurde, alles andere als sympathisch.

Ethischer Auftrag des Vertriebs am Beispiel IBM

Vertriebsbeauftragte, die die preislichen oder qualitativen Mängel ihres Angebots den Kunden verschweigen, befinden sich nicht in einem fairen Tauschverhältnis mit ihnen, sondern nehmen mehr als sie geben. Dieses Gebaren ist alles andere als tageslichttauglich und als Betroffene wären sie selbst mehr als enttäuscht. Denn interessanterweise wehren die größten Betrüger sich dagegen, selbst betrogen zu werden. Konsequenterweise verlangt die Firma IBM in ihrem „Code of Conduct" unter „fairem Wettbewerb" schon seit Jahrzehnten von ihren Vertriebsbeauftragten, dass alle ihre Aussagen gegenüber Kunden „korrekt, vollständig und wahrheitsgemäß" sind und sie keine „diffamierenden" Bemerkungen über Kunden, Geschäftspartner oder Konkurrenten fallen lassen. Auch fordern sie für den Einkauf, dass niemals nur ein Lieferant berücksichtigt werden darf.[56]

Marketing

Herausforderung

Eng verbunden mit dem Vertrieb ist das Marketing, dessen Aufgabe darin besteht, das Angebot an Waren und Dienstleistungen so zu vermarkten, dass potenzielle Kunden sie als wünschenswert ansehen und sich für einen Kauf entscheiden. Je nach Sichtweise umfasst das Marketing das komplette Produktmanagement oder beschränkt sich auf die Bewerbung der Produkte. In jedem Fall schafft sie eine Kundenbeziehung, die entweder rein instrumentell oder respektvoll ausgerichtet sein kann.

Unternehmen sehen im ersten Fall ihre Kunden als bloßes Mittel zum eigenen Überleben an. Dann beuten sie diese eher aus, als sie ihnen nützen. Sie verkaufen ihnen Produkte, die diese nicht brauchen. Sie bauen Sollbruchstellen (englisch: *planned obsolence*) in ihre Produkte ein, um deren Haltbarkeit zu verkürzen und so die Kunden zu nötigen, möglichst bald und regelmäßig neue Produkte zu kaufen. Sie ignorieren das Gesundheits- und Sicherheitsbedürfnis ihrer Kunden, indem sie ihnen Neben-, Rück- und Fernwirkungen ihrer Produkte verheimlichen. Oder sie verführen ihre Kunden zum Kauf von sinnlosen und unnützen Produkten. Über Data-Mining analysieren sie heimlich deren Verhaltensmuster, um ihnen ungefragt neue Produkte oder Dienstleistungen anzudienen. Auf diese Weise machen sie ihre Kunden von ihren Angeboten abhängig, so dass sie nicht mehr davon loskommen und z. B. immer wieder Nachfolgeprodukte kaufen müssen. Sie verdrängen die eigentlichen Wertvorstellungen und Interessen ihrer Kunden, seien sie ökologischer oder sozialer Art. Kurz: Sie beuten ihre Kunden aus, anstatt mit ihnen in ein Tauschverhältnis zu treten, bei dem beide Seiten gleichermaßen profitieren. Auf diese Weise wird der Tausch zur Täuschung.

> Der Kunde als bloßes Mittel zur Selbstbereicherung

Es ist klar, dass dies dem kategorischen Imperativ Immanuel Kants (siehe ▶ *Abschnitt 5.3*) widerspricht, der den Respekt vor der Autonomie der Kunden fordert. Dies setzt aber voraus, dass sie über die Stärken und Schwächen des Angebots voll und ganz informiert sind.

> Respekt vor der Autonomie des Kunden

Eine softwaregesteuerte Abschaltvorrichtung der Abgasreinigung bei Dieselmotoren hingegen instrumentalisiert nicht nur die Kunden, sondern auch zahlreiche weitere Stakeholder (siehe Übung ▶ *Abschnitt 7.2.7*). Die verantwortlichen Produktmanager täuschten umweltfreundliche Autos vor und animierten damit zum Kauf. Die meisten Kunden hätten bei Kenntnis des Betrugs Abstand vom Kauf genommen. Ihnen war durch die Unkenntnis ihr Selbstbestimmungsrecht genommen. Die drei Testfragen hätten den Verantwortlichen sogleich die unethische Praxis aufgezeigt. Sie ist weder fair gegenüber den betrogenen Kunden, noch tageslichttauglich, und sie wären nicht begeistert, wenn sie selbst auf diese Weise getäuscht worden wären.

> Anwendung der Testfragen auf Abgasskandal

Zahlreiche Nichtregierungsorganisationen haben es sich zur Aufgabe gemacht, den Verbraucher auf unethische Machenschaften aufmerksam zu machen und ihn vor solchen Unternehmen zu warnen. Immer mehr Konsumenten greifen die Hinweise dankbar auf und wehren sich gegen ihre Instrumentalisierung. Sie ändern entsprechend ihr Kaufverhalten bis hin zum Boykott bestimmter Produkte oder Marken. Sie akzeptieren immer weniger Produkte, die nicht gewissen sozialen und ökologischen Standards entsprechen oder gesundheitsschädlich sind. Sie entscheiden sich dann für denjenigen Anbieter, der nachweislich für bessere Produktionsbedingungen und Produkte sorgt.

> Transparenz erzeugt höhere Erwartungen der Kunden

Ein nachhaltig verantwortliches Marketing wird daher unethische Praktiken meiden und auf faire Tauschverhältnisse nicht nur mit dem Kunden, sondern auch mit allen anderen Stakeholdern achten. Immer mehr Initiativen fördern ein ethisch ausgerichtetes Marketing wie beispielsweise die US-amerikanische Marketing-Agentur Yodelpop mit ihren fünf Prinzipien im „Ultimate Guide to Sustainable Marketing"[57]:

Prinzipien eines nachhaltig ethischen Marketings

1. **Verbraucherorientiertes Marketing** *(„Consumer-oriented Marketing"):* Es ist ein konsumentenorientiertes Marketing, das von der Perspektive des Kunden ausgeht (vgl. Empathietest und „Inbound-Marketing").

2. **Kundenorientiertes Marketing** *(„Customer Value Marketing"):* Es unternimmt alle Anstrengungen, um einen nachhaltigen Mehrwert für die Kunden (Customer Value) zu erreichen (vgl. Reziprozitätstest).

3. **Innovatives Marketing** *(„Innovative Marketing"):* Es verbessert kontinuierlich das Produkt- bzw. Dienstleistungsangebot.

4. **Sinnorientiertes Marketing** *(„Sense-of-mission Marketing")* Es vermittelt nicht nur ein sinnvolles Produkt, sondern hat den Auftrag, auch einen gesellschaftlichen Mehrwert zu schaffen, dient also auch der Öffentlichkeit (vgl. Tageslichttest).

5. **Gesellschaftsorientiertes Marketing** *(Societal Marketing):* Es balanciert die Interessen des Unternehmens, des Kunden und der Gesellschaft einschließlich der Natur aus (vgl. Triple-Bottom-Line).

Human Capital Management

Aufgaben und ethische Herausforderungen

Human Capital Manager müssen eine Vielzahl ethischer Herausforderungen mit hohen Reputationsrisiken bewältigen. Sie sind beispielsweise dafür verantwortlich, ob die Mitarbeiter in Übereinstimmung mit den gesetzlichen und ethischen Richtlinien handeln oder entsprechend behandelt werden. Sie wählen z. B. mit ihren Assessment-Programmen die zukünftigen Manager aus. Sie gestalten die Programme zur Führungskräfteentwicklung und beeinflussen so auch den Mindset der künftigen Leader, an welchen Wertvorstellungen diese sich orientieren und wie gut sie mit ihren Stakeholdern auskommen. Darüber hinaus tragen sie dazu bei, wie die Unternehmensstrategie das organisationale Verhalten prägt, und haben damit auch einen großen Einfluss auf die gelebte Unternehmenskultur. Deshalb sind sie direkt oder indirekt am Versagen wie an Erfolgen des Unternehmens beteiligt.

Bedeutung des „Humankapitals"

Ähnlich wie beim „Marketing" kann der Begriff „Human Capital" suggerieren, dass Mitarbeitende bloß als ein Mittel (geldwertes Kapital) zur Selbstbereicherung angesehen werden. Weit gefasst versteht sich aber Human Capital als das (Geist-)Kapital, das die Mitarbeitenden in Form einzigartiger Fähigkeiten, Erfahrungen und Kreativität mitbringen, um nicht nur für das Unternehmen, sondern für Gesellschaft und Natur Verantwortung zu übernehmen.

Dimensionen des Human Capital Management

Das Selbstverständnis des Human Capital Management wäre eng, wenn es sich als Verwalter der Anstellungsverhältnisse des Personals versteht. Weit gefasst, gehören zu seinen Aufgabengebieten die Entwicklung und Erschließung der Mitarbeiterkompetenzen („Competence

Management"), die Gewinnung und Pflege der Mitarbeitenden ("HC Marketing") sowie der Einsatz und die Steuerung des Human Capital zur Generierung von Leistung ("Performance Management").[58] In all diesen drei Dimensionen ist Ethik als ethische Kompetenz der Mitarbeitenden, ethische Tugenden der Führungskräfte sowie ethische Art und Weise der Leistungserbringung gefragt. Wer sie im Human Capital Management nicht vermittelt, wird auch keine ethische Unternehmenskultur entwickeln.

Bruno Staffelbach hat sich schon früh und ausführlich mit den Problemen einer "Personal-Ethik" auseinandergesetzt. Er unterscheidet dabei solche im Kontext und solche in den Aufgabenfeldern des Personalmanagements. Zum Kontext gehören sicherlich die Verfassung sowie die gewünschte und gelegte Unternehmenskultur. Sie bestimmen mit, wie Mitarbeitende sich verhalten. Es gehört daher indirekt zu den Aufgabenfeldern, auf die gewünschte wie gelebte Unternehmenskultur einzuwirken. Zu den direkten Aufgabenfeldern gehören Fragen der Gerechtigkeit wie z. B. Verteilung von Rechten und Pflichten, fairer Lohn, Umgang mit Diversität der Mitarbeitenden bezüglich Geschlecht, Hautfarbe, Herkunft, sozialer Status, Bildung etc., alles Herausforderungen eines Diversity Management sowie Sicherheit bezüglich Privatsphäre, humaner Gestaltung des Arbeitsplatzes sowie Beurteilung und Förderung der Mitarbeitenden.[59]

Problembereiche

7.2.7 Skizze einer neuen Betriebswirtschaftslehre

In *Kapitel 1* wurde anstelle der weit verbreiteten "Ökonomie des unschuldigen Betrugs", wie es einmal John Kenneth Galbraith formuliert hatte, eine "Ökonomie des fairen Tausches" (siehe ▶ *Abschnitt 1.1*) gefordert. Mit den drei Ethik-Ansätzen haben wir nun Maßstäbe an der Hand, die die Tauschgerechtigkeit entlang der gesamten Wertschöpfungskette sicherstellen sollen, um die damit einhergehende Wertvernichtung zu minimieren. Das bedeutet aber, wie der letzte Abschnitt beispielhaft gezeigt hat, dass auch die gesamte Betriebswirtschaftslehre (BWL) mit all ihren Funktionsbereichen im Hinblick auf Tauschgerechtigkeit aller involvierten Stakeholder hin neu konzipiert werden muss. Ethik stellt eine *Querfunktion* dar. Es gibt tatsächlich bereits Ansätze, die nachhaltige Verantwortung und Ethik in allen Bereichen der BWL zu implementieren versuchen.

Nachhaltig ethische Verantwortung als Querschnittsfunktion einer neuen BWL

Im deutschsprachigen Raum hat René Schmidpeter einen Paradigmenwechsel gestartet, indem er in seiner von ihm herausgegebenen Management-Reihe "Corporate Social Responsibility"[60] das alte Trade-Off-Denken zwischen wirtschaftlichem Nutzen und sozialem wie ökologischem Mehrwert systematisch zu überwinden versucht. Sein Ansatz deckt auf Basis der Integration von ethischer Reflexion und konkreten Nachhaltigkeitsaspekten möglichst alle Bereiche der Betriebswirtschaftslehre ab: vom Strategischen Management und Marketing über Personalfragen und Kommunikation bis hin zum Controlling und Finanzmanagement. Dabei geht sein neuer BWL-Ansatz davon aus, dass die Wettbewerbsfähigkeit

Management-Reihe "Corporate Social Responsibility"

von Unternehmen dadurch gesteigert werden kann, dass sowohl die ökonomischen als auch sozialen und ökologischen Dimensionen gleichermaßen in alle unternehmerischen Entscheidungen systematisch integriert werden. Nur so können faire Tauschverhältnisse in allen drei Dimensionen sichergestellt werden.

Abbildung 7.5: Nachhaltige Verantwortung als Querfunktion einer neuen BWL
Quelle: Schüz in Fortführung von Schmidpeter, 2016, S. 97.

Wertschöpfung ohne Wertvernichtung für Natur und Gesellschaft.

Als Herausgeber der Reihe erhebt Schmidpeter den Anspruch, die bestehenden Managementansätze durch ethische Reflexion zu erweitern, um so einen neuen Standard in der Managementliteratur zu setzen. In seinen über 64 Bänden zeigen bereits mehrere hundert Akademiker und Praxisvertreter sowohl in innovativen theoretischen Ansätzen als auch in zahlreichen Unternehmensbeispielen auf, wie „durch eine betriebswirtschaftlich fundierte Übernahme von Verantwortung neue unternehmerische Chancen entstehen und sich damit ein neuer ‚unternehmerischer‘ Weg auftut, um unsere Gesellschaft nachhaltiger zu gestalten."[61] Dies ist eine neue unternehmerische Perspektive auf ethische Fragestellungen, die mit innovativen, kommunikativen und strategischen Antworten eine Wert*schöpfung* in allen Dimensionen der Verantwortung sucht und so ein *neues BWL-Paradigma* begründet.

Lebensdienlichkeit (Viabilität) der BWL als Ziel

Die neue Betriebswirtschaftslehre dient so nicht nur der Sicherung des Einkommens einer Unternehmung, sondern auch der Wertschöpfung für Natur und Gesellschaft, kommt also letztlich allen Lebensformen zugute. Wie die neuen Erkenntnisse einer lebensdienlichen BWL auch in Unternehmen, also institutionell, implementiert werden können, berührt ebenfalls Neuland. David Risi hat hierzu eine umfangreiche Studie und einen eigenen Ansatz erarbeitet.[62] Die Notwendigkeit einer solchen Pionierleistung belegt die folgende Fallstudie zum Abgasskandal von VW.

| Übung | Ethische Probleme des VW-Abgasskandals |

Am 3. September 2015 gesteht der deutsche Automobilhersteller Volkswagen vor der US-Umweltschutz-Behörde Environmental Protection Agency (EPA) sowie der Partnerbehörde California Air Resources Board (CARB) einen handfesten Betrug ein. Ihre Dieselfahrzeuge mit der Motorenreihe VW EA189 würden nur im Testzyklus die strengen Abgasvorschriften einhalten. Die eingebaute Software erkennt den Prüfzyklus (hohe Raddrehzahl ohne Fahrzeugbewegung, Nichtbewegen des Lenkrads) und schaltet dann den Motor auf einen abgasoptimierten Testmodus (niedrige Stickoxide, NOx) um. Dieser erfüllt zwar die geforderten Abgaswerte, verringert aber die Leistung des Motors. Weltweit sind 11 Mio. Fahrzeuge betroffen.[63]

> **Entdeckung der hohen Emissionswerte durch US-Behörden**

Wissenschaftlichen Berechnungen an der Universität Nijmegen zufolge, sollen diese Fahrzeuge mindestens 530 Kilotonnen Stickoxide über das erlaubte Maß emittiert haben, was weltweit zu einem Verlust von insgesamt 45.000 DALYs (= disability-adjusted life years) und damit verbundenen Verlusten im Wert von 35 Mrd. US-Dollar geführt haben könnte. Mit DALY wird neben der Sterblichkeit auch die Beeinträchtigung eines beschwerdefreien Lebens erfasst.[64]

> **Gesundheitliche Schäden durch erhöhte Emissionen**

Bereits anfangs 2014 stellte der europäische Ableger des International Council on Clean Transportation (ICCT) in Berlin bei Abgastests unter realen Bedingungen 15- bis 35-fach erhöhte Abgaswerte bei einem VW Passat und Jetta fest, die sie zufällig von Privatpersonen ausgeliehen hatten. Ein BMW X5 wies keine erhöhten Abgaswerte auf. Die in die USA übermittelten Ergebnisse veranlassten weitere Prüfungen in Zusammenarbeit mit der West Virginia University. Sie bestätigten den Anfangsverdacht und meldeten ihn den US-Behörden. VW rechtfertigte ihnen gegenüber die erhöhten Werte mit einem Softwarefehler. Jedoch brachte die Rückrufaktion von 500.000 Fahrzeugen im Dezember 2014 keine Besserung. Erst nachdem die Behörden damit drohten, bei Nichtaufklärung VW in den USA die Zulassung der 2016-Modelle zu entziehen, gab VW schließlich am 3. September 2015 den Betrug zu – acht Jahre nach Einführung der Abschaltvorrichtung. Die Software dazu lieferte übrigens die Firma Bosch, allerdings mit dem Hinweis, dass sie nur zu Testzwecken eingesetzt werden dürfe.[65]

> **Erste Verdachtsmomente und Abwehr**

Es dauerte nochmals mehr als zwei Wochen, bis Martin Winterkorn am 20. September 2015 mit diesem Geständnis an die Öffentlichkeit ging. Danach fiel der VW-Börsenwert von 80 auf 55 Mrd. € am 24. September. Obwohl Winterkorn versicherte, von dem Abgasskandal vor Aufdeckung nichts gewusst zu haben, gibt es Hinweise, dass er bereits im Juni 2015 intern die teilweise Offenlegung gegenüber US-Behörden zurückgehalten habe.[66]

> **Öffentliches Eingeständnis**

Anklage der Investoren wegen Betrugs und Marktmanipulation

Dass die öffentliche Bekanntgabe des Betrugs erst 17 Tage nach dem Eingeständnis VWs gegenüber den US-Behörden erfolgte, veranlasste zahlreiche private wie institutionelle Anleger, VW zu verklagen, um Schadensersatz in Milliardenhöhe für die überhöht gezahlten Aktienkurse zu fordern. Denn die verspätete Gewinnwarnung habe die Kursverluste verzögert. Das Strafverfahren gegen Martin Winterkorn wegen Marktmanipulation wurde am 15.01.2021 am Landgericht Braunschweig eingestellt – mit der Begründung, dass die Strafe des noch ausstehenden Betrugsprozesses, das sogenannte NOx-Verfahren (Start auf September 2021 verschoben), wegen gefälschter Emissionsdaten weitaus höher ausfallen würde. Auch der Zivilprozess wegen der Marktmanipulation, in dem getäuschte Investoren Schadensersatz in Milliardenhöhe anstreben, steht noch aus.[67]

Klima der Angst

Journalisten vom Spiegel recherchierten innerhalb des VW-Konzerns nach organisatorischen Gründen für den Betrug. Dabei wurden sie immer wieder auf den autoritären Führungsstil von Martin Winterkorn aufmerksam gemacht. Ein VW-Entwickler beklagte: „Bei uns herrscht ein Klima der Angst. Wenn der Chef sagt, das müsst ihr hinkriegen, dann traut sich keiner zu sagen, das geht aber nicht."[68]

Autoritärer Führungsstil

Es fehle ein Klima des Innehaltens, der Selbstkorrektur, des Nachfragens. Es wurde berichtet, dass Winterkorn ihm präsentierte Autoteile zerschmetterte oder bei Versäumnissen seine Mitarbeiter anschrie, sie auch schon mal als „Lullis" beschimpfte, so dass sie vor Angst schrumpften und nur über geringes Selbstbewusstsein verfügten. So feuerte er kurzerhand seinen US-Chef, weil er ihn für die schlechte Modellpolitik am US-Markt verantwortlich machte. Hinter Winterkorn stand Ferdinand Piëch, langjähriger Vorgänger als CEO und Aufsichtsratsvorsitzender, Großaktionär bei VW und Porsche, Enkelsohn von Ferdinand Porsche. Er hat maßgeblich die angeprangerten TDI-Motoren entwickeln lassen und dabei auf die Kosten geachtet. Eine aufwendige Abgasreinigung störte da nur. Er sah in Winterkorn die ausführende Hand seiner Ideen. Wenn Piëch rief, flog Winterkorn ein. Er war, wie ein Vorstandsmitglied bemerkte, nicht Piëchs Angestellter, „er war Leibeigner".[69] Der Druck der Befehlskette auf die Entwickler war enorm. In einem Klima der Angst traute sich niemand, nach oben die Unmöglichkeit eines sauberen Dieselmotors zu niedrigen Kosten für den amerikanischen Markt offen zuzugeben.

Angstkultur erstickt konstruktive Kritik

Die Spiegel-Journalisten sehen in solchem Führungsverhalten das ganze Problem: „Ein Konzern, der nicht weiß, wie Amerika tickt – und deshalb auch unterschätzt, wie hartnäckig die Behörden hier sind, wenn sie einen Gesetzesverstoß wittern. Ein Konzernchef, der sich aufführt wie ein Diktator, der seine Leute einschüchtert, ihnen Angst macht – weshalb sie entweder alles tun, auch Betrügerisches, damit Autos verkauft werden können, oder einem Betrug still zusehen, wenn er von oben verordnet wird. So oder so passiert das Falsche."[70]

Markus Pohlmann, Heidelberger Professor für Management und Arbeitsorganisation, sieht vier Gründe für die „organisationale Devianz", also das abweichende Verhalten des Personals von formalen Regeln und gesetzlichen Vorschriften bei Unternehmen wie VW:[71]

1. Der „schlechte Brauch" in der Branche, demzufolge in der Autoindustrie schon seit Jahrzehnten mit Abschaltvorrichtungen Abgastests manipuliert wurden.

2. Der „Nutzen für das Unternehmen", mit dem der Absatz der PKW in den USA durch die Manipulationen erheblich gefördert wurde.

3. Die „Hierarchie", innerhalb derer sich „Subkulturen" („social cocoons") bilden können, in der von der Legalität abweichendes Verhalten geduldet oder gar gerechtfertigt wird.

4. Die „Sozialisation oder: Wir sind damit groß geworden". Viele der am Betrug beteiligten Ingenieure und Manager waren seit Jahrzehnten im Unternehmen angestellt und haben sich durch besondere Loyalität ihm gegenüber ausgezeichnet. Sie haben sich nicht persönlich bereichert, sondern einzig und allein den Erfolg ihrer Gruppe im Auge gehabt.

Hinzu kommt nach Pohlmann noch die indirekte Unterstützung durch die deutsche Politik, die die Warnhinweise auf Manipulationen der Abgastests immer wieder ignorierte. Die Bedrohung von Arbeitsplätzen schien ihr wichtiger gewesen zu sein als der Schutz der Umwelt. Nun droht die EU mit einer Klage gegen Deutschland wegen mangelnder Durchsetzung der Abgasgesetze.

Inzwischen haben auch einzelne VW-Manager die Konsequenzen ihres Handelns zu spüren bekommen. Anfang Dezember 2017 wurde der ehemalige VW-Manager Oliver S. in den USA zu sieben Jahren Gefängnis sowie 400.000 US-Dollar Strafzahlung wegen Verschwörung zum Betrug an den Vereinigten Staaten sowie des Verstoßes gegen das Luftreinhaltegesetz verurteilt. Wenige Monate zuvor, am 25. August 2017, wurde der VW-Manager James L. in den USA wegen seiner Mitarbeit am VW-Abgasskandal zu 40 Monaten Gefängnis und 200.000 US-Dollar Strafzahlung verurteilt. Der Richter sah in ihm zwar einen loyalen Mitarbeiter, der nur Vorgaben aus der Zentrale eines Unternehmens umgesetzt hatte. Das Unternehmen habe allerdings „seine ethische Verankerung verloren im Streben nach mehr Marktanteilen und Profit". Deshalb hätte der Verurteilte angesichts der Straftat seiner Chefs widersprechen oder sich überhaupt weigern müssen, die Software einbauen zu lassen. Dem VW-Manager wurde also der fehlende Mut, sich organisationalen Zwängen zu widersetzen und sich für ethisches Verhalten einzusetzen, sogar juristisch zum Verhängnis.[72]

Randnotizen:

Vier Gründe für organisationale Devianz bei VW

Zahme politische Rahmenbedingungen

Harte Strafen für US-VW-Manager

Schleppende Aufarbeitung des Skandals und Reparatur der Schäden durch VW

Die Aufarbeitung des Abgasskandals durch VW selbst lässt ebenfalls zu wünschen übrig. Im Herbst 2015 angekündigte Rückrufaktionen liefen schleppend an. Sie wurden im Verlauf des Jahres 2016 von Betroffenen wie von Medien und verschiedenen Organisationen kritisch kommentiert. Die Software-Updates sollen da und dort zu einer Verschlechterung der Leistung und des Verbrauchs sowie zum früheren Ausfall der Partikelfilter führen oder gar die Lebensdauer des Motors verkürzen. Vertreter von VW waren bisher nicht in der Lage, mit eindeutigen Statements die weitverbreitete Skepsis zu zerstreuen, etwa indem sie eine verbindliche Garantieaussage verweigerten.[73]

Bevorzugung der US-Kunden bei Schadensausgleich

Auch steht die Frage im Raum, weshalb US-amerikanische Kunden als Schadensersatz bis zu 10.000 US-Dollar pro Autokauf erhielten, während europäische Kunden bisher leer ausgehen. Mehrere Sammelklagen aus europäischen Staaten drohen noch bis Ende 2017 einzugehen. Sie zielen auf eine Kompensation der nachweisbaren Verluste beim Wiederverkaufswert der betroffenen Diesel-Autos ab. Auch VW-Händler haben eine Klage gegen VW eingereicht wegen mangelnder Unterstützung bei der Abwicklung von Kundenreklamationen.[74]

Diskussion

Fragen und Diskussionspunkte

Diskutieren Sie den Fall im Hinblick auf organisationale Gründe und Leadership-Versagen bei VW unter Berücksichtigung folgender Fragen:

1. Inwiefern hat der Verlust der Autonomie und damit auch der Ethikkompetenz der Akteure zum Abgasskandal bei VW beigetragen? Was hat den Autonomieverlust verursacht?

2. Welche Konsequenzen hat VW mit der Software-Manipulation verursacht und muss sie nun vor welchen Instanzen verantworten?

3. Inwiefern liegt Matthias Müller, der neue CEO von VW, mit seinem Statement vor amerikanischen Journalisten (siehe Übung in ▶ *Abschnitt 3.6*) falsch, es handele sich bei den manipulierten Abgastests nicht um ein ethisches, sondern ausschließlich um ein technisches Problem bzw. um ein Missverständnis der US-Gesetze?

4. Wie hätten die Ingenieure ihre geplante Aktion, den Abgastest zu manipulieren, ethisch verantworten können, sprich: wie hätten sie sie utilitaristisch, deontologisch und tugendethisch beurteilt (auch unter Rücksichtnahme der drei Testfragen)?

5. Inwiefern hätte tugendethisches Verhalten die früheren VW-Manager vor einer Verurteilung zu einer Gefängnisstrafe geschützt?

6. Welche der in der Vorlesung genannten achtzehn Gründe für Ethikverlust könnten auch beim Abgasskandal zutreffen? (Siehe ▶ *Abschnitt 5.6*)

7. Im Mai 2018 wurde ein internationaler Haftbefehl gegen Winterkorn erlassen; sein Handeln sei illegal und unethisch gewesen. Recht und Ethik müssen aber nicht unbedingt identisch sein. Diskutieren Sie das Spannungsverhältnis zwischen Ethik und Legalität und nennen Sie Beispiele im Rahmen des Abgasskandals.

8. Wie hätte mehr ethisches Bewusstsein in allen Bereichen des Unternehmens den Abgasskandal verhindern können? Was hätten dazu die Testfragen im Kontext der drei traditionellen Ethikansätze beitragen können? Wie müsste VW überhaupt eine ethische Unternehmenskultur in ihre Organisation implementieren?

9. Wie erklären Sie sich, dass der Aktienkurs von VW seit März 2020 innerhalb eines Jahres um mehr als 160% gestiegen ist?

7.3 Fazit: Nutzen der traditionellen Ethik

Immer wieder wird die Frage gestellt, welchen Wert die Ethik angesichts des Zustands der Welt mit Problemen wie Artensterben, Klimawandel, kriegerische Auseinandersetzungen und egoistischen Wirtschaftsakteuren hat. Kann die Ethik zur Lösung solch diffiziler, Problemstellungen überhaupt beitragen – vor allem wenn sie selbst unterschiedliche, sich teilweise widersprechende Ansätze für moralische Entscheidungen liefert? Wenn wir den moralischen Zustand der Welt von heute betrachten, muss dann die abendländische Ethik seit ihrem Entstehen vor 2500 Jahren als gescheitert angesehen werden? Hat sich durch sie die Menschheit überhaupt gebessert? Oder wäre der Zustand der Menschheit ohne Ethik oder Moral gar besser, wie Michael Schmidt-Salomon in seinem Buch „Jenseits von Gut und Böse" behauptet?[75]

Wirksamkeit von Ethik

Neuere Untersuchungen scheinen dies zu widerlegen. So verkündete Anfang 2016 Max Roser, Ökonom an der Universität Oxford, dass im Vergleich zu früher die Lebensbedingungen immer besser geworden seien: „Die Armut zum Beispiel hat weltweit massiv abgenommen."[76] Seine Zahlen, Daten und Analysen scheinen das auf seiner Website „Our World in Data" (*ourworldindata.org*) zu belegen. Verglichen mit dem Jahr 1800 haben Lebenserwartung, allgemeiner Gesundheitszustand, Toleranz gegenüber Minoritäten, Bildungsstandard, Gewaltlosigkeit und politische Freiheit weltweit um ein Vielfaches zugenommen, während Kindersterblichkeit, extreme Armut und autokratische Regierungssysteme erheblich abgenommen haben.[77]

Zustand der gegenwärtigen Welt

Friedlichste Epoche?

Auch in der Nachkriegszeit haben statistisch gesehen Todesfälle aus kriegerischen Auseinandersetzungen drastisch abgenommen.[78] Den Trend bestätigt auch Steven Pinker: „Heute dürften wir in der friedlichsten Epoche leben, seit unsere Spezies existiert."[79] In seiner mehr als zwölfhundertseitigen Studie rollt er die gesamte Geschichte der Menschheit – von der Urzeit bis heute – unter dem Gesichtspunkt der Gewalt neu auf. Und er kommt zu dem Schluss, dass die Gewalt über lange Zeiträume immer weiter zurückgegangen ist.

Friedensfördernde Tugenden

Pinker sieht vier „psychologische Fähigkeiten" – also in klassischer Terminologie Tugenden –, die den Menschen von Gewalt abhalten: „Empathie", „Selbstbeherrschung", „Moral und Tabu", „Vernunft". Die ersten drei waren schon lange in der Menschheitsgeschichte wirksam. Sie wurden zunächst nur innerhalb von Gruppierungen wirksam, in denen hierarchische, familiäre, emotionale, kognitive, religiöse oder kulturelle Abhängigkeitsverhältnisse bestanden, d. h. sie führten immer wieder auch zu Ausgrenzungen oder gar Ausmerzungen derjenigen, die nicht dazugehörten. Im Laufe der Menschheitsentwicklung haben sich allerdings die Bezugsgruppen kontinuierlich erweitert.[80]

Besondere Bedeutung der Vernunft

Hierzu hat, wie Pinker an vielen Beispielen belegt, spätestens mit Beginn der Aufklärung der Siegeszug der Vernunft beigetragen. Durch sie lernten immer mehr Menschen, von ihrer konkreten Lebenswelt zu abstrahieren, d. h. vom Konkreten aufs Allgemeine zu schließen. So wurden z. B. moralische Rechte und Pflichten auf die ganze Menschheit ausgedehnt und die Ermordung eines beliebigen Menschen auch außerhalb der eigenen Bezugsgruppe tabuisiert oder die „Interessen einer immer weiter wachsenden Zahl von anderen" respektiert.[81] Man könnte also Pinkers umfangreichen Studien zufolge den Vorwurf, die Welt habe sich gerade durch Ethik nicht gebessert, sondern sogar verschlechtert, als empirisch widerlegt ansehen.

Ganzheitliches Konzept der Ethik

Die empirisch belegbaren Gründe, die Pinker für diese Entwicklung anführt, lassen sich bei genauerem Hinsehen auch im hier vorgestellten Konzept der ethischen Verantwortung wiederfinden. Denn zum einen befähigen Empathie und Selbstbeherrschung den Menschen, die Konsequenzen seines Handelns altruistisch auf alle anderen zu reflektieren und zu optimieren, zugleich auch vor der ganzen Menschheit vernünftig zu rechtfertigen. Er bestätigt also implizit, dass die traditionellen Ethikansätze sich wechselseitig ergänzen sollten, anstatt sich gegenseitig zu bekämpfen. Dann können sie tatsächlich den Trend zum besseren Auskommen aller mit allen auch in der Zukunft beschleunigen helfen.[82]

Zusammenfassung

Ethisches Handeln führt selten zu eindeutig guten Ergebnissen. Gerade in Dilemma-Situationen wird das Gute auf Kosten von Opfern erzielt. Rationale Lösungen wie das Nutzenkalkül der Utilitaristen oder der kategorische Imperativ nach Kant führen häufig zu entgegengesetzten Lösungsansätzen. Die Tugendethik wägt dann gemäß Situation und Fähigkeit der handelnden Person ab und gewinnt dadurch vielleicht neue, kreative, bisher noch nicht ins Auge gefallene Handlungsalternativen. Dieser dreifache ethische Ansatz findet hirnphysiologische Entsprechungen. Emotionale und rationale Impulse werden von einer Zentrale in der sogenannten Orbitalrinde ausgewertet und das Ergebnis als Handlungsimpuls entweder dem Emotionalzentrum oder der kognitiven Hirnrinde zur Weiterverarbeitung zugeleitet.

Ethische Entscheidungen in Dilemma-Situationen können mit Hilfe von drei Testfragen getroffen werden. Sie repräsentierten die traditionellen Ethikansätze und weiten das Blickfeld, unter dem ein Problem oder Dilemma vielseitig betrachtet werden können. Insgesamt sollte die Betriebswirtschaftslehre Ethik als Querschnittslehre zu einem integralen Bestandteil in allen Bereichen aufnehmen. Denn jede ökonomische Entscheidung ist zugleich auch eine ethische, da sie immer Folgen zeitigt, die Stakeholder betrifft und als gut oder böse wahrgenommen werden.

Die grundsätzliche Frage, ob die Ethik überhaupt etwas Positives in der Menschheitsgeschichte bewirkt hat, konnten wir vor allem anhand der umfangreichen Studie von Steven Pinker bejahen. Ihm zufolge war die Gewalt in der Menschheitsgeschichte noch nie so wenig verbreitet wie heute. Er führt das vor allem auf die Weiterverbreitung der Vernunft anhand der immer globaler werdenden Schulbildung zurück. Vernünftige Menschen können von ihrer persönlichen Perspektive abstrahieren und die Sicht der Allgemeinheit einnehmen. Sie sind in der Lage, allgemeine Gesetzmäßigkeiten im Spezialfall zu erkennen. Dadurch lernen sie nicht nur mit dem Nachbarn und erweiterten Familen- und Freundeskreis, Clan oder ihren Landsleuten gut auszukommen, sondern die Perspektive der ganzen Menschheit zu übernehmen. Kulturübergreifendes Einfühlungsvermögen, reflektierende Selbstbeherrschung und altruistisches Nutzenkalkül unterstützen sie dabei.

Weiterführende Inhalte finden Sie auf der Website *www.pearson.de.*

Endnoten

1   Reiner, 1974, S. 590 f; Fischer-Fabian, 1999.

2   Kluge, 1975, S. 133

3   Foot, 2009, S. 23 ff ; Edmonds (2015) diskutiert das Trolley-Problem aus unterschiedlichsten Perspektiven.

4   Welzel, 1951, S. 51. Janina Loh erhielt den Hinweis, dass bereits zwanzig Jahre zuvor der Strafrechtler Karl Engisch (1930) ähnliche Überlegungen wie im Trolley-Dilemma angestellt habe (2019, S. 23).

5   Thomson, 1976; 1985.

6   Hauser et al., 2007, S. 6, 16; vgl. Cathcart (2013), der das Trolley-Dilemma interdisziplinär ausleuchtet.

7   Aquin, 1897, S. 64; vgl. Mangan, 1949, S. 56.

8   Mangan, 1949, S. 43; vgl. Ricken, 2013, S. 304.

9   Kuhse, 1994, S. 101; vgl. Connell, 1967.

10   Neidhart, 2013, Kap. 4. Eine ähnliche Situation wird in dem 2015 erschienen Spielfilm „Eye in the Sky", basierend auf einem Drehbuch von Guy Hibbert, ausführlich durchgespielt. Mithilfe einer bewaffneten Drohne könnte ein Selbstmordattentat mit möglicherweise Hunderten Toten verhindert werden, allerdings besteht ein hohes Risiko, dass dabei ein Kind, das in der Nähe Brot verkauft, tödlich getroffen werden kann.

11   Gigerenzer, 2008, S. 217. Das Verfassungsgericht der Bundesrepublik Deutschland hat im Februar 2006 die Tötung unschuldiger Bürger zur Abwehr eines terroristischen Anschlags unter Verweis auf den im Grundgesetz verankerten Schutz des Lebens und der Menschenwürde explizit verboten, während das russische Parlament dem zustimmte (ebd.).

12   Paulus im Römerbrief 3, 8. Die Regel ist wohl sehr alt. In der Formulierung „Finis sanctificat media" wird sie Seneca nachgesagt. Machiavelli sieht den Spruch als Rechtfertigungsgrund der Mächtigen für ihre Gräueltaten. Der Jesuit Peter Roh weist die weit verbreitete Ansicht, die Regel sei der „oberste Grundsatz der Jesuiten-Moral" als „schändliche Lehre" zurück. Im Gegenteil seien mit dem „alten Leit ,Der Zweck heiligt die Mittel'"schon die ersten Christen totgeschlagen worden. (Roh, 1869, S. 3)

13   Wensierski/Franke/Schwarz, 1998; Neidhart, 2013; Tschaiker, 1992.

14   Lanteri et al., 2008, S. 801; vgl. Greene et al., 2001; 2004.

15   Pinker, 2011, S. 735 ff.

16   Ebd., S. 747.

17   Kevin Dutton (2013) zufolge können gefühllose Psychopathen „bessere finanzielle Entscheidungen treffen" als normale Menschen. Man findet überdurchschnittlich viele Vertreter dieses Typus deshalb auch unter Börsenmaklern, CEOs oder Spitzenanwälten. (S. 134 f; vgl. Babiak/ Hare, 2007, S. 97 f; Städeli, 2011).

18   Schiller, 1993a, Nr. 388, S. 300 f.

19   Schiller, 1993b, S. 464 f.

20   Vgl. C. G. Carl Gustav Jung, 1935, S. 187 f: „Je mehr man sich aber durch Selbsterkenntnis und dementsprechendes Handeln seiner selbst bewusst wird, desto mehr … entsteht ein Bewußtsein, das nicht mehr in einer kleinlichen und persönlich empfindlichen Ich-Welt befangen ist, sondern auch an einer weiteren Welt, am Objekt, teilnimmt. … Dieses weitere Bewusstsein ist nicht mehr jener empfindliche, egoistische Knäuel von persönlichen Wünschen, Befürchtungen, Hoffnungen und Ambitionen …, sondern es ist eine mit dem Objekt der Welt verknüpfte Beziehungsfunktion, welche das Individuum in eine unbedingte, verpflichtende unauflösbare Gemeinschaft mit der Welt versetzt. Die auf dieser Stufe entstehenden Verwicklungen sind nicht mehr egoistische Wunschkonflikte, sondern Schwierigkeiten, die sowohl mich wie den anderen angehen. … Hier können wir es nun erleben, dass das Unbewusste Inhalte produziert, die nicht bloß für den betreffenden einzelnen, sondern auch für die anderen, ja sogar für viele und vielleicht für alle gültig sind." Jung zufolge gibt es Situationen, in denen man „sich nicht mehr an die Paragraphen eines vorgegebenen Moralgesetzes halten kann". Dann kann es sein, dass man gemäß seiner „allerpersönlichsten Ethik" in „schöpferischer Freiheit" Entscheidungen trifft, die nach „landläufigen Moralparagraphen und den Hütern des Gesetzes" zu verurteilen wären, aber der Situation gerechter sind. (1958, S. 502 f)

21   Vgl. Lauxmann, 2014, S. 189.

22   Baumann/Zeder, 2007; vgl. Schröder, 2020.

23   Schulz, 2016.

24   Simon Parkin (2017) beschreibt verschiedene Ansätze zur Implementierung von ethischem Gewissen in die Programmierung von künstlicher Intelligenz. Zur Ethik von Pflegerobotern vgl. Stahl/Coegelbergh, 2016.

25   Catrin Misselhorn diskutiert in ihrer *Maschinenethik* verschiedene Probleme und Szenarien des autonomen Fahrens (2018, S. 184 ff.). Sie nennt eine Reihe von ethischen Gründen, weshalb „die Zukunft nicht im autonomen Fahren, sondern im asssistierten Fahren" liegt, bei dem der Mensch die Kontrolle behält. Einer besteht darin, dass vollautonomer Verkehr die totale Überwachung aller Verkehrsteilnehmer impliziert, sprich: die Privatsphäre und Autonomie auch von Fußgängern massiv bedroht. (Ebd. S. 203) Vgl. Richard

David Precht, der in diesem Zusammenhang vom „Algorithmus des Todes" spricht (2020, S. 182 ff).

26 So kürzlich geschehen bei einem vollautomatischen Tesla (Salden, 2016, S. 70).

27 Hierin im deutschsprachigen Raum führend: Oliver Bendel, 2016a, b; vgl. Bendels Beiträge auf seiner Website *maschinenethik.net*; des Weiteren: zur Maschinenethik Misselhorn, 2018, und zur Roboterethik Loh, 2019.

28 Awad et al. (2018) haben mit ihrem Moral Machine Experiment 40 Millionen Entscheidungen aus 233 Ländern und Regionen analysiert, inwieweit sie bestimmte Szenarien in Dilemma-Situationen bevorzugten, wenn beispielsweise ein autonomes Auto, dessen Bremsen versagt haben, vor dem Dilemma steht, entweder die fünf Insassen oder die fünf Fußgänger auf einem Zebrastreifen töten soll. Die Entscheidungen fielen je nach Region und Kultur unterschiedlich aus, abhängig von der Art der Fußgänger. So genießen beispielsweise Fußgänger in südlichen Regionen (vor allem Lateinamerika) je nach Status, Geschlecht, Alter unterschiedlichen ethischen Schutz als in nördlichen Regionen, wo eher Gleichbehandlung vorherrscht. Oder: In ärmeren Ländern wird weniger unterschieden, ob die Fußgänger bei Rot die Straße überqueren, als dies in wohlhabenderen Ländern der Fall ist.

29 Braucke et al., 2016, S. 19.

30 Ebd. S. 19.

31 Dobrindt, 2016.

32 Vgl. Dworschak, 2016; Kolmar/Booms, 2016.

33 Der komplette Exkurs wurde wörtlich und nur leicht gekürzt übernommen von Schüz, 2020b, S. 16–20.

34 Vgl. z. B. Bartlett (2021). In Japan hat wohl während der ersten Welle der Covid-19-Pandemie ein Rückgang der Selbstmordrate stattgefunden, bei der zweiten Welle hingegen kam es tatsächlich zu einem Anwachsen über dem Durchschnitt bei Kindern und Jugendlichen und vor allem bei Frauen, nämlich um 37 % – fünf Mal mehr als bei Männern (Tanaka/Okamoto, 2021, S. 230 f). Liang und Nestadt (2021) kommen zu vergleichbaren Ergebnissen für die USA. Dass die „emotionalen Kosten" der Pandemie vor allem zu Lasten von einkommensschwachen Menschen gehen, stellt Graham (2020) fest.

35 Vgl. Misteli, 2020.

36 Scheidegger et al., 2020.

37 Vgl. Smith, 1985, S. 55, 109, 122, 217.

38 Ebd. S. 397.

39 Ebd. S. 231.

40 Vgl. hierzu mögliche „decision-making heuristics" bei Fisher/Lovell, 2009, S. 182 ff.

41 Bleisch/Huppenbauer, 2014, S. 15.

42 Ebd. S. 114 f. Allerdings kann empirisches Wissen durchaus die Argumentationsfolge beeinflussen, wenn beispielsweise messbares Schmerzempfinden gegen eine verursachende Verhaltensweise spricht. Auch gibt es, wie wir bereits festgestellt haben (siehe ▶ Abschnitt 3.1), durchaus nicht nur präskriptive, sondern auch deskriptive Ethiken, die eben nicht einen normativen Anspruch erheben, sondern nur die verschiedenen Ethikansätze beschreiben. Für eine ethische Entscheidungsfindung ist jedoch primär die normative Ethik gefragt, da ja damit eine „bessere Wahl" getroffen werden soll, die das gute Auskommen miteinander befördert.

43 Auch Christoph Hubig zufolge können aus der Ethik keine Rezepte im Sinne von „Entscheidungsalgorithmen" abgeleitet werden. Sie kann allerdings „Orientierungsvorschläge" unterbreiten als Antworten auf „Testfragen" (1993, S. 162, vgl. S. 5).

44 Anthony Pagano dürfte als Erster den „Light of Day Test" formuliert und neben den Legality-Test, „Benefit-Cost-Test", „Categorical Imperative", der Golden Rule und dem „Ventilation Test" für ethische Entscheidungsfindungen gefordert haben (1987, S. 8 ff). Letzteren hat er von Archie Carroll übernommen. Er besagt, dass jede schwerwiegende ethische Entscheidung nicht allein getroffen, sondern immer gemeinschaftlich reflektiert werden sollte (vgl. Carroll/Brown/Buchholtz, 2018, S. 238 f).

45 Schneeberger, 2018.

46 Hardegger/Weder, 2020.

47 Baur, 2018. Weitere Erklärungen lassen sich aus den achtzehn Gründen für Ethikverlust (*Abschnitt 5.6*) ableiten: Es wäre zu prüfen, ob möglicherweise die Gründe 1–9, 11–12, 16 eine Rolle gespielt. Grund 12 „Gewöhnung an unethisches Verhalten" spielt angesichts der lang andauernden Praxis sicherlich eine Hauptrolle. Wenn man über fast zehn Jahre Vorteile ungestraft genießt, gibt man sie ungern wieder auf.

48 Post Schweiz, 2019.

49 Die Förderung einer ethisch verantwortungsvollen Unternehmenskultur beruht bei dem Energieprovider Engie, der mehr als 150.000 Mitarbeiter weltweit beschäftigt, auf dem „Ethik-Kodex" und dem „Ethik-Leitfaden". Wie Elisabeth Göbel herausarbeitet, haben solche Kodizes folgende Funktionen: (a) Sie ergänzen das Recht, (b) interpretieren Graubereiche der Gesetzgebung, (c) vereinheitlichen Standards für gute Unternehmensführung, (c) bedeuten eine Hilfestellung für Mitarbeitende in der Praxis (2020, S. 284).

50 So die Schilderung von Carsten Krause, der verantwortlichen Führungskraft bei Engie, in einer Semesterarbeit im Rahmen einer universitären Weiterbildung.

51 Vgl. Göbel, 2020, S. 285, unter Bezugnahme von www.vci.de/Nachhaltigkeit/ResponsibleCare.

52 Vgl. ebd. S. 285 mit Verweis auf www.forschung3r.ch.

53 Neubauer, 2007; vgl. Göbel, 2020, S. 285 f. Dem liegt auch die Einsicht zu Grunde, dass es nicht darum geht, Mitarbeiter zu indoktrinieren, sondern zu ethisch autonom handelnden Mitarbeitern zu entwickeln, die im Sinne Kohlbergs nicht nur auf Reziprozität (konventionelle Stufe) ausgerichtet sind, sondern sogar die post-konventionelle Stufe erreichen, indem sie z. B. den kategorischen Imperativ als bindend ansehen (vgl. Staffelbach, S. 249).

54 Hamilton et al., 2020.

55 Steinhauser, 2019, S. 15 ff.

56 IBM, 2021.

57 Yodelpop, 2021. Andere Initiativen für ein besseres Marketing siehe die Sonderausgabe der American Marketing Association mit zahlreichen Beiträgen zu einem „Better Marketing for a Better World" (Chandy et al., 2021).

58 Meyer-Ferreira, 2015.

59 Staffelbach, 1994, S. 414, vgl. 399-433.

60 Schmidpeter (fortlaufend) ist Herausgeber der eindrucksvollen Management-Reihe „Corporate Social Responsibility" mit so verschiedenen Themen wie „CSR und Logistik" (Deckert, Hrsg. 2021), „CSR und Inklusion" (Sihn-Weber, Hrsg. 2021), „CSR und Hidden Champions" (Genders/Seynstahl, 2021) „CSR und Künstliche Intelligenz" (Altenburger/Schmidpeter, Hrsg. 2021), „CSR und Hochschulmanagement" (Raueiser/Kolb, 2018), um nur einige Bände allein aus dem Jahr 2021 zu erwähnen. In all den Publikationen seit 2013 geht es darum, wie Aspekte der Betriebswirtschaftslehre die Querfunktion der Ethik als Ausdruck sozialer Verantwortung integrieren können. Ökologische Fragen (wie z. B. „CSR und Klimawandel" (Sihn-Weber/Fischler, Hrsg. 2020), „CSR und Stadtentwicklung" (Albers/Hartenstein, Hrsg. 2017), „CSR und Energiewirtschaft" (Hildebrandt/Landhäußer, Hrsg. 2016) kommen dabei nicht zu kurz.

61 Schmidpeter, 2016, S. 97.

62 David Risi hat in seiner preisgekrönten Dissertation empirisch aktuelle Ansätze zur Implementierung ethischer bzw. sozialer Verantwortung in Organisationen untersucht und Ansätze für eine neue Theorie dazu erarbeitet (2017, 1).

63 Grolle et al., 2015; vgl. Ewing, 2017, S. 199.

64 Oldenkamp/Zelm/Huijbregts, 2016.

65 Ewing, 2018, S. 124 f; vgl. Grolle et al. 2015.

66 Grolle et al., 2015.

67 Rasch/Schmidt/Schürpf, 2021.

68 Grolle et al., S. 13; mehr zum autoritären Führungsstil von Winterkorn vgl. Ewing, 2018, S. 117 ff, 156 f.

69 Freitag, 2017.

70 Grolle et al., 2015, S. 15.

71 Pohlmann, 2016.

72 United States District Court Michigan, 2017; Vgl. Dohmen et al., 2019; Hage, 2021.

73 Vgl. Renggli, 2017.

74 Hulverscheidt, 2016; dab/dpa, 2020.

75 Schmidt-Salomon, 2015, S. 10.

76 Schmundt, 2016, S. 104.

77 Roser, 2016.

78 Mingels, 2016, S. 50.

79 Pinker, 2011, S. 11.

80 Ebd. S. 269.

81 Vgl. ebd. S. 993 f.

82 Eine Messgröße dafür ist dann sicherlich nicht ein wachsendes Bruttosozialprodukt (GDP), sondern viel eher ein Index, der wie in Bhutan die Gross National Happiness (GNH) repräsentiert. Der Premierminister Tshering Tobgay sieht darin eine sorgfältige Balance von „sozialer Entwicklung, ökologischer Nachhaltigkeit und kultureller Bewahrung" (zit. n. Meyer-Galow, 2020, S. 97).

Anwendung im strategischen Management und Einsatz der SCR-Checkliste

8

ÜBERBLICK

Lernziele

Der Leser

- versteht den systemischen Zusammenhang zwischen Unternehmung und seinen verschiedenen Umwelten,
- begreift die Filterfunktion der Unternehmenskultur für die Wahrnehmung der verschiedenen Umweltfeedbacks,
- erfasst die Bedeutung der nachhaltigen Verantwortung für die Entwicklung erfolgreicher Unternehmensstrategien,
- analysiert die Einflüsse der Mikro- und Makroumwelt auf seine Strategiefindung
- wendet die SWOT-TOWS-Analyse an,
- setzt die SCR-Checkliste ein, um strategische Optionen im Hinblick auf ihre nachhaltige Verantwortbarkeit zu testen sowie in Form von Verantwortungsprofilen grafisch darzustellen und damit vergleichbar zu machen.

8.1   Strategische Planung und nachhaltige Verantwortung

Strategische Herausforderung

Überlebensstrategien aller Lebensformen

Alle Lebensformen antworten auf die Herausforderungen der Umwelt, um zu überleben. Der Mensch überlebt, indem er die Natur kultiviert. Für deren strategische Ausbeutung sorgen technologischer und wissenschaftlicher Fortschritt ebenso wie ökonomische Effizienz. Inzwischen sind die damit verbundenen Risiken unübersehbar. Sie übersteigen oft die Chancen.

Maßstäbe für nachhaltig verantwortliche Strategien?

Zahllose Probleme, Übel und Katastrophen, wie sie in diesem Buch immer wieder analysiert wurden, haben nicht nur die Öffentlichkeit sensibilisiert, sondern auch die mitverantwortlichen Manager und Unternehmer. Sie haben erkannt, dass sie ihren Wettbewerbsvorteil nicht auf Kosten der Stakeholder und letztlich auch nicht auf Kosten der Natur sowie künftiger Generationen erwirtschaften können. Sie berücksichtigen daher immer mehr Aspekte der Unternehmensverantwortung, indem sie bei ihrer strategischen Planung Ziele zum guten Auskommen mit ihren Stakeholdern und zum Schutz der Natur formulieren. Sie verpflichten sich, z. B. die Prinzipien von UN Global Compact zu berücksichtigen, die Ziele der nachhaltigen Entwicklung (SDGs, siehe ▶ *Abschnitt 9.7*) zu verfolgen sowie die sozialen und natürlichen Auswirkungen ihrer Aktivitäten etwa nach den Vorgaben der Global Reporting Initiative (GRI) öffentlich zu rechtfertigen. Bei der Entwicklung ihrer Strategien fehlt ihnen jedoch oft ein Maßstab, nach dem sie ihre Optionen gemäß nachhaltiger Verantwortung bewerten können. Eine Checkliste kann diese Lücke füllen. Mit ihrer Hilfe können Führungskräfte ihre strategischen Optionen, die sie z. B. mit einer SWOT-TOWS-Analyse gewonnen haben, im Hinblick auf ihre nachhaltige Verantwortbarkeit vergleichen. Auf diese Weise kann bereits bei der strategischen Planung nachhaltige Verantwortung integriert und das Risiko unverantwortlichen Handelns beträchtlich gemindert werden.

Der Zweck von Geschäfts- und Unternehmensstrategien ist, am Markt Wettbewerbsvorteile zu erhalten, um so langfristig erfolgreicher und profitabler zu werden. Wie kann man solche Strategien entwickeln? Dafür gibt es viele verschiedene Methoden, Konzepte und Modelle, auf die hier im Einzelnen nur andeutungsweise eingegangen werden kann.[1] Uns interessiert, wie strategische Optionen so nachhaltig verantwortbar ausgewählt werden, dass sie nicht nur Shareholder Value erzielen, sondern auch den berechtigten Ansprüchen aller anderen Stakeholder sowie dem Erhalt der Natur genügen, also dem Selbst-, Mit- und Gesamterhalt dienen. Denn erst dann, wenn sie diese Bedingungen erfüllen, sind sie als offene soziale Systeme langfristig lebensfähig (siehe ▶ *Abschnitt 2.4*). Zum besseren Verständnis der Funktion einer Strategie im Kontext der Unternehmensverantwortung greifen wir auf die systemische Betrachtungsweise eines Unternehmens zurück.

Zweck nachhaltiger Unternehmensstrategien

Systemische Betrachtung eines Unternehmens

Wie biologische Systeme tauschen auch Unternehmen mit ihrer Umwelt Materie, Energie und Information aus. Sie verwenden begrenzte Ressourcen wie Material, Menschen und Wissen (Input), um sie zu wertvollen Produkten, Dienstleistungen und Erkenntnissen (Output) zu transformieren. Dieser Wertschöpfungsprozess ist so lange profitabel, wie er ein Einkommen generiert, das die Kosten übersteigt. Allerdings bedrohen eine Reihe von Risiken die Wertschöpfung. Denn zum einen kann der Output unerwünschte Neben-, Rück- und Fernwirkungen nach sich ziehen. Die Wertschöpfung ist zum anderen erkauft mit Wertvernichtung. Produkte gehen einher mit Abfällen, Dienstleistungen mit Schädigungen, Erkenntnisse mit Verwirrungen, Energie mit Entropie. Die unerwünschten Schattenseiten können in Form von Feedbackschleifen etwa durch Stakeholderbeschwerden über den Input das Unternehmen massiv unter Druck setzen.

Wertschöpfungsprozess von sozialen Systemen

Wie bereits erwähnt (siehe ▶ *Abschnitt 6.4*), haben John Kotter und James Heskett systematisch Kulturen und den Erfolg von Unternehmen miteinander verglichen. Sie entdeckten, dass sie unterschiedlich auf Bedürfnisse und Änderungen in der Umwelt reagieren. Die einen sind sehr anpassungsfähig („*adaptive*"), ihre Strategien und Geschäftspraktiken antworten nachhaltig auf veränderte Märkte und reagieren sensibler auf neue Gelegenheiten bzw. Bedrohungen. Die anderen passen sich kaum an („*non-adaptive*"). Sie ignorieren alle Signale aus der Umwelt und konzentrieren sich auf die Bewahrung ihres Status.[2] Wenn überhaupt, so reagieren sie auf Beschwerden über unsoziales oder unökologisches Verhalten höchstens irritiert. Oftmals akzeptieren ihre Input-Filter nur solches Feedback, das ihre Wahrnehmung bestätigt („Selbstbestätigungsfeedback"[3]). Sie reagieren auf ökonomische Kenn-

Unterschiedlich anpassungsfähige Unternehmenskulturen

zahlen, sind reaktiv, risikoavers und auf ihre Bürokratie fokussiert.[4] Oftmals können sie nur dann nachhaltig gute Resultate liefern, wenn ihr Wettbewerbsvorteil auf einer Monopol- bzw. Oligopolsituation oder gar betrügerischen Aktivitäten gründet.

Input-Output-Filter

Man kann sagen, dass die Unternehmenskultur als die Summe ihrer gelebten Tugenden (*Corporate Virtues*) bzw. -laster (*Corporate Vices*) die Wahrnehmungsfilter eines Unternehmens für den Informationsaustausch mit seiner Umwelt öffnet oder schließt. Es kann sich dadurch eben als „anpassungsfähig" oder weniger anpassungsfähig erweisen.[5] So kann es sein, dass bestimmte von der Außenwelt eingehende Informationen etwa zu bestehenden Mängeln bei den Produkten (z. B. Reklamation in einem Restaurant) oder zu besseren Konkurrenzprodukten aufgrund der omnipräsenten Selbstgefälligkeit („Wir sind die Besten ...") schlichtweg ignoriert werden – mit der Konsequenz, dass die Produktqualität keine Verbesserung erfährt und der Kundenstamm nach und nach wegbricht.

Unternehmen als offenes System

▶ *Abbildung 8.1* stellt das Unternehmen als ein offenes System dar, dass schrittweise Werte schafft vom Input bis zum Output, also die Wertschöpfungskette eines Unternehmens repräsentiert. Eine attraktive Vision und gut formulierte Mission kann alle Anstrengungen der Mitarbeiter in eine Richtung lenken, während die Strategie die Schritte zu ihrer Realisierung definiert sowie die Struktur und Prozesse der Organisation festlegt. Ziel dabei ist, das Organisationsverhalten bzw. das Verhalten der Organisationsmitglieder auf einen möglichst effizienten und effektiven Output zu lenken.

Abbildung 8.1: Unternehmen als offenes System
Quelle: vgl. Schüz, 2017, S. 537, abgeleitet von Rieckmann (2000, S. 76).

Rolle der Vision

Die Vision bzw. Mission eines Unternehmens beschreibt dessen Beitrag für eine gewünschte Zukunft. Sie formuliert den umfassenden Sinn, dem die Strategie und alle Aktivitäten der Organisation zu dienen haben. Sie deutet oftmals auch die grundlegenden Wertvorstellungen im Umgang mit Stakeholdern an. Wenn allerdings ihr Anspruch nicht gelebt wird, ist die Empörung in der Öffentlichkeit umso größer. So hatte die Firma Tepco noch im September 2010 ihre neue „Vision 2020" publiziert. Darin verpflichtete sie sich unter anderem zur „Wertschätzung von sozialem

Vertrauen" *(value social trust)* und zur „Maximierung von menschlichem und technologischem Potenzial (*maximize human and technological potential*) sowie zur Lieferung von kostengünstigem und ökofreundlichem Strom" *(deliver ... low-cost, eco-friendly electricity)*.[6] Sechs Monate später bewies die Katastrophe von Fukushima das Gegenteil, nachdem die marode Sicherheitspolitik der Firma offenbar wurde (näheres zu Tepco siehe ▶*Abschnitt 4.5*).

Schritte einer systemischen Strategieentwicklung

Nachdem also die Vision ins Auge gefasst wurde, ist ein strukturierter Prozess der Strategieentwicklung empfehlenswert. Um strategische Optionen zu identifizieren, sollte zunächst die Richtung festgelegt werden, wie sie etwa die sogenannte Ansoff-Matrix vorgibt, ob bisherige Märkte mit den gleichen Produkten weiter durchdrungen, Produkte oder Märkte weiter entwickelt werden sollen oder beides, also diversifiziert werden soll.[7] Sodann sollte eine SWOT-TOWS-Analyse durchgeführt werden. Darunter versteht man eine Analysemethode, um die Stärken (Strengths) – Schwächen (Weaknesses) – Gelegenheiten (Opportunities) – Bedrohungen (Threats) eines Unternehmens zu identifizieren und daraus die jeweiligen strategischen Empfehlungen herauszuarbeiten. Zur Umsetzung dieser Empfehlungen können dann strategische Methoden wie organisches Wachstum, Fusionen oder Akquisitionen sowie strategische Allianzen zum Einsatz kommen.[8] Jede Entscheidung, die mit diesen Schritten einhergeht, ist nachhaltig zu verantworten.

Tools

Von besonderer Bedeutung ist die Analyse der *externen Einflussfaktoren*, die von der Branchenumwelt (Mikrodimension) sowie der globalen Umwelt (Makrodimension) ausgehen. Erstere wird durch die fünf Kräfte des Marktes (Michael Porters „Five Forces") beschrieben: Ersatzprodukte, Markteintrittsbarrieren, Verhandlungsmacht der Kunden und Lieferanten sowie Wettbewerber. Letztere umfassen die politische, makroökonomische, soziokulturelle, technologische, ökologische und legale Umwelt (abgekürzt mit: PESTEL).[9] Sie alle können *Bedrohungen (threats)*, aber auch *günstige Gelegenheiten (opportunities)* für neue Geschäftsaktivitäten darstellen. Die Firma Tepco hat offensichtlich bei der Planung des Kernkraftwerks von Fukushima besonders die ökologische Dimension vernachlässigt, nachdem sie der Empfehlung einer vorliegenden Risikostudie, einen 15 Meter hohen Wellenbrecher als Schutz vor Tsunamis vor der Küste zu verbauen, ignorierte und aus Gründen der veranschlagten Kosten mit mehreren Hundert Millionen US-Dollar nur eine sechs Meter hohe Stahlwand installierte. Die Tsunamiwelle, die zur Katastrophe von 2011 führte, hatte die Höhe der geschätzten 15–16 Meter und wäre durch einen entsprechend hohen Wellenbrecher aufgehalten worden.[10]

Externe Einflüsse

Die *internen Einflussfaktoren* zeigen sich im Vergleich zu den Wettbewerbern als *Stärken (strengths)* oder *Schwächen (weaknesses)*. Dabei beeinflussen die gelebten Tugenden und Laster die Fähigkeit eines Unternehmens, profitabel und zugleich nachhaltig verantwortlich zu wirtschaften. Die Explosionen in dem Kernkraftwerk der Firma Tepco in

Interne Einflüsse

Wertschöpfungskette
nach Michael Porter

Fukushima sind ein Resultat einer schwachen Unternehmenskultur, die in Laster wie korrupte Praktiken im Umgang mit Sicherheitsbehörden und Ignoranz gegenüber üblichen Sicherheitsstandards wurzelte.

Michael Porters Darstellung der Wertschöpfungskette erlaubt, die Stärken und Schwächen eines Unternehmens noch differenzierter an den einzelnen Funktionsbereichen festzumachen. So unterscheidet er die primären und die sekundären Aktivitäten eines Unternehmens. Die Bereiche der Eingangslogistik, Produktionsprozesse, Ausgangslogistik und Kundendienst tragen direkt zur Wertschöpfung bei, während Human Capital Management, Forschung und Entwicklung sowie Finanzen eher eine Supportfunktion haben.[11] Nun kann jeder dieser Bereiche seine nachhaltige Verantwortung mehr oder weniger gut wahrnehmen und dabei den Wertschöpfungsprozess hemmen oder fördern. ▶ *Abbildung 8.2* zeigt, wie beispielsweise die Gesundheitsthematik in den einzelnen Funktionsbereichen verankert sein kann.[12]

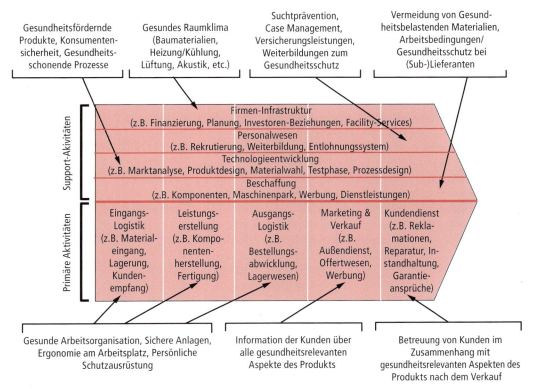

Abbildung 8.2: Wertschöpfungskette mit gesundheitsrelevanten Themen
Quelle: Winistörfer et al. (2012, S. 8) in Anlehnung an Porter/Kramer, 2006, S. 85.

Ob diese Themen gefördert oder eher unterdrückt werden, wird auch von den gelebten Tugenden oder Lastern im Unternehmen mit geprägt. Die Wertschöpfungskette sollte daher um die Eingangs- und Ausgangsfilter ergänzt werden. Je nachdem welche Tugenden bzw. Laster in dem Unternehmen vorherrschen, antwortet das Unternehmen unterschiedlich auf die Feedbacks der Umwelt. So werden auch die einzelnen Themen, die für eine nachhaltige Unternehmensverantwortung (SCR) relevant sind, unterschiedlich wahrgenommen und intern verarbeitet. Wenn beispielsweise die Forschungs- und Entwicklungsabteilung einer Firma, wie bei VW geschehen, der Öffentlichkeit gegenüber unwahre Auskunft (Laster) über die Umweltfreundlichkeit ihrer Produkte erteilt, so wird dies nach Aufdeckung des Betrugs Schadenersatzzahlungen nach sich ziehen und sich negativ auf die Gewinnmarge auswirken. Diese Konsequenz wäre mit echtem Mut zu einer ökologischen Produktionsweise (Tugend) in Kooperation mit Behörden, Umweltschutzgruppierungen und externen Forschungseinrichtungen möglicherweise im Vorfeld verhindert worden.

Förderung oder Behinderung der Wertschöpfungsprozesse durch Tugenden bzw. Laster

Abbildung 8.3: Wertschöpfungskette einer Firma mit Kulturfilter aus Tugenden bzw. Lastern
Quelle: nach Schüz, 2014, S. 262, in Abwandlung von Porter, 2006, S. 85.

Die externen wie internen Einflussfaktoren gilt es nun zu kombinieren, indem die Frage beantwortet wird: „Wie weit erlauben die Stärken und Schwächen des Unternehmens die günstigen Gelegenheiten wahrzunehmen und die Bedrohungen abzuwehren bzw. in günstige Gelegenheiten umzuwandeln?" Mit der SWOT-Analyse (Akürzung von: Strengths, Weaknesses, Opportunities, Threats) wird zunächst ein Inventar der einzelnen Faktoren erstellt.[13] Aus den verschiedenen Kombinationsmöglichkeiten der TOWS-Matrix lassen sich Defensiv-, Präventions-, Entwicklungs- und Offensivstrategien ableiten.[14]

SWOT-TOWS-Matrix

	Externe Faktoren	Opportunities/ Günstige Gelegenheiten O1 … O2 … O3 … …	Threats/ Bedrohungen T1 … T2 … T3 … …
Interne Faktoren			
Strengths/ Stärken S1 … S2 … S3 … …		**SO-Strategien** Offensivstrategien	**ST-Strategien** Präventionsstrategien
Weaknesses/ Schwächen W1 … W2 … W 3… …		**WO-Strategien** Entwicklungsstragien	**WT-Strategien** Defensivstrategien

Tabelle 8.1: TOWS-Matrix
Quelle: in Anlehnung an Weihrich (1982) und Büchler (2014, S. 81).

All diese strategischen Optionen sollten daraufhin geprüft werden, inwieweit ihre jeweiligen Konsequenzen nachhaltig verantwortbar sind.

8.2 Unternehmensverantwortung als strategischer Prozess

Verantwortungs-
prozess als
Feedbackschleife

Die Verantwortung von Unternehmen besteht nun darin, dass sie alle Konsequenzen (Output als Haupt-, Neben-, Rück- und Fernwirkungen) ihrer Aktivitäten gegenüber allen davon Betroffenen (Stakeholdern) verantworten, ihnen also Rede und Antwort stehen. Diese Konsequenzen werden über die Reaktionen der Stakeholder (Lob, Tadel, Boykott, Strafanzeige etc.) in Form von kybernetischen Feedbackschleifen über den Input wieder an das Unternehmen zurückgegeben. Je nach Offenheit des Input-Filters werden diese Reaktionen berücksichtigt oder nicht. Die In- bzw. Outputfilter legen fest, inwieweit ein Unternehmen seine Verantwortung gegenüber den Stakeholdern wahrnimmt oder nicht.

Die Struktur der dreifachen Unternehmensverantwortung (mit ökonomischer, sozialer, ökologischer Dimension) kann als Feedbackprozess, also als kybernetischer Prozess, folgendermaßen skizziert werden:

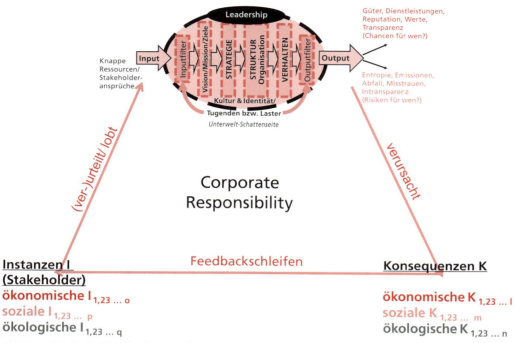

Abbildung 8.4: Feedbackschleifen der Unternehmensverantwortung
Quelle: vgl. Schüz, 2017, S. 543.

Die gelebte Kultur eines Unternehmens fungiert dabei als Filter, wie die Konsequenzen der eigenen Aktivitäten (Output) überhaupt wahrgenommen und welche Stakeholderansprüche überhaupt gehört werden. Die im Unternehmen etablierten Tugenden (*Corporate Virtues*) und Laster (*Corporate Vices*) sorgen für eine spezifische Wahrnehmung der Umwelt. Zum Beispiel ignoriert das Laster der Gier die Bedürfnisse von Kunden oder anderer Stakeholder und provoziert somit deren Widerstand. Es verhindert faire Tauschverhältnisse mit ihnen. Deshalb haben rein profitorientierte Unternehmen oft nur eine einseitige Sicht auf ihre Umwelt und verfolgen entsprechend kurzsichtige Strategien. Im Gegenzug dazu gewinnen Tugenden der Vertrauenswürdigkeit, Offenheit oder Integrität viel leichter das Vertrauen der Stakeholder und führen zu besseren Beziehungen zu diesen. Unternehmen mit Integrität schaffen leichter Werte für jeden. Während profitmaximierende Unternehmen hauptsächlich ökonomische Leistungsindikatoren wie Aktienkurse oder Kreditwürdigkeit und damit im Tunnelblick wahrnehmen, ziehen solche mit Integrität auch soziale und ökologische Indikatoren in Betracht – wie zum Beispiel Reklamationen oder schwindende natürliche Ressourcen.

Je nach Offenheit dieser Filter werden die Feedbackschleifen aus der Umwelt unterschiedlich aufgenommen und intern weiterverarbeitet, indem ein Unternehmen z. B.

■ *narzisstisch* nur solche Feedbacks wahrnimmt, die das eigene Vorgehen bestätigen (Selbstbestätigungsfeedback, s. o.)[15];

Tugenden und Laster als Filter

Integrität fördert Offenheit, Egoismus führt zum Tunnelblick

Grade der Offenheit

- *technisch* nur auf Reklamationen bezüglich der Qualität der ausgelieferten Produkte und Dienstleistungen etwa mit Verbesserungen reagiert (Qualitätsfeedback);

- *ethisch* auf das Feedback von Stakeholderansprüchen antwortet (Stakeholderfeedback);

- *ästhetisch* die Signale eines gestörten Naturhaushalts aufnimmt und Maßnahmen zu seinem Schutz ergreift (Ökofeedback);

- *pronoetisch*, also vorsorglich (von griech. *pronoeo* = für jemanden Sorge tragen), die Bedürfnisse künftiger Generationen mit berücksichtigt (virtuelles Feedback).

Halten wir also fest, dass die in einem Unternehmen gelebten Tugenden und Laster die Verantwortungsfähigkeit eines Unternehmens wesentlich beeinflussen. Denn sie bestimmen, welche Konsequenzen überhaupt erkannt und welche Instanzen beachtet werden.

Machtmittel der Instanzen

Je machtvoller ein Stakeholder allerdings auftreten kann, desto eher kann er eine Antwort erzwingen – durch Streiks, Boykotts oder Gerichtsprozesse etc. Das ist für das Unternehmen, das darauf gar nicht eingestellt ist, ein schmerzvoller und kostspieliger Prozess. So gab es gegen die deutsche Bank Tausende von Klagen vor Gericht[16], hinter denen jeweils unzufriedene Stakeholder standen, die sich über den Tisch gezogen fühlten und auf diese Weise ihr Recht einklagen wollten. Die erzwungene Antwort wird dann von der jeweiligen Instanz beurteilt, ob sein Handeln als gut oder böse, richtig oder falsch, schön oder hässlich, angenehm oder unangenehm, nützlich oder schädlich, gesund oder ungesund, edel oder gemein, gesetzeskonform oder kriminell eingeschätzt wird. Prinzipiell hängt es vom Urteil der Instanzen ab, ob ein Unternehmen gelobt oder getadelt wird. Von den Machtmitteln der Instanz hängt es dann ab, ob im Falle einer Verurteilung Sanktionen gegen das Unternehmen ausgesprochen werden können.

Lösung von Dilemmata

Im folgenden Abschnitt wird nun eine Checkliste auf der Basis der nachhaltigen Unternehmensverantwortung vorgestellt. Mit ihrer Hilfe können die bisher vorgestellten Ethikansätze sowie die ökonomische und ökologische Dimension der nachhaltigen Verantwortung ziemlich umfassend auf konkrete Problemstellungen angewendet werden. Insbesondere Dilemmata können auf diese Weise leichter gelöst werden. Darüber hinaus können die Ergebnisse der Checkliste mit Hilfe der SCR-Uhr grafisch dargestellt und somit vergleichbar gemacht werden.

8.3 Einsatz der SCR-Checkliste zur Strategiefindung

Entscheidungsfindung mit Hilfe SCR-Checkliste

Als Entscheidungshilfe für ethisches Handeln haben wir in ▶*Abschnitt 7.2.2* Testfragen vorgeschlagen. Ähnlich wie manche Autoren Checklisten[17] empfehlen, schlagen wir einen Fragenkatalog[18] vor, ob eine unternehmerische Handlung oder Entscheidung nachhaltig verantwortbar ist. Er bezieht sich auf die Dimensionen der nachhaltigen Unternehmensverantwortung (*Sustainable Corporate Responsibility* = SCR), wie sie in ▶ *Kapitel 2.6* eingeführt wurde. Die Checkliste (siehe ▶ Tabelle 8.2) repräsentiert die ökonomische, ökologische und soziale Dimension. In jeder Dimension werden wichtige Aspekte der Verantwortung abgefragt und mit gewichtet. Die Prozentzahlen basieren auf einem Abwägungs- Abwägungsprozess prozess, der nach selbst gewählten Kriterien vorgenommen werden, sich aber auch nach den hier vorgeschlagenen orientieren kann (siehe Übungsbeispiel zur Lurch AG ▶ *Tabelle 8.3*). der Scope-Sustainability-Matrix in ▶ *Tabelle 8.3* ableiten lässt. In unserem Beispiel zum Fall der Lurch AG kann man leicht erkennen, dass durch eine Implementierung der Option „Reinigungsmittel auf Essigbasis" die ökologische Dimension ziemlich langfristig, also nachhaltig angesehen werden kann, obwohl ökonomische und soziale Risiken noch nicht völlig ausgeräumt sind.

Dazu dient die ▶ *Tabelle 8.3* mit den Graden der Reichweite und Nachhaltigkeit in Prozent ausgedrückt. Die in der Tabelle eingetragenen Prozentzahlen beziehen sich auf Annahmen zum Übungsbeispiel der Lurch AG. Die Ergebnisse können dann online eingegeben und grafisch mit Hilfe der SCR-Uhr (siehe ▶ *Abbildung 8.5* und *8.6*) dargestellt werden. Das resultierende Verantwortungsprofil zu einer bestimmten Handlung, strategischen Option oder gar eines ganzen Unternehmens (*www.SCR-Schuez.maecefischer.ch/home*) gibt Hinweise auf Stärken und Schwächen der untersuchten Option im Hinblick auf ihre nachhaltige Verantwortbarkeit.

SCR-Checkliste[©]

Kriterien für Annahme/Ablehnung einer strategischen Option *wünschenswert: Reichweite/Nachhaltigkeit 66,6%* *akzeptabel: Reichweite/Nachhaltigkeit:33,3–66,6%* *abzulehnen: Reichweite/Nachhaltigkeit: 0–33,3%*		Reichweite [in %]	Nachhaltigkeit [in %]
I. Ökonomische Dimension: Funktionale Verantwortung		**45**	**52**
I.1	**Effizienz:** Welche Werte/Ressourcen sind vorhanden, um die Option effizient zu realisieren?	45	40
I.2	**Reziprozität:** Wie sehr sind die Tauschverhältnisse entlang der Wertschöpfungskette der Option fair, also im Gleichgewicht von Geben und Nehmen?	50	55
I.3	**Effektivität:** Wie effektiv fördert die Option die Vision der Investoren?	40	60
II. Soziale Dimension: Ethische Verantwortung		**50**	**46**
II.1	**Tugendethik (Durchschnitt aus II.3a. + II.3b.)**	**45**	**40**
a.	*Goldene Mitte-Test:* Wie sehr ist die Option tugendhaft, d.h., trifft sie die Mitte zwischen zwei Lastern und kann sie als gutes Beispiel oder sogar als Best Practice angesehen werden?	60	40
b.	*Empathie-Test:* Wie würde ich mich bei Realisierung der Option als Betroffener fühlen (Rollentausch)?	30	40
II.2	**Nützlichkeitsethik (Durchschnitt aus II1.a. + II1.b.)**	**45**	**41,5**
a.	*Reziprozitätstest:* Erzeugt die Handlung faire Tauschverhältnisse entlang der Wertschöpfungskette mit allen Stakeholdern?	70	68

Tabelle 8.2: SCR-Checkliste mit Prozentzahlen aus Tab. 8.3 zum Übungsbeispiel Lurch AG
Quelle: in Weiterführung von Schüz, 2017, S. 559 f.

SCR-Checkliste©

b.	*Stakeholder-Diskurstest:* Hat es einen (fiktiven oder realen) Diskurs mit den wichtigsten Stakeholdern über die geplante Maßnahme gegeben und war dieser Diskurs fair und transparent?	20	15
II.3	**Pflichtenethik (Durchschnitt aus II.2a. + II.2b.)**	**60**	**55**
a.	*Tageslichttest:* Wie sehr ist die Option im Einklang mit dem Gesetz bzw. den festgelegten Wertevorstellungen des Unternehmens und könnte sie öffentlich gemacht werden?	50	40
b.	*Universalisierbarkeits-/Autonomietest (Kategorischer Imperativ):* Wie sehr kann die Option zu einem universellen Prinzip erhoben werden bzw. verletzt sie die Würde/Autonomie der Betroffenen?	70	70
III. Ökologische Dimension: Ästhetische Verantwortung		**65**	**63**
III.1	**Selbstreflexion:** Wie sehr dient die Option dem Selbst-, Mit- oder Gesamterhalt?	60	60
III.2	**Sinnreflexion:** Wie sehr werden die Nebenwirkungen (z. B. Abfall) der Option wieder sinnvoll in den natürlichen Kreislauf integriert?	70	78
III.3	**Ganzheitsreflexion:** Wie fügt sich die Option ins größere Ganze der Natur ein?	65	50

Tabelle 8.2: SCR-Checkliste mit Prozentzahlen aus Tab. 8.3 zum Übungsbeispiel Lurch AG *(Forts.)*
Quelle: in Weiterführung von Schüz, 2017, S. 559 f.

Differierende Einschätzungen je nach Beurteiler

Die Einschätzung der Prozentzahlen wird von Beurteiler zu Beurteiler unterschiedlich ausfallen. Da in den meisten Fällen die Entscheidungen nicht einsam getroffen werden, ist es sinnvoll, die Tabelle von allen Entscheidungsträgern zunächst unabhängig ausfüllen zu lassen, um anschließend die Einzelergebnisse miteinander zu vergleichen und zu diskutieren. Der Nutzen der Tabelle besteht vor allem in der Sensibilisierung für die Neben-, Rück- und Fernwirkungen einer Handlung sowie für deren mögliche Beurteilung durch verschiedene Instanzen.

Rote Linien dürfen nicht überschritten werden

Der Anwender der Tabelle sollte sich darüber im Klaren sein, dass die Verneinung bestimmter Fragen automatisch zur Ablehnung einer Handlung oder strategischen Option führen kann, wenn die Entscheider bestimmte Pflichtenkataloge wie z. B. den UN Global Compact für absolut bindend halten. Da dort z. B. korrupte Handlungsweisen verworfen werden, führt die Frage, ob in einem bestimmten Fall Schmiergelder gezahlt werden sollten, automatisch zu einer Ablehnung. Die Checkliste hilft vor allem bei Dilemma-Situationen weiter, in denen sowohl die Ablehnung als auch die Akzeptanz einer Handlung als verantwortlich angesehen werden können, die jeweiligen Stärken und Schwächen der Optionen sich aber erst im Vergleich der Verantwortungsdimensionen zeigen.

Übung	**Nachhaltig verantwortliche Strategieentwicklung der Lurch AG**

Die traditionsreiche deutsche Lurch AG[19] produzierte erfolgreich unterschiedlichste Reinigungsmittel – vor allem für Schuhe – seit mehr als 120 Jahren. Obwohl die Firma bis vor Kurzem ein hohes Ansehen genoss, geriet sie kürzlich in eine schwere Krise. Schon seit einigen Jahren verkaufte Lurch Schuhspray, das möglicherweise schwere Gesundheitsprobleme erzeugt. Besonders nach Gebrauch in geschlossenen Räumen klagten immer wieder Konsumenten über Atemnot, Schwindel, Hautausschläge, starke Kopfschmerzen und Übelkeit, die in manchen Fällen mehrere Tage anhielten.

Gesundheitsprobleme durch Gebrauch von Schuhspray

Dr. Spreemann, der Vorstandsvorsitzende der Lurch AG, gibt gegenüber seinem persönlichen Strategieberater, Herrn Dr. Pestel, zu, dass Vorstand und Management anfänglich den eingehenden Beschwerden keine Bedeutung beigemessen hatten. Sie haben die Situation zwar in Vorstandssitzungen diskutiert, aber keine weiteren Maßnahmen eingeleitet, selbst dann nicht, als auch der Betriebsarzt ihnen gesundheitliche Probleme von Mitarbeitern der Produktionsabteilung gemeldet hatte. Die erfolgreiche Vermarktung des Produkts sollte nicht unnötig behindert werden.

Vertuschung der Probleme durch den Vorstand

Die Redaktion einer Wirtschaftszeitung hat offenbar von einem Mitarbeiter der Lurch AG inzwischen Insider-Informationen über die Verschleierungsversuche der Kadermitglieder erhalten und recherchiert bereits in der Sache. Auch gingen Strafanzeigen bei der Polizei ein, und die Staatsanwaltschaft hat die Ermittlungen aufgenommen. Konsumentenschutzorganisationen, Gesundheitsämter und Ärzte warnen öffentlich vor dem Einsatz des Sprays zumindest in geschlossenen Räumen. Deshalb hat auch der größte Discounter im deutschsprachigen Raum angekündigt, die riskanten Produkte aus seinem Sortiment zu nehmen.

Stakeholder-Beschwerden

Mitarbeiter der Lurch AG erhalten permanent Anfragen von besorgten Kunden, denen sie keine zufriedenstellenden Antworten geben können. Sie geben deshalb die Fragen an den Vorstand weiter und bitten ihn um Aufklärung der gesamten Belegschaft über die tatsächlichen Risiken des Ledersprays. Außerdem kursiert das Gerücht, dass die Lurch AG von einem US-amerikanischen Großkonzern übernommen werden soll, nachdem der Aktienkurs starke Einbrüche zu verzeichnen hatte. Bei dieser Gelegenheit haben Großaktionäre der Lurch AG ihre Loyalität zum Ausdruck gebracht und die Absicht geäußert, die Firma gegen die unfreundliche Übernahme zu verteidigen.

Gerüchte über eine feindliche Übernahme der Lurch AG

Nischenprodukt – ein Lösungsansatz?

Bei den Vorgesprächen erwähnte Spreemann gegenüber seinem Berater nebenbei die Abteilung Ecoclean unter der Leitung von Dr. Essigrein, in der auf rein pflanzlicher Basis eine neue Produktlinie entwickelt worden war. Dr. Essigrein sei aber sehr introvertiert und wegen seines vermeintlich „eigenbrötlerischen" und „spinnösen" Wesens bei seinen Kollegen wenig beliebt. Spreemann selbst hält seine Ideen für wenig praxisfähig, die von ihm entwickelten Produkte für kaum absetzbar. Der Abteilung sei deshalb vor Kurzem das Budget gekürzt worden, man habe sogar überlegt, sie ganz aufzulösen. Zufällig kannte Dr. Pestel einen Mitarbeiter dieser Abteilung, der unter dem schlechten Image der Abteilung im Unternehmen sehr litt, trotz der hohen Marktchancen, die er in den neu entwickelten Produkten sieht.

Suche nach einer nachhaltig verantwortungsvollen Strategie

Dr. Spreemann beauftragt nun Dr. Pestel, Vorschläge für die Restrukturierung der Lurch AG zu unterbreiten. Er soll strategische Optionen entwickeln, die die gegenwärtige Krise bewältigen und das Unternehmen wieder zum nachhaltigen Erfolg führen.

1. Entwickeln Sie schrittweise eine nachhaltig verantwortliche Gesamtstrategie der neuen Lurch AG. Verwenden Sie dabei die Arbeitsformulare, die unter *www.pearson.de* heruntergeladen werden können.

2. Formulieren Sie eine Vision und einen entsprechenden Auftrag (*Formular 9.1*).

3. Analysieren Sie nun Porters fünf Kräfte und die relevanten Umwelteinflüsse nach PESTEL. Fokussieren Sie dabei auf solche Einflüsse, die für die Lurch AG relevant sind und einen Bezug zur nachhaltigen Verantwortung haben (*Formular 9.2*).

4. Arbeiten Sie die Stärken und Schwächen der Lurch AG heraus, die relevant für nachhaltige Verantwortung sind (*Formular 9.3*).

5. Verwenden Sie die Ergebnisse, um eine SWOT-TOWS-Analyse zu erstellen. Beschränken Sie sich dabei jeweils auf die drei Ihrer Meinung nach wichtigsten Einflussfaktoren (*Formular 9.4*).

6. Priorisieren Sie die strategischen Optionen gemäß dem Können der Lurch AG, das von der gelebten Kultur, den vorhandenen Ressourcen und der Umweltsituation abhängt.

7. Wählen Sie zwei Optionen aus, denen Sie die größten Erfolgsaussichten geben, und überprüfen Sie anhand der SCR-Checkliste, inwieweit sie nachhaltig verantwortbar sind (*Formular 9.5*).

8.4 Darstellung der Ergebnisse mit der SCR-Clock

Die typischen Schritte des strategischen Managements zur Gewinnung von strategischen Optionen können mit den online erhältlichen Arbeitsformularen nachvollzogen werden. Die Prozentzahlen für die SCR-Checkliste können mit Hilfe der folgenden Tabelle (vgl. ▶ *Tabelle 8.2*) nach gründlicher Einschätzung der jeweiligen Situation (hier auf den Fall der Lurch AG bezogen) gewonnen werden:

Strategische Option für Lurch AG: Reinigungsmittel auf Essigbasis			
Kriterien der nachhaltigen Unternehmensverantwortung (SCR) *[wünschenswert, wenn jede Dimension Reichweite und Nachhaltigkeit zwischen 66,6–100%; akzeptabel, wenn jede Dimension Reichweite und Nachhaltigkeit zwischen 33,3 und 66,6%; abzulehnen, wenn jede Dimension Reichweite und Reichweite zwischen 0 und 33,3%.]*		**Reichweite (Scope)** [klein: 0–33,3 %] [mittel: 33,3–66,6%] [groß: 66,6–100%]	**Nachhaltigkeit (Sustainability) Fristigkeit:** [kurz: 0–33,3 %] [mittel: 33,3–66,6%] [lang: 66,6–100%]
I. Ökonomische Dimension: Funktionale Verantwortung		**45**	**52**
I.1	**Verantwortliches Subjekt: Unternehmen vertritt primär …** Shareholder Value [0–33,3%], Customer Value [33,3–66,6%], Stakeholder Values [66,6–99,9%]	45	40
I.2	**verantwortlich für Folgen: Option vermehrt primär …** Eigennutzen [0–33,3%], Reziprozität/Win-Win [33,3–66,6%], Prosperität für alle [66,6–99,9%]	50	55
I.3	**verantwortlich vor Instanz: Investor …** als Schwarzer Ritter* (sieht Unternehmen als Ausbeutungsobjekt) [0–33,3%], als Weißer Ritter** (steigert Unternehmenswert) [33,3–66,6%], als Roter Ritter*** (liefert mit Unternehmen Beitrag fürs Ganze) [66,6–100%]	40	60
II. Soziale Dimension: Ethische Verantwortung		**50**	**46**
II.1	**Tugendethik (Durchschnitt aus 11.3a. + II.3b.)**	**45**	**40**
a.	**Laster-/Tugendentwicklung: Option fördert** Egoismus des Unternehmens [0–33,3%] Fairness des Unternehmens [33,3–66,6%] Altruismus des Unternehmens [66,6–100%]	60	40
b.	**Empathie-Test: Betroffene der Option nehmen Akteur …** als räuberisch wahr [0–33,3%] als fair wahr [33,3–66,6%] als generös, großzügig wahr [66,6–100%]	30	40
II.2	**Nützlichkeitsethik (Durchschnitt aus II1.a. + II1.b.)**	**45**	**41,5**

Tabelle 8.3: Grade der Reichweite und Nachhaltigkeit einer strategischen Option
Quelle: in Weiterführung von Schüz, 2012, S. 12 f.

*) Schwarzer Ritter (Black Knight), **) Weißer Ritter (White Knight), ***) Roter Ritter (Red Knight), siehe ▶ Tabelle 8.2

a.	**Reziprozitätstest: Option ist …** ausschließlich nützlich für Akteur [0–33,3%] fair für Marktteilnehmer [33,3–66,6%] nützlich für alle Lebensformen [66,6–100%]	70	68
b.	**Stakeholder-Diskurstest: Option gerechtfertigt gegenüber** **…** internen Stakeholdern (Shareholder. Manager, Mitarbeitende…) [0–33,3%] direkten externen Stakeholdern (Kunden. Lieferanten. Anwohner…) [33,3–66,6%] indirekten externen Stakeholdern (Naturschützer. NGOs…) [66,6–100%]	20	15
II.3	**Pflichtenethik (Durchschnitt aus II.2a. + II.2b.)**	**60**	**55**
a.	**Tageslichttest: Die Option kann kommuniziert werden …** nur im engeren Bekanntenkreis [0–33,3%] den Marktteilnehmern [33,3–66,6%] der globalen Gemeinschaft [66,6–100%]	50	40
b.	**Universalisierbarkeits4Autonomietest (Kategorischer** **Imperativ): Option …** dient nur der Autonomie von internen Stakeholdern [0–33,3%] fördert die Autonomie der Marktteilnehmer [33,3–66,6%] fördert die Autonomie aller Stakeholder (einschl. Natur) [66,6–100%]	70	70
III. Ökologische Dimension: Ästhetische Verantwortung		**65**	**63**
III.1	**Selbstreflexion: Die Option …** beutet natürliche Ressourcen aus (Selbsterhalt) [0–33,3%] dient dem Erhalt der regionalen Natur (Miterhalt) [33,3–66,6%] dient dem Erhalt aller Lebensformen (Gesamterhalt) [66,6–100%	60	60
III.2	**Sinnreflexion: Die Option …** produziert nicht rezyklierbare(n) Überreste/Abfall [0–33,3%] vermeidet und rezykliert Überreste/Abfälle [33,3–66,6%] verwertet Überreste als Rohstoff für neue Wertschöpfung (cradle-to-cradle) [66,6–100%]	70	78
III.3	**Ganzheitsreflexion: Die Option reflektiert …** ausschließlich die Ausbeutung natürlicher Ressourcen [0–33,3%] die Schonung der regionalen Natur [33,3–66,6%] den Erhalt aller Lebensformen [66,6–100%]	65	50

Tabelle 8.3: Grade der Reichweite und Nachhaltigkeit einer strategischen Option *(Forts.)*
Quelle: in Weiterführung von Schüz, 2012, S. 12 f.

*) Schwarzer Ritter (Black Knight), **) Weißer Ritter (White Knight), ***) Roter Ritter (Red Knight), siehe ▶ Tabelle 8.2

Nun können die Prozentzahlen in jeder Dimension online bei *https://scr-schuez.maecefischer.ch/home* mit Hilfe der Schieberegler eingegeben werden, und zwar folgendermaßen:

Economy
Responsibility: 45%, Sustainability: 52%

Ecology
Responsibility: 65%, Sustainability: 63%

Sociality
Responsibility: 50%, Sustainability: 46%

i   ± PNG   ± SVG

Economic scope	Ecological scope	Social scope
egoistic reciprocal universal	egoistic reciprocal universal	egoistic reciprocal universal
45	65	50

Economic sustainability	Ecological sustainability	Social sustainability
short term medium term long term	short term medium term long term	short term medium term long term
52	63	46

Abbildung 8.5: Eingaben der Prozentzahlen für Reichweite und Nachhaltigkeit der strategischen Option
Quelle: *https://scr-schuez.maecefischer.ch/home*

Daraus ergibt sich das SCR-Verantwortungsprofil der hier untersuchten strategischen Option „Reinigungsmittel auf Essigbasis" für die Lurch AG (siehe ▶*Abbildung 8.7*). Mit einem Blick erkennt man, dass die ökologische Reichweite und Nachhaltigkeit, also der ökologische Fußabdruck, mit Implementierung der Option stark verbessert wird, während der ökonomische und soziale dahinter zurückbleiben, aber immerhin auf fairen Tauschverhältnissen beruhen.

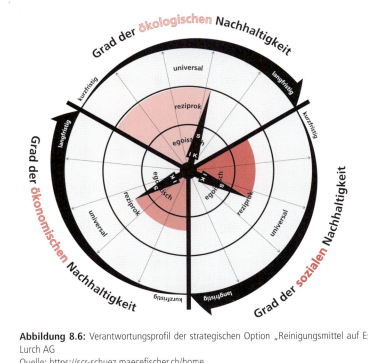

Abbildung 8.6: Verantwortungsprofil der strategischen Option „Reinigungsmittel auf Essigbasis" für Lurch AG
Quelle: https://scr-schuez.maecefischer.ch/home

Zusammenfassung

Unternehmensstrategien sind Mittel, um sich am Markt erfolgreich zu behaupten. Sie sollten nachhaltig verantwortbar sein und dabei zur Erreichung der Unternehmensziele sowie zur Realisierung der Unternehmensvision beitragen. Die Strategie ist die Grundlage der Struktur und Prozesse, die das organisationale Verhalten in eine bestimmte Richtung lenken sollen. Unternehmen können dabei als offene Systeme angesehen werden, deren Output gewünschte und unerwünschte Konsequenzen erzeugt, die von den betroffenen Stakeholdern unterschiedlich wahrgenommen werden und entsprechend an das Unternehmen in Form von Input wieder zurückgemeldet werden. Die gelebte Kultur des Unternehmens prägt mit, inwieweit das eingehende Feedback wahrgenommen oder unterdrückt wird. Sie wirkt wie ein Input- oder Outputfilter. Je offener ein Unternehmen die Reaktionen der Umwelt wahrnimmt, desto verantwortungsbewusster gestaltet es seine Aktivitäten. Die SCR-Checkliste hilft Führungskräften, ihre Entscheidungen gemäß den unterschiedlichen Dimensionen der nachhaltigen Verantwortung (*Sustainable Corporate Responsibility* – SCR) besser einzuschätzen und mit anderen Optionen zu vergleichen.

Im nächsten Teil sollen nun aktuelle Herausforderungen der Ethik untersucht werden, und zwar wieder anhand der Struktur der Verantwortung: Zunächst sollen die Konsequenzen des Handelns auch für künftige Generationen bedacht werden. Sodann soll die Beschränkung der Pflichtenethik auf den Menschen zugunsten aller Lebewesen aufgehoben werden. In einem dritten Schritt sollen die Tiefendimensionen der menschlichen Psyche miteinbezogen werden.

Komplementäre Zusammenschau Teil II

In Teil I wurde gezeigt, dass die Unternehmensverantwortung mehrere Dimensionen berücksichtigen sollte, wenn sie nicht viele Konsequenzen des Handelns (Neben-, Rück- und Fernwirkungen) sowie anspruchsberechtigte Instanzen (Stakeholder) ignorieren will. Die Reduktion der Unternehmensverantwortung auf die Sicherstellung der Profitabilität, wie sie vornehmlich in den 90er-Jahren des vorigen Jahrhunderts mit der Shareholder-Value-Ideologie gefordert und gefördert wurde, hat sicher zu Beginn des 21. Jahrhunderts einen wesentlichen Teil zu der noch heute anhaltenden Weltwirtschaftskrise beigetragen. Die Forderung, drei Dimensionen der ökonomischen, sozialen und ökologischen Verantwortung mit möglichst großer Reichweite und langfristiger Nachhaltigkeit wahrzunehmen, bedeutet für die Träger der Verantwortung keinen Zielkonflikt (Trade-Off). Denn nur solche Gewinne können als fair angesehen werden, die in allen Dimensionen aus fairen Tauschverhältnissen resultieren. Ansonsten basieren die Gewinne eher auf Räubereien als auf fairem Tausch.

Am Ende von Teil II gibt die SCR-Checkliste Hinweise darauf, was zur Vermeidung solcher Trade-Offs beachtet werden muss. Darüber hinaus können die vorhandenen Ungleichgewichte mit Hilfe der SCR-Clock grafisch sichtbar gemacht werden.

Im Rahmen dieses Buchs über Unternehmensethik beleuchteten wir in Teil II vor allem die soziale, ethische Dimension der Unternehmensverantwortung. Deren Ziel ist das gute Auskommen mit allen Stakeholdern. Der Weg dahin wurde mithilfe der drei klassischen Ansätze der Ethik eingeschlagen:

- der utilitaristischen Güterethik, deren Ziel die Sicherstellung nützlicher Güter wenigstens für eine Mehrheit aller Betroffenen ist,

- der deontologischen Pflichtenethik, deren Ziel die Beachtung von allseits anerkannten Sollensforderungen ist, und schließlich

- der situativen Tugendethik, deren Ziel die Stärkung des menschlichen Charakters in Richtung Befähigung zur Ethik ist.

Die hier vorgestellte ethische Unternehmensverantwortung macht deutlich, dass die verschiedenen Ethikansätze sich nicht wie Alternativen ausschließen, sondern im Gegenteil sogar notwendig ergänzen. Zwar geht es ihnen allen um das gute Miteinanderauskommen. Jedoch verwirklichen sie dies auf unterschiedliche Weise. Der eine untersucht die *Folgen* des Handelns im Hinblick auf seine Nützlichkeit (Utility). Der andere prüft, ob das Handeln mit den Maßstäben bzw. *Instanzen* der Ethik übereinstimmt (Compliance). Der dritte arbeitet heraus, inwieweit das handelnde *Subjekt* überhaupt über den nötigen Charakter und die Befähigung zum ethischen Handeln, also über genügend Integrität verfügt (Integrity). Mit der Vernachlässigung auch nur eines Aspekts riskiert man, dass die gewählte Entscheidung zu kurz greift und der Komplexität der Neben-, Rück- und Fernwirkungen von Geschäftsaktivitäten nicht gerecht wird und dadurch das gute Auskommen mit den Stakeholdern gefährdet wird.

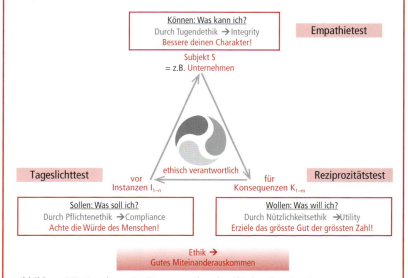

Abbildung 8.7: Komplementäre Zusammenschau der ethischen Verantwortung

Die Forderung, drei Dimensionen der ökonomischen, sozialen und ökologischen Verantwortung mit möglichst großer Reichweite und langfristiger Nachhaltigkeit wahrzunehmen, bedeutet für die Träger der Verantwortung keinen Zielkonflikt (Trade-Off). Denn nur solche Gewinne können als fair angesehen werden, die in allen Dimensionen aus fairen Tauschverhältnissen resultieren. Ansonsten basieren die Gewinne eher auf Räubereien als auf fairem Tausch. Die Maßstäbe für Tauschgerechtigkeit liefern die drei Ethikansätze.

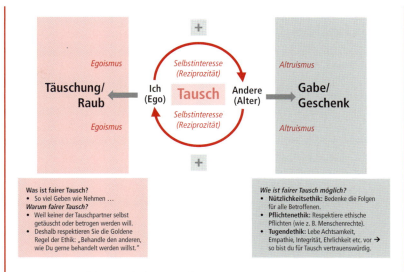

Abbildung 8.8: Ökonomie des fairen Tauschs

Am Ende von Teil II gibt die SCR-Checkliste Hinweise darauf, was zur Vermeidung solcher Trade-Offs beachtet werden muss. Darüber hinaus können die vorhandenen Ungleichgewichte mit Hilfe der SCR-Clock grafisch sichtbar gemacht werden.

Weiterführende Inhalte finden Sie auf der Website *www.pearson.de*.

Endnoten

1. Einen besonders praxisorientierten Einblick, wie man Strategien entwickelt, umsetzt und optimiert, bietet Büchler, 2014. Bezüglich der Entwicklung nachhaltig verantwortlicher Strategien siehe die Ausführungen von Schüz, 2017, auf die dieses Kapitel aufbaut.
2. Kotter/Heskett, 1992, S. 44 ff, 143.
3. Rieckmann, 2000, S. 70. Heijo Rieckmann unterscheidet noch das Qualitäts- und Verantwortungsfeedack. Ersteres reagiert auf Reklamationen bezüglich der Qualität der Produkte und Dienstleistungen technisch mit Verbesserungen der Qualität. Letzteres reagiert verantwortlich bezüglich Reklamationen aus der sozialen und ökologischen Umwelt.
4. Kotter/Heskett, 1992, S. 44; vgl. 51.
5. Kotter/Heskett untersuchten systematisch Unternehmensentwicklungen in Abhängigkeit davon, ob sie mehr „adaptive" oder „non-adaptive" waren (1992, S. 51).
6. Tepco, 2010.
7. Büchler, 2014, S. 117 nach Ansoff, 1988, S. 109.
8. Vgl. Johnson et al., 2005, S. 340, 354 ff, 359.
9. Vgl. Büchler, 2014, S. 47 ff.
10. Redaktion, Kogure, 2012.
11. Die Wertschöpfungskette wurde detaillierter von Michael Porter dargestellt (1985, S. 36–47).
12. Vgl. Porter/Kramer, 2006, S. 85.
13. Büchler, 2014, S. 79 ff. Die Grundidee der SWOT-Analyse scheint aus dem Militärbereich und fernöstlichen Kampfsport erwachsen zu sein. Hier gilt es, die Bedrohung eines Gegners in einen Vorteil zu verwandeln. (Yoffie/Kwak, 2001)
14. Weihrich, 1982.
15. Vgl. Rieckmann, 2000, S. 70.
16. „Tausende [nämlich 7000] mutmaßliche Rechtsverstöße gehören zu den gravierendsten Altlasten für den neuen Deutschen-Bank-Chef", so ein Bericht zum Antritt des neuen CEO der Bank, John Cryan (mbo/DJ, 2015). Vgl. Reuters, 2017.
17. Vgl. Collins, 2012, S. 189.
18. Nach dem Vorbild von Fisher/Lovell, 2009, S. 139 f.
19. Der hier geschilderte Fall der Lurch AG ist fiktiv. Die Problematik mit gesundheitsschädlichem Schuhspray hat allerdings einen realen Hintergrund. Die traditionsreiche Mainzer Firma Werner & Mertz wurde wegen ihres Schuhsprays aus ihrem Sortiment Erdal-Rex mehr als zehn Jahre zivil- und strafrechtlich verfolgt. 224 Verbraucher klagten nach Gebrauch des Sprays in geschlossenen Räumen über schwerwiegende Gesundheitsstörungen wie Erstickungsanfälle und Kreislaufstörungen. Schließlich wurden einige Top-Manager der Firma wegen fahrlässiger Körperverletzung zu hohen Geldstrafen und sogar Freiheitsstrafen verurteilt. Das berühmte Erdal-Urteil des Bundesgerichtshofes von 1990 gilt als wegweisend für die Produzentenhaftung, denn erstmals wurde eine Firma nicht nur zivilrechtlich zu hohen Schadenersatzzahlungen, sondern sogar deren Repräsentanten auch strafrechtlich belangt. (NN, 1988, Reicherzer, 1990). Nachdem sie ihre Schuhsprays aus dem Sortiment genommen hatte, entwickelte und vermarktete die Firma bereits in den 80er-Jahren des vorigen Jahrhunderts ihr umweltfreundliches Reinigungsmittelsortiment „Grüner Frosch", das auch heute noch eine Vorreiterrolle einnimmt und als wegweisend für umweltfreundliche Produkte gilt.

TEIL III

Neuere Ethikansätze in Unternehmen

Einführung Teil III

Grenzen der traditionellen Ethikansätze

Die in Teil II behandelten traditionellen Ethikansätze haben uns hilfreiche Tools an die Hand gegeben, um ethische Probleme zu lösen. In der heutigen Zeit tauchen jedoch Probleme auf, die mit den traditionellen Ansätzen nicht mehr allein gelöst werden können. Denn der wissenschaftlich-technische Fortschritt hat der Menschheit neuartige Machtmittel an die Hand gegeben, die das gute Miteinanderauskommen fundamental bedrohen. Die traditionellen Ethikansätze liefern hierfür keine oder nur schwache Lösungsansätze, weil sie zu ihrer Entstehungszeit die anstehenden Weltprobleme noch nicht kannten und deshalb auch gar nicht in den Blick nehmen konnten.

Anthropogene Risiken bedrohen die Zukunft des Erdsystems

Neben der aktuellen Corona-Pandemie gehört derzeit der Klimawandel zu den in der Öffentlichkeit wohl am meisten diskutierten Weltproblemen. Er dürfte menschengemacht, also *anthropogen* sein und damit auch in den Verantwortungsbereich der Menschheit fallen. Daneben gibt es gemäß aktueller Forschung allerdings noch weitere Risiken, die das System der Erde zum Kippen und damit auch unser Wirtschaftssystem zum Einsturz bringen können. Dabei bewahrheitet sich die alte Weisheit bzw. das zweite Newton-Gesetz, dass jede Handlung eine Gegenreaktion (*actio = reactio*) verursacht.

Riskante Eingriffe des Menschen

Johan Rockström, Leiter des Potsdam-Instituts für Klimafolgenforschung, verweist auf insgesamt neun anthropogene Risiken, die nach wissenschaftlichen Analysen vor allem auf Grund schwer vorhersehbaren Wechselwirkungen zum Systemcrash der Erde führen können:

1. Überdüngung

2. Verlust der Artenvielfalt

3. Veränderte Landnutzung

4. Klimawandel

5. Ozeanversauerung

6. Ozonloch

7. Süßwasserverbrauch

8. Aerosolbelastung der Atmosphäre

9. Einbringen neuartiger Substanzen und Lebensformen (wie Kunststoffe, Chemikalien und genetisch veränderte Organismen).[1]

Per Dominoeffekt in die Heißzeit

All diese anthropogenen Faktoren tragen zum massiven Ungleichgewicht unseres planetaren Ökosystems mit seiner Artenvielfalt bei. Insbesondere das Absterben der tropischen Korallenriffe und der Nadelwälder im Norden, das beschleunigte Abschmelzen der Polkappen oder das Stocken des Golfstromes und des indischen Monsums verstärken sich wechselseitig – ein „Dominoeffekt", der unser Weltklimasystem von der gemäßigten Zwischeneiszeit zum Kippen bringen und direkt in die „Heißzeit" katapultieren kann.[2]

Die Balance aus Geben und Nehmen ist massiv gestört. Der drohende Zusammenbruch des Erdsystems stellt auch das künftige Überleben der Menschheit in Frage. Um im Bild des fairen Tausches zu bleiben: Die menschlichen Aktivitäten haben der Natur viel mehr entnommen als zurückgegeben. Gemäß dem sogenannten „*Country Overshoot Day*" hat z. B. Deutschland bereits vom 1. Januar bis zum 5. Mai 2021 pro EinwohnerIn so viel Natur verbraucht, wie sich der Planet pro Person im ganzen Jahr erneuert., d. h. wenn alle Menschen so leben würden wie die Deutschen, hätten sie jährlich die Ressourcen von ca. 2.9 Erden verbraucht, wenn alle wie die Einwohner der USA sogar 5 Erden.[3]

Anhand der folgenden Grafik erkennt man, welche anthropogenen Risiken besonders schwerwiegend das Gleichgewicht der Lebensformen im Erdsystem stören. Beispielsweise bedeutet nach dieser wissenschaftlich fundierten Darstellung der von der Menschheit ausgelöste Klimawandel ein besonders riskanter Eingriff in die Artenvielfalt unseres Ökosystems.

Mehrfache Übernutzung natürlicher Ressourcen

(Zer-)Störung des Biosphären-Gleichgewichtes

Abbildung: Gestörte Balance des Ökosystems Erde durch anthropogene Risiken
Quelle: vgl. Steffen et al., 2015, Supplementary Materials, S. 23.

Kleines Zeitfenster zur
Bewältigung der
Weltprobleme

Es ist kaum noch zu leugnen, dass das wissenschaftlich-technische Zeitalter im Verbund mit der Industrialisierung die zerstörerischen anthropogenen Risiken überhaupt erst ermöglicht haben. Nun schlägt die Natur zurück: Sie bedroht im Gegenzug das Überleben der Verursacher. Es ist daher not-wendig, also die Not wendend, dass die Menschheit die selbstverschuldeten Probleme auch wieder selbst zu lösen versucht. Viel Zeit bleibt dafür nicht. Denn, wie Rockström, warnt: „Dieses Jahrzehnt bietet die letzte Gelegenheit, das Ruder herumzureißen".[4]

Weltuntergangsuhr
zeigt 100 Sekunden
vor Zwölf an

Ähnliches bestätigt auch die Weltuntergangsuhr (*„Doomsday Clock"*): Es ist 2021 nicht mehr fünf Minuten vor Zwölf, sondern nur noch 100 Sekunden bis zum Ende unserer gegenwärtigen Zivilisation. So kurz vor Untergang unserer Welt stand der Zeiger noch nie, so die Aussage der Wissenschaftler, die die Uhr seit Jahrzehnten gemäß neuesten Daten immer wieder nachjustieren. Ihre Untersuchungen beziehen nicht nur anthropogene Bedrohungen der Ökosphäre ein, sondern auch weltpolitische Krisen, wie sie unter anderem durch nukleare Hochrüstung befeuert werden. Aktuell sehen sie auch in der COVID-19-Pandemie einen Weckruf für international konzertiertes Krisenmanagement.[5]

Graswurzel-
bewegungen

Angesichts dieser existenziellen Bedrohungen des Überlebens der Menschheit haben sich verschiedene sogenannte Graswurzelbewegungen (englisch: *grassroots movements*) zum Kampf gegen Klimawandel und Artensterben etabliert. Aus der normalen Bevölkerung heraus misstrauen sie der offiziellen Politik und Wirtschaft, mit echter Anstrengung die Probleme anzugehen. Neben *Fridays for Future (FFF)* ging 2018 von England die *Extinction Rebellion* (abgekürzt: *XR*) aus – eine Rebellion, die gegen das Aussterben von Lebensformen durch den Klimawandel protestiert, bereits in 67 Ländern vertreten ist und mit Massenprotesten von sich reden macht.[6]

Nicht zu ignorierende
Anspruchsgruppen

Man kann dazu stehen, wie man will, aus der Sicht von Unternehmen sollte man sie als wichtige Stakeholder-Gruppierung nicht ignorieren. Denn sie nimmt Einfluss auf künftige Politik, die Massenbewegungen nicht ignorieren kann, weil sie Wählerstimmen beeinflussen. Zudem sollten Unternehmen schon aus Gründen des Selbsterhalts die anthropogenen Risiken in ihre Entscheidungen mit einbeziehen. Denn sie bedrohen mit dem Erdsystem auch unser Wirtschaftssystem.

Teil III stellt daher drei Ethikansätze vor, die die Herausforderungen der heutigen Zeit in den Blick nehmen und die Grenzen der traditionellen Ansätze überschreiten:

Grenzüberschreitende Ethik-Ansätze

1. Die *Nützlichkeitsethik* lässt in ihren Überlegungen die zum Teil irreversiblen Risiken eines Handelns für künftige Generationen außer Acht, indem sie nur Nutzen und Schaden für Stakeholder in der *Gegenwart* beleuchtet. Sie muss daher durch eine *Zukunftsethik* erweitert werden.

2. Die *Pflichtenethik* formuliert *anthropozentrische* Pflichten zum guten Miteinanderauskommen primär zum Schutze für Menschen und klammert alle anderen Lebensformen aus. Sie sollte daher zu einer *biozentrischen Ethik* ausgebaut werden, um die bereits massiven Verluste der Artenvielfalt zu stoppen.

3. Die *Tugendethik* trägt zur Bewältigung von lasterhaftem Verhalten bei, soweit dies den Akteuren überhaupt bewusst ist. Sie ignoriert aber die Kräfte des Unbewussten, die beispielsweise die Verantwortlichkeit für die mit-geschaffenen Weltprobleme auf andere projizieren. Dieses typische Phänomen der menschlichen Psyche wird von der *Tiefenethik* in den Blick genommen.

Auch bei diesen neuen Ethikansätzen gilt, dass sie nicht getrennt nebeneinander herlaufen, sondern sich wechselseitig ergänzen.

Endnoten

1   Rockström, 2021, S. 106 unter Bezugnahme auf Steffen et al., 2015,
2   Ebd. S. 104.
3   Overshootday, 2021. Global werden derzeit jährlich die Ressourcen von 1,7 Erden verbraucht.
4   Rockström, 2021, S. 102.
5   Mecklin, 2021.
6   Vgl. Buchsteiner, 2019.

Intergenerative Ethik – Berücksichtigung künftiger Generationen

9

ÜBERBLICK

Lernziele

Der Leser

■ sieht die Notwendigkeit einer nachhaltigen, sprich: intergenerativen Ethik ein,

■ kennt die Schwierigkeiten, die Konsequenzen seines Handelns auch gegenüber zukünftigen Generationen zu verantworten,

■ weiß, wie die Bedürfnisse künftiger Generationen schon heute berücksichtigt werden können,

■ kennt einige Regeln für die Gewinnung der Solidarität von Mitstreitern

■ gewinnt mit den Nachhaltigen Entwicklungszielen der Vereinten Nationen (SDGs) eine Orientierung für zukunftfähiges Handeln.

Ethische Verantwortung für künftige Generationen

Bislang konnte unser Erdsystem die anthropogenen Weltprobleme gut verkraften. Das Überleben der Menschheit schien sichergestellt zu sein. Wissenschaftler haben nun aber unzählige Beweise dafür geliefert, dass bereits in naher Zukunft das Systemgleichgewicht der Erde deswegen zusammenbrechen könnte. Künftige Generation werden dann kaum noch ähnliche Lebensbedingungen vorfinden wie wir heute. Ihre Zukunft dürfte ohne wesentliche Änderungen unserer heutigen Lebensweise schwerlich gesichert sein.

Um die Lebensfähigkeit künftiger Generationen sicherzustellen, trägt die gesamte heutige Menschheit eine ethische Verantwortung. Eine zwischen den Generationen wirksame, sprich: *intergenerative Ethik* liefert hierzu einige Ideen, die in diesem Kapitel umrissen und begründet werden.

9.1 Klimaschutz – ein Beispiel für Zukunftsethik

9.1.1 Ergebnis von COP21, der Klimakonferenz von Paris

Beteiligung von 195 Staaten

Am 12.12.2015 haben in Paris 195 Staaten einen völkerrechtlich verbindlichen Beschluss zur globalen Energiewende gefasst. Er soll den von der Menschheit selbst verschuldeten Prozess der Erderwärmung abbremsen. In kaum erwartbarer Einmütigkeit haben auf der COP21, der 21. „Conference of the Parties", auch Staaten zugestimmt, die erhebliche Nachteile davon zu erwarten haben, wie z. B. die erdölexportierenden Länder oder das auf Kohleverbrennung fokussierte Indien. Die Weltgemeinschaft hat zum Klimaschutz das Ende von Kohle, Öl und Gas bis Mitte des 21. Jahrhunderts beschlossen und das Ende aller Treibhausgase von 2060–80 an. Zugleich wurde ein Solidaritätspaket mit jährlichen Zahlungen über 100 Milliarden US-Dollar von 2020–25 zur Klimafinanzierung für ärmere Länder zugesichert. Was das Abkommen, das am 22. April 2016 in New York von den Staatschefs unterzeichnet und damit endgültig abgesegnet werden sollte, so einmalig macht, ist seine Langfristigkeit und die Solidarität fast aller Länder dieser Erde. Es ist das Resultat einer neuen ethischen Verantwortung, die die negativen Folgen heutigen Handelns auf zukünftige Generationen nicht nur reflektiert, sondern auch mit großem Aufwand zu korrigieren versucht.[1]

Der Pariser Konferenz waren zahlreiche andere vorausgegangen. Den Startschuss gab die Konferenz der Vereinten Nationen über Umwelt und Entwicklung („United Nations Conference on Environment und Development, UCED"), auch als „Erdgipfel" oder „Rio-Konferenz" bezeichnet. Sie fand vom 3. bis 14. Juni 1992 in Rio de Janeiro statt. Anschließend wurde die „Kommission für Nachhaltige Entwicklung" (Commission on Sustainable Development, CSD) gegründet, innerhalb derer sich auch das „World Business Council for Sustainable Development, WBCSD" gebildet hat. Dieses wird von Unternehmensvorständen geführt und versteht sich als Vermittler einer Nachhaltigkeitsphilosophie, der zufolge wirtschaftliches Handeln „im Einklang mit den begrenzten Ressourcen der Erde" steht und zugleich ein „gutes Leben" für alle auch in ferner Zukunft ermöglichen soll. In seiner „Vision 2050" sollen dabei „Bildung, Gesundheit, Mobilität, grundlegende Güter wie Nahrung, Wasser, Energie und Wohnraum sowie Konsumgüter für alle zugänglich und leistbar" sein.[2] Seither haben sich zwar immer mehr Wirtschaftsunternehmen verpflichtet, zur Umsetzung dieser Ideen beizutragen, doch im Hinblick auf den Klimaschutz wurde nur wenig erreicht. Von 1990 bis 2012 hatte sich der Ausstoß von Treibhausgasen um 55 % auf 35 Milliarden Tonnen gesteigert. Und dies, obwohl das Kyoto-Protokoll, das auf der COP3 im Dezember 1997 in Japan beschlossen wurde und 2005 in Kraft trat, für diesen Zeitraum eine Reduktion von 5 % vorsah. Grund war, dass die größten Treibhausemittenten, die USA, Indien und China, das Protokoll nicht unterzeichnet hatten – zum Schutz ihrer Industrien.[3]

Historischer Rückblick

Zusammenfassung der wichtigsten Ergebnisse von Paris

1. Drei langfristige Ziele:

- Begrenzung der Erwärmung auf deutlich unter 2 °C und Anstrengungen, um eine Begrenzung auf 1,5 °C zu erreichen.
- Erhöhung der Fähigkeit zur Anpassung an den Klimawandel (Resilienz).
- Umlenken aller Finanzströme, um sie mit diesen Klimazielen kompatibel zu machen.

2. Gemeinsames Emissionsziel:

- Globales Ziel von Netto-Null-Treibhausgasemissionen in der zweiten Hälfte des Jahrhunderts, was auch eine globale Dekarbonisierung bis Mitte des Jahrhunderts bedeutet.

3. Nationale Klimaziele:

– Verbindliche Verpflichtung aller Staaten, ihre Ziele einzureichen und Maßnahmen zu ergreifen, um die Ziele zu erreichen.

– Nachschärfungsrunden alle fünf Jahre, beginnend 2018.

4. Kapazitätsaufbau:

– Neuer Mechanismus zum Aufbau von Kapazitäten in Entwicklungsländern.

5. Finanzierung:

– Fortsetzung der Klimafinanzierung durch Industrieländer mit 100 Milliarden US-Dollar jährlich von 2020–25 plus freiwilliger Ergänzung durch Schwellenländer. Danach Festlegung eines neuen, weitergehenden Ziels unter Berücksichtigung des Beitrags der Schwellenländer.

– Regelmäßige Finanzierungsberichte und -zusagen der Geber alle zwei Jahre.

6. Klimawandelbedingte Schäden und Verluste:

– Anerkennung als eigenes Thema.

7. Berichte

– Verbessertes einheitliches Berichtswesen.[4]

Was hat dazu geführt, dass in Paris nun anscheinend ein Durchbruch im Klimaschutz erreicht wurde? Wieso haben sich – anders als in Kyoto und auf den vielen nachfolgenden Konferenzen – diesmal fast alle Staaten dieser Welt trotz ihrer unterschiedlichsten Interessen einigen können? Wie kommt es, dass offenbar neben staatlichen Institutionen und NGOs auch die Wirtschaft hinter den Beschlüssen steht?

9.1.2 Das Versprechen von COP21

Unmittelbar nach der Konferenz wurde „Das Versprechen" (The Pledge) ins Leben gerufen. Jede Organisation, die die Beschlüsse von COP21 aktiv mittragen will, kann sich hier eintragen. Inzwischen (Mitte Januar 2016) haben mehr als 1.000 Organisationen das Versprechen gegeben:

„As cities, regions, businesses, investors, civil society groups, trade unions and other signatories, coming from every sector of society and every corner of the world, we realize that dangerous climate change threatens our ability and the ability of future generations to live and thrive in a peaceful and prosperous world. We also realize that taking strong action to reduce emissions can not only reduce the risks of climate change but also deliver better growth and sustainable development.

As a result, we the undersigned, affirm our strong commitment to a safe and stable climate in which temperature rise is limited to under 2 degrees Celsius.

In support of this, we welcome the adoption of a new, universal climate agreement at COP21 in Paris, which is a critical step on the path to solving climate change. We pledge our support to ensuring that the level of ambition set by the agreement is met or exceeded.

We will do this by taking concrete steps now, and without waiting for the entry into force of the agreement in 2020, both individually and cooperatively, to reduce greenhouse gas emissions to a safe level and build resilience against those changes already occurring.

We will look back at this moment as our turning point, when the transition to a low-emission and climate resilient economy became inevitable, irreversible and irresistible. We must, we can and, together, we will solve climate change."[5]

Bereits zwei Tage nach Unterzeichnung am 14. Dezember 2015 haben allein aus Deutschland 34 Großunternehmen ihre Unterstützung bei der Umsetzung des Abkommens in einer gemeinsamen Erklärung zugesichert: „Unsere Unternehmen übernehmen Verantwortung. Wir werden unseren Beitrag dazu leisten, den globalen Temperaturanstieg auf weniger als 2 °C zu begrenzen. Wir verpflichten uns, die beginnende globale Trendwende als Vorreiter voranzubringen."[6]

Paris macht die Klimawende unabkehrbar

Unterstützt durch:				
	Stiftung|2	B.A.U.M.	GERMANWATCH	
Unterzeichnet von:				
50herz	Adidas Group	AIDA	Aldi Süd	ALLNATURA
BAUFRITZ	Commerzbank	DAIKIN	Dussmann Group	ebm pabst
elobau	EnBw	entega	EWE	FUCHS
Gegenbauer	Lebensbaum	LR Facility Services	METRO GROUP	MVV Energie
otto Group	puma	REWE	Ritter Sport	ROCKWOOL
SCHÜCO	Schwäbisch-Hall Stiftung	Stabilo	Stadtwerke München	SWM
swt Stadtwerke Tübingen	Trianel	Unilever	VAUDE	VELUX

Tabelle 9.1: Erste Organisationen mit Bekenntnis (englisch: pledge) zum Klimaabkommen in Paris

9.1.3 Enttäuschte Hoffnung?

Ergebnisse weiterer Klimaschutz- konferenzen

Bisher fanden nach COP 21 noch drei weitere Konferenzen statt (2016: COP 22 in Marrakesch; 2017: COP 23 in Fidschi/Bonn; 2018: COP 24 in Kattowitz; 2019: COP 25 in Madrid). Auf ihnen wurden mehr oder weniger gute Fortschritte in der Verständigung zur Umsetzung konkreter Klimaschutzmaßnahmen gemacht. Hervorzuheben ist die Etablierung des sogenannten *Talanoa*-Dialogs während COP24. *Talanoa*, ein Begriff aus der fidschianischen Sprache, bedeutet „Austausch mit allen Beteiligten", gemeint ist die Zusammenarbeit von Wissenschaft, Wirtschaft und Zivilgesellschaft mit dem Ziel, die Vertragsstaaten dazu zu motivieren, noch ehrgeiziger die Klimaschutzlücke zu schließen.[7] In Kattowitz wurde auch ein mehr als hundertseitiger Regelkatalog verabschiedet, dem zufolge die Staatengemeinschaft die Umsetzung der Vorgaben aus dem Pariser Klimaschutzabkommen konkretisieren und transparenter gestalten muss. Insbesondere die Vergleichbarkeit der Anstrengungen z. B. mit normierten Messmethoden soll dadurch gewährleistet werden.[8]

Schockierende Kündigung des Klimavertrags durch die USA

All diese Bemühungen wurden jedoch überschattet von der Kündigung des Klimavertrags von COP21 durch den vorigen US-Präsidenten Donald Trump, der jedoch die Mitgliedschaft bei den Uno-Klimaverhandlungen selbst nicht aufgab. Seine Begründung war, der Vertrag beschere den US-Bürgern Steuererhöhungen, treibe die Energiekosten nach oben, führe zu Wettbewerbsnachteilen und überlasse ausländischen Bürokraten die Kontrolle über die Energiepolitik der USA. Die Trump-Administration verschwieg jedoch, dass die USA sich mit dieser Entscheidung selbst jeglicher Einflussnahme auf die Energiepolitik aller anderen Staaten beraubte.[9] Obwohl der Ausstieg erst 2020 rechtsgültig geworden wäre und inzwischen durch den neuen US-Präsidenten Joe Biden wieder rückgängig gemacht worden ist, warf er doch einen Schatten auf die bisherigen Ergebnisse der Klimakonferenzen. Denn er machte die Abhängigkeit und damit Erpressbarkeit der meisten Länder von der verbindlichen Einhaltung weniger Großmächte bewusst. Ohne Beteiligung der weltweit größten Emittenten von Treibhausgasen sind die weltweiten Bemühungen nutzlos.

9.1.4 Einsichten für eine Zukunftsethik

Neue Verhandlungs- strategie

Die differenzierte Analyse der geschichtsträchtigen Klimakonferenz von Paris durch Axel Bojanowski und vier weitere Journalisten vermittelt wichtige Einsichten, die auch für eine Zukunftsethik verallgemeinerbar sind. Wie es scheint, hat eine neue Verhandlungsstrategie der UN-Klimadiplomaten zum Erfolg von COP21 geführt. Bis zuletzt war er fraglich. Welche Methoden wurden angewandt, um das gute Auskommen aller Teilnehmer miteinander und zugleich eine erfolgreiche, nützliche Einigung zu erzielen?

Stakeholder identifizieren

Ein erster Schritt war wohl, die unterschiedlichen Interessen und Positionen, also die verschiedenen *Allianzen* zu identifizieren. Demnach konnten die Länder in acht Gruppen aufgeteilt werden: Die „Allianz der kleinen Inselstaaten *(AOSIS)*", die hohen Einsatz für den Klimaschutz gefordert haben, aber als gering entwickelt gelten; die *EU* mit dem gleichen Ziel; die „Umbrella Group", Industrienationen mit hohem Schadstoffausstoß, bislang der größte Bremsklotz der Verhandlungen; die „Gleichgesinnten Entwicklungsländer *(LMDC)*", ebenfalls für geringen Klimaschutz; die „Lateinamerikanischen und karibischen Staaten *(AILAC)*", die sich als „Brücke zwischen dem reichen Norden und dem armen Süden" verstehen; die „G77", die ehemals 77, heute 134 Entwicklungsländer, die früher als „Dritte Welt" bezeichnet wurden, sowie die „Geringstentwickelten Länder *(LDC)*" und die „Environment Integrity Group *(EIG)*" mit so unterschiedlichen Staaten wie Mexiko, Liechtenstein, Monaco, Südkorea und der Schweiz, die offenbar nirgendwo sonst dazugehören" wollten.[10]

Zweitens wurden die *Interessenlagen* ausgelotet. Die Positionen einzelner Gruppen waren zum Teil diametral entgegengesetzt. Die EU wollte z. B. „keine Kompensationszahlungen", „keinen kostenlosen Transfer von Klimatechnologie", überhaupt „keine Geldgeschenke für willige Länder" verteilen. Umgekehrt kämpften die Entwicklungsländer für eine „finanzielle Kompensation für Klimaschäden", „Überlassung von Technologiepatenten für den Umstieg auf erneuerbare Energien" und „erhebliche finanzielle Zuwendungen".

Interessenlagen ausloten

Drittens wurden *vertrauensbildende* Maßnahmen eingeleitet. Viele der konträren Positionen konnten vor allem durch Überzeugungsarbeit in kleineren Gruppen zwischen den Verhandlungen, informell auf Spaziergängen oder in Kantinen und Kaffeerunden aufgeweicht werden, wodurch wohl vor allem Verständnis für die Positionen der anderen geweckt und Vertrauen zwischen den Parteien gebildet werden konnte.

Vertrauen auch informell bilden

Viertens hat man gute *Umgangsformen* etabliert. In zahlreichen Vorverhandlungen wurde jeder Satz, jedes Wort und jeder Buchstabe der Vertragsentwürfe auseinandergenommen, infrage gestellt, schließlich akzeptiert oder wieder verworfen. Jeder der Delegierten argumentierte mit größtmöglicher Freundlichkeit entsprechend der geforderten Verhandlungsetikette. Jeder Beitrag wurde mit höflichen Begrüßungs- und Dankesworten eingeleitet etwa im Stil des Vertreters des Inselstaats Tuvalu:

Respektvoll miteinander umgehen

> *„Sehr geehrte Kovorsitzende, liebe Kollegen, die Allianz der Kleinen Inselstaaten möchte sich zunächst bei den Kovorsitzenden bedanken für ihre fantastische Arbeit in den vergangenen Tagen. Ich schließe mich darüber hinaus dem Votum meines Vorredners an, des Gentleman aus Äthiopien, der für die Gruppe der G 77 sprach, und möchte Folgendes hinzufügen ..."*[11]

Fünftens wurden alle Teilnehmer als *gleichberechtigt* angesehen. Geduldig wurden Verfahrensfragen debattiert, die kulturellen Eigenheiten und persönliche Bedürfnisse der Delegierten respektiert. Vor allem aber wurde die seit Kyoto üblich gewordene Bevormundung der Staaten abgebaut. Auf der Klimakonferenz in Lima kam man wohl zur Einsicht, einer „demokratischeren Logik" folgen zu sollen: Anstatt wie in Kyoto vereinbarte Emissionsziele von oben *(top down)* zu verordnen, wurden sie von den Ländern selbst eingebracht. Auch wenn die Vorschläge der einzel-

Gleichberechtigung und Autonomie leben

nen Länder teilweise um Monate verspätet eintrafen, gingen vier Wochen vor der Konferenz Absichtserklärungen (INDC = *Intended Nationally Determined Contributions*) von 156 Ländern ein. Mit deren Realisierung könnte erstmals der bisherige 4-Grad-Temparaturanstiegskurs der Weltgemeinschaft auf 2,7 Grad reduziert werden.[12] Tatsächlich wurde während der Konferenz sogar das 2-Grad-Ziel unterboten. Der eingeschlagene Kurs der Anerkennung der Autonomie aller Länder hat somit erheblich zu dem wichtigen Verhandlungserfolg beigetragen – dem nun ein Erfolg in Bezug auf die Realisierung der vereinbarten Ziele folgen muss.

Mitstreiter gewinnen – Beispiel Versicherungswirtschaft

Sechstens wurden *Mitstreiter* außerhalb der Politik – NGOs und Wirtschaftsunternehmen – gewonnen. Nach Auffassung der Journalisten hätte kurz vor Beginn der Konferenz eine Nachricht des *Allianz-Konzerns* die Entwicklung positiv verstärkt. Dieser erklärte, in Zukunft keine Kohlegeschäfte mehr zu finanzieren, auch nicht mehr in Firmen zu investieren, die „mehr als 30 Prozent ihrer Energie aus Kohle gewinnen". Überhaupt spiele die Versicherungswirtschaft eine immer größere Rolle im Kampf für den Klimaschutz. Die *Münchener Rück*, die ebenfalls mit der Allianz, *Swiss Re*, *Zurich-Group* und anderen „*Das Versprechen*" („*The Pledge*") zur Einhaltung des Paris-Abkommens gegeben hat, bietet bereits Versicherungslösungen für Dürrefolgen in Afrika an. Diese Gruppe von Versicherern hat bereits die CO_2-Neutralität erreicht und strebt noch „weitere ambitionierte Ziele für unseren Umgang mit der Umwelt" an:

> *Die Münchener Rück sieht sich als „Teil einer fortschrittlichen, weltweiten Bewegung von Organisationen, die vereint im Bemühen der Regierungen dazu beitragen, den Anstieg der anthropogen verursachten globalen Erwärmung auf unter 2 Grad C zu begrenzen. Die Transformation hin zu einer emissionsarmen und klimaverträglichen Wirtschaftsweise ist unvermeidlich, unumkehrbar und unaufhaltsam. Durch gemeinsames Handeln werden wir die Herausforderungen aus dem Klimawandel meistern.*"[13]

Aus Betroffenheit handeln

Siebtens wurden frühzeitig *institutionell Betroffene* eingebunden. In diesem Zusammenhang ist erwähnenswert, dass die Versicherungswirtschaft und dort insbesondere die großen Rückversicherer wohl der erste Industriezweig war, der bereits in den 80er-Jahren des letzten Jahrhunderts vor den Folgen des Klimawandels warnte, weil er von den ersten Auswirkungen direkt betroffen war. Der Hurrican Andrew im Jahr 1992, mit dem bis dahin größten versicherten Gesamtschaden von 27 Milliarden US-Dollar, war wie ein Weckruf. Die Kumulierung von Sturmschäden zeigte immer mehr die Dringlichkeit einer genaueren Erforschung der Ursachen auf und fand diese zum großen Teil im vermehrten Ausstoß von Treibhausgasen.[14]

Die Stärksten zu Vorbildern gewinnen

Achtens wurden geduldig die *mächtigsten Parteien* dafür gewonnen, als Vorbilder zu fungieren. Dazu war jahrelange Überzeugungsarbeit auf zahllosen Konferenzen erforderlich – nach dem Motto: „Steter Tropfen höhlt den Stein!". Die Mehrheit der Länder lehnte bis kurz vor der Konferenz einen aktiven Beitrag zur Reduktion der Treibhausgase mit dem nachvollziehbaren Argument ab, dass die größten Treibhausgasprodu-zenten[15] – allen voran die USA – am wenigsten bereit seien, in Vorleis-tung zu gehen. Erst eine Reihe von Vorkonferenzen allein noch im Jahr 2015, vor allem aber der G7-Gipfel auf Schloss Elmau in Bayern – brach-ten den Durchbruch. Denn dort versprachen die Länderchefs auf Drän-gen der deutschen Kanzlerin Angela Merkel die „Dekarbonisierung", was bedeutet, dass sie „innerhalb des Jahrhunderts den weltweiten Ausstoß von Kohlendioxid auf null" zu senken gedenken. Verschiedene Delega-tionschefs der COP21 versicherten später, dass „Elmau das gesamte Spiel verändert" habe.[16]

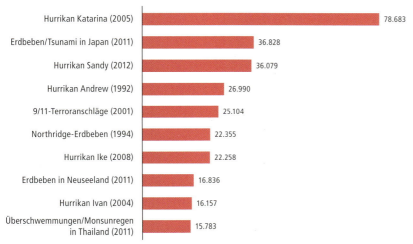

Abbildung 9.1: Die zehn größten versicherten Schäden seit 1992 in Millionen US $
Quelle: Statista, 2016, http://de.statista.com/statistik/daten/studie/152586/umfrage/schadenssummen-der-teuersten-versicherungsschaeden-seit-1970

World Econo-mic Forum	UN World Conference on Desaster Reduction	G7 Climate Insurance Conference	UN Sustain-able Energy for All Forum	G7-Summit	Climate Change Con-ference	UN Summit to adopt the post-2015 develop-ment agenda	UNFCCC's COP21
Davos 21–24 January	Sendal 16–17 March	Berlin 7 May	New York 17–22 May	Elmau 7–7 June	Bonn 1–11 June	New York 25–27 September	Paris 30 November – 11 December

Tabelle 9.2: Vorverhandlungen zu COP21 im Jahr 2015
Quelle: Autor

Neuntens wurden auf zahlreichen informellen und persönlichen Begeg-nungen der Delegierten erfolgreich *Brücken der Verständigung* zwischen den Parteien gebaut, sodass man sich dort auf halbem Wege treffen konnte.

    Zusammenfassend kann man festhalten: Mit COP21 wurde ein Meilen-stein auch in der Geschichte der Ethik erreicht: Erstmals ist es 195 Län-dern gelungen, Brücken zueinander zu bauen und sich aufeinander zuzu-bewegen. Damit wurde auf großer Bühne ein Beleg dafür erbracht, dass die

Brücken zur Verständigung bauen

Fazit

Menschheit globale Verantwortung auch für die weitere Zukunft übernehmen und für Tauschgerechtigkeit zwischen den einzelnen Ländern sorgen kann. Das gute Auskommen mit allen Verhandlungspartnern und damit das Ergebnis wurde erfolgreich befördert. Dass dabei ethische Tugenden wie Empathie, Selbstbeherrschung und Gerechtigkeit zum Tragen kamen, die Pflicht übernommen wurde, das gute Überleben der Menschheit zu sichern sowie utilitaristisch auf der Basis eines vernunftbasierten Diskurses den Nutzen für alle zu optimieren, kann wohl kaum bestritten werden.

Diese neun Schritte kann man zusammenfassend als ein wichtiges Fundament zur Umsetzung einer Zukunftsethik ableiten. Bevor wir deren Prinzipien näher herausarbeiten können, gilt es sie philosophisch zu begründen.

9.2   Philosophische Begründung für eine intergenerative Ethik

9.2.1   Verantwortungsvoller Umgang mit irreversiblen Risiken

Anthropogene Risiken

Globale Erwärmung ist nur eines der Themen für eine Zukunftsethik. Artensterben, Regenwaldzerstörung, radioaktiver Müll, gentechnisch veränderte Organismen (GMO), versiegende Rohstoffquellen, Verschmutzung der Weltmeere, Bevölkerungswachstum, wachsende Armutsschere Nebenwirkungen Künstlicher Intelligenz (KI) oder die Folgen von kriegerischen Auseinandersetzungen sind ebenfalls anthropogene, also von Menschen verursachte Risiken. Die meisten von ihnen sind für Jahrhunderte unumkehrbar, wenn nicht gar irreversibel. Sie wirken sich noch auf viele künftige Generationen negativ aus. Moderne Wissenschaft und Technik haben die Grundlagen dafür geschaffen. Wirtschaftsunternehmen produzieren Güter, die zur Verbreitung solcher Risiken beitragen.

Verantwortung für irreversible Konsequenzen

Kann und soll die Menschheit diese selbst erzeugten Risiken überhaupt noch verantworten? Wenn ja, wie? Erinnern wir uns kurz an die Struktur der Verantwortung, die wir im Eingangskapitel dieses Buches vorgestellt haben. Handelndes Subjekt ist die Menschheit, weil sie sich ja von der natürlichen Evolution emanzipiert und die Natur kulturell nach ihren eigenen Zweckvorgaben umgebaut hat. Die Konsequenzen zeigen sich nicht nur in der Gegenwart als irreversible Schäden im Naturhaushalt, sondern wirken sich auch auf künftige Generationen aus – im Falle von Plutoniumabfällen zum Beispiel mehr als tausend Generationen! Demzufolge werden künftige Generationen als Instanz auftreten und uns auch nachträglich zur Rechenschaft ziehen.

Gutes Auskommen mit künftigen Generationen?

Wenn wir davon ausgehen, dass auch unsere eigenen Nachkommen, Enkel und Urenkel, unter den irreversiblen Schäden zu leiden haben und uns diese zum Vorwurf machen werden, dürfte den meisten[17] von uns die Frage nach einer Zukunfts- oder Nachhaltigkeitsethik, also einer Ethik, die das gute Auskommen mit zukünftigen Generationen thematisiert, nicht gleichgültig sein. Denn die Mehrheit der Menschen hat von Natur aus mit dem Bedürfnis nach Fortpflanzung auch die selbstlose Vor- und Fürsorge gegenüber dem eigenen Nachwuchs angelegt. Wer Kinder zeugt, übernimmt größtenteils auch die Verantwortung für ihre Aufzucht, die Gedeihen, Erwachsenwerden und Glück umfasst.

Der Philosoph Hans Jonas (1903–1993) hat wohl als als einer der Ersten[18] eine intergenerative Ethik (von lateinisch: *inter generationes* = zwischen den Generationen) begründet, also eine solche, die sich um ein gutes Miteinanderauskommen zwischen den Generationen sorgt. Er sieht gerade in der Verantwortung gegenüber den eigenen Nachkommen „die einzige von der Natur gelieferte Klasse völlig selbstlosen Verhaltens", den „Ursprung der Idee der Verantwortung überhaupt", ja den „Archetyp alles verantwortlichen Handelns, der zum Glück keiner Deduktion aus einem Prinzip bedarf, sondern uns … von der Natur mächtig eingepflanzt ist".[19] Ohne diesen Trieb zur Verantwortung wäre die Menschheit wahrscheinlich schon ausgestorben. Ergibt sich aus der Pflicht gegenüber den Kindern automatisch eine solche gegenüber späteren Geschlechtern? Als direkte Urheber scheinen wir nur für den eigenen Nachwuchs verantwortlich zu sein. Dies beinhaltet jedoch auch die Sorge um dessen Befähigung, selbst wiederum Kinder verantwortlich großziehen zu können und darin ein geglücktes Leben zu empfinden. Elterliche Verantwortung betrifft also nicht nur das Glück der nächsten, sondern auch das der darauffolgenden Generationen.[20]

Verantwortungstrieb für eigene Nachkommen

9.2.2 Nachhaltigkeitsdenken in der Antike

Aber nicht nur in Bezug auf die eigene Nachkommenschaft hat sich die Menschheit mit den zukünftigen Auswirkungen ihres Handelns auseinandergesetzt. Die Menschheit verstand es wohl schon seit Jahrtausenden, die Natur – etwa im Acker-, Berg- und Städtebau, bei Abholzungen und Aufforstungen, Entwässerung von Mooren, bei großen Architekturprojekten und Güterproduktionen – kulturell – umzugestalten und damit langfristig zu verplanen.

Langfristiges Planen schon in der Antike

Die negativen Folgen des Ressourcenverbrauchs machten sich dabei schon in der Antike bemerkbar, wurden aber nur selten thematisiert. So gab es bereits bei den alten Griechen Waldsterben, Verwüstungen durch Kriege, irreversible Ausbeutung von Ressourcen etwa von Edelmetallen und Holz, Brandrodungen für Landwirtschaft und Städtebau. In der Millionenstadt Rom litten die Bewohner bereits vor zweitausend Jahren an Bevölkerungsdichte, Lärm und Smog[21], betrauerten Autoren ausgestorbene Tierarten wie Löwen und Nilpferde, die für Arena-Darbietungen übermäßig eingesetzt wurden, litten im ganzen Reich Menschen an Bleivergiftungen durch Wasserleitungen.[22]

Umweltschäden in der Antike

Nur vereinzelt haben Philosophen, Dichter und Historiker diese Entwicklungen angeprangert. Der griechische Philosoph Platon beklagte schon im 4. Jh. v. Chr. die Bodenerosion in den Bergen von Attika:

Seltene ethische Reflexion langfristiger Schäden

Seneca
(1–65 n. Chr.)

„Übriggeblieben sind nun … gleichsam nur die Knochen eines erkrankten Körpers, nachdem ringsum fortgeflossen ist, was vom Boden fett und weich war."[23] Lucius Annaeus Seneca (1–65 n. Chr.), der römische Philosoph. Der römische Naturforscher Gaius Plinius (23-79 n. Chr.) betrauerte die ungehemmte Nutzung natürlicher Ressourcen: „Was für ein Ende soll die Ausbeutung der Erde in all den künftigen Jahrhunderten noch finden? Bis wohin soll unsere Habgier noch vordringen?" Und angesichts der Verstädterung im römischen Reich klagte der Philosoph Lucius Annaeus Seneca (1–65 n. Chr.): „Wie lange noch, dann gibt es keinen See mehr, in den nicht die Giebel eurer Villen schauen! Keinen Fluss, dessen Ufer nicht eure Landsitze umkränzen! Überall, wo die Meeresküste zu einer Bucht einschwingt, werdet ihr Fundamente legen zu einem weiteren Palastbau!"[24] Solche bewussten Überlegungen zu irreversiblen Folgen des menschlichen Umbaus der Natur waren in der Antike allerdings noch die Ausnahme.

Gelassener
Pessimismus

Dem stand ein „gelassener Pessimismus"[25] entgegen. Der antike Mensch fügte sich schicksalsergeben in den von Göttern oder Naturkräften geordneten Kosmos ein. Von Risikokalkül und Verantwortung im neuzeitlichen Sinne, also von langfristig ausgerichtetem Denken und Handeln war er noch weit entfernt. Gefährdungen und Schicksalsschlägen begegnete er mit religiösen Riten, um die Götter wieder günstig zu stimmen, bzw. mit tugendhaftem Lebensvollzug, um sich in die allgemeine Ordnung einzufügen.[26]

9.2.3   Kritik an der zukunftsvergessenen traditionellen Ethik

Zukunftsvergessen-
heit neuzeitlicher
Ethik

Mit der neuzeitlichen Aufklärung emanzipierte sich der Mensch von einer göttlichen Ordnung und Vorsehung. Er entdeckte, dass er die Zukunft etwa mithilfe der Wahrscheinlichkeitstheorie berechnen sowie die Chancen und Risiken seines Handelns beeinflussen kann.[27] Die utilitaristische Güterethik kalkulierte dabei die guten und schlechten Auswirkungen für alle Betroffenen gemäß ihrer Formel des „größtmöglichen Gutes der größten Zahl". Dabei bezog sie sich auf Nutzen und Schäden für die gegenwärtigen Generationen. Auch die Ethik der Neuzeit blieb mehr oder weniger zukunftsvergessen.

Gründe für nachhaltige Ethik

Hans Jonas –
Begründer einer
intergenerativen
Ethik

Erst in den 60er- und 70er-Jahren des vorigen Jahrhunderts begannen vereinzelte Autoren, die irreversiblen Folgen menschlicher Aktivitäten auf künftige Generationen näher zu beleuchten. Acht Jahre vor der Definition des Nachhaltigkeitsbegriffs durch die Brundtland-Kommission (siehe ▶ *Abschnitt 2.6*) publizierte Hans Jonas 1979 sein Buch „Das Prinzip Verantwortung", mit dem er, wie gesagt, seine intergenerative Ethik begründete.

Jonas geht davon aus, „dass die veränderte Natur menschlichen Handelns auch eine Änderung der Ethik erforderlich macht".[28] Je mehr Machtmittel die Menschheit hat, desto weiter reicht auch ihre Verantwortung. Denn gerade mit den Konsequenzen seines Tuns hat der Mensch „kausale Macht"[29], für deren Wirkungen er aber verschiedenen Instanzen gegenüber Rede und Antwort stehen muss. Wenn nun die Konsequenzen neuer Technologien wie etwa radioaktiver Müll, Artensterben, Klimawandel nicht nur räumlich, sondern auch zeitlich weit reichen, so müsse eben auch die Verantwortung für solche zukünftigen Folgen übernommen werden.

Mit den Machtmitteln wachsende Verantwortung

Nun ist aber Jonas zufolge die traditionelle Ethik gegenwartsbezogen und zugleich „anthropozentrisch", d. h. auf das Umfeld des Menschen fixiert. Sie hat es mit dem „Hier und Jetzt" zu tun. Sie bezieht sich auf den „unmittelbaren Umkreis der Handlung". Weitreichende, langdauernde Neben-, Rück- und Fernwirkungen werden mehr oder weniger außer Acht gelassen: „Der lange Lauf der Folgen war dem Zufall, dem Schicksal oder der Vorsehung anheimgestellt." Alle bisherigen Imperative, angefangen vom Gebot der Nächstenliebe über die Goldene Regel bis hin zum kategorischen Imperativ, seien auf „Zeitgenossen" bezogen. Ihr „Zukunftshorizont" war auf deren „voraussichtliche Lebensspanne" beschränkt.[30] „Niemand wurde verantwortlich gehalten für die unbeabsichtigten späteren Wirkungen seines gut-gewollten, wohl-überlegten und wohl-ausgeführten Akts."[31]

Präferenz der Gegenwart

Jonas zufolge beleuchtete bisherige Verantwortung die Konsequenzen des Handelns im Nahhorizont ohne Rücksicht auf die langfristigen Folgen, die häufig im Dunkeln bleiben. Mit den neuen Methoden der Wissenschaft, Technik und Ökonomik gewinnt menschliches Handeln derart an Macht, dass es irreversible Konsequenzen zeitigt, die die Grundlagen allen Lebens zerstören können. Ein Atomkrieg kann die Menschheit innerhalb weniger Stunden irreversibel auslöschen. Der radioaktive Abfall aus der atomaren Energietechnik kann noch Jahrtausende lang Leben und Gesundheit von Generationen gefährden. Die Gentechnik hat das Potenzial, den Menschen und andere Lebensformen irreversibel so zu verändern, dass sie sogar ihre Identität verlieren. Der anthropogene Klimawandel kann die Lebensbedingungen auf dem Planeten Erde so verschlechtern, dass der Fortbestand der Menschheit bedroht ist. Die wachsende Überbevölkerung kann zu weiterer irreversibler Vernichtung von Rohstoffreserven etwa zur Nahrungs- und Energiebeschaffung führen. Bei all diesen „apokalyptischen"[32] Konsequenzen gibt es keine Gewinner. Jeder ist Betroffener. Die irreversiblen Folgen betreffen also die ganze Menschheit, deren Existenz durch ihre eigenen Machtmittel bedroht wird.

Weitreichende Folgen für die Zukunft

Diese Szenarien unterscheiden sich von solchen, bei denen die Existenz der Menschheit durch Naturkatastrophen wie Meteoriteneinschlag, Vulkanausbrüche oder andere Katastrophen bedroht ist. Solche liegen aber nicht in der Verantwortung des Menschen. Da ist die sogenannte „höhere Gewalt" im Spiel, für die man deshalb nicht verantwortlich ist, deren gefährliche Konsequenzen man allenfalls voraussehen und eventuell durch Vorsorge mindern kann, schlimmstenfalls einfach erdulden muss.

Unterschied zu höherer Gewalt

9.2.4 Bejahung des Fortbestands der Menschheit

Sorge um künftige Generationen

Seinsollen der
Menschheit?

Die fundamentale Frage, die Jonas nun stellt, lautet: „Soll denn die Menschheit auch in Zukunft sein?" Und konsequent weitergefragt: Weshalb soll die Menschheit überhaupt überleben, wenn sie doch als das bedrohlichste Übel für die Natur angesehen werden kann? Wäre es für die Natur nicht besser, die Menschheit verabschiedet sich von der Evolution? Können wir, wie Jonas fragt, „das Glück gegenwärtiger und nächstfolgender Generationen mit dem Unglück oder der Nichtexistenz späterer Generationen" oder umgekehrt „das Glück späterer Generationen mit dem Unglück und teilweise sogar der Vertilgung gegenwärtiger" erkaufen?[33]

Diskussion   **Dezimierung der Menschheit aus ethischen Gründen?**

Dan Brown hat in seinem Roman „Inferno" die Einschränkung des Glücks gegenwärtiger Generationen zugunsten künftiger Generationen zur Diskussion gestellt. Dort hat ein genialer Wissenschaftler ein auf das menschliche Genom wirkendes Gas entwickelt, das beim Einatmen nach dem Zufallsprinzip ein Drittel der Menschheit unfruchtbar macht. Diese Reduktion sei erforderlich, um der lebensbedrohlichen Überbevölkerung Herr zu werden. Durch das Zufallsprinzip werde kein Mensch bevorzugt oder benachteiligt. Der Wissenschaftler hält sein Konzept für absolut lebensfreundlich und ethisch. Im Roman wird er dennoch von der Weltgesundheitsorganisation (WHO) gejagt und schließlich im letzten Moment gestellt. Bis fast zum Schluss lässt Dan Brown offen, wer der beiden Parteien das Gute und das Böse vertritt. Beide Seiten können gute Argumente für ihre Position verbuchen.

Die Leser sollten sich nun selbst fragen, ob sie bereit wären die zufallsbedingte, aber von Menschenhand ausgelöste Sterilisation für sich zu akzeptieren oder nicht. In meinen Seminaren herrschte fast immer die einhellige Meinung vor, dass ein solches Verfahren unethisch sei. Denn hier erhebe sich ein einzelner Mensch, es könnte auch eine Organisation sein, über andere, spiele Schicksal und beherrsche den weiteren Lebensweg von Milliarden von Menschen. Intuitiv löst also der Gedanke, dass ein anderer über das eigene Leben bestimmt, also jemanden seiner Autonomie beraubt, Widerwillen aus.

■ Wie würden Sie entscheiden? Können Sie Gründe für Ihre Entscheidung angeben? Diskutieren Sie die Problematik mit Ihren Kommilitonen.

Jonas selbst gibt zu, dass der Weiterbestand der Menschheit als ethische Forderung „letztlich nur metaphysisch" begründet werden kann. Warum räumen wir unserem Dasein sowie dem Sein im Ganzen einen Vorrang über das Nichts ein? Jonas gibt eine scheinbar logisch zirkuläre Antwort darauf: Weil das Sein sich dadurch auszeichnet, dass in ihm ein „Anspruch" auf sich selbst angelegt ist. Das Sein ist nicht einfach nur da, sondern es beansprucht zugleich seinen Fortbestand. Dieser Zirkel ist aber nicht fehlerhaft, sondern fruchtbar. Denn das Sein ist seit dem Urknall unaufhaltsam mit dem Anspruch auf sich selbst im Werden, d. h. in ständiger Bewegung und Veränderung auf Fortbestand oder Erhalt seiner selbst begriffen.[34]

> Der Fortbestand des Seins im Werden

In die Sprache der modernen Physik übersetzt: Das Sein entwickelt sich seit dem Urknall (Big Bang) evolutionär. Im Anfang entstand das sichtbare Universum aufgrund eines Ungleichgewichts (Asymmetrie) zwischen Materie und Antimaterie zugunsten der Ersteren, sonst hätten beide sich im Gleichgewicht gegenseitig ausgelöscht. Durch dieses Ungleichgewicht entsteht Bewegung, bei der die Energieverhältnisse durch Bildung von immer neuen Formen optimiert werden angesichts der immer wieder einsetzenden Zerfallsprozesse.[35]

> Physikalisches Sein

Streben nach Selbsterhalt in allen Lebensformen

Auf den Menschen heruntergebrochen: Jeder psychisch gesunde Mensch will existieren und hat daher auch einen Anspruch auf seine Existenz. Mit dem Anspruch ist der Wille zum Leben gegeben, der nach Gütern strebt und Übel meidet. Allgemein betrachtet beansprucht jedes Lebewesen nicht nur irgendeinen Seinszustand, sondern einen besonderen Seinszustand, den es als zuträglich wertschätzt. Zugleich meidet es damit einen solchen, den es als abträglich empfindet. So gesehen strebt das Sein immer zugleich auch ein Sollen von Gütern oder Verhältnissen an, die eine Stabilisierung oder Verbesserung seiner Zustände ermöglichen.[36] Und das Fundamentalgut, das jede Lebensform anstrebt, könnte man als Selbsterhalt bezeichnen.

> Der Wille zum Leben als Fundamentalgut

Selbst wenn es Lebensformen gibt, die in ihrer Existenz das Nichts dem Sein vorziehen und sich dadurch mehr oder weniger freiwillig aus der Evolution verabschieden, so entziehen sie sich jeglichem Sollen und verzichten zugleich auch auf ethischen Schutz. Eine Ethik des Nichts macht keinen Sinn, da mit dem Tod die Reflexion des guten Miteinanderauskommens sinnlos geworden ist.

> Vorrang des Seins vor dem Nichts

Man könnte die Argumentation von Jonas auch so ausdrücken: Alles, was existiert, ist seit dem Urknall in ständiger Bewegung begriffen, um in Auseinandersetzungen mit seiner Umwelt seine eigenen Energiezustände zu optimieren und bei geänderten Umweltkonstellationen immer wieder neu zu justieren. Sein und Sollen sind also in der Evolution fundamental miteinander verknüpft. So muss jede Lebensform ihre Existenzmöglichkeiten ausloten. Jeder wahrgenommene Mangel erzeugt ein Bedürfnis, also das Sollen eines gewünschten Zustands, der sich in der Befriedigung verwirklicht. Dieses Prinzip setzt sich auch beim Menschen fort, der allerdings nicht mehr fest in eine ökologische Nische eingebunden ist, sondern diese sich erst schaffen und damit auch verantworten muss.

> Leben will seinen Fortbestand

Selbstbejahung des Seins als Fundament des Lebens

Hans Jonas überbrückt die Kluft zwischen Sein und Sollen mit dem Begriff des Zwecks oder Ziels. Indem jede Lebensform nach Gütern strebt und Übel meidet, verfolgt sie Zwecke, die ihr Überleben sichern.

> *„In der Fähigkeit, überhaupt Zwecke zu haben, können wir ein Gut-an-sich sehen, von dem intuitiv gewiss ist, dass es aller Zwecklosigkeit des Seins unendlich überlegen ist. „Wer im Sein keinen Zweck sehen kann, der wählt das Nicht-Sein oder das Nichts.“ In der Zielstrebigkeit als solcher … können wir eine grundsätzliche Selbstbejahung des Seins sehen, die es **absolut** als das Bessere gegenüber dem Nichtsein setzt. In jedem Zweck erklärt sich das Sein für sich selbst und gegen das Nichts.“*[37]

9.2.5   Imperative einer Zukunftsethik

Zukünftiges Sein der Menschheit

Ins Zentrum seiner „Zukunftsethik“ rückt Jonas nun folgende Imperative: *„Handle so, dass die Wirkungen deiner Handlung verträglich sind mit der Permanenz echten menschlichen Lebens auf Erden.“* Und negativ ausgedrückt: *„Handle so, dass die Wirkungen deiner Handlung nicht zerstörerisch sind für die künftige Möglichkeit solchen Lebens.“* Oder wieder positiv: *„Schließe in deine gegenwärtige Wahl die zukünftige Integrität des Menschen als Mit-Gegenstand deines Wollens ein.“*[38] Damit sollen wir solche Konsequenzen unseres Handelns vermeiden, die den Fortbestand der Menschheit negativ beeinflussen können. Die Echtheit und Integrität der Menschheit soll ge- und bewahrt bleiben. Darunter versteht Jonas eine Menschheit, die ihr Wissen um und ihre Fähigkeit zur Verantwortung behält.[39] Und diese umfasst auch die Freiheit, so oder anders handeln zu können. Eine Menschheit, der diese Fähigkeit zur autonomen Selbstreflexion etwa durch gentechnische Optimierungen genommen würde, verliert ihre Würde und verdient gar nicht mehr als solche bezeichnet zu werden.

Menschliche Würde als größtes in der Zukunft zu bewahrendes Gut

Damit wird deutlich, dass Jonas an Immanuel Kant anschließt, der ja ebenfalls die Bewahrung der Würde des Menschen, der zufolge dieser niemals bloß als Mittel gebraucht werden darf, kategorisch eingefordert hatte. Er ergänzt aber den Kant'schen Ansatz um die Dimension der Zeit. Wir sollen *heute* schon dafür sorgen, dass die Würde des Menschen *auch in Zukunft*, also wenn man so will, *nachhaltig* bewahrt wird. Damit ergibt sich noch ein wichtiger Unterschied zu Kant: Wir sollen heute *reale* Folgen und *Wirkungen* unseres Handelns auf zukünftige Generationen verantworten, ob sie nämlich *nützlich* oder *schädlich* für die Bewahrung der menschlichen Würde sind.[40] Während Kants Ethik sich nur darum kümmert, dass das ethische Handeln mit dem „guten Willen“ universal übereinstimmt und die Folgen dabei außer Acht lässt, ist für Jonas die Analyse der Konsequenzen entscheidend. Die ethische Pflicht ist für ihn demzufolge, das heutige Handeln *utilitaristisch* für künftige Generationen als nützlich oder schädlich zu bewerten. So gesehen macht es Sinn, die Ethik von Jonas eher der utilitaristischen Güterethik zuzuordnen, die das Gut einer würdigen Menschheit auch für die Zukunft als nützlich anstrebt, als sie der deontologischen Pflichtenethik zuzurechnen.

Philosophischer Exkurs: Zum Vorwurf des „naturalistischen Fehlschlusses"

George Edward Moore (1873–1953) hat in seinen „Principia Ethica" von 1903 Ansätze ähnlich denen von Jonas pauschal als „naturalistischen Fehlschluss" abgetan. Aus Existenzformen in der Natur ließen sich keine Normen der Ethik ableiten, aus dem Ist kein Sollen. So kritisiert er an der Ethik von Herbert Spencer (1820–1903), dass sie ihr Fundament, was als Gut und Böse anzusehen sei, aus der Evolutionstheorie seines Zeitgenossen Charles Darwin (1809–1882) bezieht. Spencer sieht in der Evolution des Lebens, auch in derjenigen der Menschheit, eine stetige Höherentwicklung zum Besseren. So definiert er als „gut die Handlungen, die uns selbst oder anderen im Leben förderlich sind, und schlecht diejenigen, die direkt oder indirekt zum Tod, im einzelnen oder allgemeinen, tendieren"[41]. Demnach präferiert Spencer wie Jonas das Sein vor dem Nichts. Leben *soll* sein, das ergibt sich schon allein aus seiner bloßen Existenz.

Moore vermag an der bloßen Existenzforderung noch keinen naturalistischen Fehlschluss festzumachen. Eher schon an Sollensforderungen über das „Wie" der Existenz. Wie soll das Leben gelebt werden, damit es das gute Miteinanderauskommen fördert? Hier kritisiert Moore an Spencer zurecht, wenn dieser an der empirischen Feststellung, dass alles Leben nach Optimierung von Lust und Vermeidung von Unlust strebt, auch ein Sollen zur Steigerung von Lust festmacht.[42] Ähnlich argumentiert er, dass in der Natur alle Lebensformen nach Gesundheit streben. Daraus nun abzuleiten, dass Gesundheit gut und Krankheit auch in ethischer Hinsicht schlecht ist, käme einem naturalistischen Fehlschluss gleich. Gewissermaßen würde dann die Ethik auf eine Naturwissenschaft, etwa die Medizin reduziert werden.[43] Konsequent begründet Spencer dann auch den Sozialdarwinismus, demzufolge der Kampf ums Dasein zum Überleben „des am besten Angepassten" („Survival of the Fittest") führt. Moore warnt davor, aus solchen biologischen Kenntnissen eine Ethik abzuleiten. Dann könne es sein, dass ein krankes Genie als schlecht angesehen und nicht weiter gefördert werden würde.[44] Zu welch erschreckenden Entwicklungen solche Be- bzw. Entwertungen führen können, kennen wir aus der jüngeren deutschen Geschichte.

Was Moore mit seinem Vorwurf des naturalistischen Fehlschlusses nicht berücksichtigt, ist, dass Ethik nicht das Verhalten und Handeln von einzelnen Lebensformen beeinflusst, sondern immer auf *Beziehungen* zwischen ihnen ausgerichtet ist. Die Beziehungen zwischen den einzelnen Lebensformen sollen geregelt und optimiert werden und nicht das Befinden des Einzelnen. Angesichts des machtvollen Strebens und Wollens in jeder einzelnen Lebensform, Güter zu deren eigenen Gunsten auf Kosten anderer zu maximieren, soll die Ethik

Moores Kritik an der Ableitung von Normen aus dem Sein

George Edward Moore (1873–1953)

Verirrungen eines Sozialdarwinismus

Herbert Spencer (1820–1903)

Grenzen der Kritik: Sollensforderung der Beziehungspflege

feststellen, wie eine gerechte Verteilung herbeizuführen ist. Dies ist nur möglich, indem dem Wollen der Einzelnen jeweils die Sollensforderungen der anderen entgegengestellt werden.

Sollensforderungen bei Konflikten im Werden des Seins

Dieses Sollen ergibt sich aus der Existenzforderung des Seins selbst. Im Werden des Seins entstehen Auseinandersetzungen einzelner Lebensformen – etwa im Sinne von Thomas Hobbes' „Krieg aller gegen alle", der nur durch die „Macht" eines staatlichen Souveräns, des „Leviathans", eingeschränkt werden kann.[45] Aus dem Faktum der naturgegebenen gegenseitigen Übervorteilung im Daseinskampf ergeben sich dann gerade Sollensforderungen der Ethik. Diese ist zwar immer auch „kontrafaktisch" in dem Sinne, dass sie sich gegen die faktische Ungerechtigkeit in der Verteilung der Güter richtet, gehört aber doch als Streben zum besseren Miteinanderauskommen zum Sein selbst, ja ist damit geradezu konstitutiv für die Evolution des Seins. Diese wäre ohne das Spannungsfeld zwischen gewünscht und unerwünscht sowie zwischen gesollt und nicht gesollt gar nicht möglich.

Beispiel: Fairer Tausch

Dies sei an einem Beispiel aus der Wirtschaftswelt verdeutlicht. Indem jeder sein Eigeninteresse verfolgt, ergibt sich auch ein Kampf um Tauschgerechtigkeit. Dieser schränkt eine exzessive Gewinnmaximierung durch Sollensforderungen der benachteiligten Stakeholder ein. Ein ausbeuterisches Wirtschaftssystem entwickelt sich so zu einem sozial- und naturverträglicheren Wirtschaften weiter.

Normative Kraft des Faktischen

Interessant ist in diesem Zusammenhang auch das Phänomen der „normativen Kraft des Faktischen", das der Rechtsphilosoph Georg Jellinek (1851–1911) erstmals formuliert hat. Aus tatsächlichen Gewohnheiten, die sich im Laufe einer Gemeinschaft entwickelt haben – z. B. nicht mehr in geschlossenen Räumen zu rauchen – entsteht die Norm für alle Entsprechendes zu tun. So entwickelt sich das Sollen gerade auch aus dem Sein, dadurch nämlich, dass es bestimmte Mängel zu überwinden sucht.

Überwindung der Metaphysik der gespaltenen Welt

Die Annahme einer Spaltung der Welt in zwei Sphären, in Natur und Vernunft oder Materie und Werte, Sein und Sollen, wie sie bereits von René Descartes festgeschrieben und vor allem in der Aufklärung weitergedacht wurde, ist nicht weniger Metaphysik als die naturalistische Identifikation von Sein und Sollen. Es ist das Spannungsfeld zwischen Sein und Sollen, das Entwicklung überhaupt erst möglich macht. So sind es gerade die in der Kybernetik beschriebenen Feedback- und Rückkoppelungsprozesse, die permanent zwischen Ist- und Sollzuständen, zwischen Bedürfnissen und deren Befriedigung nicht nur den Prozess der natürlichen Evolution, sondern auch das gute Miteinanderauskommen sozialer Prozesse antreiben.[46]

Zusammenfassung

Der Vorwurf des naturalistischen Fehlschlusses verliert seine Grundlage, wenn man von einer evolutionären Sicht des Seins ausgeht, also die Zeitlichkeit bzw. das Werden des Seins mit einbezieht. Entwicklung bedeutet ständiges Ausloten optimaler Energiezustände, also ein Streben nach gesollten oder gewünschten Zuständen, die sich auf Zustände in der Zukunft beziehen. Außerdem können diese aufgrund sich ständig ändernder Umweltbedingungen immer nur vorübergehend erreicht werden. In Erinnerung an die einstmals „guten" Zustände trachten Sollensforderungen nach einer Wiederherstellung. Werte als verkürzte Vorstellungen von gesollten Seinszuständen spiegeln daher Möglichkeiten und Wirklichkeiten des Seins wider.[47]

Einheit von Sein und Sollen im Werden

9.3 Gutes Auskommen mit künftigen Generationen

Gutes Überleben als Grundforderung der Zukunftsethik

Eine Ethik, die sich mit der Zukunft der Menschheit beschäftigt, hat also zunächst für deren Fortbestand zu sorgen. Für Jonas ist dies das „erste Gebot".[48] Eine „Ethik des Überlebens"[49] hat aber darüber hinaus ein zweites Gebot zum Ziel, dass nämlich Menschen „gut leben"[50]. Die „Zukunftsethik"[51] von Jonas intendiert „bestmögliches Sein"[52], also nicht nur ein „gutes Auskommen" im materiellen Sinne, sondern auch „Glückseligkeit". Die „Universalität des Glückseligkeitsziels"[53], derzufolge alle Menschen nach Glück streben, haben schon die Philosophen der Antike festgestellt. Einen Beweis dafür könnte man durch die Umkehrung des Prinzips anstellen: Gibt es Menschen, die bewusst nach Unglück streben? Eine Bejahung dürfte schwerfallen. Denn auch der Selbstmörder versucht ja mit seiner Tat einem Unglück auszuweichen. Und der Masochist sucht ja gerade im Schmerz ein Gefühl der Lust, in dem er das Fundament seines Glücks sieht.

Universalität des Glücksstrebens

Wir können also wie für die traditionelle Ethik auch für die Zukunftsethik feststellen, dass sie nicht nur das nackte Überleben, sondern auch das Glück zukünftiger Generationen befördern will. Sie ist damit primär eine utilitaristische Ethik, die das Nutzenkalkül nicht auf gegenwärtige Generationen beschränkt, sondern auch künftige Generationen einbezieht.

Glücksstreben auch für künftige Generationen

Hans Jonas geht dabei weniger vom Nutzen als vielmehr von der „Gefährdung" aus, die gegenwärtiges Handeln für den Fortbestand künftiger Generationen bedeuten kann. Ihm geht es um eine „Ethik der Erhaltung, der Bewahrung, der Verhütung", eine „Ethik des Überlebens".[54] Diese solle dafür sorgen, dass die „Art" der Menschheit erhalten bleibt. Den Versuch, die Menschheit über Utopien, aber damit zugleich auch über die Utopie einer Technikgläubigkeit zu verbessern, lehnt er hinge-

Bewahrung des Wesens der Menschheit

gen ab.[55] Stattdessen möchte er „dem galoppierenden Vorwärts" des Fortschrittswahns „Zügel anlegen"[56] etwa dahingehend, dass die Menschheit sich nicht durch Gentechnik oder künstliche Intelligenz ihrer Würde und damit auch Ethikfähigkeit beraubt.

Unheilsprophezeiungen ernst nehmen

Vorrang der Unheilsprophezeiung

Nun stellt sich aber die Frage, welche Güter anzustreben und welche Übel zu meiden sind, um die Integrität der Menschheit auch der fernen Zukunft zu bewahren. Hans Jonas schlägt dafür eine Methode vor, die er *Heuristik der Furcht* nennt. Unter Heuristik versteht man ein Suchmuster, das mit begrenztem Wissen die Findung von Schlussfolgerungen oder praktikablen Lösungen erlaubt. In diesem Sinne ist es viel schwieriger zu definieren, was wir tun sollen, um die Integrität der künftigen Menschheit zu erhalten. Leichter hingegen ist es zu bestimmen, was zu vermeiden ist, nämlich das, was uns Furcht einflößt. Deshalb schlägt Jonas vor, der „Unheilsprophezeiung mehr Gehör zu geben als der Heilsprophezeiung".[57] Denn es ist viel wahrscheinlicher, ein Ziel zu verfehlen als es zu treffen. Wenn also eine neue, noch nicht ausgetestete Technologie ein Gut oder ein Heil verspricht, ist es viel wahrscheinlicher, dass es das Ziel verfehlt und dabei sogar Übel, sprich: unerwünschte Nebenwirkungen erzeugt. Daraus leitet Jonas „die erste Pflicht der Zukunftsethik" ab, nämlich die „Beschaffung der Vorstellung von den Fernwirkungen".[58] Dabei gilt es, die negativen Prognosen ernster zu nehmen als die positiven, frei nach dem Motto: „In dubio pro malo" – im Zweifel gib der schlimmen Voraussage den Vorrang.[59]

Vermeidung von Restrisiken

Wendet man diese Regel etwa auf das Restrisiko eines SuperGAUs (= größter anzunehmender Unfall) in der Nuklearindustrie an, so hätte man es im Sinne von Jonas als „dasjenige Risiko, das uns den Rest gibt" (nach der Definition des Versicherungsunternehmers Hans Gerling) angesehen und gerade nicht als ein zu akzeptierendes Risiko mit sehr geringer Wahrscheinlichkeit mit allerdings extrem großer Schadenhöhe. Wie man in Tschernobyl und Fukushima gesehen hat, gaben die dortigen Katastrophen in der Tat nicht nur ganzen Lebensräumen den Rest, sondern auch in vielen Ländern der Nuklearenergie selbst.

Beispiele für Unheilsprophezeiungen

Nano- und Gentechnologie bieten ein ebenso weites Feld für die Heuristik der Furcht. Wenn man bedenkt, dass der Einsatz von *Nanopartikeln* in unzähligen Materialien wie z. B. als Mikroplastik in Zahnpasta auch den menschlichen Körper schon längst kontaminiert hat, ohne dass die Langzeitfolgen auch nur im Ansatz geprüft worden wären, sollte uns dies das Fürchten lehren. Vergleichbar wäre dies mit dem Einsatz von *Asbest*, dessen irreversible Risiken für die Gesundheit erst nach Jahrzehnten der Überprüfung zu einem generellen Verbot führten. Tausende von Menschenleben hätten gerettet werden können, hätte man schon vor Jahrzehnten das Prinzip von Jonas „in dubio pro malo" angewandt und die Anwendung von Asbest viel früher eingestellt. Die absehbare Langzeitwirkung der Gentechnik auf künftige Generationen etwa beim *Human Engineering* dürfte noch mehr Furcht erregen. Denn es handelt sich hierbei um nicht weniger als um die fundamentale Veränderung des

Menschen als Menschen. Das mag genau zu dem führen, wovor Jonas warnt: dass der Mensch sein Selbstbestimmungsrecht und seine Würde verliert, indem man ihn als Idealmodell nach willkürlichen Vorstellungen in einem Forschungslabor herstellt und durch Klonierung vervielfältigt. Dieser Menschenklon mag dann aggressionsfrei dem Pflichtenheft politischer Institutionen genügen oder mit bestellten Tugenden ausgestattet dem Wunschkatalog von Eltern entsprechen[60] – ob er hingegen frei und selbstbestimmt denken und handeln kann, steht dahin.

Im Zweifel für Moratorium

Zur „zweiten Pflicht" der Zukunftsethik erhebt Jonas die „Aufbietung" eines „angemessenen Gefühls" angesichts der befürchteten Entwicklungen und des „vorgestellte[n] Geschick[s] künftiger Menschen".[61] Demnach sollten wir uns heute schon geradezu empathisch in die zukünftige Lage einer Menschheit hineinversetzen können, deren „Existenz und Wesen"[62] aufgrund heutiger Technologien insgesamt auf dem Spiel steht. Wenn also etwa Atom- oder Gentechnik das Überleben der Menschheit insgesamt bedrohen, sei ihr Einsatz nicht mehr gerechtfertigt. Deshalb sollte ein „Moratorium" (von lateinisch *mora* = Aufschub, Verzögerung) ihren weiteren Einsatz so lange aufschieben, bis die Restrisiken geklärt seien.

Moratorium menschheitsgefährdender Technologien

Hans Jonas kommt das Verdienst zu, das Schicksal künftiger Generationen in die Verantwortung der heutigen Menschheit genommen zu haben. Seine Methode der „Heuristik der Furcht" warnt uns vor den Verführungen von Heilsversprechungen neuer Technologien oder Produkte. Indem wir die damit verbundenen Risiken für den Fortbestand und die Integrität der Menschheit ernst nehmen, vermeiden wir, dass wir heute Restrisiken akzeptieren, die morgen der Menschheit den Rest geben.

Kritische Würdigung

Bei aller appellativen Kraft, die Jonas zum Schutze künftiger Generationen mit seiner Zukunftsethik vermittelt, stellt sich gerade für Wirtschaftsunternehmen die Frage, inwieweit sie Forschungen zu und Entwicklung von Produkten zurückhalten sollen, in die sie bereits große Investitionen getätigt haben und die gerade für die Lösung von Gegenwartsproblemen wie Hunger, Epidemien, Klimawandel, versiegende Rohstoffe vielversprechend scheinen, obschon sie mit – allerdings menschheitsbedrohlichen – Restrisiken verbunden sind. Der beschleunigte Einsatz von neuartigen, durchaus vielversprechenden Impfstoffen zur Bekämpfung der aktuellen Covid-19-Pandemie ist hierfür ein Beispiel. Es bleibt die Frage offen, inwieweit die gegenwärtige Menschheit Einschränkungen in Kauf nehmen soll, damit die Lebenschancen künftiger, also noch nicht existenter Generationen gewahrt bleiben. Wie kann also das Nachhaltigkeitspostulat der Brundtland-Kommission, der zufolge gegenwärtige Generationen ihre Bedürfnisse keinesfalls auf Kosten zukünftiger befriedigen sollen, nicht nur im Allgemeinen, sondern auch konkret umgesetzt werden? Der im nächsten Abschnitt vorgestellte Ansatz von Dieter Birnbacher bietet dafür weitere Anhaltspunkte.

Aufruf zur Forschungsbremse?

9.4   Vertiefung der Zukunftsethik

Negativer
Utilitarismus

Hans Jonas hat die Notwendigkeit einer Zukunftsethik zunächst deontologisch als Pflicht zum guten Fortbestand der Menschheit bis weit in die Zukunft hinein begründet. Daraus leitet er die Forderung ab, alle diese Pflicht verletzenden Risiken zu identifizieren, um sie vermeiden zu können. Indem Jonas den drohenden Übeln einen Vorrang vor den verheißenen Gütern einräumt, vertritt er auch eine Art „negativen Utilitarismus"[63] Anstatt wie der „positive Utilitarismus" das Gute mehrheitlich zu maximieren, soll jener das Leid, wenn nicht vermeiden, so doch mehrheitlich mindern.

Utilitaristische Zukunftsethik

Kritik an Zukunfts-
vergessenheit

Dieter Birnbacher
(geb. 1946)

Generationenkonzept

Dieter Birnbacher hat die Problematik 1988 in seinem Buch „Verantwortung für zukünftige Generationen" aufgegriffen, für die konkrete Umsetzung verschiedene Methoden diskutiert und dabei eine *utilitaristische Zukunftsethik* begründet. Ausgangspunkt ist seine Kritik an der „Zukunftsvergessenheit" der industriellen Welt, obwohl gerade durch sie die Existenz der Gattung Mensch durch atomare, biologische und chemische Technologien nicht nur in der Gegenwart, sondern auch in der näheren und ferneren Zukunft bedroht ist. Mit Wissen um die Langzeitrisiken menschlicher Handlungen oder Unterlassungen erweitert sich entsprechend die Verantwortung des Menschen. Die guten und schlechten Konsequenzen sind nicht nur kurzfristig, sondern auch langfristig zu bedenken, indem sie für künftige Generationen mitbedacht werden.

Birnbacher greift dabei auf das Generationenkonzept von Martin P. Golding zurück, demzufolge es sich bei „zukünftigen Generationen" um „Ungeborene" handelt, für die man also Verantwortung zu übernehmen hat. Birnbacher erweitert das Konzept um die bereits lebenden nächsten Generationen. Je nachdem in welcher Lebensperiode man sich befindet, trägt man dann auch Verantwortung für die Generation der bereits lebenden Kinder oder gar Kindeskinder (Enkel). Das eröffnet den Vorteil, dass man „eine gewisse Chance" einer „Rückmeldung über Erfolg und Misserfolg der Vorsorge" hat.[64]

Generation \ Periode	I	II	III	IV	V	VI	...
1	Eltern	Kinder	Enkel				
2		Eltern	Kinder	Enkel			
3	Geborene Generationen		Eltern	Kinder	Enkel		
4				Eltern	Kinder	Enkel	
5					Eltern	Kinder	...
...						Eltern	...
...	Zukünftige Generationen		Ungeborene Generationen				...

Abbildung 9.2: Generationenfolge in verschiedenen Lebensperioden
Quelle: nach Birnbacher, 1988, S. 24.

Dilemma zwischen Gegenwarts- und Zukunftspräferenz

Es stellt sich nun die Frage, welche Güter es für wen zu maximieren bzw. welche Übel es mit welchen ethischen Regeln zu minimieren gilt, um das gute Auskommen nicht nur innerhalb der gegenwärtigen, sondern auch in zukünftigen Generationen sicherzustellen. Unterschiedliche Auffassungen darüber entstehen schon daraus, ob ich den Nutzen für die gegenwärtigen Generationen höher bewerten soll als den der zukünftigen („Gegenwartspräferenz") oder umgekehrt den der zukünftigen höher als den der gegenwärtigen („Zukunftspräferenz"). Auch die „Ego-Präferenz", die den Nutzen und Schaden für sich und die eigene Nachkommenschaft höher bewertet als für andere gilt es zu bedenken.[65]

Frage nach der Präferenz von Zukunft oder Gegenwart

Auf unser Verantwortungsmodell übertragen, besteht also das Problem, inwieweit ein Akteur die Reichweite seiner Verantwortung über den Egoismus hinaus zu allen Menschen sowie mit Blick auf deren zeitliche Erstreckung als gering (beschränkt auf die gegenwärtige Generation), mittel (beschränkt auf die geborenen nächsten Generationen) oder weit (auch die ungeborenen Generationen berücksichtigend) akzeptiert.

Absehung eigener Vor- und Nachteile

Typen von Utilitaristen

Wie ein Entscheidungsträger letztlich die Reichweite und Nachhaltigkeit seiner Verantwortung einschätzt, hängt wesentlich von seiner emotionalen und rationalen Grundbefindlichkeit ab. Birnbacher untersucht ausführlich nur den rationalen Aspekt, und zwar den rationalen Egoisten (R. E.), den rationalen Kollektivisten (R. K.) und den rationalen Universalisten (R. U.).

■ Der *rationale Egoist* berücksichtigt Nutzen und Schaden anderer in Gegenwart und Zukunft nur dann, wenn er selbst davon betroffen ist. Er fokussiert alles Handeln auf seinen Selbsterhalt. So könnte er dafür sorgen, dass er seinen Kindern oder Kindeskindern ein gesundes Unternehmen vererbt, damit er nicht mit deren Versorgungsansprüchen konfrontiert wird oder damit er daraus eine Altersversorgung beziehen kann. Jedenfalls wird er für eine angemessene Verteilung des Nutzens während seiner Lebenszeit sorgen. Sein Modell der Nutzenmaximierung erfährt dann eine Unsicherheit, wenn er, wie Birnbacher betont, „metaphysische Zukunftsaussichten" in Betracht zieht, wenn er etwa an ein Weiterleben nach dem Tode und im Zuge dessen an ein jüngstes Gericht glaubt. Dann könnte es nämlich sein, dass sein lebenslang gepflegter Egoismus auf Kosten anderer erhebliche Sanktionen erfährt, die seinen optimal erlangten Nutzen zu Lebzeiten mit einem Mal wieder zunichtemachen.[66]

Rationaler Egoist

■ Der *rationale Kollektivist* maximiert den Nutzen bzw. minimiert den Schaden für ein bestimmtes Kollektiv, dem er sich zugehörig fühlt. Dies kann seine Familie, Firma, Partei, Nation, Glaubensgemeinschaft, Rasse oder auch im weitesten Sinne die Menschheit sein. Er achtet auf den Miterhalt und damit auch auf den Nutzen für die gesamte Lebenszeit des Kollektivs und nicht nur für die Zeit seiner Mitgliedschaft. So hat er die „langfristige Nutzen-Kosten-Bilanz im Auge" und berück-

Rationaler Kollektivist

sichtigt Chancen und Risiken, die in ferner Zukunft eintreten können. Als weitsichtiger Unternehmer könnte er z. B. Durststrecken in der Gegenwart in Kauf nehmen, um den „return on investment" in der ferneren Zukunft umso größer werden zu lassen.[67]

Rationaler Universalist

■ Der *rationale Universalist* nimmt gewissermaßen die Position eines „idealen Beobachters" im Sinne von Adam Smith (siehe ▶*Abschnitt 5.5*) ein. Unter Einbeziehung allen verfügbaren Wissens bewertet dieser unparteiisch und perspektivenübergreifend zukünftigen wie gegenwärtigen Nutzen und Schaden für alle Betroffenen gleich. Ziel ist für ihn die „Maximierung des in der gesamten zukünftigen Welt verwirklichten Guten" und damit der Gesamterhalt. Dabei gilt es, das zu tun, „was im Hinblick auf die Gesamtheit aller zukünftigen Generationen gesehen die größtmögliche Differenz von Glück (Lust) und Leiden (Unlust) verwirklicht."[68]

Von diesen drei Grundeinstellungen (siehe die drei Reichweiten der nachhaltigen Verantwortung sowie das Drei-Stufenmodell (präkonventionell, konventionell und postkonventionell) von Kohlberg, ▶*Abschnitt 2.5*) favorisiert Birnbacher für seine Zukunftsethik den R. U., da allein er die von Eigeninteressen befreite Position ist, die einer allgemeingültigen Ethik würdig ist.

Vorrang der besseren Zukunft

Birnbacher gibt zu, dass es keinen *zwingenden* Grund gibt, von zwei möglichen Zukünften die bessere zu verwirklichen und dabei auch noch von einer Bevorzugung der Eigeninteressen abzusehen. Dennoch sei es *plausibel*, dass man eine bessere der schlechteren vorziehe, wenn man „überhaupt zur Verwirklichung einer bestimmten Zukunft beitragen will".[69] Dass Zukunftsorientierung sogar ein menschliches Bedürfnis darstellt, hat, wie wir bereits gesehen haben, schon Hans Jonas vorausgesetzt. Allein im Fortpflanzungswillen und in der damit einhergehenden weitschauenden Vor- und selbstlosen Fürsorge für den Nachwuchs sah er den „Ursprung der Idee der Verantwortung".[70] Diese strebt, wenn nicht nach Verbesserung, so doch wenigstens nach Erhalt der erlangten Lebensbedingungen auch für die Zukunft der nachkommenden Generationen.

Risikokalkül und Wertvorstellungen

Wertebezug von Schaden bzw. Nutzen

Wie wissen wir aber, welche Entscheidungen heute für die Zukunft gut oder gar besser sind? Man kann hierbei auf Erkenntnisse der Risikoforschung verweisen. Diese berechnet ja das *Risiko* R, mit einer Handlung einen Schaden zu erleiden bzw. einen Verlust zu erwirtschaften, mit der Eintrittswahrscheinlichkeit p, einer Schadengrösse S, also mit der Formel $R = p \times S$. Umgekehrt berechnet sie mit der Komplementärgröße *Chance* C, mit einer Handlung einen Nutzen bzw. Gewinn zu erlangen, mit der Eintrittswahrscheinlichkeit p einer Nutzengröße N ($C = p \times N$). Die Wahrscheinlichkeit, bei einem Würfelspiel, seinen Geldeinsatz mit einer Sechs zu vervielfachen, ist bei einem einzigen Wurf 1/6, hingegen, seinen Einsatz zu verlieren, 5/6. Wie hoch nun das Risiko einer Handlung ist, hängt aber nicht nur von der Wahrscheinlichkeit eines Schadens, sondern im erheblichen Maß von der Schadenhöhe ab. Und die ist alles andere als eindeutig. Denn was für den einen als nicht akzeptabler Schaden gilt, mag für den anderen sogar nützlich erscheinen. So ist das Abbrennen eines Hauses für den Eigentümer nicht unbedingt ein Schaden. Es kann für ihn sogar nützlich sein, wenn er aufgrund seiner Versicherungspolice ein neues errichten kann. Auch ist es für die Feuerwehr nützlich, wenn sie durch ihren Einsatz ihre Existenzberechtigung unter Beweis stellen kann. Was der eine als Risiko ansieht, kann für einen anderen somit eine Chance sein.[71]

Was als Risiko bzw. Chance angesehen wird, hängt also wesentlich von den Wertvorstellungen des Betroffenen ab.[72] Auch Birnbacher sieht diesen Zusammenhang der unterschiedlichen Bewertung von Schäden, allerdings nur in dem einen, von der Risikoforschung empirisch festgestellten Zusammenhang, dass wir Risiken, die wir freiwillig eingehen oder selbst verursachen, eher akzeptieren als solche, die uns durch Aktivitäten anderer auferlegt werden.[73] So kommt er für seine Zukunftsethik zu der wichtigen Einsicht: „Schäden oder Gefahren, die zukünftigen Generationen von früheren Generationen auferlegt werden, wiegen deshalb schwerer als Schäden und Gefahren, die diese selbst eingehen."[74] Daraus folgt, dass der R. U. darauf bedacht ist, keine Handlungen zuzulassen, die spätere Generationen als unzumutbar riskant einstufen. Demzufolge entscheidet sich der R. U. für solche Handlungsalternativen, die über alle Generationen hinweg den größten Nutzen und den geringsten Schaden verursachen.

Unfreiwillige Übernahme von Risiken durch künftige Generationen

Risikoprognosen sind dann am genauesten, wenn die Vergangenheit eine genügende Anzahl von vergleichbaren Schadensereignissen geliefert hat. So kann man die Zahl der Verkehrstoten anhand von Statistiken der vergangenen Jahre ziemlich genau in der Zukunft prognostizieren, solange die Rahmenbedingungen gleich bleiben.

Ungenauigkeit von Risikoprognosen ...

Dies ist aber gerade bei innovativen Technologien und Produkten kaum gegeben. Hier ist die Ungewissheit über Schadenfolgen sehr hoch. Wir wissen nicht, ob und wie sich tödliche Plutoniumabfälle noch nach 500 Generationen in Schach halten lassen, insbesondere, wenn das dazu erforderliche Wissen über Kernphysik womöglich verloren gegangen ist, weil es dazu keinerlei berufliche Betätigung und damit auch Ausbildung mehr gibt. Ebenso wenig überschauen wir heute die Langzeitfolgen von gentechnisch veränderten Organismen. In solchen Fällen sieht Birnbacher nur die Aufforderung, „keine irreversiblen Gefahren zu schaffen, durch die dann lebende bewusstseinsbegabte Wesen geschädigt werden könnten".[75] Der R. U. wird dann seine Entscheidungen über Handlungsalternativen folgendermaßen treffen: Je ungewisser und katastrophaler das Schadensausmaß eines langfristigen Risikos ist, desto weniger sollte es späteren Generationen zugemutet werden. Stattdessen sollte die Entscheidung so lange aufgeschoben werden (Moratorium), bis die Risiken überschaubar geworden sind.[76]

... auf Grund von fehlender Erfahrung

Ein weiteres Problem, das Birnbacher nicht eingehender thematisiert, ist der oben angedeutete Wertbeziehungscharakter von Risiken. Denn welche Handlungs- oder Ereignisfolge als schädlich oder nützlich angesehen wird, hängt stark von den Wertvorstellungen der Betroffenen ab. Risiken werden dort gesehen, wo Werte bedroht sind. Die Beurteilung

Risiko als Bedrohung von Werten

bzw. Abwägung des Risikos, ob es für den Handelnden bei der Zielverwirklichung noch tragbar ist oder nicht, ist selbst wertgebunden. Denn Risiko ist die „kalkulierte Bedrohung eines Wertes *für* jemanden durch Handlungen oder Sachverhalte".[77] So ist das Risiko eines Waldbrandes zum einen durch den Wert gegeben, den der Wald für den Menschen oder das Ökosystem hat, zum anderen aber auch durch die Eigenschaft, dass sein Holz brennbar ist.

Vielfalt der Risikowahrnehmung durch Stakeholder

Die unterschiedlichen Wertvorstellungen von Stakeholdern führen demzufolge zu unterschiedlichen Wahrnehmungen von Risiken. So wird der Betreiber einer 5G-Mobilfunkanlange deren Risiko anders einschätzen als die Anwohner in der Nähe. Ersterer beruft sich vielleicht auf die „objektiven" Ergebnisse wissenschaftlicher und ingenieurtechnischer Risikoanalysen, denen zufolge die Gesundheitsgefährdung vernachlässigbar sei. Letztere hingegen fordern allein in Deutschland in über 150 Bürgerinitiativen und Vereine ein „5G-Moratorium", weil sie die Gesundheitsgefahren, vor allem das erhöhte Krebsrisiko, überhaupt nicht ausgeräumt sehen.[78] Eine adäquate Beurteilung und Bewältigung von Risiken muss also neben der Sachanalyse immer mit einer Wertanalyse der betroffenen Bereiche einhergehen. Welche Werte werden mit einer bestimmten Entscheidung verfolgt? Inwieweit bedrohen die Handlungsfolgen die Werte anderer Stakeholder? Und noch schwieriger zu beantworten: Wie ändern sich die Wertvorstellungen und damit auch die Risikowahrnehmung der Stakeholder späterer Generationen?

Wertanalyse zur Risikobestimmung

Risikoabwägung in der Corona-Pandemie

In der aktuellen Corona-Pandemie zeigen sich die unterschiedlichen Wertvorstellungen bei der Risikoeinschätzung des Covid-19-Virus wie auch dessen Bekämpfung etwa durch Impfungen. Die Bevölkerung ist hierzu in verschiedene Lager gespalten. In der wechselseitigen Schuldzuschreibung als Verschwörungstheoretiker versucht man jeweils die gegnerische Seite mundtot zu machen. Die wachsende Skepsis gegenüber den Maßnahmen der Politiker zur Bekämpfung der Pandemie ist Ausdruck einer großen Verunsicherung, die letztlich nur durch ergebnisoffene Risikokommunikation[79] bewältigt werden kann und den Respekt vor der Vielfalt der Meinungen und Expertisen verschiedener Disziplinen voraussetzt.

Grundsätzliche Problematik der utilitaristischen Zukunftsethik

Wertewandel in der Risikowahrnehmung

Gerade die Problematik einer Projektion heutiger Wertvorstellungen auf künftige Generationen macht die Schwierigkeit einer utilitaristischen Zukunftsethik deutlich. Während wir heute das Rauchen als gesundheitsschädlich verbieten, war dies noch vor wenigen Jahrzehnten völlig anders. Noch in den 20er-Jahren des letzten Jahrhunderts wurde das Rauchen sogar als beruhigend und gesundheitsförderlich beworben. Der Einsatz von Asbest, einem Naturprodukt, wurde jahrzehntelang wegen seiner Sacheigenschaft, nicht brennbar und gut verarbeitbar zu sein, als hervorragendes Baumaterial geschätzt. Sein Nutzen wurde deshalb wesentlich höher eingestuft als seine schon vor 100 Jahren festgestellte Gesundheitsschädlichkeit. Und woher wissen wir, dass die heute immer mehr wegen ihrer Nützlichkeit eingesetzte Nanotechnologie auch von späteren Generationen noch positiv eingeschätzt wird? Wie können wir davon ausgehen, dass der heute noch allseits akzeptierte Fleischkonsum nicht schon in zwei oder drei Generationen als unökologisch geächtet sein wird? Tatsache ist, dass die Problematik differierender Wertvorstellungen für die Risikoeinschätzung nicht nur intragenerativ, also innerhalb einer Generation, relevant ist, sondern auch intergenerativ besteht.

Um die unterschiedlichen Interessenlagen überhaupt identifizieren zu können, bedarf es, wie gesagt, einer offenen Risikokommunikation, die die Logik und Wertemuster aller Betroffenen gleichberechtigt einbezieht. Der Dialog mit künftigen, noch ungeborenen Stakeholdern kann dabei nur virtuell vollzogen werden. Ihre Interessen können heute allenfalls durch die Beteiligung von heute lebenden Stakeholdern stellvertretend in einem Diskurs gewahrt werden. Sie sollten sich achtsam in die Lage künftiger Stakeholder hineinversetzen und deren Wertvorstellungen empathisch verteidigen. *Virtueller Risikodialog*

Praxisnormen einer Zukunftsethik

In Anwendung seiner idealtypischen Zukunftsethik stellt Birnbacher einen Katalog von „Praxisnormen" vor, die einen goldenen Mittelweg zwischen Gegenwarts- und Zukunftsverantwortung weisen sollen. Diese Praxisnormen werden im vorliegenden Lehrbuch als Prinzipien einer neuen Disziplin zusammengefasst, die der Autor als *Pronoetik*[80] (von griech. *pronoeo* = für jemanden Sorge tragen) bezeichnet (siehe ▶ *Abschnitt 8.2*). Als Methode dienen z. B. geführte Imaginierungs- und Visualisierungsübungen, in denen man sich in die Situation künftiger Generationen gleichsam achtsam und meditativ hineinversetzt und Vertreter derselben imaginär zu Wort kommen lässt, wie vielversprechende Versuche an der ESADE Business School der Ramon Llull Universität in Barcelona zeigen.[81] *Pronoetik*

Zugleich sollten verschiedene Ziele zum Schutz künftiger Generationen schon heute anvisiert werden. Denn wer nur die Probleme der Gegenwart ohne Rücksicht auf die Zukunft oder umgekehrt nur solche der Zukunft ohne Rücksicht auf die Gegenwart lösen möchte, dem wird es kaum gelingen, ein gutes Miteinanderauskommen aller Betroffenen zu erzeugen. Birnbachers Praxisnormen zielen auf: *Ziele zum Schutz künftiger Generationen*

- die „kollektive Selbsterhaltung" der Menschheit und „höheren" [sic!] Tiere;

- die Vermeidung von Gefährdungen zukünftiger menschenwürdiger Existenz;

- die Sensibilisierung („Wachsamkeit") für irreversible Risiken;

- den Erhalt („Bebauen und Bewahren") natürlicher und kultureller Ressourcen;

- die Unterstützung anderer („Subsidiarität") bei der Verfolgung zukunftsfähiger Ziele;

- die Erziehung nachfolgender Generationen zu diesen Praxisnormen;[82]

- außerdem sollten die Rechte künftiger Generationen schon heute berücksichtigt werden.[83]

9.5   Die nachhaltigen Entwicklungsziele (SDGs) der UNO

Siebzehn Ziele der nachhaltigen Entwicklung nach Beschluss der Vereinten Nationen

Birnbachers postulierte Praxisnormen einer Zukunftsethik fanden fast dreißig Jahre später eine Konkretisierung durch die Vereinten Nationen mit ihren siebzehn nachhaltigen Entwicklungszielen mit 169 Zielvorgaben. Diese sogenannten Sustainable Development Goals (SDGs) wurden von der Generalversammlung am 25. September 2015 verabschiedet und sollen bis 2030 erreicht sein. Die Vereinten Nationen möchten eine nachhaltige Zukunft für alle sicherstellen. Die *Agenda 2030* möchte Armut (SDG 1) und Hunger (SDG 2) beenden, „Gesundheit und Wohlergehen" für alle (SDG 3) fördern, „hochwertige Bildung" (SDG 4) und „Geschlechtergleichheit" (SDG 5) erreichen, „sauberes Wasser und Sanitäreinrichtung" (SDG 6) gewährleisten, „bezahlbare und saubere Energie" (SDG 7) sicherstellen, „menschenwürdige Arbeit und Wirtschaftswachstum" (SDG 8) ermöglichen, „Industrie, Innovation und Infrastruktur" (SDG 9) aufbauen, zu „weniger Ungleichheiten" (SDG 10) verhelfen, „nachhaltige Städte und Gemeinden" (SDG 11) gestalten, nachhaltigen Konsum sowie nachhaltige Produktion" (SDG 12) sicherstellen, „Maßnahmen zum Klimaschutz" (SDG 13) ergreifen, das „Leben unter Wasser" (SDG 14) und das „Leben an Land" (SDG 15) schützen, für „Frieden, Gerechtigkeit und starke Institutionen" (SDG 16) eintreten sowie „Partnerschaften zur Erreichung der Ziele" (SDG 17) begünstigen. [84]

Produziert und übersetzt vom UNO-Informationsdienst (UNIS) Wien.

Abbildung 9.3: Die 17 SDGs der Vereinten Nationen
Quelle: Vereinte Nationen, 2021.

Im Rahmen unseres Modells der nachhaltigen Verantwortung (SCR) können die siebzehn Ziele den drei Dimensionen folgendermaßen zugeordnet werden, wobei SDG 3 "Gesundheit und Wohlergehen" durchaus zu jeder gehören könnte.:

Abbildung 9.4: SDGs gemäß Dimensionen der Verantwortung

Ökonomische Nachhaltigkeitsziele

Abbildung 9.5: Ökonomische SDGs der Vereinte Nationen

Abbildung 9.6: Soziales Nachhaltigkeitsziel der Vereinte Nationen

Abbildung 9.7: Ökologische Nachhaltigkeitsziele der Vereinten Nationen

Fortschritte bei der Zielerreichung im Sustainable Development Report

Die entscheidende Frage ist nun, wie diese Ziele tatsächlich bis 2030 erreicht werden können und welche Fortschritte die einzelnen Länder darin gemacht haben. Zur Messung der Fortschritte in allen 193 Mitgliedsländern der UNO hat ein internationales Team von Wissenschaftlern unter der Leitung von Jeffrey Sachs Tools entwickelt und die Ergebnisse in einem *Sustainable Development Report* veröffentlicht – zuletzt für 2020. Ziel der Veröffentlichung ist, dass jedes Land von den anderen lernen kann, wie und wie weit sie ihre 17 Ziele verwirklicht haben und wo noch oder wieder Nachholbedarf besteht. So können sie auch von den *„best practices"* lernen.[85]

Insgesamt werden die sehr detailliert ausgearbeiteten Trends für die fortschreitende Erfüllung der SDGs aller Länder wie folgt zusammenfassend dargestellt (hier das Beispiel für Deutschland):

Abbildung 9.8: Trend in Deutschland bezüglich der Erreichung der SDGs
Quelle: Sachs et al., 2021, S. 230.

Was für den Ländervergleich gilt, trifft auch auf Unternehmen zu. Immer mehr Firmen stellen ihren Beitrag zur Erreichung der Ziele öffentlich dar und dokumentieren somit, wie sie ihre Nachhaltigkeitsbemühungen im Hinblick auf die SDGs nachkommen und damit auch eine Zukunftsethik zugunsten künftiger Generationen pflegen. So bekennt sich das Pharmaunternehmen Merck in Darmstadt generell zu den 17 SDGs, schränkt aber ein, dass es im Rahmen ihres unternehmerischen Handelns den „stärksten Einfluss" auf SDG 3 (Gesundheit und Wohlergehen), 8 (Menschenwürdige Arbeit und Wirtschaftswachstum), 9 (Industrie, Innovation und Infrastruktur), 12 (Verantwortungsbewusster Konsum und Produktion) und 17 (Partnerschaften zur Erreichung der Ziele) hat. Darüber hinaus trägt es im Rahmen ihrer „Managementansätze und Projekte" zu SDG 4 (Hochwertige Bildung), SDG 5 (Geschlechtergleichstellung), SDG 6 (Sauberes Wasser und Sanitäreinrichtung), SDG 7 (Bezahlbare und saubere Energie) sowie SDG 12 (Maßnahmen zum Klimaschutz) bei.[86]

Engagement von Firmen für die SDGs

Übung	Intergenerative Ethik – das Risiko der „Grünen Revolution" für künftige Generationen

Welternährungs-
programm

Gemäss SDG 2 "Kein Hunger", SDG 3 "Gesundheit und Wohlergehen", SDG 12 „Nachhaltiger Konsum und Produktion", SDG 15 "Leben an Land" stellt sich mit der wachsenden Weltbevölkerung in der Gegenwart wie in naher und ferner Zukunft das Problem der Ernährung. Noch immer haben nach der Welt-Hungerstatistik „World Food Programme" 795 Millionen Menschen auf der Welt nicht genug zu essen (Stand: 2016). Gemäß dieser Institution der Vereinten Nationen sei damit trotz wachsender Bevölkerung die Zahl der Hungernden seit 1990 um 216 Millionen zurückgegangen. Doch dieser positive Trend ist gefährdet, weil die Weltbevölkerung weiter wächst (bis 2050 von 7 auf 9 Milliarden), weil immer mehr Fleisch konsumiert wird und Ernten zu Tierfutter sowie zu Biotreibstoffen verarbeitet werden. Man schätzt daher, dass bis 2030 weltweit 50 % mehr Nahrungsmittel produziert werden müssen, um alle Menschen ernähren zu können.[87]

Grüne Revolution

Kann das Problem mit einer Fortsetzung der sogenannten „grünen Revolution" gelöst werden? Unter diesem Begriff, der von William Gaud Ende der 1960er-Jahre geprägt wurde, verstand man industrielle Anbaumethoden unter Einsatz verbesserter Dünge- und Pflanzenschutzmittel sowie Getreide- und Reissorten.[88] Die Konsequenzen der Grünen Revolution für verschiedene Stakeholder sind umstritten. Die einen sehen darin eine Ursache für den Rückgang des Hungers insgesamt, die anderen verweisen auf große Folgeschäden wie Auslaugung der Böden, wachsende Resistenzen von Schädlingen durch Pestizideinsatz und in dessen Verbund auch Vergiftung der Böden und Nahrungsmittel, Ausbeutung und Verseuchung von Grundwasservorräten, soziale Folgelasten für Kleinbauern und Wiederverknappung von Lebensmitteln durch nicht eingehaltene Versprechen der Gentechnik.

Herbizidresistente
Pflanzen

Die folgende Fallstudie behandelt die Problematik der Letzteren ausführlicher. Sie gibt größtenteils die Darstellung Ulrike Brendels wieder, einer auf Gentechnik spezialisierten Greenpeace-Campaignerin.[89] Ihr zufolge basieren 99 Prozent der weltweit kommerziell angebauten Gen-Pflanzen auf zwei Gen-Konstrukten. Zum einen entwickelte die Gen-Industrie die sogenannten Herbizid-resistenten (HR) Pflanzen wie Soja, Raps, Mais und Baumwolle, die gegen bestimmte Pflanzenvernichtungsmittel immun sind. Zum anderen vermarktet sie sogenannte Bt-Pflanzen wie Mais und Baumwolle, welchen das Bacillus Thuringiensis (Bt) eingebaut wurde. Dadurch produzieren die Pflanzen ein Gift, das auf bestimmte Insekten wie z. B. den Maiszünsler oder den Baumwollkapselbohrer tödlich wirkt.

Risiken

Diese HR- und Bt-Pflanzen benötigen ein stabiles Klima und eine aufwendige Pflege wie Bewässerung und Düngung. In Indien hatte dies bereits fatale Folgen, nachdem im März 2002 die indische Regierung den Anbau von genmanipulierter Bt-Baumwolle der Saatgutfirma Mahyco in Kooperation mit dem US-Gentechnik-Konzern Monsanto genehmigt hatte. Für das genmanipulierte Saatgut mussten die Bauern den fünffachen Preis bezahlen. Doch dies brachte nicht den gewünschten Ernteerfolg. Die Gen-Baumwolle litt unter starkem Befall des Baumwollkapselbohrers. Zudem war sie äußerst anfällig für die Kräuselkrankheit und Wurzelfäule. Aufgrund der großen Trockenheit erlitt die Bt-Baumwolle größeren Schaden als die herkömmlichen Baumwollsorten. Trotz der hohen Investitionen hatten die Bauern erheblich größere Verluste als die Landwirte mit dem traditionellen Saatgut. Die Aussicht, bei den Bt-Pflanzen weniger Pestizide ausbringen zu können, erwies sich als Trugschluss.

Die indischen Bauern waren nicht in der Lage, die geforderte aufwendige Pflege und regelmäßige Bewässerung zu leisten. Die künstliche Bewässerung führt zudem vielerorts zu Trinkwasserverknappung und zur Versteppung sowie Versalzung der Böden. Traditionell werden in Indien nur ca. 40 Prozent der angebauten Baumwolle künstlich bewässert. Die empfindlichen Bt-Pflanzen hätten dort ohne ständige Bewässerung keine Chance, stabile Erträge zu erzielen. In diesem Zusammenhang verweist Brendel auch auf den Aralsee in Usbekistan. Dieser habe aufgrund der intensiven Bewässerung der Bt-Pflanzen ein Drittel seiner ursprünglichen Größe eingebüßt. *Hoher Wasserverbrauch*

Die Bt-Pflanzen geben ihr Gift monatelang kontinuierlich an Tiere und die Umwelt ab. Dadurch entstehen resistente Schädlinge. Die gewünschte Wirkung wird damit hinfällig. Das wiederum zwingt die Bauern, noch schädlichere Pestizide einzusetzen. *Resistente Schädlinge*

Monsanto vertreibt auch gentechnisch veränderte Sojabohnen, die ebenfalls resistent gegen das von Monsanto hergestellte Herbizid Roundup™ sind. Die sogenannten Roundup-Ready™-Sojabohnen brachten der Firma bisher 5 Milliarden US-$ Gewinn. Allein in Argentinien wurde seit 1996 über die Hälfte des Ackerlandes mit den neuen Pflanzen kultiviert. Das gegen das Herbizid resistente Saatgut sollte die Ernteerträge von Soja erhöhen. Denn nun konnte das Pflanzenschutzmittel bedenkenlos eingesetzt werden, ohne die Pflanzen zu zerstören. *Expandierende Märkte*

Doch wie verantwortungsvoll war Monsanto in diesem Fall? Betrachtet man die Interessen einiger Stakeholder, so hat Monsanto sicherlich gegenüber den Aktionären mit exorbitanten Gewinnen die Verantwortung wahrgenommen. Auch die Interessen der Kunden, vornehmlich Großgrundbesitzer, blieben zunächst gewahrt. Denn nur sie konnten sich das teure Produkt leisten. Hingegen mussten etwa 160.000 Kleinbauern im Gegenzug ihre Betriebe aufgeben. Sie sind bereits in die Städte geflüchtet und erhalten dort Armenspeisung auf Sojabasis. Doch mit der Sojapflanze sind inzwischen auch die Großgrundbesitzer nicht mehr glücklich. Abgesehen davon, dass die Pflanzen von immer schlechterer Qualität sind als ihre unmanipulierten Vorgänger, müssen die Bauern nämlich heute längst zusätzlich noch andere Gifte spritzen, weil sich immer mehr Pflanzen ausbreiten, die gegen Glyphosat resistent sind. Die Monokulturen haben die bestehenden landwirtschaftlichen Strukturen zerstört. Fast alle traditionellen Getreidearten und Produktionsmethoden sind verloren gegangen. *Monsantos Verantwortung*

Auch für die Volkswirtschaft Argentiniens hat sich der Soja-Anbau nicht gelohnt. Früher konnte die argentinische Landwirtschaft das Vielfache des Landesbedarfs an Getreide, Gemüse, Milch und Fleisch exportieren, die dem Land heute fehlen.

Kampf von Bürgerrechtlern gegen Gentech-Industrie

Die indische Bürgerrechtlerin Vandana Shiva kämpft mit Nichtregierungsorganisationen wie Brot für die Welt, Misereor oder Greenpeace gegen die global operierende Gentech-Industrie, die, wie sie sagt, „mit allen Mitteln die Welt von ihren gentechnisch veränderten Pflanzen abhängig" machen will. Bauern, die einmal umgestiegen seien, müssten die kommerziellen, häufig mit Lizenzgebühren belegten Sorten fortan immer wieder kaufen. Denn das gentechnisch veränderte Saatgut ist unfähig zur Fortpflanzung.[90]

Ursache für Selbstmorde?

In Indien nahmen sich in den letzten zehn Jahren schätzungsweise 200.000 Kleinbauern das Leben. Verschiedene Veröffentlichungen, auch Fernsehbeiträge, behaupten, die Selbstmorde seien aufgrund mangelhafter Erträge des gentechnisch veränderten Saatguts erfolgt. Aus Scham, Leid und Not der daraus folgenden Überschuldung hätten sie sich das Leben genommen.[91]

Firmen wie Monsanto werben ihre Kunden mit humanitären Absichten und bieten ihnen zum Einstieg ihre Technologie umsonst an. So hieß es auf einer früheren Homepage von Monsanto noch: „Dieses Teilen ist langfristig in unserem Interesse, weil diese Bauern künftig zufriedene Kunden werden könnten."[92]

Fragen als Diskussionsgrundlage

1. Recherchieren Sie noch weitere Kritikpunkte an Monsanto, etwa die Strategie zur Patentierung von Tieren und Pflanzen sowie des Einsatzes von Glyphosat, dem krebserregende Wirkung nachgesagt wird.

2. Recherchieren Sie den Fall auch anhand von Quellen der Befürworter gentechnisch veränderten Saatguts in der Landwirtschaft. Stellen Sie die Argumente der Befürworter und Gegner gegenüber.

3. Identifizieren Sie alle Stakeholder, deren Interessen mit dem gentechnisch veränderten Saatgut von Monsanto berührt sind. Welche Werte vertreten sie? Welche Werte werden durch das Saatgut bedroht? Untersuchen Sie auch die Argumente von weltweiten Protestbewegungen gegen Monsanto.

4. Wägen Sie jeweils die Chancen und Risiken für die einzelnen Stakeholder ab.

5. Welche Machtmittel haben die Stakeholder und Monsanto in der Hand, um ihre Interessen zu verteidigen?

6. Untersuchen Sie die Folgen der „Grünen Revolution" für künftige Generationen. Wird hier das Nachhaltigkeitspostulat des Brundtland-Berichts eingehalten? Wie würden der R. E., R. K. und R. U. reagieren?

7. Mit welcher Argumentation wäre das Vorgehen von Monsanto ethisch zu verurteilen?

8. Gibt es Möglichkeiten für Monsanto die verursachten Schäden wiedergutzumachen? Wenn ja, wie könnte die Wiedergutmachung konkret aussehen?

9. Hans Jonas hat einmal gefordert, Technologien, deren Folgen unbekannt seien bzw. nicht begrenzt werden könnten, in einem Moratorium nach seinem Prinzip „in dubio pro malo" auszusetzen (i. S. von: „Im Zweifel das üble Szenario" ernster zu nehmen als ein gutes Szenario). Halten Sie seine Forderung für praktikabel?

10. Wenn Sie Führungskraft von Monsanto wären, wie würden Sie hier argumentieren? Wie würden Sie strategisch ihre Geschäftspolitik neu ausrichten, wenn Sie die ethischen Prinzipien einer Zukunftsethik berücksichtigen, wie sie aus COP21, von Jonas und Birnbacher abgeleitet wurden?

11. Bayer hat 2018 die Firma Monsanto für mehr als 60 Mrd. US $ übernommen. Inwieweit sehen Sie die Akquisition als ein gutes oder schlechtes Geschäft an? Inwieweit betrifft es künftige Generationen? Berücksichtigen Sie dabei auch die anstehende Sammelklage gegen Monsanto, die nun von Bayer übernommen werden musste.

9.6 Fazit zum Einsatz gentechnisch veränderter Organismen

Eine Nachhaltigkeits- oder Zukunftsethik, die intergenerativ die Folgen heutiger Aktivitäten für künftige Generationen in Betracht zieht, sollte vor allem das Schadenpotenzial irreversibler Risiken beleuchten. Die Übung hat gezeigt, dass die Gentechnik langfristig riskante Auswirkungen haben kann, wobei die künstlich eingeleiteten Veränderungen im Erbgut eines Organismus in einer unabsehbaren Generationenfolge weitergegeben werden. Dabei zeigt sich oft erst einige Generationen später, ob der versprochene Nutzen aufgrund von schädlichen Neben-, Rück- und Fernwirkungen eher gegenteilig ist. Die Vorstellung, dass mithilfe der Gentechnik vermeintliche Fehler im Erbgut behoben oder gewünschte Eigenschaften induziert werden können, hat sich als falsch erwiesen. Wie gerade die neueren Forschungsergebnisse der Epigenetik beweisen, erfüllen Gene viele Funktionen, die je nach Umweltsituation aktiviert oder stillgelegt werden können.[93] Auch ist die Zuschreibung von „Fehlern" in der Genstruktur problematisch. Denn was in einer bestimmten Umwelt ein Fehler ist, kann in einem anderen Kontext ein enormer Überlebensvorteil sein. So ist das spezielle Gen für Adipositas (Fettleibigkeit) in einer Überflussgesellschaft sicherlich ein Fehler, in Zeiten von Hungersnöten hingegen von Nutzen. Diese Zusammenhänge haben Biologen dazu veranlasst, neben Mutation und Selektion noch das Prinzip der „Fehlerfreundlichkeit" als Motor der Evolution zu postulieren.[94] Dadurch verkehren sich Versprechungen zur Gentechnik oft in ihr Gegenteil.

Langzeitschäden und Epigenetik

Vorsorgliche
Zurückhaltung

Aufgrund des Nichtwissenkönnens der Auswirkungen der Gentechnik auf künftige Generationen stellt sich die Frage nach dem Umgang mit ihr. Gemäß dem Jonas'schen „Prinzip der Heuristik der Furcht" sollte man den Unheilsprophezeiungen mehr Gehör schenken als den Heilsprophezeiungen. Denn deren Versprechungen können leicht unerfüllt bleiben, während die befürchteten Restrisiken ganzen Lebensbereichen den Rest geben können. Auch sollte das Nachhaltigkeitspostulat der Brundtland-Kommission Berücksichtigung finden. Die Befriedigung heutiger Bedürfnisse sollte nicht die Lebenschancen künftiger Generationen einschränken. Konsequent weiter gedacht spricht Einiges für das Diktum von Hans Jonas, bei irreversiblen Risiken den Einsatz einer Technologie über ein Moratorium bis zur Klärung zu verzögern.

Zusammenfassung

Die Klimakonferenz von Paris Ende 2015, COP21, bewies, dass eine globale Einigung von 195 Ländern mit unterschiedlichsten Ansprüchen möglich ist. Zugleich hat sie gezeigt, wie ethisches Handeln im Hinblick auf künftige Generationen implementiert werden kann. Nachdem an den vorangegangenen Konferenzen die bisherigen Verhandlungsstrategien immer wieder zum Scheitern verurteilt waren, bewährte sich nun eine Strategie des guten Miteinanderauskommens mit folgenden Schritten: (1) Identifizieren der involvierten Stakeholder, hier: aller beteiligten Länder, (2) Erfassen der jeweiligen Interessen und Ansprüche, (3) Bilden von Vertrauen durch informelle Treffen, (4) Respektieren der Minderheiten, (5) Anerkennen der gleichberechtigten Anliegen aller, (6) Gewinnen mächtiger Parteien als Vorbilder, (7) Einbeziehen von Mitstreitern aus Wirtschaft und Gesellschaft, (8) Erzeugen von Betroffenheit, (9) Bauen von Brücken über die Parteigrenzen hinweg.

Eine nachhaltige Ethik identifiziert die irreversiblen Risiken gegenwärtiger Aktivitäten für künftige Generationen. Die intergenerative Ethik von Hans Jonas begründete die Fürsorge für künftige Generationen im Streben nach Selbsterhalt in allen Lebensformen. Leben will sich selbst erhalten und dabei immer wieder optimieren. Deshalb soll auch die Menschheit in Zukunft als Menschheit gut leben können – so lautet sein Imperativ. Daher sollte der Einsatz von Risikotechnologien, die das Überleben der Menschheit ernsthaft bedrohen, so lange geprüft werden, bis alle lebensbedrohlichen Neben-, Rück- und Fernwirkungen ziemlich sicher ausgeschlossen werden können.

Dieter Birnbacher hat in seiner „Verantwortung für zukünftige Generationen" die Möglichkeiten eines Risikokalküls genauer analysiert. Er verfolgt eine utilitaristische Zukunftsethik, die aus heutigen Aktivitäten mehr Nutzen als Schaden für künftige Generationen sicherstellt. Folgende Praxisnormen sollten dabei eingehalten werden: (1) Streben nach Selbsterhalt für Menschheit und höhere Tiere, (2) Sicherstellung einer menschenwürdigen Existenz in der Zukunft, (3) Sensibilität für irreversible Risiken, (4) Erhalt natürlicher und kultureller Ressourcen, (5) Gemeinsame Anstrengung zur Erreichung zukunftsfähiger Ziele, (6) Erziehung nachfolgender Generationen zur Einhaltung dieser Praxisnormen.

Die Vereinten Nationen haben mit ihren 17 Nachhaltigkeitszielen solche Ansätze konkretisiert und weltweit etabliert. Die Mitgliedsländer haben sich dazu verpflichtet, diese bis 2030 möglichst weitgehend zu erreichen. Jährliche Vergleiche führen zu vermehrten Anstrengungen, den Vorbildern zu folgen. Auf diese Weise erweist sich die Zukunftsethik als durchaus praktikabel.

Weiterführende Inhalte finden Sie auf der Website *www.pearson.de.*

Endnoten

1   Bals et al., 2016, S. 1.
2   WBCSD, 2010.
3   Bojanowski et al., 2015, S. 67.
4   Bals et al., 2016.
5   Paris, 2015.
6   Caspar, 2015
7   Bundesministerium für Umwelt, Naturschutz und nukleare Sicherheit zur Klimakonferenz 2017, (BMU, 2021).
8   COP24, 2019.
9   Bojanowski, 2017.
10 Bojanowski et. al., 2015, S. 66 ff.
11 Ebd. S. 68.
12 Ebd. S. 82, vgl. 72.
13 MunichRe, 2015; vgl. Bojanowski et. al., 2015, S. 82, vgl. 70.
14 In den 90er-Jahren zeichneten sich insbesondere die SwissRe und MunichRe sowie der Gerling-Konzern mit ihren Bemühungen um eine vertiefte Wahrnehmung des Klimawandels aus. Letzterer hat z. B. in seiner Gerling Akademie und dem dazugehörenden Verlag einschlägige Publikationen vorangetrieben (z. B. Gerling/Schmidheiny, 1996; Leggett, 1996; Gelbspan, 1998).
15 Allein die USA, China und Indien sind für 50 % der Treibhausgase verantwortlich. Australien, Kanada, Russland und Japan gehören ebenfalls zur Spitzengruppe der Emittenten.
16 Bojanowski et al., 2015, S. 79.
17 Dass es Menschen gibt, denen der Fortbestand der Menschheit gleichgültig ist, widerspricht nicht den folgenden Überlegungen. Ethik hat, wie schon mehrfach erwähnt, immer eine kontrafaktische Komponente. Das Faktum, dass viele Menschen rein egoistisch handeln und nach machtvoller Durchsetzung ihrer eigenen Interessen streben, ist ja gerade Anlass für ethische Überlegungen: Wie kann man das Faktum des Egoismus soweit zähmen, dass gutes Auskommen miteinander überhaupt erst möglich wird? Oder in unserem Fall: Wie kann man die Ignoranz gegenüber den Belangen künftiger Generationen – wenigstens ein Stück weit – aufweichen?
18 Der Philosoph Nicolai Hartmann hat bereits 1926 in seiner Ethik eine „neue Verantwortung für kommende Geschlechter" als Ausdruck einer „Fernstenliebe" angedacht (1962, S. 490). Anstelle der Breite der „Simultanität" gelte es „prospektiv" die „Tiefe der Sukzession" zu etablieren (ebd. S. 488).
19 Jonas, 1980, S. 85. Es ist allerdings fraglich, ob das Bedürfnis nach Fürsorge für den eigenen Nachwuchs tatsächlich allen Menschen gleich stark eingepflanzt ist. Die Unterschiede dürften sogar ziemlich roß sein, schon allein zwischen den Geschlechtern und auch bedingt durch die unterschiedlichsten psychischen Verfassungen. Es gibt genügend Beispiele von Menschen, die keinerlei Fürsorge für ihren eigenen Nachwuchs zeigen.
20 Vgl. Jonas, 1980, S. 86.
21 Weeber, 1990, S. 96ff, 120 f.
22 Ebd. S. 146 ff, 169 ff.
23 Platon, 1990d, Kritias, 111b.
24 Zit. n. Weeber 1990, S. 11.
25 Hennecke, 1990, S. 201.
26 Vgl. Schüz, 1990a, S. 222 ff; auch Birnbacher, 1988, S. 9 f.
27 Vgl. Schüz, 1999, S. 98 f.
28 Jonas, 1980, S. 15.
29 Ebd. S. 172.
30 Ebd. S. 22 f.
31 Ebd. S. 25.
32 Ebd. S. 95, vgl. die Beschreibungen der „Toleranzgrenzen der Natur" (ebd. S. 329 ff).
33 Ebd. S. 35.
34 Vgl. ebd. S. 100.
35 Vgl. Schüz, 2012a, S. 223 f, 2001b, S. 118 ff.
36 George Edward Moore hat 1903 „naturalistischen Aussagen", dass mit dem Sein ein Sollen verbunden sei, in seinem Werk „Principia Ethica" als „naturalistischen Fehlschluss" abgetan (Näheres dazu siehe nachfolgender Exkurs S. 325 ff). Damit wird der vorhandenen Natur ein implizit enthaltenes Sollen abgesprochen. (1996, S. 41 ff, 75 ff).
37 Jonas, 1980, S. 154 f.
38 Ebd. S. 36.
39 Vgl. Werner, 2003, S. 43.
40 Vgl. Jonas, 1980, S. 37.
41 Herbert Spencer zit. n. Moore, 1996, S. 91.
42 Moore, 1996, S. 92 f.
43 Vgl. ebd. S. 80 f.
44 Ebd. S. 81.

45 Hobbes, 1992, S. 115.
46 Ernst Tugendhat kritisiert in seinen „Vorlesungen über Ethik" den naturalistischen Fehl-schluss auf andere Weise. Zwar gehört für ihn das Sollen zum Sein. Denn Sollensforderun-gen bleiben nicht abstrakt, sondern werden über konkrete Sanktionen, also über das Sein wirksam. Jedoch sieht er den naturalistischen Fehlschluss woanders, dass nämlich „aus dem Sein ... kein Wollen" folge. Er begründet dies damit, dass aus „irgendetwas ... wie es ist ... nie zwingend folgen [kann], dass ich das und das will. Es hängt von mir ab, ob ich es will. Das Wollen kann für den Wollenden selbst nie ein vorgefundener, empirischer Tat-bestand sein (ein Sein)." (Tugendhat, 1993, S. 95 f.). Diese Schlussfolgerung Tugendhats ist angesichts seiner vorherigen Argumentation ziemlich befremdlich. Denn was für das Sollen gilt, trifft auch auf das Wollen zu, zumal man ja das Sollen auch als das Wollen der anderen ansehen kann. Wenn deren Sanktionen als dem Sein zugehörig angesehen wer-den, dann auch deren Wollen, aus dem ja die Sanktionen resultieren. Außerdem ist das Wollen im Menschen eine Seinsbefindlichkeit, zumindest im Willen zum Leben, der jeden Menschen, ja alle Lebensformen überhaupt überleben lässt. Ohne ihn gäbe es kein Streben nach überlebenswichtigen Gütern, also auch kein Werden im Sein. Einen anderen Ansatz zu einer Kritik am naturalistischen Fehlschluss wählt Koslowski (1988, S. 110).
47 Vgl. Schüz, 1999, S. 42–54. Zur Zeitlichkeit des Seins vgl. Heideggers Sein und Zeit, 1979, §§ 65–69.
48 Jonas, 1979. S. 186.
49 Ebd. S. 250.
50 Ebd. S. 186.
51 Ebd. S. 64.
52 Ebd. S. 222.
53 Ebd. S. 146.
54 Ebd. S. 249 f.
55 Ebd. S. 288.
56 Ebd. S. 388.
57 Jonas, 1980, S. 70.
58 Ebd. S. 64.
59 Jonas, 1985, S. 67, vgl. 1980, S. 63 f. Vgl. Susanne Mosers Interpretation des Verantwor-tungsverständnisses bei Hans Jonas, dessen Ethik oft auch als „Notstandsethik" bezeichnet wurde. Sie arbeitet heraus, dass in Jonas ethischer Verantwortung man sich nicht vor den Mächtigen, sondern vor den Schwachen, also vor solchen, die keine Lobby haben, zu ver-antworten habe. Dazu gehören auch künftige Generationen und die Natur. (2016, S. 59)
60 Zahlreiche Beispiele für die zum Teil absurden Heilsversprechungen und deren verhee-rende Folgen der Künstlichen Intelligenz arbeitet Richard David Precht heraus (2020, S. 24 ff, 38, 82, 117 ff, 145, 149). Vgl. Dries, 2012, S. 195 ff.
61 Jonas, 1980, S. 65. Wie solche empathischen Visalisierungen der Konsequenzen heutiger Entscheidungen auf künftige Generationen vorgenommen werden können, beschreiben Honey-Rosés et al. (2013).
62 Ebd. S. 81.
63 Vgl. Birnbacher, 1988, S. 64; Fricke (2002, S. 13) sieht den negativen Utilitarismus schon bei Karl Popper (1992, I, S. 289 f) begründet.
64 Birnbacher, 1988, S. 26; vgl. Golding, 1972.
65 Vgl. Birnbacher, 1988, S. 29.
66 Birnbacher, 1988, S. 35 ff.
67 Birnbacher, 1988, S. 48 ff.
68 Birnbacher begründet hiermit einen „intergenerationellen Nutzensummenutilitarismus" (1988, S. 103). Er verweist dabei auf Henry Sidgwick, der zwei Methoden der Nutzenkal-kulation für ein Kollektiv unterschied (Sidgwick, 1907, S. 417): den Nutzensummenutili-tarismus (NSU) und den „Durchschnittsnutzenutilitarismus" (DNU) unterschied (vgl. ebd. S. 415 f) . Ersterer berechnet die Gesamtsumme des Nutzens für ein Kollektiv. Verdoppelt sich die Zahl der Individuen bei gleichem Pro-Kopf-Nutzen, so verdoppelt sich auch der Gesamtnutzen. Dasselbe Ergebnis erzielt man mit einer Verdopplung des Pro-Kopf-Nut-zens bei gleichbleibender Zahl. Beim NSU sind also Quantität und Qualität des Nutzens austauschbar. Konsequenterweise kann man dann mit der Vermehrung der Anzahl von Menschen den Gesamtnutzen erhöhen. Anders beim DNU: Mit wachsender Anzahl von Menschen und gleichbleibendem Pro-Kopf-Nutzen ändert sich der Durchschnittsnutzen nicht (Birnbacher, 1988, S. 62) . Da es aber Birnbacher darauf ankommt, einen möglichst langen Zukunftshorizont, also eine möglichst große Zahl an künftigen Generationen mit-einzubeziehen, ist der NSU dem DNU vorzuziehen. Denn Letzterer würde ja den gleichen Durchschnittsnutzen bei großer wie bei kleiner Generationenfolge erhalten. Dass Birnba-cher damit eine Ungleichverteilung des Nutzens innerhalb wie zwischen den Generatio-nen in Kauf nimmt, also das Prinzip der Gerechtigkeit in seine Theorie nicht integriert, ist ja der Hauptkritikpunkt von John Rawls gegenüber utilitaristischen Theorien (2014, S. 44 ff). Überhaupt bleibt das Schicksal einzelner Menschen oder Minderheiten im NSU auf der Strecke (Veith, 2006, S. 100), solange die Mehrheit mehr Nutzen als Schaden hat.
69 Ebd. S. 103.

70   Jonas, 1980, S. 85.

71   Vgl. Schüz, 1999, S. 106 ff.

72   Vgl. Schüz, 1990, S. 230 ff; ders. 1999, S. 107 ff.

73   Vgl. z. B. Jungermann/Slovic 1993, S. 190.

74   Birnbacher, 1988, S. 151.

75   Birnbacher, 1988, S. 157.

76   Ebd. S. 155.

77   Schüz, 1999, S. 107.

78   Vgl. Bündnis Verantwortungsvoller Mobilfunk Deutschland (2021).

79   Vgl. Obermeier, 1999.

80   Die stoische Philosophie geht von der „göttlichen Sorge" (pronoia) um die Welt aus. Diese ist wie auch der weise Mensch von einem „universalen Vernunftgesetz (logos) durchwaltet" (Hoffmann, 2004, S. 1490). Aristoteles lobt im Menschen ebenfalls die Fähigkeit des Vorhersehens und -bedenkens (dynamis pronoetike) (1985, 1141a28).

81   Wie solche empathischen Visalisierungen der Konsequenzen heutiger Entscheidungen auf künftige Generationen vorgenommen werden können, beschreiben Honey-Rosés et al., 2013, S. 678.

82   Vgl. Birnbacher, 1988, S. 202–240.

83   Vgl. die verschiedenen Ansätze zu den Rechten künftiger Generationen Patridge, 1980; 1990.

84   Vereinte Nationen, 2015.

85   Sachs et al., 2021.

86   Merck, 2021.

87   World Food Programme, 2016. Nach kontinuierlichem Rückgang hat die Corona-Pandemie die Zahl der Hungernden weltweit 2021 auf 811 Mio. Menschen ansteigen lassen (Action Against Hunger, 2021).

88   Patel et al., 2009, S. 1.

89   Brendel, 2005, S. 42 ff.

90   Bethge, 2004, S. 180; vgl. Schüz, 2005.

91   Z. B. Beitrag im ARD (2013). Den dort getätigten Aussagen, die Gentechnik sei Ursache der Selbstmorde, widersprechen z. B. Kathage/Qaim (2012) oder Gruère/Sengupta (2011). Erstere weisen bei 533 indischen Kleinbauern innerhalb von sechs Jahren eine Ertragssteigerung von bis zu 50 % durch Einsatz von Bt-resistenter Baumwolle nach. Letztere sehen keinen Zusammenhang zwischen den Suiziden und dem Einsatz von Bt-Baumwolle.

92   Zit. n. Bethge, 2004, S. 182. Vgl. Lappé/Bailey, 1998, S. 71 ff.

93   Vgl. Spork, 2010.

94   Weizsäcker, E.-U., 1999, S. 110 ff.

Biozentrische Ethik – Ehrfurcht vor dem Leben?

10

ÜBERBLICK

Wie wir im vorigen Kapitel erfahren haben, sehen heutige Wissenschaftler im Artensterben eines der globalen Hauptprobleme der heutigen Zeit. Der Herrschaftsanspruch des Menschen seit der neuzeitlichen Aufklärung spricht nichtmenschlichen Lebensformen eine Würde ab. Er entzieht ihnen damit den ethischen Schutz, obwohl gerade sie dringend einen solchen benötigen. Wie eine alle Lebensformen integrierende, biozentrische Ethik aussehen und auch in Unternehmen angewendet werden könnte, wird im Folgenden näher beleuchtet.

10.1 Bedrohung von Lebensformen

Irreversible Ausbeutung natürlicher Ressourcen

Viele unternehmerische Aktivitäten richten irreversible Schäden an der natürlichen Umwelt an. Der Abbau natürlicher Ressourcen zur Herstellung materieller Produkte zerstört meist unwiederbringlich die Lebensräume von Tieren und Pflanzen. Dabei verdoppelt sich der Ressourcenverbrauch des Menschen alle 20 Jahre. Seit 2020 übersteigt die Gesamtmenge menschlicher Kulturprodukte die der Biosphäre. So übertrifft inzwischen das Gesamtgewicht aller menschlichen Artefakte das aller Lebensformen. Insgesamt wiegt alles Lebendige – Pflanzen, Tiere, Menschen – 1,1 Teratonnen.[1]

Beispiele

Die illegale, jedoch von den jeweiligen Regierungen nicht verhinderte systematische Brandrodung von Regenwäldern in Indonesien oder Brasilien zur Weideland- oder Palmölgewinnung zerstört nicht nur unwiderruflich jahrhundertealten Baumbestand, sondern zugleich auch zahllose Arten von Lebensformen aller Größenordnungen. In Südchile wurden sogar viertausend Jahre alte Wälder gerodet, weil Japaner deren Holz für luxuriöse Essstäbchen besonders schätzen. Der Versuch, seltene Arten wie z. B. Wale unter Schutz zu stellen, wird trotz Verbot von vielen Ländern unterwandert. Es geht aber nicht nur um den Schutz seltener Tiere und Pflanzen, sondern auch darum, wie Tiere überhaupt behandelt werden. Massentötungen von Rindern oder Geflügel bei Ausbruch von Seuchen wie Rinderwahn (BSE) und Vogelgrippe, schmerzvolle Versuche an Tieren zur Austestung von Medikamenten und Kosmetika oder die artfremde Massenhaltung, qualvolle Transporte und ebensolche Schlachtungen von Tieren zur Fleischgewinnung sind Alltag.

Warum sollten Unternehmen sich überhaupt um solche Themen kümmern? Dafür gibt es eine Reihe von Gründen. Zunächst steht ihr eigenes Überleben auf dem Spiel. Denn sind die Lebensgrundlagen des Menschen gefährdet, ist auch die Existenz von Unternehmen bedroht. Deshalb liegt es im Eigeninteresse der Wirtschaftsakteure, die systematische Zerstörung und Vermüllung der Natur zu beenden. Sodann gibt es immer Kunden, die aufgrund ihres Mitgefühls für die Kreatur eine gute Behandlung von Tieren etwa von ihrem Fleischproduzenten einfordern. Und auch die Politik nimmt zunehmend die existenzielle Bedrohung der Welt ernst. So möchte die Europäische Union mit ihrem Green Deal eine „Wiederherstellung der Biodiversität", „Bekämpfung der Umweltverschmutzung" und „Klimaneutralität bis 2050" erzwingen: „Ziel des Grünen Deals ist es, einen gesunden Planeten für alle zu schaffen." Dies bedeutet auch eine Wende für die Wirtschaft, „die sauberer, fairer und nachhaltiger" sein und „zur Verwirklichung des Null-Schadstoff-Ziels beitragen" soll.[2] Damit dürfte der Herrschaftsanspruch des Menschen über die Natur ausgebremst und von einer Haltung der (Wieder-) Integration in ihr abgelöst werden. Das erfordert aber ein neues Verständnis des guten Auskommens mit allen Lebensformen, also eine lebenszentrierte, biozentrische Ethik.

Gründe für Schutz der Biosphäre

Dieser Aufgabe widmen sich auch NGOs, allerdings nicht immer konsistent, wenn sie beispielsweise Tiere von ihren Peinigern befreien und für deren Schutz sorgen. Die „Animal Liberation Front" (ALF) ist eine lose Vereinigung von Mitgliedern militanter Tierbefreiungsbewegungen, eine radikalere Form der Tierrechtsbewegung. Sie geht davon aus, dass Tier und Mensch gleich behandelt werden sollten. Paradoxerweise versuchen manche ihrer Aktivisten mithilfe von Sabotage, Brandanschlägen, nächtlichen Überfällen auf Labors, Zuchtbetriebe oder Tierfarmen die betroffenen Tiere zu befreien oder ihre Halter einzuschüchtern. Jagdanlagen wie Hochsitze, Schlachthöfe, Metzgereien, Pelztierfarmen gehören zu ihren Zielen. Auch heimliche Filmaufnahmen etwa – wie kürzlich geschehen – Zuchtbetrieben der Wiesenhofgruppe und Weiterleitung an Fernsehanstalten gehören zu ihrem Kampfrepertoire.[3]

Radikale Tierschützer

Dass bei solchen Aktionen häufig neben Sachbeschädigungen auch lebensbedrohliche Verletzungen von vermeintlichen oder wirklichen Tierschädigern in Kauf genommen werden, ist ethisch gesehen mehr als fragwürdig. Zudem greifen solche unüberlegten Befreiungsaktionen etwa von Marderhunden oder Nerzen schädigend in die Fauna und Flora ein, wenn diese nun heimische Singvögel oder Lurche über die Maßen dezimieren. Dennoch stellt sich die Frage nach Gründen dafür, auch Tiere und Pflanzen unter ethischen Schutz zu stellen.

Tier- vor Menschenrechte

10.2 Verhältnis des Menschen zu anderen Lebensformen

Das Verhältnis des Menschen zum Tier hat sich im Laufe der Geschichte immer wieder gewandelt. Es gibt Belege, dass noch im Mittelalter Tiere als Rechtssubjekte ähnlich behandelt wurden wie der Mensch. Tiere konnten angeklagt, vor Gericht zur Verantwortung gezogen und dort ver-

Historischer Wandel

urteilt werden. Wie der Philosoph Justin Smith von der Université Paris Diderot herausgefunden hat, wurden ab dem 9. bis in das 17. Jahrhundert hinein Hunde, Schweine, Rinder, Ratten und sogar Heuschrecken und Maikäfer für Vergehen wie Mord, Blasphemie oder Erntevernichtung vor Gericht gestellt.[4]

Zwei widerstreitende Paradigmen zu Materie und Geist

Grundsätzlich kann man davon ausgehen, dass das Verhältnis des Menschen zur Tierwelt schon immer kontrovers angesehen wurde. Zwei Positionen kann man deutlich unterscheiden, wobei jede der beiden Positionen sich selbst wiederum in viele unterschiedliche Auffassungen verzweigt:

1. Die *dualistische* Position, derzufolge die Welt in zwei Sphären geteilt ist, nämlich in eine *Zweiheit* von *Geist und Materie*. Da der Geist sich ausschließlich im Menschen manifestiert, hat er gegenüber allen anderen Lebensformen eine Sonderstellung.

2. Die *monistische* Position, die von der prinzipiellen *Einheit aller Lebensformen* ausgeht. Deren Vielfalt wird als Ausdifferenzierung der einen Substanz im Laufe der Evolutionsgeschichte anerkannt.

Dualistische Auffassung als Herrschaftsanspruch

Die dualistische Auffassung, der zufolge der Mensch eine Sonderstellung in der Natur beansprucht, lässt sich bereits bei Aristoteles finden. Dieser unterscheidet die unbelebte von der belebten Natur, was mit beseelt und unbeseelt gleichzusetzen ist.[5] In der belebten Natur wird der Mensch aufgrund seines Denkvermögens zur Krone der Schöpfung, weil alles, was aus Vernunft geschieht, Aristoteles zufolge „richtig" ist. Denn das Denken, die Vernunft, „gehört zu dem Gebiet, wo es keinen Irrtum" gibt.[6] Im christlichen Mittelalter steht der Mensch ebenfalls an oberster Stelle der Schöpfung, was sich schon aus dem göttlichen Dominium-Terrae-Auftrag im Alten Testament ergibt, demzufolge der Mensch sich die „Erde untertan" (Gen. 1, 28) zu machen habe. Dieser Auftrag wird auch mit der „Gottebenbildlichkeit"[7] des Menschen untermauert, die trotz des Sündenfalls im Menschen potenziell bestehen bleibt.

Descartes' Methode zur Ausnutzung der Natur

Erst in der Neuzeit wird die Sonderstellung nicht mehr religiös, wohl aber rational begründet. Den Auftakt bildet Francis Bacon (1561–1626), demzufolge mithilfe der Wissenschaften Macht über die Natur gewonnen werden soll. Das Vorhandene und die Kräfte der Natur sollen nicht mehr sich selbst überlassen werden, sondern „zu unserem Vortheile" angewendet und „zu einem neuen höhern Zweck" verwendet werden.[8] Wenige Jahrzehnte später verkündete René Descartes (1596–1650), dass die mathematische Vernunft die Menschen zu „Herren und Eigentümern der Natur erheben" und ihnen dabei eine „unendliche Zahl von Kunstgriffen" zusichern könne.[9] Die Methoden, die Descartes seinem Forschungsprogramm zugrunde gelegt hat, bilden die Grundlage, auf der auch heute noch die Naturwissenschaften beruhen, ja aufgrund derer auch die Industrialisierung möglich wurde. Es handelt sich dabei vor allem um die Methode der *Analyse*, die alles in seine einfachsten Bestandteile zerlegt, die Methode der *Synthese*, die diese wieder zusammensetzt und in eine bestimmte Ordnung bringt, sowie die Methode des *Quantifizierens*, die alles auf Zahlenwerte zurückführt.[10]

René Descartes
(1596–1650)

Descartes begründete sein Programm damit, dass der Mensch im Unterschied zu allen anderen Lebewesen nicht nur von einer materiellen Substanz *(res extensa)* bestimmt wird, sondern auch über eine denkende Substanz *(res cogitans)* verfügt. Mit der Vernunft erhält er eine Sonderstellung, die es ihm erlaubt, alle anderen Lebensformen als „seelenlose Automaten" anzusehen – vergleichbar mit mechanischen Uhren. Möglicherweise hat Descartes diese Vorstellung von dem spanischen Arzt Gomez Pereira (1500–1567) entlehnt. Auch dieser sprach Tieren und Pflanzen Gefühl, Denkvermögen, überhaupt eine Seele ab und sah sie nur als Maschinen an.[11]

Nichtmenschliches Leben als Automaten

Viele kritisierten schon zu Lebzeiten Descartes, dass seine Lehre die Leiden vieler Tiere vergrößere, ja überhaupt eine „todbringende und mörderische" Doktrin sei.[12] So hatte Descartes seine Leser aufgefordert, seine Thesen zum Kreislaufsystem der Tiere über Vivisektion, also Aufschneiden bei lebendigem Leib, zu überprüfen.[13] Es dauerte nicht lange, da wurde berichtet, wie Cartesianer Tiere quälten, zur Vivisektion an allen vier Pfoten auf Brettern nagelten und sich über diejenigen lustig machten, die darüber Mitleid empfanden. Tiere wären doch nichts anderes als Uhren und ihre Schreie das Geräusch einer kleinen Feder, die durch die Schläge in Bewegung versetzt worden seien. Sie beriefen sich auf die Ansicht von Descartes, dass nur Wesen mit Verstand Schmerzen empfinden könnten.[14]

Aufruf zu Vivisektionen

In genau dieser dualistischen Tradition steht auch Immanuel Kant. Indem er nur dem Menschen Vernunft einräumt und dadurch würdevoll über die Natur erhebt, unterstellt er ihn dem ethischen Schutz des kategorischen Imperativs.[15] Seine Haltung gegenüber Tieren ist jedoch differenzierter als die von Descartes. Denn immerhin ruft er dazu auf, Tiere gut zu behandeln. Sonst drohe der Mensch bei schlechter Behandlung von Tieren zu verrohen und folglich auch Mitmenschen gegenüber entsprechend aufzutreten.[16]

Kants dualistische Ethik

Obwohl die heutigen Naturwissenschaften größtenteils das mechanistische Denken überwunden haben, ist das cartesische Programm der Ausnutzung natürlicher Ressourcen zum beliebigen Gebrauch immer noch weit verbreitete Praxis in Forschung, Technik und Wirtschaft. Schon längst werden nicht nur Mineralien, fossile Brennstoffe, Pflanzen und Tiere, sondern auch der Mensch selbst als Objekt des Machens technisch oder ökonomisch ausgenutzt. Der Handel mit menschlichen Organen, Ei-, Samen- und Stammzellen, überhaupt die Vermarktung und Patentierung von Genmaterial des menschlichen Körpers[17], die Versuche am menschlichen Erbgut – etwa zur Herstellung von Ersatzorganen – sind nur einige wenige Beispiele dafür, wie zumindest Teile des menschlichen Körpers zum bloßen Mittel degradiert werden.

Aktualität des cartesischen Programms

Der *Monismus* zeigt sich (a) als purer Materialismus oder auch (b) als reiner Idealismus. Jenem zufolge lassen sich alle Lebensformen als Ausdruck komplexer physiko-chemischer Prozesse erklären. Julien Offray de la Mettrie (1709–1751)[18], der den Menschen als Maschine aufgefasst hat, und später Jakob Moleschott (1822–1893)[19] sind Vertreter dieser Richtung. Für den Idealismus steht exemplarisch George Berkeley (1685–

Monismus als Materialismus oder Idealismus

Carl Friedrich v. Weizsäcker (1992–2007)

Charles Darwin (1809–1882)

Monismus jenseits von Materie und Geist

Die Einheit von Mensch und Natur

1753), demzufolge alles Sein aus Wahrnehmen und Wahrgenommenwerden besteht, also reiner Geist ist.

Die dritte Richtung wurde von Bertrand Russell (1872–1970) (c) als „neutraler Monismus" bezeichnet. Dieser hebt den Unterschied zwischen Geist und Materie auf, indem beide auf etwas ihnen Vorausgehendes oder sie Umgreifendes zurückgeführt werden. Als Repräsentanten nennt er William James (1842–1910).[20] Russell selbst hängt – wie im Übrigen auch einige moderne Physiker wie Niels Bohr (1885–1962) oder Carl Friedrich v. Weizsäcker (1912–2007) – dieser Richtung an. Materie, so wie wir sie wahrnehmen, ist ein Konstrukt unserer Wahrnehmung, eine „bequeme Methode, Ereignisse in Bündel zusammenzufassen"[21]. C. F. v. Weizsäcker drückt es sinngemäß so aus: Was immer ein Subjekt als materielles Objekt wahrnimmt, entsteht erst im Zusammenspiel von Erkennen und Erkanntwerden. Es ist also das Produkt eines Ereignisses, bei dem zwei Energiezustände miteinander in Resonanz treten. Dabei werden Informationen erzeugt, die das Subjekt als eine bestimmte Form erkennt. Subjekt und Objekt bedingen sich also wechselseitig, sind komplementär zueinander. Alles, was erscheint, ist demnach geistig *und* materiell.[22]

Was heißt das nun konkret für das Verhältnis von Mensch und Natur? Der Mensch kann die Natur erkennen, weil er Teil von ihr ist und sie ihn hervorgebracht hat. Zugleich aber erkennt er in ihr auch sich selbst. Konsequent gedacht gibt es eine kontinuierliche „Reihe, die das Atom mit dem Menschen verbindet".[23] Eine Sonderstellung des Menschen in der Natur ist nicht mehr begründbar. Diese Schlussfolgerung hatte auch schon Charles Darwin (1809–1882) mit seiner Evolutionstheorie gezogen allerdings indem er alle Lebensphänomene materialistisch deutete, ohne zu erklären, was Materie eigentlich ist. Mit ihm hatten damals auch andere Forscher wie etwa 1884 George John Romanes die „speziesübergreifende Kontinuität des Bewusstseins"[24] oder noch früher bereits 1877 Ludwig Büchner die „großartige Einheit der Gesammt-Natur [sic!]" erkannt. Letzterer folgerte aus dem hochkomplexen Verhalten von Ameisen, Wespen, Spinnen und Käfern, dass ein eigenes „geistige[s] Princip, mag man es Vernunft, Verstand, Seele oder Instinkt nennen, die ganze organische Stufenleiter, wenn auch in den mannichfaltigsten [sic!] Abstufungen und Abänderungen, von Unten bis Oben und Oben bis Unten durchdringt."[25]

Exkurs: Moralisches Verhalten im Tierreich?

Neuere Untersuchungen der tierischen Verhaltensforschung (Ethologie) zeigen, dass auch Tiere Regeln des guten Miteinanderauskommens haben und etwa über einen Gerechtigkeitssinn verfügen. Der Primatenforscher Frans de Waal geht davon aus, dass Schimpansen und Bonobos in der Lage sind, die Folgen ihres Verhaltens absehen und ihre Triebe und Instinkte durch eine Art moralische Impulskontrolle steuern zu können.[26] Zusammen mit Sarah Brosnan machte er bei Kapuzineräffchen einen Sinn für Gerechtigkeit aus. Wenn zwei Affen für die gleiche Leistung unterschiedlich begehrenswerte Belohnungen – z. B. Gurke und Traube – erhalten, wies der Gurkenempfänger beleidigt den Preis als zu geringwertig zurück.[27] Zu ähnlichen Ergebnissen kamen Ethologen aus Wien. Wenn zwei Hunde für gleiche Leistungen unterschiedlich belohnt werden, verweigert der benachteiligte schon nach kurzer Zeit die Zusammenarbeit. Sie besitzen also so etwas wie ein Gefühl für Tauschgerechtigkeit und Fairness.[28] Auch konnten Primatologen um Christophe Boesch im Laufe ihrer 27 Jahre andauernden Beobachtungen 18 Fälle von Adoptionen verwaister Schimpansenkinder durch Mitglieder fremder Sippen dokumentieren.[29] Ratten erbringen Hilfeleistungen, ohne einen sichtbaren Vorteil davon zu beziehen. Wenn sie vor der Wahl stehen, einen Artgenossen aus einem Käfig zu befreien oder ein Stück Schokolade in einem anderen Käfig zu holen, so entscheiden sie sich für Ersteres.[30]

Ergebnisse der Verhaltensforschung

Solche Forschungsergebnisse legen nahe, dass Tiere Empathie empfinden und kooperieren können, also über die Fähigkeit verfügen, Bedürfnisse von Artgenossen zu verstehen und mit ihren eigenen zu synchronisieren. Sie verstehen es, buchstäblich an einem Strang zu ziehen, um Artgenossen zu retten, genauso fürsorglich miteinander umzugehen wie sie sich in anderen Situationen auch gegenseitig bekämpfen.

Empathiefähigkeit bei Tieren

Solche Einsichten, die später aus der Evolutionstheorie und den Ergebnissen der Quantenphysik abgeleitet wurden, haben zugleich ethische Implikationen. Denn man kann, wie Hans Jonas daraus schlussfolgern, dass sich „in allen Lebensformen" etwas zeigt, „was jenseits menschlicher Einwirkungsmöglichkeiten entstanden" ist und sich „in seiner Unverfügbarkeit als heilig" erweist.[31] Und wenn es eine evolutionäre Kontinuität gibt, dann kann man auch eine „Kontinuität des Bewusstseins und der Leidensfähigkeit"[32] annehmen. Konsequent fordert Henry Salt (1851–1939) bereits 1892 neben Vegetarismus auch Tierrechte ein.[33] Paola Cavalieri (geb. 1950) und Peter Singer (geb. 1946) forderten zusammen mit 34 anderen Autoren 1993 eine Ausweitung der Menschenrechte auf alle ähnlich wie der Mensch empfindungsfähigen Lebewesen, nämlich die „großen Menschenaffen" („Great Ape Projekt")[34].

Ethische Implikationen

Leidensfähigkeit als
Kriterium für ethische
Gleichbehandlung

Singer geht sogar noch weiter, indem er die Leidensfähigkeit als Kriterium für die Gleichbehandlung von Mensch und Tier annimmt. „Schmerz und Leiden sind schlecht und sollten vermieden oder vermindert werden, ohne Ansehen der Rasse, des Geschlechts oder der Gattung des leidenden Wesens."[35] Kriterium für ethische Gleichbehandlung ist nicht die Gottähnlichkeit, Sprache, Vernunft oder Gattung, sondern die Leidensfähigkeit. Singer formuliert also eine *pathozentrische Ethik* (von griech. *pathos* = Leid). Er steht somit utilitaristischen Ethikern nahe wie z. B. Jeremy Bentham, der die zu seiner Zeit noch übliche Degradierung von Tieren zu Sachen infrage stellte, weil sie leidensfähig sind[36], oder John Stuart Mill, der bei seinem Glückskalkül noch weiter geht und sogar die „gesamte fühlende Natur"[37] einbezieht.

Leidensfähigkeit auf
Wirbeltiere
beschränkt?

Doch woher wissen wir, wie sehr andere Lebewesen leiden? Wie können wir diese mit der menschlichen Leidensfähigkeit vergleichen? Singer geht davon aus, dass das Schmerzempfinden von Wirbeltieren auf einem Nervensystem basiert, über das auch der Mensch verfügt. „Die anatomische Parallele macht es wahrscheinlich, dass die Fähigkeit der Tiere, Gefühle zu empfinden, der unseren entspricht." Folgerichtig spricht Singer Pflanzen eine solche Empfindungsfähigkeit ab. „Wir können bei ihnen kein Verhalten beobachten, das auf Schmerzen hindeutet." [38]

Das geheime Leben
der Pflanzen

Singers Behauptung, dass Schmerzreaktionen nur bei Vorhandensein eines „zentral organisierten Nervensystems" möglich sind, stellen neuere Forschungen zumindest infrage. Pflanzenforschern vom Max-Planck-Institut für Chemische Ökologie in Jena zufolge reagieren Pflanzen sehr differenziert auf Gefahren durch Aussendung biochemischer Duft- oder Bitterstoffe. Sie sollen Insekten anlocken, um gefährliche Schädlinge zu fressen, oder Fressfeinde abhalten, ihre Früchte zu genießen. Über hundert „Duftvokabeln" haben die Forscher identifiziert, mit denen Pflanzen auch untereinander kommunizieren, um sich beispielsweise vor drohenden Gefahren zu warnen. Sobald ein Schädling angreift, ändern die Gene der Pflanzen ihre Aktivitäten. Auf Attacken hin produzieren sie hormonähnliche Substanzen, die bis in ihr Wurzelwerk hinein sich im ganzen Pflanzengefäß verbreiten. Diese Phytohormone ähneln den „schmerzauslösenden Gewebshormonen" des Menschen. Wie die Forscher ihre Messergebnisse interpretieren, empfinden die Pflanzen so etwas wie Schmerzen, ja „schreien" unter Umständen sogar. Jedenfalls verfügen sie über ein großes Spektrum an unterschiedlichen Abwehrreaktionen.[39]

Exkurs: Schutz der Würde von Pflanzen

Gemäß Präambel der Schweizer Bundesverfassung trägt der Bund „Verantwortung gegenüber der Schöpfung". Die Artikel 73 und 74 schreiben „Nachhaltigkeit" und „Umweltschutz" fest. Dabei streben Bund und Kantone „ein auf Dauer ausgewogenes Verhältnis zwischen der Natur und ihrer Erneuerungsfähigkeit einerseits und ihrer Beanspruchung durch den Menschen andererseits an."[40] In Artikel 120 trägt der Bund „der Würde der Kreatur sowie der Sicherheit von Mensch, Tier und Umwelt Rechnung und schützt die genetische Vielfalt der Tier- und Pflanzenarten".[41]

Biozentrische Verfassung der Schweiz

Die „Eidgenössische Ethikkommission für die Biotechnologie im Außerhumanbereich" (EKAH), bestehend aus Philosophen, Ethikern, Biologen, und Medizinern, hat 2008 in einem Bericht die Bedeutung der „Würde einer Pflanze" konkretisiert. Dabei geht es auch um die Frage, ob eine individuelle Pflanze einen Eigenwert hat, also einen „Wert … *um seiner selbst willen*". Eine klare Mehrheit der EKAH vertritt diese Auffassung. Mit Pflanzen soll „vorsichtig und rücksichtsvoll" umgegangen, ihre „Nutzung und Ausnutzung" begrenzt werden.[42] Diese Forderung erinnert an Kants zweite Formulierung des kategorischen Imperativs, demzufolge Menschen „niemals bloß als Mittel gebraucht werden" sollen. Wie weit Pflanzen instrumentalisiert werden dürfen, hängt von ihrer Empfindungsfähigkeit ab, wie sie etwa der Sentientismus (von lateinisch *sentire* = fühlen, empfinden) unterstellt. Die Mehrheit der Kommissionsmitglieder schloss zumindest nicht aus, „dass Pflanzen empfindungsfähig sind und dass dies moralisch relevant ist".[43] Konsequent forderte die EKAH, die vollständige Instrumentalisierung von Pflanzen etwa bei der Störung ihrer „Entwicklungsfähigkeit" sowie Arterhaltung „moralisch rechtfertigungspflichtig" zu machen. Eine „willkürliche Schädigung" im Umgang mit Pflanzen – wie z. B. „das Köpfen von Wildblumen am Wegrand ohne vernünftigen Grund" – wurde von der EKAH einstimmig für „moralisch unzulässig" gehalten. Eine Mehrheit der Mitglieder hält genetische Veränderung von Pflanzen für akzeptabel, solange „Eigenständigkeit, d. h. Fortpflanzungsfähigkeit und Anpassungsfähigkeit gewährleistet sind".[44]

Eidgenössische Ethikkommission zur Würde einer Pflanze

Das Leben der Pflanzen zeigt sich also – wie wahrscheinlich in allen Lebensformen – als ein *Streben nach Gütern* (= Vorteile wie Stoffwechsel, Überleben, Wohlbefinden) und *Meiden von Übeln* (= Nachteile wie Energiemangel, Leiden, Tod). Allein, dass ein Streben und Meiden überhaupt beobachtbar ist, legt nahe, dass auch den Pflanzen so etwas wie Leiden nicht einfach abgesprochen werden darf, zumal die Forschung in dieser Hinsicht erst am Anfang steht. Singers Postulat, alle leidensfähigen Kreaturen unter ethischen Schutz zu stellen, sollte mit Blick auf diese Entwicklungen auch auf Pflanzen ausgeweitet werden, selbst wenn ein letzter Beweis ihrer Leidensfähigkeit vielleicht niemals gegeben werden kann.

Pflanzliche Leidensfähigkeit

Leidensfähigkeit – Grundlage allen Lebens?

Es stellt sich die Frage, ob Leidensfähigkeit nicht überhaupt die Grundlage allen Lebens ist. Denn wie kann eine Lebensform Übel meiden, wenn es in ihr nicht auch ein Gefühl des Unangenehmen und Abstoßenden erzeugen würde. Ohne ein solches Gefühl würde sie sofort in eine selbstzerstörerische Situation geraten wie ein Leprakranker, der auf Grund seines fehlenden Schmerzempfindens seinen eigenen Körper der fortschreitenden Verstümmelung preisgibt.

Forderung nach einer biozentrischen Ethik

Neben der modernen Physik legt also auch die Biologie eine prinzipielle Verbundenheit aller Lebensformen nahe. Aufgrund dieser *Einheit des Wirklichen* wirkt alles auf alles und zurück. Menschliches Handeln ist hiervon nicht ausgeschlossen. Es macht also durchaus Sinn nicht nur die ethische Frage zu stellen, *ob* der Mensch auch Verantwortung für nichtmenschliche Lebensformen hat, sondern auch zu fragen, *wie* er besser mit ihnen auskommen kann:

Bertrand Russell
(1872–1970)

> *„Wer eine befriedigende moderne Ethik der menschlichen Beziehungen aufstellen will, muss vor allem die notwendigen Begrenzungen der menschlichen Macht über die außermenschliche Umwelt und die wünschenswerten Einschränkungen der Macht der Menschen über einander klar erkennen."*[45]

Eine Ethik, die diese Forderung Bertrand Russells nach einem Schutz der außermenschlichen Natur erfüllt, hat wohl als Erster im abendländischen Denken Albert Schweitzer (1875–1965) sehr überzeugend begründet und ausgearbeitet. Sein Prinzip der „Ehrfurcht vor dem Leben" soll im Folgenden näher vorgestellt werden, zumal es auch im Wirtschaftsleben anwendbar ist.

10.3   Ethik der Ehrfurcht vor dem Leben

Unverträglichkeit von Freiheit und Naturnotwendigkeit

Albert Schweitzer, Friedensnobelpreisträger, Philosoph, Theologe, Musiker und Tropenmediziner, hat sich schon als 24-Jähriger in seiner philosophischen Doktorarbeit mit der Begründung der Ethik bei Immanuel Kant befasst.[46] Dessen dualistische Philosophie sieht den Menschen in einer Zwitterrolle. Er ist einerseits ein körperliches Naturwesen, dessen Verhalten von seiner Triebstruktur streng kausal determiniert ist. Als solches kann er keine ethischen Entscheidungen treffen, die Freiheit voraussetzen. Frei ist er nur als Vernunftwesen. Wie kann der Mensch die notwendigen Abläufe der Natur mit seinem vernünftigen, also freien Handeln beeinflussen? Schweitzers Untersuchung belegt, dass Kant das Freiheitsproblem erkenntnistheoretisch nicht zufriedenstellend lösen konnte und deshalb auf andere Begründungsmethoden wie etwa die des Postulates zurückgreifen musste. Somit ist Kants eigenes Vorgehen bei der Begründung der Ethik ein Beleg für die von Schweitzer immer wieder gesehene Schwierigkeit, Ethik erkenntnismäßig oder weltanschaulich fundieren zu können.[47]

Albert Schweitzer
(1875–1965)

Der Wille zum Leben

Schweitzer überwindet in seinen umfangreichen Werken zur Ethik das dualistische Problem, wie die zwei qualitativ völlig unterschiedlichen Sphären von Geist und Natur aufeinander wirken können, indem er auf einen monistischen Ansatz zurückgreift. Dieser sieht in allem, was ist, einen Ausdruck von Leben. Und alles Leben zeichnet sich durch den gleichen Willen zum Leben aus. Schweitzer sieht in jedem Leben das folgende Prinzip als „unmittelbarste", „umfassendste Tatsache" und als sicheren Ausgangspunkt aller „wahren Philosophie" walten: *„Ich bin Leben das leben will, inmitten von Leben das leben will."*[48] Mit dieser Aussage unterstreicht Schweitzer die oben herausgearbeitete Einheit alles Lebendigen, die selbst in der „wundervollen Zeichnung der Schneeflocke" zum Ausdruck kommt: „Die Flocke ... – das bist du. Überall, wo du Leben siehst – das bist du!"[49]

Abbildung 10.1: Albert Schweitzer in seinem Spital in Lambarene, Gabun
Quelle: *https://duntonj.wordpress.com/2012/03/06/albertschweitzer/*

Diese Auffassung von der Einheit des Lebens, die auch schon im Buddhismus oder Jainismus vertreten wird, führt Schweitzer konsequent zu der Sollensforderung, dass allem Leben mit der gleichen Ehrfurcht zu begegnen sei. Sein Appell der *Ehrfurcht vor dem Leben* fordert also implizit anders als Kants kategorischer Imperativ, der nur den Menschen als Selbstzweck ansieht, *allen* Lebensformen eine Würde, also einen Selbstzweck zuzuerkennen. Somit dürfen sie niemals bloß als Mittel gebraucht werden.

Unabhängig von Albert Schweitzer hat der amerikanische Philosoph Paul. W. Taylor (1923–2015) in seinem *Respect for Nature* ebenfalls Grundlagen für eine biozentrische Ethik gelegt (1989), indem er allen Lebensformen eine Würde, sprich: inhärenten Wert, zuspricht. Sie verfügen damit über Rechte, die sie zwar nicht wie ein vernünftiger, autonomer Mensch selbst einklagen können, die zu respektieren allerdings der Mensch in der Pflicht steht: (a) Recht auf Unverletzlichkeit, (b) Recht auf artgerechte Entfaltung, (c) Recht auf Wahrung ihrer Interessen, (d) Recht auf Regeneration bei versehentlich schlechter Behandlung.[50] Die daraus entstehenden Interessenkonflikte zwischen der menschlichen Zivilisation und der Natur sollten möglichst fair gelöst werden. Als Hilfestellung schlägt Taylor hierfür fünf Prinzipien vor, auf die wir unten noch eingehen werden.[51]

Ehrfurcht vor dem Leben

Würde aller Kreatur

Ökologische Bedeutung

Radikaler noch als Taylor gesteht Schweitzer dem Menschen kein Recht zu, irgendein anderes Lebewesen als wertvoller oder weniger wertvoll erachten zu dürfen. Denn, wie Schweitzer schon in den 1920er-Jahren schreibt: „Wer von uns weiß, was das andere Lebewesen an sich und im Weltganzen für eine Bedeutung hat?"[52] Mit dieser Aussage erweist sich Schweitzer seiner Zeit weit voraus. Er zeigt sich als ein ökologischer Denker zu einer Zeit, als das Thema noch gar keinen Eingang in die Wissenschaft gefunden hatte. Denn gerade die Ökologie hat ja später herausgefunden, dass nur das Zusammenspiel aller Lebewesen überhaupt unsere Biosphäre zusammenhält. Werden nur wenige Elemente daraus vernichtet, besteht die Gefahr eines Zusammenbruchs des Ganzen. Denn jedes Element hängt eng mit jedem anderen Element zusammen. So ist es nur zu konsequent, wenn Schweitzer jede Wertunterscheidung zwischen einzelnen Lebensformen zurückweist. Dies liefe sonst darauf hinaus, unter Umständen „Arten von Insekten oder primitive Völker" willkürlich als wertlos zu erachten und entsprechend zu behandeln.[53] Deshalb besteht Ethik für ihn darin, „dass ich die Nötigung erlebe, allem Willen zum Leben die gleiche Ehrfurcht vor dem Leben entgegenzubringen wie dem eigenen."[54]

Ein neuer kategorischer Imperativ?

Man kann in Schweitzers Ansatz eine Erweiterung von Kants deontologischer Ethik sehen. „Statt es nur mit Pflichten des Menschen gegen den Menschen und die Gesellschaft zu tun zu haben", erweitert seine Ethik die Pflicht zu einen „rechten Verhalten zu allem Lebendigen".[55] Diese Pflicht manifestiert sich dann bei Schweitzer in dem allgemeinen und „denknotwendigen" Prinzip der „Ehrfurcht vor dem Leben", die im Unterschied zu den kompromissbereiten „relativen Ethiken" eine „absolute Ethik"[56] begründet. Interessanterweise hat Schweitzer aus diesem Prinzip keinen kategorischen Imperativ abgeleitet, der die Menschheit allgemein und notwendig verpflichten würde[57]. Da sich ein solcher Imperativ angesichts der „Einheit des Wirklichen" heute aber weltanschaulich besser begründen lässt, hat der Autor an anderer Stelle einen solchen Versuch zur Untermauerung von Schweitzers Ethik unternommen. Er integriert auch den zukunftsethischen Ansatz von Hans Jonas:

> „Handle so, dass Du jede Lebensform niemals bloß als Mittel gebrauchst, sondern immer zugleich auch als Zweck an sich ansiehst, d. h. ihre Würde achtest, und ihren Fortbestand zu sichern trachtest."[58]

Selbstentzweiung des Lebens

Schweitzer ist sich voll und ganz bewusst, dass die vollständige Umsetzung seines Prinzips häufig an den harten Fakten des Lebens scheitern muss, also kontrafaktisch ist. Denn Leben ist nicht nur Allverbundenheit, sondern auch „Kampf ums Dasein". Ein Lebewesen lebt auf Kosten eines anderen. Diesem Kreislauf ist auch der Mensch unterworfen. So ist der Begriff „Ehrfurcht" gut gewählt. Denn er bringt zweierlei zum Ausdruck: Zum einen das *Ehren* des Lebens in seiner Vielfalt, die im gleichen Lebenswillen wurzelt. Zum anderen die *Furcht* vor dem Leben, das ständig anderes Leben bedroht.[59] Für Schweitzer kommt hierin eine „*Selbstentzweiung des Lebens*" zum Ausdruck, die erst dem Menschen

voll und ganz bewusst wird. Er kann nun diesen Konflikt als naturgege-
ben hinnehmen oder durch ethisches Handeln zumindest ein Stück weit
aufheben.

Im letzteren Fall kann er sich gegenüber anderen Lebensformen **Gut und Böse**
dadurch auszeichnen, dass er bewusst „anders" handelt, als es der
Kampf ums Dasein nahelegt. Zwar muss er nach wie vor für sein eigenes
Überleben andere Lebensformen – ob als Fleischesser oder als Vegetarier
– immer wieder verletzen oder gar zerstören, oder er muss sich gegen
Angriffe, die ihn selbst verletzen oder gar töten können, wehren. Aber er
kann sich für diese Konflikte sensibilisieren und sie vorausschauend
umgehen und möglichst weitgehend minimieren. Daher lautet für Albert
Schweitzer das Grundprinzip des ethischen Handelns: „Gut ist, Leben
erhalten und Leben fördern; böse ist, Leben vernichten und Leben hemmen."[60] Wir sollen unterscheiden lernen, wo wir unnötig Leben vernichten und wo es unvermeidbar ist. Wenn, wie Schweitzer vergleicht, der
Bauer Tausende von Blumen zur Verfütterung an sein Vieh abmäht, ist
das akzeptabel, wenn er aber auf dem Nachhauseweg achtlos eine Blume
zertritt, wäre dies vermeidbar gewesen.[61]

Schweitzer will mit seiner Ethik keine konkreten Vorschriften machen, **Konfliktethik**
was wir konsumieren und wie wir unsere Bedürfnisse befriedigen sollten. Er will aber dafür sensibilisieren, die Konsequenzen unseres Handelns nicht auf die leichte Schulter zu nehmen, sondern stattdessen die
damit verbundenen Verletzungen zu minimieren oder gar zu heilen.
Seine Ethik ist gewissermaßen eine *Konfliktethik*. Dass der Mensch praktisch dem Gedanken der Ehrfurcht vor dem Leben immer wieder auch
zuwiderhandeln muss, ist ihm voll bewusst. Deshalb möchte er dazu
anhalten, den ständigen Konflikt, in den die Entscheidungszwänge uns
immer wieder führen, zu erkennen und als zentralen Antrieb für ethisches Handeln anzunehmen. „Nur von Fall zu Fall und unter dem
Zwang der Notwendigkeit" dürfe er Unterschiede machen, wenn er etwa
in die Lage komme, entscheiden zu müssen, „welches Leben er zur
Erhaltung des anderen" zu opfern hat.

Anhand zahlreicher Beispiele berichtet Schweitzer, wie er selbst in sei- **Beispiel**
nem Spital im afrikanischen Gabun immer wieder in Dilemmasituatio-
nen geraten ist, die nur auf Kosten anderen Lebens zu lösen waren. So
hatte er einmal einem Eingeborenen einen jungen Fischadler abgekauft,
um ihn aus ihren „grausamen Händen" zu erretten. Anschließend sei er
aber gezwungen gewesen, zur Fütterung des Raubvogels Fische zu töten.
Immer wieder habe er die Fütterung als etwas „Schweres" empfunden.
Denn ihm war klar, dass jede solche Entscheidung „subjektiv und willkürlich" ist. Die Verantwortung für das geopferte Leben müsse daher
getragen werden.[62]

Zur Verdeutlichung, wie diese Verantwortung vor der Instanz der „Ehr- **Schuld und Sühne**
furcht vor dem Leben" getragen werden kann, greift Schweitzer zwar auf
die christliche Terminologie von *Schuld* und *Sühne* zurück, verwendet
sie aber nicht im üblichen moralischen oder transzendenten Sinne. Vielleicht ist die Fähigkeit zur Schuld und Sühne – ein wesentliches Merkmal der *Verantwortung* – eine entscheidende Grundbefindlichkeit des

Menschen, die ihn von anderen Lebewesen unterscheidet. Man kann den Begriff Schuld auch als „verantwortliche Verursachung" und Sühne als „Versöhnung" ansehen, also als gutes Auskommen und damit als einen ethischen Akt. Denn es gibt in den meisten Fällen keine äußerlich sichtbare Instanz, die Schuld anklagen und Sühne einfordern würde. Die Instanz, die hier wirkt, ist ein Begleitumstand der Allverbundenheit und universalen Verflochtenheit des Seienden: Alles hängt mit allem zusammen und wirkt *auf alles* zurück. Deshalb wechselwirken die Handlungsfolgen mit anderen Lebensformen. Diese reagieren darauf, geben die Impulse weiter, verstärken oder verändern sie, bis sie auf Umwegen früher oder später in anderer Form wieder zum Verursacher zurückkehren. Die Instanz, vor der sich jeder zu verantworten hat, ist also das Leben selbst. Schweitzer deutet diesen Zusammenhang in folgendem Beispiel an:

> *„Indem ich einem Insekt aus seiner Not helfe, tue ich nichts anderes, als dass ich versuche, etwas von der immer neuen Schuld der Menschen an die Kreatur abzutragen."*[63]

Das erweiterte Blickfeld jedes Einzelnen kann die Folgen und Nebenfolgen seines Handelns für das Ganze zumindest ausschnitthaft in Erfahrung bringen. Ihm wird dabei bewusst, dass er mit seinem Handeln nicht nur andere oder anderes, sondern immer zugleich – über welche Umwege und Schleifen auch immer – sich selbst trifft: Schuld wie Sühne fallen in eins auf ihn zurück. Es liegt also schon im eigenen Interesse, entsprechend der Konfliktethik Schweitzers, sich für seine Schuld zu sensibilisieren und im Gegenzug durch Sühneleistung für Ausgleich zu sorgen.

Fairnessregeln in Konfliktfällen   Wenn es darum geht, anderen Lebensformen mit Ehrfurcht zu begegnen, so können zunächst die Regeln des Umgangs mit Risiken herangezogen werden, und zwar in abgestufter Folge: Versuche, das Risiko in erster Linie (1) zu vermeiden, in zweiter Linie (2) zu mindern, in dritter Linie (3) zu kompensieren. Auf Interessenkonflikte zwischen Mensch und Natur angewandt, bedeutet dies zunächst, (1) alles daranzusetzen, den Konflikt erst gar nicht aufkommen zu lassen, indem man alle Schädigung von Leben zu vermeiden sucht. Wenn das nicht möglich ist, etwa bei der Nahrungsaufnahme, sollte man (2) den dadurch entstandenen Schaden so klein wie möglich halten. Wenn das nicht möglich ist, bleibt nur (3) die Kompensation. Für den häufig vorkommenden Fall (2) gilt es, eine möglichst faire Lösung bei Interessenkonflikten zu finden. Dazu hat Paul Taylor fünf Prinzipien aufgestellt, die als Kriterien dienen: Leben sollte nur geschädigt werden, wenn (a) dies der Selbstverteidigung dient (z. B. beim Abtöten von Bakterien zwecks Heilung von einer Infektion oder bei tödlichem Angriff eines wilden Tieres), (b) dabei Verhältnismäßigkeit gewahrt wird (z. B. beim Wegwerfen von Nahrungsmitteln), (c) dabei geringst-möglicher Schaden erzeugt wird (z. B. bei der Landnahme im Bauwesen, Produktion von Abfällen, Schlachten von Tieren), (d) Schadensfolgen gerecht verteilt werden (z. B. Vermeiden von exzessivem Fleischkonsum bei der Nahrungsaufnahme), (e) die Schäden weitgehendst wiedergutgemacht werden (z. B. durch Wiederaufforsten oder Renaturierung).[64]

Gerade das letzte Prinzip der Kompensation verursachter Schäden spielt in Taylors wie auch in Schweitzers Ethik eine wichtige Rolle. Es dürfte auch dem ökologisch aufgeklärten Menschen bewusst sein. Denn er weiß, dass beispielsweise die systematische anthropogene Zerstörung der Ozonschicht in der Erdatmosphäre Jahrzehnte später in Form einer Erderwärmung negativ nicht nur auf die Verursacher zurückfallen wird, sondern auch zahllose Lebensformen vernichtet. Die Klimakonferenz COP21 formulierte in einer Vereinbarung umfassende Sühneleistungen (in Form von Geldleistungen an die am meisten geschädigten Länder) zum Ausgleich für die Schuld der anthropogenen CO_2-Emissionen. Nicht anders wird es uns mit der systematischen Dezimierung der Artenvielfalt ergehen. Wir wissen heute, dass diese von großer Bedeutung für das langfristige Überleben der Menschheit ist. Der Wert der Vielfalt ist überlebenswichtig. So macht es Sinn, den noch vorhandenen biologischen Reichtum als Aufforderung zur Sühneleistung zu erfassen, ihn zu erhalten und, soweit möglich, wieder herzustellen.[65]

Analog gilt der gleiche Zusammenhang bei sozialen Systemen. Auch Kollektive werden gegenüber dem Ganzen schuldig und schulden ihm Ausgleich. Der Ausgleich für die kollektive Schuld etwa gegenüber dem Ökosystem steht jedenfalls so lange aus, wie die Biosphäre durch menschliche Eingriffe bedroht ist. Unternehmen schulden ihren Stakeholdern einen angemessenen Ausgleich für die Leistungen, die sie erbracht haben, oder für die Schäden, die ihnen zugefügt wurden. Für die Industrie zielt der in ▸ *Abschnitt 1.3* erwähnte Ansatz des „Cradle-to-Cradle" in die gleiche Richtung. Auch unternehmerische Kompensationsleistungen, wie sie als Corporate Citizenship oder Corporate Sponsoring oder freiwillige Corporate Social Responsibility-Aktivitäten immer mehr verbreitet sind, können als Sühneleistungen im Sinne von Schweitzer oder als Kompensation im Sinne von Taylor angesehen werden. Es liegt also im „höheren Eigeninteresse" der Menschheit, die von Schweitzer vorgeschlagene Ethik der „Ehrfurcht vor dem Leben" in Form von Kompensationsleistungen für die lebenszerstörende Schuld umzusetzen. Dies gilt für soziale Systeme genauso wie für Individuen.

Jeder, der sich für die Konflikte sensibilisiert, die er durch sein Handeln auslöst, wird ein Stück weit *unnötige* Lebenshemmung reduzieren und aktive Lebensförderung maximieren. Wie er das macht, bleibt jedem selbst überlassen. Die Ethik von Albert Schweitzer macht hierzu keinerlei Vorschriften. Sie fordert nur auf, überhaupt etwas Lebensförderliches zu tun – ob im Großen oder im Kleinen. Sie möchte in diesem Sinne zur „höchsten gesteigerten", „erschreckend unbegrenzten", „ins Grenzenlose erweiterten Verantwortung gegen alles, was lebt"[66] motivieren.

Aktuelle Bedeutung

Kompensations-
leistungen

Universale
Verantwortung

	<div style="border:1px solid red">**Übung** **Biozentrische Ethik – der Weg allen Fleisches**</div>

Auswirkungen von
Tiertransporten

Viele NGOs wie „Menschen für Tierrechte" engagieren sich gegen den Verzehr von Fleisch und grausame Tiertransporte. Sie stellen die involvierten Unternehmen an den Pranger und verbreiten im Internet Texte wie diese:

„Tiere, die lebenslang angekettet oder eingepfercht in dunkle Boxen zu fast völliger Bewegungslosigkeit verdammt waren, müssen für ihren Transport unter Fußtritten, Schlägen auf Kopf und Augen sowie Elektroschocks auf empfindliche Körperteile, wie z. B. die Geschlechtsteile, ins grelle Tageslicht laufen. Aber das haben sie nie gelernt. So brechen viele der blutarmen Kälber auf dem Weg zum Schlachthof zusammen. Bullen riechen beim Erscheinen der Viehhändler bereits das Blut und den Tod und brechen in Panik aus; sie können nur durch den ständig schmerzenden Nasenring gebändigt werden. Nun werden sie im Lastwagen angehängt, eingepfercht zwischen den Leidensgenossen. Bei starken Kurven oder Bremsmanövern fallen sie durcheinander, Panik bricht aus und sie können nicht mehr aufstehen. Nachbartiere steigen auf Kopf oder Weichteile, schwerste Verletzungen sind die Folge. …

Politische Gründe für
Lebendtransporte

Es gibt immer weniger, dafür immer größere und somit unmenschlichere, ‚EU-taugliche' Schlachthöfe; also werden auch die Strecken immer länger. Nicht immer wird der nächstgelegene Schlachthof angefahren, sondern vorher ausgeforscht, wo die besten Schlachtpreise zu erzielen sind. So kommt es zu stundenlangen Umwegen, egal ob bei klirrender Kälte oder unerträglicher Hitze. Auch tagelange Transporte, quer durch Europa, über tausende Kilometer, sind an der Tagesordnung. Etwa 250 Millionen Tiere überqueren jedes Jahr die europäischen Grenzen. Ob es sich um Pferde handelt, die von Russland nach Italien gekarrt werden, Rinder von Polen nach Spanien, Ägypten und auf die Kanarischen Inseln oder Schafe nach Tunesien, kein Weg ist den Fleischproduzenten zu weit. Entsprechend hoch sind die Profite. Diese Langstrecken-Transporte werden meist in völlig überfüllten Waggons oder LKWs, ohne ausreichende Tränk- oder Fütterungsmöglichkeiten durchgeführt. Oft müssen die Tiere tagelang ohne Futter und Wasser auskommen, viele überleben das nicht, denn Pferde benötigen z. B. 35 Liter Wasser pro Tag. Wenn die Tiere bei 40 Grad massenweise in den Containern verschmachten, spielt das für die Verantwortlichen offenbar keine Rolle – finanziell lohnt es sich dennoch: Einerseits gibt es saftige Subventionen, andererseits werden z. B. die Pferde in Polen billig eingekauft und in Italien teuer wieder verkauft. Und eine Kuh kostet in Polen etwa 100 € und wird in Deutschland je nach Gewicht für rd. 900 € weiterverkauft!

Vor allem Italien und Nordafrika sind begehrte Anfahrtsziele – besonders von Deutschland, Holland, Belgien oder den Oststaaten. Gründe dieser unnötigen Tierschinderei, wo doch ein Fleisch-Kühltransport viel problemloser, platzsparender und vor allem tierschonender wäre, sind folgende:

EU-Subventionen

- Lebendtransporte sind noch immer billiger als Kühltransporte
- Die EU subventioniert massiv den Export lebender Tiere (bis zu 500 € pro Rind) – ein gutes Geschäft.
- Der Erlös aus der Transportversicherung übersteigt oft den eigentlichen Wert der Tiere – daher wird beim ‚Verreckenlasssen‘ bisweilen noch etwas nachgeholfen.
- Die mächtige italienische Fleischerlobby will sich die Arbeitsplätze ihrer Schlachter erhalten und zusätzlich an den Innereien verdienen.

Die islamischen Länder vor allem in Nordafrika wollen die Tiere selbst schlachten, um sicherzugehen, dass sie geschächtet (ohne Betäubung getötet) werden. Beim Schächten wird den Tieren bei vollem Bewusstsein die Kehle durchgeschnitten. Die Beine werden zusammengebunden und die Opfer in Rückenlage geworfen, da nur so der Schächtschnitt möglich ist. Nicht selten kommt es dabei zu Knochenbrüchen oder anderen schweren Verletzungen. Durch den Schnitt, der meist nicht einmal schnell und glatt vor sich geht, sondern eher durch „Sägen", durchtrennt man etliche Muskeln, Nerven und Gefäße sowie die Luft- und Speiseröhre, was zu qualvollen Schmerzen und Erstickungsanfällen führt. Wird das Tier dann ‚vorschriftsgemäß' an den Hinterbeinen aufgehängt, bleibt es durch die Blutversorgung des Gehirns praktisch bis zum letzten Blutstropfen bei Bewusstsein und das kann bis zu 10 qualvolle Minuten dauern!

Halal-Schlachtung

Für Transporte nach Übersee geht nach der Tortur auf dem LKW die Panik für die Überlebenden weiter – auf mehrstöckigen Frachtschiffen. Schafe und Rinder sind in Afrika besonders gefragt, auch bei glühender Hitze bleibt kein Millimeter Platz. Bis zu 10 % ersticken qualvoll oder werden zu Tode getrampelt. Auf verletzte oder kranke [Tiere] wird keine Rücksicht genommen, die sterbenden und toten Tiere werden auf hoher See über Bord geworfen oder bei der Entladung als ‚Transportausschuß' registriert.

Tortur für die transportierten Tiere

Jede achte Kuh kommt trächtig auf den Schlachthof. Das Blut der Kälberföten stellt eine zusätzliche Goldgrube für die internationale Pharmamafia und Kosmetikindustrie dar: Die Kälber werden aus der Fruchtblase geschnitten und dem noch schlagenden Herzen wird mit einer Nadel durchschnittlich ein halber Liter Blut abgezapft. So verenden jährlich mindestens 2 Millionen ungeborene Kälber qualvoll, um Forschungslabors und Pharmaindustrie zu beliefern."[67]

Verbesserungen innerhalb der EU, dafür Verschlechterung an deren Außengrenzen

Laut Aussage der NGO „Animals Angels" hat sich in den letzten Jahren die Situation innerhalb der EU um einiges verbessert: Langzeittransporte über acht Stunden werden nur noch in speziell dafür ausgerüsteten Lastwagen erlaubt, die Kontrolleure sind besser darauf trainiert, auf die Einhaltung geltender Gesetze zu achten. Mit mehr als einer Million Unterschriften hat „Animals Angels" 2014 eine Petition bei der EU-Kommission eingereicht, Langzeittransporte über acht Stunden gänzlich zu verbieten. Man versicherte dort die ernsthafte Prüfung der Petition (*https://www.animals-angels.de*).

Fragen

1. Wie würden Sie als betroffenes Unternehmen auf diese Publikation reagieren?

2. Zählen Sie die Täter und Opfer der Tiertransporte auf. Wer hat welchen Nutzen und welche Schäden?

3. Welche Rahmenbedingungen fördern die quälenden Tiertransporte? Haben sie sich zugunsten verbesserter Tiertransporte inzwischen geändert?

4. Gibt es ethische Werte, die den Tiertransporten Einhalt gebieten könnten? Berücksichtigen Sie dabei die pathozentrische Ethik von Peter Singer und vergleichen Sie sie mit der biozentrischen Ethik von Albert Schweitzer.

5. Wie könnten Lösungswege aussehen, die das Leid der Tiere bei den Transporten und Schlachtungen minimieren könnten? Recherchieren Sie dazu Lösungsansätze wie die von der Schweisfurthstiftung (*www.schweisfurth-stiftung.de*) und vergleichen Sie diese mit denen von Coop oder Migros.

6. Es gibt Versicherer, die die Tiertransporte nicht versichern, wenn sie nicht „tier- und artgerecht" vollzogen werden. Halten Sie das für einen gangbaren Weg, die Schäden zu verringern?

7. Was spricht dafür, die Würde der Tiere, d. h. ihren Eigenwert zu achten?

8. Was spricht dafür, die Tiere als ökonomisches Gut anzusehen, was dagegen?

9. Welche gesundheitlichen, ethischen und ökologischen Vorteile bietet eine vegetarische bzw. vegane Ernährung im Vergleich zum Fleischkonsum? Berücksichtigen Sie hierzu auch die Aussagen der beiden Filme „The Game Changers"[68] und „HOPE-TheProject".[69]

10. Welche Auswirkungen hätte es auf die Wirtschaft, wenn der Vegetarismus sich ausbreiten würde?[70]

11. Wie stehen Sie zu Massentötungen von Tieren bei Seuchenverdacht? So wurden 2003 z. B. in den Niederlanden und in Belgien angesichts des Verdachts einer H7N7-Geflügelpest-Infektion prophylaktisch 30 Millionen Vögel verbrannt.[71]

12. Sehen Sie neben diesem Fall noch andere Bereiche der Industrie, in denen nichtmenschliches Leben bedroht und eine biozentrische Ethik eine Neuorientierung auslösen würde?

10.4 Fazit zum Umgang mit allen Lebensformen

Die Ethik der „Ehrfurcht vor dem Leben" dient als biozentrisch erweiterte Instanz der ethischen Verantwortung. Sie hält den Menschen dazu an, das Leben in all seinen Erscheinungsformen zu achten, seine Vernichtung und Hemmung zu verhindern oder wenigstens auszugleichen, indem es an anderer Stelle aktiv gefördert wird. Sie zwingt niemanden, etwa dem Fleischessen oder der Fleischproduktion zu entsagen. Sie sensibilisiert allerdings für einen vorsichtigeren Umgang mit allen Lebensformen, deren Würde zu respektieren und entsprechend zu behandeln. Anstatt sie als „bloße Mittel" zu gebrauchen, setzt sie alles daran, das ihnen zugefügte Leid zu minimieren, einen artgerechten Umgang mit ihnen zu pflegen und wo immer möglich für Ausgleich von Schädigungen zu sorgen.

Ethik der „Ehrfurcht vor dem Leben"

Die seit Jahrtausenden bestehende religiöse Bewegung des Jainismus in Indien könnte hierbei als Vorbild dienen. Dessen Prinzip ist die Lehre von der *Advaita*, was so viel wie die Lehre vom All-Einen bedeuet. Alle vielfältigen Erscheinungen sind letztlich eins und innerlich miteinander verbunden. Daraus folgt dann das ethische Prinzip der *Ahimsa*, des Nicht-Verletzens aller Lebensformen. Denn wer einen Teil des Ganzen verletzt oder gar zerstört, verletzt oder zerstört damit auch einen Teil von sich selbst. Deshalb vermeiden die Jainas bei jeder Gelegenheit, Kleinstlebewesen zu töten oder zu verletzen. Das geht sogar so weit, dass sie einen Mundschutz tragen, um beim Einatmen kein Insekt zu töten. Oder sie achten sorgfältig auf ihrem Spazierweg darauf, keine Kleinstlebewesen zu zertreten. Sie essen vegan und meiden Berufe, in denen Leben bedroht sind. Mahatma Mohanda Gandhi (1869–1948) hat sich von der Lehre des Ahimsa – wie übrigens auch von der christlichen Bergpredigt – dazu inspirieren lassen, seinen Kampf gegen die koloniale Unterdrückung Indiens gewaltfrei zu gestalten.[72]

Vorbild des Jainismus: Ahimsa

Förderung von
Viabilität auf allen
Ebenen

Die biozentrische Ethik eines Albert Schweitzers motiviert Unternehmen, dem Leben insgesamt zu dienen, also nachhaltig zu einem guten Leben für alle Lebensformen in Gegenwart und Zukunft beizutragen, sprich: Viabilität auf allen Ebenen zu fördern. Sie sensibilisiert bei jeder Planung und Entscheidung für die Folgen, gibt Kriterien für die Akzeptabilität von Risiken an die Hand und weist den Weg für angemessenes Handeln.

Zusammenfassung

Biozentrische Ethiken gehen davon aus, dass nicht nur Menschen ethischer Schutz zusteht. Das dualistische Paradigma der neuzeitlichen Aufklärung, dass die Welt in zwei nur im Menschen verbundene Sphären einzuteilen sei, wurde spätestens mit Aufkommen der modernen Quantenphysik abgelöst. Aber auch die biologische Evolutionstheorie sieht eine kontinuierliche Entwicklung von einfachsten Lebensformen bis hin zum Menschen. Es gibt also keinen Grund mehr ihm eine Sonderstellung in Bezug auf ethischen Schutz einzuräumen.

Peter Singer ist einer der prominentesten Vertreter der pathozentrischen Ethik (von griech. *pathein* = (er)leiden). Ihr zufolge sollten die fundamentalen Interessen aller leidensfähigen Tiere gewahrt bzw. im Konfliktfall miteinander verglichen und gegeneinander abgewogen werden. Pflanzen spricht er Leidensfähigkeit ab und klammert sie daher aus seiner Ethik aus.

Dem widersprechen neuere biologische Forschungsergebnisse, die auch bei Pflanzen komplexe Reaktionsformen auf äußere Angriffe festgestellt haben. Man schreibt ihnen sogar so etwas wie Schmerzzustände und in deren Gefolge unterschiedlichste Reaktionen zu.

Albert Schweitzers Ethik der Ehrfurcht vor dem Leben stellt am konsequentesten alle Lebensformen unter ethischen Schutz mit der Begründung, dass sie alle durch den Willen zum Leben verbunden sind. Gleichzeitig sieht er jedoch auch den nicht aufhebbaren Kampf ums Dasein in allem Leben. Dem Menschen jedoch ist es möglich, aufgrund seines Denkvermögens die damit verbundenen Konflikte zu erkennen und möglichst weitgehend zu minimieren bzw. die negativen Folgen seines Handelns zu kompensieren.

Wie etwa Entscheidungen im unternehmerischen Alltag „Ehrfurcht vor dem Leben" berücksichtigen können, wurde neben Schweitzer auch von Paul W. Taylor vorgeschlagen: (a) durch intensive Prüfung der möglichen Folgen und Nebenfolgen für anderes Leben, (b) durch Prüfung der Notwendigkeit von Entscheidungen und ihren Konsequenzen sowie (c) durch verantwortliche Schaffung eines Ausgleichs. Beispiele dafür sind: Wiederaufforstungen als Ausgleich für CO_2-Produktion, Renaturierung von Kulturlandschaften, Abbruch und Entsorgung von stillgelegten Kernkraftwerken, überhaupt die vollständige Rezyklierung von natürlichen und technischen Materialien (Cradle-to-Cradle-Ansatz).

Weiterführende Inhalte finden Sie auf der Website *www.pearson.de.*

Endnoten

1 Jung/Klawitter/Rosenbach, 2021, S. 9.
2 Europäische Kommission, 2021.
3 Vgl. Fuchs/Taubert, 2014.
4 Bethge, 2016, S. 122; kritischer beurteilt Eva Schumann die verschiedenen Publikationen zu den vermeintlichen Tierprozessen (2009, S. 30 ff).
5 Aristoteles, 1986, 413a 20 ff.
6 Ebd. 430a 27, vgl. 433a 26.
7 Gen 1, 26 f: „Lasset uns Menschen machen, ein Bild, das uns gleich sei, die da herrschen über … alle Tiere"; Gen 5,1: „Als Gott den Menschen schuf, machte er ihn nach dem Bilde Gottes".
8 Bacon, 1981, S. 153, „Das wahre Ziel der Wissenschaften ist nun die Bereicherung des menschlichen Geschlechts mit neuen Kräften und Erfindungen." (S. 60).
9 Descartes, 1960, S. 50.
10 Vgl. ebd. S. 15.
11 Büchner, 1877, S. 3.
12 Moore, Henry zit. n. Kimbrell, 1997, S. 206.
13 Descartes, 1960, S. 38.
14 Kimbrell, 1997, S. 206.
15 Kant, 1978, S. 78.
16 Kant, 1968a/1797, § 17.
17 Vgl. Kimbrell, 1997, S. 180.
18 Mettrie, 1912.
19 Moleschott, 1852.
20 Russell, 1992, S. 820, 840.
21 Ebd. S. 839.
22 Vgl. Schüz, 1986, S. 140 ff, 220 ff.
23 Weizsäcker, 1976, S. 182.
24 Zit. n. Wolf, 1992, S. 11.
25 Büchner, 1877, S. VI. Büchner hat die beiden Positionen von dualistischer Sonderstellung und monistischer Einordnung des Menschen in der Natur auch philosophiegeschichtlich aufgearbeitet. Die beiden Standpunkte seien „so alt, als das menschliche Denken selbst". Er erwähnte als Parteigänger für die Monisten *Vergil*, der in den Tieren „ein Theil des göttlichen Geistes" wohnen sah, verwies auf *Plutarch*, der eine „Abhandlung über die Vernunft der Thiere" verfasste – gegen die Auffassung von der Denk- und Empfindungslosigkeit der Tiere, wie sie von Kynikern und Stoikern vertreten wurde, zitierte den römischen Arzt *Claudius Galenus*, der den Tieren „Überlegungs- und Schlussvermögen" zuschrieb, worin die Menschen sich nur „durch das Mehr" unterschieden, bezog sich auf *Celsus*, der im 2. Jahrhundert die christliche Vorstellung bekämpfte, dass „alles nur um des Menschen willen geschaffen", stattdessen in gewisser Weise die Tiere sogar „eher *über*, als *unter* den Menschen" stünden. (S. 2)
26 De Waal, 2015, S. 204 ff.
27 Brosnan/de Waal, 2003, 2014; vgl. Becker, 2003..
28 Range et al., 2009.
29 Boesch et al., 2010.
30 Bartal et al., 2011; allgemein zu den kognitiven Fähigkeiten von Tieren vgl. Precht, 2018.
31 Hans Jonas zit. nach Altner, 1993, S. 143.
32 Wolf, 1992, S. 11.
33 Salt (1892) zit. n. Wolf, 1992, S. 15. Auch Bertrand Russell folgert, dass mit der Akzeptanz der Evolutionstheorie „nicht nur die Lehre von der Gleichheit aller Menschen, sondern auch die Doktrin von den Menschenrechten als unbiologisch zu verwerfen wäre, da sie den Unterschied zwischen Menschen und anderen Lebewesen zu stark unterstreicht." (1992, S. 734).
34 Cavalieri/Singer, 1993, S. 304–312.
35 Singer, 1984, S. 77.
36 Vgl. Bentham, 1988, Chap. XII, S. 310 f.
37 Mill, 1985, S. 21.
38 Singer, 1984, S. 86.
39 Bethge, 2006, S. 114 ff; vgl. Bird, 1977; Mancuso/Viola, 2015. Aus dem 2. Jhdt. wird im sog. „Kölner Mani-Codex" überliefert, dass Mani, der Religionsstifter des Manichäismus, als junger Mann weder Fleisch noch Gemüse aß, weil er dessen Leiden deutlich wahrnahm: Es „schrie und blutete", als es für eine Mahlzeit geschnitten wurde. (Markschies, 2010, S. 102).
40 Verfassung, 2013, S. 20.

41 Ebd., S. 39.
42 EKAH, 2008, S. 10.
43 Ebd., S. 16.
44 Ebd. S. 20, vgl. Münzel, 2008, S. 5.; Koechlin, 2009; dies. 2019.
45 Russell, 1992, S. 737.
46 Schweitzer, 1974a.
47 Ebd. S. 96, 101, 103; vgl. Schüz, 1990b, S. 137.
48 Schweitzer, 1974c, S. 377.
49 Schweitzer, 1974b, S. 124.
50 Taylor, 1989, S. 251 ff. Den Eigenwert der Natur untersucht auch Martin Gorke in seinem gleichnamigen Buch (2017). Martha Nussbaum sieht das Verbindende in allen Lebensformen in den Freiheitsgraden, über die sie mehr oder weniger verfügen (Nussbaum, 2011, S. 164 f). So könnte man jeden Freiheitsgrad mit einem Grad an Autonomie gleichsetzen. Darin liegt vielleicht ein Ansatz, wie Kants anthropozentrische Ethik biozentrisch erweitert werden könnte.
51 Ebd. S. 263.
52 Schweitzer, 1974d, S. 242.
53 Ebd., S. 242.
54 Schweitzer, 1974c, S. 378.
55 Schweitzer, 2001, S. 179.
56 Schweitzer, 1974c, S. 387.
57 Schweitzer würdigt zwar Kants Kategorischen Imperativ, kritisiert zugleich seinen Anthropozentrismus, der sich „allein mit Pflichten des Menschen gegen Menschen" beschäftigt (1974c, S. 229 f.).
58 Schüz, 1986, S. 254.
59 Vgl. zum Ehrfurchtsbegriff bei Albert Schweitzer besonders Gottfried Schüz, 2015, S. 11 f.
60 Schweitzer, 1974c, S. 378.
61 Ebd., S. 388.
62 Schweitzer, 1974d, 242 f.
63 Schweitzer, 1974c, S. 389.
64 Vgl. Taylor, 1989, S. 263-306.
65 Vgl. Wilson, 1997, S. 379 ff.
66 Schweitzer, 1974c, S. 379, vgl. 388, 390.
67 Ursprünglich gefunden bei: *www.tvg-saar.de* – Menschen für Tierrechte Saar e.V. – Tierversuchsgegner Saar. Dieser Text ist dort so nicht mehr auffindbar, wird aber in Auszügen von einigen anderen Homepagebetreibern wiedergegeben: (*http://www.vegetarier.net/gesellschaft/tierproduktion*). Vgl. die aktuelle Sendung im ZDF: *http://www.zdf.de/planet-e/unser-taeglich-fleisch-tiertransporte-in-europa-und-was-unser-konsum-dazu-beitraegt-33293612.html*, abgerufen 19. März 2015.
68 Psihoyos, 2018.
69 Messinger, 2015.
70 „In der Bundesrepublik hat sich die Zahl der Vegetarier laut EG-Statistik von schätzungsweise einer Million zu Beginn der 80er-Jahre auf 3,1 Millionen erhöht und wird vermutlich noch weiter zunehmen, weil sich das zunächst nur ungute, dann aber schließlich belastende Gefühl der Mitschuld am unnötigen Leiden der Tiere verstärkt. Jedenfalls wurde in einer 1985 von der deutschen Pharmaindustrie in Auftrag gegebenen Befragung festgestellt, dass 33 % der Gesamtbevölkerung und 40 % der 14–34-Jährigen das Töten von Tieren zur Gewinnung von Lebensmitteln und Bekleidung für nicht gerechtfertigt halten. Dass davon dann doch nur wieder ein Bruchteil sein Leben wirklich umstellt, spricht weniger gegen den Appell des eigentlich Sein-sollenden, als vielmehr für den Druck der Gewohnheit und die Schwierigkeit, ihm zu widerstehen." (*http://www.vegetarier.net/argumente/ethik-moral*, abgerufen 28. April 2016)
71 Precht, 2006, S. 15.
72 Gandhi, 1983, S. 70, 344 ff.

Tiefenethik – Auskommen mit dem Bösen?

11

ÜBERBLICK

Lernziele

Der Leser

- kennt die Problematik der Unterscheidung von Gut und Böse auch in der Wirtschaft,

- unterscheidet die tiefenpsychologischen Mechanismen der Verdrängung, Unterdrückung und Projektion mit ihren jeweiligen (un-)ethischen Folgen,

- erfasst seine eigenen Anteile am Bösen, seine „inneren Schweinehunde" oder Schattenseiten, und versteht, mit der Bewusstmachung ihre Energien besser zum Wohle des Ganzen einzusetzen,

- lernt, die Argumente für skrupelloses Handeln in Unternehmen als langfristig selbstzerstörerisch zu entlarven,

- vermag die individuellen Schattenseiten auch im Kollektiv eines Unternehmens zu erkennen und konstruktiv umzuwandeln.

Randtitel: Diskrepanz zwischen Einsicht und Verhalten

Alle Ethikansätze, die wir in diesem Buch bisher behandelt haben, werden angesichts der drängenden Weltprobleme inzwischen bei den meisten Unternehmen explizit oder implizit berücksichtigt. Dennoch ist die Diskrepanz zwischen Einsicht und Verhalten immer noch auffällig. Ausplünderung der Natur, Korruption, Betrügereien, ausbeuterische Lieferketten sind immer noch weit verbreitete Phänomene. Woran liegt es, dass die Ökonomie des fairen Tausches, wie wir sie in ▸*Kapitel 1* skizziert haben, die der Gier noch nicht abgelöst hat?

Ausdruck angstvollen Selbstschutzes

Weil die Gier der Akteure Ausdruck unbewusster Ängste ist: Angst vor Verlust von Macht, Prestige und Geld. Sie sind der Antrieb vieler Verhaltensweisen wie Neid/Eifersucht, Maßlosigkeit, Habsucht, Hochmut, unkontrollierte Leidenschaften, Trägheit und Wut, also Laster, die schon in der Bibel als die „sieben Todsünden" bezeichnet wurden. In vielen Organisationen verführen sie manche ihrer Mitglieder zu unethischen Praktiken und lähmen dabei die Mehrheit derjenigen, die gut sein wollen, kooperativ und altruistisch eingestellt sind.

Ignorierte Schatten

Angst führt zu einer Blickverengung, die alle Neben-, Rück- und Fernwirkungen unseres Handelns ausblendet, weil sie primär auf Selbstschutz ausgerichtet ist und so den Egoismus fördert. Die #MeToo-Bewegung hat eine der dunklen Seiten des Missbrauchs von Macht aufgedeckt und damit jahrhundertelang weit verbreitete Verhaltensweisen in den Chefetagen möglicherweise im Lichte der Öffentlichkeit neutralisiert.[1] Inwieweit sind die Täter zugleich Opfer ihrer unbewussten, unkontrollierten Ängste? Die Verdrängung solcher meist unbewussten Kräfte in der menschlichen Psyche führen zu Schuldzuweisungen, Projektionen, Kontrollwahn und Verschwörungstheorien, wie sie in Krisenzeiten etwa während Pandemien besonders wirksam sind.

Eine Ethik ohne Berücksichtigung tiefenpsychologischer Erkenntnisse läuft ins Leere. Denn nur wenn sie die Schattenseiten des Menschen in den Blick nimmt, vermag sie Methoden zu entwickeln, wie das sogenannte Böse erfolgreich bewältigt werden kann. Ansätze dazu werden hier unter dem Begriff der Tiefenethik skizziert.[2]

Suche nach einer neuen Ethik: die Tiefenethik

11.1 Wirtschaftsvergehen und das sogenannte „Böse"

Einmal jährlich unternimmt der Autor mit einer Gruppe Studierender eine „Ethik-Exkursion" ins Gefängnis – u. a. mit dem Ziel, sich näher mit den „Schattenseiten" der menschlichen Psyche auseinanderzusetzen. Sie bekommen dort die Gelegenheit, mit einem wegen Wirtschaftsdelikten verurteilten Insassen zu sprechen. Die als „kriminell" bezeichneten „Bösen" versetzen sie immer wieder in Erstaunen. Denn sie entpuppen sich oftmals als ganz „normale" Menschen, die auf sehr gute Karrieren zurückblicken können. Entweder erlagen sie der Versuchung, das schnelle Geld zu machen, oder sie wurden von Kollegen oder schwierigen Umständen in die Delinquenz hineingezogen.

Ethik-Exkursion ins Gefängnis

Beispiele für „böses" Handeln

Da war der ehemalige Manager einer Großbank, der Anlagestiftungen verwaltete. Bei einer „lieh" er sich eine zweistellige Millionensumme, um sie zu seinen Gunsten gewinnbringender anzulegen. Noch bevor er das Geld zurücktransferieren konnte, wurde die illegale Transaktion entdeckt. Ein anderer war Treuhänder. Einer seiner Kunden vertraute ihm zwölf Millionen Franken an – zwecks Investition in Immobilien. Beim größten Teil gelang ihm tatsächlich, die versprochenen Renditen zu erwirtschaften und auszuschütten. Einen kleinen Teil jedoch übergab er einem guten Bekannten, der die Summe veruntreute. Beide wurden zu drei Jahren Gefängnis verurteilt.

Gut etablierte Täter

Einige der Delinquenten berichteten, dass der Gedanke, mit einer Tat einen schnellen Gewinn zu realisieren, sie ganz plötzlich erfasst und daraufhin bis zur Ausführung nicht mehr losgelassen habe. Das dabei vorherrschende Gefühl war vergleichbar mit einem *Tunnelblick*, der sie nur auf den einen Gedanken fokussieren und alle selbstkritischen Erwägungen ausblenden ließ. Die warnenden Stimmen blieben unbewusst, konnten also gar nicht wirksam werden. Als sie die Konsequenzen schließlich realisierten, war es bereits zu spät. Sie alle quälte ein schlechtes Gewissen wegen der begangenen Tat.

Fokus auf die Tat

Im Anschluss an solche Exkursionen stellten manche Studierende die Angemessenheit der verhängten Strafen infrage. Wenn kaum kontrollierbare Umstände zur Tat verführen, wie verantwortlich könne der Täter eigentlich noch sein? Im Vergleich dazu müssten andere Vergehen als wesentlich krimineller, sprich: böser, angesehen werden. Sie verwiesen dabei auf Fälle, die Tausende von Arbeitsplätzen oder die Steuerzahler Milliarden kosteten, aber ungesühnt blieben, wie etwa der folgende:

Verantwortlichkeit der Täter

Insolvenz der
Warenhauskette BHS

Aktuell (April 2016) diskutiert die britische Öffentlichkeit das eröffnete Insolvenzverfahren der englischen Warenhauskette BHS. Diese war im Jahr zuvor von Sir Philip Green für £ 1 an die Firma eines ehemaligen Börsenmaklers verkauft worden, der in seiner Vergangenheit bereits in drei zum Teil betrügerischen Pleiten involviert war. Es droht nun die Entlassung von 11.000 Mitarbeitern. Green steht am Pranger, weil er nach dem Kauf von BHS für £ 200 Mio. während 15 Jahren £ 400 Mio. an Dividenden bezogen hat – und zwar steuerfrei auf den Namen seiner Frau, die in Monaco gemeldet ist. Zudem weist die Pensionskasse von BHS ein Deckungsrisiko über £ 571 Mio. auf, das durch Einlagen seitens des früheren Eigentümers hätte verringert werden müssen und nun wohl vom Staat übernommen wird. Auch wenn Green weder zivil- noch strafrechtlich belangt werden kann, so verlangen doch Parlamentarier den Entzug von Greens Adelstitel, nachdem er sich ohne Gewissensbisse gerade seine dritte Luxusyacht gekauft hat.[3]

Selbstbereicherung
als Ausdruck des
Bösen?

Zeigt sich an diesen Beispielen das Böse in den Abweichungen von den gesellschaftlichen Erwartungen des Guten? Können solche Fälle gleichermaßen als böse angesehen werden oder gibt es Unterschiede? Sind die spontanen Ersttäter im Gefängnis eher als Opfer einer ungezähmten Gier und damit des Bösen selbst zu betrachten, während der Täter im letzten Fall mit dem Vorwurf einer jahrelang geplanten Selbstbereicherung auf Kosten eines ganzen Unternehmens konfrontiert werden kann? Ist es schon böse, wenn ein Tausch zur Täuschung wird, in dem einer der Tauschpartner sich auf Kosten des anderen bereichert, wenn er also mehr nimmt als er gibt? Oder zeigt es sich eher noch in Gewaltexzessen, zu denen der Mensch und neben ihm auch andere Lebensformen fähig sind? Der folgende Abschnitt geht unter Rückgriff auf eine Theorie von Friedrich Nietzsche der Frage nach, wie das Böse gerade in der Aufrechterhaltung von Tauschgerechtigkeit entstanden sein könnte.

11.2   Zur Entwicklungsgeschichte des Bösen

Das Böse in der
Handlung

Friedrich Nietzsche
(1844–1900)

Was ist überhaupt das Böse? Zunächst leitet sich der Begriff des Bösen aus dem althochdeutschen Eigenschaftswort „bosi", was so viel wie „schlecht", „schlimm", „wertlos" oder „gering" bedeutet.[4] Als böse können (1) Handlungen und deren Folgen bezeichnet werden, aber auch (2) die Intention und Absicht des Handelnden und schließlich (3) dieser selbst bzw. (4) die Umstände, die ihn zu der Handlung veranlasst haben. Es dürfte klar sein, dass es für die moralische Beurteilung einen Unterschied macht, ob die Handlungen, die Absicht, der Handelnde oder die Umstände als böse angesehen werden. Friedrich Nietzsche sah darin aufeinanderfolgende epochale Entwicklungen im Umgang mit dem Bösen. Er war der Auffassung, dass die ausschließliche Beurteilung einer Handlung einzig nach deren „Erfolg" oder „Misserfolg" noch der „vormoralischen Periode der Menschheit" zuzuschreiben sei, während die „moralische Periode" bereits den Handelnden selbst als lobens- oder tadelnswert beurteilt. In der „außermoralischen Periode" der „Immoralisten" werden die tieferliegenden Ursachen herausgearbeitet, nämlich der „Wille zur Macht", der vermeintliche Absichten unbewusst steuert.[5]

Nietzsche dürfte der Erste gewesen sein, der die Ursprungsgeschichte des Bösen und die damit verbundenen Vorurteile kritisch herausgearbeitet hat. Den Ursprung der moralischen Schuld sieht er in den materiellen „Schulden", die ein Schuldner (Käufer) beim Gläubiger (Verkäufer) gemacht hat. Wenn jener sein Versprechen der Rückzahlung, also das Einhalten der Sollensforderung oder die Pflicht, nicht einhielt oder einhalten konnte, hatte dieser das Recht, ihm das zu „vergelten", indem er ihm zum Ausgleich nahm, was ihm als Pfand versprochen worden war. Bei Zahlungsunfähigkeit machte er von seinem Pfandrecht Gebrauch, indem er dem Schuldner nahm, was er noch besaß: seinen Leib, seine Angehörigen oder seine Freiheit, ja im religiösen Kontext sogar sein „Seelen-Heil". Auf diese Weise konnte der Schuldner durch „alle Arten Schmach und Folter" seine Schuld wieder ausgleichen.[6] In unserer Terminologie: Die Tauschgerechtigkeit war wieder hergestellt.

Ausgleich von Schulden

In späterer Zeit sorgten „staatliche Organisationen" für Rechtsvorschriften und Gesetze[7], die den Tauschhandel zwischen Schuldner und Gläubiger berechenbarer machen sollten. Sie bereiteten auch den Boden für das „schlechte Gewissen", durch das die Schuldgefühle wach gehalten wurden. Die Gewissheit der Schuld galt nicht nur gegenüber lebenden, sondern vor allem auch gegenüber den vergangenen Schuldnern. Man schuldet nun sein eigenes Leben, seine Gesundheit und seinen Wohlstand den Ahnen, Göttern und schließlich dem allmächtigen Schöpfergott.[8] Mit den Schuldgefühlen gegenüber jenseitigen Instanzen gewinnt auch das Böse an Macht. Es verselbstständigt sich und wird z. B. als Teufel personifiziert.[9] Er wirkt jedenfalls im Verborgenen, bleibt im Dunkeln und ist damit gänzlich außer Kontrolle.

Verselbstständigung des Bösen

11.3 Die Frage nach dem Verhältnis von Gut und Böse

Wenn die Ethik nach dem Guten fragt, so stellt sich auch die Frage nach dem Bösen. Ist das Gute der totale Gegensatz des Bösen? Muss sich dann das Gute nicht im Kampf gegen das Böse bewähren? Hat aber die Geschichte nicht gezeigt, dass gerade in der Verteufelung des Bösen besonders viel Böses entsteht? Wenn man das Böse selbst nicht als bösen Gegner verdammen und dadurch verstärken will, wie sollte man dann sonst mit ihm umgehen? Die Menschheit beschäftigt sich schon seit Jahrtausenden mit solchen Fragen. Sowohl die Philosophie als auch die Religionen geben eigene Antworten darauf. Hat das Böse wie das Gute eine eigene, geistige Realität?[10] Gibt es etwa, wie Kant behauptet, das „radikal Böse"? Auch die modernen Natur- und Sozialwissenschaften sowie die Psychologie beschäftigen sich mit dem Thema. Ist das Böse in der Natur verankert oder ein Produkt menschlicher Kultur und Psyche?

Böses oder gutes Auskommen mit dem Bösen?

Im Rahmen dieses Buches können wir auf solche Fragen nur ansatzweise eingehen. Dennoch sollten sie im Kontext der Unternehmensethik nicht ausgeklammert werden, weil sich aus den Antworten unterschiedliche Empfehlungen zur Bewältigung des Bösen ableiten lassen. Insbesondere sollen Erkenntnisse der Tiefenpsychologie zur Sprache gebracht werden, weil sie wichtige Einsichten zur ethischen Behandlung des Bösen zutage gefördert hat, die auch für die Wirtschaft von Bedeutung sind.

Diskrepanz zwischen Anspruch und Wirklichkeit

Aus verschiedenen Anlässen werden Wirtschaftsunternehmen und deren Repräsentanten öffentlich als böse angeprangert. Oft wird ihnen ihre Diskrepanz zwischen Anspruch und Wirklichkeit zur Last gelegt. Ihr Verhalten entspreche nicht den proklamierten ethischen Standards. Viele Unternehmen hielten nicht einmal ihre eigenen ethischen Grundsätze ein. „Gute und hehre" Absichten pervertierten hin und wieder sogar in Vernichtungsfeldzüge. Und die vermeintlich „guten" Taten zeitigten oft schlimmere Folgen als manche „schlechte". Menschen mit guten Absichten haben weniger Hemmungen, die Realisierung ihrer Ziele in Angriff zu nehmen – sie haben ja den Segen des Guten. Unvermögen bleibt so verborgen – unbeabsichtigte negative Folgen können als „ungewollt" entschuldigt werden.[11]

Licht und Schatten von Industrien

Dies trifft auch für Industrieprodukte zu, wenn sie als Segen für die Menschheit verkauft werden, am Ende jedoch großen Schaden anrichten – man denke nur an DDT, Asbest, FCKW, Gen- und Atomtechnik und viele andere mehr. Ebenso scheitern politische Ideologien, die allesamt ja nur das Beste für die Menschheit wollen, an den katastrophalen Folgen, die sie fast immer auslösen. Der abstrakte Wunsch, das Paradies zu bereiten, ist der beste Weg zur Erzeugung einer konkreten Hölle. Das „Gute" muss man um jeden Preis durchsetzen, koste es, was es wolle. Umgekehrt gibt es auch das Phänomen der bösen Absicht, die Gutes hervorbringt. Goethe bringt es in seinem „Faust" zum Ausdruck, indem er Mephistopheles sagen lässt: *„Ich bin ein Teil von jener Kraft, die stets das Böse will und doch das Gute schafft."* Dieses Zitat hat der Nationalökonom Hans Christoph Binswanger auf die *unsichtbare Hand* des so oft missverstandenen Adam Smith bezogen, der zufolge das gierige Verfolgen des Eigeninteresses letztlich dem Gemeinwohl diente.[12]

Traditionelle Umgangsformen mit dem Bösen

Gut und Böse im Widerstreit

Ist dieser Widerspruch von Gut und Böse im Grunde genommen nicht in jedem Menschen angelegt? Am Ende von ▶*Kapitel 5.6* wurden 18 Gründe für den Verlust von Ethik angeführt. Beweisen sie nicht, dass das Böse durch Mangel an Befähigung zum Guten entsteht? Oder sind sie ein Beleg dafür, dass im Menschen zwei widerstreitende Kräfte des Guten und des Bösen, bildlich gesprochen: eines Engels und eines Teufels, walten? Und hat dann der Mensch nicht die ethische Aufgabe zu lernen, der Stimme des Guten zu folgen und den Einflüsterungen des Bösen zu widerstehen?

Die Rolle des Gewissens

Immanuel Kant hat diese Problematik der widerstrebenden Kräfte im Menschen in seiner „Tugendlehre" thematisiert. Der Streit besteht in den „Antrieben der Natur", die sich der vernünftigen „Pflichtvollziehung" gemäß des kategorischen Imperativs widersetzen. Wie kann der Mensch entscheiden und das Richtige tun? Es ist die jedem Menschen innewohnende „Urteilskraft", die sich in seinem „Gewissen" manifestiert. Diesem fällt die Aufgabe zu, die widerstreitenden Gedanken zu beurteilen, ob sie dem Gesetz des kategorischen Imperativs gehorchen oder der Willkür der triebgebundenen Natur unterworfen sind. Das Gewissen ist „das Bewusstsein eines *inneren Gerichtshofes* im Menschen", vor dem ein innerer Dialog den Streit austrägt.[13]

Dies setzt aber die Fähigkeit der unparteilichen *Selbsterforschung und -erkenntnis* voraus, die er zum „ersten Gebot aller Pflichten gegen sich selbst" erhebt.[14] Indem der Mensch den Zwiespalt in sich erkennt, kann er nun durch Einübung und Gewöhnung Tugenden entwickeln, die die „Hindernisse der Pflichtvollziehung ... bekämpfen und durch die Vernunft ... besiegen". Für Kant ist dies zum Beispiel die „Tapferkeit", mit der der Mensch seine innere Natur der Affekte und Begierden besiegt oder unter „Selbstzwang" stellt. Durch ihn werde die böse Handhabung der Naturkräfte unter die gute Herrschaft der Vernunft gestellt.[15]

Selbsterforschung und -erkenntnis

Fragwürdige Bekämpfung des Bösen im Namen der Vernunft

Das Leben von Maximilien Robespierre (1758–1794) scheint Kants Theorie der Vernunft geradezu zu widerlegen. Er hat sich im Sinne seines Vorbildes Jean-Jacques Rousseau (1712–1778) der Vernunft verschrieben und sich schon früh für die Menschenrechte – speziell für die Rechte von Frauen und unehelich geborenen Kindern – eingesetzt. Selbst in der Französischen Revolution trat er zunächst für die Abschaffung der Todesstrafe und Sklaverei in den Kolonien ein, kämpfte für Pressefreiheit und allgemeines Wahlrecht aller Männer. Erst später nach seiner Wahl in den „Ausschuss der öffentlichen Wohlfahrt und der allgemeinen Verteidigung" wandelte er sich zum „Blutrichter" der Französischen Revolution, um deren Feinde zu eliminieren. Ihm ging es um die Ausrottung des Bösen, das den Volkswillen untergräbt.[16] Er wollte dadurch einen Tugendstaat aufbauen, in dem „das Volk durch Vernunft zu leiten und die Feinde des Volkes durch terreur zu beherrschen" seien. Denn ohne Terror sei die Tugend „ohnmächtig", allerdings auch der Terror ohne Tugend „unheilvoll". Insgesamt dürften nach Beginn seiner Terrorherrschaft 500.000 Verhaftungen vorgenommen und zwischen 25.000 und 40.000 Menschen direkt hingerichtet worden sein. Insgesamt verzeichnete man nach der Revolution einen Bevölkerungsrückgang von 200.000 Menschen.[17]

Das Beispiel Robespierres zeigt, wie wenig die Vernunft von der Natur des Menschen abzukoppeln ist. Gerade weil die menschliche Vernunft immer auch von unbewussten Kräften beeinflusst ist, kann sie leicht von diesen instrumentalisiert werden. So erklärt der Psychologe Max Gallo in seiner Biographie über Robespierre dessen Widersprüche im Denken und Handeln mit Narzissmus und verdrängter Hassliebe zum Vater. Jener verleitete ihn zur Hybris der Unfehlbarkeit und Unersetzlichkeit, diese gab ihm die nötige Aggression zur Bekämpfung verhasster Gegner. Im Bewusstsein, das Gute zu repräsentieren, wollte er alles zerstören, was dieses vermeintlich Gute bedrohte. Möglicherweise war es auch der

Robespierres vernunftbasierter Terror

Maximilian de Robespierre (1758–1794)

Tiefenpsychologische Gründe

Zugewinn an Macht, der Robespierres Vernunft korrumpierte, immer brutalere Mittel im Kampf gegen das Böse einzusetzen.[18]

Dieser Fall dürfte keine Ausnahme sein. Auch heutige Individuen, Gruppen und Organisationen sind inneren wie äußeren, meist unbewussten Kräften ausgesetzt, um ihre verborgenen Leidenschaften, (Gruppen-)Egoismen oder Machtansprüche unter dem Deckmantel vernünftigen Handelns auszuleben. Diese lassen sich dann kaum noch über rationale Appelle oder Diskurse in gewünschte Bahnen lenken. Eine wirkungsvolle, praxisgerechte Ethik müsste daher auch Wege aufzeigen können, wie der Mensch mit diesen in der Tiefe des Unbewussten verankerten Kräften umgehen und auskommen kann. Sie müsste in einer Art *„Tiefenethik"*[19] Wege zeigen, auf denen analog der Tiefenpsychologie die vergessenen Dimensionen und Schatten der Motive des Verhaltens miteinbezogen werden können.

Notwendigkeit, Tiefenstrukturen zu erkennen

Robespierres
Hinrichtung
(1794)

11.4   Sicht der Tiefenpsychologie

Triebe als Ausdruck des Willens zur Macht

Der Erste, der dieses Problem der menschlichen Psyche erkannt und Lösungen vorgeschlagen hat, war Friedrich Nietzsche. Er bestimmte alle wirkende Kraft, sei sie mechanischer oder psychischer Natur, als „Willen zur Macht", also als eine bestimmte Energieform.[20] Die verschiedenen Triebe im Menschen sind nichts anderes als unterschiedliche Ausprägungen dieses Willens. Der Wille zur Macht kann sich im Menschen nun auf sich selbst beziehen. Er kann sich selbst wollen oder nicht, kann sich antreiben oder hemmen, ausleben oder sublimieren. Er kann zu seinen Trieben Stellung beziehen.

Sechs Methoden der Triebsteuerung

Umgangsformen

Nietzsche selbst nennt im berühmten Aphorismus 109 seines Werkes „Morgenröte" unter dem Titel „Selbst-Beherrschung und Mäßigung und ihr letztes Motiv" sechs „Methoden, um die Heftigkeit eines Triebes zu bekämpfen":

> *„[1] Den Anlässen ausweichen, [2] Regel in den Trieb hinein pflanzen, [3] Übersättigung und Ekel an ihm erzeugen, und [4] die Assoziation eines quälenden Gedankens (wie den der Schande, der bösen Folgen oder des beleidigten Stolzes) zu Stande bringen, sodann [5] die Dislokation der Kräfte und endlich [6] die allgemeine Schwächung und Erschöpfung."*[21]

Kultivierung der Triebe

Wegen solcher Analysen gilt Nietzsche als der Vorläufer der Tiefenpsychologie. Diese führt die verschiedenen Triebe auf *eine* psychische Energie zurück und erarbeitet Weisen zum Umgang mit ihnen. Nietzsche zeigt mit seinen Methoden auf, was es heißt, moralisch zu sein, nämlich den rechten Umgang mit seinen Trieben zu pflegen. Großes könne nur geleistet werden, wenn die Triebe sublimiert, also kultiviert werden:

„Man kann wie ein Gärtner mit seinen Trieben schalten und, was wenige wissen, die Keime des Zorns, des Mitleidens, des Nachgrübelns, der Eitelkeit so fruchtbar und nutzbringend ziehn wie schönes Obst an Spalieren; man kann es tun mit dem guten und dem schlechten Geschmack eines Gärtners und gleichsam in französischer oder englischer oder holländischer oder chinesischer Manier, man kann auch die Natur walten lassen und nur hier und da für ein wenig Schmuck und Reinigung sorgen ...“[22]

Kollektive Triebbewältigung

Die Sublimierung und Kultivierung der Triebe hebt nicht nur einzelne Individuen, sondern auch Gruppen oder gar die Menschheit zu kulturellen Höchstleistungen empor, die sich auf mannigfache Weise unterscheiden. Je nachdem, ob sie den Zusammenhalt einer Gruppe fördern oder zerstören, werden sie als moralisch gut oder böse bezeichnet.

Man kann Nietzsches Methoden zum Umgang mit den Trieben auch auf soziale Systeme übertragen.[23] Denn in ihnen stehen Energien zur Verfügung, mit denen man auskommen muss und die je nach Verwendung zerstörerisch oder aufbauend wirken.

Kulturleistungen durch Beeinflussung der Triebenergie

Philosophischer Exkurs: Triebbewältigung und Ethik

Nietzsches *erste* Methode zur Triebbewältigung, den verführerischen Anlässen auszuweichen, führt dazu, nicht alles, was machbar ist, auch zu machen, also nicht jeden Zweck zu verfolgen – bespielsweise menschliche Föten genetisch zu manipulieren, nur weil das große Geschäft winkt, sondern stattdessen gesetzlich zu verbieten. Hier dominiert die Einsicht und eine *Ethik des Vermeidens*, wie wir sie bei Hans Jonas kennengelernt haben.

Den Anlässen ausweichen

Die *zweite* Methode des Einpflanzens von Regeln kann auf die Traditionen menschlicher Kultur bezogen werden. Wo immer Menschen zusammenleben, gibt es Gewohnheiten, Sitten und Regeln des Umgangs miteinander. Gesetze, Rechtsverordnungen und moralische Imperative sollen die Energien von Individuen und Gruppen in gesellschaftlich akzeptable Bahnen lenken. Daraus lässt sich eine Ethik der Pflichten, eine *deontologische Ethik,* ableiten, wie sie etwa Immanuel Kant entwickelte.

Einpflanzen von Regeln

Die *dritte* Methode der Erzeugung von Übersättigung und Ekel entspräche dann den Leiden, die z. B. Gewinnsucht oder der exzessive Konsum mit ihren aufgezehrten Ressourcen, den Müllbergen, Gesundheitsschäden oder Umweltzerstörungen erzeugen. Wenn der Leidensdruck zu groß geworden ist, ist man auch bereit, die Ursachen zu beseitigen, falls es dann nicht zu spät ist. Hier dominiert das Lernen durch Erfahrung, durch die dann auch die goldene Mitte zwischen einem Zuviel und Zuwenig der Triebenergien getroffen werden kann, also Ausdruck der *Tugendethik* ist.

Erzeugung von Übersättigung

Quälende Gedanken einpflanzen

Die *vierte* Methode, beim Umgang mit den Trieben quälende Gedanken zu verbinden, verweist auf die Folgenbetrachtung etwa einer Risikoanalyse. Wer die negativen Auswirkungen seines Tuns kennt, der wird nicht mehr guten Gewissens hemmungslos so weiterwirtschaften wie bisher. Das Wissen um die Folgen wirkt selbstregulierend und zügelnd auf das Handeln zurück. Dies erinnert an die *utilitaristische Ethik*, die die Folgen eines Handelns nach seinem Nutzen oder Schaden beurteilt.

Umlenken der Energien

Bei der *fünften* Methode werden die Gedanken und Kräfte in andere Bahnen gelenkt und verfeinert („disloziiert"), indem man sich beispielsweise besonders schwere und anstrengende Arbeiten auferlegt. Dies ist jedoch nur möglich, wenn die Arbeit als sinnvoll erscheint. Hier geht es also auch um die Frage nach dem Sinn eines Tuns für ein größeres Ganzes. Wer eine neue Idee mit Begeisterung verfolgt, kann alle sein Kräfte zu ihrer Verwirklichung einsetzen. Das ist auch der Grund, weshalb Visionen in Unternehmen so viele Kräfte freisetzen und konzentrieren können. Die Frage ist nur, welche Vision, welche Ziele, welchen Sinn wir verfolgen sollen, um unsere Energien in ihren Dienst zu stellen. Auch das muss eine Ethik begründen können. Sie ist hierbei auf die Überlegungen der *universalen und nachhaltigen Verantwortung* angewiesen.

Unterdrücken der Triebe

Die *sechste* Methode, das Schwächen, ja Ausrotten der Triebe, lehnt Nietzsche als nicht wünschenswert ab. Dies sei die Methode der *mittelalterlichen Moral*, die alles darangesetzt habe, etwa den Geschlechtstrieb des Menschen auszumerzen. Dies komme einer Selbstverstümmelung gleich, die letztlich die Befähigung zum Leben nehme. Sie sei typisch für den moralischen Saubermann, der die Triebe auch im anderen als böse und verwerflich abzutöten sucht.[24] Im Namen dieser Moral werden dann alle unerwünschten Blüten als Unkraut herausgerissen. Der Mensch wird mit seinen vielfältigen Ausprägungen gleichgemacht und uniformiert. Er verliert seine Freiheit zum Umgang mit seinen Trieben respektive Energien.

Für Nietzsche ist diese Methode der Moral eigentlich unethisch, weil sie den Menschen seiner Energien beraubt und damit auch seiner Befähigung zum verantwortlichen Handeln. Sie ist Ausdruck einer „*Sklavenmoral*" und eines versteckten *Ressentiments*, in dem der Schwache dem Starken dessen Leistungsfähigkeit missgönnt und schwächen will.[25]

Gefahren der Triebbekämpfung

Nietzsches Botschaft lautet: Wir können niemals *gegen*, sondern nur *mit* der Natur leben, um unsere kulturelle Leistungsfähigkeit zu erhalten. Gerade die Fähigkeit zur Verantwortung benötigt die Energien der Natur, um sie in den Dienst des Ganzen zu stellen. Ohne sie würde dem Menschen die Kraft fehlen, sie auch nur zu denken. „Nietzsche war der Überzeugung, dass ein Mensch ohne Triebe genausowenig Gutes tun kann, wie ein Kastrat Kinder zeugen." Es gelte, die Triebe in den „Dienst" zu nehmen, zu „ökonomisieren", anstatt zu schwächen oder gar zu vernichten.[26] Für Nietzsche sind also nicht die Triebe böse, sondern ihre moralische Ausrottung. Ihm geht es hingegen um ein gutes Auskommen mit ihnen, um die verantwortliche Zähmung der ursprünglich wilden Triebe zum Aufbau von Kulturleistungen.

Auch in sozialen Systemen gibt es Energien, die mit den Trieben vergleichbar sind – etwa das Gewinnprinzip in Unternehmen. Es sollte ebensowenig wie jene als moralisch böse verurteilt werden. Da es den Selbsterhaltungstrieb eines Unternehmens repräsentiert, sollte es weder abgeschafft noch wild ausgelebt werden. Gewinn ist eine wichtige Energiequelle für alle unternehmerischen Aktivitäten. Ohne ihn hätte das Unternehmen keine Kraft auf dem freien Markt zu bestehen. Wie die Triebe im menschlichen Individuum sollte er nicht beschnitten oder gar vernichtet werden. Es sollte stattdessen verantwortlich mit ihm umgegangen werden, indem er beispielsweise ressourcenschonend erbracht und für diesen oder jenen Zweck verantwortungsvoll verwendet wird. In diesem Sinne ist Gewinnstreben unternehmensethisch zu begrenzen.[27]

Gewinnprinzip zum Selbsterhalt

Die Tiefenpsychologie, wie z. B. bei Sigmund Freud und Carl Gustav Jung, hat die Einsichten von Nietzsche wieder aufgegriffen und weiterentwickelt. Sie geht ebenso davon aus, dass die Triebenergien nicht grundsätzlich vernichtet werden können. Nach dem Energieerhaltungssatz können sie allenfalls ins Unbewusste *verdrängt* werden. Was geschieht dann mit diesen Energien? Sie führen im Unbewussten – wie in einem Dampfkessel eingeschlossen – unsichtbar ein Schattendasein. Der *Schatten* beinhaltet alle verdrängten, offiziell nicht gesehenen oder anerkannten Triebe einer Person. Welche Inhalte und Prozesse der unbewusste Schatten umfasst und wie mit ihnen umzugehen ist, darin unterscheiden sich die verschiedenen Ansätze der Tiefenpsychologie. Für die Ethik am bedeutsamsten ist das Phänomen der Projektion, auf das im Folgenden näher eingegangen wird.

Unbewusste Verdrängung der Triebe

Projektionen als Entlastung verdrängter Triebe

Für das Zusammenleben wird es vor allem dann problematisch, wenn zur Entlastung der eigenen Psyche die als böse gebrandmarkten und daraufhin verdrängten Triebe nach außen *projiziert* werden. Dabei wird der andere zum *Sündenbock* degradiert. Er ist schuld an dem, was man sich selbst nicht zugestehen will. Die Folgen dürfen nicht unterschätzt werden. Der Sündenbock wird mit Bosheit, Neid, Hass, Ressentiment, Rachegefühlen, Aggressionen und gefährlichen Vorurteilen überschüttet, die u. U. in Mord und Totschlag genauso ausarten können wie beim Kollektiv in Kriegen und Genoziden.

Sündenbockpsychologie

Die berühmte Geschichte vom Axtdieb aus dem China des 3. Jahrhundert v. Chr. verdeutlicht das alltägliche Phänomen der Projektion:

Gleichnis vom Axtdieb nach Lü Bu Wei

> *„Einst hatte jemand eine Axt verloren. Er hatte seines Nachbars Sohn in Verdacht. Er beobachtete die Art, wie er ging: es war die Art eines Axtdiebes; seine Mienen: es waren die eines Axtdiebes; seine Worte: es waren die eines Axtdiebes; seine Bewegungen und sein ganzes Wesen, alles was er tat: alles war die Art eines Axtdie-*

bes. Zufällig grub er dann einen Graben und fand seine Axt. Am anderen Tag sah er wieder seines Nachbars Sohn, alle seine Bewegungen und sein ganzes Wesen glichen nicht mehr der Art eines Axtdiebes. Sein Nachbarsohn hatte sich nicht verändert. Er selbst hatte sich verändert. Was war der Grund davon? Nichts anderes, als dass etwas da war, das ihn in unbefangener Beobachtung störte."[28]

Maßnahmen zur Bewältigung verzerrter Wahrnehmung

In diesem Gleichnis hat der Axtbesitzer seine Axt verlegt. Da er vor sich selbst nicht zugeben will, dass er sie möglicherweise verloren hat, sucht er einen Schuldigen draußen in der Welt und findet ihn im Sohn des Nachbarn. Sein Vorurteil verändert seine Wahrnehmung, sodass er das typische Bild eines Axtdiebes auf den Verdächtigen projiziert. Das Beispiel legt zudem eine erste Methode des Umgangs mit solchen verzerrten Wahrnehmungen (englisch: *biases*) und anschließenden Projektionen nahe, nämlich der unparteiischen Selbstreflexion, wie sie bereits Adam Smith immer wieder anmahnt. Selbstbeobachtung setzt Selbstbeherrschung voraus, damit man in bedrohlichen Situationen nicht gleich seinen ersten Impulsen freien Lauf lässt. Sie ist für Smith eine „große Tugend", von der „alle anderen Tugenden ... ihren Glanz in erster Linie herleiten".[29] Die neutrale Selbstbeobachtung dient im zweiten Schritt dazu, die aufsteigende Angst zu kontrollieren, man könnte der unethischen Tat eines anderen (siehe ▶ *Abschnitt 5.5*) sein. Das hilft bereits schon, Projektionen zurückzunehmen und andere Ursachen in Betracht ziehen zu können. Die zweite Methode, auf die unten (siehe ▶ *Abschnitt 11.7*) noch näher eingegangen wird, bezieht sich ebenfalls auf eine Tugend, nämlich die der Achtsamkeit (englisch: *mindfulness*). Diese finden in Unternehmen zunehmend Beachtung.

Projektion als fehlgeleitete Wahrnehmungen

Halten wir fest: Projektionen sind Unwahrheiten, die wissentlich oder unwissentlich über andere verbreitet werden. Sie resultieren in Wahrnehmungen des Projizierenden, die von seinen unbewussten Vorurteilen, Ängsten und Schuldgefühlen, aber auch von Wunschgedanken, Liebesgefühlen und Bewunderungen gespeist werden. Erstere führen eher zu negativen, Letztere eher zu positiven Zuschreibungen.

Ressentiment als Ursache von Kollektivprojektionen

Auch Kollektive entwickeln ihr eigenes Schattenreich, in das alle offiziell als böse abgestempelten Bedürfnisse verdrängt werden. Sie tauchen als *Ressentiment*[30] wieder auf und werden als „Fremdes draußen" statt als „Eigenes drinnen" bekämpft, bestraft, totgeschwiegen oder verdrängt. Schuld wird dabei immer im anderen gesehen und entsprechend von ihm auch Sühne eingeklagt. Minderheiten, Schwache und Hilflose sind willkommene Opfer dieser Projektion.[31] Typisch für solche Kollektivprojektionen sind dann Zuschreibungen böser Attribute wie „Hexe", „Verbrecher", „Ungläubiger", „Terrorist", „Weltverschwörer", „leibhaftiger Teufel", „Achse des Bösen" oder „rote Gefahr". Selbstgerecht bekämpft man dabei im anderen oftmals nur die eigenen, nicht integrierten oder vergessenen Schatten.[32]

Abbildung 11.1: Sündenbockpsychologie
Quelle: Magdalena Steiner, 2016.

Damit zeigt sich ein entscheidender Schwachpunkt in den traditionellen Ethiken, dass sie nämlich den Mechanismus von Projektionen ignorieren. Die Ethik müsste neben den bewussten Verhaltensimpulsen vor allem auch alle unbewussten, in die Tiefe der menschlichen Psyche verdrängten, unterdrückten oder projizierten Verhaltensimpulse aufdecken, um sie nicht länger andere damit zu belasten. Mit der damit verbundenen Selbsterkenntnis ließen sich vielleicht selbstgerechte Schuldzuschreibungen zurücknehmen.

Zurücknahme von Projektionen als ethisches Postulat

In diesem Sinne sieht Albert Schweitzer sogar im Verzeihen Anzeichen von Selbstgerechtigkeit und mahnt zur Besinnung auf die eigenen Schatten:

Selbstgerechtigkeit im Verzeihen

> *„Alle Nachsicht und alles Verzeihen ist [der Ethik der Ehrfurcht vor dem Leben] … eine durch die Wahrhaftigkeit gegen sich selbst erzwungene Tat. Ich muss grenzenloses Verzeihen üben, weil ich im Nichtverzeihen unwahrhaftig gegen mich selbst würde, indem ich damit täte, als wäre ich nicht in derselben Weise schuldig, wie der andere mir gegenüber schuldig geworden ist. Weil mein Leben so vielfach mit Lüge befleckt ist, muss ich Lüge, die gegen mich begangen wird, verzeihen; weil ich selber so vielfach lieblos, gehässig, verleumderisch, hinterlistig, hoffärtig bin, muss ich alle gegen mich gerichtete Lieblosigkeit, Gehässigkeit, Verleumdung, Hinterlist und Hoffart verzeihen. Lautlos und unauffällig muss ich verzeihen. Ich verzeihe überhaupt nicht, ich lasse es schon gar nicht zum Richten kommen. Auch dies ist keine Verstiegenheit, sondern eine notwendige Erweiterung und Verfeinerung gewöhnlicher Ethik. Den Kampf gegen das Böse, das in dem Menschen ist, haben wir nicht mit Richten anderer, sondern nur in dem Richten unserer selbst zu führen."*[33]

11.5   Schattenseiten in Unternehmen

Ursache von Kriegen

Auch manche Konflikte, die Unternehmen austragen, können darauf zurückgeführt werden, dass dort innere und äußere Umwelten, etwa die Ansprüche der Stakeholder, als bösartig ausgeblendet werden. Man erinnere sich an die Frühphase der Nestlé-Marketingpolitik (siehe ▶ *Abschnitt 3.6*), in der die Ansprüche wichtiger Stakeholder als Angriff auf das freie Unternehmertum verteufelt wurden. Zudem sollte jede Unternehmensführung anerkennen, dass es neben der offiziellen Organisation noch informelle Strukturen mit einem Eigenleben gibt.

Projektionen bei Führungskräften

Fremdverantwortung bei schlechten Betriebsergebnissen

Projektionen reduzieren die Komplexität einer Aufgabe und entlasten den Verursacher. Dieser entzieht sich dadurch aber auch seiner Verantwortung gegenüber den Betroffenen. Deshalb finden sich Projektionen auch in Unternehmen recht häufig. So zeigen empirische Studien, dass Top-Manager die Gründe für schlechte Betriebsergebnisse und Bilanzen hauptsächlich bei anderen suchten. Mehr als die Hälfte der Befragten machte externe Gründe wie ungünstige Marktbedingungen, wirtschaftliche Rezession oder eine Währungskrise dafür verantwortlich, während ähnlich viele unternehmensinterne Gründe wie eine hohe Kostenquote, schlechte Produkte oder Dienstleistungen zur Entschuldigung anführten. Nur drei Prozent gestanden eigene unternehmerische Fehlentscheidungen als Grund ein.[34] Wenn es allerdings um die Bewertung guter Betriebsergebnisse geht, dann werden diese mehrheitlich den eigenen glänzenden Leistungen zugeschrieben.

Fenster-Spiegel-Syndrom bei Führungskräften

Jim Collins beschrieb dieses Phänomen in seiner empirischen Studie zu erfolgreichen Unternehmen mit der Fenster-Spiegel-Metapher. Gute Unternehmensführer haben oft die Eigenschaft, im Falle eines Erfolges aus dem „Fenster" zu schauen, um die Verantwortlichen des Erfolges zu identifizieren und zu belobigen, bei Misserfolg in den „Spiegel" zu blicken, um die Gründe des eigenen Versagens zu erkennen. Bei nachweislich erfolglosen Unternehmensführern ist häufig das Gegenteil der Fall: Sie suchen Schuldige für Misserfolge draußen und im Erfolgsfall die Ursache bei sich.[35] In beiden Fällen können Projektionen am Werk sein. Im ersten Fall wird vielleicht das Gute auf die Mannschaft projiziert, was durchaus auch einen selbstverstärkenden Effekt hat. Die Belobigten versuchen die ihnen zugeschriebenen Eigenschaften mit noch größerer Anstrengung unter Beweis zu stellen. Während im zweiten Fall die Getadelten sich möglicherweise das Fremdbild zu eigen machen und ihm unbewusst entsprechen. Mit solchen positiv vertrauensvollen oder negativ misstrauischen Zuweisungen stimuliert die Führungskraft bei den Mitarbeitern das entsprechende Verhalten.[36]

Abbildung 11.2: Fenster-Spiegel-Metapher für Level-5-Leader
Quelle: Magdalena Steiner, 2016.

Generell klafft bei vielen Führungskräften eine Lücke zwischen Selbstbild und Fremdbild, wie jüngst eine repräsentative Studie des Instituts für Demoskopie in Allensbach feststellte. Unter anderem bescheinigten nur 38 Prozent ihrem Chef Offenheit für Kritik, nur jeder Dritte fühlte sich durch ihn bei der Umsetzung der eigenen Fähigkeiten unterstützt. Die Vorgesetzten hingegen schätzten sich in den meisten Punkten erheblich besser ein, als dies die Untergebenen taten.[37]

Kluft zwischen Selbst- und Fremdbild

	Nachwuchskräfte: Das trifft auf meinen direkten Vorgesetzten zu		Führungskräfte: Das trifft auf mich zu
		Differenz	
Begründet den Mitarbeitern, wenn sich Veränderungen in der Arbeit bzw. im Arbeitsumfeld ergeben	38	−32	70
Hält sich an gemachte Absprachen, steht zu den Entscheidungen und Vereinbarungen	38	−29	84
Ist offen für Kritik	38	−29	67

Abbildung 11.3: Diskrepanz zwischen Selbst- und Fremdeinschätzung von Führungskräften
Quelle: IZF, 2016, S. 72.

Die dunkle Seite der Organisation

Viele Vorgänge im Unternehmen werden von Führungskräften wie von Mitarbeitern verschwiegen oder gar nicht thematisiert, obwohl sie vorhanden und wirksam sind. Sie bilden ein eigenes Schattenreich und prägen einen großen Teil der Unternehmenskultur. Man hat die meist unbewussten Schatten der menschlichen Psyche wie von Organisationen auch mit dem Eisbergphänomen verglichen, demzufolge der größte Teil des Eisbergs unterhalb der Wasseroberfläche schwimmt.[38] Demzufolge wirken unterhalb der „Wasseroberfläche" die informellen Antriebskräfte einer Organisation: die versteckten Bedürfnisse, Motive und Ziele (*hidden agendas*) ihrer Mitglieder, die Seilschaften aus gegenseitigen Gunsterweisungen, die Selbstbereicherungs- und Unterdrückungsstrate-

Eisbergmodell

gien jener mit Zugang zu den Ressourcen, omnipräsente Laster wie Macht, Prestige, Neid, Eifersucht, Gier, Lügen- und Mobbingstrateme. Umgekehrt allerdings entfalten sich im Untergrund auch die positiven Kräfte der Kooperation und Hilfsbereitschaft über die Grenzen von Hierarchien und Abteilungen hinweg.

Offizielle, formale, rationale, beobachtbare, bewusste Aspekte, Oberwelt	
Individuum	**Unternehmen**
Körper	Aufbauorganisation
Bedürfnisbefriedigung, hochgehaltene Werte	Ablauforganisation
Berufliche Position, Hobbys	Stellenbeschreibung, Aufgabenstellungen
Regelkonformität	Richtlinien, Handbücher
Gesundheitszustand	Bilanzen
Prestige	Image
Hochgehaltene Werte	Prinzipien, Verhaltenskodizes
Selbstgerechte Lippenbekenntnisse	Offizielle Verlautbarungen

Inoffizielle, informale, irrationale, nichtbeobachtbare, unbewusste Aspekte, Unterwelt, Schattenseite	
Individuum	**Unternehmen**
Persönliche Beziehungen	Inoffizielle Machtverteilung
Abhängigkeiten	Seilschaften
Verdrängte Triebe, Affekte wie Neid, Eifersucht, Habgier	Latente Unzufriedenheit, Dienst nach Vorschrift, Missgunst, Selbstbereicherungsstrategien
Projektionen auf Sündenbock	Verantwortungslosigkeit
Versteckte Delinquenz	Korruption
Ignorierte Krankheiten	Fehlende Strategie
Neurosen	Sabotage, Mobbing
Ängste	Panikstimmung
Tabus	Ungeschriebene Gesetze
Wahre Gefühle, Körpersprache	Versteckte Absichten

Abbildung 11.4: Eisbergmodell für Individuen und Organisationen

Berücksichtigung der Schatten

Es ist sinnvoll, die inoffiziellen, meist unbewussten Anteile bei allen Überlegungen und bei jeder wichtigen Entscheidung mitzuberücksichtigen. Anstatt ihren Kräften blind ausgeliefert zu sein, hebt man konstruktiv ihr verborgenes Potenzial für innovative Ideen. Sonst führt die Schattenseite ein Eigenleben, das eher stört als förderlich ist, vor allem dann, wenn sie nach draußen projiziert und irrtümlich bekämpft wird.

Die dunkle Triade

Die Schattenunbewusstheit kann sich besonders schädlich auf Organisationen auswirken, wenn sie von einzelnen Menschen in hohen Führungspositionen eingebracht wird. Besonders Personen mit psychischen Eigenschaften, die der sogenannten „dunklen Triade" zuzuordnen sind, können die Geschicke eines Unternehmens extrem beeinflussen – also Menschen mit starkem Hang zum Narzissmus, Machiavellismus und zur Psychopathie.[39] Sie benutzen oft die Organisation als Ausbeutungsobjekt, um ihre verborgenen Defizite wie „vor anderen mit ihrem Geld, ihrer Macht und ihren Status glänzen zu wollen" (Narzissmus), „andere kontrollieren zu wollen" (Machiavellismus) und „andere ausbeuten zu wollen" (Psychopathie) auszuschöpfen, wobei oftmals eine Kombination aller drei Antriebe vorliegt.[40] Diesen Unternehmensführern, die der Organisationspsychologe Paul Babiak und der Psychopathieforscher Robert D. Hare in ihrem gleichnamigen Buch als *Snakes in Suites* (also Schlangen in Anzügen) bezeichnen,[41] geht es nicht um das Wohl der Organisation und deren Stakeholder, sondern ausschließlich um sich selbst. Gerade wenn sie über hohe kognitive Intelligenz, aber geringe Selbstreflexion und Empathie verfügen, können sie ihre Schattenseite auf Kosten aller anderen ausleben, was durchaus auch zum Zusammenbruch einer ganzen Organisation führen kann, wie folgendes Beispiel zeigt.

Beispiel **Al Dunlap**

Al Dunlap, der sich selbst als „Kettensägen-Al", „Rambo in Nadelstreifen" oder schlicht „der Reißwolf" (The Shredder) feierte und sich sogar zum „Mister Shareholder-value" hochstilisierte, galt als erfolgreicher Firmensanierer. Für zuletzt 100 Millionen Dollar Jahresgehalt sanierte er Firmen mit seiner Methode „slash and burn" – „zerschlagen und verbrennen". Zu Tausenden entließ er Mitarbeiter, reduzierte die Produktportfolios, verkaufte wenig rentabel erscheinende Firmenteile mit dem einzigen Ziel: die Aktienkurse der Firma nach oben zu treiben. Schon die Nachricht, Kettensägen-Al werde bei dem Haushaltsgerätehersteller Sunbeam als Sanierer einsteigen, ließ deren Aktie an einem Tag um 60 Prozent nach oben schießen, die Ankündigung von Entlassungen setzte den Trend fort. Noch im März 1998 war die Firma so hoch bewertet wie die erfolgreichsten Blue-Chip-Companies des Landes. Niemand fragte, wie die versprochenen Innovationen geleistet und die Produktion revolutioniert werden sollten. Schließlich wurde offenbar, dass Dunlap der Firma nur Verluste gebracht hatte. Die Firmenschulden schossen um fast 2 Mrd. $ in die Höhe und das erste Quartal 1998 brachte 45 Mio. $ Verlust. Die Aktie fiel so tief wie vor Dunlaps Amtsantritt 1996. Selten löste eine Entlassung mehr Freude aus: Ehemalige Angestellte, Manager, Gewerkschafter und Politiker feierten auf spontanen Partys das Ende von Dunlap.[42]

Das Beispiel Al Dunlaps sollte aber nicht missverstanden werden. Es geht bei der Schattenproblematik nicht nur um krankhafte Ausnahmeerscheinungen, wie sie kaltblütige, durchsetzungsstarke, furchtlose, trickreiche und verlogene Psycho- und Soziopathen darstellen. Diese machen nach Schätzungen verschiedener Psychopathieforscher nur zwischen 1 und 5 Prozent der Bevölkerung aus, sind aber an der Spitze von Organisationen mit 14–15 % überproportional vertreten.[43] Diese Extrembeispiele führen aber vor Augen, welche potenzielle Eigenschaften des Bösen in jedem Menschen vorhanden sind, aber durch Einfühlungsvermögen, Mitgefühl, Offenheit, Flexibilität und Vertrauensbereitschaft usw. komplementär ergänzt werden. Umstände, wie wir sie in den acht-

Verführbarkeit durch Unbewusstheit

zehn Gründen für Ethikverlust aufgezählt haben (siehe ▶*Abschnitt 5.6*), können in jedem Menschen diese oder jene Eigenschaften aktivieren. Deshalb bedarf es der neuen Methoden des „guten Auskommens mit dem Bösen", wie sie hier nun als „Tiefenethik" skizziert werden. Diese wurzelt in den „neuen Ethikentwürfen", wie sie von C. G. Jung, Erich Neumann und Erich Fromm durchdacht wurden, aber auch schon im Ansatz bei Albert Schweitzer zu finden sind.

11.6   Neue Ethik – Grundzüge einer Tiefenethik

Ständig werden wir Opfer oder Urheber von Projektionen. Der Schaden, der dabei angerichtet werden kann, ist von so großer Virulenz, dass die Tiefenpsychologen Carl Gustav Jung und sein Schüler Erich Neumann (1905–1960) in diesem Prozess das Grundübel menschlicher Existenz sehen, dem die traditionelle Ethik bisher in keiner Weise Rechnung getragen habe.[44]

Vollständige Integration durch Tiefenethik

Erich Neumann
(1905–1960)

Angesichts der „Schatten-Unbewusstheit"[45] der meisten Menschen und der damit verbundenen Risiken schlägt Neumann eine „neue Ethik" vor, die „auf einer Bewusstmachung der positiven *und* negativen Kräfte der menschlichen Struktur und auf ihrer *bewussten* Einbeziehung in das Leben des Einzelnen und der Gemeinschaft"[46] fußt. Im Sinne seiner neuen Ethik ist ihm „ethisch einwandfrei" nur derjenige Mensch, der sein „Schattenproblem angenommen", d. h. in sein Bewusstsein integriert hat.[47] Während die traditionelle Ethik den *vollkommenen* Menschen anstrebt, intendiert Neumanns Ethik den *vollständigen* Menschen. Dieser ist darum besorgt, die komplementären Aspekte des Bewusstseins und des Unbewussten zusammenzuschauen, und trägt so dazu bei, universale Verantwortung wahrzunehmen. Es liegt daher auch nahe, diese neue Ethik als *Tiefenethik* zu bezeichnen, weil sie die Tiefenstrukturen der menschlichen Psyche nicht nur berücksichtigt, sondern vollständig zu integrieren sucht.[48] Sie zielt auf ein gutes Auskommen mit sich selbst, das auch die Bewusstmachung der eigenen Anteile am Bösen beinhaltet.

Freuds Herrschaft über das Unbewusste

Sigmund Freud
(1856–1939)

Sigmund Freuds (1856–1939) große Entdeckung war, dass das Unbewusste viel größeren Einfluss auf das Bewusstsein hat, als bis dahin angenommen wurde. Verdrängte Ängste, Konflikte und Persönlichkeitsmerkmale sowie Begierden, traumatische Erlebnisse und Erbanlagen bestimmen neben Umwelteinflüssen erheblich mit, was als Gedanken und Gefühle bewusst wahrgenommen wird und dann zu Entscheidungen und Handlungsweisen führt. Freud zufolge sind die „drei Zwingherren", unter deren Einfluss das „arme Ich" des Bewusstseins steht: „die Außenwelt, das Über-Ich und das Es". Während das Ich „Vernunft und Besonnenheit" repräsentiert, vertritt das Es die meist unterbewussten „ungezähmten Leidenschaften". Das Über-Ich zeigt sich in den vorherrschenden Wertvorstellungen und Ideologien der Gesellschaft. Im „Falle der Bedrängnis" reagiert das Ich „mit Angstentwicklung", die sich z. B. in „Spannungsgefühlen der Minderwertigkeit und des Schuldbewusstseins", neurotischem Verhalten oder anderen psychischen Problemen äußern kann.[49] All das kann – etwa durch die Psychoanalyse – prinzipiell bewusst gemacht werden, um das Ich aus der Gewalt der unbewussten Kräfte zu befreien und diese nun selbst zu beherrschen bzw. dafür auch Verantwortung zu übernehmen.[50]

Carl Gustav Jung (1875–1961) hat Freuds Vorstellungen vom Unbewussten um wesentliche Anteile erweitert. Neben den verdrängten Anteilen erkennt er weit darüber hinausgehend noch ein „kollektives Unbewusstes" an, das jedes Individuum mit der ganzen Menschheit teilt. Der Mensch kann sich nun in einem „Individuationsprozess" von seiner kollektiven Fremdbestimmung wie von seiner narzisstischen Ichfixierung emanzipieren, und damit auch von den fixen Vorstellungen von Gut und Böse. Etwas in ihm erkennt einen mittleren Weg zwischen angstvoller Ichbeschützung, aus der alle Gier und Machtansprüche erwachsen, und fanatischer Hingabe an die etablierten Werte eines Kollektivs, die alles Fremde als böse bekämpft. Der befreite Mensch wird sich seiner selbst gewahr und erkennt zugleich seine Verflochtenheit mit dem Universum.

Jungs Integration ins Unbewusste

Mit dieser Einsicht geht zugleich auch eine neue ethische Haltung einher. Der Mensch vermeidet, das Böse zu bekämpfen, um gut zu sein, weil er weiß, dass er damit sich selbst angreift. Somit sieht der Mensch auch seine universale Verantwortung. Sie sensibilisiert ihn für seine eigenen Verhaltens- und Handlungsweisen, ob sie eher lebensförderlich oder -zerstörerisch sind. Er wird seine Existenz nicht länger bloß auf das *Haben* ausrichten, das nach Erich Fromm (1900–1980) vom Bewahren über Begehren und Benutzen bis hin zu seiner Extremform der Habgier reicht, sondern vielmehr auch auf das *Sein* selbst.[51] Dann trägt er wesentlich zur Realisierung des Ideals der Humanität bei, wie es Erich Fromm in Aussicht stellt: „*Wenn das Unbewusste bewusst wird, verwandelt sich die bloße Idee der Universalität des Menschen in die lebendige Erfahrung seiner Universalität; es ist die empirische Verwirklichung der Menschlichkeit.*"[52] Das Kernproblem der Tiefenethik ist also das Bewusstmachen der tabuisierten Schatten, um jenseits von Gut und Böse universale Verantwortung wahrnehmen zu können. Ein wichtiger Schritt dahin ist, sich der Filter bewusst zu werden, die unser tägliches Wahrnehmungsvermögen steuern und beeinflussen.

Bewusstwerdung als ethische Forderung

Erich Fromm (1900–1980)

Exkurs: Filter der Wahrnehmung

Unsere Wahrnehmung von Gut und Böse ist von biologischen und psychischen Rahmenbedingungen geprägt. Sie ist zudem auch zeit- und kulturbedingen Verzerrungen (englisch: *biases*) unterworfen und damit ein soziales Konstrukt, das eine Gemeinschaft zusammenhält, oder bedrohen kann. Erich Fromm ist sogar davon überzeugt, dass „in Wirklichkeit ... der größte Teil des bewussten Denkens der Menschen nur in Fiktion und Täuschung" besteht. Er identifiziert drei „soziale Filter", die dafür sorgen, was an unbewussten Inhalten überhaupt ins Bewusstsein dringen kann: Sprache, Logik und Tabus.[53]

Über die *Sprache* wird festgelegt, welche Gefühle, Affekte und Begierden in einem Kulturkreis überhaupt und wie wahrgenommen werden

Filter zur Bewusstwerdung

Sprache

– abhängig davon, ob es dafür Begriffe gibt oder nicht. Die Historikerin Tiffany Watt Smith hat eine Enzyklopädie von über 150 Gefühlen und Empfindungen aus aller Welt zusammengestellt, für die es oftmals nur in bestimmten Sprachen einen Begriff gibt. So kennt z. B. das Volk der Baininger von Papua-Neuguinea das Gefühl „Awumbuk", das Gäste nach ihrer Abreise als „Schwere im Haus" zurücklassen. Dagegen soll eine Schüssel mit Wasser helfen, die über Nacht an die frische Luft gestellt wird. Dafür kennt die englische Sprache das Gefühl der „Homefullness", die einen nach einer beschwerlichen Reise zu Hause wohlig empfängt. Der selten gebrauchte Begriff der „Basorexia" wurde als „plötzliches Verlangen, jemanden zu küssen" in der amerikanischen Sprache kürzlich wiederentdeckt.[54]

Logik   Die Sprache selbst ist nach der ihr zugrunde liegenden *Logik* aufgebaut. Auch hier gibt es kulturbedingte Unterschiede. Die aristotelische *Aussagenlogik*, auf der westliches Denken basiert, geht davon aus, dass nicht etwas ist und zugleich nicht ist, dass es also mit sich identisch (A = A, *Satz der Identität*) und nicht zugleich etwas anderes ist (A ≠ B, *Satz vom Widerspruch*), also z. B. entweder böse oder gut ist, ein Drittes jedoch nicht gebe (*Satz vom ausgeschlossenen Dritten*).[55] Die *dialektische Logik* (Fromm: „paradoxe Logik"), wie sie Heraklit, Hegel und Marx, aber auch chinesische Denker der Sprache zugrunde legen, kennen keinen Satz vom auszuschließenden Dritten. Wie beim Symbol des Yin und Yang trägt das eine den Keim des anderen in sich und kann sich entsprechend in das Gegenteil verwandeln. So kann durchaus etwas gut angesehen, aber auch in sein Gegenteil, das Böse, verkehrt werden und schließlich in etwas neues Drittes übergehen. Es kann also im Sinne der dialektischen Methode von Georg Wilhelm Friedrich Hegel (1770–1831) in dreifacher Weise *aufgehoben* werden: Das Gute kann in der „Thesis" *bewahrt*, in der „Antithesis" in sein Gegenteil, das Böse, verkehrt und damit *negiert* werden und schließlich in der Synthesis *überhöht* werden. Demzufolge gibt es auch eine Ethik „Jenseits von Gut und Böse" (Nietzsche).

Tabus   In jeder Gesellschaft gibt es Empfindungen, die „nicht gedacht, gefühlt und ausgedrückt" werden. Fromm zufolge gibt es Dinge, die man nicht tut, nicht sagt und am besten gar nicht erst denkt, die also tabu sind. Fromm nennt Beispiele. Das Mitglied eines friedliebenden, ackerbauenden Stammes verspürt den Drang, ein anderes Mitglied zu berauben und zu töten. Da sein Gefühl tabuisiert ist, wird er stattdessen Angst- oder Ohnmachtsgefühle oder verdrängten Zorn entwickeln. Oder: Der Inhaber eines Kleidergeschäfts wird einem Kunden, der nur wenig Geld hat, kaum einen Anzug billiger hergeben. Selbst wenn er einen Impuls dazu empfindet, wird er ihn verdrängen und entsprechend aggressiv auf den Kunden reagieren.[56] So werden bestimmte Empfindungen und Verhaltensimpulse gesellschaftlich tabuisiert. Tabus dienen also der sozialen Verhaltensregulierung. Sie definieren gesellschaftliche „Selbstverständlichkeiten", die dem „guten Auskommen miteinander" dienen. Sie verhelfen aber auch den Mächtigen dazu, ihre Eigentums- und Herrschaftsverhältnisse abzusichern.[57]

Die Tiefenethik ist daher herausgefordert, zunächst alle psychisch und sozial wirksamen Tabus aufzudecken. Anschließend überprüft sie sie, ob sie ihren ethischen Maßstäben noch entsprechen und akzeptabel sind oder nicht; ob sie nur den Herrschaftsansprüchen einiger weniger dienen, oder der Lebensförderung insgesamt; ob sie vielleicht sogar Ausdruck der universalen Verantwortung sind. Dieser zufolge ist nicht alles Machbare auch sinnvoll für das Ganze ist.

Ethisch fragwürdige Tabus

Als Ideal der neuen Ethik verweisen sowohl Jung als auch Fromm auf die Erfahrungen des Zen-Buddhismus.[58] Ziel des Zen ist die *Erleuchtung* (Satori), in der die Einheit des Wirklichen nicht denkerisch, sondern existenziell erfahren wird. Der Physiker und Philosoph Carl Friedrich v. Weizsäcker hat nach einem solchen Erlebnis bekannt: *„Ich war jetzt ein völlig anderer geworden: der, der ich immer gewesen war."*[59] Erleuchtung wird als vollkommene Befreiung von allen Restriktionen und Verdrängungen angesehen und doch zugleich auch als vollkommene Übernahme universaler Verantwortung. So ist der Zen-Meister und Jesuitenpater Hugo Makibi Enomiya-Lassalle (1898–1990) der Auffassung, dass der Erleuchtete „unmittelbar und ohne zu zweifeln" weiß, was er zu tun hat.[60] Durch regelmäßige Meditation könnten die unbewussten Ängste, Neid und Missgunst aufgelöst werden. In diesem Sinne haben auch regelmäßige Achtsamkeitsübungen (siehe ▶ *Abschnitt 11.7*) ihre tiefenethische Funktion.

Einheitserfahrung

Die folgenden Schritte weisen einen Weg, wie die verdrängten Schatten in das Bewusstsein von Einzelnen oder Kollektiven gehoben werden können.

11.7 Wege zur Vervollständigung

Um die Polarität von Gut und Böse aufzuheben, ist es hilfreich in Komplementaritäten zu denken, zu fühlen und zu handeln. Gerade durch die westliche Denkweise und abendländische Logik sind wir darauf sozialisiert, alles in Gegensätzen zu betrachten. Und wenn gegensätzliche Positionen aufeinandertreffen, so wird gewöhnlich ein Gewinner auf Kosten des Verlierers erkämpft oder höchstens ein Kompromiss ausgehandelt, der beide Parteien nicht wirklich zufriedenstellt. Dieser durchbricht letztlich nicht die Polarität, sondern neutralisiert sie allenfalls. Er nimmt dadurch der Beziehung ihre Antriebskraft, etwas Neues zu entwickeln. Im komplementären Denken hingegen werden neue Möglichkeiten der Beziehung durch gemeinsames Verständnis der Position des anderen eruiert. In einem zweiten Schritt findet man dadurch eine neue dritte Position, in der die beiden anderen ihren Anteil einbringen, in der also jede der ursprünglichen Positionen „aufgehoben" ist.

Komplementäres Denken

Enomyia-Lassalle
(1898–1990)

11.7.1   Psychosynthese und Dialektik

Dialektische Aufhebung von Gegensätzen wie Gut und Böse

Roberto Assagioli
(1888–1974)

In diesem Sinne können die konfliktbeladenen Gegensätze dialektisch aufgehoben werden. Roberto Assagioli (1888–1974) hat die dialektische Methode in seiner „transpersonalen Psychologie" als „Psychosynthese" weiterentwickelt. Anstatt die problembehafteten Positionen, die jeweils von ihren Vertretern als „gut" und beim Gegner als „böse" identifiziert werden, weiter abzugrenzen und dadurch den Widerstand der gegnerischen Partei zu erhöhen, soll man lernen, sich in die Situation des anderen hineinzuversetzen. Dadurch gewinnt man den nötigen Respekt vor der Gegenposition und öffnet sich dann für eine neue, dritte Postion, in der beide Gegenpositionen aufgehoben sind. Keiner fühlt sich mehr benachteiligt, weil jeder sich darin wiederfinden kann. Um die neue Position zu finden, sollte man sich innerlich von den bekannten Lösungen freimachen und sich für Informationen aus dem kollektiven Unbewussten öffnen. Erst wenn der menschliche Geist die bewussten Gedanken zur Ruhe bringt, können neue Einsichten jenseits der Gegenpositionen auftauchen.

Beispiele für solche polaren Positionen[61] sind:

Thesis	Antithesis
Materie	Bewusstsein
Natur	Kultur
Dogmatismus	Skeptizismus
Gut	Böse
Manie	Depression
Blinder Optimismus	Angstvoller Pessimismus
Tollkühnheit	Feigheit
Opportunismus	Rebellion
Verschwendungssucht	Geiz
Begeisterung	Widerwillen
Arroganz	Minderwertigkeitsgefühl
Geschäftigkeit	Faulheit
Angst	Lethargie
Ehrgeiz	Antriebslosigkeit
Sympathie	Antipathie

Tabelle 11.1: Beispiele für dialektische Gegensatzpaare

Gemeinsames Finden neuer Wege

Die Methode der dialektischen Synthese durchbricht konsequent die polare Front zwischen den Gegensatzpaaren und eröffnet neue Wege. Durch Loslassen der Fixierung auf einen Pol und Einlassen auf den anderen können beide auf einer höheren Ebene aufgehoben werden, anstatt sich in einem Kompromiss zu neutralisieren.

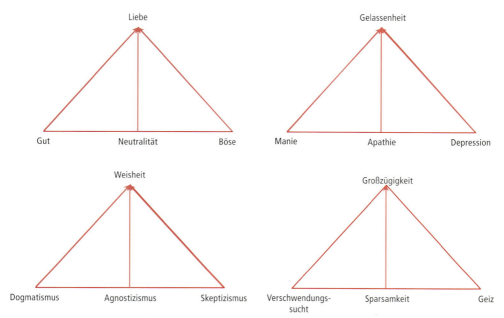

Abbildung 11.5: Komplementäre Aufhebung konträrer Positionen
Quelle: vgl. Parikh, 2004, S. 217.

Diese Methode wird auch systematisch von erfolgreichen Management-beratern eingesetzt – etwa bei der Lösung von kulturbedingten Konflikten zwischen Partnern von Unternehmensfusionen. Fons Trompenaars und Hampden Turner nutzen ebenfalls den Dreischritt, wenn etwa der Fusionspartner A (z. B. shareholder-orientiert) darauf beharrt, seinen Standpunkt auf Kosten des Fusionspartners B (z. B. umweltorientiert) durchzusetzen. Wenn sie hingegen in gemeinsamer Anstrengung auf einen neuen Standpunkt (z. B. stakeholder-orientiert) hinarbeiten, können beide damit zufrieden sein und ihn ohne Ressentiment akzeptieren. Die Chancen, dass damit tatsächlich Synergien gehoben werden können, steigen beträchtlich.[62]

Anwendbare Methode bei Firmenfusionen

Fallstudie

Brent-Spar-Dilemma bei Royal Dutch Shell plc

Die Firma Royal Dutch Shell plc stand 1995 wegen der Ölverlade-plattform Brent Spar weltweit am Pranger. Nach eingehenden Beratungen mit Experten unter Rückgriff auf über 30 Studien und Gutachten von Consulting-Firmen und Universitäten hatte Shell entschieden, die ausgediente Plattform durch Versenkung in der Nordsee zu entsorgen. Die darin verbliebenen 130 Tonnen giftiger Ölschlämme würden in 2.000 Meter Tiefe keine Belastung für Sicherheit und Gesundheit der Ökosysteme sein.

Verklappung einer Ölverladeplattform in der Nordsee

Opposition durch Greenpeace

Greenpeace erfuhr von dem Plan und startete eine weltweit aufsehenerregende Kampagne gegen diese Art der Entsorgung. Sie forderte eine wesentlich teurere Entsorgung an Land und verwies, wie sich nachträglich herausstellte, fälschlicherweise auf 5.500 Tonnen verbliebene Ölschlämme, die eine erhebliche Belastung für das Ökosystem darstellen würden. Vor allem in Deutschland bekam Shell den Gegenwind zu spüren, nachdem Greenpeace zu einem Boykott von Shell-Tankstellen aufrief. Die Umsätze gingen um 50 Prozent zurück. Selbst der damalige Bundeskanzler Helmut Kohl griff in die Debatte ein und verlangte von seinem Kollegen John Major, dem britischen Ministerpräsidenten, die Entsorgung in der Nordsee zu verbieten. Major lehnte das Ansinnen jedenfalls ab und unterstützte Shell.[63]

Einsichtiges Nachgeben des CEO

Anders entschied der damalige CEO von Shell, Mark Moody-Stuart. Er gab dem Druck nach und entsorgte die Plattform an Land. Er sah den Konflikt zweier gegensätzlicher Logiken. Shells Logik war nach technischer Rationalität durchaus folgerichtig. Die mehr emotionale Logik der Gegner hatte allerdings in seinen Augen nicht weniger Überzeugungskraft, wie er später zugab. Denn sie verwies darauf, dass Shell in aller Öffentlichkeit auf See einfach eine große Menge Abfall entsorgt, was an Land schon Schulkindern bei kleinen Mengen als inakzeptabel dargestellt wird. „Ich lernte, dass man in technischer Hinsicht durchaus recht haben kann, aber bei wirklichen Entscheidungen die Befindlichkeiten, Absichten, Gefühle, Glaubenssätze, Symbole und das Auftreten der anderen berücksichtigen muss. … Weil Menschen … Dinge unterschiedlich bewerten, gibt es immer ein Dilemma – mit der Notwendigkeit, unterschiedliche Logiken in Einklang zu bringen (reconcile)."[64]

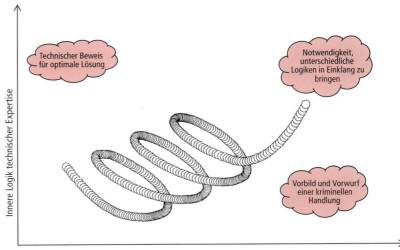

Abbildung 11.6: Harmonisierung unterschiedlicher Logiken
Quelle: nach Trompenaars/Hampden-Turner, 2001, S. 358.

Durch die gelassene Distanzierung von der eigenen Position und die engagierte Annäherung an die andere gewinnt man ein vertieftes Verständnis für den vermeintlichen Gegner. Auch dieser ist ein Teil des Universums, der allerdings einen anderen Aspekt vertritt. Beide Seiten wähnen sich auf der Seite des Guten und verteufeln häufig den anderen – oft aus der Position des Verschwörungstheoretikers, der in der Gegenseite dunkle Machenschaften vermutet. Mit rücksichtsloser Bekämpfung werden die Gräben zementiert. Mit achtungsvoller Verständigung und vertrauensbildenden Maßnahmen können sich beide Seiten weiterentwickeln, vielleicht sogar gemeinsam zu einem neuen Gesamtsystem transformieren. Dabei könnte im Sinne von Georg Wilhelm Friedrich Hegel eine „Synthese" den polaren Gegensatz von „These" und „Antithese" überwinden, wobei diese in jener „aufgehoben" sind. Die Aufhebung geschieht dabei in dreifacher Weise: im Negieren, Emporheben und Bewahren. Auf diese Weise wird der Konflikt überwunden, indem die jeweiligen Wahrheiten der Positionen in der Synthese zu einer neuen Wahrheit verschmolzen werden.

Aufhebung gegensätzlicher Positionen

Dies setzt allerdings auch die Bereitschaft der Gegenseite zur Verständigung und Transformation voraus. Bei Psychopathen wie etwa dem Massenmörder Anders Breivik oder fanatisierten Gruppierungen, wie sie sich beispielsweise im IS als unerbittliche Kämpfer gegen das vermeintlich Böse manifestiert haben, dürfte dieser Prozess kaum in Gang zu setzen sein. Denn bei ihnen ist die empathische Brücke zum anderen nicht existent oder eingestürzt, und damit der Zugang – selbst über das kollektive Unbewusste – verstellt.

Verständigungsbereitschaft vorausgesetzt

In diesem Zusammenhang erwähnenswert ist die Erfahrung von Mystikern. In Ost und West bekräftigen sie, dass im Grunde jede Trennung nur eine Illusion und letztlich in der Einheit aufgehoben sei. Auch sie richten sich gegen die Vorstellung einer starren Polarität von Gut und Böse, weil jede Seite in sich im Keim die andere Seite enthält.

Erfahrung von Mystikern

Hegel selbst sah in der Liebe das Potenzial, Polaritäten überwinden zu können. Denn sie gewährt gerade die Einheit im Getrenntsein: „Der Geliebte ist uns nicht entgegengesetzt, er ist eins mit unserem Wesen; wir sehen immer uns in ihm, und dann ist er doch wieder nicht wir – ein Wunder, das wir nicht zu fassen vermögen."[65] Hass, Angst und Egoismus hingegen wären dazu nicht in der Lage, weil sie – wie vielleicht überhaupt alle Laster – Trennungen aufrechterhalten anstatt sie aufzuheben. Dass gerade die Liebe auch im Management eine bedeutende Rolle spielen kann, zeigt Tibor Koromzay auf.[66]

Überbrückende Kraft der Liebe

Abbildung 11.7: Die Einheit der Gegensätze
Quelle: Illustration nach Heiner Fierz.

Die Liebe als Gipfel des Willens zur Macht

So gesehen können wir doch erkennen, dass eine Ethik „Jenseits von Gut und Böse" im Sinne von Friedrich Nietzsche zwar im „Willen zur Macht" wurzelt, aber in der Liebe sich als „höchste Form der Macht" erweist, eben weil sie Gegensätze überwindet und Tugenden überhaupt erst sinnvoll macht, wie das Laotse nachgesagte Gedicht zum Ausdruck bringt:

> „Pflichtbewusstsein ohne Liebe macht verdrießlich,
> Verantwortung ohne Liebe macht rücksichtslos,
> Gerechtigkeit ohne Liebe macht hart,
> Wahrhaftigkeit ohne Liebe macht kritiksüchtig,
> Erziehung ohne Liebe macht widerspruchsvoll,
> Klugheit ohne Liebe macht betrügerisch,
> Freundlichkeit ohne Liebe macht heuchlerisch,
> Ordnung ohne Liebe macht kleinlich,
> Sachkenntnis ohne Liebe macht rechthaberisch,
> Macht ohne Liebe macht grausam,
> Ehre ohne Liebe macht hochmütig,
> Besitz ohne Liebe macht geizig,
> Glaube ohne Liebe macht fanatisch,
> ein Leben ohne Liebe ist sinnlos."

Weitere Methoden

Weitere Methoden zur Überwindung der Trennung zwischen Gut und Böse, Bewusstem und Unbewusstem, Ego und Alter, Ich und Welt wurden von der Tiefenpsychologie, Psychoanalyse, positiven Psychologie, Transaktionspsychologie, Logotherapie usw. entwickelt. Sie sollten nur unter Anleitung professionell ausgebildeter Fachleute eingesetzt werden.[67]

11.7.2 Tiefenethische Kompetenz durch Achtsamkeit?

Seitdem Chade-Meng Tan, Angestellter Nr. 107 bei Google, dank seiner Begegnung mit Jon Kabat-Zinn (geb. 1944), dem langjährigen Erforscher der Auswirkungen von Achtsamkeitsübungen auf den Menschen[68], diese Tausenden seiner Kollegen vermittelt hat, boomt das Thema in den Führungsetagen zahlreicher anderer Firmen wie z. B. SAP[69] und sonstigen Organisationen. Parallel hat sich die Wissenschaft mit dem Thema interdisziplinär auseinandergesetzt. Die Anzahl der wissenschaftlichen Publikationen dazu wächst geradezu exponentiell.[70] Wer regelmäßig Achtsamkeitsübungen durchführt (etwa auf der Basis von Kabat-Zinns „Mindfulness Based Stress Reduction" (MBSR), verbessert sein Immunsystem, verringert Stresssymptome, erhöht seine kognitive Leistungsfähigkeit, Aufmerksamkeit und Kreativität. Aktuelle Studien scheinen zu belegen, dass monatelanges Training sogar das Sozialverhalten (mehr Empathie, Mitgefühl und Kooperation) verbessert, also ethikrelevant ist.[71]

Achtsamkeits-/ Mindfulness- Methoden

„Achtsamkeit" (englisch: *mindfulness*) umfasst seit Jahrhunderten einen Zustand der Geistesgegenwart, wie er vor allem im Buddhismus vermittelt wird. Um die Tiefendimensionen der menschlichen Psyche bewusster ausloten zu können, gilt es, alle sinnlichen Eindrücke, Emotionen und Gedankenströme aus der Distanz zu beobachten, ohne sie zu bewerten. Nach einiger Übung kann sich ein neuer Bewusstseinszustand einstellen, der unterschiedlich beschrieben wird – beispielsweise als hellwache „Panorama-Bewusstheit"[72].

Achtsamkeit im Buddhismus

Wie Kabat-Zinn warnt, kann dieser Bewusstseinszustand allerdings zu Weltabgewandtheit führen, die wir für den Alltag im Unternehmen gerade nicht benötigen:

Gefahr der Weltabgewandtheit

> *„So intensiv und befriedigend es auch sein mag, sich in der Konzentration zu üben, bleibt das Ergebnis doch unvollständig, wenn sie nicht durch die Übung der Achtsamkeit ergänzt und vertieft wird. Für sich allein ähnelt sie (die Konzentration) einem Sich-Zurückziehen aus der Welt. Ihre charakteristische Energie ist eher verschlossen als offen, eher versunken als zugänglich, eher tranceartig als hellwach. Was diesem Zustand fehlt, ist die Energie der Neugier, des Wissensdrangs, der Offenheit, der Aufgeschlossenheit, des Engagements für das gesamte Spektrum menschlicher Erfahrung. Dies ist die Domäne der Achtsamkeitspraxis"[73]*

Abbildung 11.8: Achtsamkeit im Kontext anderer Tugenden

Neutrale
Beobachtung seiner
selbst

Fassen wir zusammen: Die verschiedenen Methoden zur Achtsamkeit verhelfen zu einer neutralen Beobachtung seiner selbst[74], aber auch des Umfelds. Indem man die eigenen Emotionen und Gedankengänge aus der Distanz betrachtet und mit dem sozialen Umfeld vergleicht, kann man Projektionen leichter identifizieren und zurücknehmen. Insofern gehört die Tugend der Achtsamkeit zur Kernkompetenz der Tiefenethik.

Eine geführte Achtsamkeitsübung zur neutralen Selbstreflexion finden Sie bei den Materialien zum Buch auf *www.pearson.de*.

Vielfalt an Methoden
zur Auswahl

Neben der zahlreichen Literatur zur Achtsamkeit, die hier auf Grund ihrer zunehmenden Akzeptanz in Unternehmen ausführlicher dargestellt wurde, gibt es eine Fülle an Ratgeberliteratur und -kursen, die als Hilfe zur Selbsthilfe gedacht sind.[75] Sie alle wollen das jedem innewohnende Potenzial zur Ganzwerdung etwa durch Selbstbeobachtung und -reflexion, Übungen zur Gewahrsamkeit und Achtsamkeit, Yoga- und Meditationspraktiken, Self-Leadership bzw. Selbstmanagement, auch künstlerische oder sportliche Betätigungen usw. auch auf ihre Weise heben. Dabei streben sie eine schrittweise Erweiterung des Bewusstseins durch Integration unbewusst vorhandener Energien an.

Es würde den Rahmen dieses Buches sprengen, auf solche Methoden differenziert einzugehen. Es wird bewusst darauf verzichtet, die eine oder andere Zugangsweise zu favorisieren. Denn jeder sollte unbeeinflusst seinen eigenen, ihm entsprechenden Weg zur Selbstverwirklichung finden.

11.7.3   Selbsterkenntnis und Glück

Glück: zwischen
Erfolg und
Gelassenheit

In der Tiefenethik bedeutet allein der Aufbruch bereits einen wichtigen Schritt zur Ganzwerdung und damit auch zur Übernahme der Verantwortung für alles, was von ihm ausgeht. Interessanterweise ist der Weg kein Weg der Selbstkasteiung im Sinne von „Pflichterfüllung und Schuldigkeit". Im Gegenteil: Es ist ein Weg der glücklichen Lebensführung. Glück ist dabei eine komplementäre Mischung aus Erfolg und Gelassenheit. Durch Erfolg erhält man, was man sich wünscht, durch Gelassenheit wünscht man sich, was man erhält.[76] Während das Erfolgsstreben allen Einsatz der Betreffenden erforderlich macht, um seine Ziele zu erreichen, hilft die Gelassenheit dort, wo es die Situation erforderlich macht, loszulassen und neue Gelegenheiten abzuwarten. Oftmals ist das gewaltsame Erzwingen von Resultaten gegen den Widerstand der Umwelt kontraproduktiv. Die Erfahrungen östlicher wie westlicher Weisheitslehren weisen immer wieder auf diesen Umstand hin, dass man dort, wo zu handeln es angebracht ist, tätig wird, und dort, wo es nicht angebracht ist, loslässt. Dies setzt aber Weisheit voraus, das eine vom anderen unterscheiden zu können.[77]

Verantwortung für
Selbstverwirklichung

Es liegt letztlich in der Verantwortung jedes Einzelnen, den Weg der Selbstverwirklichung zu gehen, um sein inneres Potenzial, das offensichtlich unser normales Selbstverständnis bei Weitem übersteigt, auch für die Management- und Leadership-Aufgaben verantwortungsbewusst einzubringen. Diese Zusammenhänge werden im folgenden Schlusskapitel noch einmal näher beleuchtet.

Übung   **Tiefenethik – steile Karriere durch böse Mittel?**

Die Arbeitswissenschaftlerin Gloria Beck vertritt in ihrem vielfach aufgelegten Buch „Verbotene Rhetorik – Die Kunst der skrupellosen Manipulationen" die Auffassung, dass Mobbing etwas Natürliches sei, und gibt Tipps für die Manipulation der Kollegen im Betrieb. Ziel dabei sei immer, die Chancen einer steilen Karriere im Unternehmen zu fördern. In ihren Kursen „Lügen und Intrigieren", „Mobbingtechniken für jedermann" lehrt sie Führungskräfte, wie sie es schaffen, „andere zu beeinflussen, ohne dass sie es merken". Sie rechtfertigt dies damit, dass „der Mensch nicht gut oder böse, sondern gut und böse" sei. „Meistens sind wir nett, aber ab und zu auch mal gemein. Das ist nicht schlimm – solange man dazu steht. Zumal es auf Gegenseitigkeit beruht." Sie bejaht den Vorwurf, dass ihre Manipulationstechniken „unethisch" seien. „Das stimmt. Es ist eben nicht immer Zeit, sich ethisch zu verhalten. Dann und wann packt uns alle das Verlangen, etwas Gemeines zu tun."

Aufruf zum Training von skrupellosen Methoden zur Karriereentwicklung

Sie rät zum Beispiel zu Übungszwecken, „gezielt ein Gerücht über jemanden zu streuen – etwa was sexuelle Vorlieben angeht". Sie empfiehlt einen „natürlichen Egoismus" zu pflegen, der der eigenen Karriere dienlich ist. Ziele wie die „eigene Position innerhalb einer Gruppe stärken", „jemanden dazu bringen, gegen seine Interessen zu handeln", „jemanden an sich binden", „jemanden kontrollieren", „jemandem schaden" oder „jemanden täuschen" werden mit zahlreichen skrupellosen Manipulationen erreicht wie Aggressionen fördern, Arglosigkeit ausnutzen, Freude am Leid anderer, hinterlistiges Vorgehen, Lügen, Gebrauch von Menschen als willenlose Werkzeuge, strafbares Verhalten, respektloses Umgehen des freien Willens, Vertrauensmissbrauch, Vortäuschen von Zuneigung.[78]

Techniken der Manipulation

Credo von Gloria Beck

> *„Mein Credo lautet: Solange gefährliches Wissen nur wenigen zugänglich ist, so lange kann sich die Mehrheit dagegen nicht schützen. Wenn aber diese bisher verbotene Rhetorik allen zugänglich ist, jeder sie ausprobieren kann, dann ist nur noch Opfer, wer sich verteidigt."* [79]

Mobbing als Verteidigung?

> *„Sie wollen Ihre Ziele durch hinterhältige und raffinierte Art erreichen? Stehen Sie dazu! Verabschieden Sie sich von Werten wie Ehrlichkeit, Aufrichtigkeit, Freundschaft oder Liebe. Als „Verbotener Rhetoriker" zählt für Sie ausschließlich die Zielerreichung."* [80]

Die folgende Rezension über Becks Buch vermittelt einen zusätzlichen Einblick in das Buch:

Der Reiz des Bösen.
Mit rhetorischer Niedertracht auf Erfolgskurs.

Rezension zu Gloria Becks Verbotene

„*Macbeth und Mephisto, Kapitän Hook und die Herzkönigin, Sauron, Darth Vader, Hannibal Lecter und Lord Voldemort – sie sind die wahre Achse des Bösen, auch wenn sie nur aus Papier und Druckerschwärze bestehen. Doch wen im wirklichen Leben die dunkle Seite der Macht und ihre skrupellosen Protagonisten mehr reizen als die ewig Guten (ist Luke Skywalker nicht stinklangweilig?), für den gibt es neuen Lese- und Lernstoff.*

Warum soll man das Böse immer nur den literarischen Antihelden überlassen, wenn man es im Büro selbst schön übel treiben kann? Auch Manipulation, Täuschung, Lüge und Schmeichelei sind Künste, die fachmännisch erlernt werden können. Das jedenfalls behauptet die Kommunikationstrainerin Gloria Beck. Sie hat ein Rhetorikbuch der etwas anderen Art geschrieben, eines, das Methoden der Manipulation von A wie Aberglauben-Technik bis V wie Vernichtungstechnik beschreibt und anwendungsfreundlich vermittelt. Bei ihren Kursen sei ihr aufgefallen, dass die Teilnehmer immer wieder nach ‚rhetorischen Kniffen‘ gefragt hätten, nach ‚Techniken, andere zu beeinflussen, ohne dass sie es merken‘, berichtet Beck. Daraufhin bot sie – von Kollegen angefeindet – Seminare zum ‚Lügen und Intrigieren‘ oder ‚Mobbingtechniken für jedermann‘ an. Ihre Erfahrungen und Erkenntnisse hat sie nun zu dem Lehrbuch ‚Verbotene Rhetorik‘ (Eichborn Verlag, 22,90 Euro) zusammengefasst. Im tiefschwarzen Einband mit teuflisch-roten Buchstaben kommt das 320 Seiten starke Buch auch gleich im passenden Farbgewand her. Schade, dass es nicht unterm Ladentisch und erst für Leser ab 18 verkauft wird – das würde den Absatz wohl zusätzlich nach oben treiben. Dabei will die Autorin ja nicht nur die niederen Triebe befriedigen, sondern auch über schäbige Tricks aufklären, auf dass niemand mehr unwissend zum Opfer wird.

Einüben der Manipulationstechnik

Doch zum eigentlichen Thema: Wie funktioniert denn nun die fragwürdige Manipulation? Bedient man sich etwa der Abhängigkeitstechnik, so gilt es erst einmal, jemanden an sich zu binden, ihm Ressourcen – beispielsweise spezielle Software-Kenntnisse – anzubieten, die er dringend benötigt, um sie ihm später wieder gezielt zu entziehen. Gloria Beck: ‚Sie nutzen die Notlage Ihrer Opfer ebenso aus, wie Unternehmen die Abhängigkeit ihrer auf sie angewiesenen Kunden ausnutzen. Es gibt ja nichts Gemeines, außer man tut es.‘

Oder die Claqueurtechnik: Hat man sich gezielt mit willigen Jasagern umgeben – etwa unter Ausnutzung von Abhängigkeiten, romantischen Gefühlsverwirrungen oder falschen Freundschaftsbekundungen – kann man die eigenen Leistungen im Lichte des erzeugten Beifalls der Claqueure glänzen lassen. Regelrecht bösartig ist die Gerüchte-Technik. Unauffällig lassen sich durch gezielte Worte an der richtigen Stelle Reputation und Einfluss des Kollegen zerstören. Dazu sind ein paar Überlegungen fällig: ,Welches Image hat sich meine Zielperson aufgebaut? Welche Informationen können das Image nachhaltig schädigen? Welche Tatsachen unterstützen dieses Gerücht?' Dabei darf aber das Gerücht niemals auf seinen wahren Urheber zurückzuführen sein, und, so Beck, es ist Vorsicht geboten, nicht die Grenze zur strafrechtlichen Verfolgbarkeit zu überschreiten.

Beispiele für Techniken der Manipulation

Den moralischen Tiefpunkt erreicht der angehende Manipulator bei der Hypnosetechnik. Ob man nun auf 14 Buchseiten die Geheimnisse der Hypnose erlernen kann, sei einmal dahingestellt. Einen leicht beeinflussbaren Menschen zu einem willenlosen Werkzeug der eigenen Machtgelüste machen zu wollen, erreicht jedoch auf der Beckschen Skala der ethischen Bedenklichkeit den Spitzenwert.

Niedertracht der Hypnosetechnik

Zu der merkt die Autorin Folgendes an: ,Die bösen Absichten sind schillernd und vielfältig. Aber es gibt immer wiederkehrende Verhaltensweisen (Freude am Leid Anderer, Lügen, Förderung von Aggression, Vortäuschung von Zuneigung), die notwendig sind, um mit einer Technik erfolgreich seine Ziele durchzusetzen. Diese Verhaltensweisen sind allesamt bedenklich und grundsätzlich unethisch.'

Grade der ethischen Bedenklichkeit

Und nicht nur das: Macbeth wird schlussendlich selbst umgebracht, Darth Vader rettet vor dem eigenen Tod noch seinen Sohn Luke, Sauron verliert den Kampf um den Ring der Macht und was das Schicksal mit Lord Voldemort vorhat, wissen wir noch nicht. Meistens gewinnen im Reich der Phantasie am Ende jedenfalls die Guten. Trotz verbotener Rhetorik."[81]

Bilden Sie drei Gruppen als Diskussionsrunde (z. B. innerhalb einer Talkshow) zu Becks Buch. Eine Gruppe A verteidigt, Gruppe B greift es an, während die Gruppe C eher die Runde moderiert, um sich von der einen oder anderen Position überzeugen zu lassen. Die nachfolgenden Fragen könnten die Diskussion zum Laufen bringen.

Aufgabenstellung und Fragen

1. Sind Ihrer Meinung nach Becks Strategien besser in einem skrupellosen oder ehrlichen sozialen Umfeld einsetzbar? Wann könnten/sollten sie als Selbstverteidigung eingesetzt werden?

2. Wie beurteilen Sie Becks Vorschlag, zu Trainingszwecken Übungsopfer zu suchen – vor allem „Personen – auf die es nicht so darauf ankommt, wie etwa die Familie", weil einem dort am ehesten etwas verziehen wird?

3. Wie schätzen Sie die (auch langfristigen) Erfolgschancen der Beckschen Strategien ein und welchen Einfluss hat dabei die Unternehmenskultur? Inwieweit unterstützt bzw. behindert ihre Argumentation die Interessen des Unternehmens und dessen Stakeholder?

4. Welche Folgen hätte es für ein Unternehmen, wenn ein (Groß-) Teil der Mitarbeiter Becks Strategien einsetzen würde?

5. Wägen Sie die Chancen und Risiken der Beckschen Strategien für den Handelnden und seine soziale Umwelt ab.

6. Ist Ethik nur etwas für Dumme? Begründen Sie Ihre Antwort.

7. Gibt es ethisch vertretbare Wege zum Erfolg? Wenn ja, wie könnten diese aussehen?

8. Die Tiefenethik empfiehlt, den inneren „Schweinehund" zu integrieren anstatt zu bekämpfen. Worin liegt Ihrer Meinung der Unterschied zu Becks „Auskommen mit dem Bösen" und dem der Tiefenethik?

11.8   Fazit zum Auskommen mit dem Bösen

Böses lässt sich nicht mit Bösem bekämpfen

Die Verteidigung böser Mittel zum Erhalt guter Zwecke führt letztlich zur Selbstzerstörung, da der Widerstand der anderen den rücksichtslosen Kampf auf Dauer nicht hinnimmt. Es kommt entweder zur Gegenreaktion oder zum passiven Widerstand. Skrupellose Machenschaften in Unternehmen führen zu einer Lähmung der gesamten Organisation. Gleichzeitig beanspruchen die Kämpfer in eigener Sache dieselben Güter, die sie den anderen nicht zugestehen wollen. Das Argument, Angriff sei die beste Selbstverteidigung, ist deshalb nicht stimmig, weil die Angreifer mit der ethischen Vertrauenswürdigkeit der anderen rechnen. Der Lügner erwartet die Wahrhaftigkeit des Belogenen, sonst kann er seine Lüge nicht platzieren.

Die Fallstudie zeigt, dass die Verteidigung der von Beck empfohlenen Strategien auch deshalb nicht tragfähig ist, weil sie Ressourcen für die Durchsetzung der Eigeninteressen bindet, die dem Unternehmen letztlich für erfolgreiches Wirtschaften entzogen werden.[82]

Zusammenfassung

Alle bisherige Ethik strebt den vollkommen guten Menschen an. Sie ignoriert dabei, dass das Handeln der Menschen von unbewussten Kräften gesteuert ist. Mit dem Zwang zum Gutsein verdrängt er die in der Gemeinschaft offiziell geächteten oder gar verbotenen Triebe und Wünsche. Sie wirken aber im Verborgenen als Schatten weiter. Als vergessene Energie führen sie zu Verhaltensstörungen oder werden auf andere projiziert. Man sucht das eigene Böse im anderen und entlastet sich dadurch, indem man ihn als Sündenbock brandmarkt. Die meisten Konflikte und Kriege erwachsen einem Bewusstsein, das in Gegensätzen fühlt und denkt.

Wie muss eine Ethik beschaffen sein, in der das Gute mit dem Bösen auskommt, indem sie es nicht länger bekämpft, sondern integriert? Eine solche Tiefenethik ermuntert den Menschen durch Integration seiner unbewussten Energien, das Böse auf einer Stufe jenseits von Gut und Böse zu verwandeln. Dort ist es zum Wohle des Ganzen aufgehoben.

Die dialektische Methode der Tiefenethik hebt die konfliktgeladenen Gegensätze auf, indem sie einen dritten Weg zwischen narzisstischer Ichfixierung und kollektiver Fremdbestimmung einzuschlagen trachtet. Dabei sollten sich Individuen wie Organisationen ihrer unbewussten Schattenseiten bewusst werden und die damit verbundenen Energien verantwortungsvoll zum Wohle des Ganzen einsetzen. Methoden der Achtsamkeit erweisen sich als eine unter vielen Möglichkeiten, sich der eigenen Anteile am Bösen bewusst zu machen und zu neutralisieren.

Komplementäre Zusammenschau Teil III

Halten wir fest: Eine Ethik, die den Anspruch auf universale Gültigkeit erhebt, sollte erstens ihren zeitlichen wie räumlichen Horizont so weit ausdehnen, wie die Macht des Menschen reicht, und damit auch Nachhaltigkeit („Sustainability") in ihren Ansätzen integrieren. Sie sollte zweitens die Allverbundenheit aller Lebensformen anerkennen und ihre Lebensfähigkeit („Viability") unterstützen, von daher auch alle nichtmenschlichen Lebensformen unter ihren Schutz stellen. „Ehrfurcht vor dem Leben" eignet sich als orientierungsfähiges Prinzip und ist ein geeignetes Kriterium für die Akzeptabilität von Risiken. Sie sollte drittens das gesamte Kräftepotenzial berücksichtigen, das den individuellen und kollektiven Entscheidungen und Aktivitäten zugrunde liegt. Bewusste und unbewusste Aspekte sollten sich komplementär ergänzen („Complementarity"). Nur so ist angemessenes Handeln möglich und können alle Kräfte zum Wohle des Ganzen umgelenkt werden. Nur wenn alle drei Aspekte gleichzeitig berücksichtigt werden, besteht die Hoffnung, dass Verantwortung vor dem Ganzen und für das Ganze wahrgenommen und in die Tat umgesetzt werden kann.

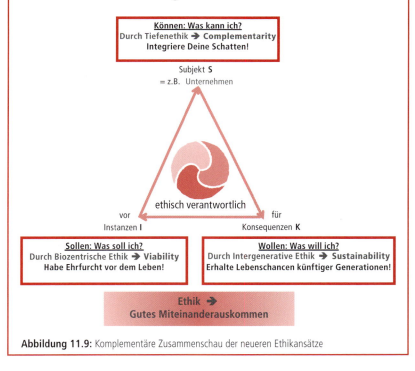

Abbildung 11.9: Komplementäre Zusammenschau der neueren Ethikansätze

 Weiterführende Inhalte finden Sie auf der Website *www.pearson.de*.

Endnoten

1   Vgl. z. B. Winkler, 2020.
2   Zum Begriff der Tiefenethik siehe *Endnote* 19. Erhard Meyer-Galow, promovierter Chemi-
    ker und ehemaliger CEO verschiedener Großunternehmen sowie Präsident der Humboldt-
    Gesellschaft, hat 2020 ebenfalls die Erkenntnisse der Tiefenpsychologie in seiner Business
    Ethik 3.0 integriert und damit die Notwendigkeit des Ansatzes einer solchen Tiefenethik
    untermauert. Er führt sie konsequent weiter, ohne jedoch explizit darauf Bezug nehmen zu
    können. So weist er einen Weg, wie mit Hilfe eines neuen Bewusstseins mehr Achtsam-
    keit, Mitgefühl und nachhaltige Verantwortung in der Wirtschaft Fuß fassen könnte.
3   Chu, 2016; Adams, 2016.
4   Drosdowski et al., 1995, Bd. 1, S. 574.
5   Friedrich Nietzsche (1997a, Aph. 32, S. 597 f). Jeffrey Burton Russell (2000) gelingt in sei-
    ner „Biographie des Teufels" eine weiterführende Entwicklungsgeschichte des Bösen. Pe-
    ter Strasser (2016) führt mit seiner gerade erschienenen „Ontologie des Teufels" die
    Diskussion über die Existenz des Bösen unter neuen Gesichtspunkten fort.
6   Nietzsche, 1997c S. 804 ff.
7   Ebd. S. 816 f.
8   Vgl. ebd. S. 829 ff.
9   Vgl. Russell, 2000; Strasser. 2016, S. 21 f.
10 Vgl. Strasser, 2016; Barth, 2011.
11 Dörner, 1989, S. 16; vgl. Reither, 1997, S. 95 f.
12 Binswanger, 1998, S. 57, vgl. 47 ff. Hans-Christoph Binswanger versucht nachzuweisen,
    dass für Adam Smith die unsichtbare Hand kein blinder Mechanismus des Marktes bedeu-
    tet, durch den die Summe aller verfolgten Eigeninteressen letztlich allen zugutekommt,
    sondern letztlich einer alles zum Guten wendenden göttlichen Vorsehung geschuldet ist
    (S. 54 f).
13 Kant, 1968a, S. 573.
14 Ebd. S. 576 f. Kants geforderte „Unparteilichkeit, in Beurteilung unserer selbst" angesichts
    unserer Neigung zur „eigenliebigen Selbstschätzung" (ebd. S. 577) erinnert an Adam
    Smiths „unparteiischen Beobachter" (siehe ▸*Abschnitt 5.5*).
15 Ebd. S. 508 f. Auf den Unterschied von Kants Tugendlehre zu der von Aristoteles kann hier
    nicht näher eingegangen werden. Kant selbst thematisiert ihn. Er sieht die Tugenden nicht
    als goldene Mitte zwischen einem Zuviel und Zuwenig eines Vermögens, sondern als ei-
    genständige Qualität (z. B. Wirtschaftlichkeit) zwischen zwei selbstständigen Lastern –
    z. B. Verschwendung und Geiz (ebd. S. 535 f).
16 Max Gallo zufolge sieht Robespierre „Urteil und Strafe als Lösungen für politische Proble-
    me" und fasst dessen Weltsicht wie folgt zusammen: „Das Böse einmal an der Wurzel ge-
    packt, verschwindet. Warum aber überhaupt das Böse? Darum, weil es Schurken gibt. Die
    muss man ausrotten, und das Böse wird verschwinden." Gallo, 1970, S. 199 f.
17 Zit. n. Duthel, 2014, S. 373 f; vgl. Gallo, 1970, S. 253.
18 Gallo, 1970; vgl. NN, 1970, S. 194.
19 Als Begriff erstmals bei Schüz, 1999, S. 162; die Grundidee dazu bei ders., 1993.
20 Nietzsche, 1997a, Aphor. 36, S. 601.
21 Nietzsche, 1997b, Aphor. 109, S. 1082.
22 Ebd. Aphor. 560, S. 1275.
23 Schüz, 1999, S. 162 ff; vgl. Obermeier, 1996, S. 9f. Zu Nietzsches Kritik am Kapitalismus
    vgl. Waibl, 1989, S. 21–55.
24 Vgl. Kaufmann, 1982, S. 259.
25 Die Ursprünge der Sklavenmoral thematisiert Friedrich Nietzsche vor allem in seiner *Ge-
    nealogie der Moral*,1997c.
26 Kaufmann, 1982, S. 261.
27 Vgl. zum Umgang mit dem Gewinnprinzip Peter Ulrich (1997, S. 415, 397 ff) mit Stein-
    mann (1998, S. 11).
28 Lü Bu Wei, 2013, S. 177.
29 Smith, 1985, S. 407; vgl. Otto-Peter Obermeier, 2019, der die Funktion der „Selbstbeherr-
    schung" etwa als „Impuls-Kontrolle" im Verbund mit anderen Tugenden der Smithschen
    Ethik eingehend beleuchtet (S. 313–317, 329, 333).
30 Eine bedeutende Analyse des *Ressentiments im Aufbau der Moralen* hat 1912 Max Scheler
    in seiner gleichnamigen Schrift (1978) vorgenommen, und zwar in Erweiterung von Nietz-
    sches Diagnosen.
31 Neumann, 1980, S. 38 ff.
32 Ein aufschlussreiches Beispiel sind die Reden des US-Präsidenten George W. Bush. Nach
    einer Analyse von Peter Singer (2004) sprach er in fast einem Drittel seiner Reden über das
    Böse. Hinweis bei Schmidt-Salomon (2015, S. 31).
33 Schweitzer, 1974c, S. 384 f. Zur Psychologie des Verzeihens vgl. Robert D. Enrights Verge-
    bung als Chance (2006).
34 Pratley 1995, S. 85.
35 Collins, 2005, S. 53.

36 Schon Nicolai Hartmann hat in seiner Ethik von 1926 solche oft zu beobachtenden Phänomene beschrieben: „Wahr bleibt es, dass im allgemeinen gutes Zutrauen den Menschen
gut, Misstrauen aber schlecht macht. Wem dauernd nichts Gutes zugetraut wird, der lernt
es eben nie, erwiesenes Vertrauen zu rechtfertigen." (1962, S. 472).

37 IZF, 2016. Erhard Meyer-Galow sieht den Grund dafür in einem „Ego-Geist", der Verhaltensweisen wie „sich sofort beleidigt fühlen", „ständige Anerkennung und Lob brauchen",
„immer wieder andere beschuldigen" hervorbringt und der, wie er oft beobachtet hat, in
Unternehmen und Politik häufig anzutreffen sei (2020, S. 115) .

38 Vgl. z. B. Vahs, 2004, S. 108.

39 Paulhus/Williams, 2002.

40 Vgl. Furtner/Baldegger, 2013, S. 26 ff.

41 Babiak/Hare, 2007.

42 NN, 1998, S. 87; Vgl. Collins, 2005, S. 45.

43 Dem Psychopathieforscher Kevin Dutton zufolge waren bei den CEOs und Anwälten weitaus die meisten Psychopathen anzutreffen. (Dutton, 2013, S. 202). Generell hat in den letzten zehn Jahren die empirische Forschung die schädliche Wirkung von Psycho- und
Soziopathen in Wirtschaftsunternehmen herausgearbeitet. Sie weist allerdings auch darauf hin, dass psychopathisch veranlagte Führungskräfte mit Verfolgung ihres skrupellosen, empathielosen Egozentrismus für ihre Firma durchaus auch einen günstigen
Turnaround erkämpfen und deshalb besonders in Krisenzeiten nützlich sein können. (Dutton, 2013; vgl. Babiak/Hare, 2007)

44 Vgl. Jung 1935, S. 187 f, 192 f.

45 Neumann 1980, S. 88.

46 Ebd. S. 92.

47 Ebd. S. 88.

48 Vgl. Schüz, 1993.

49 Freud, 1999, S. 73f, 83f. Freuds „Zwingherren" erinnern an Platos Metapher vom Seelenwagen, siehe ▶ *Abschnitt 3.2.*

50 Fromm/Suzuki/Martian, 1974, S. 106.

51 Ebd. S. 119; vgl. Fromm, 2009, S. 41f.

52 Fromm /Suzuki/Martian, S. 137.

53 Ebd., S. 128 ff; vgl. Schmidt-Salomon, 2015, S. 76 ff. Neben den sozialen Filtern gibt es
noch die physikalischen, biologischen und hirnphysiologischen Filter. Nach Auffassung
von Hirnforschern dringen gerade 0,1 Prozent sämtlicher Hirnaktivitäten in unser Bewusstsein. (Kast, 2007, S. 75). Auch wenn konkrete Zahlen umstritten sind, so sind die
Größenverhältnisse bedenkenswert. Man schätzt, dass die Sinnesorgane ca. elf Millionen
Bits an Informationseinheiten pro Sekunde aufnehmen, von denen das Unbewusste wieder nur einen Bruchteil verarbeitet, aber einen deutlich größeren als das Bewusstsein. Der
bewusste Verstand bewältige maximal 50 Bits pro Sekunde (ebd. S. 74 ff). Zu bedenken ist
auch, dass die Sinnesorgane selbst wiederum nur einen Bruchteil der Informationen aufnehmen können, die in unserer Umwelt vorhanden sind. In der Physik gehört es heute
zum Allgemeinwissen, dass das Universum nur zu fünf Prozent aus sichtbarer, also mit
physikalischen Mitteln messbarer Materie besteht, 25 Prozent sind dunkle, also nicht
messbare Materie und der Rest besteht aus dunkler Energie. Wir wissen also – gemessen
am Ganzen – fast nichts über die Welt in uns und um uns herum.

54 Keller, 2016, S. 72 f. Besonders eindrücklich beschreibt Benjamin Lee Whorf den Einfluss
der Sprache auf Erkenntnis- und Denkvermögen, Logik, Weltbild und Kultur an Hand der
Sprache der Hopi-Indianer in Mittelamerika (1984).

55 Vgl. Fromm et al., 1974, S. 131.

56 Ebd. S. 132.

57 Schüz, 2013b.

58 Jung, 1986, S. 16; Fromm et al. 1974, S. 145 ff. Hierbei handelt es sich um die japanische
Weiterentwicklung des Buddhismus, der ursprünglich aus Indien über China nach Japan
kam.

59 Zit. n. Schüz, 1986, S. 66.

60 Enomya-Lassalle, 1988, S. 113.

61 Vgl. Parikh, 1994, S. 216.

62 Hampden-Turner/Trompenaars, 2000. Entscheidend sind dabei die Identifikation („Reco-
gnition") des Dilemmas zwischen zwei kulturbedingten Unterschieden, dann die Gewin-
nung des Respekts („Respect") für die Position des anderen, sodann die gemeinsame
Findung einer neuen Position oder Methode („Reconciliation"). Anhand von zahlreichen
Fallbeispielen konnten Fons Trompenaars und Charles Hampden-Turner die innovative
Kraft dieser Methode unter Beweis stellen. (Trompenaars, 2001)

63 Koch et al., 2005, S. 16 ff.

64 Zit. n. Trompenaars/Hampden-Turner, 2001, S. 357.

65 Zit. n. Janke, 2009, S. 210.

66 Koromzay, 2016.

67 Ausführlichere Hinweise zu den Methoden findet man bei Meyer-Galow, S. 163–229.

68 Vgl. das Grundlagenwerk von Jon Kabat-Zinn, 2013; Chade-Mengs Tang *Search Inside Yourself* hat in vielfachen Auflagen zur Verbreitung des Gedankenguts beigetragen (2015), so wie vor ihm Ellen Langers *Mindfulness* seit 1989 (2014).
69 Magyar, 2019.
70 Gemäß PubMed, 2021.
71 So die Hirnforscherin Britta Hölzel in einem Interview (Simon/Kirady, 2020). Auswirkungen von Achtsamkeit auf Ethikkompetenz untersuchen Gunes/Lazar, 2019.
72 Trungpa, 1989, S. 76.
73 Kabat-Zinn, 2007, S. 75
74 Man könnte Adam Smith den ersten westlichen Entdecker der Achtsamkeit bezeichnen, insofern sein von ihm charakterisierter „neutraler Beobachter" genau die Eigenschaften entwickeln sollte, die auch in der aktuellen Achtsamkeit postuliert werden. Eine geführte Achtsamkeitsübung zur „neutralen Beobachtung seiner selbst" stellt der Autor im Onlinematerial zur Verfügung.
75 Weitere Hinweise liefert Meyer-Galow, 2020, S. 163–220.
76 Vgl. die Definition von Jagdish Parikh, der Glück und Erfolg als komplementär ansieht: „Getting what you want is success: wanting what you get is happiness." (1992, S. 152)
77 Vgl. „Gelassenheitsgebet" des Theologen Reinhold Niebuhr: „God, grant me the serenity to accept the things I cannot change, courage to change the things I can, and wisdom to know the difference. " (Wikipedia, Stichwort „Gelassenheitsgebet").
78 Beck, 2005, S. 320.
79 Reiss, 2005.
80 Beck, 2005, S. 17.
81 Patrick-Löhr, 2005.
82 Zur Thematik der Tiefenethik gehört auch die wachsende Literatur zum Arschlochfaktor in Unternehmen, wie ihn der Stanford Management-Forscher Robert Sutton in seinem gleichnamigen Buch beschreibt (2007). Der gleiche Autor liefert 2017 auch therapeutische Ansätze unter dem Titel *Überleben unter Arschlöchern* (2018) nach. Da darf natürlich auch nicht der Praxisratgeber *Die Kunst, kein Arschloch zu sein* von Anja Nierkerken (2020) fehlen. Man sieht also, wie hier ein neues Forschungsgebiet entsteht, das man als Assholism bezeichnen könnte.

TEIL IV

Ausblick: Folgerungen für eine Responsible Leadership

Die nachhaltig verantwortungs-volle Führungspersönlichkeit – Grundzüge einer Responsible Leadership

12

ÜBERBLICK

Lernziele

Der Leser

- bekommt einen Einblick in die historische Dimension der verantwortungsvollen Führung,

- kennt wichtige Aspekte der verantwortungsvollen Führung (Responsible Leadership), z. B. als „dienende Führung",

- begreift den Unterschied zwischen Management und Leadership,

- unterscheidet die drei Grundtypen der Responsible Leadership, den Macher, Koordinator und Visionär sowie die daraus resultierenden Mischformen,

- vollzieht die verschiedenen Kompetenzen nach, die für eine nachhaltig verantwortungsvolle Führung nötig sind,

- erfasst die verschiedenen Formen der Intelligenz und Denkstile, die zur Aufgabenbewältigung eines Responsible Leaders unabdinglich sind.

- kennt die sechs Prinzipien der Vereinten Nationen einer verantwortlichen Managementausbildung (UN-PRME).

Die in diesem Buch erarbeiteten Dimensionen und Ansätze einer nachhaltigen Unternehmensverantwortung lassen die Frage offen, welche Kompetenzen Führungskräfte mitbringen oder entwickeln sollten, um ihnen gerecht zu werden. Eine Antwort darauf soll in diesem letzten Kapitel unter dem Stichwort „Responsible Leadership" skizziert werden. Hierbei wird zunächst der Begriff geklärt und sodann werden in einem eigens entwickelten Modell der nachhaltig verantwortlichen Führung die erforderlichen Kompetenzen umrissen. Das ganze Kapitel ist der Auftakt für eine spätere Buchpublikation zum Thema „Responsible Leadership".

12.1   Verantwortliche Führung

Suche nach der idealen Führung

Die Suche nach der idealen Form verantwortlicher Führung („Responsible Leadership") dürfte so alt wie die Menschheit sein. Warum und wozu ist Führung überhaupt notwendig? Wie kann Führung verantwortungsvoll gegenüber den zu bewältigenden Aufgaben, den involvierten Menschen und der betroffenen Natur geleistet werden? Worin zeigt sich geglückte Führung? Welche Eigenschaften, Fähigkeiten und Motive sollte eine verantwortungsvolle Führungskraft mitbringen? Wie lassen sich verschiedene Ansätze zur Leadership mit dem hier vorgestellten Konzept der nachhaltigen Verantwortung in Verbindung bringen? Gibt es Möglichkeiten, die Eigenschaften eines „guten" Leaders nicht nur zu identifizieren, sondern auch zu entwickeln?

Leadershipvorstellungen in der Antike

Im alten Ägypten ca. 2.700 v. Chr. lehrte schon Ptah-Hotep Grundsätze zur Führung von Arbeitern an Großbaustellen. Ihm zufolge sollte man als verantwortungsvolle Führungskraft Petitionen eines Arbeiters nicht einfach zurückweisen, bevor er sie vorgebracht hätte: „Weise ihn nicht zurück, bevor er sich enthüllen konnte und bevor er gesagt hat, weswegen er gekommen ist. ... Es ist nicht notwendig, dass alle seine Bitten gewährt werden, aber gutes Zuhören ist Balsam für das Herz."[1]

Auch in der griechischen und römischen Antike war die Frage nach der guten Führung ein bedeutendes Thema. Antike Autoren wie Aischylos (525–456 v. Chr.), Xenophon und Aristoteles verwiesen auf die – allerdings idealisierte – Darstellung der Führungsqualitäten des persischen Königs Kyros der Große (585–530 v. Chr.). Der Herrscher eroberte ein Weltreich, das vom Mittelmeer bis über die Grenzen des heutigen Indien hinausreichte. Sie sahen in ihm einen Friedensfürsten und Wohltäter, der viele Völker von lokaler Tyrannei befreite und Religionsfreiheit gewährte. Ob Kyros tatsächlich auf dem berühmten „Cyrus Cylinder" eine erste „Charta der Menschenrechte" hinterlassen hat, ist mehr als umstritten.[2] Jedenfalls zeichnet Xenophon in Kyros das Bild eines idealen Führers nach, der die „Kunst der Menschenführung" so beherrscht, dass die Mitmenschen ihm freiwillig folgen und gehorchen. Im Gegenzug erhalten sie Schutz und Fürsorge.[3] Dabei habe das Gesetz dem *Gemeinwohl*[4], die Erziehung dem Erwerb von *Gerechtigkeit*[5] und die Übung dem Erlernen der *Selbstbeherrschung*[6] zu dienen.

Auch der römische Philosoph und Politiker Marcus Tullius Cicero (106–43 v. Chr.) verwies auf das Vorbild von Kyros. Sein Verständnis von Leadership ging sogar noch weiter. In einem Brief an seinen jüngeren Bruder Quintus ermahnte er diesen zur verantwortungsvollen Wahrnehmung seiner Führungsaufgaben als Statthalter der römischen Provinz Asia: „Jeder, der über andere Menschen Macht ausübt" solle „sein ganzes Denken und Handeln darauf ausrichten", seinen Unterstellten ein „Höchstmaß an Glück" zu vermitteln. Er sei verpflichtet, „dem Vorteil und dem Nutzen derer zu dienen, für die er Verantwortung übernommen hat" – sei es für Bundesgenossen, römische Bürger, Sklaven oder das stumme Vieh.[7] Im Unterschied zur etablierten Auffassung einer von unten nach oben dienenden Hierarchie skizziert Cicero hier das Konzept einer von oben nach unten dienenden Führung, wie sie Jahrhunderte später Robert Greenleaf unter dem Stichwort „Servant Leadership" ausgearbeitet hat.[8]

Zehn Prinzipien der Servant Leadership nach Robert K. Greenleaf

1. Aktives Zuhören	Listening
2. Empathie	Empathy
3. Heilung	Healing
4. Bewusstsein	Awareness

Tabelle 12.1: Tugenden einer Servant Leadership nach Robert K. Greenleaf
Quelle: nach Greenleaf, 1998, S. 5–7.

413

Zehn Prinzipien der Servant Leadership nach Robert K. Greenleaf

5. Überzeugungskraft	Persuasion
6. Vorstellungskraft	Conceptualisation
7. Weitsicht	Foresight
8. Verantwortungsvoller Umgang	Stewardship
9. Das Wachstum der Mitarbeiter fördern	Commitment to the growth of people
10. Gemeinschaft entwickeln	Building Community

Tabelle 12.1: Tugenden einer Servant Leadership nach Robert K. Greenleaf *(Forts.)*
Quelle: nach Greenleaf, 1998, S. 5–7.

Dienst an allen Lebensformen

Verantwortungsvolle Führung ist allerdings noch mehr als ein Dienst an den Untergebenen. Wie Nicola Pless und Thomas Maak feststellen, ist ihr zentrales Motiv weniger, anderen zu dienen als vielmehr den Bedürfnissen und Interessen aller Stakeholder gerecht zu werden.[9] Nach unserem SCR-Modell steht eine nachhaltig verantwortungsvolle Führungskraft für alle gewollten und nicht gewollten Konsequenzen ihres Handelns vor allen Betroffenen, auch der Natur als Ganzes sowie künftigen Generationen, Rede und Antwort. Deshalb dient sie weder allein dem Eigeninteresse der Führungskraft noch ausschließlich den Interessen der Untergebenen, sondern immer auch dem größeren Ganzen. Sie motiviert andere, sich für soziale und ökologische Ziele, also für alle Lebensformen einzusetzen.

Exkurs: Management und Leadership

Der Begriff der Führung wird in Anlehnung an die englische Unterscheidung auch im Deutschen oft (a) als „Management" oder (b) als „Leadership" verstanden.

Management-Aufgaben: POSDCORB

John Kotter zufolge beschäftigt sich (a) *Management* mit der Bewältigung komplexer Aufgaben in Organisationen, wie sie mit der gängigen Abkürzung POSDCORB[10] zusammengefasst werden: **P**lanning (Planen), **O**rganising (Organisieren), **S**taffing (Stellen besetzen), **D**irecting (Dirigieren, Leiten), **Co**ordinating (Koordinieren), **R**eporting (Rapportieren), **B**udgeting (Budgetieren). Dabei geht es darum, die Aufbau- und Ablauforganisation möglichst effizient zu gestalten, also nach einem Stichwort von Peter Drucker „die Dinge richtig zu tun".[11]

Planerfüllung

Wenn ein Manager plant, dann setzt er kurz-, mittel- bis langfristige Ziele, definiert detailliert die einzelnen Schritte zur Zielerreichung. Er organisiert den Aufbau und die Abläufe der Unternehmung, plant und besetzt die nötigen Positionen mit qualifizierten Mitarbeitern, delegiert Verantwortungsbereiche und installiert Systeme zur Kontrolle der Planerfüllung. Bei auftauchenden Problemen unterstützt er die Mitarbeiter mit Nachjustieren der Pläne und organisatorischen Maßnahmen.[12]

(b) *Leadership* hingegen kümmert sich um den Wandel („change"), den die Führung in einem Unternehmen aus jeweilig gegebenen Gründen in Gang setzen möchte. Dabei geht es meistens um eine Neuausrichtung der Organisation, die das Verhalten all ihrer Mitglieder in eine konforme Richtung („alignment") wirksam werden lässt. Diese wird meist durch eine Vision oder Mission und damit verbundene Strategie gesetzt, sodass die „richtigen Dinge" im Sinne Druckers effektiv getan werden.[13] Richtig sind die Dinge dann, wenn sie sich sinnvoll an umweltgegebene Situationen anpassen, also Nischen des guten Überlebens ausfüllen.

> Leadership: Auslösen von Wandel

Der Leader gibt die Richtung mittels einer Vision vor, die eine gewünschte Zukunft umschreibt. Außerdem definiert er Strategien, die den nötigen Wandel zur Verwirklichung der Vision einleiten. Er stimmt seine Mitarbeiter auf die neue Richtung ein, etabliert Gruppen, die die Vision in besonderem Maße mittragen, um die übrigen nachzuziehen. Er motiviert und inspiriert, damit niemand die Richtung aus dem Auge verliert trotz politischer bzw. bürokratischer Hindernisse oder mangelnder Ressourcen. Er appelliert dabei an die oft verborgenen menschlichen Bedürfnisse, Werte und Emotionen seiner Mitarbeiter.[14]

> Ausrichtung auf gewünschte Zukunft

Sichtweise Kotters	Management	Leadership
Entwicklung einer Agenda	Planen und Budgetieren	Eine Richtung vorgeben
Etablierung eines Netzwerks von Fürsprechern zur Verwirklichung der Agenda	Organisieren und Stellen besetzen	Mitarbeiter einstimmen
Vorgehensweise	Kontrollieren und Problemlösen	Motivieren und Inspirieren
Ergebnisse	Produziert einen Grad an Vorhersehbarkeit und Ordnung; erzeugt zeitgerecht Ergebnisse, die verschiedenen Stakeholdern wie Aktionären und Kunden angekündigt wurden; bleibt im Rahmen des Budgets.	Produziert Wandel, oft unter dramatischen Umständen; hat das Potenzial, einen extrem nützlichen Wechsel zu erzeugen (z. B. in Form von nachgefragten neuen Produkten oder neuen Arbeitszeitmodellen, die die Wettbewerbsfähigkeit erhöhen)

Tabelle 12.2: Unterschiede zwischen Management und Leadership nach Kotter
Quelle: nach Kotter, 1990, S. 6.

Der Management-Begriff

Eine mögliche Begriffsgeschichte von „Management" erhellt zusätzlich den Bedeutungsunterschied zu „Leadership". „Management" wird auf zwei mögliche lateinische Wortstämme zurückgeführt: „manus agere" mit der Bedeutung von „an der Hand führen", etwa ein Pferd in allen Gangarten, oder „mansionem agere", was so viel wie ein Haus leiten bzw. verwalten bedeuten könnte.[15] Demzufolge gibt der Manager vor, wie seine Untergebenen sich zu verhalten haben, bzw. er verwaltet ein Unternehmen, das ihm nicht gehört.

Principal-Agent-Problem

In diesem Sinne hat bereits Adam Smith in seinem berühmten Buch „Wealth of Nations" von 1776 den Begriff des Managements eingeführt, indem er Personen- mit Aktiengesellschaften vergleicht:

> *„The directors of such companies, however, being the managers rather of other people's money than of their own, it cannot well be expected that they should watch over it with the same anxious vigilance with which the partners in a private copartnery frequently watch over their own … Negligence and profusion, therefore, must always prevail, more or less, in the management of the affairs of such a company."*[16]

Leadership und Unternehmertum

Demzufolge sind Manager Verwalter und keine Unternehmer. Sie gehen vorgegebene Pfade, verwalten das Vermögen anderer und gehen daher nur geringe persönliche Risiken ein. Der Unternehmer (Entrepreneur) hingegen haftet persönlich. Er ist ein Leader, der Neuland betritt. So sollten auch die Führungskräfte großer Firmen wie Unternehmer agieren, die den ständigen Wandel im Umfeld wahrnehmen und ihre Organisation danach anpassen. Sie sollten sich mit ihrem Unternehmen und dessen Auftrag so identifizieren, als wäre es ihr eigenes. Andernfalls besteht die Gefahr, dass sie es für ihre eigenen Zwecke ausnutzen anstatt ihm zu dienen (Principal-Agent-Problem). Idealerweise aktivieren sie die Leadershipqualitäten auch bei ihren Mitarbeitern, indem sie deren unternehmerische Kräfte mobilisieren, anstatt durch zu viele Managementvorgaben zu unterdrücken.

Komplementäre Funktionen von Management und Leadership

Damit ist nicht gesagt, dass Managementfunktionen durch Leadershipqualitäten vollständig abgelöst werden könnten. Im Gegenteil, sie sind in vielen Bereichen der Organisation nach wie vor überlebenswichtig, vor allem wenn es um die Steigerung der Effizienz geht. Sie reichen jedoch nicht aus, um Effktivität am Markt sicherzustellen. Sie sollten daher durch Leadershipqualitäten komplementär ergänzt werden.[17]

Dimensionen der verantwortungsvollen Führung

Verengte Sicht

Führungskräfte eines Unternehmens definieren nun mit ihrem jeweiligen Verständnis von Verantwortung unterschiedlich, was als Erfolg zu werten ist. Sie regeln dadurch, welche Konsequenzen ihres Handelns überhaupt verantwortet werden. Eine in den letzten Jahrzehnten hochgehaltene (ökonomistische) Auffassung war, dass Unternehmen nur eine einzige Verantwortung haben, nämlich ihren Profit zu vermehren. (Milton Friedman: „The social responsibility of business is to increase its profits"[18] – Die soziale Verantwortung eines Unternehmens besteht in der Steigerung seines Gewinns.).

Aufgrund wachsender Ressourcenknappheit, Transparenz gegenüber der Öffentlichkeit und berechtigter Ansprüche *aller* ihrer Stakeholder stehen Unternehmen zunehmend unter Druck, neben den ökonomischen auch die sozialen und ökologischen Folgen ihres Handelns vor den Betroffenen zu rechtfertigen. Können sie das nicht, so besteht das Risiko, dass sie mit Gegenreaktionen der Stakeholder (Boykotts, Streiks, Sabotagen, Strafanzeigen, Schadenersatzklagen etc.) oder der Natur (Klimawandel, versiegende Rohstoffquellen etc.) zu rechnen haben. Um diese Risiken zu mindern, ist es inzwischen State-of-the-art der verantwortungsvollen Unternehmensführung, die unternehmerische Verantwortung auf drei Dimensionen zu erweitern sowie auch den Aspekt der Langfristigkeit aller Maßnahmen (= Nachhaltigkeit) miteinzubeziehen.

Erweiterte Sicht

12.2 Kompetenzen einer verantwortungsvollen Führungskraft (eines Responsible Leaders)

Über welche Kompetenzen sollte nun eine Führungskraft verfügen, um ihrer Verantwortung umfassend gerecht werden zu können? Sollte sie über einen Komplex an Eigenschaften verfügen, die sie zu einer Art Superman bzw. Superwoman hochstilisieren? Etwa von der Art:

Suche nach dem Super-Leader?

> *„Die Würde eines Erzbischofs, die Selbstlosigkeit eines Missionars, die Beharrlichkeit eines Steuerbeamten, die Erfahrung eines Wirtschaftsprüfers, die Arbeitskraft eines Kulis, den Takt eines Botschafters, die Genialität eines Nobelpreisträgers, den Optimismus eines Schiffbrüchigen, die Findigkeit eines Rechtsanwalts, die Gesundheit eines Olympiakämpfers, die Geduld eines Kindermädchens, das Lächeln eines Filmstars und das dicke Fell eines Nilpferds"*[19]

Selbst wenn es Menschen gäbe, die tatsächlich über all diese Fähigkeiten verfügen, dürften sie zu selten vorkommen, als dass sie in ausreichender Zahl für Unternehmen zur Verfügung stünden. Es kommt wohl eher darauf an, Menschen zu finden, die in der Lage sind, ihre dreifache Verantwortung nachhaltig zum Wohle des Ganzen wahrzunehmen und sich in allen wichtigen Aspekten fortlaufend zu schulen und zu verbessern:

Kernkompetenzen einer verantwortungsvollen Führungskraft

■ Um der *funktionalen* Dimension der Verantwortung gerecht zu werden, sollte die Führungskraft über genügend *Fachkompetenz* und technisch-organisatorisches Wissen verfügen, also über Kenntnisse, wie sie bisher im Betriebswirtschaftsstudium an Business Schools vermittelt werden. Das ist das Wissen, über das ein Manager verfügen sollte.

Fachkompetenz

■ Für die *soziale* Dimension ist *ethische Kompetenz* erforderlich. Wer mit seinen Stakeholdern nicht gut auskommt, dürfte Schwierigkeiten haben, diese zur Zusammenarbeit bei der Realisierung einer Vision zu

Sozialkompetenz

gewinnen. Ohne sie dürften alle Versuche einer Effizienzsteigerung ins Leere laufen. Sie wären nicht effektiv. Hier sind Leadershipqualitäten gefragt, um andere für Ziele begeistern zu können.

Reflexionskompetenz

■ Die *ökologische* Dimension verlangt einen Grad an Sensibilität für die Bedürfnisse des Ganzen. Wer mit seinen Aktivitäten auf Dauer die Natur schädigt, untergräbt die Überlebenschancen Dritter wie schließlich auch seine eigenen sowie die künftiger Generationen. Die Fähigkeit zur Reflexion des eigenen Handelns, im Hinblick auf die Auswirkungen auf das Ganze, also *ästhetische Reflexionskompetenz* (siehe ▶*Abschnitt 2.4*) sind hierfür unerlässlich.

Typen und Fähigkeiten[20]

Visionär – Koordinator – Macher

Diesen drei Kompetenzen können folgende Führungstypen zugeordnet werden: (a) der Macher, (b) der Koordinator und (c) der Visionär.[21] Sie sollten über verschiedene Formen des Wissens verfügen: (a) des Gewusst-wie („Knowing-How"), (b) des Gewusst-wen („Knowing-Whom") und (c) des Gewusst-wozu („Knowing-Why").[22] Darüber hinaus sind diese Wissensformen mit verschiedenen Formen von Intelligenz[23] sowie Fähigkeiten („Skills") wie (a) Management-Fähigkeiten („Managerial Skills"[24]), (b) zwischenmenschliche Fähigkeiten („Interpersonal Skills"[25]) sowie (c) Reflexionsfähigkeiten („Reflective Skills"[26]) verbunden.

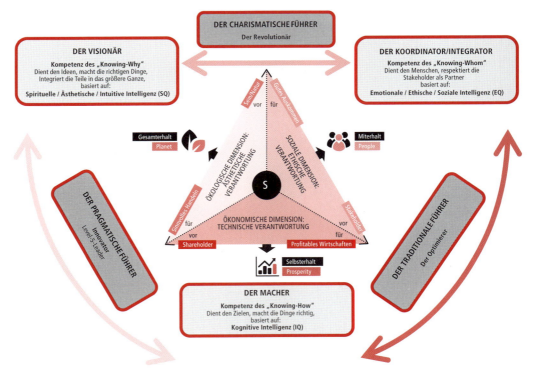

Abbildung 12.1: Leadership-Typen gemäß der dreifachen Verantwortung

Der Macher

Der Macher ("The Doer") ist der klassische Manager, der im Sinne von Drucker die "Dinge richtig"[27] macht. Er ist der *transaktionale Führer* ("Transactional Leader"[28]), der dafür sorgt, dass seine Untergebenen die verlangten Ziele erfüllen. Diese Leadership-Dimension ist funktional und entspricht dem Gewusst-wie. Der Macher verfügt über technisches Wissen, wie ein Unternehmen erfolgreich gemanagt werden kann. Man hat festgestellt, dass diese Führungskompetenz durch formales Lernen an Universitäten oder aber auch durch Selbststudium und praktisches On-the-Job-Training erworben werden kann.[29] Guliks oben erwähnte POSDCORB-Abkürzung der Management-Tätigkeiten fasst die typischen Aktivitäten eines Machers zusammen. Er ist normalerweise als Angestellter ("Agent") entsprechend den Vorgaben eines Unternehmers ("Principal") tätig, unabhängig davon, ob ihm diese sinnvoll erscheinen oder nicht. Der erfolgreiche Erwerb seines Wissens ("Managerial Skills") hängt von seiner *kognitiven Intelligenz* (IQ) ab, die ihn dazu befähigt, Theorie in die Praxis und in die tägliche Arbeit innerhalb kürzester Zeit umzusetzen.[30]

Effiziente Erledigung von Aufgaben

Der Macher übernimmt also die Verantwortung, Zielvorgaben möglichst effizient zu erfüllen. Er kümmert sich um die Mittel, nicht aber um die Zwecke. Eingebunden in einer hierarchischen Organisation beschränkt sich seine Autonomie und damit auch Verantwortung darauf, kostengünstige und kurze Wege zum Ziel zu finden. Welche Ziele er dabei verfolgen muss, liegt nicht in seiner Hand. Auf diese Weise kann er einem militärischen Auftrag, Großunternehmen, Staatsapparat, aber auch einer Hilfsorganisation genauso dienen wie einer mafiosen Organisation oder einer Diktatur.[31]

Führen durch Zielvereinbarung

Der Koordinator/Integrator

Der Koordinator/Integrator transformiert seine Beziehungen zu den einzelnen Stakeholdern. In seiner *transformationalen Führungsfunktion* ("Transformational Leadership"[32]) kultiviert und koordiniert er das "Netzwerk der Stakeholderbeziehungen"[33]. In der sozialen Dimension der Verantwortung sollte der Koordinator wissen, wie er mit Stakeholdern in ethischer Hinsicht gut auskommt, sollte also auch deren Interessen gut kennen. So transformiert er nicht nur das Verhältnis zu seinen direkt Untergebenen, sondern zu allen internen wie externen Stakeholdern. Er sollte auch mit deren Diversität und verschiedenen Interessenlagen, Weltbildern und Glaubenssystemen umgehen können. Überhaupt versteht er es, empathisch die Brücke zwischen sich, seinem Ego, und dem anderen (lateinisch: *alter*) zu schlagen. So verwirklicht er eine *ethische Führung* ("Ethical Leadership"[34]).

Beziehungspflege

Dazu benötigt er ein gewisses Maß an *emotionaler Intelligenz* (EQ), wie sie Daniel Goleman (geb. 1946) herausgearbeitet und später zur "sozialen Intelligenz" erweitert hat.[35] Diese umfasst "zwischenmenschliche Fähigkeiten" wie umsichtiges Zuhörenkönnen, Einfühlungsvermögen sowie Kompromiss- und Konsensfähigkeit, durch die er in einen sinnvollen Dialog mit den wichtigsten Stakeholdern treten kann.[36] Beispielsweise erwar-

Gutes Auskommen mit allen Stakeholdern

ten Mitarbeiter für ihre Arbeitskraft nicht nur einen angemessenen Lohn, sondern auch Sicherheit, einen freundlichen Umgangston, Respekt und faire Behandlung am Arbeitsplatz. Ihre Würde sollte geachtet, ihre Authentizität und Teamfähigkeit gefördert und der Sinn ihrer Arbeit verständlich gemacht werden. Die meisten Programme der Führungskräfteentwicklung sind immer noch zu sehr auf die bloßen Techniken der Führung und weniger auf ethische Kompetenzen ausgerichtet. Wie man mit den unterschiedlichen Interessen, Sprachen und Logiken der Stakeholder gut auskommen und mit ihnen in einen konstruktiven Dialog treten kann, ist dabei eine besondere Herausforderung und wurde etwa im Rahmen der verschiedenen Ethikansätze in diesem Lehrbuch ausführlich diskutiert.

Der Visionär

Die Kraft einer verantwortungsvollen Vision

Der Visionär legt ein besonderes Augenmerk auf die dritte, ökologische Dimension der Verantwortung. Eine Vision (lateinisch *visio* = Anblick, Erscheinung) ist das Ergebnis einer sinnlichen Erfahrung und damit ein Phänomen der Ästhetik (griech. *aisthesis* = sinnliche Wahrnehmung). Über ihre Sinnesorgane erfasst jede Lebensform ihre ökologische Nische, also diejenigen Umweltbedingungen, unter denen sie überleben kann. So sollten auch die Visionen einer nachhaltig verantwortungsvollen Führungskraft dem guten Leben dienen. Sie sollten Vorstellungen über eine gewünschte Zukunft vermitteln, die die Lebenschancen aller Betroffenen erhöhen.[37] Visionen, die nur bestimmten Glaubensgemeinschaften, Ideologien, politischen Gruppen oder sozialen Schichten zugute kommen, fördern hingegen feindliche Auseinandersetzungen, richten sich gegen das ökologische Gleichgewicht der Natur oder gegen die Interessen künftiger Generationen. Jedenfalls inspiriert der Visionär seine Gefolgsleute, ihre Aktivitäten einer Idee zu widmen und ihnen damit eine bestimmte Richtung zu geben. Travis N. Turner hat den visionären Leader folgendermaßen charakterisiert: Er ist „offen für neue Informationen", verfügt über ein „geistiges Auge", ist „hoch sensitiv", macht „gute Voraussagen", hat eine „lebendige Fantasie" und „starke Überzeugungskraft" sowie eine „große Ausdauer".[38] Dank seiner Glaubensstärke, Wertvorstellungen und Kreativität[39] vermittelt er das Wozu („Knowing-Why"[40]), also den Sinn einer Unternehmung.

Begriffsbestimmung von „spirituell"

Der so geartete Visionär verfügt über eine hohe *spirituelle Intelligenz* (SQ). Diese wurde in den letzten zwei Jahrzehnten näher erforscht.[41] Dabei wird der Begriff „spirituell" nicht mit „religiös" gleichgesetzt. Er stammt von dem lateinischen Wort *spiritus*, was soviel wie „Atem", „Energie", „Inspiration", „Geistige Verfasstheit" bedeutet. Unser Atem verbindet unsere innere mit der äußeren Welt. Er hält uns am Leben. Er inspiriert uns in übertragenem Sinne auch dazu, unsere jeweilige Überlebensnische zu finden. Inspiration ist die Quelle für eine erfolgreiche Suche nach dem Sinn des Lebens, für den Einblick in das eigene Unbewusste und für die Einsicht in unsere Verbundenheit mit allen anderen Lebensformen.[42]

Auswege in Krisenzeiten

Im Kontext der ökologischen Verantwortung umfasst spirituelle Intelligenz ästhetische und intuitive Kompetenzen, durch welche Möglichkeiten für Problemlösungen und Chancen für verantwortungsvolle Geschäftsaktivitäten erkannt werden. Der Visionär versteht es, vor allem in Krisenzeiten im drohenden Chaos neue Überlebensmuster zu erkennen und zu verwirklichen.[43]

Die Physikerin und Philosophin Danah Zohar (geb. 1945) und der Psychiater Ian Marshall haben zwölf Merkmale und damit verbundene Übungsprogramme der spirituellen Intelligenz zusammengetragen: Selbst-Bewusstheit, Spontaneität, visions- und wertegeleitet, Holismus, Mitgefühl, Würdigung der Vielfalt, Feldunabhängigkeit, Tendenz zu Warum-Fragen, Kontextualisierung, positiver Umgang mit Misserfolgen/Krisen, Demut und Berufung.[44] Im Rahmen dieses Lehrbuchs genügt der Hinweis auf folgende Eigenschaften eines spirituell intelligenten Leaders („Spiritual Leadership"[45]):

Merkmale spiritueller Intelligenz

- sich selbst und den Sinn seines Tuns zu reflektieren und dadurch Lösungen für Probleme des eigenen und fremden Überlebens entdecken,

- intuitiv größere Sinnzusammenhänge erfassen,

- Hoffnungen und Visionen für eine gewünschte Zukunft hegen,

- die Sinne für Kontexte der inneren und äußeren Natur aktivieren,

- die ökologische Nische seines Tun und Lassens kreieren und vollkommen ausfüllen,

- sich selbst führen („Self-Leadership"[46]) etwa im Sinne der Affektkontrolle[47], ohne die man schwerlich andere führen kann, dadurch sein Eigeninteresse vom Interesse des Ganzen unterscheiden sowie Änderungen in seinem Verantwortungsbewusstsein und Verhalten einleiten,

- authentisch leben und auf diese Weise einzigartige Wege zur Verwirklichung einer nachhaltig verantwortungsvollen Vision eröffnen („Authentic Leadership"[48]),

- günstige Gelegenheiten (Windows of Opportunities) blitzartig erkennen und auch persönlich wie beruflich nutzbringend wahrnehmen können.

Der letzte Punkt wurde als Vermögen der spirituellen Intelligenz – auch in den Untersuchungen von Zohar und Marshall – bisher kaum wahrgenommen, obwohl er für eine erfolgreiche Führung von großer Bedeutung sein kann. Die Fähigkeit, günstige Gelegenheiten wahrnehmen zu können, war noch in der antiken Welt hoch angesehen. Man hatte ihr sogar einen eigenen Gott zugeordnet, nämlich den *Kairos*, der den „richtigen Zeitpunkt" symbolisierte. Er wurde als eine geflügelte Figur dargestellt – als Zeichen dafür, dass er schnell herbeigeflogen kommt, aber ebenso schnell wieder verschwinden kann. Zudem trägt er seine Haare an der Stirn sehr lang, während sein Hinterkopf kahl geschoren ist. Damit wird das Glück als eine Gelegenheit dargestellt, die sehr schnell auftaucht und einen auffordert, es möglichst schnell „beim Schopfe" zu packen.[49] Wer zu lange zögert, dem entzieht es sich wieder, und die Hand gleitet am kahlen Hinterkopf des Kairos ergebnislos ab. Glück haben ist also nicht etwas, was einem passiv widerfährt, sondern bezeichnet eine aktive Fähigkeit, es überhaupt erfassen und ohne Zögern ergreifen zu können. Wer zu lange zaudert, die Pros und Cons zu lange abwägt, dem schließt sich unwiderruflich das Fenster der günstigen Gelegenheit („Windows of

Kairos – der Gott der günstigen Gelegenheit

Opportunity") etwa für einen wichtigen Karriereschritt, eine neue Geschäftsidee oder -gelegenheit wieder. Intuition ist also erforderlich, ob es sich hierbei um eine wirklich reale Chance handelt oder um eine Schimäre, also ein Trugbild oder Hirngespinst.

Der Visionär als guter Leader nutzt die Gunst der Stunde

Der Visionär besitzt also neben der Eigenschaft der *Selbstreflexion* auch die Kompetenz des *Sich-Einfügen-Könnens* in das größere Ganze sowie die Fähigkeit, günstige *Gelegenheiten* („Kairos") zu *erfassen* und sie für sich und andere zu nutzen.

Charismatische, traditionale und pragmatische Leadership

Mischformen

Es liegt nahe, dass die genannten Leadership-Typen in der Realität als Reinform kaum existieren und möglicherweise in ihrer Einseitigkeit gar nicht erwünscht sind. Ideal wäre eine verantwortungsvolle Führungskraft, die alle Eigenschaften in sich vereinigt, was gleichfalls unwahrscheinlich sein wird. Eher kommen die Mischformen des charismatischen, traditionalen und pragmatischen Leaders vor.

Charismatische Führung

Einen Visionär, der zugleich die Eigenschaften eines Koordinators hat, also seine Gefolgschaft für seine Vision begeistern, inspirieren und dadurch transformieren kann, kann man als *charismatischen Führer* bezeichnen, wie ihn Max Weber (1864–1920) und andere beschrieben haben.[50] Die Gefahr besteht dann darin, dass der bewunderte Leader sich in seinem „Zauberglanz" (griechisch *charisma*) sonnt, in den Narzissmus abgleitet und dabei die Verantwortung für das Ganze aus dem Auge verliert.

Pragmatische Führung

Die Kombination eines Visionärs und eines Machers kann in einer *pragmatischen Führung* münden, wie sie etwa Jim Collins (geb. 1958) als sogenannte Level-5-Leader charakterisiert hat. In seinen empirischen Studien konnte Collins nachweisen, dass die Führungspersönlichkeiten auf der Ebene 5 (nach Ebene 4 des „effektiven Managers", Ebene 3 des „kompetenten Managers", Ebene 2 des „Team-Mitglieds" und Ebene 1 des „begabten Individuums") sich als außerordentlich erfolgreich erwiesen haben. Sie hätten eine paradoxe Mischung aus „persönlicher Bescheidenheit" und „professioneller Duchsetzungskraft für nachhaltige Spitzenleistung", mit der sie immer wieder neue Wege zur Realisierung ihrer Vision situationsgerecht ausloten, wie die folgende Austellung zeigt (siehe auch ▶ *Abschnitt 12.5*).[51]

Komplementäre Eigenschaften eines erfolgreichen Unternehmensführers nach Jim Collins Charakteristika eines Level-5-Leaders

Persönliche Bescheidenheit	Professionelles Durchsetzungsvermögen
Meidet öffentliches Lob und Prahlerei.	Sieht sich als Katalysator für Unternehmenswandel; sorgt für Spitzenleistungen.
Handelt ruhig und bestimmt; motiviert nicht durch persönliches Charisma, sondern durch hervorragende Standards; scheut keine Hindernisse.	Setzt sich mit hoher Disziplin zum Wohle des Unternehmens ein, um Spitzenresultate zu erzielen.

Tabelle 12.3: Eigenschaften eines pragmatischen Level-5-Leaders nach Jim Collins
Quelle: nach Collins, 2005, S. 54.

Komplementäre Eigenschaften eines erfolgreichen Unternehmensführers nach Jim Collins Charakteristika eines Level-5-Leaders	
Stellt allen Ehrgeiz in den Dienst des Unternehmens, nicht seines Egos; wählt Nachfolger aus, die das Unternehmen in Zukunft noch erfolgreicher machen.	Setzt den Maßstab zum Aufbau eines dauerhaften Spitzenunternehmens und gibt sich nicht mit weniger zufrieden.
Blickt aus dem Fenster, nicht in den Spiegel, um Unternehmenserfolge zu erklären; findet die Gründe bei Kollegen, äußeren Faktoren, Glück.	Blickt in den Spiegel und nicht aus dem Fenster, um Verantwortliche für schlechte Ergebnisse zu finden; beschuldigt nie andere und macht keine äußeren Faktoren verantwortlich, redet nie von Pech.

Tabelle 12.3: Eigenschaften eines pragmatischen Level-5-Leaders nach Jim Collins
Quelle: nach Collins, 2005, S. 54.

Die Kombination aus Koordinator und Macher kann man als *traditionale Führung* ansehen, wie sie ebenfalls von Max Weber beschrieben wurde.[52] Ursprünglich stark hierarchisch ausgerichtet, zeigt sich die traditionale Führung heute eher kooperativ, insofern sie die Rahmenbedingungen schafft, innerhalb deren die Mitarbeiter ihre Fähigkeiten zum Zweck der Zielerreichung zur freien Entfaltung bringen können.

Traditionale Führung

Max Weber
(1864–1920)

Exkurs: PRME: Prinzipien für eine verantwortungsvollen Managementausbildung

Um eine Ökonomie zu fördern, die dem Selbst-, Mit- und Gesamterhalt unserer heutigen wie künftigen Lebenswelt dient, benötigen wir Führungskräfte, die sich ihrer universalen Verantwortung bewusst sind und entsprechende Eigenschaften mitbringen oder entwickeln. Dazu sind Aus- und Weiterbildungsstätten erforderlich, die die Kompetenzen dafür vermitteln. Für die Hochschulen und Business Schools haben die Vereinten Nationen daher sechs Prinzipien der verantwortungsvollen Management-Ausbildung (*Principles of responsible management education, PRME*) lanciert.

Business- und Managementschulen sowie Management- und Führungsentwicklungsinstitutionen gehören zu den einflussreichsten Akteuren der Welt, da sie die Fähigkeiten und die Denkweise zukünftiger Führungskräfte prägen. Die Vision von PRME ist es, eine globale Bewegung zu schaffen und die Vordenkerrolle in der verantwortungsvollen Managementausbildung voranzutreiben. Die Mission von PRME ist es, die Managementausbildung zu transformieren und die verantwortungsvollen Entscheidungsträger von morgen zu entwickeln, um eine nachhaltige Entwicklung voranzutreiben."[53]

Wege zur Responsible Leadership

Vision und Mission

Die sechs Prinzipien
von PRME

PRME arbeitet eng mit dem UN Global Compact zusammen, um Managementschulen und Unternehmen dazu zu bringen, an den gemeinsamen Zielen zu arbeiten und eine gemeinsame Wirkung zu erzielen.

Prinzip 1: Zweck Wir befähigen unsere Studierenden, in der Zukunft dauerhafte Werte für Unternehmen und für die Gesellschaft als Ganzes zu schaffen und sich für eine integrative und nachhaltige Weltwirtschaft einzusetzen.

Prinzip 2: Werte Unsere akademische Tätigkeit, unsere Lehrpläne und unsere organisatorischen Praktiken beinhalten die Werte der globalen gesellschaftlichen Verantwortlichkeit, wie sie in internationalen Initiativen wie dem Global Compact der Vereinten Nationen dargestellt sind.

Prinzip 3: Methode Wir schaffen didaktische Rahmenbedingungen, Materialien, Prozesse und Lernumgebungen und ermöglichen damit optimale Lernerfahrungen in Bezug auf verantwortungsvolle Unternehmensführung.

Prinzip 4: Forschung Wir betreiben Grundlagenforschung sowie empirische Forschung zum besseren Verständnis von Rolle, Dynamik und Wirkungen der nachhaltigen gesellschaftlichen, ökologischen und ökonomischen Wertschöpfung von Unternehmen.

Prinzip 5: Partnerschaft Wir pflegen den Austausch mit Führungskräften der Privatwirtschaft zur Erweiterung unseres Wissens über die Herausforderungen der gesellschaftlichen und ökologischen Verantwortung sowie zur gemeinsamen Erarbeitung von wirksamen Ansätzen zur Bewältigung dieser Herausforderungen.

Prinzip 6: Dialog Wir ermöglichen und unterstützen den Dialog und Diskussionen mit Studierenden, der Wirtschaft, dem Staat, Konsumenten, Medien, Organisationen der Zivilgesellschaft und anderen Interessen- und Anspruchsgruppen zu kritischen Fragen der globalen gesellschaftlichen Verantwortung und Nachhaltigkeit.[54]

Der Generalsekretär der Vereinten Nationen, Antonio Guterres, unterstreicht die Bedeutung der PRME-Initiative als Grundlage zur Erfüllung der UN-Nachhaltigkeitsziele (SDGs, siehe ▶*Abschnitt 9.7*):

> *„Die PRME-Initiative wurde ins Leben gerufen, um verantwortungsvolle Führungskräfte (reponsible leaders) der Zukunft heranzubilden. Nie war diese Aufgabe wichtiger als heute. Mutige Führung und innovatives Denken werden benötigt, um die Sustainable Development Goals zu erreichen.“*[55]

Zusammenfassung

Es sind nicht nur Hirnforscher, Neurophysiologen und -psychologen, die die drei unterschiedlichen Funktionen des Gehirns als lineares, assoziatives und holistisches Denken entdeckt und als kognitive, emotionale und spirituelle Intelligenz beschrieben haben. In der Auswahl und Entwicklung von Führungskräften dürfte es im Human Capital Management inzwischen etabliert sein, dass eine Führungskraft nicht nur kognitive (IQ), sondern auch emotionale Intelligenz (EQ) mitbringen sollte.[56] Erstere erlaubt, durch lineares Denken den technischen Anforderungen einer erfolgreichen Organisation zweckrational gerecht zu werden, während Letztere durch assoziatives Denken und Fühlen die ethischen Herausforderungen im Umgang mit Stakeholdern bewältigt. Erst durch holistisches Denken als Ausdruck spiritueller Intelligenz (SQ) kommen Selbsterkenntnis, Rücksicht auf das größere Ganze sowie Intuition für die günstige Gelegenheit (Kairos) zum Tragen. Alle drei Formen der Hirnaktivitäten scheinen für ein geglücktes Leben unabdingbar zu sein. Sie sind es wohl auch für die Übernahme einer nachhaltig verantwortungsvollen Führungsrolle.

Unterschiedliche Hirnaktivitäten

Drei Führungstypen konnten den einzelnen Dimensionen der Verantwortung zugeordnet werden: der Macher der funktionalen Dimension, der Koordinator der sozialen Dimension und der Visionär der ökologischen Dimension. Jeder dieser Typen erfüllt spezielle Aufgaben mit entsprechenden Kompetenzen. Auf keinen kann in einem nachhaltig verantwortlich geführten Unternehmen verzichtet werden. Sie ergänzen sich komplementär. Da nur selten ein Leader alle Kompetenzen zugleich erfüllt, macht es Sinn, die verschiedenen Positionen in einem Unternehmen unterschiedlich zu besetzen. So sollte der Chief Executive Officer (CEO) eher als Visionär fungieren, die Position des Chief Operation Officers (COO) eher mit einem Macher und die des Chief People Officers (CPO) eher mit einem Koordinator besetzt werden.

Führungstypen in verschiedenen Positionen

Kompetenzen eines
Responsible Leaders

Die verschiedenen Kompetenzen einer Responsible Leadership ergänzen sich komplementär, sodass die Führungskraft die Konsequenzen ihres Handelns gegenüber der Natur, Gesellschaft und künftigen Generationen genauso vertritt wie gegenüber den Investoren. Sie erlauben heutigen Führungskräften, sich in einer hoch dynamischen und komplexen Welt zu orientieren und Entscheidungen unter Unsicherheit zu treffen. Diese können längst nicht allein mit kognitivem und emotionalem Denken verantwortet werden, sondern müssen auch von einer „geschulten Intuition" getragen sein. Wie die Biografien großer Karrieren immer wieder gezeigt haben, treffen solche Entscheidungen häufig auch die Bedürfnisse des Ganzen und erweisen sich dann als langfristig erfolgreich. Von einer nachhaltig verantwortungsvollen Führungskraft (Sustainably Responsible Leader) wird also nicht nur technisches „Knowing-How", wie man ein Unternehmen profitabel am Leben erhält, und ethisches „Knowing-Whom", wie man mit allen Stakeholdern gut auskommt, erwartet, sondern auch ästhetisches „Knowing-Why", also die Antwort auf die Frage, inwieweit das eigene Handeln dem Ganzen langfristig und sinnvoll dienlich ist.

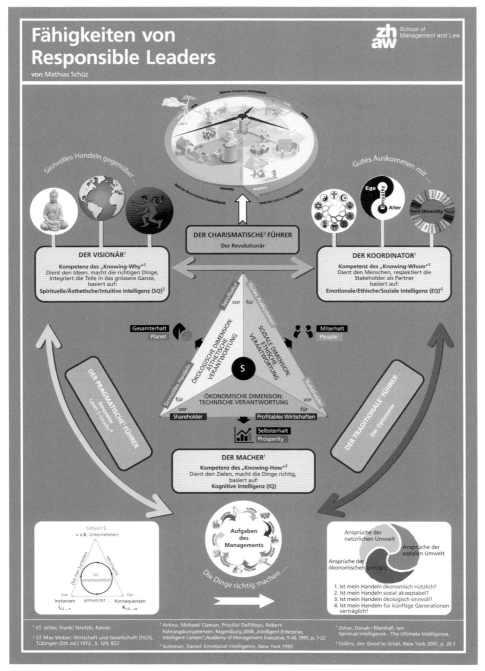

Abbildung 12.2: Zusammenschau: Modell einer Sustainably Responsible Leadership

Diese Zusammenschau als Poster und weiterführende Inhalte können auf der Website zum Buch unter *www.pearson.de* heruntergeladen werden.

Endnoten

1   Zit. n. Kieser, 1999, S. 65.
2   Daniel, 2001, S. 39.
3   Nickel, 1992, S. 742.
4   Xenophon, 1992, S. 13.
5   Ebd. S. 15.
6   Ebd. S. 17.
7   Cicero zit. n. Rainer Nickel, 1992, S. 735; vgl. Bass, 1995.
8   Greenleaf, 1998.
9   Pless/Maak, 2011, S. 7.
10 Die Abkürzung wurde von Luther Gulick (1936) eingeführt.
11 Drucker, 1993, S. 16.
12 Vgl. Kotter, 1990, S. 4.
13 Kotter, 2001, S. 85 ff.
14 Kotter, 1990, S. 5.
15 Staehle, 1999, S. 69.
16 Smith, 2017, S. 575, 5. Buch, 1. Kap., 3. Teil; Scholl, 2008, S. 131; vgl. Xenophon, 1828.
17 Eine aktuelle Untersuchung zu „Form(en) von Führung, Leadership und Management" liefert Marco Böhmer (2014); vgl. Bass/Bass.
18 Friedman, 1995, S. 137.
19 Hamburger Politiker zit. n. Pörksen/Schulz von Thun, 2014.
20 Die folgenden Ausführungen zu den Kompetenzen vgl. Schüz, 2016.
21 Vgl. Jetter/Strotzki, 2008, S. 43 f.
22 Arthur et al., 1995, S. 10.
23 Vgl. Gardner, 2011.
24 Vgl. Katz, 1974.
25 Vgl. Rungapadiachy, 1999 vgl. Seelhofer, 2017, 2020.
26 Vgl. Schon, 1983; Laughran, 2002; Roberts, 2008.
27 Vgl. Drucker, 1993, S. 15.
28 Burns, 1978.
29 Arthur et al., 1995, S. 10.
30 Javadin et al, 2010, S. 171; vgl. Katz, 1974; Shermerhorn, 2011, S. 22.
31 Es ist hier nicht der Raum, die Ursprünge und Auswüchse des wissenschaftlich organisierten Machertums im Zeitalter der Industrialisierung bis heute nachzuzeichnen. Im Dritten Reich haben es vor allem hochrangige und -intelligente SS-Führer wie z. B. Reinhard Höhn für die Zwecke des Regimes perfektioniert und damit später im Nachkriegsdeutschland zum sogenannten Wirtschaftswunder beigetragen. Höhn hat dafür in Bad Harzburg eine Managementausbildungsstätte etabliert, in der bis in die 80er-Jahre des vorigen Jahrhunderts hinein pro Jahr mehr als 10.000 Kursteilnehmer seine Managementmethoden (Harzburger Modell) verinnerlichten (Johann Chapoutot, 2021, S. 127).
32 Bass/Avolio, 1994.; vgl. Seehofer, 2020, S. 44.
33 Pless/Maak, 2011, S. 9.
34 Brown/Treviño, 2006.
35 Goleman, 2001; 2006.
36 Wilson et al., 2006, S. 26.
37 Vgl. Nanus, 1994.
38 Turner, 2013.
39 Eine ganzheitlich systemische Herangehensweise, Kreativität angesichts komplexer Probleme zu entwickeln, hat Gerald Steiner in seinem „Planetenmodell der kollaborativen Kreativität" entwickelt, das das Zusammenspiel zwischen logisch-rationalen und intuitiv-assoziativen Denkweisen fördert (2010, S. 65 ff.). Da es Gruppenprozesse miteinbezieht, ist sein Modell kompatibel mit den drei Dimensionen unseres Modells der Responsible Leadership, das kognitive, soziale und spirituelle Intelligenz umfasst.
40 Vgl. Arthur et al., 1995.
41 Zohar, 2000; Zohar/Marhall, 2010; Emmons, 2000, Vaugham, 2002.
42 Zinnbauer/Pargamen/Scott, 1999, S. 895.
43 Vgl. Zohar/Marshall, 2010, S. 131.
44 Ebd. S. 134, 137 ff.
45 Sanders, 2007; vgl. Zinnbauer et al., 1999.
46 Furtner/Baldegger, 2013.
47 Im Zusammenhang der für die Tugendethik interessanten Affektkontrolle ist der berühmte „Marshmallow-Test" von Walter Mischel zu erwähnen. Kinder, die im Vorschulalter eine Belohnung mit der Süßigkeit eines Marshmallows aufschieben konnten, um einige Zeit später zwei Stück zu erhalten, hatten auch in ihrem späteren Leben eine bessere berufliche wie private Karriere vor sich. Offenbar bedeutet die Fähigkeit, die Konsequenzen von Gefühlimpulsen zu reflektieren und dementsprechend nur kontrolliert nachzugeben, einen erheblichen Vorteil für ein gelingendes Leben. (Mischel, 2015)

48 Vgl. Luthans/Avolio, 2003. In diesem Zusammenhang ist die „Resilienz in der Unternehmensführung" erwähnenswert, die Karsten Draht in seiner gleichnamigen Studie genauer untersucht hat. Resiliente Führungspersönlichkeiten (von lateinisch *resilire* = zurückspringen, abprallen) sind empfindsam genug, sich empathisch in andere hineinzuversetzen, aber zugleich auch souverän genug, ihren eigenen Weg authentisch zu entwerfen und zu gehen. (Drath, 2014, S. 82 f)

49 Vgl. den englischen Ausdruck *to grasp the opportunity by the forlock*.

50 Vgl. Weber, 1980, S. 140–148; Conger/Kanugo, 1988.

51 Collins, 2005, S. 35 ff, vgl. 99.

52 Weber, 1980, S. 130–140.

53 PRME, 2021.

54 ZHAW, 2021.

55 PRME, 2021, in der Übersetzung vom Autor.

56 Goleman, 2001; Goleman/Boyatzis/McKee, 2010; zur Theorie der mehrfachen Intelligenzformen vgl. Gardner (2011).

Nachworte von Ivan Novy und Gerald Steiner

Ivan Novy

Mathias Schüz hat die Inhalte dieses Buchs in Vorlesungen und Seminaren an Universitäten während eines Zeitraums von mehr als zehn Jahren entwickelt und erprobt, bevor er sie veröffentlichte. Zuvor machte er fast 20 Jahre Erfahrungen im Umgang mit ethischen Fragen in Wirtschaftsunternehmen.

Dank der langjährigen Zusammenarbeit zwischen unserer betriebswirtschaftlichen Fakultät der Wirtschaftsuniversität Prag (VŠE), die größte der Tschechischen Republik, und der School of Management and Law an der Zürcher Hochschule für Angewandte Wissenschaften (ZHAW), der größten Fachhochschule der Schweiz, konnten wir sein Konzept auch in unserer Lehre verankern. Seither bildet sein Ansatz zur nachhaltigen Verantwortung an beiden Hochschulen die Grundlage für ethische Reflexion in zahlreichen Vorlesungen und Seminaren.

Beide Hochschulen hatten bereits begonnen, „Ethik in der unternehmerischen Praxis" als Gegenstand von Lehre und Forschung zu integrieren, noch bevor sie sich offiziell an der UNO-Initiative „Principles of Responsible Management Education" (PRME) aktiv beteiligten. Nicht zuletzt deshalb erfüllten sie auch die strengen Auflagen der Akkreditierung unserer Universitäten durch die Association to Advance Collegiate Schools of Business (AACSB) bzw. das European Quality Improvement System (EQUIS).

Im September 2017 wurden große Teile dieses Lehrbuchs auf einer gemeinsamen Konferenz auch in tschechischer Sprache vorgestellt. Ziel war es, herauszufinden, warum und wie Ethik in die Managementausbildung integriert werden kann. Die Zuhörerschaft, die sich aus Persönlichkeiten aus Industrie und Wissenschaft zusammensetzte, diskutierte insbesondere sein ganzheitliches Modell der ethischen Unternehmensverantwortung mit großer Begeisterung.

Die wichtigste Erkenntnis der Teilnehmer war, dass wirtschaftliches Handeln kein Widerspruch zur Ethik ist. Im Gegenteil, es basiert auf fairen Tauschverhältnissen, bei denen die Partner nicht mehr nehmen als geben sollten, also sich in der Mitte zwischen Raub und Geschenk bewegen sollten. Ökonomie erweist sich somit als ein Sonderfall der Ethik, deren goldene Regel deutlich macht, dass man den anderen nicht betrügen sollte, wenn man selbst nicht betrogen werden will.

So einfach diese Botschaft auch klingt, so wenig ist sie im Bewusstsein der meisten Akteure im Geschäftsleben verankert. Sie lernen, ihren Gewinn zu maximieren, ohne darüber nachzudenken, wie er erzielt wurde: ob durch Raub oder fairen Tausch. Sodann stellt sich die Frage, wie man einen fairen Austausch entlang der gesamten Wertschöpfungskette sicherstellen kann. Das vorliegende Lehrbuch liefert Antworten auf diese Frage in Hülle und Fülle.

Eine davon ist das Uhrenmodell von Schüz zur nachhaltigen Verantwortung. Es hat den Vorteil, dass es auf einen Blick die verschiedenen Dimensionen, Reichweiten und Nachhaltigkeitsgrade der Verantwortung in Unternehmen aufzeigt. Es sensibilisiert Unternehmer wie Manager für die häufig ignorierten Auswirkungen ihrer Entscheidungen auf Gesellschaft und Natur. Im Vorfeld könnte es vor einseitigen Entscheidungen warnen und damit womöglich Unternehmensskandalen, wie sie leider immer wieder vorkommen, vorbeugen.

Mit der vorliegenden Publikation können sich die Leser mit dem ganzheitlichen Modell der ethischen Unternehmensverantwortung von Schüz, seinen leicht verständlichen philosophischen Ausführungen zu verschiedenen Ethikansätzen sowie seinen didaktisch durchdachten Erläuterungen und zahlreichen praktischen Beispielen vertraut machen.

Ich wünsche den Lesern viel Motivation bei der Umsetzung der Konzepte der angewandten Unternehmensethik in Theorie und Praxis.

Prof. Ing. Ivan Novy
Dekan der Fakultät für Betriebswirtschaft, Universität für Wirtschaftswissenschaften, Prag (VŠE)

Gerald Steiner

Immer mehr verbreiten „Wirtschaftsethik-Evangelisten" ihre oft einseitigen und widersprüchlichen Botschaften. Mathias Schüz hebt sich mit seinem Buch „Angewandte Unternehmensethik" wohltuend von ihnen ab. Er gibt seinen Lesern das nötige Werkzeug an die Hand, ethische Problemstellungen zu analysieren und Lösungen vor dem Hintergrund eigener Erfahrungen und durchdachter Modelle selbständig zu erarbeiten.

Dabei bietet er einen Überblick über Theorien, Denkschulen, nützliche Methoden und Anwendungen. Seine Überlegungen verbinden konkrete Situationen aus dem Geschäftsleben mit nützlichen Konzepten und Methoden der Ethik. Der Leser entdeckt, dass Tugenden wie Integrität, Fairness, Verantwortungsbewusstsein und vernünftige Reflexion starke Antriebskräfte für eine nachhaltig erfolgreiche Managementpraxis darstellen. Sie ermöglichen zukunftsorientierte Entscheidungen, die weit über rein normative Vorgaben hinausgehen. Sie dienen nicht nur dem guten Leben der heutigen Menschheit, sondern auch künftigen Generationen aller Lebensformen.

Was ist das Geheimnis hinter diesem Meisterwerk zur Unternehmensethik? Es wurzelt sicherlich auch in der „transdisziplinären Persönlichkeit" des Autors. Schüz verfügt über einen großen Erfahrungsschatz in Theorie (als Wissenschaftler in Philosophie, Ethik, Physik, Pädagogik und Management) und Praxis (insbesondere aufgrund seiner langjährigen Führungspositionen in der Industrie). Zudem blickt er auf jahrzehntelange Lehrerfahrungen zurück. Mit seinem großen Intellekt, ehrlichem Mitgefühl für Mensch und Natur und seinem eleganten Schreibstil bietet Schüz eine hervorragende Orientierungshilfe für Neueinsteiger und Experten der Unternehmensethik.

Das Layout des Buchs mit seinen Randtiteln, Zusammenfassungen, Lernziel- und Lessons-Learned-Boxen unterstützt die leicht verständliche Sprache und vorzügliche Didaktik des Buchs. Sorgfältig ausgewählte und hochrelevante Business Cases sowie das umfangreiche Online-Material unterstützen den Lerneffekt beim Leser.

All das hat uns bewogen, das Lehrbuch im Rahmen verschiedener Studiengänge an der Donau-Universität Krems unseren Ethikkursen zugrunde zu legen, ohne den Autor persönlich gekannt zu haben. Inzwischen begeistert er unsere Studierenden auch als Dozent.

Prof. Dr. habil. Gerald Steiner
Ordentlicher Professor für Organizational Communication and Innovation, Dekan der Fakultät Wirtschaft und Globalisierung, Vorsitzender der Abteilung „Wissens- und Kommunikationsmanagement", Danube Universität, Krems (Österreich).

Literaturnachweis

Adams, Guy (2016): „A £100m floating gin palace and the pension scandal that could scupper Sir Topshop", Daily Mail, 26 March, verfügbar in: *http://www.dailymail.co.uk/news/article-3510128/ A-100m-floating-gin-palace-pension-scandal-scupper-Sir-Topshop-Philip-Green-faces-calls-stripped-knighthood-buys-yacht-BHS-teeters-brink-bankruptcy.html*, abgerufen 3. Mai 2016.

Action Against Hunger (2021): World Hunger - Key Facts and Statistics 2021, verfügbar in: *https:// www.actionagainsthunger.org/world-hunger-facts-statistics*, abgerufen am 18. Juli 2021.

Albers, Hans-Herrmann/Hartenstein, Felix (Hrsg. 2017): CSR und Stadtentwicklung – Unternehmens als Partner für eine nachhaltige Stadtentwicklung. Berlin: Springer.

Aldred, Jonathan (2020): Der korrumpierte Menschen – Die ethischen Folgen wirtschaftlichen Denkens. Stuttgart: Klett-Cotta.

Altenburger, Reinhard/Schmidpeter, René (Hrsg. 2021): CSR und Künstliche Intelligenz. Berlin; Springer.

Altner, Günther (1993): „Seelenleben der Pflanzen – Grundsätze und Perspektiven einer umfassenden Bioethik", in: Tier – Pflanze – Mensch. Eingebundensein und Verantwortung (hrsg. v. Helga Egner). Solothurn: Walter, S. 131–152.

Ansoff, Harry Igor (1988): The New Corporate Strategy. New York: Wiley.

Apel, Karl-Otto (1990): Diskurs und Verantwortung – Das Problem des Übergangs zur postkonventionellen Moral. Frankfurt a. M.: Suhrkamp.

Aquin, Thomas v. (1897): Summa Theologica, Secunda Pars, Textum Leoninum Romae, in: *http:// www.corpusthomisticum.org/sth3061.html#41804*, abgerufen 7. Jan. 2016.

ARD (2013): Indien- Selbstmord-Serie unter Baumwollbauern. Reportage im Weltspiegel vom 29. Sep.2013, verfügbar in: *http://www.daserste.de/information/politik-weltgeschehen/weltspiegel/ videos/indien-selbstmord-serie-unter-baumwollbauern-100.html*, abgerufen 18. Jan. 2016.

Ariely, Dan (2010): The Upside of Irrationality – The Unexpected Benefits of Defying Logic at Work and at Home. New York, NY: HarperCollins.

Ariely, Dan (2012): Die halbe Wahrheit ist die beste Lüge – Wie wir andere täuschen und uns selbst am meisten. München; vgl.: *http://danariely.com/speaking/*.

Aristoteles (1984): Eudemische Ethik (übers. von Franz Dirlmeier), in: Aristoteles Werke, Bd. 7, Berlin: Akademie-Verlag (4. Aufl.)

Aristoteles (1975): Nikomachische Ethik (übers. von Olof Gigon), München: dtv (2. Aufl.).

Aristoteles (1985): Nikomachische Ethik (übers. von Eugen Rolfes), Hamburg: Meiner.

Aristoteles (1997): Nikomachische Ethik (übers. von Franz Dirlmeier). Stuttgart: Reclam.

Aristoteles (1978): Politik (übers. von Olof Gigon). München: dtv.

Aristoteles (1986): Über die Seele, in: Werke, Bd. 13, Berlin: Akademie-Verlag (7. Aufl.).

Arthur, Michael B./Claman, Priscilla H./DeFilippi, Roberto J. (1995): „Intelligent enterprise, intelligent careers", in: Academy of Management Executive, 9 (4), S. 7–22.

Assmann, Jan (2001): Ma'at – Gerechtigkeit und Unsterblichkeit im Alten Ägypten. München: Beck.

Attac Schweiz, Hrsg. (2005): Nestlé – Anatomie eines Weltkonzerns. Lausanne: Rotpunkt.

Avaaz (2021): *https://secure.avaaz.org/page/de/about/*, abgerufen am 26. März 2021.

Awad, Edmond et al. (2018): "The Moral Machine experiment" in: Nature, vol. 568, 1. Nov., S. 59-64, verfügbar in: *https://doi.org/10.1038/s41586-018-0637-6*, abgerufen am 19. Apr. 2021.

Babiak, Paul/Hare, Robert D. (2007): Snakes in Suits – When Psychopaths Go to Work. New York: Haper Collins.

Bacon, Francis (1981): Neues Organ der Wissenschaften (übers. u. hrsg. v. Anton Theobald Brück). Darmstadt: Wissenschaftliche Buchgesellschaft.

Badaracco, Joseph L. Jr. (1997): Defining Moments – When Managers Must Choose between Right and Right. Boston: Harvard Business School Press.

Balot, Ryan K. (2001): Greed and Injustice in Classical Athens. Princeton, NJ: Princeton University Press.

Bals, Christof/Kreft, Sönke/Weischer, Lutz (2016): Wendepunkt auf dem Weg in eine neue Epoche der globalen Klima- und Energiepolitk – Die Ergebnisse des Pariser Klimagipfels COP 21. Hintergrundpapier von Germanwatch, in: *https://germanwatch.org/de/download/13982.pdf*, abgerufen 12. Jan. 2015.

Banzhaf, Günter (2002): Philosophie der Verantwortung – Entwürfe, Entwicklungen, Perspektiven. Heidelberg: Universitätsverlag C. Winter.

Barrington-Bush, Liam (2015): „Gabriel Resources take Romania to World Bank over Rosia Montana", in: *http://londonminingnetwork.org/2015/07/gabriel-resources-world-bank-rosa-montana/*, abgerufen 24. Nov. 2015.

Bartal, Inbal Ben-Ami/Decety, Jean/Mason, Peggy (2011): „Empathy and Pro-Social Behavior in Rats", in: Science, Vol. 334, Issue 6061, S. 1427–1430.

Bartelt, Dietrich (2011): Wertschätzende, kompetente und ethische Führung: das „Vertrauen" der Mitarbeiter in ihre Führungskräfte. Dissertation Universität Duisburg.Barth, Frederike (2011): Die Wirklichkeit des Guten. Tübingen: Mohr Siebeck.

Bartlett, Tom (2021): „The Suicide Wave That Never Was", in: The Atlantic, 21 April, verfügbar in: *https://www.theatlantic.com/health/archive/2021/04/pandemic-suicide-crisis-unsupported-data/618660/*, abgerufen 8. Mai 2021.

Bartz, Tim/ Hesse, Martin (2020): „Der Totalschaden - Worum es im Wirecard-Skandal ging", in: Der Spiegel vom 19.06.2020, verfügbar in: *https://www.spiegel.de/wirtschaft/unternehmen/worum-es-im-wirecard-skandal-geht-a-96c88437-bdd5-4613-87dc-6f6360868fcc,* abgerufen am 25. März 2021.

Bass (1995), „Concepts of Leadership: The Beginnings", in: The Leader's Companion – Insights on Leadership through the Ages (ed. by J. Thomas Wren), New York: The Free Press, S. 49–52.

Bass, Bernhard. M./Avolio, Bruce J. (1994): Improving organizational effectiveness through transformational leadership. Thousand Oaks, CA: Sage Publications.

Bass, Bernhard M./ Bass, Ruth (2008): The Bass Handbook of Leadership – Theory, Research, & Managerial Applications. New York, NY: Free Press.

Bate, Paul (1997): Cultural Change – Strategien zur Änderung der Unternehmenskultur. München: Gerling Akademie Verlag.

Baumann, Ulrich/Zeder, Joseph (2007): Schlussbericht der Unfalluntersuchungsstelle Bahnen und Schiffe über Aufprall eines Dienstzuges auf eine stehende Wagengruppe vom Mittwoch, 17. Mai 2006 in Dürrenast/Thun, verfügbar in: *http://www.sust.admin.ch/pdfs/BS//pdf/4020506.pdf*, abgerufen 8. Juli 2016.

Baur, Thomas (2018): „Wir brauchen eine neue Firmen-Kultur", Interview vom 15.10.2018, in: Blick, verfügbar in: *https://www.blick.ch/wirtschaft/wir-brauchen-eine-neue-firmen-kultur-postauto-chef-baur-sagt-seinen-chauffeuren-sorry-id8877269.html* , abgerufen am 24. Apr. 2021.

Bayertz, Kurt (1995): „Eine kurze Geschichte der Herkunft der Verantwortung", in: Verantwortung – Prinzip oder Problem (hrsg. V. Bayertz, K.), S. 3–71.

Beck, Gloria (2005): Verbotene Rhetorik – Die Kunst der skrupellosen Manipulation. Frankfurt a. M.: Eichhorn.

Beck, Valentin (2016): Eine Theorie der globalen Verantwortung – Was wir Menschen in extremer Armut schulden. Frankfurt a. M.: Suhrkamp.

Becker, Markus (2003): „Gerechtigkeitssinn: Affen wollen nicht mit Gurken handeln", in: Der Spiegel, 18.09.2003.

Becker, Katharina/Hauser, Christian/Kronthaler, Franz (2012): Korruptionsrisiken erfolgreich begegnen – Strategien für international tätige Unternehmen. Chur: HTW Chur Verlag, verfügbar in: *https://www.fhgr.ch/fileadmin/fhgr/unternehmerisches_handeln/SIFE/publikationen/corporate_responsibility/publikation-leitfaden-korruptionsrisiken-erfolgreich-begegnen.pdf*, abgerufen 23. März 2021.

Beise, Marc (2010): „Den Menschen treibt die Gier", in: Süddeutsche Zeitung - Magazin v. 19.05.2010, verfügbar in: *https://www.sueddeutsche.de/wirtschaft/arm-und-reich-den-menschen-treibt-die-gier-1.90735,* abgerufen 3. März 2021.

Bendel, Oliver (2016a): Die Moral in der Maschine: Beiträge zur Roboter- und Maschinenethik. Hannover: Heise Medien.

Bendel, Oliver (2016b): 300 Keywords Informationsethik – Grundwissen aus Computer-, Netz- und Neue-Medien-Ethik sowie Maschinenethik. Wiesbaden: Springer Gabler.

Bentham, Jeremy (1988): The Principles of Morals and Legislation. Amherst, NY.

Bents, Richard/Blank, Reiner (1992): M.B.T.I. – Eine dynamische Persönlichkeitstypologie. Die 16 Grundmuster unseres Verhaltens nach C. G. Jung. München: Claudius.

Bethge, Philip (2004): „Satt durch Designer-Pflanzen?", in: Der Spiegel, Nr. 38, S. 180–181.

Bethge, Philip (2006): „Die Pflanzenflüsterer", in: Der Spiegel, Nr. 26, S. 114–116.

Bethge, Philip (2016): „Kriminelle Käfer", in: Der Spiegel, Nr. 9, S. 122.

Bettetini, Maria (2003): Eine kleine Geschichte der Lüge – Von Odysseus bis Pinocchio. Berlin: Wagenbach.

Bieri, Peter (2015): Eine Art zu leben – Über die Vielfalt menschlicher Würde. Frankfurt a. M.: Fischer Taschenbuch (2. Aufl.).

Binswanger, Hans-Christoph (1998): Die Glaubensgemeinschaft der Ökonomen – Essays zur Kultur der Wirtschaft. München: Gerling Akademie Verlag.

Birbaumer, Niels (2016): Dein Gehirn weiß mehr, als du denkst – Neueste Erkenntnisse aus der Hirnforschung. München (6. Aufl.): Ullstein.

Bird, Christopher (1977): Das geheime Leben der Pflanzen. Frankfurt a. M.: Fischer Taschenbuch (28. Aufl.). Birnbacher, Dieter (1988): Verantwortung für künftige Generationen. Stuttgart: Reclam.

Birsch, Douglas (1994): „Product Safety, Cost-Benefit Analysis and the Ford Pinto Case", in: Birsch/Fielder, 1994, S. 147–163.

Birsch, Douglas/Fielder, John H., (Hrsg.) (1994): The Ford Pinto Case – A Study in Applied Ethics, Business, and Technology. Albany: New York Press.

Black, Ian (2016): „Report on Syria Conflict finds 11,5% of Population Killed or Injured", in: The Guardian, 11. Feb. 2016, verfügbar in: *http://www.theguardian.com/world/2016/feb/11/report-on-syria-conflict-finds-115-of-population-killed-or-injured*, abgerufen 20. Feb. 2016.

Blackmore, C./Jake Chapman, J./Ison, R. (2012): Systems Thinking: Understanding Sustainability, The Open University, verfügbar in: *http://openlearn.open.ac.uk/mod/oucontent/view.php?id=405678*, abgerufen 26. Sep. 2012.

Bleicher, Knut (1985): „Unternehmen auf dem Weg zur Vertrauensorganisation", in: Thexis, Nr. 4, S. 2–7.

Bleicher, Knut (1995): Das Konzept Integriertes Management. Frankfurt a. M.: Campus (3. Aufl.).

Bleisch, Barbara/Huppenbauer Markus (2014): Ethische Entscheidungsfindung – Ein Handbuch für die Praxis. Zürich: Versus (2. Aufl.).

Blowfield, Michael/Murray, Alan (2008): Corporate Responsibility – A Critical Introduction, Oxford: University Press.

BMU (2021): „Ergebnisse der UN-Klimakonferenzen" aus der Sicht des Bundesministeriums für Umwelt, Naturschutz und nukleare Sicherheit, verfügbar in: *https://www.bmu.de/themen/klima-energie/klimaschutz/internationale-klimapolitik/un-klimakonferenzen/ergebnisse-der-un-klimakonferenzen/*, abgerufen 17. Mai 2021.

Bochenski, Joseph M. (1987): Über den Sinn des Lebens und die Philosophie. Freiburg i. Br.: Herder.

Boda, Zsolt/Zsolnai, Laszlo (2016): „The failure of business ethics", in: Society and Business Review, vol. 11 (1), S. 93-104, verfügbar in: *https://doi.org/10.1108/SBR-11-2015-0066*, abgerufen 11. Apr. 2021.

Boddy, David (2011): Management – An Introduction. Harlow: Pearson Education (5. Aufl.).

Boesch et al. (2010): „Altruism in Forest Chimpanzees: The Case of Adoption", in: PLoS-ONE, 5(1), verfügbar in: *http://journals.plos.org/plosone/article?id=10.1371%2Fjournal.pone.0008901*, abgerufen 27. Apr. 2016.

Böhmer, Marco (2014): Die Form(en) von Führung, Leadership und Management – Eine differenztheoretische Explizierung. Heidelberg: Carl-Auer Verlag.

Bojanowski, Jochen (2014): „Rationales Wollen – Über das Verhältnis von Kategorischem Imperativ und Goldener Regel", in: Philosophie nach Kant (hrsg. v. M. Egger), München, S. 211–222.

Bojanowski, Alex et. al. (2015): „Alles wird gut", in: Der Spiegel, Nr. 49, S. 60–82.

Bojanowski, Alex (2017): „Was der Ausstieg der USA für die Welt bedeutet", in: Der Spiegel, 02.06.2017, verfügbar in: *https://www.spiegel.de/wissenschaft/natur/donald-trump-und-welt-klimavertrag-das-bedeutet-der-ausstieg-der-usa-a-1150356.html*, abgerufen 17. Mai 2021.

Bollnow, Otto-Friedrich (1958): Wesen und Wandel der Tugenden. Frankfurt a. M.: Ullstein.

Boos, Adrian et al. (Hrsg. 2021) : CSR und Hochschullehre – Transdisziplinäre und innovative Konzepte und Fallbeispiele. Berling: Springer.

Boulding, Kenneth E. (1966): "The Economics of the Coming Spaceship Earth", verfügbar in: *http://www.ub.edu/prometheus21/articulos/obsprometheus/BOULDING.pdf,* abgerufen 10. März 2021.

Brauck, Markus/ Hawranek, Dietmar/ Schulz, Thomas (2016): „Steuer frei", in: Der Spiegel, Nr. 9, 27.02.2016, Hamburg, S. 12–20.

Braungart, Michael/McDonough, William (2002): Cradle to Cradle – Remaking the Way We Make Things, New York.

Braga, Izeusse Dias (2012): „Overview of sustainable business activities at Petrobras", presentation from 26. Jan. 2012, at Petrobras Rio de Janeiro.

Bray, John (2005): "The use of intermediaries and other 'alternatives' to bribery", in: The New Institutional Economics of Corruption (ed. by J. Graf Lambsdorff/M. Taube/M. Schramm). London/New York, NY: Routledge, S. 112-137.

Bregman, Rutger (2020): Im Grunde gut: Eine neue Geschichte der Menschheit. Hamburg: Rowohlt.

Breithaupt, Fritz (2017): Die dunklen Seiten der Empathie. Berlin: Suhrkamp.

Brendel, Ulrike (2005): „Welthunger: Genmanipulierte Pflanzen sind keine Lösung", in: Leben nach Maß – zwischen Machbarkeit und Unantastbarkeit. Biotechnologie im Licht des Denkens von Albert Schweitzer (hrsg. v. Gottfried Schüz). Frankfurt a. M.: Peter Lang, S. 33–54.

Brewer, Lynn (2004): Confessions of an Enron Executive – A Whistleblower's Story. Bloomington: AuthorHouse.

Bridges, William (1998): Der Charakter von Organisationen – Organisationsentwicklung aus typologischer Sicht. Göttingen: Hogrefe.

Bröcker, Walter (1974): Aristoteles. Frankfurt a. M.: Klostermann (4. Aufl.).

Brodbeck, Karl-Heinz (1998): Die fragwürdigen Grundlagen der Ökonomie – Eine philosophische Kritik der modernen Wirtschaftswissenschaften. Darmstadt: Wissenschaftliche Buchgesellschaft.

Brosnan, Sarah F./de Waal, Frans (2003): „Monkeys Reject Unequal Pay", in: Nature, 425, S. 297–299.

Brosnan, Sarah F./de Waal, Frans (2014): "Evolution of responses to (un)fairness", in: Science, vol. 346 (6207), 1251776, 17. Oct, verfügbar in: *DOI: 10.1126/science.1251776*, abgerufen 16.07.2017.

Brown, Michael E./Treviño, Linda K. (2006): „Ethical leadership: A review and future directions", in: The Leadership Quarterly, 17, S. 595–616, verfügbar in: *doi: 10.1016/j.leaqua.2006.10.004*.

Brundtland Commission (1987): Our Common Future – Towards Sustainable Development, chap. 2, World Commission on Economic Development (WCED), verfügbar in: *http://www.un-documents.net/ocf-02.htmI*, abgerufen 2. Feb. 2016.

Brunner, Otto (1950): „Die alteuropäische ‚Ökonomik'", in: Zeitschrift für Nationalökonomie/ Journal of Economics, Bd. 13, H. 1, S. 114-139, verfügbar in: *https://www.jstor.org/stable/41795240*, abgerufen: 10. Febr. 2021.

Brunner, Otto (1956): „Das ganze ‚Haus' und die alteuropäische Ökonomik", in: ders. (Hrsg.): Neue Wege der Verfassungs- und Sozialgeschichte, Göttingen: Vandenhoek & Ruprecht, S. 33-61.

Buchholz, R./Evans, W./Wagley, R. (1994): Management Responses to Public Issues – Concepts and Cases in Strategy Formulation, Englewood Cliff: Prentice-Hall.

Büchler, Jan-Philipp (2014): Strategie entwickeln, umsetzen, optimieren. München: Pearson.

Bundesarbeitsgericht (2010): Pressemitteilung Nr. 42/10, verfügbar in: *http://juris.bundesarbeitsgericht.de/cgi-bin/rechtsprechung/document.py?Gericht=bag&Art=pm&nr=14385*, abgerufen 28. Nov.2015.

Büchmann, Georg (1972): Geflügelte Worte. Berlin: Haude & Spener, (32. Aufl.).

Büchner, Ludwig (1877): Aus dem Geistesleben der Thiere – Oder Staaten und Taten der Kleinen. Berlin: A. Hofmann (2. Aufl.).

Buchsteiner, Jochen (2019): „Aufbegehren gegen das Massensterben", in: Frankfurter Allgemeine Zeitung

Buddeberg, Eva (2011): Verantwortung im Diskurs – Grundlinien einer rekonstruktiv-hermeneutischen Konzeption moralischer Verantwortung im Anschluss an Hans Jonas, Karl-Otto Apel und Emmanuel Lévinas. Berlin/Boston: Walter de Gruyter.

Bündnis verantwortungsvoller Mobilfunk Deutschland (2021): „Über 150 Bürgerinitiativen und Vereine kritisieren 5G-Dialoginitiative der Bundesregierung", Pressemitteilung vom 18.01.2021, verfügbar in: *https://www.openpetition.de/pdf/blog/stoppen-sie-5g-jetzt-aus-gesundheitsgruenden_neugruendung-buendnis-verantwortungsvoller-mobilfunk-deutschland_1611050724.pdf*, abgerufen am 18. Juli 202.

Burckhardt, Gisela (2014): Todschick – Edle Labels, billige Mode – unmenschlich produziert. München: Heyne.

Burnie, Shaun/Suzuki, Kazue (2019): On the Frontline of the Fukushima Nuclear Accident: Workers and Children - Radiation risks and human rights violations, Report hrsg. v. Greenpeace Japan, verfügbar in: *https://www.greenpeace.de/sites/www.greenpeace.de/files/publications/20190308-greenpeace-report-fukushima-workers-children.pdf*, abgerufen am 21. März 2021.

Burns, James Mac Gregor (1978): Leadership. New York: Harper & Row.

Cameron, Kim S./Quinn, Robert E. (2011): Diagnosing and Changing Organizational Culture. Based on the Competing Values Framework. San Francisco: Jossey-Bass, Wiley.

Campbell, Jeremy (2005): Die Lust an der Lüge – Eine Geschichte der Unwahrheit. Bergisch Gladbach: Bastei Lübbe.

Capelle, Wilhelm, Hrsg. (1968): Die Vorsokratiker Stuttgart: Kröner.

Carroll, Archie (1979): „A Three-Dimensional Model of Corporate Performance", in: The Academy of Management Review, vol. 4 (4), S. 497-505.

Carroll, Archie B./Brown, Jill/Buchholtz, Ann K. (2018): Business & Society: Ethics, Sustainability & Stakeholder Management. Florence: Cengage Learning (10. Ed.)

Caspar, Oldag (2015). "Paris macht die globale Energiewende unumkehrbar", in: *www.germanwatch.org/de/11433*, abgerufen 14. März 2019.

Cassidy, John (2002): dot.com – The Greatest Story Ever Sold. London/ New York, NY: Allen Lane Penguin Books.

Cathcart, Thomas (2013): The Trolley Problem – Or: Would You Throw the Fat Guy Off the Bridge? – A Philosophical Conundrum. New York: Workman.

Cavalieri, Paola/Singer, Peter (Hrsg., 1993): The Great Ape Project. New York: St. Martin's Griffin.

Chade, Jenny/ Selden, Mark/ Ngai, Pun (2020): Dying for an iPhone. London: Pluto Press.

Chade-Meng, Tan (2015): Search Inside Yourself – Optimiere dein Leben durch Achtsamkeit. München: Goldmann (7. Aufl.).

Chandy, Rajesh K. et al. (Hrsg., 2021): Better Marketing for a Better World, Special Issue 85 (3), May 2021, in: Journal of Marketing, American Marketing Association.

Chang, Ha-Joon (2010): 23 Things they Don't Tell You about Capitalism. London: Penguin.

Chang, Ha-Joon (2014): Economics – The User's Guide. London: Penguin.

Chapoutot, Johann (2021): Gehorsam macht frei – Eine kurze Geschichte des Managements – von Hilter bis heute. Berlin: Propyläen.

Chayes, Sarah (2020): On Corruption in America: And What Is at Stake. New York, NY: Alfred A. Knopf Penguine Random House.

Choshen-Hillel, Shoham/Shaw, Alex/Caruso, Eugene M. (2020): "Lying to appear honest", in: Journal of Experimental Psychology: General, 149(9), S. 1719–1735, verfügbar in: *https://doi.org/10.1037/xge0000737*, abgerufen 8. Apr. 2021.

Chu, Ben (2016): BHS: „What's the real story behind the collapse of the 88-year-old department store?", in: Independent, 25. April, verfügbar in: *http://www.independent.co.uk/news/business/news/bhs-whats-the-real-story-behind-the-collapse-a7000166.html*, abgerufen 3. Mai 2016.

Ciobanu, Claudia (2015): „Rosia Montana, An Omen for TTIP", verfügbar in: *http://www.euractiv.com/sections/trade-society/rosia-montana-omen-ttip-316594*, abgerufen 24. Nov. 2015.

Collins, Denis (2012): Business Ethics – How to Design and Manage Ethical Organisations. Hoboken, NJ.

Collins, Jim (2005): Der Weg zu den Besten – Die sieben Management-Prinzipien für dauerhaften Unternehmenserfolg. München: dtv (5. Aufl.).

Conger, Jay A./Kanungo, Rabindra N. (1988): Charismatic Leadership: The Elusive Factor in Organisational Effectiveness. San Francisco, CA: Jossey-Bass.

Connell, F. J. (1967): „Double Effect, Principle of", in: New Catholic Encyclopedia, Bd. 4, New York: McGraw Hill, S. 1020–1022.

Conrad, Christian A. (2016): Wirtschaftsethik – Eine Voraussetzung für Produktivität. Wiesbaden: Springer Gabler.

COP24 (2019): Katowice Rulebook - Getting ready for the implementation era (hrsg. V. Ministery of the Environment of the Republic of Poland. Warsaw: Bureau of COP24 Presidency, verfügbar in: *https://cop24.gov.pl/fileadmin/DEKLARACJE/Katowice_Ruleboo_E-BOOK_mini.pdf*, abgerufen 17. Mai 2021.

Corporate Europe Observatory (2019): „Suing to Force Through a Toxic Goldmine", in: Red Carpet Courts: 10 stories of how the richt and powerful hijacked justice", Transnational Institute and Friends of the Earth Europe/ International, Juni 2019, verfügbar in: *https://10isdsstories.org/wp-content/uploads/2019/06/Gabriel-Resources-vs-Romania.pdf*, abgerufen 20. März 2021.

Corall, Astrid (2019): "Neue Milliardenstrafe gegen Google", in: NDR-Brüssel, verfügbar in: *https://www.tagesschau.de/wirtschaft/google-eu-strafe-103.html*, abgerufen 23. März 2021.

Costa, Ana Cristina /Roe, Robert A./ Taillieu, Tharsi (2001): "Trust within teams: The relation with performance effectiveness", in: European Journal of Work and Organizational Psychology, vol. 10 (3), S. 225-244, verfügbar in: *https://doi.org/10.1080/13594320143000654*, abgerufen am 30. März 2021.

Covey, Stephen M. R. (2009): Schnelligkeit durch Vertrauen – Die unterschätzte ökonomische Macht. Offenbach: Gabal (5. Aufl.).

Crawford, D. (2005): „The Balanced Scorecard and Corporate Social Responsibility: Aligning Values for Profit", verfügbar in: *http://www.greenbiz.com/news/2005/10/23/balanced-scorecard-and-corporate-social-responsibility-aligning-values-profit*, abgerufen 25. Sep. 2012.

Crespo, Ricardo F. (2013): Philosophy of the Economy – An Aristotelian Approach. Cham/ Heidelberg/ New York: Springer.

Cromme, Gerhard (2008): „Totaler Filmriss", in: Der Spiegel, 20.12.2008, Nr. 52, S. 62–65.

Cuervo-Cazurra, Alvaro (2016): „Corruption in International Business", in: Journal of World Business, 51 (1), S. 35-49, verfügbar in: *http://doi.org/10.1016/j.jwb.2015.08.015*, abgerufen am 21. März 2021.

Culpan, Tim (2014): Terry Gou's iPhone-Led Growth Goal Seems a Distant Dream for Slowing Foxconn", in: Bloomberg Business, 14.11.2014, verfügbar in: *http://www.bloomberg.com/news/2014-11-17/terry-gou-s-iphone-led-growth-goal-seems-a-distant-dream-for-slowing-foxconn.html*, abgerufen 8. Aug. 2015.

dab/dpa (2020): „EU-Verbraucherschützer werfen VW Hinhaltetaktik vor", in: Der Spiegel, 18.09.2020, verfügbar in: *https://www.spiegel.de/wirtschaft/service/eu-verbraucherschuetzer-werfen-vw-hinhalte-taktik-vor-a-89575331-b9b0-4bae-971c-69cb7feb2072*, abgerufen am: 17. Juni 2021.

Daniel, Elton L. (2001): The History of Iran. London: Greenwood.

Dawid, Jessica (2019): "Ich habe 3 Tage lang nur die Wahrheit gesagt – und gelernt, dass es zwei Arten von Lügen gibt", in: Business Insider, 23. März 2019, verfügbar in: *https://www.businessinsider.de/karriere/bewerbung/ich-habe-3-tage-lang-nur-die-wahrheit-gesagt-und-gelernt-dass-es-zwei-arten-von-luegen-gibt-2019-3/* , abgerufen 8. Apr. 2021.

De Bono, Edward (1989): Das Sechsfarben-Denken. Ein neues Trainingsmodell. Düsseldorf: Econ.

De Waal, Frans (2015): Der Mensch, der Bonobo und zehn Gebote – Moral ist älter als Religion. Stuttgart: Cotta.

Deckart, Gerald et al. (1991): Katastrophen, die die Welt erschütterten. Stuttgart: Das Beste.

Deckert, Carsten (Hrsg 2021): CSR und Logistik – Spannungsfelder Green Logistics und City-Logistik. Berlin: Springer.

Descartes, René (1960): Von der Methode des richtigen Vernunftgebrauchs und der wissenschaftlichen Forschung, 1637. Hamburg: Felix Meiner.

Descartes, René (1972): Meditationen – Mit sämtlichen Einwänden und Erwiderungen. Hamburg: Meiner.

Dia-Edine, Khaldoun (2015): „Ethics in International Negotiation Courses", verfügbar in: *http://isbm.vse.cz/management-responsibility-ethics/wp-content/uploads/2015/10/3-Ethics-in-negotiation-Khaldoun.pdf*, abgerufen 3. Nov. 2015.

Diogenes Laertius (1967): Leben und Lehren berühmter Philosophen. Hamburg: Meiner, (2. Aufl.).

Dirlmeier, Franz: „Einleitung in Magna Moralia", Aristoteles Werke in deutscher Übersetzung, Bd. 8, Berlin: Akademie Verlag (3. Aufl.), S. 93-147.

Dittmer, Jörg (1999): „Jaspers' ,Achsenzeit' und das interkulturelle Gespräch. Überlegungen zur Relevanz eines revidierten Theorems", in: Dieter Becker (Hrsg.): Globaler Kampf der Kulturen? – Analysen und Orientierungen (Theologische Akzente 3), Stuttgart u. a., S. 191–214; verfügbar in: *http://www.chai-rete.de/Beitrag/TA/jaspers_achsenzeit.pdf*, abgerufen 27. Aug. 2015.

Dobbing, John, Ed. (1988): Infant Feeding – Anatomy of a Controversy 1973–1984. London/Heidelberg/ New York: Springer.

Dobrindt, Alexander (2016): Der Verkehrsminister im Interview, 9.07.2016, verfügbar in: *http://www.bild.de/politik/inland/alexander-dobrindt/reden-wir-ueber-ihre-baustellen-herr-dobrindt-46723352.bild.html*, abgerufen 13. Juli 2016.

Dohmen, Frank et al. (2019): „Dieselskandal: Einsitzen, bitte", in: Der Spiegel, 19.04.2019, verfügbar in: *https://www.spiegel.de/wirtschaft/dieselskandal-wie-autobosse-von-der-justiz-gejagt-werden-a-00000000-0002-0001-0000-000163511535*, abgerufen am 17. Juli 2021.

Donner, Sabine/Hartmann, Hauke/Schwarz, Robert (2020): „BTI 2020 – Executive Summary. Politische und soziale Spannungen nehmen weltweit zu", verfügbar in: *https://www.bti-project.org/content/de/berichte/global-report/global_findings_2020_DE.pdf*, abgerufen 21. Nov. 2020.

Dörner, Dieter (1989): Die Logik des Misslingens. Hamburg, (2. Auf.).

Dowie, Mark (1994): „Pinto Madness", in: Birsch/Fielder, 1994, S. 15–36.

Drath, Karsten (2014): Resilienz in der Unternehmensführung – Was Manager und ihre Teams stark macht. Freiburg/München: Haufe Gruppe.

Dries, Christian (2012): Die Welt als Vernichtungslager – Eine kritische Theorie der Moderne im Anschluss an Günther Anders, Hannah Arendt und Hans Jonas. Bielefeld: Transcript.

Drosdowski, Günther et al. (1995): Deutsches Wörterbuch in 2 Bänden. Brockhaus Enzyklopädie. Mannheim: Brockhaus (19. Aufl.).

Drucker, Peter (1993): Die ideale Führungskraft. Düsseldorf/New York: Econ.

DTS (2018): „Chinesische Stadt testet Spritzwasser gegen Fussgänger-Rotlichtsünder", DTS Nachrichtenagentur v. 21. April 2018, verfügbar in: *https://www.hasepost.de/china-spritzwasser-gegen-fussgaenger-rotlicht-79357/*, abgerufen am 18. März 2021.

Duthel, Heinz (2014): Jean-Jacques Rousseau – Biographie. Norderstedt : BoD.

Dutton, Kevin (2013): Psychopathen – Was man von Heiligen, Anwälten und Serienmördern lernen kann. München: dtv.

DW (2014): „Friedensnobelpreis geht nach Indien und Pakistan", in: Die Welt, 10.10.2014, verfügbar in: *http://www.welt.de/politik/ausland/article133125973/Friedensnobelpreis-geht-nach-Indien-und-Pakistan.html*, abgerufen 1. Sep. 2015.

Dworschak, Manfred (2016): „Lotterie des Sterbens", in: Der Spiegel, Nr. 4, S. 104–106.

Dyllick, Thomas (2014): „The opposing perspectives on creating shared value", in: Financial Times, 24. April 2014, verfügbar in: *https://www.ft.com/content/88013970-b34d-11e3-b09d-00144feabdc0#axzz33cvuxOQI*, abgerufen 28. März 2021.

Eblin, Scott (2010): „BP's Tony Hayward: Worst Leader of the Year", in: Government Executive June 9, 2010, verfügbar in: *https://www.govexec.com/management/2010/06/bps-tony-hayward-worst-leader-of-the-year/39912/*, abgerufen am 10. März 2021.

Edmonds, David (2015): Würden Sie den dicken Mann töten? Das Trolley-Problem und was uns Ihre Antwort über Richtig und Falsch verrät (übers. v. Ute Kruse-Ebeling). Stuttgart: Reclam.

EKAH (2008): Die Würde der Kreatur bei Pflanzen. Bern, verfügbar in: *http://www.ekah.admin.ch/fileadmin/_migrated/content_uploads/d-Broschure-Wurde-Pflanze-2008.pdf*, abgerufen 27. Apr. 2016.

Eklund, Ruth L. et al. (2019): „Oil Spills and Human Health: Contributions of the Gulf of Mexico Research Initiative", GeoHealth, vol. 3 (12), pp. 391-406, verfügbar in: https://doi.org/10.1029/2019GH000217, *abgerufen* am 23. März 2021.

Elkington, J. (1998): Cannibals with Forks: The Triple Bottom Line of the 21st Century. Oxford, UK.

Emmons, Robert A. (2000): „Is spirituality an intelligence? Motivation, cognition, and the psychology of ultimate concern", in: International Journal for the Psychology of Religion, 10(1), 3–26.

Engisch, Karl (1964): Untersuchungen über Vorsatz und Fahrlässigkeit im Strafrecht [Berlin 1930]. Aalen: Scientia.

Enomiya-Lassalle, Hugo Makibi (1988): Wohin geht der Mensch? (Hrsg. v. Roland Ropers). Freiburg i. Br. (2. erw. Aufl.).

Enright, Robert D. (2006): Vergebung als Chance – Neuen Mut fürs Leben finden. Freiburg: Herder.

Ernst & Young (2012): Six Growing Trends in Corporate Sustainability – An Ernst&Young Survey in cooperation with GreenBiz Group, verfügbar in: *http://www.greenbiz.com/sites/default/files/1112-vey1315117_CCaSS_SixTrends_FQ0029_lo%20res%20revised%203*, abgerufen 12. Sep. 2016.

Euronews (2013): Erstmals Lecks in Unglücksreaktor entdeckt, 15.11.2013, verfügbar in: *http://de.euronews.com/2013/11/15/fukushima-erstmals-lecks-in-ungluecksreaktor-entdeckt/*, abgerufen 14. Aug. 2015.

Europäische Kommission (2021): "Europäischer Grüner Deal: Kommission strebt Null-Schadstoff-Ziel für Luft, Wasser und Boden an", Pressemitteilung vom 12. Mai 2021, verfügbar in: *https://ec.europa.eu/commission/presscorner/detail/de/ip_21_2345*, abgerufen 19. Mai 2021.

Ewing, Jack (2018): Faster, Higher, Farther – How On of the World's Largest Automakers Committed a Massive and Stunning Fraud. New York, NY: W. W. Norton & Company.

Fairphone (2015): *www.shop.fairphone.com*, abgerufen 8. Aug. 2015.

Falkner, Frank, Ed. (1991): Infant and Child Nutrition Worldwide: Issues and Perspectives. Ann Arbor/Boston: CRC Press.

Felber, Christian (2009): Kooperation statt Konkurrenz –10 Schritte aus der Krise. Wien: Paul Zsolnay.

Felber, Christian (2012): Gemeinwohlökonomie – Eine demokratische Alternative wächst. Wien (erw. Neuausgabe).

Feinstein, Andrew (2012): Waffenhandel – Das globale Geschäft mit dem Tod. Hamburg: Hoffmann & Campe.

Ferrell, O. C./Friedrich, John/Ferrell, Linda (2008): Business Ethics – Ethical Decision Making and Cases. Boston/New York (7th ed.).

Fischer-Fabian, Siegfried (1999): Die Macht des Gewissens – Von Sokrates bis Sophie Scholl. München: Droemer Knaur, (4. Aufl.).

Fisher, Colin/Lovell, Alan (2009): Business Ethics and Values – Individual, Corporate and International Perspectives. Harlow: Pearson (3rd ed.).

Förster, Heinz v. (2015): Wissen und Gewissen – Ein Brücke (hrsg. v. Siegfried J. Schmidt). Frankfurt a. M. (9. Aufl.).

Fokus (2011): Das Protokoll der Atomkatastrophe, 26.04.2011, verfügbar in: *http://www.focus.de/ panorama/welt/tid-22040/tschernobyl-das-protokoll-der-atomkatastrophe_aid_620227.html*, abgerufen 14. Aug. 2015.

Foot, Philippa (2009): Virtues and Vices – And Other Essays in Moral Philosophy. Oxford University Press.

Fopp, Leonhard (2015): "Machthunger und Gier sind schlechte Ratgeber", in: Handelszeitung, 15.12.2015, verfügbar in: *https://www.handelszeitung.ch/archiv/machthunger-und-gier-sind-schlechte-ratgeber,* abgerufen 10. März 2021.

Frederick, Robert E. (1995): "Bribery and Ethics: A Reply to Postin and Hooker", in: Business Ethics – Reachings and Cases (ed. by Michael Hoffman/Robert E. Frederick), (3rd ed.), S. 542-547.

Freeman, R. Edward (1984): Strategic Management. A Stakeholder Approach. Boston: Pitman.

Freeman, R. Edward (2004): „The stakeholder approach revisited", in: Zeitschrift für Wirtschafts- und Unternehmensethik, Jg. 5, Heft 3, 228–241.

Freeman, R. Edward/ Martin, Kirsten E./ Parmar, Bidhan (2020): The Power of AND – Responsible Business Without Trade-Offs. New York: Columbia University Press.

Freitag, Michael/Noé, Martin (2011): „Eine Feuerwehrfrau für Daimler", in: Manager Magazin, 7.06.2011, verfügbar in: *http://www.manager-magazin.de/magazin/artikel/a-757197.html*, abgerufen 7. Apr. 2016.

Freitag, Michael (2017): „Wie Martin Winterkorn aus dem Autohimmel fiel", in: Manager Magazin, 29.05.2017, verfügbar in: *https://www.manager-magazin.de/magazin/artikel/martin-winterkorn-ist-70-so-fiel-der-volkswagen-ag-chef-aus-dem-autohimmel-a-1149049.html*, abgerufen 24. Apr. 2021.

Freud, Sigmund (1999): Neue Folgen der Vorlesungen zur Einführung in die Psychoanalyse [1940], Gesammelte Werke, Bd. XV. Frankfurt a. M.: Fischer Taschenbuch.

Fricke, Fabian (2002): „Verschiedene Versionen des negative Utilitarismus", in: Kriterion, Nr. 15, S. 13–27, verfügbar in: *https://web.archive.org/web/20131224115826/http://www.kriterion.at/issues/Kriterion-2002-15/Kriterion-2002-15-13-27-fricke.pdf*, abgerufen 27. Dez. 2015.

Friedman, Milton (1995): „The Social Responsibility of Business Is to Increase Its Profits" (1970), in: Business Ethics (ed. by Michael Hoffman/Robert E. Frederick), (3rd ed.), S. 137–141.

Friedman, Milton (2007): Milton Friedman Explains Greed (1979), Interview with Phil Donahue, verfügbar in: *https://www.youtube.com/watch?v=RWsx1X8PV_A*, abgerufen am 10. März 2021.

Friedrichsen, Gisela (2015): „Von kleinem Verstand", in: Der Spiegel Nr. 48 v. 28.11.2015, S. 58.

Fromm, Erich/Suzuki, Daisetz Teitaro/Martion, Richard de (1974): Zen-Buddhismus und Psychoanalyse. Frankfurt a. M.: Suhrkamp.

Fromm, Erich (2009): Haben oder Sein – Die seelischen Grundlagen einer neuen Gesellschaft. München: Dtv (36. Aufl.).

Fromm, Erich (2014): Die Furcht vor der Freiheit (1945). München: dtv (19. Aufl.).

Fuchs, Christian/Taubert, Greta (2014): "Die Vegane Armee Fraktion", in: Die Zeit Online, 11. September (Die Zeit, Nr. 36/2014, 28.08.2014), verfügbar in: *https://www.zeit.de/2014/36/tierschutz-tierrechte-radikale-aktivisten*, abgerufen 10. Mai 2016.

Fukuyama, Francis (1996): Trust – The Social Virtues and the Creation of Prosperity. New York: Free Press Paperbacks.

Furtner, Marco/Baldegger, Urs (2013): Self-Leadership und Führung. Wiesbaden: Springer.

Gabler (2015): Wirtschaftslexikon: Ethik, verfügbar in: *http://wirtschaftslexikon.gabler.de/Definition/ ethik.html#definition*, abgerufen 29. Sep. 2015.

Gabriel, Markus (2020): Moralischer Fortschritt in dunklen Zeiten – Universale Werte für das 21. Jahrhundert. Berlin: Ullstein (4. Aufl.).

Galbraith, John K. (2007): Die Ökonomie des unschuldigen Betrugs – Vom Realitätsverlust der heutigen Wirtschaft (orig.: The Economics of Innocent Fraud: Truth for Our Time). München: Siedler (2. Aufl.).

Gandhi, Mohandas Karamchand (1983): Eine Autobiographie oder die Geschichte meiner Experimente mit der Wahrheit. Gladenbach: Hinder+Deelmann (3. Aufl.).

Gallo, Max (1970): Robespierre – Die Geschichte einer großen Einsamkeit. Oldenburg: Stalling.

Gardner, Howard (2011): Frames of Mind: The Theory of Multiple Intelligences. New York, NY: Basic Books (2nd ed.).

Gaus, Gerald (2012): The Order of Public Reason. Cambridge/New York: Cambridge University Press.

Gehlen, Arnold (1978): Der Mensch – Seine Natur und seine Stellung in der Welt. Wiesbaden: Athenaion (12. Aufl.).

Gehlen, Arnold (1981): Moral und Hypermoral. Wiesbaden: Akademische Verlagsgesellschaft Athenaion (4. Aufl.)

Gelbspan, Ross (1998): Der Klima-Gau – Erdöl, Macht, Politik. (Original: The Heat is On, 1997). München: Gerling Akademie Verlag.

Genders, Sascha/Seynstahl, Christian (Hrsg. 2021): CSR und Hidden Champions – Mit Unternehmensverantwortung zum Weltmarktführer. Berlin: Springer.

Gemoll, Wilhelm (1979): Griechisches-deutsches Schul- und Handwörterbuch. München (9. Aufl.). Gensler, Harry J. (1996): Formal Ethics. Oxon/New York: Routledge.

Gerhardt, Voker (1976): "Interesse", in: Historisches Wörterbuch der Philosophie (hrsg. v. Joachim Ritter/ Karlfried Gründer), Bd. 4, Basel: Schwabe, S. 479-494.

Gerling, Rolf/Schmidheiny, Stephan (Hrsg; 1996): Sustainable Development: Finanzmärkte im Paradigmawechsel. München: Gerling Akademie Verlag.

Gerling, Rolf/Obermeier, Otto-Peter/Schüz, Mathias (Hrsg.; 2001): Trends – Issues Kommunikation. München: Gerling Akademie Verlag.

GFBV (2010): Kultursterben durch Staudämme – Staudämme liefern Strom, doch sie zerstören Lebensformen indigener Völker, H. 3, verfügbar in: *http://assets.gfbv.ch/downloads/voice_3_2010_d_2.pdf*, abgerufen 29. Sep. 2015.

Gibson, Nan/ Schlagenhauf, Jeff/ Frenze, Christopher (2009): Too Big to Fail or Too Big to Save?: Examining the Systemic Threats of Large Financial Institutions. Hearing before the Joint Committee Congress of the United States, April 21. Washington: U.S. Government Printing Office.

Giel, Klaus (1985): Ethik als Theorie des praktischen Handelns - Bemerkungen zu Schleiermachers Abhandlungen „Über den Begriff des höchsten Gutes", verfügbar in: *http://www.klaus-giel.de/doc/ Schleiermacher.pdf*, abgerufen 30. Sep. 2015.

Gigerenzer, Gerd (2008): Bauchentscheidungen – Die Intelligenz des Unbewussten und die Macht der Intuition. München: Goldmann (8. Aufl.).

Gloy, Karen (2005): Geschichte des wissenschaftlichen Denkens. Köln: Komet.

Glüsing, Jens et al. (2006): „Der Fluch der Ressourcen", in: Der Spiegel, Nr. 15, S. 124–134, verfügbar in: *https://www.spiegel.de/lebenundlernen/schule/der-fluch-der-ressourcen-a-449715.html*, abgerufen 10.3. 2016.

Göbel, Elisabeth (2020): Unternehmensethik - Grundlagen und praktische Umsetzung. München: UVK (6. Aufl.).

Godin, Seth (2007): Permission Marketing. London: Simon & Schuster. Goleman, Daniel (1995): Emotionale Intelligenz. München: dtv.

Golding, Martin P. (1972): „Obligations to future generations", in: Monist, 56, S. 85–99 (wiederabgedruckt in: Partridge, 1980, S. 61–72).

Goleman, Daniel (2001): Emotionale Intelligenz. München: dtv (14. Aufl.)

Goleman, Daniel (2006): Soziale Intelligenz – Wer auf andere zugehen kann, hat mehr vom Leben. München: Droemer-Knaur.

Goleman, Daniel/Boyatzis, Richard/McKee, Annie (2015): Emotionale Führung. Berlin: Ullstein (8. Aufl.).

Goleman, Daniel/Boytzis, Richard/McKee, Annie (2013): Primal Leadership – Unleashing the Power of Emotional Intelligence. Bosten: HBS Publishing.

Gollmer, Martin (2014): „Gelungenes Comeback einer Kampfschildkröte", Finanz und Wirtschaft, 5.5.2014, verfügbar in: *https://www.fuw.ch/article/gelungenes-comeback-einer-kampfschildkrote/*, abgerufen am 10. März 2021.

Gorke, Martin (2017): Eigenwert der Natur – Ethische Begründung und Konsequenzen. Stuttgart: Hirzel.

Gosepath, Stefan (2018): „Das Problem der Menschenrechte bei Kant", in: Kant und die Menschenrechte (hrsg. v. Reza Mosayebi). Bergisch Gladbach: Berlin/Boston: Walter De Gruyter. S. 195-216.

Graf Lambsdorff, Johann/Taube, Markus/Schramm, Matthias (Hrsg., 2005): The New Institutional Economics of Corruption. London/New York, NY: Routledge.

Graham, Carol (2020): "The human costs of the pandemic: Is it time to prioritize well-being?", in: Reimagining the global economy: Building back better in a post-COVID-19 world (ed. by Brahima S. Coulibaly et al.), Brookings: Global Economy Development, verfügbar in: *https://www.brookings.edu/research/the-human-costs-of-the-pandemic-is-it-time-to-prioritize-well-being/*, abgerufen 8. Mai 2021.

Greenbiz Staff: „LOHAS Forum Sees Big Growth in Green Marketplace", verfügbar in: *http://www.greenbiz.com/news/2007/05/29/lohas-forum-sees-big-growth-green-marketplace*, abgerufen 12. Sep. 2013.

Greene et al. (2001): „An fMRI Investigation of Emotional Engagement in Moral Judgement", in: Science, Vol. 293, 14. Sep., S. 2105–08.

Greene et al. (2004): „The Neural Bases of Cognitive Conflict and Control in Moral Judgment", in: Neuro, Vol. 44, 14. Okt., S. 389–400.

Greenleaf, Robert K. (1998): The Power of Servant Leadership. San Francisco: Berrett-Koehler.

Greenleaf, Robert K. (2002): „The Servant Leader", in: Servant Leadership – A Journey into the Nature of Legitimate Power and Greatness. Essays by R. K. Greenleaf (ed. by Larry Spears). New York: Paulist Press, pp. 21–61.

Greenpeace e.V. (Hrsg., 2005): Zehn Jahre WTO. Greenpeace unterzieht die Welthandelsorganisation einer kritischen Umweltbilanz, verfügbar in: *https://www.greenpeace.de/sites/www.greenpeace.de/files/Hintergrund_10_Jahre_WTO_0.pdf*, abgerufen 28. Jan. 2016.

GRI (2016): G4 Sustainability Reporting-Guidelines, verfügbar in: *https://www.globalreporting.org/standards/g4/Pages/default.aspx*, abgerufen 4. Feb. 2016.

GRI – Global Reporting Initiative (2016): G4 Sustainability Reporting Guidelines, verfügbar in: *https://www.globalreporting.org/resourcelibrary/GRIG4-Part1-Reporting-Principles-and-Standard-Disclosures.pdf*, abgerufen 22. Mai 2016.

Grober, Ulrich (2010): Die Entdeckung der Nachhaltigkeit – Kulturgeschichte eines Begriffs. München.

Grolle, Johann et al. (2015): „Ende eines Mythos", in: Der Spiegel, Nr. 40 v. 26.09.2015, verfügbar in: *https://www.spiegel.de/politik/ende-eines-mythos-a-e487b3f5-0002-0001-0000-000138999933#bild-010a8e08-0002-0004-0000-00004531b6a8*, abgerufen 10. Feb. 2021 .

Gruère, Guillaume/Sengupta, Debdatta (2011): „Bt Cotton and Farmer Suicides in India: An Evidence-based Assessment", in: The Journal of Development Studies, 47 (2), 316–337, verfügbar in: *http://dx.doi.org/10.1080/0022038*, abgerufen 8. Juli 2016.

Gulick, Luther H. (1936): „Notes on the Theory of Organization", in: Papers on the Science of Administration (ed. by L. Gulick/L. Urwick), New York: Institute of Public Administration, S. 3–35.

Gunkel, Christoph: "Melodramen um Millionen", in: Spiegel-Geschichte v. 19.10.2009, verfügbar in: *https://www.spiegel.de/geschichte/boersenkrimis-a-948558.html*, abgerufen 2. März 2021.

Günther, Benjamin et al. (2011): Berechnung einer risikoadäquaten Versicherungsprämie zur Deckung der Haftpflichtrisiken, die aus dem Betrieb von Kernkraftwerken resultieren. Studie der Versicherungsforen Leipzig, 1.04.2011, verfügbar in: *http://www.bee-ev.de/fileadmin/Presse/Mitteilungen/110511_BEE_Studie_Versicherungsforen_KKW.pdf,* abgerufen 29. Sep. 2015.

Haas, Robert D. (1998): „Ethics – A Global Business Challenge", in: Ethics in International Management (ed. by B. Nino Kumar/H. Steinmann). Berlin/New York: Walter de Gruyter, S. 213–220.

Habermas, Jürgen (1991): Erläuterungen zur Diskursethik. Frankfurt a. M.: Suhrkamp.

Habermas, Jürgen (1996): Moralbewusstsein und kommunikatives Handeln. Frankfurt a. M.: Suhrkamp.

Hage, Simon (2021): "Vier Jahre US-Haft - und nun?", in: Der Spiegel, 5.02.2021, verfügbar in: https://www.spiegel.de/wirtschaft/unternehmen/volkswagen-frueherer-vw-manager-oliver-schmidt-kaempft-nach-us-haft-um-seinen-ruf-a-00000000-0002-0001-0000-000175196818, abgerufen am 17. Juli 2021.

Hamilton, Ian et al. (2020): 2020 Global Status Report for Buildings and Construction – Towards a zero-emissions, efficient and resilient buildings and construction sector. Nairobi: UN Environment Programme, verfügbar in: *https://globalabc.org/sites/default/files/inline-files/2020%20Buildings%20GSR_FULL%20REPORT.pdf*, abgerufen 24. Apr. 2021.

Hampden-Turner, Charles/Trompenaars, Fons (2000): Building Cross-Cultural Competence – How to Create Wealth from Conflicting Values. New York: Wiley.

Hardegger, Angelika/ Weder, Janique (2020): "Sechs Antworten zur Postauto-Affäre", in: NZZ, 27.08.2020, verfügbar in: *https://www.nzz.ch/schweiz/fuenf-antworten-zur-postauto-affaere-ld.1356375* , abgerufen 23. Apr. 2021.

Hardin, Gerrit (1968): „The Tragedy of the Commons", in: Science, Vol. 162, S. 1243–1248.

Hare, Richard M. (2016): Freiheit und Vernunft. Frankfurt a. M.: Suhrkamp (2. Aufl.).

Hartmann, Nicolai (1962): Ethik. Berlin: Walter de Gruyter (4. Aufl.).

Hartwig, Christian (2007): „„Gold oder Leben in der Region?' – Vierte EAS-Ökologie-Konferenz über Rosia Montana musste unter Polizeischutz tagen", verfügbar in: *http://www.cotaru.com/gold-oder-leben-in-der-region-vierte-eas-kologie-konferenz-ber-rosia-montana-mute-unter-polizeischutz-tagen/ #.VlR_I2PQzmc*, abgerufen 24. Nov. 2015.

Haus, Michael: „Zuviel des Guten? – Joas´ Darstellung der Menschenrechte im Lichte kommunitaristischer Ideen" in: Der moderne Glaube an die Menschenwürde – Philosophie, Soziologie und Theologie im Gespräch mit Hans Joas (hrsg. v. Große Kracht, Hermann-Josef). Bielefeld: Transcript Sozialtheorie, S. 65–80.

Hauser, Marc et al. (2007): „A Dissociation Between Moral Judgements and Justifications", in: Mind & Language, 22, 1. Feb. 2007, S. 1–21.

Hayek, Friedrich (1980): The Levin Interviews mit Bernhard Levin, 31 May 1980 an der Universität von Freiburg, verfügbar in: *www.youtube.com/watch?v=dV7-2Aua4_4*, abgerufen 23 März 2021.

Hayward, Toni (2010): Hearing in US-Congress questioned by Bruce Braley, verfügbar in: *https:// www.youtube.com/watch?v=jKXjn07dhhI*, abgerufen 9. Aug. 2015.

Heger, Egon (2015): „Öko-Labels – Pariser Stoffmessen – Stoffe 2016", in: Flachs und Leinen vom 20.2.2015, verfügbar in: http://shop.flachs.de/tag/oeko-labels/, abgerufen 12. Aug. 2015.

Heidegger, Martin (1979): Sein und Zeit. Tübingen: Niemeyer (15. Aufl.).

Helfrich, Silke (2015): „‚Elinor's Law' – Design-Prinzipien für Commons-Institutionen nach *Elinor Ostrom*", in: Die Welt der Commons. Muster gemeinsamen Handelns (hrsg. v. Helfrich, Silke/ Bollier, David). Bielefeld 2015, S. 55–56.

Henderson, Verne E. (1992): What's Ethical in Business? New York, NY: McGraw Hill.

Henkel, Hans-Olaf (2010): „Zwei Drittel der Fusionen scheitern – Daimler Chrysler und andere Katastrophen", in: Süddeutsche Zeitung, 21.05.2010, verfügbar in: *https://www.sueddeutsche.de/geld/zwei-drittel-der-fusionen-scheitern-daimlerchrysler-und-andere-katastrophen-1.881255*, abgerufen 3. März 2021.

Hennecke, Frank J. (1990): „Umweltkatastrophen in der Antike?", in: Zeitschrift für Umweltpolitik & Umweltrecht (ZfU), 13. Jg., Nr. 2, S. 179–203.

Henrik, John (2008): The Scientific Revolution and the Origins of Modern Science. New York, NY: Palgrave Macmillan (3. Aufl.).

Henry, John (2008): The Scientific Revolution and the Origins of Modern Sciences. New York, NY: Pagrave Macmillan (3. Aufl.).

Hentze, Joachim/Thies, Björn (2012): Unternehmensethik und Nachhaltigkeitsethik. Bern/Stuttgart/ Wien: Haupt.

Heyde, Johannes Erich (1916): Grundlegung der Wertlehre. Leipzig: Quelle & Meyer, verfügbar in: *https: //archive.org/details/GrundlegungDerWertlehre-ErichHeyde*, abgerufen 27. Feb. 2016.

Heyde, Johannes Erich (1926): Wert – Eine philosophische Grundlegung. Erfurt: K. Stenger.

Hick, M. (2012): „Children Found Working in Foxconn iPhone Factory", verfügbar in: *http://www.huffingtonpost.co.uk/2012/01/17/children-found-working-in-iphone-foxconn-factory_n_1209953.html*, abgerufen 25. Sep. 2012.

Hightech-Rating (2016): „Wie fair und nachhaltig werden unsere Samartphones", verfügbar in: *www.hightech-rating.ch*, abgerufen 10. Feb. 2016.

Hildebrandt, Alexandra/Landhäußer, Werner (Hrsg. 2019): CSR und Energiewirtschaft. Berling: Springer.

Hinnant, Charles (1998): "The Invention of homo oeconomicus: A Reading of John Stuart Mill's 'On the Definition of Political Economy'", in: Prose Studies, 21:3, S. 51-68, verfügbar in *https://doi.org/ 10.1080/01440359808586653*, abgerufen 3. März 2021.

Hobbes, Thomas (1992): Leviathan. Stuttgart: Reclam.

Hochreiter, Gregor (o. J.): Die historische Goldwährung – Die Politische Ökonomie der historischen Goldwährung, verfügbar in: *https://www.yumpu.com/de/document/view/21160700/die-historische-goldwahrung-gregor-hochreiter/19*, abgerufen 13. März 2016.

Höffe, Otfried (1979): „Recht und Moral: Ein kantischer Problemaufriss", in: Neue Hefte für Philosophie 17, Göttingen, S. 1–36.

Höffe, Otfried (1990): „Gerechtigkeit als Tausch? – Ein ökonomisches Prinzip für die Ethik", in: Wirtschaft und Ethik (hrsg. v. Hans Lenk/Matthias Marek). Stuttgart: Reclam, S. 119–133; auch in: Ulrich, Peter (1990), S. 91–102.

Höffe, Otfried (1992a): Einführung in die utilitaristische Ethik – Klassische und zeitgenössische Texte. Stuttgart: A. Francke, UTB.

Höffe, Otfried (1992b): Lexikon der Ethik (hrsg. v. M. Forscher/O. Höffe). München: C. H. Beck.

Höffe, Otfried (2015): „Recht und Moral: Konfuzius, der Koran und die Gerechtigkeit", in: Frankfurter Allgemeine v. 24.8.2015, verfügbar in: *http://www.faz.net/aktuell/politik/die-gegenwart/recht-und-moral-konfuzius-der-koran-und-die-gerechtigkeit-13753298.html*, abgerufen 1. Feb. 2016.

Hoffmann, Andreas (1993): „Im Zeichen des Krebses – Arthur Cecil Pigou entwarf die erste Theorie für staatliche Eingriffe in die Marktwirtschaft", in: Zeit der Ökonomen – Eine kritische Bilanz volkswirtschaftlichen Denkens, Zeit-Punkte Nr. 3, Hamburg, S. 34–36.

Hoffmann, Michael W. (1995): „The Ford Pinto", in: Business Ethics – Readings and Cases in Corporate Morality (ed. by W. M. Hoffman/Robert E. Frederick). New York (3rd ed.), S. 552–559.

Hoffmann, Thomas Sören (2004): "Zweck, Ziel", in: Historisches Wörterbuch der Philosophie (hrsg. v. J. Ritter/K. Gründer/G. Gabriel), Bd. 12, S. 1486-1510.

Homann, Karl/Blome-Drees, Franz (1992): Wirtschafts- und Unternehmensethik. Göttingen: Vandenhoeck & Ruprecht.

Homann, Karl/ Suchanek, Andreas (2005): Ökonomik: Eine Einführung. Tübingen: Mohr Siebeck.

Honey-Rosés, Jordi et al. (2014): „Enriching Intergenerational Decision-Making with Guided Visualisation Exercises", in: Journal of Business Ethics, Vol. 122, S. 675–680.

Höpner, Axel et al. (2012): „Das wohl teuerste Fernsehinterview aller Zeiten", in: Handelsblatt, 13. Dez. 2012, verfügbar in: *https://www.handelsblatt.com/finanzen/banken-versicherungen/banken/kirch-vs-deutsche-bank-das-wohl-teuerste-fernsehinterview-aller-zeiten/6203632.html,* abgerufen: 4. Apr. 2021.

Hubig, Christoph (1993): Technik- und Wissenschaftsethik – Ein Leitfaden. Berlin/Heidelber/New York, NY: Springer.

Hulverscheidt, Claus (2016): "VW entschädigt alle Kunden in den USA", in: Süddeutsche Zeitung, 20.12.2016, verfügbar in: *https://www.sueddeutsche.de/wirtschaft/abgas-betrug-vw-entschaedigt-alle-kunden-in-den-usa-1.3304187*, abgerufen am: 17. Januar 2021.

Humanrights.ch (2014): Die Welthandelsorganisation WTO und die Menschenrechte, verfügbar in: *http://www.humanrights.ch/de/menschenrechte-themen/wto/?gclid=CP2N182CzMoCFSX3wgodNQEKGQ*, abgerufen 28. Jan. 2016.

Hume, David (1972): Eine Untersuchung über die Prinzipien der Moral (übers. v. Carl Winkler) [1929]. Hamburg: Meiner.

Hume, David (1988): Politische und ökonomische Essays (übers. v. Susanne Fischer), Bd. I. Hamburg: Meiner.

Huppenbauer, Markus (2017): Leadership und Verantwortung – Grundlagen ethischer Unternehmensführung. Zürich: Versus.

Hutcheson, Francis (2008). An Inquiry into the Original of Our Ideas of Beauty and Virtue (1727). Indianapolis: Liberty Fund.

Hütte, Johannes (2002): Unternehmensethik als Synthese aus Ethik und Ökonomik. München/Mering: Rainer Hampp.

IBM (2021): Code of Conduct, verfügbar in: *https://www.ibm.com/de-de/partnerworld/program/code-of-conduct*, abgerufen 24. Apr. 2021.

Ih (2017): „Alle sind Spender", in: Der Spiegel, Nr. 2, 7.01.2017, S. 83.

Ikerd, J. (1999): „Rethinking the Economics of Self-Interests", verfügbar in: *http://web.missouri.edu/ikerdj/papers/Rethinking.html*, abgerufen 27. Sep. 2012.

IWK, Institut der deutschen Weltwirtschaft Köln (2014): „Frieden durch mehr Handel?", verfügbar in: *http://www.iwkoeln.de/infodienste/iw-kurzberichte/beitrag/globalisierung-frieden-durch-mehr-handel-201695*, abgerufen 18. Jan. 2016

IZF (2016): Was macht Führung zukunftsfähig? – Ergebnisse einer repräsentativen Befragung, verfügbar in: *http://www.zukunftsfaehigefuehrung.de/wp-content/uploads/2016/01/izf-Allensbach-Studie-c-izf-e.V.-und-Institut-f%C3%BCr-Demoskopie-Allensbach-GmbH.pdf*, abgerufen 14. Apr. 2016.

Jackson, Matthew O./Nei, Stephen (2015): „Networks of Military Alliances, Wars, and International Trade", June 2015, SSRN, verfügbar in: *http://ssrn.com/abstract=2389300* oder *http://dx.doi.org/10.2139/ssrn.2389300*, abgerufen 28. Jan. 2016.

Javadin, S. R. S./Amin, F./Ramezani, M. T. (2010). Studying the Relationship Between Managerial Skills and Efficiency of Bank Branches. World Applied Sciences Journal, 11(2), S. 170–177.

Janggu, Tamoi et. al. (2013): „Assurance of CSR and Sustainability Reports: Empirical Evidence from an Emerging Economy", in: EESE, Vol. 3, No. 11, p. 390–396, verfügbar in: *http://iiste.org/Journals/ index.php/JETP/article/viewFile/8588/8785*, abgerufen 14. März 2016.

Janke, Wolfgang (2009): Die dreifache Vollendung des Deutschen Idealismus – Schelling, Hegel und Fichtes ungeschriebene Lehre. Amsterdam/New York: Rodopi.

Jaspers, Karl (1983): Vom Ursprung und Ziel der Geschichte. München: Piper (8. Aufl.).

Jetter, Frank/Strotzki, Rainer (2008): Führungskompetenz – Die Führungskraft als Vorbild, Manager, Koordinator, Macher, Teamentwickler, Coach, Experte und zugleich Lernender. Regensburg: Walhalla.

Joela (2010): 613 Mizwot, verfügbar in: *http://www.teschuwa-hausisrael.org/t458-613-mizwot-inhaltsverzeichnis#2370*, abgerufen 7. Juli 2016.

Johnson, Gerry/Whittington, Richard/Scholes, Kevan (2005): Exploring Corporate Strategy, Harlow, UK: Pearson Education (7. rev. Aufl.).

Jonas, Hans (1980): Das Prinzip Verantwortung – Versuch einer Ethik für die technologische Zivilisation. Frankfurt a. M.: Insel.

Jonas, Hans (1985): Technik, Medizin und Ethik: Zur Praxis des Prinzips Verantwortung. Frankfurt a. M.: Suhrkamp.

Jones, George P./Ferrill, June (2006): The Seven Layers of Integrity®. Bloomington, IN: AuthorHouse.

Jourdier, Alan (2002): „Privacy and Ethics: Is CRM Too Close for Comfort?", verfügbar in: *http://www.cio.com/article/2440824/security-privacy/privacy---ethics--is-crm-too-close-for-comfort-.html*, abgerufen 13. März 2015.

Jung, Alexander/Klawitter, Nils/Rosenbach, Marcel (2021): „Die grüne Null", in: Der Spiegel, Nr. 8, 20.02.2021, S. 8.-16.

Jung, Carl Gustav (1935): Die Beziehungen zwischen dem Ich und dem Unbewussten, in: Gesammelte Werke, Bd. 7, Olten: Walter (4. Aufl.) 1991, S. 127–343.

Jung, Carl Gustav (1943): Theoretische Überlegungen zum Wesen des Psychischen, in: Gesammelte Werke, Bd. 8, Olten: Walter (4. Aufl.) 1991, S. 183–261.

Jung, C. G. (1958): Gut und Böse in der analytischen Psychologie (2. Aufl.), in: Gesammelte Werke, Bd. 10, Olten: Walter (4. Aufl.) 1991, S. 498–510.

Jung, C. G. (1983): Geleitwort zu "Die grosse Befreiung – Einführung in den Zen-Buddhismus" von Deisetz T. Suzuki, Zürich: Rascher (10. Aufl.), S. 9-38.

Jungermann, Helmut/Slovic, Paul (1993): „Die Psychologie der Kognition und Evaluation von Risiko", in: Risiko und Gesellschaft – Grundlagen und Ergebnisse interdisziplinärer Risikoforschung (hrsg. v. Gotthard Bechmann). Opladen: Westdeutscher Verlag, S. 167–207.

Kabat-Zinn, Jon (2007): Im Alltag Ruhe finden – Das umfassende praktische Meditationsprogramm. Freiburg: Herder (7. Aufl.).

Kabat-Zinn, Jon (2013): Gesund durch Meditation – Das große Buch der Selbstheilung mit MBSR. München: Knaur.

Kaminski, Ralf (2020): „Moral wird beim Einkauf immer wichtiger", Interview mit Bas van Abel Juni 2020, verfügbar in: *https://www.migros.ch/de/Magazin/2020/konsum-und-moral.html*, abgerufen 15. März 2021.

Kant, Immanuel (1968a): Die Metaphysik der Sitten, Tugendlehre (1797), in: Werkausgabe (hrsg. v. Wilhelm Weischedel), Bd. VIII, Frankfurt a. M.: Suhrkamp, S. 500–634.

Kant, Immanuel (1968b): Zum Ewigen Frieden – Ein philosophischer Entwurf (1798), in: Werkausgabe (hrsg. v. Wilhelm Weischedel), Bd. XI, Frankfurt a. M.: Suhrkamp, S. 191–251.

Kant, Immanuel (1968c): Über ein vermeintes Recht aus Menschenliebe zu lügen (1797), in Werkausgabe (hrsg. v. Wilhelm Weischedel), Bd. VIII, Frankfurt a. M.: Suhrkamp 1968, S. 637–643.

Kant, Immanuel (1978): Grundlegung zur Metaphysik der Sitten (1785). Stuttgart: Reclam.

Kast, Bas (2007): Wie der Bauch dem Kopf beim Denken hilft. Die Kraft der Intuition. Frankfurt a. M.: S. Fischer.

Katterle, Siegfried (1990): „Der Beitrag der institutionalistischen Ökonomik zur Wirtschaftsethik", in: Ulrich, Peter (1990), S. 121–144.

Kathage, Jonas/Qaim, Matin (2012): „Economic impacts and impact dynamics of Bt (Bacillus thuringiensis) cotton in India", verfügbar in: *http://www.pnas.org/content/109/29/11652.full.pdf*, abgerufen 8. Juli 2016.

Katz, Robert Lee, (1974): „Skills of an effective administrator". in: Harvard Business Review, Sept. 74, verfügbar in: *https://hbr.org/1974/09/skills-of-an-effective-administrator*, abgerufen 14. Juli 2016.

Kaufmann, Walter (1982): Nietzsche. Philosoph – Psychologe – Antichrist. Darmstadt: Wissenschaftliche Buchgesellschaft.

Keller, Maren (2016): „Vom plötzlichen Verlangen, jemanden zu küssen", in: Der Spiegel, Nr. 19, Hamburg, S. 72–73.

Kemper, Gustav/ Schwarz, Peter (2020): Cum/Ex-Betrug: Bandenmäßiger Diebstahl mit staatlicher Unterstützung, verfügbar in: *https://www.wsws.org/de/articles/2020/08/21/cuex-a21.html*, abgerufen 25. März 2021.

Kieser, Alfred (Hrsg.) (1999): Organisationstheorien, Stuttgart: Kohlhammer (3. Aufl.).

Kimbrell, Andrew (1997): Ersatzteillager Mensch – Die Vermarktung des Körpers. München: dtv.

Kle (2013): „Auch Affen und Esel landeten schon vor dem Richter", in: 20 Minuten, verfügbar in: *http://www.20min.ch/panorama/news/story/Auch-Aff-und-Esel-landeten-schon-vor-dem-Richter-14404413*, abgerufen 18. Jan. 2016.

Kluckhohn, Clyde (1951): „Values and Value-Orientation in the Theory of Action: An Exploration in Definition and Classification", in: Parsons, T. & Shils, E. (eds.): Toward a General Theory of Action. Cambridge/Mass.: Harvard University Press, S. 388–433.

Kluge, Friedrich (1975): Etymologisches Wörterbuch der deutschen Sprache. Berlin/New York: Walter Gruyter.

Knauer, Peter (2002): Handlungsnetze. Frankfurt a. M.: Books on Demand.

Koch, Svenja et al. (2005): Brent Spar und die Folgen – Zehn Jahre danach. Hamburg: Greenpeace, verfügbar in: *https://web.archive.org/web/20131102215430/http://www.greenpeace.de/fileadmin/gpd/user_upload/themen/oel/Brent_Spar_und_die_Folgen.pdf*, abgerufen 29. Mai 2016.

Koechlin, Florianne (2009): "The dignity of plants", in: Plant Signaling & Behavior, 4(1), S. 78-79, verfügbar in: *https://www.ncbi.nlm.nih.gov/pmc/articles/PMC2634081/*, abgerufen 19. Mai 2021.

Koechlin, Florianne (2019): Schwatzhafte Tomate, wehrhafter Tabak – Pflanzen neu entdeckt. Basel: Lenos.

Kogure, Satoko (2012): „A Lesson not yet Learned", in: International Bar Association, 24 April, verfügbar in: *https://www.ibanet.org/Article/NewDetail.aspx?ArticleUid=6C2935FF-C51D-4254-A334-4F5FB-C5667D4*, abgerufen 26. Apr. 2021.

Kohlberg, Lawrence (1971): „From Is to Ought", in: Cognitive Development and Epistemology (hrsg. v. Theodore Mischel), New York: Academic Press, S. 151–235.

Kohlberg, Lawrence (2014): Die Psychologie der Moralentwicklung (hrsg. v. Wolfgang Althof). Frankfurt a. M.: Suhrkamp (7. Aufl.).

Köck, Peter: Handbuch des Ethikunterrichts. Donauwörth (3. Aufl.): Auer.

Köster, Klaus/Otte, Petra (2012): „Daimler wird die US-Aufpasser los", in: Zeitungsverlag Waiblingen, 8.11.2012, verfügbar in: *http://www.zvw.de/inhalt.korruptionsbekaempfung-daimler-wird-die-us-aufpasser-los.c216152a-02d0-4e9c-9c49-3c61c57cc378.html*, abgerufen 7. Apr. 2016.

Kolmar, Martin/Booms, Martin (2016): „Keine Algorithmen für ethische Fragen", Gastkommentar, NZZ, 26.1.2106, verfügbar in: *http://www.nzz.ch/meinung/kommentare/keine-algorithmen-fuer-ethische-fragen-ld.4483*, abgerufen 16. März 2016.

Koromzay, Tibor (2016): Management und die Liebe – Plädoyer für eine humanistische Führung. Heidelberg: Springer.

Koslowski, Peter (1988): Prinzipien der Ethischen Ökonomie. Tübingen: Mohr Siebeck.

Kotter, John P. (1990): A Force for Change – How Leadership Differs from Management. New York: Free Press.

Kotter, John P. (2001): „What Leaders Really Do", in: Best of Harvard Business Review 1990, Vol. 12, Boston: Harvard.

Kotter, John P./Heskett, James L. (1992): Corporate Culture and Performance. New York: The Free Press.

KPMG (2008): KPMG International Survey of Corporate Responsibility Reporting 2008, verfügbar in: *https://www.kpmg.com/EU/en/Documents/KPMG_International_survey_Corporate_responsibility_Survey_Reporting_2008.pdf*, abgerufen 21. Aug. 2015.

KPMG (2011): KPMG International Survey of Corporate Responsibility Reporting 2011, verfügbar in: *http://www.kpmg.com/global/en/issuesandinsights/articlespublications/corporate-responsibility/pages/2011-survey.aspx*, abgerufen 13. Jan. 2016.

KPMG (2015): Currents of Change – The KPMG Survey of Corporate Responsibility Reporting 2015, verfügbar in: *https://assets.kpmg.com/content/dam/kpmg/pdf/2016/02/kpmg-international-survey-of-corporate-responsibility-reporting-2015.pdf*, abgerufen 15. Jan. 2016.

Kreilkamp, Niklas/Schmidt, Maximilian/Wöhrmann, Arnt (2019): „Effizienzsteigerung durch Debiasing: Empfehlungen für die Praxis", in: Controlling – Zeitschrift für erfolgsorientierte Unternehmenssteuerung, 31(2), S. 57-65, verfügbar in: *https://www.uni-giessen.de/fbz/fb02/fb/professuren/bwl/BWL-IV/dateien/Artikel%20Debiasing*, abgerufen am 4. Apr. 2021.

Krüger, Irmtraud Tarr (1997): Von der Unmöglichkeit, ohne Lügen zu leben. Zürich: Kreuz.

Krystal, Phyllis (2012): Die inneren Fesseln sprengen – Befreiung von falschen Sicherheiten. München: Ullstein (7. Aufl.).

Kucera, Dušan (2020): „A Historical Approach to Understanding Values and Its Importance for Corporate Responsibility", in: Values and Corporate Responsibility (hrsg. v. F. Farache et al). Palgrave Studies in Governance, Leadership and Responsibility. Cham: Palgrave Macmillan, verfügbar in: *https://doi.org/10.1007/978-3-030-52466-1_4*, abgerufen 20. März 2021.

Kuçuradi, Ioanna (2013): Human Rights: Concepts and Problems. Wien: Lit Verlag.

Kuhse, Helga (1994): Die „Heiligkeit des Lebens" in der Medizin. Eine philosophische Kritik, Erlangen.

Küng, Hans (1990): Projekt Weltethos. München: Piper.

Küng, Hans (1997): Weltethos für Weltpolitik und Weltwirtschaft. München, Zürich: Piper.

Küng, Hans (2007): „Goldene Regel der Gegenseitigkeit", verfügbar in: *https://zeitschrift-ip.dgap.org/de/article/getFullPDF/13981*, abgerufen 12. Juni 2016.

Küng, Hans/Kuscher, Karl-Josef (Hrsg. 1996): Erklärung zum Weltethos – Die Deklaration des Parlaments der Weltreligionen. München: Piper (2. Aufl.).

Kyriazos, Spyros/ Tsigkourakos, George/ Mitrakos, Andreas (2019): Life Advice – From the Ancient Greek Philosophers. Original Words of Wisdom from the Major Schools of Greek Thought. Independently published.

Lacy, Peter et al. (2010): A New Era of Sustainability – CEO Reflections on Progress to Date, Challenges ahead and the Impact of the Journey toward a Sustainable Economy, verfügbar in: *https://www.unglobalcompact.org/docs/news_events/8.1/UNGC_Accenture_CEO_Study_2010.pdf*, abgerufen 13. Dez. 2015.

Ladner, Miriam (2017): Der Zusammenhang von Führung und Vertrauen in Teams. Saarbrücken: AkademikerVerlag.

Landmann, Michael (1982): Philosophische Anthropologie – Menschliche Selbstdarstellung in Geschichte und Gegenwart. Berlin/ New York: Walter de Gruyter (5., durchges. Aufl.).

Langer, Ellen J. (2014): Mindfulness – 25th Anniversary Edition. Boston: DaCapo.

Langhammer, Rolf (2021): "Zum Lieferkettengesetz gibt es bessere Alternativen", verfügbar in: *https://www.ifw-kiel.de/de/publikationen/kiel-focus/2021/zum-lieferkettengesetz-gibt-es-bessere-alternativen-0/*, abgerufen am 23. März 2021.

Lanteri, A./Chelini, C./Rizzello, S. (2008): „An Experimental Investigation of Emotions and Reasoning in the Trolley Problem", in: Journal of Business Ethics, Vol. 83, S. 789–804.

Lappé, Marc/Britt Bailey (1998): Machtkampf Biotechnologie. Wem gehören die Lebensmittel? München: Gerling Akademie. So sollte sich doch noch eine Mitfahrgelegenheit.

Lauxmann, Frieder (2014): Der Umgang mit dem Bösen – Philosophische Strategien. München: dtv.

Leggett, Jeremy (Ed., 1996): Climate Change and the Financial Sector – The Emerging Threat – The Solar Solution. München: Gerling Akademie Verlag.

Leibniz, Gottfried Wilhelm (1996): Versuche in der Theodicée über die Güte Gottes, die Freiheit des Menschen und den Ursprung des Übels. Hamburg: Meiner.

Leipziger, Deborah (2010): The Corporate Responsibility Code Book. Sheffield: Greenlef (rev. 2nd ed.).

Lenk, Hans (1991): „Zu einer praxisnahen Ethik der Verantwortung in den Wissenschaften", in: Wissenschaft und Ethik (hrsg. v. Hans Lenk). Stuttgart: Reclam, S. 54–75.

Leutenegger, Marc (2020): „Konzernverantwortungs-Initiative: gesiegt und doch gescheitert", verfügbar in: *https://www.swissinfo.ch/ger/konzernverantwortungsinitiative--es-wird-knapp/46191624*, abgerufen am 15. März 2021.

Levinas, Emmanuel (1999): Die Spur des Anderen. Untersuchungen zur Phänomenologie und Sozialphilosophie (übers., hrsg. und eingel. von Wolfgang Nikolaus Krewani). Freiburg i.Br./München: Karl Alber.

Levi Strauss (2013): Sustainability Guidebook, verfügbar in: *http://www.levistrauss.com/wp-content/uploads/2016/03/LSCO-Sustainability-Guidebook-2013-December.pdf*, abgerufen 6. Apr. 2016.

Liang, Angela/Nestadt Paul S. (2021): "Suicide Risk in the COVID-19 Pandemic", in: Johns Hopkins Psychiatry Guide, 13 Feb., verfügbar in: *https://www.hopkinsguides.com/hopkins/view/Johns_Hopkins_Psychiatry_Guide/787393/all/Suicide_Risk_in_the_COVID_19_Pandemic*, abgerufen am 8. Mai 2021.

Libet, Benjamin (2005): Mind Time – Wie das Gehirn Bewusstsein produziert. Frankfurt a. M.: Suhrkamp.

Loh, Janina (2019): Roboterethik – Eine Einführung. Berlin: Suhrkamp.

Löhrer, Guido (2003): „Anachronismus und Akairie. Wie mit Elementen der philosophischen Tradition umgehen? – Beispiel: Anselm von Canterburys Begriff der ‚rectitudo'", in: Anachronismen – Tagung des engeren Kreises der Allgemeinen Gesellschaft der Philosophie vom 3. bis 6. Okt. 2001 (hrsg. v. Andreas Speer), Würzburg: Königshausen & Neumann.

London, Phillip (2013): Character – The Ultimate Success Factor. Jacksonvill, FL: Adducent.

Loughran, John J. (2002). Effective reflective practice: in search of meaning in learning about teaching. Journal of Teacher Education, 53 (33), verfügbar in: *http://oneteacher.global2.vic.edu.au/files/2014/09/Loughlan-242761j.pdf*, abgerufen 13. Mai 2016.

Lowell, Bryan/ Farrell, Diana (1997): Der entfesselte Markt: Die Befreiung des globalen Kapitalismus [engl.: Unbount Market – Unleashing Global Capitalism, 1996]. Wien: Ueberreuter

Lü Bu Wei: Chunqiu. Frühling und Herbst des Lü Bu Wei (übers. u. erläutert v. Richard Wilhelm). Berlin: Hofenberg.

Luhmann, Niklas (1986): Ökologische Kommunikation – Kann die moderne Gesellschaft sich auf ökologische Gefährdungen einstellen? Opladen: Westdeutscher Verlag (3. Aufl.).

Luhman, Niklas (1989): Vertrauen – Ein Mechanismus der Reduktion sozialer Komplexität. Stuttgart: Ferdinand Enke (3. Aufl.).

Luhmann, Niklas (1990): Ökologische Kommunikation – Kann die moderne Gesellschaft ökologische Gefährdungen einstellen? Opladen: Westdeutscher Verlag (3. Aufl.).

Luhmann, Niklas (1991): Soziologie des Risikos. Berlin/New York: Walter de Gruyter.

Luthans, Fred/Avolio. Bruce J. (2003): „Authentic leadership: A positive developmental approach", in: Positive Organisational Scholarship (ed. by K. S. Cameron/J. E. Dutton/R. E. Quinn), San Francisco: Berrett-Koehler, S. 241–261.

MacIntyre, Alasdair (1995): Der Verlust der Tugend – Zur moralischen Krise der Gegenwart. Frankfurt a. M.

Magyar, Judith (2019): „SAP-Achtsamkeitstraining: mehr Wohlbefinden, Produktivität und Führungskompetenz für Mitarbeiter", verfügbar in: *https://news.sap.com/germany/2019/07/achtsamkeitstraining-wohlbefinden-produktivitaet-fuehrungskompetenz/*, abgerufen 20. Mai 2021.

Malik, Fredmund (1992): Strategie des Managements komplexer Systeme – Ein Beitrag zur Management-Kybernetik evolutionärer Systeme (Habilitationsschrift 1977). Bern/Stuttgart/Wien (4. Aufl.).

Malinowski, Bronislaw (1988): Eine wissenschaftliche Theorie der Kultur. Frankfurt a. M.: Suhrkamp (3. Aufl.).

Manager Magazin (2014a): „Das teuerste Interview aller Zeiten", in Manager Magazin vom 20.02.2014 *https://www.manager-magazin.de/unternehmen/banken/deutsche-bank-das-teuerste-interview-der-welt-a-954672.html*, abgerufen am 1. Apr. 2021.

Manager Magazin (2014b): „Deutsche Bank einigt sich mit Kirch-Erben", in Manager-Magazin vom 20.02.2014, verfügbar in: *https://www.manager-magazin.de/unternehmen/banken/a-954664.html*, abgerufen am 1. Apr. 2021.

Mancuso, Stefano/Viola, Alessandra (2015): Die Intelligenz der Pflanzen. München: Antje Kunstmann.

Mandeville, Bernard (1980): Die Bienenfabel oder Private Laster, öffentliche Vorteile. Frankfurt a. M.: Suhrkamp Taschenbuch.

Mangan, Joseph T. (1949): „An Historical Analysis of the Principle of Double Effect", in: Theological Studies, 10, S. 41–61.

Manoogian, John III (2016): Cognitive Bias Codex, verfügbar in: *https://www.anti-bias.eu/wp-content/uploads/2016/10/Cognitive-Bias-Codex.jpeg*, abgerufen am 6. Juli 2021.

Markschies, Christoph (2010): Die Gnosis. München: Beck (3. Aufl.).

Marquardt, Andrew (2021): "Leadership in crisis: Levi's leaders focused on company culture and empathy to make it through 2020", in: Fortune, Februar 25, verfügbar in: *https://fortune.com/2021/02/24/levi-strauss-covid-chip-bergh-ceo-chro-tracy-layney-business-leadership-pandemic/*, abgerufen 15. Apr. 2021.

Marquart, Maria (2016): „Anton Schleckers größte Angst", in: Spiegel-Online, 14.4., verfügbar in: *http:// www.spiegel.de/wirtschaft/unternehmen/anton-schlecker-seine-groesste-angst-a-1087212.html*, abgerufen 3. Mai 2016.

Mauss, Marcel (2013): Die Gabe – Form und Funktion des Austauschs in archaischen Gesellschaften [1950]. Frankfurt a.M.: Suhrkamp.

Maxwell, John C. (2003): There's No Such Thing as ‚Business' Ethics – There's Only One Rule for Making Decisions. New York/Boston: Center Street.

mbo/DJ (2015): „Viele Klagen gegen Deutsche Bank – Cryan übernimmt auch Rechts-Ressort", in: ntv-Wirtschaft vom 5. August 2015, verfügbar in: *https://www.finanzen-nachrichten.com/finanznachrichten/ tausende-klagen-gegen-deutsche-bank-cryan-uebernimmt-auch-rechts-ressort*, abgerufen 17.08.2019.

McGregor, Douglas (2006): The Human Side of Enterprise – Annotated Edition [1960]. New York, NY: McGraw Hill Education.

Mecklin, John (2021): "This is your COVID wake-up call: It is 100 seconds to midnight. 2021 Doomsday Clock Statement", in: Bulleting of the Atomic Scientists, verfügbar in: *https://thebulletin.org/dooms-day-clock/current-time/*, abgerufen 17. Mai.

Merck (2021): Nachhaltigkeit – Sustainable Development Goals, verfügbar in: *https://www.merck-group.com/de/sustainability/sustainable-development-goals.html*, 18. Mai 2021.

Messinger, Nina (Produzentin, 2015): Hope For All – Unsere Nahrung – Unsere Hoffnung. Dokumentar-film mit Interviews mit führenden Experten zu den Folgen typisch westlicher Ernährung, verfügbar in: *https://www.hope-theproject.com/the-film/the-film/*, abgerufen 19. Mai 2021.

Mettrie, Julien Offray de la (1912): Man a Machine (L'Homme Machine, 1748), French-English. La Salle, Ill: Open Court.

Mey, S./Cheney, G./Roper, J. (Ed.) (2007): The Debate over Corporate Social Responsibility. Oxford.

Meyer-Ferreira, Peter (2015): Human Capital strategisch einsetzen. München: Herrmann Luchterhand (2. Aufl.).

Meyer-Galow, Erhard (2020): Business Ethik 3.0 – Die neue integrale Ethik aus der Sicht eines CEOs. Wiesbaden: Springer Gabler.

Milgram, Stanley (1982): Das Milgram Experiment – Zur Gehorsamsbereitschaft gegenüber Autorität. Hamburg: Rowohlt.

Mill, John Stewart (1985): Der Utilitarismus. Stuttgart: Reclam.

Mill, John Stewart (2000): "On the Definition of Political Economy; and on the Method of Investigation Proper to It", in: ders. (Hrsg.): Essays on Some Unsettled Questions of Political Economy (1844). Kit-chener: Batoche Books.

Mingels, Guido (2016): „Früher war alles schlechter", in: Der Spiegel, 3.1.2016, Nr. 1, S. 50.

Mirani, Leo: „iPhones are getting bigger but their profit margins are shrinking", in: Quartz, 10. Sep. 2014, verfügbar in: *http://qz.com/263316/iphones-are-getting-bigger-but-their-profit-margins-are-shrinking/*, abgerufen 8. Mai 2016.

Mischel, Walter (2015): Der Marshmallow-Test: Willensstärke, Belohnungsaufschub und die Entwick-lung der Persönlichkeit. München: Siedler Verlag.

Misselhorn, Catrin (2018): Grundfragen der Maschinenethik. Stuttgart (3. durchges. Aufl.).

Misteli, Samuel (2020): „Indiens Lockdown ist gescheitert. Nun hebt ihn das Land auf dem Höhepunkt der Ansteckungen auf", in: NZZ, 30.05.2020, verfügbar in: *https://www.nzz.ch/meinung/corona-in-in-dien-das-grosse-experiment-mit-dem-ende-des-lockdown-ld.1558245*, abgerufen 8. Mai 2021.

Mitchell, Lawrence (2002): Der parasitäre Konzern – Shareholder Value und der Abschied von gesell-schaftlichter Verantwortung. Riemann.

Moleschott, Jakob (1852): Der Kreislauf des Lebens – Physiologische Antworten auf Liebig's Chemische Briefe. Mainz: Zabern.

Montesquieu, Charles de (1994): Vom Geist der Gesetze (1748). Stuttgart: Reclam.

Monty Python (o. J.): „Römer geht nach Hause", aus: Das Leben des Brian, verfügbar in: *http://www.you-tube.com/watch?v=DZ47gksnesc*, abgerufen 23. Feb. 2016.

Moore, George Edward (1996): Principia Ethica. Stuttgart: Reclam.

Morris, Tom (1997): Aristoteles auf dem Chefsessel – Was Manager von Philosophen lernen können. Landsberg a. L.: Verlag Moderne Industrie.

Moser, Susanne (2016): „Verantwortung im Spannungsfeld zwischen Machtentfaltung und Verletzlich-keit: Die Umkehr des Verantwortungsverständnisses bei Hans Jonas", in: Labyrinth, Vol. 18 (1), S. 58-78.

Motavalli, John (2002): Bamboozled at the Revolution – How Big Media Lost Billions in the Battle for the Internet. London/ New York, NY: Viking Penguin Books.

Mozayebi, Reza (Hrsg., 2018): Kant und Menschenrechte. Berlin/Boston: Walter de Gruyter.

Mukamel, Ret. al. (2010): „Single-Neuron Responses in Humans During Execution and Observation of Actions", in: Current Biology, CB., 20(8), April 2010, verfügbar in: *http://www.ncbi.nlm.nih.gov/pmc/articles/PMC2904852/*, abgerufen 8. Sep. 2015.

Müller, Matthias: „,We Didn't Lie', Volkswagen CEO Says of Emission Scandal", verfügbar in: *http://www.npr.org/sections/thetwo-way/2016/01/11/462682378/we-didnt-lie-volkswagen-ceo-says-of-emissions-scandal*, abgerufen 18. Jan. 2016.

Müller-Neuhof, Jost (2010): „Thierse bedauert seine Urteilsschelte", in: Zeit-Online v. 27.10.2009, verfügbar in: *http://www.zeit.de/online/2009/10/thierse-rechtskritik*, abgerufen 28. Nov. 2015.

Münchhausen, Marco v./Scherer, Hermann (2005): Die Kleinen Saboteure – So managen Sie die inneren Schweinehunde im Unternehmen. München: Piper.

MunichRe (2015): „COP21: Munich Re unterzeichnet den „Paris Pledge for Action", verfügbar in: *https://www.munichre.com/corporate-responsibility/de/news/2015/2015-12-18-news/index.html*, abgerufen 13. Jan. 2015.

Münzel, Thomas (2008): „Würde der Pflanze beachten", Interview mit Klaus Peter Rippe, in: Schaffhauser Nachrichten, 15. Apr. 2008, S. 5.

Nanus, Burt (1994): Visionäre Führung. Frankfurt a. M.: Campus (Orig.: Visonary Leadership – Creating a Compelling Sense of Direction for Your Organization. San Francisco: Jossey Bass).

Nash, Arthur (2012): The Golden Rule in Business. London: Forgotten Books.

Neidhart, Ludwig (2013): Kirche und Gewalt: Inquisition, Hexenverfolgung, Kreuzzüge und Kriege, verfügbar in: *http://catholic-church.org/ao/ps/KircheGewalt.html#4*, abgerufen 8. Jan. 2016.

Nestlé (2007): Der Nestlé-Bericht zum Wassermanagement, verfügbar in: *http://www.nestle.com/asset-library/documents/library/documents/environmental_sustainability/water-management-report-mar2007-de.pdf*, abgerufen 3. Jan. 2016.

Nestle, Wilhelm (1998) Vom Mythos zum Logos, die Selbstentfaltung des griechischen Denkens von Homer bis auf die Sophistik und Sokrates. Stuttgart: Kroener (2. Aufl.).

Netto, Anil (2006): „Dirty Dam Draws Dirty Smelters". in: Asian Times Online, 25. Jan. 2006, verfügbar in: *http://www.atimes.com/atimes/Southeast_Asia/HA25Ae01.html*, abgerufen 20. Juli 2015.

Neubauer, Franz Leander (2007): EMB-Wertemanagement Bau, München: EMB-Wertemanagement Bau e.V., verfügbar in: *https://www.bauindustrie-bayern.de/fileadmin/Webdata/Themen/EMB/emb_broschuere2007.pdf*, abgerufen am 24. Apr. 2021.

Neumann, Erich (1990): Tiefenpsychologie und neue Ethik. Frankfurt a. M.: Fischer Taschenbuch.

Nickel, Rainer (1992): Nachwort zu Xenophon: Die Erziehung des Kyros. Berlin/Boston: Artemis & Winkler, S. 734–767.

Nida-Rümelin, Julian (2005): „Theoretische und Angewandte Ethik", in: Angewandte Ethik – Die Bereichsethiken und ihre theoretische Fundierung (hrsg. v. J. Nida-Rümelin). Stuttgart: Kröner (2. erw. Aufl.), S. 2–87.

Nida-Rümelin, Julian (2011): Verantwortung. Stuttgart: Reclam.

Niekerken, Anja (2020): Die Kunst, kein Arschloch zu sein – Gelassen bleiben, wenn andere durchdrehen. München: Knaur.

Nietsch-Hach, Cornelia (2014): Ethisches Verhalten in der modernen Wirtschaftswelt. Konstanz/München: UVK.

Nietzsche, Friedrich (1997a): Jenseits von Gut und Böse – Vorspiel einer Philosophie der Zukunft [1885]. Werke in drei Bänden. Darmstadt: Wissenschaftliche Buchgesellschaft, Bd. 2, S. 563–759.

Nietzsche, Friedrich (1997b): Morgenröte – Gedanken über moralische Vorurteile [1886]. Gesammelte Werke in drei Bänden. Darmstadt: Wissenschaftliche Buchgesellschaft, , Bd. 1, S. 1009–1279.

Nietzsche, Friedrich (1997c): Zur Genealogie der Moral – Eine Streitschrift [1887]. in: Gesammelte Werke in drei Bänden. Darmstadt: Wissenschaftliche Buchgesellschaft, , Bd. 2, S. 761–900.

Nike (2020): FY20 Impact Report „Breaking Barriers", verfügbar in: *https://purpose-cms-preprod01.s3.amazonaws.com/wp-content/uploads/2021/03/10200618/FY20-NIKE-Inc.-Impact-Report.pdf*, abgerufen 28. März 2021.

NN (1970): „Narziss der Revolution", in: Der Spiegel, Nr. 11, S. 194-196, verfügbar in: *https://www.spiegel.de/kultur/narziss-der-revolution-a-5e80044f-0002-0001-0000-000045152317*, abgerufen 20. Mai 2021.

NN (1988): „Papagei im Nebel", in: Der Spiegel, 21.02.1988, S. 89-91, verfügbar in: *https://www.spiegel.de/politik/papagei-im-nebel-a-8691ebd6-0002-0001-0000-000013528724*, abgerufen 15. Mai 2021.

NN (1998): „Das Ende der Kettensäge", in: Der Spiegel, Nr. 26, S. 87.

NN (2012): „Foxconn: Suizide bei Mitarbeitern", in: Die Welt kompakt vom 25.9.2012, verfügbar in: *http://www.welt.de/print/welt_kompakt/print_wirtschaft/article109439140/Foxconn-Suizide-bei-Mitarbeitern.html*, abgerufen 25. Sep. 2012.

NN (2016): „Don't be greedy … it works against you", verfügbar in: *https://wgno.com/news/dont-be-greedy-it-works-against-you/*, abgerufen 3. März 2021.

Noll, Bernd (2002): Wirtschafts- und Unternehmensethik in der Marktwirtschaft. Stuttgart: Kohlhammer.

Noll, Bernd (2010): Grundriss der Wirtschaftsethik – Von der Stammesmoral zur Ethik der Globalisierung. Stuttgart: Kohlhammer.

Norwegian Nobel Committee (2014): The Nobel Peace Prize for 2014, verfügbar in: *http://www.nobelprize.org/nobel_prizes/peace/laureates/2014/press.html*, abgerufen 1. Sep. 2015.

NTV Archiv (2003): Chronik: Der Untergang des Kiirch-Imperiums, 5. Aufg. 2003, verfügbar in: *https://www.n-tv.de/archiv/Der-Untergang-des-Kirch-Imperiums-article97062.html, abgerufen am 3. Apr. 2021.*

Nuklearforum Schweiz (2017): Fukushima sechs Jahre nach dem Unfall – Statusbericht, verfügbar in: *https://www.nuklearforum.ch/sites/default/files/folder-pdf/Status_Fukushima_Maerz-2017_0.pdf*, abgerufen 21. März 2021.

Nussbaum, Martha C. (2011): Creating Capabilities – The Human Development Approach. Cambridge/London: Harvard University Press.

Obermeier, Otto-Peter (1988): Zweck – Funktion – System. Kritisch konstruktive Untersuchung zu Niklas Luhmanns Theoriekonzeptionen. Freiburg i. B.: Karl Alber.

Obermeier, Otto-Peter (1996): „Ethik ohne Zukunft? – Zur Zukunft der Ethik", in: Der Blaue Reiter – Journal für Philosophie, Nr. 3, S. 8–12.

Obermeier, Otto-Peter (1999): Die Kunst der Risikokommunikation. München: Gerling Akademie Verlag.

Obermeier, Otto-Peter (2019): Moralisch fühlen, gierig handeln? Zur Aktualität von Adam Smiths „Theorie moralischer Gefühle. Hannover: Der Blaue Reiter.

Oldenkamp, Rik/ Zelm, Rosalie von/ Huijbregts, Mark A. J.: „Valuing the human health damage caused by the fraud of Volkswagen", in: Environmental Pollution, Vol. 212, May 2016, p. 121-127.

Ostrom, Elinor (1999): Die Verfassung der Allmende: Jenseits von Staat und Markt. Tübingen: Mohr Siebeck.

Overshootday (2021): "German Overshoot Day: 5. Mai", verfügbar in: *https://www.overshootday.org/newsroom/press-release-germany-overshoot-day-2021-de/*, abgerufen 17. Mai 2021.

Oxfam Deutschland (2021): „Lieferkettengesetz: Für Menschenrechte in der Wirtschaft", verfügbar in: *https://www.oxfam.de/unsere-arbeit/themen/lieferkettengesetz#ausland*, abgerufen am 15. März 2021.

Pagano, Anthony M. (1987): "Criteria for Ethical Decision Making", in: UIC – College of Business Administration Research Paper Series, No. 10-05, verfügbar in: *https://papers.ssrn.com/sol3/papers.cfm?abstract_id=1708237*, abgerufen am 22. Apr. 2021.

Paine, Lynn S. (1994): „Managing for Organizational Integrity", in: Harvard Business Review, Vol. 72, March–April, S. 106–117.

Paine, Lynn S. (1997): Cases in Leadership, Ethics, and Organizational Integrity – A Strategic Perspective. Boston: McGraw Hill.

Parikh, Jagdish (1992): Managing Your Self – Management by Detached Involvement. Oxford: Blackwell.

Parikh, Jagdish (1994): Managing Your Self – Stressfrei und gelassen auf dem Weg zu Spitzenleistungen. Wiesbaden: Gabler.

Paris (2015): Support for The Pledge, verfügbar in: *http://www.parispledgeforaction.org/read*, abgerufen 14. Feb. 2016.

Parkin, Simon (2017): „Teaching robots right from wrong – How artificial intelligence is learning morality", in: The Economist 1843 – A new magazine of ideas, lifestyle and culture, June-July 2017, S. 68-73.

Partridge, Ernest (1979): "Obligations to future generations", in: Environmental Ethics, 1(4), S. 371-374, verfügbar in: *https://doi.org/10.5840/enviroethics19791438*, abgerufen 10. März 2021.

Partridge, Ernest (Hrsg., 1981): Responsibilities to Future Generations. Environmental Ethics. Buffalo, NY.

Patel, Raj/Holt-Gimenez, Eric/Shattuck, Annie (2009): „Das Ende von Afrikas Hunger", in: The Nation, Sep. 2009, in deutscher Übersetzung, verfügbar in: *http://www.weltagrarbericht.de/fileadmin/files/ weltagrarbericht/Nation_Das_Ende_v_Afrikas_Hunger_200909.pdf*, abgerufen 14. Apr. 2014.

Patrick-Löhr, Christina (2005): „Der Reiz des Bösen – Mit rhetorischer Niedertracht auf Erfolgskurs", in: Die Welt v. 19.11.2005, verfügbar in: *http://www.welt.de/print-welt/article178882/Der-Reiz-des-Boesen.html*, abgerufen 23. Jan. 2009.

Paulhus/Williams (2002): „The Dark Triad of Personality: Narcissm, Machiavellianism, and Psychopathy", in: Journal of Research in Personality, 36, S. 556–563.

Pauly, Christoph/Traufetter, Gerald (2016): „Der Kreis ist heiß", in: Der Spiegel, Nr. 4, S. 38.

Pauly, Christoph/Schiessl, Michaela (2015): „Eine Wikingerin in Brüssel", in: Der Spiegel, Nr. 32, 1.8.2015, Hamburg, S. 64–66.

Perez, Mark Sabaj (2016): „Fluss vor dem Umbruch", in: Spektrum der Wissenschaft, H. 3, März 2016.

Piaget, Jean (1973): Das moralische Urteil beim Kinde. Frankfurt a. M.: stw.

Picht, Georg (1969): „Der Begriff der Verantwortung", in: Wahrheit – Vernunft – Verantwortung. Philosophische Studien, Stuttgart 1969, S. 318–342.

Pieper, Annemarie (1991): Einführung in die Ethik. Tübingen: Francke.

Pinker, Steven (2011): Gewalt – Eine neue Geschichte der Menschheit. Frankfurt a.M.: S. Fischer.

Platon (1990a): Phaidros, in: Werke, griech.-dt., Bd. 5. Darmstadt: Wissenschaftliche Buchgesellschaft.

Platon (1990b): Timaios, Kritias, Philebos, in: Werke, griech.-dt., Bd. 7. Darmstadt: Wissenschaftliche Buchgesellschaft.

Platon (1990c): Nomoi-Gesetze, in: Werke, griech.-dt., Bd. 8/2. Darmstadt: Wissenschaftliche Buchgesellschaft.

Platon (1990d): Kritias, in: Werke, griech.-dt., Bd. 7. Darmstadt: Wissenschaftliche Buchgesellschaft.

Pless, Nicola M./Maak, Thomas (2011): „Responsible Leadership: Pathways to the Future", in: Journal of Business Ethics, 98(S1), S. 3–13.

Pohlmann, Markus (2016): Der Fall Audi – Vier Gründe warum Unternehmen tricksen und manipulieren, in: Manager-Magazin, 7.10.2016, verfügbar in: *http://www.manager-magazin.de/unternehmen/autoindustrie/der-fall-audi-oder-warum-unternehmen-tricksen-und-manipulieren-a-1115414.html*, abgerufen am 20. Apr. 2021.

Popov, Linda K./Popov, Dan/Kavelin, John H. (2006): Tugendkarten zum Nachdenken (hrsg. von The Virtues Project, verfügbar in: *http://www.virtuesproject.works/shop/#tugendkarten*, abgerufen 10. Juli 2016.

Popper, Karl (1992): Die offene Gesellschaft und ihre Feinde, Bd. 1, Tübingen: Mohr Siebeck (7. Aufl.), Bd. 1 u. 2.

Pörksen, Bernhard/Schulz von Thun, Friedmann (2014): „Wie gute Führung gelingen kann", in: Zeit-Online, 29. Sep. 2014, verfügbar in: *http://www.zeit.de/karriere/beruf/2014-09/integrale-fuehrungs- kraftschulz-von-thun*, abgerufen 8. Nov. 2015.

Porter, Michael E. (1985): Competitive Advantage: Creating and Sustaining Superior Performance. New York.: Simon and Schuster.

Porter, Michael E./Kramer, Mark R. (2006) „Strategy and Society: The Link between Competitive Advantage and Corporate Social Responsibility", in Harvard Business Review 84 (12), Dez. 2006, S. 78–91.

Porter, Michael E./Kramer, Mark R. (2011): Creating Shared Value: How to Reinvent Capitalism and Unleash a Wave of Innovation and Growth. In: Harvard Business Review, Vol. 89 (1), S. 62-77.

Post Schweiz (2019): Unser Verhaltenskodex – Eine klare Haltung, in: *www.post.ch/verhaltenskodex*.

Poulsen, Frank Piasecki (2010): Blutige Handys, Dokumentarfilm, verfügbar in: *https://www.youtube.com/watch?v=ItfEoM_YHMU*, abgerufen 29. Juli 2015.

Power-Shift (2017): Goldgrube Konzernklage – In Rosia Montana könnte sich ein Bergbaukonzern dank einer Investor-Staat-Klage eine goldene Nase verdienen, verfügbar in: *https://power-shift.de/wp-content/uploads/2017/04/Rosia-Montana_Studie_DE.pdf*, abgerufen 23. März 2021.

Prandini, Marcus/Vervoort, Petronella/Barthelmess, Petra (2012): „Responsible Management Education for 21st Century Leadership", in: Central European Business Review 1 (2), S. 16–22, verfügbar in: *http://cebr.vse.cz/cebr/article/view/33*, abgerufen 3. März 2013.

Pratley, Peter (1995): The Essence of Business Ethics. London/New York: Prentice Hall.

Precht, Richard David (2006): „Tieropfer gegen Menschenangst – Rinderwahn, Schweinepest und nun die Vogelgrippe: Bricht Panik aus, verstummen selbst wortgewaltige Tierschützer", in: Die Zeit – Dossier, 2. März, Nr. 10, S. 15–16.

Precht, Richard David (2012): Die Kunst kein Egoist zu sein – Warum wir gerne gut sein wollen und was uns davon abhält. München: Goldmann.

Precht, Richard David (2018): Tiere denken – Vom Recht der Tiere und den Grenzen des Menschen. München: Goldmann (3. Aufl.).

Precht, Richard David (2020): Künstliche Intelligenz und der Sinn des Lebens. München: Goldmann.

Preusche, Reinhard/Würz, Karl (2019): Compliance. Freiburg i. Br.: Haufe (3. Aufl.). PRME (2021): Principles for Responsible Management Education, verfügbar in: *https://www.unprme.org/about*, abgerufen 22. Mai 2021.

Psihoyos, Louie (Regisseur, 2018): The Game Changers. Film produced by James Cameron/Jackie Chan/ Lewis Halmilton/Novak Djokovic, verfügbar in: *https://www.youtube.com/watch?v=tMSTYLR2v_8*, abgerufen am 19. Mai 2021.

PubMed (2021): Stichwort „Mindfulness + Medtiation", verfügbar in: *https://pubmed.ncbi.nlm.nih.gov/ ?term=mindfulness+%2B+meditation*, abgerufen 20. Mai 2021.

Pufendorf, Samuel: (1948): „Die Gemeinschaftspflichten des Naturrechts", in: Deutsches Rechtsdenken (hrsg. v. Erik Wolf), H. 4., Ausgewählte Stücke aus De Officio Hominis et Civis. (1673), Frankfurt a. M.: Klostermann, (2. Aufl.).

Punch, Maurice (1996): Dirty Business – Exploring Corporate Misconduct. Analyses and Cases. London: Cage.

PWC (2010): CSR Trends 2010, verfügbar in: *http://www.pwc.com/ca/en/sustainability/publications/csr-trends-2010-09.pdf*, abgerufen 10. Dez. 2015.

Quinn, Robert E. et. al. (2003): Becoming a Master Manager. New York : Wiley (3rd ed.).

Rand, Ayn (2007): Die Tugend des Egoismus – Eine neue Auffassung des Eigennutzens. Jena: TvR Medienverlag (2. Aufl.).

Range, Friederike et al. (2009): „The absence of reward induces inequity aversion in dogs", in: Proceedings of the National Academy of Sciences, Vol. 106 (1), S. 340–345.

Rasch, Michael/Schmidt, Herbie/Schürpf, Thomas (2021): „VW-Dieselskandal: Staatsanwaltschaft klagt weitere Führungskräfte an", in: NZZ, 24.04.2021, verfügbar in: *https://www.nzz.ch/wirtschaft/vw-dieselskandal-staatsanwaltschaft-klagt-weitere-fuehrungskraefte-an-ld.1512256*, abgerufen am 27. Apr. 2021.

Raueiser, Kolb, (Hrsg. 2018): CSR und Hochschulmanagement – Sustainable Education als neues Paradigma in Forschung und Lehre. Berlin: Springer.

Rawls, John (2014): Eine Theorie der Gerechtigkeit. Frankfurt a. M.: Suhrkamp (19. Aufl.).

Regenass, Romeo (2012): „Dok-Film übt massive Kritik an Nestlé – ‚Bottled Life' zeigt, wie unzimperlich Nestlé das globale Geschäft mit abgefülltem Wasser betreibt", in: Tages-Anzeiger, 17.01.2012, verfügbar in: *http://www.tagesanzeiger.ch/kultur/kino/Dokufilm-uebt-massiv-Kritik-an-Nestle/story/ 31103319*, abgerufen 7. Mai 2016.

Reicherzer, Judith (1990): „Manager und Märkte", in: Zeit-Online, 3. August, verfügbar in: *https:// www.zeit.de/1990/32/manager-und-maerkte*, abgerufen 15. Mai 2021.

Reinbold, Fabian (2015): „Pranger im Internet – Feuert die Idioten nicht!", in: Spiegel-online, 8.8.2015, in Spiegel-online, *http://www.spiegel.de/netzwelt/web/pranger-im-internet-auch-idioten-brauchen-verteidiger-a-1047019-druck.html*, abgerufen 8. Aug. 2015.

Reiner, H. (1974): „Gewissen", in: Historisches Wörterbuch der Philosophie (hrsg. v. Joachim Ritter/Karlfried Gründer), Bd. 3, Basel: Schwabe, S. 574–592.

Reiss, Kristian (2005): „Wer skrupellos ist, hat Erfolg", in: Der Tagesanzeiger v. 22.12.2005.

Reither, Franz (1997): Komplexitätsmanagement – Denken und Handeln in komplexen Situationen. München: Gerling Akademie Verlag.

Renggli, Magnus (2017): „Motorschaden nach Software-Update bei VW", in: Kassensturz vom 20.06.2017, verfügbar in: *https://www.srf.ch/news/schweiz/motorschaden-nach-software-update-bei-vw*, abgerufen am 17. Juli 2017.

Renovabis (2011): Denkmal der Liquidatoren in Tschernobyl, verfügbar in: *https://www.renovabis.de/ bild-aus-osteuropa/3460/denkmal-liquidatoren-in-tschernobyl*, abgerufen 14. Aug. 2015.

Renz, P./Frischherz, B./Wettstein, I. (2015): Integrität im Managementalltag – Ethische Dilemmas im Managementalltag erfassen und lösen. Berlin/Heidelberg: Springer.

Reuter, Hans-Richard (2015): „Grundlagen und Methoden der Ethik", in: Handbuch der evangelischen Ethik (hrsg. v. Huber, Wolfgang/ Meireis, Torsten/ Reuter, Hans-Richard). München: Beck, S. 9-123.

Reuters (2017): „US-Gericht lässt Blackrock-Klage zu", in: Wirtschaftswoche 24. Januar, verfügbar in: *https://www.wiwo.de/unternehmen/banken/deutsche-bank-us-gericht-laesst-blackrock-klage-zu/19296844.html*, abgerufen 10. Mai 2021.

Ricard, Matthieu (2018): Allumfassende Nächstenliebe. Altruismus – Die Antwort auf die Herausforderungen unserer Zeit. Hamburg: Blumenau (3. Aufl.).

Ricken, Friedo (2013): Allgemeine Ethik. Stuttgart: Kohlhammer (5. Aufl.).

Rieckmann, Hajo (2000): Managen und Führen am Rande des 3. Jahrtausends, Frankfurt a. M.: Peter Lang (2. Aufl.).

Rifkin, Jeremy (2009): The Empathic Civilization – The Race to Global Consciousness in a World in Crisis. New York: Penguin.

Rimoux, Frédéric (2015): Kants Rechtstheorie vom Weltfrieden – Zwischen apriorischen Rechtsprinzipien und politischer Praxis. Philosophische Dissertation der Universität Tübingen, verfügbar in: *http://dx.doi.org/10.15496/publikation-5664*, abgerufen 14. April 2021.

Risi, David (2017): An institutional theory perspective on the implementation of corporate social responsibility within large firms: Empirical and conceptual considerations. Dissertation Hochschule St. Gallen (HSG) no. 4620: Bamberg: Difo-Druck GmbH.

Roberts, Cynthia (2008): Developing Future Leaders – The Role of Reflection in the Classroom, in: Journal of Leadership Education, 7(1), pp. 116–130, verfügbar in: *http://aole.memberlodge.org/Resources/Documents/jole/2008_summer/JOLE_7_1_Roberts.pdf*, abgerufen 16. Juni 2016.

Rockström, Johan (2021): "Dieses Jahrzehnt bietet die letzte Gelegenheit, das Ruder herumzureißen", Spiegelgespräch in: Der Spiegel, Nr. 20, 15.5., S. 102-106.

Rodrick, Dani (2007): One Economics, Many Recipes – Globalization, Institutions, and Economic Growth. Princeton: Princeton University Press.

Rodrick, Dani (2011): Das Globalisierungs-Paradox. Die Demokratie und die Zukunft der Weltwirtschaft. München: Beck.

Roh, Peter (1869): Das alte Lied ‚Der Zweck heiligt die Mittel‘ – Im Texte verbessert und auf eine neue Melodie gesetzt. Freiburg i. Br.: Herder.

Ropohl, Günter (1996): Ethik und Technikbewertung. Frankfurt a. M.: Suhrkamp.

Roser, Max (2015): „War and Peace after 1945", verfügbar in: *http://ourworldindata.org/data/war-peace/war-and-peace-after-1945/*, abgerufen 23. Feb. 2016.

Roser, Max (2016): „Our World in Data – Life around the world is Changing Rapidly – Here you Find the Data Visualizations that Show You", verfügbar in: *www.ourworldindata.org*, abgerufen 10. Jan. 2016.

Rousseau, Jean-Jacques (2012): Ich sah eine andere Welt. Philosophische Briefe. München: Hanser.

Rüegg-Stürm, Jürgen (2003): Das neue St. Galler Management-Modell, Grundkategorien einer integrierten Managementlehre. Bern: Haupt (2., durchges. Aufl.).

Rungapadiachy, Dev M. (1999). Interpersonal Communication and Psychology for Health Care professionals: Theory and Practice. Edinburgh: Butterworth-Heinemann.

Russell, Bertrand (1992): Philosophie des Abendlandes – Ihr Zusammenhang mit der politischen und der sozialen Entwicklung (übers. v. Elisabeth Fischer-Wernecke/Ruth Gillischewski). Wien/Zürich: Europa Verlag (6. verb. Aufl.).

Russell, Jeffrey Burton (2000): Biographie des Teufels – Das radikal Böse und die Macht des Guten in der Welt. Wien/Köln/Weimar: Böhlau.

Sachs, Jeffrey et al. (2020): The Sustainable Development Goals and COVID-19. Sustainable Development Report 2020. Cambridge: Cambridge University Press, verfügbar in: *https://doi.org/10.1017/9781108992411*, abgerufen 10. Mai 2021. SACOM (2012): „New iPhone, Old Abuses: Have Working Conditions at Foxconn in China Improved?", verfügbar in: *www.sacom.com*, abgerufen 25. Sep. 2012.

Sahlin, Marshall (2017): Stone Age Economics – With a foreword by David Graeber. London/ New York: Routledge, verfügbar in: *https://archive.org/details/StoneAgeEconomics_201611/page/n11/mode/2up*, abgerufen am 25. März 2021.

Saladin, Peter/Zenger, Christoph Andreas (1988): Rechte künftiger Generationen. Basel/Frankfurt a. M.: Helbing & Lichtenhahn.

Salden, Simone: „Menschliche Versuchskaninchen", in: Der Spiegel, 9. Juli 2016, Nr. 28, S. 70–72.

Salomon, Margot E. (2010): Global Economic Policy and Human Rights – Three Sites of Disconnection", in: Carnegie Council for Ethics in International Affairs, verfügbar in: *http://www.carnegiecouncil.org/publications/ethics_online/0043.html*, abgerufen 28. Jan. 2016.

Salt, Henry (1892): Animals' Rights, Considered in Relation to Social Progress. London: Macmillan.

SAM (2012): *http://www.sam-group.com/int/sustainability-services/company-assessment.jsp*.

Sandel, Michael (2012): What Money Can't Buy – The Moral Limits of Markets. London/ New York, NY: Penguin.

Sander, Ernst (1963): Nachwort zu Voltaire: Candide oder die Beste der Welten. Stuttgart: Reclam, S. 144–149.

Sanders, Oswald (2007): Spiritual Leadership: Principles of Excellence for Every Believer Chicago: Moody Publishers.

Schäfer, Ulrich (2009): Der Crash des Kapitalismus – Warum die entfesselte Marktwirtschaft scheiterte und was jetzt zu tun ist. Frankfurt a. M.: Campus.

Scharmer, Otto (2016): Theory U – Leading from Future as It Emerges. Cambridge, MA: Berret-Koehler (2. Aufl.).

Scheidegger, Daniel et al. (2020): Covid-19-Pandemie: Triage von intensivmedizinischen Behandlungen bei Ressourcenknappheit, in: Schweizerische Gesellschaft für Intensivmedizin (SGI), verfügbar in: *https://www.sgi-ssmi.ch/de/news-detail/items/422.html*, abgerufen 30. Juni 2020.

Scheler, Max (1978): Das Ressentiment im Aufbau der Moralen. Frankfurt a. M.

Schiller, Friedrich (1993a): Xenien von Schiller und Goethe, in: Sämtliche Werke, Bd. 1, Darmstadt: Wissenschaftliche Buchgesellschaft (9. durchges. Aufl.), S. 257–302.

Schiller, Friedrich (1993b): Über Anmut und Würde, 1793, in: Sämtliche Werke, Bd. 5, Darmstadt: Wissenschaftliche Buchgesellschaft (9. durchges. Aufl.), S. 433–488.

Schirach, Ferdinand von (2014): Die Würde ist antastbar. München: Piper.

Schlager, Silvia (2007): Live Your Best – 80 Werte des konstruktiven Handelns, humorvoll und wertschaffend aufbereitet. Wien: Eutonia.

Schleiermacher, Friedrich (1990): Ethik (1812/13), (hrsg. v. Hans-Joachim Birkner). Hamburg: Meiner.

Schmidpeter, René (Hrsg., 2013-2021): Management-Reihe „Corporate Social Responsibility", *www.springer.com/series/11764*, Berlin: Springer.

Schmidpeter, René (2016): „CSR als strategischer Ansatz der Organisationsentwicklung", in: CSR und Organisationsentwicklung (hrsg. v. Brunhilde Schramm/René Schmidpeter). Berlin: Springer, S. 89-100.

Schmidpeter, René (2019): „Corporate Social Responsibility (CSR): Paradigmenwechsel in der Unternehmensführung", in: CSR und Sportsmanagement (hrsg. v. Alexandra Hildebrandt). Berlin: Springer (2. Aufl.), S. 61-67.

Schmidt, Elke E./Schröder, Dieter (2014): „Kants Philosophie des Gewissens – Skizze für eine kommentatorische Interpretation", in: Philosophie nach Kant – Neue Wege zum Verständnis von Kants Transzendental- und Moralphilosophie (hrsg. v. Mario Egger). Berlin/Boston: Walter de Gruyter, S. 279-312.

Schmidt, Karl O. (1972): Die Goldene Regel – Das Gesetz der Fülle. München: Drei-Eichen.

Schmidt, Markus/Gaspar, Claudia (2009): „Banken in der Vertrauenskrise", Nuremberg Institute for Market Decisions (NIM), verfügbar in: *https://www.nim.org/compact/fokusthemen/banken-der-vertrauenskrise,* abgerufen 29. März 2021.

Schmidt-Salomon, Michael (2015): Jenseits von Gut und Böse – Warum wir ohne Moral die besseren Menschen sind. München: Piper (5. Aufl.).

Schmundt, Hilmar (2016a): „Frohe Botschaft", in: Der Spiegel, Nr. 1, 02.01.2015, Hamburg, S. 104–105.

Schmundt, Hilmar (2016b): „Der freie Unwille", in: Der Spiegel, Nr. 15, 09.04.2016, Hamburg, S. 94–97.

Schneeberger, Paul (2018): "Postauto hat jahrelang gesetzeswidrige Tricks eingesetzt – und Geld vor Bund und Kanton versteckt", in: NZZ, 06.02.2018, verfügbar in: *https://www.nzz.ch/schweiz/postauto-schweiz-muss-bund-und-kantonen-78-millionen-zurueckzahlen-ld.1354606*, abgerufen 10.04. 2021.

Schneewind, J. B. (ed.): Moral Philosophy from Montaigne to Kant. Cambridge University Press.

Schoenberger, Karl (2000): Levi's Children: Coming to Terms with Human Rights in the Global Marketplace. New York: Grove Press.

Scholl, Claus (2008): „Strategisches Management zwischen Recht und Markt: Zur Kontrolle des Managements in Kapitalgesellschaften – Eine rechtsökonomische Analyse", in: Strategisches Management zwischen Globalisierung und Regionalisierung (hrsg. v. Götze, Uwe/Lang, Rainhart). Berlin: Springer, S. 129–152.

Scholz, Markus (2017): „Creating Shared Value (CSV)", in: CSR News vom 11. April 2017, verfügbar in: *https://csr-news.net/news/2017/04/11/creating-shared-value-csv/*, abgerufen 10. März 2021.

Schon, Donald (1983): The Reflective Practitioner. New York: Basic Books.

Schopenhauer, Arthur (1950): Preisschrift über die Grundlage der Moral, in: Sämtliche Werke, 4. Bd, Wiesbaden: Eberhard Brockhaus (2. Aufl.), S. 103-276.

Schrader, Christopher (2015): „Reaktorkatastrophe von Fukushima - Chaos für Jahrzehnte", Süddeutsche Zeitung vom 11. März 2015, verfügbar in: *https://www.sueddeutsche.de/wissen/reaktorkatastrophe-in-fukushima-chaos-fuer-jahrzehnte-1.2386487,* abgerufen am 28. März 2021.

Schröder, Max (2020): "Downhill Disaster: The 2006 Dürrenast Runaway Train Collision", verfügbar in: *https://mx-schroeder.medium.com/downhill-disaster-the-2006-d%C3%BCrrenast-runaway-train-collision-231c24873b2e*, abgerufen 18. Apr. 2021.

Schütz, Alfred (1971): Gesammelte Aufsätze, Bd. 2: Studien zur soziologischen Theorie. Den Haag: Martinus Nijhoff.

Schüz, Gottfried (2015): „‚Der unsichtbare Ursprung' der Ehrfurcht vor allem Leben", in: Albert Schweitzer Rundbrief, Nr. 107, Frankfurt a. M.: Deutscher Hilfsverein für das Albert-Schweitzer-Spital in Lambarene, S. 9–30.

Schüz; Gottfried (2021): „Wovon, womit und wofür leben wir? Landwirtschaft und Ernährung im Spiegel von Albert Schweitzers Ethik der Ehrfurcht vor dem Leben", in: Albert Schweitzers Ethik der Ehrfurcht vor dem Leben – Am Beispiel der artgerechten Tierhaltung und der ökologischen Landwirtschaft (hrsg. v. Werner Zager). Leipzig: Evangelische Verlagsanstalt, S. 139-155.

Schüz, Mathias (1986): Die Einheit des Wirklichen – Carl Friedrich v. Weizsäckers Denkweg. Pfullingen: Neske/Klett.

Schüz, Mathias (1990a): „Werte und Wertewandel in der Risikobeurteilung", in: Risiko und Wagnis (hrsg. v. M. Schüz), Bd. 2, Pfullingen: Neske, S. 217–242.

Schüz, Mathias (1990b): „‚Ehrfurcht vor dem Leben' in der industriellen Welt – Albert Schweitzers Ethik angesichts der verschärften Risikosituation von heute", in: Albert Schweitzer heute (hrsg. v. Claus Günzler et al.). Tübingen: Katzmann.

Schüz, Mathias (1993): „Konkrete Ethik in der Wirtschaft", in: Moral konkret (hrsg. v. Walter Seidel/ Peter Reifenberg). Würzburg: Echter, S. 216–239.

Schüz, Mathias (1996): „Stegosaurus gegen Tyrannosaurus Rex", in: Der Blaue Reiter – Journal für Philosophie, Bd. 3: Ethik, S. 37–42.

Schüz, Mathias (1998): „Vertrauen zum Ganzen – Skizze eines philosophisch vernachlässigten Begriffs", in: Synthesis Philosophica, Bd. 13, 25, Zagreb, S. 9–22.

Schüz, Mathias (1999): Werte – Risiko – Verantwortung. Dimensionen eines ganzheitlichen Werte-Managements. München: Gerling Akademie Verlag.

Schüz, Mathias (2001a): „Das Aushandeln von Interessen im Spannungsfeld von Ethik und Ökonomie", in: Trends – Issues Kommunikation (hrsg. v. R. Gerling/O. P. Obermeier/M. Schüz). München, S. 83–116.

Schüz, Mathias (2001b): „Zeit, Entropie und Bewusstsein - Oder: Wie entstehen Werte?", in: Zeit und Ewigkeit (hrsg. v. Jürgen Audretsch/Klaus Nagorni). Karlsruhe: Herrenalber Forum 28, S. 104–136.

Schüz, Mathias (2005): „Unternehmerische Risiken der Gentechnologie im Spiegel der Ethik Albert Schweitzers", in: Leben nach Maß zwischen Machbarkeit und Unantastbarkeit – Biotechnologie im Licht des Denkens von Albert Schweitzer (hrsg. v. Gottfried Schüz). Frankfurt a. M.: Peter Lang, S. 75–92.

Schüz, Mathias (2012a): „Carl Friedrich v. Weizsäcker – Ein Pionier der Verantwortung in einem neuen Zeitalter", in: Perspektiven und Begegnungen – Carl Friedrich v. Weizsäcker zum 100. Geburtstag (hrsg. v. Ulrich Bartosch/Reiner Braun). Berlin: Litverlag.

Schüz, Mathias (2012b): „Sustainable Corporate Responsibility – The Foundation of Successful Business in the New Millennium", in: Central European Business Review, No 2, Prague: VSE, S. 7–15, verfügbar in: *http://cebr.vse.cz/cebr/article/view/34,* abgerufen 11. Jan. 2015.

Schüz, Mathias (2013): „Tabu und Ethik", in: Tabu, Themenzeitung von Mediaplanet, Beilage des Tagesanzeigers, Nr. 3, 2. Nov. 2013, S. 2, verfügbar in: *http://www.tabu-themen.ch/tabu-und-ethik*, abgerufen 13. März 2016.

Schüz, Mathias (2016): "Sustainably Responsible Leadership and Innovation", in: Innovation Management, Entrepreneurship and Corporate Sustainability, 26-27 May 2016, Proceedings of the 4th International Conference (ed. by Martin Lukes et. al.), Prague: Nakladatelství Oeconomica VSE, 2016, pp. 634-656, verfügbar in: *DOI 10.18267/pr.2016.svo.2153.4* abgerufen 15 Mai 2017.

Schüz, Mathias (2017): „Developing Sustainably Responsible Strategies in Business" [2014], in: Molthan-Hill, Petra (ed.): The Business Students' Guide to Sustainable Management – Principles and Practices, New York, NY: Routledge (2. Aufl.), S. 532–570.

Schüz, Mathias (2019a): „Den Ethischen gehört die Welt", in: HR-Wissen kompakt – 10 Insights von führenden Experten. Das Buch 2019 (hrsg. v. Bernhard, Stephan). Zürich: Weka Business Media, S. 143-148.

Schüz, Mathias (2019b): „Ethik-Kurs für Strafgefangene", in: FS Forum Strafvollzug, Nr. 5, Wiesbaden: S. 396-399.

Schüz, Mathias (2020a): „Ethische Verantwortung von Führungskräften in Unternehmen", in: HR-Wissen kompakt – 10 Insights von führenden Experten. Das Buch 2020 (hrsg. v. Bernhard, Stephan). Zürich: Weka Business Media, S. 236-241.

Schüz, Mathias (2020b): „Ethische Herausforderungen der Corona-Pandemie - Sind die Corona-Maßnahmen eigentlich gerechtfertigt?", in: The European – Die Gazette, H. 4, 17.12.2020, S. 16-20, verfügbar in: *https://www.playsstar.com/worldwide/preiq-ob-ge/9*, abgerufen am 24.04.2021.

Schüz, Mathias (2021): Grundlagen der ethischen Unternehmensverantwortung [2013], SML Essentials No 1, Zürich: vdf (2. aktual. u. erw. Aufl.)

Schüz, Mathias/Wirth, Stephen/Bode, Aiko (2007): Lügen in der Chefetage – Gesammelte Unwahrheiten aus dem Management. Weinheim: Wiley.

Schultze-Kraft, Matthias et al. (2016): „The point of no return in vetoing self-initiated movements", in: PNAS January 26, 113 (4), S. 1080-1085, verfügbar in: *https://doi.org/10.1073/pnas.1513569112* , abgerufen am 10. Apr. 2021.

Schulz, Benjamin (2016): „Tödliche Ablenkung – Urteil zum Unglück in Bad Aibling", in. Der Spiegel, 5.12.2016, verfügbar in: *https://www.spiegel.de/panorama/justiz/bad-aibling-das-urteil-zum-zugun-glueck-kann-den-folgen-kaum-gerecht-werden-a-1124498.html*, abgerufen 22. Apr. 2021.

Schumann, Eva (2009): „‚Tiere sind keine Sachen' – Zur Personifizierung von Tieren im mittelalterlichen Recht"; in: Natur als Grenzerfahrung (hrsg. v. L. Kreye/C. Stühring/T. Zwingelberg). Göttingen: Universitätsverlag, S. 23–49.

Schwartz, Mark S./ Carroll, Archie B. (2003): „Corporate Social Responsibility: A Three-Domain Approach", in: Business Ethics Quarterly, vol. 13 (4), S. 503-530.

Schweitzer, Albert (1974a): Die Religionsphilosophie Kants von der Kritik der reinen Vernunft bis zur Religion innerhalb der Grenzen der bloßen Vernunft [1899]. Nachdruck, Hildesheim: Olms, 1974.

Schweitzer, Albert (1974b): Strassburger Predigten über die Ehrfurcht vor dem Leben [1919], in: Gesammelte Werke, Bd. 5, München: Beck, 1974, S. 117–134.

Schweitzer, Albert (1974c): Kultur und Ethik [1923], in: Gesammelte Werke, Bd. 2. München: Beck, 1974, S. 95–420.

Schweitzer, Albert (1974d): Aus meinem Leben und Denken [1931], in: Gesammelte Werke, Bd. 1. München: Beck, 1974, 1931, S. 19–252.

Schweitzer, Albert (2001): Mensch und Kreatur in den Weltreligionen, in: Kultur und Ethik in den Weltreligionen [1933]. Werke aus dem Nachlass. München: Beck.

SECO (2017): Preventing Corruption – Information for Swiss Business Operating Abroad. Bern: Stae Secretariat for Economic Affairs.

Sedlácek, Tomáš (2012): Die Ökonomie von Gut und Böse. München: Hanser.

Seelhofer, Daniel (2017): Interpersonal Leadership – Applied Guide. Zurich: Ogma.

Seelhofer, Daniel (2020): Das Leadership Buch. Hallbergmoos: Pearson.

Sen, Armatya (2001): Development as Freedom. New York: Alfred Knopf.

Sen, Armatya (2012): Die Idee der Gerechtigkeit. München: dtv.

Sevinc, Gunes/Lazar, Sara W. (2019): "How does mindfulness training improve moral cognition: a theoretical and experimental framework for the study of embodied ethics", in: Current Opinion in Psychology, vol. 28, S. 268-272, verfügbar in: *doi: 10.1016/j.copsyc.2019.02.006*, abgerufen 13. Mai 2020.

Sethi, Prakash S. (1994): Multinational Corporations and the Impact of Public Advocacy on Corporate Strategy – Nestlé and the Infant Formula Controversy. Norwell, MA: Kluwer Academic Publishers.

Shared Value Initiative (2021): Transforming the Way Business is Done, verfügbar in: https://www.sharedvalue.org/, abgerufen am25. März 2021.

Shaw, George Bernhard (1947): „Maxims for Revolutionists" in: Man and Superman – A Comedy and a Philosophy (1903). London u. a.: Constable and Company, Standardedition.

Shell (2008): The Brent Spar Dossier, verfügbar in: *www.shell.co.uk/sustainability/decommissioning/ brent-spar-dossier/_jcr_content/par/textimage.stream/1426853000847/ 6b0c52ecc4c60be5fa8e78ef26c4827ec4da3cd3cd73747473b4fc60f4d12986/brent-spar-dossier.pdf*, abgerufen 3. März 2016.

Sherman, Joshua (2013): „Spendy but Indispensable: Breaking down the full $ 650 Cost of the iPhone 5", in: Digitaltrends 26 July 2013, verfügbar in: *http://www.digitaltrends.com/mobile/iphone-cost-what-apple-is-paying*, abgerufen 10. März 2014.

Shermerhorn, John R. (2011): Management. Hoboken: Wiley (11th ed.). Sidgwick, Henry (1907): The Methods of Ethics. London (7th ed.).

Sihn-Weber (Hrsg. 2021): CSR und Inklusion – Bessere Unternehmensperformance durch gelebte Teilhabe und Wirksamkeit. Berlin: Springer.

Sihn-Weber/Fischler, Franz (Hrsg. 2020): CSR und Klimawandel – Unternehmenspotenziale und Chancen einer nachhaltigen und klimaschonenden Wirtschaftstransformation. Berlin: Springer.

Simmel, Georg (1989): Philosophie des Geldes [1900]. Frankfurt a. M.: Suhrkamp.

Simmel, Georg (2018): Soziologie [1908]. Frankfurt a. M.: Suhrkamp (9. Aufl.).

Simon, Claus Peter/Kirady, Maria (2020): „Wie Meditation gegen belastende Gedanken hilft" Interview mit Britta Hölzel, in: Geo Wissen Gesundheit, Nr. 13, verfügbar in: *https://www.geo.de/wissen/gesundheit/22783-rtkl-gelassenheit-wie-meditation-gegen-belastende-gedanken-hilft*, abgerufen am 20. Mai 2021.

Singer, Peter (1984): Praktische Ethik. Stuttgart: Reclam.

Singer, Peter (2004): Der Präsident des Guten und Bösen. Die Ethik des George W. Bushs. Erlangen: Harald Fischer.

Slobodian, Quinn (2019): Globalisten – Das Ende der Imperien und die Geburt des Neoliberalismus. Berlin: Suhrkamp.

Smith, Adam (1985): Theorie der ethischen Gefühle (dt. Fassung v. 1926). Hamburg: Felix Meiner.

Smith, Adam (1993): Der Wohlstand der Nationen. München: dtv Klassik (6. Aufl.).

Smith, Adam (2007): An Inquiry into the Nature and Causes of the Wealth of Nations [1776]. Amsterdam/ Lausanne/ New York: MetaLibri, verfügbar in: *https://www.ibiblio.org/ml/libri/s/SmithA_WealthNations_p.pdf*, abgerufen am 3. März 2021.

Smith, Adam (2016): The Theory of Moral Sentiments. Los Angeles, CA: Enhanced Media.

Solomon, Robert C. (1993): "Review: Beyond Selfishness: Adam Smith and the Limits of the Market – Revewied Work: Adam Smith and His Legacy for Modern Capitalism by Patricia Werhane", in: Business Ethics Quarterly, Vol. 3, No. 4, pp. 453-460, verfügbar in: *https://www.jstor.org/stable/3857290?seq=1#metadata_info_tab_contents,* abgerufen 10. März 2021.

Solomon, Robert C. (2003): A Better Way to Think About Business – How Personal Integrity Leads to Corporate Succes. Oxford/New York, NY: Oxford University Press.

Sommer, Michael (2013): Wirtschaftsgeschichte der Antike. München: Beck.

Spork, Peter (2010): Der zweite Code – Epigenetik – Oder: Wie wir unser Erbgut steuern können. Hamburg: Rowohlt (4. Aufl.).

Städeli, Markus (2011): „Destruktive Dynamik im Handelsraum", in: NZZS, Nr. 39, 25.09.11, S. 36.

Staehle, Wolfgang (1999): Management. Eine verhaltenswissenschaftliche Perspektive. München: Vahlen (8. Aufl.).

Staffelbach, Bruno (1994): Management-Ethik – Ansätze und Konzepte aus betriebswirtschaftlicher Sicht. Bern/Stuttgart/Wien: Haupt.

Stahl, Bernd C./Coegelbergh, Mark (2016): „Ethics of healthcare robotics: Towards responsible research and innovation", in: Robotics and Autonomous Systems, 86, S. 152-161, verfügbar in: *http://dx.doi.org/10.1016/j.robot.2016.08.018*, abgerufen: 10. Apr. 2020.

Stangneth, Bettina (2017): Lügen Lesen. Hamburg: Rowohlt.

Steffen et al. (2015): "Planetary boundaries: Guiding human development on a changing planet" with Supplementary Materials, in: Science, 347 (6223), 1259855, verfügbar in: *https://science.sciencemag.org/content/347/6223/1259855*, abgerufen 16. Mai 2021.

Steger, Ulrich et al. (1990): „Übernahme von Umweltkosten und -risiken durch die Industrie", in: Risiko und Wagnis – Die Herausforderung der industriellen Welt (hrsg. v. M. Schüz). Pfullingen, Bd. 1, S. 197.

Steger, Ulrich (2003): Corporate Diplomacy – The Strategy for a Volatile, Fragmental Business Environment. Chichester: John Wiley.

Stahel, Walter R. (2019): The Circular Economy – A User's Guide. New York, NY: Routledge.

Steiner, André Daiyu (2016): Business Zen – Mit Achtsamkeit zu mehr Gelassenheit in der Führung. Weinheim: Wiley.

Steiner, Gerald (2010): Das Planetenmodell der kollaborativen Kreativität – Systemisch-kreatives Problemlösen für komplexe Herausforderungen.

Steinhauser, Marianne (2019): Nachhaltigkeitslabels im Real Estate vor dem Hintergrund des Sustainable-Corporate-Responsibility Modells - Zertifizierungssysteme für Bestandsgebäude, Masterarbeit im Rahmen von CUREM, Zürich: UZH.

Steinmann, Horst (1998): „Unternehmensethik und Gewinnprinzip", in: Forum Wirtschaftsethik, 6. Jg., Nr. 1, S. 10–11.

Stemmer, Peter (1998): „Tugend", in: Historisches Wörterbuch der Philosophie (hrsg. v. Joachim Ritter/ Karlfried Gründer), Bd. 10, Basel: Schwabe, S. 1532–1548.

Stepputis, Hartmut (2012): „Firmenlenker auf Droge – Ein süchtiger Top-Manager wird erpressbar", verfügbar in: *http://www.spiegel.de/karriere/berufsleben/chefs-und-drogen-was-manager-in-die-sucht-treibt-a-866193.html*, abgerufen 1. Apr. 2016.

Stieglitz, Joseph/Charlton, Andrew (2007): Fair Trade for All – How Trade Can Promote Development. Oxford: University Press.

Stieglitz, Joseph (2015): Reich und Arm: Die wachsende Ungleichheit in unserer Gesellschaft. München: Siedler.

Stieglitz, Joseph (2016): „In 2016, Let's Hope for Better Trade Agreements – and the Death of TPP", in: The Guardian, 10 Jan. 2016, verfügbar in: *http://www.theguardian.com/business/2016/jan/10/in-2016-better-trade-agreements-trans-pacific-partnership*, abgerufen 29. Jan. 2016.

Stockrahm, Sven/Lüdemann, Dagny (2016): "Zuschütten statt Aufklären – Tepco hat Arbeiter ausgebeutet …", in: Zeit-Online v. 8. März, verfügbar in: *https://www.zeit.de/wissen/umwelt/2016-03/tepco-fukushima-reaktor-akw-gau-reaktoren, abgerufen am 19. März 2021.*

Story, Louise/ Dash, Eric (2009): „Bankers Reaped Lavish Bonuses During Bailouts", in: The New York Times, 30.07.2009, verfügbar in: *https://www.nytimes.com/2009/07/31/business/31pay.html*, abgerufen 30.08.2020.

Stowasser et al (1979): Der kleine Stowasser – Lateinisch-deutsches Schulwörterbuch. München. Strasser, Peter (2016): Ontologie des Teufels – Mit einem Anhang über das Radikalgute. Paderborn: Wilhelm Fink.

Sturn, Richard (1991): „Soziales Handeln und ökonomischer Tausch – Die stoischen Wurzeln Adam

Smiths", in: Der andere Adam Smith – Beiträge zur Neubestimmung von Ökonomie als Politischer Ökonomie (hrsg. v. A. Meyer-Faje/P. Ulrich). Bern/Stuttgart: Haupt, S. 99–122.

Sutton, Robert I. (2007): Der Arschloch-Faktor – Vom geschickten Umgang mit Aufschneidern, Intriganten und Despoten im Unternehmen. München: Hanser.

Sutton, Robert I. (2018): Überleben unter Arschlöchern – Wie Sie mit Leuten klarkommen, die andere wie Dreck behandeln. München: Piper (2. Aufl.).

Tagesschau (2014): Kosten von Atomunfällen – Fukushima, Tschernobyl und viele andere, 11.03.2014, verfügbar in: *http://www.bee-ev.de/fileadmin/Presse/Mitteilungen/110511_BEE-Studie_Versicherungsforen_KKW.pdf*, abgerufen 13. Nov. 2015.

Tanaka, Takanao/Okamoto, Shohei (2021): "Increase in suicide following an initial decline during the COVID-19 pandemic in Japan", in: Nature Human Behaviour, 5, p. 229-238, verfügbar in: *https://doi.org/10.1038/s41562-020-01042-z*, abgerufen am 8. Mai 2021.

Taylor, Paul Warren (1989): Respect for Nature – A Theory of Environmental Ethics. Princeton, NJ: Princeton University Press.

Tepco (2010): Vision 2020: „Medium to Long-term Growth Declaration". Press Release, Sep. 13, verfügbar in: *http://www.tepco.co.jp/en/press/corp-com/release/10091301-e.html*, abgerufen 25. Jan. 2014.

The Branding Journal (2021): "Ethical Branding", verfügbar in: *https://www.thebrandingjournal.com/2018/02/ethical-branding-guide/,* abgerufen am 28. März 2021.

Thomasius, Harald/ Bendix, Bernd (Hrsg., 2013): Carl Carlowitz – Sylvicultura oeconomica von 1713: Transkription in das Deutsche der Gegenwart. Remagen: Kessel.

Tilk, Courage – Mehr Mut im Management. Weinheim: Wiley 2006.

Thomson, Judith Jarvis (1976): „Killing, Letting Die, and the Trolley Problem", in: The Monist 59, S. 204–17.

Thomson, Judith Jarvis (1985): „The Trolley Problem", in: The Yale Law Journal, 94(6), S. 1395–1415.

Thomson, Judith Jarvis (2020): The Trolley Problem – Das Trolley-Problem (Englisch/Deutsch). Stuttgart: Reclam.

Thum, Gracia (2016): Encourage – Mut zu Veränderung: Klarheit, Entscheidungsstärke, Wirksamkeit. Göttingen: Business Viallage.

Toliver, Adria D. (2013): Measuring Corporate Social Responsibility Through Organizational Values – A Scale Validation Study. Dissertation for Degree of Doctor of Philosophy at University of Texas at Arlington.

Toyota, Kenji et al. (2017): "Toxic effects of chemical dispersant Corexit 9500 on water flea Daphnia magna", in: Journal of Applied Toxicology, vol. 37(2), pp. 201-206, verfügbar in: *https://doi.org/10.1002/jat.3343*, abgerufen 23. März 2021.

Transparency International (2021): "Was ist Korruption?", verfügbar in: *https://www.transparency.de/ueber-uns/was-ist-korruption/*, abgerufen 30. März 2021.

Trevino, Linda K./Nelson, Katherine (2011): Managing Business Ethics – Straight Talk About How to Do It Right. Hoboken, NJ: John Wiley (5th ed.).

Trompenaars, Fons/Hampden-Turner, Charles (2001): 21 Leaders for the 21st Century – How Innovative-Leaders Manage in the Digital Age. Oxford: Capstone.

Trungpa, Chögyam (1989): Der Mythos Freiheit und der Weg der Meditation. Küsnacht: Theseus.Tschaiker, Bregenz (1992): ‚Damit das Böse ausgerottet werde' – Hexenverfolgungen in Vorarlberg im 16. und 17 Jahrhundert. Vorarlberger Autorengesellschaft.

ts/dpa (2012): „Foxconn-Arbeiter sterben fürs iPad", verfügbar in: *http://www.manager-magazin.de/unternehmen/it/0,2828,druck-824713,00.html*, abgerufen 25. Sept. 2012.

Tugendhat, Ernst (1993): Vorlesungen über Ethik. Frankfurt a. M.: Suhrkamp.

Turner, Travis N. (2013): „Qualities of Visionary Leaders", in: Creative Leader, verfügbar in: *http://www.creativeleader.com/qualties-of-visionary-leaders/*, abgerufen 2. Juli 2016.

Ulrich, Peter (1990): Auf der Suche nach einer modernen Wirtschaftsethik – Lernschritte zu einer reflexiven Ökonomie. Bern/Stuttgart 1990.

Ulrich, Peter (1997): Integrative Wirtschaftsethik – Grundlagen einer lebensdienlichen Ökonomie. Bern/Stuttgart/Wien: Haupt.

Ulrich, Peter/ Maak, Thomas (1996): „Ethik in Wirtschaft und Gesellschaft – Eine systematische Einführung für Lehrkräfte", in: Ulrich, Peter (Hrsg.): Ethik in Wirtschaft und Gesellschaft. Aarau: Sauerländer.

Ulrich, Peter/ Thielemann, Ulrich (1992): Ethik und Erfolg – Unternehmensethische Denkmuster von Führungskräften – Eine empirische Studie. Bern/ Stuttgart: Haupt.

Unholtz, Johannes (2010): Gutsein im Oikos – Subpolitische Tugenden in den oikonomischen Schriften der klassischen Antike. Inauguraldissertation, vorgelegt an der Johannes-Gutenberg-Universität Mainz.

United States (Hrsg.) (1986): Presidential Commission on the Space Shuttle Challenger Accident – Report to the President. University of Michigan Library.

United States District Court Michigan (2017): Sentencing Memorandum of the United States as to Defendant Oliver Schmidt, Dec. 6 2017, verfügbar in: *http://websterbook.com/wp-content/uploads/2017/12/US-v-Oliver-Schmidt-Sentencing-Brief.pdf*, abgerufen 17. Juli 2021.

Vahs, Dietmar (2006): Organisation – Einführung in die Organisationstheorie und -praxis. Stuttgart: Poeschel (6. überarb. u. erw. Aufl.).

Varela, Francisco/Thompson, Evan (1992): Der Mittlere Weg der Erkenntnis – Die Beziehung von Ich und Welt in der Kognitionswissenschaft. Bern/München/Wien: Scherz.

Vaughan, Frances (2002). What is spiritual intelligence? Journal of Humanistic Psychology, 42(2), S. 16–33. Veith, Werner (2006): Intergenerationelle Gerechtigkeit – Ein Beitrag zur sozialethischen Theoriebildung. Stuttgart: Kohlhammer.

Vereinte Nationen (1948): Resolution der Generalversammlung 217 A(III): Allgemeine Erklärung der Menschenrechte, verfügbar in: *http://www.un.org/depts/german/menschenrechte/aemr.pdf*, abgerufen 31. Jan. 2016.

Vereinte Nationen (2015): Resolution der Generalversammlung 70/1: Transformation unserer Welt: die Agenda 2030 für nachhaltige Entwicklung, verfügbar in: *https://www.un.org/Depts/german/gv-70/band1/ar70001.pdf abgerufen 17 . Mai 2021*.Vereinte Nationen (2021): Die 17 Ziel für nachhaltige Entwicklung, verfügbar in: *https://unric.org/de/17ziele/*, abgerufen 17. Mai 2021.

Verfassung (2013): Bundesverfassung der Schweizerischen Eidgenossenschaft, verfügbar in: *https://www.admin.ch/opc/de/classified-compilation/19995395/index.html*, abgerufen 12. Jan. 2015.

Vöneky, Silja (2010): Recht, Moral, Ethik: Grundlagen und Grenzen demokratischer Legitimation für Ethikgremien. Tübingen: Mohr Siebeck.

Vonhoff, Anna (2018): „Psychopathen: Wenn der Menschen zum Monster wird", in: Focus-Online, 11.09.2018, verfügbar in: *https://www.focus.de/gesundheit/ratgeber/psychologie/krankheitenstoerungen/wenn-der-mensch-zum-monster-wird-so-erkennen-sie-einen-psychopathen_id_2734734.html,* abgerufen 1. Apr. 2021.

Wagener, Hans-Jürgen (2009): „Vilfredo Pareto (1848-1923)", in: Klassiker des ökonomischen Denkens, Bd. 2 (hrsg. v. Kurz, Heinz D.). München: Beck.

Waibl, Elmar (1989): Ökonomie und Ethik II – Die Kapitalismusdebatte von Nietzsche bis Reaganomics. Stuttgart/Bad Cannstatt.

WBCSD (2010): World Business Council for Sustainable Development: Vision 2050. Genf, verfügbar in: *http://www.wbcsd.org/pages/edocument/edocumentdetails.aspx?id=219&nosearchcontextkey=true,* abgerufen 12. Jan. 2016.

Weatherbe, Steve (2015): „Canadian Archbishop to Catholics: Protest Approval of RU-486 Abortion Drug", verfügbar in: *https://www.lifesitenews.com/news/canadian-archbishop-urges-protest-of-ru-486-approval,* abgerufen 23. Nov. 2015.

Weber, Max (1980): Wirtschaft und Gesellschaft – Grundriss einer verstehenden Soziologie. Tübingen: Mohr Siebeck (5. rev. Studienausgabe).

Weber, Max (1986): „Die protestantische Ethik und der Geist des Kapitalismus" (1920), in: Gesammelte Aufsätze zur Religionssoziologie, Bd. 1, Tübingen: Mohr Siebeck (8. Aufl.), S. 17–206.

Weeber, Karl-Wilhelm (1990): Smog über Attika – Umweltverhalten im Altertum. Zürich/München: Artemis.

Weihrich, Heinz (1982): „The TOWS Matrix – a Tool for Situational Analysis", in: Long Range Planning, April, S. 54–66, verfügbar in: *http://www.usfca.edu/fac-staff/weihrich/docs/tows.pdf,* abgerufen 15. Dez. 2013.

Weischedel, Wilhelm (1972): Das Wesen der Verantwortung. Frankfurt a. M.: Klostermann.

Weischedel, Wilhelm (1976): Skeptische Ethik. Frankfurt a. M.: Suhrkamp.

Weizsäcker, Carl Friedrich v. (1976): Zum Weltbild der Physik. Stuttgart: S. Hirzel (12. Aufl.). Weizsäcker, Carl Friedrich v. (1988): Bewusstseinswandel. München: Hanser.

Weizsäcker, Ernst-Ulrich v. (1999): „Geringere Risiken durch fehlerfreundliche Systeme", in: Risiko und Wagnis (hrsg. v. M. Schüz). München: Neske/Klett. Bd. 1, S. 107–118.

Welthungerhilfe (2020): „Factsheet Syrien", verfügbar in: *https://www.welthungerhilfe.de/fileadmin/pictures/publications/de/fact_sheets/countries/factsheet-syrien.pdf.*

Welzel, Hans (1951): „Zum Notstandsproblem", in: Zeitschrift für die gesamte Strafrechtswissenschaft (ZStW), Bd. 63, S. 47–56.

Welzel, Petra (2021): „EU macht großen Schritt für Menschenrechte und Umwelt – Was heißt das für das Lieferkettengesetz?", verfügbar in: *https://lieferkettengesetz.de/2021/01/28/eu-macht-grossen-schritt-was-heisst-das-fuer-das-lieferketteng/,* abgerufen: 20. März 2021.

Welzer, Harald (2013): Täter – Wie aus ganz normalen Menschen Massenmörder werden. Frankfurt a. M. (6. Aufl.).

Welzer, Harald (2014): Soldaten – Protokolle vom Kämpfen, Töten und Sterben. Frankfurt a. M. (2. Aufl.). Wensierski, Peter/Franke, Klaus/Schwarz, Ulrich (1998): „Gottes willige Vollstrecker", Der Spiegel, H. 23, S. 74–87.

Werhane, Patricia (1991): Adam Smith and His Legacy for Modern Capitalism. Oxford: Oxford University Press.

Werner, Götz (2013): Womit ich nie gerechnet habe – Die Autobiographie. Berlin.

Werner, Micha H. (2003): „Hans Jonas' Prinzip der Verantwortung", in: Bioethik – Eine Einführung (hrsg. v. Düwell, M./Steigleder, K.), Frankfurt a. M.: Suhrkamp, S. 41–56.

Westphalen, Andreas v. (2018): Die Wiederentdeckung des Menschen – Warum Egoismus, Gier und Konkurrenz nicht unserer Natur entsprechen. Frankfurt a. M.: Westend.

Wheelen, T./Hunger, D.: Strategic Management and Business Policy, New Jersey (12th ed.) 2010.

Whorf, Benjamin Lee (1984): Sprache – Denken – Wirklichkeit – Beiträge zur Metalinguistik und Sprachphilosophie [1963]. Hamburg: Rowohlt.

Wiebe, Frank (2013): Wie fair sind Apple & Co? 50 Konzerne im Ethik-Test. Zürich: Orell Füssli.

Wieland, Josef (1990): „Wirtschaftsethik als Selbstreflexion der Ökonomie – Die Mindestmoral im ökonomischen System und die Verantwortung für externe Effekte" in: Auf der Suche nach einer modernen Wirtschaftsethik – Lernschritte zu einer reflexiven Ökonomie (hrsg. v. P. Ulrich). Bern/ Stuttgart: Haupt, S. 147–177.

Wieland, Josef (2007): Die Ethik der Governance. Marburg: Metropolis (5. Aufl.).

Wilson, Edward O. (1997): Der Wert der Vielfalt – Die Bedrohung des Artenreichtums und das Überleben des Menschen. München: Piper.

Wilson, Andrew/Lenssen, Gilbert/Hind, Patricia (2006): Leadership Qualities and Management Competencies for Corporate Responsibility. A Research Report for the European Academy of Business in Society. Ashridge.

Winistörfer, Herbert et al. (2012): Management der sozialen Verantwortung in Unternehmen – Leitfaden zur Umsetzung. München: Carl Hanser.

Winkler, Sabine (2020): „Was Me Too bewirkt hat", in: Welt kmpkt, verfügbar in: *https://www.welt.de/ kmpkt/article204835966/Weinstein-Prozess-Was-MeToo-bewirkt-hat.html*, abgerufen: 20. Mai 2021.

Wisser, Richard (1996): Philosophische Wegweisung – Versionen und Perspektiven. Würzburg: Königshausen und Neumann.

Wisser, Richard (1997): Kein Mensch ist einerlei – Spektrum und Aspekte „kritisch-krisischer Anthropologie". Würzburg: Königshausen und Neumann.

Wolf, Erik (1952): Griechisches Rechtsdenken. Band II. Frankfurt a. M.: Vittorio Klostermann.Wolf, Jean-Claude (1992): Tierethik – Neue Perspektiven für Menschen und Tiere. Freiburg: Paulusverlag.

Wolf, Nadja (2016): „Warum Lügen mit der Zeit dreister werden", in: Der Spiegel, 24.10.2016, verfügbar in: *https://www.spiegel.de/wissenschaft/mensch/warum-luegen-mit-der-zeit-dreister-werden-a-1117990.html,* abgerufen 1. Apr. 2020.

World Commission on Dams (1999): The Resettlement of Indigenous People affected by the Bakun Hydro-Electric Project, Sarawak, Malaysia. Final Report, verfügbar in: *http://www.internationalrivers.org/files/attached-files/resettlement_of_indigenous_people_at_bakun.pdf*, abgerufen 29. Juli 2015.

World Food Programme (2016): „Hunger weltweit – Zahlen und Fakten", verfügbar in: *http://de.wfp.org/ hunger/hunger-statistik*, abgerufen 18. Jan. 2016.

Wright, Georg Henrik von (1972): The Varieties of Goodness. London: Routledge (4th ed.).

Xenophon (1828): Von der Haushaltungskunst. Werke, 9. Bd. (übers. v. Adolph Heinrich Christian). Stuttgart: Metzler, S. 1041–1145.

Xenophon (2013): Oeconomicus, griech.-englisch (hrsg. v. J. Henderson). Cambridge, MA: Harvard University Press, S. 379-557.

Xenophon (1992): Kyrupädie – Die Erziehung des Kyros, griechisch-deutsch und einem Nachwort von Rainer Nickel. Berlin/Boston: Artemis & Winkler.

Yodelpop (2021): The Ultimate Guide to Sustainable Marketing: 5 Principles, verfügbar in: *https:// www.yodelpop.com/ultimate-guide-to-sustainable-marketing*, abgerufen am 25. Apr. 2021.

Yoffie, David/Mary Kwak, Mary (2001): Judo Strategy – Turning Your Competitors' Strength to Your Advantage. Boston: Harvard Business School Press.

Zager, Werner (Hrsg., 2021): Albert Schweitzers Ethik der Ehrfurcht vor dem Leben - Am Beispiel der artgerechten Tierhaltung und der ökologischen Landwirtschaft. Leipzig: Evangelische Verlagsanstalt.

Zand, Dale (1977): „Vertrauen und Problemlösungsverhalten von Managern", in: Mitleid – Vertrauen – Verantwortung (hrsg. v. Helmut Lück). Stuttgart: Klett.

Zeyer, René (2009): Bank – Banker – Bankrott – Storys aus der Welt der Abzocker. Zürich: Orell Füssli.

ZHAW (2021): "Die UN Principles for ResponsibleManagement Education (PRME) an der ZHAW School of Management and Law", verfügbar in: *https://www.zhaw.ch/storage/sml/ueber-uns/prme-sml-de-2020.pdf*, abgerufen 22. Mai 2021.

Zinnbauer, Brian J./Pargament, Kenneth I./Scott, Allie B. (1999): „The emerging meanings of religiousness and spirituality: Problems and prospects", in: Journal of Personality, 67 (6), S. 889–919.

Zohar, Dana (2000): SQ – Connecting with Our Spiritual Intelligence. London: Bloomsbury.

Zohar, Dana/Marshall, Ian (2010): IQ? EQ? SQ!: Spiritual Intelligence – Das unentdeckte Potential. Bielefeld: Kamphausen.

Zuboff, Shoshana (2019): Das Zeitalter des Überwachungskapitalismus. Frankfurt a. M./New York, NY: Campus.

Abbildungsverzeichnis

Vorwort: Thomas Hobbes, gemeinfrei

Kapitel 1: Adam Smith, The Granger Collection / Alamy Stock Foto; Aristoteles, Science History Images / Alamy Stock Foto; Georg Simmel, Historic Images / Alamy Stock Foto

Kapitel 2: Jean-Jacques Rousseau, gemeinfrei; Xenophon, gemeinfrei; Richard Wisser, von privat

Kapitel 3: Platon, PRISMA ARCHIVO / Alamy Stock Foto

Kapitel 4: Jeremy Bentham, Georgios Kollidas / Alamy Stock Foto; John Rawls, gemeinfrei

Kapitel 5: Immanuel Kant, GL Archive / Alamy Stock Foto

Kapitel 6: C. G. Jung, gemeinfrei; Euripides, SIMON RAWLEY / Alamy Stock Foto

Kapitel 7: Friedrich Schiller, gemeinfrei

Kapitel 9: George Edward Moore, Pictorial Press Ltd / Alamy Stock Foto; Herbert Spencer, Pictorial Press Ltd / Alamy Stock Foto; Dieter Birnbacher, Rainer Ebert/Wikipedia, CC BY-SA 2.0

Kapitel 10: Rene Descartes, Georgios Kollidas / Alamy Stock Foto; Carl Friedrich von Weizsäcker, Bundesarchiv, B 145 Bild-F063257-0006 / Engelbert Reineke / 7 Juni 1982 / CC-BY-SA 3.0; Charles Darwin, The Print Collector / Alamy Stock Foto; Bertrand Russel, Anefo/Nationaal Archief; Albert Schweitzer, Bundesarchiv, Bild 183-D0116-0041-019 / Unknown / 1955 / CC-BY-SA 3.0

Kapitel 11: Friedrich Nietzsche, gemeinfrei; Maximilian de Robbespierre, GL Archive / Alamy Stock Foto; Erich Neumann, Ronmoran321/Wikipedia, CC BY-SA 4.0; Sigmund Freud, GL Archive / Alamy Stock Foto; Erich Fromm, Müller-May/Rainer Funk/CC BY-SA 3.0 (DE); Hugo Makibi Enomiya-Lassalle, von privat; Roberto Assagioli, mit freundlicher Genehmigung der Nawo-Verlag GmbH

Kapitel 12: Max Weber, ZUMA Press, Inc. / Alamy Stock Foto

Register

A

ABB 59, 154, 235
Abgasskandal 199
Abholzungen 319
Absturz 118
Abteilungsegoismus 197
Abtreibungspille RU486 74
Accenture 68
Achse des Bösen 202, 382, 400
Achsenzeit 167
Achtsamkeit 83, 252
added value 49
Advaita 367
Affekte 107, 166, 202, 216
Affektkontrolle 421
Ahimsa 367
Aischylos 413
Alburnus Maior 75
Aldred, Jonathan 65
Alexys, Robert 138
Allgemeinwohl 65
Allianz 316
Allmende 83
Allverbundenheit 362
Altes Testament 74, 166, 201, 352
Altruismus 43–44, 111, 167, 170
    egoistischer 170
Amalia, Anna 91
Amnesty International 127
Amygdala 201
Anacharsis 111
Angst 165–166, 202, 372
(Angst-)kultur 239
Angstzentrum 201
Animal Liberation Front (ALF) 351
Animals Angels 366
Annan, Kofi 183
Anschlussrationalität 12
Ansoff-Matrix 285
Anthropologie 79, 166
Anthropozentrismus 90, 182–183,
    192, 243
Apel, Karl-Otto 102, 127–128, 138
Apple 51, 61–62
Aquin, Thomas von 249
Arabi, Muhydinn Ibn 83
Arbeitsteilung 42
Arete 214
Ariely, Dan 109–110

Aristoteles 25–26, 43, 46–47, 66,
    104, 107–109, 111, 165, 204,
    212, 214, 216, 222–223, 228,
    239, 352, 405
Armutsschere 318
Arschlochfaktor 407
Artensterben 306, 318
Asbest 328, 334
Assagioli, Roberto 392
Assessment 268
Assholism 407
Assmann, Jan 167
Ästhetik 26, 84–85, 290, 420
ästhetische Reflexionskompetenz
    418
As-You-Sow 233
Attac 25
Aufforstungen 319
Aufklärung 77, 104, 143, 168, 171,
    205, 209, 299, 321, 326, 368
Augenzeuge, unbeteiligter 186
Augustinus 173
Ausbeutung 50
Aushandlungsprozess 31, 127, 129
Auskommen 117
Aussagenlogik 390
Austauschprozess 47
Authentic Leadership 421
Authentizität 198
Autonomie 175, 182, 208
autoritärer Charakter 209
Avaaz 59
Aventis 125
Axel-Springer-Verlag 191
Axtdieb 381

B

Bacon, Francis 352
Bailout 54
Bauindustrie 264
Baum der Erkenntnis 166
Baur, Thomas 262
Bayer 65
Beck, Gloria 399–400
bedingungsloses Grundeinkom-
    men 99
Beeinflussbarkeit 199
Begierden 107, 168, 202, 388
Behavioral Economy 109
Belo-Monte-Staudamm 59

Bendel, Oliver 279
Bentham, Jeremy 143, 145, 160–
    161, 356
Beobachter
    neutraler 187–190, 241
    unparteilicher 186
Berkeley, George 353
Bertelsmann Transformationsin-
    dex (BTI) 26
Bescheidenheit 167
Besonnenheit 108, 190, 214, 216
Best Practice 218–219
Bestechungsgelder 172
Bestimmung 209
Best-Practice 97, 99, 228
Betriebswirtschaftslehre 269
Bewusstsein 406
BHS 374
bias 203
Biden, Joe 10
Bieri, Peter 178
Big-Data 207
Bilanzbetrügereien 41, 53
Bilanzfälschung 200
Binswanger, Hans Christoph 376
Binswanger, Hans-Christoph 405
Biosphäre 360, 363
biozentrisch 87, 90, 119, 183
biozentrische Ethiken 368
biozentrische Verantwortung 87
Birbaumer, Niels 227
Birnbacher, Dieter 329–331, 345
Bleisch, Barbara 260
Blome-Drees, Franz 34
Boesch, Christophe 355
Boesky, Ivan 41
Böhmer, Marco 428
Bohr, Niels 354
Boisjoly, Roger 193
Bojanowski, Axel 314
Börsencrash 53
böse 11
Böses 374–375, 389
Boulding, Kenneth E. 67
Brand Owner 62
Braungart, Michael 57
Bregman, Rutger 66, 209
Breivik, Anders 395
Brendel, Ulrike 340–341
Brent Spar 59, 393
British Petrol (BP) 73

wi
wirtschaft

WIRTSCHAFT

*unverbindliche Preisempfehlung

Philip Kotler
Gary Armstrong
Lloyd Harris
Nigel Piercy

Grundlagen des Marketing
7., aktualisierte Auflage
ISBN 978-3-86894-355-9
49.95 EUR [D], 49.95 EUR [A], 58.40 sFr*
992 Seiten

Grundlagen des Marketing

BESONDERHEITEN

Der Bestseller Grundlagen des Marketing zählt zu den weltweit erfolgreichsten Standardwerken im Marketing. In klarer, verständlicher und stets anschaulicher Sprache bietet der Kotler einen Überblick über die neuesten Entwicklungen im Marketing - und zwar in allen Aspekten.

E-LEARNING INHALTE

Jetzt mit Zugang zur neuen E-Learning-Plattform **MyLab | Grundlagen des Marketing** als ideale Begleitung zu Lehrveranstaltungen sowie zur Vorbereitung auf Klausuren. Mit einem 24-monatigen Zugang kann auf einen kommentierbaren E-Text des Lehrbuchs zugegriffen werden. Jedes Kapitel beginnt mit einer Aufzählung der Lernziele, die als roter Faden für den/die Leser*in dienen. Er/sie weiß dadurch, auf was er/sie im Laufe des Kapitels achten und was er/sie nach dem Lesen beherrschen sollte. Begleitend befinden sich auf der Plattform Fallstudien, Übungsaufgaben mit Lösungen, Simulationen zur praktischen Anwendung des erlernten Wissens, Links zu Marketingorganisationen, digitale Lernkarten sowie Videos. Diese umfangreichen Zusatzmaterialien ermöglichen eine optimale und effiziente Prüfungsvorbereitung, wann und wo immer man will.

Pearson

http://www.pearson.de/4355